이익상문학전집 Ⅲ
장편소설 『그들은 어대로』

최 명 표 편

일러두기

- 『전집 3』은 이익상의 장편소설 『그들은 어대로』(『매일신보』, 1931. 10. 3~1932. 9. 22)를 묶은 것이다.
- 이 소설의 82회 '새로운 유혹 (7)'(1932. 1. 9)은 신문 자료를 구하지 못하였다.
- 이 소설의 115회는 누락되어 있다. 그러나 114회(1932. 2. 17)와 116회(1932. 2. 18)의 발표일자가 연속되고, 앞뒤의 내용을 살펴보면 신문 제작 과정에서 호수를 잘못 매긴 듯하다.
- 『그들은 어대로』의 최종회 말미에는 「作者의 말」이 첨부되어 있다.

이익상 전집을 펴내며

　성해 이익상은 일제시대에 활약했던 소설가이자 비평가, 언론인이었다. 그는 전주에서 태어난 뒤, 일본 유학을 거쳐 언론인으로 생을 마감하였다. 그가 문학에 뜻을 둔 것은 유학생활 중으로 추측된다. 그는 일본에서 발행되던 유학생 잡지의 편집 일을 담당하였고, 그들과 교유하면서 자연스럽게 문학을 통한 구국 의지를 다졌을 것이다. 그런 점에서 그는 이 나라에 근대문학을 일으켰던 일본 유학생파의 선두 그룹에 속한다. 실제로 그는 언론사에 재직하는 동안에 작품을 발표하는 한편, 후배 문인들에게 발표 지면을 제공하는 데 힘을 기울였다.

　그는 이 나라의 문학이 근대적 성격을 갖추어 갈 무렵에 태어났다는 사실을 운명으로 받아들이고 무거운 책무를 느꼈다. 그가 사회주의 운동 단체에 가입한 것이나, 카프의 발기에 참가한 것 등은 모두 이와 같은 시대적 소임에 충실하기 위함이었다. 우리는 그의 일거수일투족에 대해 삼가 경의를 표함과 동시에, 문학인의 자세를 배워야 할 것이다. 그것만이 젊은 나이에 유명을 달리한 그의 영전에 부끄러움을 짓지 않는 일이며, 나태해지기 쉬운 문학의 길을 걷는 명분을 얻는 일일 터이다.

　이익상은 소설을 발표하면서 비평가의 역할을 동시에 감당하였다. 당시 몇 안 되는 지식인으로서의 소설가였던 그에게 비평의 임무는 시대적 당위라고 생각한다.

　끝으로 이 전집을 만들어준 분과 읽어준 분들에게 고마움을 표한다. 적어도 그들은 이익상의 문학적 위상을 한국현대문학사에서 제대로 평가하는 분들이라 생각한다. 그런 분들이 있기 때문에, 번잡스럽고 지루하기 그지없는 전집 편찬 작업이 계속되는 것이다. 문학 연구는 그러한 애정에서 비롯됨은 말할 것도 없다.

2011년 새봄을 맞으며
편자 씀

차례

성해 이익상 전집을 펴내며
일러두기

그들은 어대로 ·············· 5

그들은 어대로

귀국 (1)

『어대로 가시겟서요?』

경부선 특급렬차가 룡산역을 막 쩌나랴고 움직일 쌔에, 혜영(蕙英)이는 짐을 창기여 씨트 우에 올려 노코 핸드백에서 분첩을 내어 얼골을 이곳저곳 두들기면서 뭇는다.

병호(秉浩)는 이째에 황혼에 쌔인 북악산 일대를 넉노코 바라보고 잇다가, 혜영의 소리에 눈을 돌리엇다. 화장이 고치어저 가는 혜영의 얼골은 한결 더 어엽버 뵈엇다. 입을 옴으리기도 하고, 눈알을 굴려보기도 하고, 코를 실눅거려 보기도 하는 그 얼골의 표정은 향긔와 함께 『그들은 어대로』의 최종회 말미에는 「作者의 말」이 첨부되어 있다. 두 눈이 의연히 분첩의 거울에서 나타나지 안는 것이 병호에게는 한 불만이엇다. 찬々히 바라보기만 하고, 대답은 안햇다.

『어대로 가세요…… 네?』

뭇는 말이 입에서는 흘럿지마는, 보는 시선은 분첩에 그대로 달라 부텃다.

병호는 쏘 아모 말업시 바라보기만 하얏다.

『네…… 어대로 가세요?』

이째에야 겨우 혜영의 눈이 분첩에서 해방되엇다.

『친구의 집으로 갈가 합니다.』

병호의 말은 비롯오 그의 입 밧그로 탈주를 하얏다.

『친구의 댁으로 가세요?』

혜영은 힘업는 말로 재처 뭇고는, 분첩을 핸드백에 너코 이제는 옷맵시를 고친다. 그의 모든 것이 다 씃나자, 차는 경성역에 도착되엇다. 그들은 차를 내렷다. 병호는 추렁크를 좌우 손에 들고 칭칭대를 올라 정거장 출구에 와서 혜영이를 기다리엇다.

혜영이와 억개를 나란히 하야 나올 용긔는 업섯다. 첫재, 자긔의 가족들이 만일 마중 나와 이러한 광경을 본다면, 나종에 말대답하기가 좀 거북할가 하야 층층대 압흘 서서 쌜니 나온 것이엇다. 그러나 다행이 자긔 집에서 마중 나온 이는 업섯다. 그뿐 아니라 마중 나온 가족이 잇는 것을 만일 혜영이가 본다면, 지금까지 혜영에게 한 말이 거짓이엇든 것이 폭로가 되고 말 렴녀도 업지 안햇든 터이다. 자긔 가족이 아무도 보이지 안흔 것을 다행으로 알앗다. 차표를 내주고 출구 밧그로 나온 병호는 탁시표 파는 곳에서 혜영이를 기다리엇다. 혜영이는 갓분 숨을 쉬며 곳 뒤조차 나왓다.

『나는 한참 차젓지요.』

원망하듯 말하는 혜영이의 표정을 바랄 째에, 병호는 족음 미안한 생각이 낫다. 그러나 이러한 사정을 아즉 말할 째가 아니라 하야 참앗다. 그러나 한편으로 자긔의 못생긴 생각을 웃엇다.

그와 길동무가 되기는 신호(神戶)에서부터이다. 바람은 언제나 려행 중에서 늣기는 고적을 위로하기 위해서는 동무를 구하게 된다. 그러나 그 동안은 방학할 림시에 나오게 되고, 개학할 림시에 들어가게 되어서 동경에서 사괸 가튼 동무가 만하 려행에 그러한 고독을 늣긴 일이 업섯지만, 이번은 개학할 림시이라 동경으로 건너가는 사람은 만하얏지만, 고향으로 돌아오는 학생은 업섯다. 동해도선(東海道線) 넓은 렬차에 승객이 그러하게 만하얏지만, 얼골 아는 사람이란 하나도 업섯다.

그뿐 아니라 병호의 이번 귀국은 자긔의 일신상에 중대한 사건이 발생하지 아니할가 하는 예감을 가지게 되어서 퍽으나 고적을 늣기게 되엇섯다. 다맛 말벗이라도 하나 어덧스면 하고 홀로 탄식하든 터이엇다. 이째에 마침 말벗으로 발견한 것이 혜영이엇다. 동경을 써난 차가 신호에 정거할 째에 거긔에서 한 녀성이 올낫다. 병호의 압 빈자리에 그는 머리를 숙으려 인사한 뒤에 안젓다. 그러나 그 녀자를 전송하는 사람은 하나도 업섯다. 아마 갓가운 곳에서 곳 내릴 승객 가티 생각이 들어 다맛 제법 미인이라는 것밧게 아무러한 주의를 쓸지 아니하얏다. 차가 써날 림시이다. 그의 짐에 부튼 쏘리표가 병호의 눈을 놀라게 하얏다.

—(1), 『매일신보』, 1931. 10. 3

귀국 (2)

향하야 가는 곳이 경성이오, 쓰인 성명이 김혜영이다. 이 점이 다른 사람의 것이 아닌 이상, 그 녀자는 분명히 조선 사람이다. 이것을 발견한 순간에 반가운 생각 그대로 한다면, 병호는 그 녀자에게 손을 내밀어 악수라도 청하얏슬 것이다. 그러나 그러한 용긔를 제재하는 랭정이 아즉 잇섯다.

찬찬히 녀자의 시선을 피해 가며 인사할 긔회를 기다리엇다. 얼마 아니 되어 말 부칠 긔회가 왓다. 이것은 어쩌한 려행을 하든지 길을 동무하는 사람들에게는 반드시 오고야 마는 긔회이다. 더구나 장거리 긔차려행에는 더 말할 것도 업섯다. 이 렬차는 특급이라 족으마한 정거장은 긔적 한 마듸로 통과한다는 것을 고하고 바로 지나버리엇다.

이와 가티 달아가는 긔차 가운대에서 여간한 목소리로는 상대한 사람에게 말을 뭇는다 해도, 그것이 곳 들릴 념려가 업섯다. 다른 사람은 알아듯지 못할 조선말이니 더퍼노코 말을 걸처보아도 남점 즉한 것은 업섯겟지만, 다만 상대자가 어쩌케 생각할가 하야 그래도 잠잣코 안젓든 터이다. 이러한 복잡한 침묵을 병호만이 계속한 것이 아니오, 혜영이 역시 그러하얏든 것이다. 신호에서 차를 탈 쌔부터 그의 속마음으로 가티 갈 길동무를 구하얏든 것이다. 가튼 녀자이면 더 조핫고, 그러치 안흐면 남성이라도 관게치 안타고 생각하얏다.

혜영이 성격으로 그럼 즉한 일이엇다. 고국에 써나오는 자긔를 위하야 전송 나온 동무 하나 업는 것은 이번이 물론 처음이엇다. 쏘한 자긔 혼자 머나먼 길을 써나게 된 것도 처음이다. 지급히 귀국하라는 자긔 부친의 전보를 밧고 조급한 성미에 학교와 동무들에게 편지만 써노쿠 그대로 짐을 챵기어 가지고 나온 길이엇다. 급한 마음에 홀로 나오기는 하얏지만, 고적하기가 짝이 업섯다. 쏘한 집안에서 무슨 큰일이나 생기지 안 햇나 하는 조바심한 생각이 오락가락할 쌔에, 겨테 잇서서 말마듸라도 거들어 위안을 줄 사람이 퍽으나 필요하얏다. 그리하야 한참 동안 이 차ㅅ간 저 차ㅅ간으로 돌아다니다가 겨우 발견한 것이 얼골에 지방색이 농후하게 나타난 조선 동포 병호이엇든 것이다. 마음으로는 반가운 생각이 낫스나, 말 부칠 긔회가 용이하게 오지 안햇다.

상대한 남자가 말을 부치기도 전에 녀자가 먼저 말 걸치는 것이 안 되엇지마는, 결국 가서는 혜영이가 말을 부치게 되엇다. 이대로 가면 경성까지 가도록 아무 말업시 지낼 듯한 병호의 정중한 태도가 혜영의 마음에 몹시 드는 동시에, 필경 그로 하야금 침묵에서 항긔(降旗)를 들게 된 것이엇다. 사오 년 동안 해마닥 멋번식 하는 고국 왕래에 이와 가티 점잔 빼는 남자는 처음 본 만큼 혜영의 호긔심은 상당히 그에게로 집중되엇다.

히메지(姬路)에 렬차가 도착되자 혜영은 족음 어리석은 듯이 악센트 달른 일본말로

『여긔가 어대야요?』

하고 물엇다.

병호는 조선말로 서슴지 안코,

『히메지올시다.』

하고 대답하엿다.

혜영이가 히메지를 몰을 리가 업섯다. 그러나 말할 긔회를 맨들기 위하야서 거짓말을 한 셈이엇다. 시침 딱 쩨고 조선말로 대답하는 병호는 벌서 혜영의 심리를 짐작한 까닭에, 이 긔회를 일치 안흐랴고 곳 잇대어

『어대까지 가시는가요?』

하고 물엇다.

혜영이는 얼굴이 족음 붉엇다.

『경성까지 갑니다.』

하고, 상대한 남성의 시선을 피하는 것 가티 플랫폼을 창 밧그로 내다보앗다. 정거하는 동안에 서로 수작된 것은 이러한 말 멋 마듸에 지나지 못하얏섯다.

이것이 긔회가 되어 병호와 혜영은 장거리 여행을 심々치 안케 마치고 경성역까지 도착한 것이엇다. 이십 시간 내외에 병호는 혜영이가 신호 어느 녀학원에 영문학을 공부하는 중인 것을 알앗고, 혜영이는 병호가 동경 어느 사립대학 법문학부의 학생인 것을 알앗다. 그러나 병호가 어

쩌한 일로 귀국하는 줄은 몰랐다. 무러보아도 거저 서울에 볼일이 잇서서 간다는 것을 대답할 뿐이나, 어느 곳이 자긔 고향이라는 것도 분명히 말하지 안햇다. 사토리 약간 석긴 것을 보아 서울 사람 아닌 것만은 알앗다. 화제가 호적을 족음 조사하랴는 근처에 가기만 해도, 병호는 말을 다른 방향으로 묘하게 전환을 식히엇다.

—(2),『매일신보』, 1931. 10. 4

귀국 (3)

혜영이가 정거장 압헤서 가방을 짱에 노코 기다리든 병호를 겨우 차저내어 원망 비슷한 말을 두어 마듸 걸칠 쌔에, 혜영보다도 더 밥븐 거름으로 뒤를 쏘차온 녀성이 잇섯다. 말소리가 들릴 거리에 니르자 그 녀성은

『혜영 언니! 혜영 언니!』

두어 번 불른다.

혜영이는 병호에게 하든 말을 중지하고 뒤를 도라보더니,

『아이구 누구야? 영숙이 아니야.』

하고 부르는 녀자의 편으로 두어 거름 옴기어 가더니, 두 손을 서로 맛붓잡는다. 병호는 그 녀자를 바라보고 섯슬 뿐이엇다.

『별안간 나오느라고 통지도 못햇는데, 어쩌케 알앗서…….』

『언니! 퍽 걱정되엇지? 어제 언니 집에 갓섯드랫지. 그랫드니 어머니 말슴이 혜영이가 오늘은 나올 터인지 엇재서 나온다는 긔별이 업다고 걱정만 하시겟지. 그러면 내가 정거장에 나가 보겟다고 햇서. 그래서 어제 급행차에 나오는가 하고 나왓다가 헛탕을 첫겟지. 그래서 오늘도 헛마중 나왓다 하고 돌아가는 길이라우.』

『지금 막 내린 길이야. 어쩌면 그러케 못 맛낫슬가?』

혜영이는 이러케 대답은 하엿스나, 병호를 찻느라고 다른 것을 주의할 여유가 업섯스니, 맛나지 못한 것이 무리치 안흔 일이라 하야 미안한 생각을 하엿다.

『나는 언니가 화복이나 양장을 햇슬 것 가타서 그런 복색한 사람만 차젓지. 이러케 말쑥한 코리앤인 것을 누가 알엇서야 말이죠.』

하고, 마중나온 영숙이는 혜영이와 이야기하는 병호를 겻눈으로 슬적 바라본다. 그리고 커다라튼 말소리가 별안간 나저젓다. 두 손길을 마주잡고 반가워하는 두 녀성을 바라보든 병호는 얼굴은 다른 편으로 자연히 돌아갓다. 필연코 병호가 어쩌한 남자인 것을 마중 나온 녀자가 뭇는 모양이엇다. 병호는 바로 작별할 생각도 업지는 안햇지만, 잠간 인사라도 하고 갈리는 것이 지금까지 서로 위로를 주고밧든 길동무 사히의 의리라 하야 그들의 말이 긋나기를 기다리고 우득허니 서잇섯다.

혜영과 영숙 새이의 나직한 말소리는 다시 커젓다.

『우리 아버지는 아주 낡버. 그러니까 거짓말 전보를 처서 나를 불러낸 셈이 아니야! 동생…… 그러할게 무엇 잇서. 이번에는 어머니 죽엄에 림종도 못하나부다 하고 울며 왓지…….』

『조흔 일이 잇슬 터이니 걱정말아요. 나는 까닭을 알고 나오는 줄 알앗지. 정말 몰라요. 괜히 그러지 말아요. 누구가 고지 들어야 말이죠.』

『나는 꼭 어머니 병환이 위중한 줄만 알고 왓지. 아무것도 몰라. 동생을 속일 리가 잇나, 정말이야.』

『여긔서 여러 말할 것 업시 집으로 가보면 알 터이니…….』

겨테서 듯는 병호는 직각적으로 혜영의 결혼 문제가 그 가정에서 결정이 된 것이라 상상하얏다. 다만 길동무에 지나지 못한 혜영이지만, 그가 결혼하는 것을 상상하고 보니 알 수 업시 섭섭한 생각이 낫다. 그러나 병호의 리성은 이 섭섭한 생각을 우섯다. 그리고 이 자리를 얼핏 써나는 것이 조흘 듯하야

『혜영 씨!』

하고 불럿다.

『아이구! 넘우 실례햇서요. 녀자끼리는 맛나면 원악 말이 만하서 긋칠 줄 몰라요. 웃지 마세요.』

그 동안 병호의 존재를 혜영이는 니저버린 듯한 태도이다.

『저 먼저 실례하겟습니다.』

하고, 병호는 가방을 들엇다.

『아니야요. 잠간 게서요.』

하고, 마중나온 녀성을 병호에게 소개를 한다.

『김병호 선생이신데, 나하고는 퍽 친한 새이야. 동생도 내 대신 감사를 드려야 돼. 응…….』

혜영이의 이러한 소개를 들으니 병호는 몸이 웃슥하얏다. 웬셈인지를 몰랏다. 영숙이는 머리를 숙이고 자기의 성명을 통할 뿐이다. 병호도 고개를 숙엿다.

혜영이는 핸드백에서 명함을 내어 자기 집 번지를 적어준다. 병호는 그 이튼날 찻기를 약속하고 전차길로 나와서 전차를 탓다. 전차를 타면서 두 녀성을 한 번 바라보앗다. 그들은 탁시으로 사라지고 말앗다.

—(3), 『매일신보』, 1931. 10. 5

귀국 (4)

동대문행 전차가 세브란스병원 압흘 지낼 째에 병호는 밧갓을 내다보앗다. 큰길 한 편으로 전차를 압질러 다라나는 자종차 안에서 전차를 향하야 머리를 숙이고 손을 들어 인사하는 녀자가 잇다. 어둠컴々하야 자세히 보이지는 아니 하얏스나, 그 녀자는 분명히 혜영이엇다. 갈안질만하든 병호의 가슴은 다시 움직이엇다. 머리를 굽혀 답례를 하기도 전에 자동차는 벌서 겨틀 쩌낫다. 이제는 자동차 뒤ㅅ창으로 미소를 보내면서 달아난다. 움직이엇든 병호의 가슴이 이제는 쮜어놀게 되엇다. 그는 혜영의 미소가 사라질 째까지 달아가는 자동차 뒤를 바라보앗다. 혜영의 몸은 달아가는 자동차에 보내엇지마는, 그 녀자에 대한 인상은 그를 상대하얏슬 그째보다는 몃 배나 분명하얏다. 차중에서 맛나든 째의 혜영이와 부산으로 건너온 뒤의 혜영이는 외면으로나 내면으로 모다 쌴 사람 가티 보이엇다. 신호에서 부산까지 오는 동안에는 그가 자기의 언어 행동에 그러케 주의를 하지 안는 것 가티 뵈엇섯다. 그리다가 부산에 건너서면서 바로 상반신이 들어나 보이는 양장을 조선 의복으로 밧구어 입고 나드니, 언어와 행동을 극진히 조심하는 것 가티 뵈엇다.

그리하야 병호는 롱담 비슷하게

『혜영 씨가 조선에 와서는 아주 맥이 풀어저 보이니 웬일인가요?』

하고 물엇섯다.

『그것은 당연한 일이지요. 맥 풀어저 보이는 사회에 들어오니까, 저도 맥이 풀리는 게지요.』

청초한 조선옷을 입은 혜영이의 입에서 나오는 말은 족음 달른 것 가탓다.

『내 눈에는 그러케 맥 풀려 보이지도 안는 걸요.』

이것은 병호가 혜영의 말을 한 번 들어보자고 짐짓 낸 말이엇다.

『그것은 둔감한 남성들 말이지요. 우리 가튼 민감한 녀성들은 부산에 내리면서는 바로 눈물이 뭐 돈답니다.』

혜영이는 이러케 대답을 하고 창 박가틀 가르키며,

『저것을 보아요. 맥이 쒸노는 사람들의 살림살이라 하겟서요?』

하든 혜영의 말이 귀에 아즉 들어 잇다.

혜영이의 손가락 가는 곳은 오막사리집이 다닥다닥 부터 잇는 농촌이엇다. 이러한 말을 슯흔 안색으로 한숨을 쉬며 내노흔지 얼마 지내지 못하야 혜영이는 분첩을 쓰내어 얼골의 화장을 고치엇든 것이다. 병호의 생각에는 이러한 것은 근일 조선ㅅ사람의 쓸데업는 관념 유희에서 나온 애상과 비탄이나 안일까 하고다시 한 번 겨테 안젓는 혜영의 얼골을 유심하게 바라보앗든 것이다.

그러케 맥 풀린 살림을 한탄하는 혜영이가 도회지에 발을 한 번 드리어 노면서는 그러한 생각이 꿈에 잇섯든가 하는 것 가티 자동차에 몸을 싯고 비로소 아스팔트에다 허치며 달아가지 안는가. 그도 사람이다. 사람 중에서도 녀자이오, 녀자 중에서도 평범한 녀자이다. 저러한 녀자들에게 사나희로써 어쩌한 호긔심을 가저보는 것이 그러케 허물 될 거시 업다고 병호는 생각하엿다.

이와 가튼 여러 가지 명상에 깁흘 동안에 전차는 종로 네거리에 다엇다. 병호는 급히 전차를 내려 공평동 골목으로 들어서서 이집 저집의 번지를 차젓다. 벌서 날이 점으러서 낡은 문패는 자세히 보이지 안는다. 석냥을 그대어 가며 여러 골목을 헤매다가 한 곳에 와본 거긔에 반찬가게에 들어서서 찻는 집 번지를 물엇다. 그 집주인은 바로 이 모통이 집이라고 자세히 일러준다. 병호는 이마의 쌈을 씨스며 갈아처주는 집을 차젓다.

그 집 대문에는 아즉도 송판 냄새가 무럭〱 나는 듯 려인숙이라는 커다란 표찰이 부터 잇다. 려관집 문패가 웬일일까? 집을 잘못 차젓나 여러 가지 생각을 하면서 성양을 그어 문패를 보앗다. 자긔의 어머니의 이름이 부텃다. 글씨는 분명히 아버지의 글씨이다.

—(4), 『매일신보』, 1931. 10. 6

귀국 (5)

집으로 속히 들어오라는 편지를 바들 째부터 자긔 집 일에 대해서 병호는 여러 가지로 상〱을 하얏다. 물론 조흔 편으로 생각할 수는 업섯다. 필연코 학비를 댈 수가 업스니 공부를 그만두라하든지, 그러치 안흐면 직업을 구하야 집안 살림을 도으라 하든지, 이 두 가지 중에 어느 것을 자긔에게 한 문제로 제고할 것으로 생각하얏든 것이다. 그러치 아니 하면 시급히 귀국하라는 편지를 하지 안햇슬 것이다. 나오라는 편지를 밧고도 한참동안은 나아갈가 말가 하고 망사리엇섯다. 그러나 동경에서 다만 하루라도 돈 업시 공부하기는 도저히 불가능한 일이엇다. 좌우간 집에 돌아와서 귀국하라는 그 리유나 들어본 뒤에 자긔의 취할 행동을 결정하겟다고 필경은 귀국의 길을 취하얏든 것이엇다.

그러나 서울로 이사 온 지 얼마 되지 안는 자긔의 집에 려관 문패가 웬일일까? 우리 집안은 벌서 려관을 내고 객을 치루지 안코는 생활할 수가 업게 되엇는가? 늙은 부모, 어린 동생들의 생각을 하니 압히 캄〱하야젓다. 그리고 자긔에게 한 편지 가운대에 생활 문제에 관해서는 한 마듸 말도 긔록지 안흔 것을 보면, 자긔의 어머니와 아버지는 이러한 생활로 문제로써 귀여운 아들의 마음을 상치 안케 하랴든 것이 넉〱한 일이다. 이러케 생각할 째에, 그의 눈에서는 눈물이 핑 돌앗다.

병호는 대문 안으로 들어서니 거긔는 손이 묵고 잇는 사랑채이다. 려관 하인이 손님 오섯다고 써들며 나온다. 한 편 팔이 축 느러지게 드른 짐이 손님인 것을 말함이엇다. 새로 들어온 하인이 주인 서방님인 줄을 알 리가 업섯다. 보통 려객으로 본 것이 무리가 아니다.

병호는 아무 말업시 잠간 섯다가 안채를 향하야 충충 걸엇다.

『저보시요. 그것은 내실이올시다. 이리로 옵서요.』

하고, 하인은 병호의 뒤를 급한 걸음으로 싸라온다.

병호는 아모 대답도 업시 안으로 쑥 들어섯다. 이때에 마츰 자긔 아버지가 모자를 쓰고 박그로 나오다가 병호를 보고 쌈작 놀라며,

『오, 병호냐? 온다는 긔별이나 좀 허고 오지 그랫늬? 집을 어써케 차잣늬? 애를 퍽 썻지?』

참으로 병호의 부친은 반가웟다. 자긔 아들이 이러케 쉬웁게 나올 줄은 그는 생각지 못하얏든 바이다. 이러케 써드는 바람에 어머니도 안방에서 나오고, 누이동생 순영(順英)이도 건너방에서 나왔다. 온 가족이 모다 마당으로 병호를 에워쌋다. 병호의 뒤를 쌀하서든 하인은 머리를 한 번 극더니 사랑으로 슬젹 나가버렷다. 이와 가티 모아드는 집안사람에게 한 말 인사도 업시 방안으로 들어가서 아버지와 어머니에게 절을 하엿다. 전긔ㅅ불에 비친 아버지의 머리는 훨신 더 희여젓다. 어머니의 얼골에는 주름살이 붙엇다. 순영이는 얼골이 피어서 처녀ㅅ태가 아주 박이엇다. 그 안 해 여름방학 때와 일년을 좀 넘은 오늘을 비교하면 집안이 퍽으나 변하얏든 것이다.

『이애! 저녁밥 안 먹엇지? 순영아! 가 네 옵바 밥 좀 챵겨라.』

하고, 병호의 압프로 갓가히 오드니 손을 만저본다. 어머니의 손은 몹시도 써그러웟다. 분명히 설거질이나 걸네질까지도 한 것이 분명하다. 병호는 아모 말업시 어머니의 손을 두 손으로 잡으며 눈물이 두 눈에 글성글성하엿다. 작년까지도 어머니의 손은 이러케 싹그럽지는 안햇다. 집은 하인과 침모가 잇서서 쌀내와 밥 짓는 일은 모르다십히 지내엇다. 이 손으로 보아 어머니의 고생이 어쩌한 것을 병호는 짐작하엿다.

『순영아! 밥이란 그만두렴. 긔차 속에서 먹고 왓다.』

『그래도 조금 자세요. 벤도밥 그것이 얼마나 된다고 상 찬아드세요.』

『나종에 시장하거든 먹자쿠나.』

하고, 병호는 다시 닐어섯다.

건너방으로 건너와서 의복을 밧구어 입엇다. 옷을 다 입고나자 순영이가 반가운지 슬푼지 알 수 업는 표정으로 들어왔다.

—(5), 『매일신보』, 1931. 10. 7

귀국 (6)

방안으로 들어온 순영이는 병호를 바라보고 문 아페 우둑허니 서잇다.
『안즈럽우나.』
하고, 병호는 순영에게 자리를 권하얏다.
순영이는 아무 말업시 안젓다. 눈에는 눈물이 글성〈 해 보이엇다.
병호는 누이동생의 초연(悄然)한 태도가 몹시도 가엽섯다.
『어째서 서울로 이사 온 지 너는 알겟지?』
병호는 물엇다. 이사 온 까닭을 모르는 것은 아니엿지만, 자긔의 상상보다 더 자세한 이야기가 듯고 십헛다.
『그러한 사정 이야기는 래일 조용한 째에 들으시고, 오늘 저녁에는 피곤하실 터이니 편히 주무서요.』
순영이는 오래 집을 써나 잇든 옵바를 맛나고 보니, 눈물겨운 여러 가지 집안 사정 이야기를 하소연하고 십헛다. 그러나 려행으로 몸이 몹시 피곤하여 보이는 옵바의 마음에 쏘다시 괴로운 생각을 주는 것이 돌이어 미안한 생각이 낫섯다.
『그건 걱정 말고, 자세한 이야기를 좀 들려다우. 대관절 어쩌케 된 셈이야? 집안 꼴을 보니 아주 말이 아니로구나.』
병호는 눈으로 본 걱정을 귀로 듯지 안는다 하야 그것을 이즐 수는 업섯다. 들어보지 안을수록 그 걱정이 더욱 커지는 것 가티 생각되엇다.
『그건 아부지쎄 자세히 엿주어 보서요.』
『물론 아부님께도 엿주어 보겟다만, 우선 너도 아는 대로 말을 해다오.』
병호는 순영의 겨트로 밧작 갓가히 왓다.
『이러케 된 이상 지난 일을 들어서 무얼 해요.』
『그건 그러치도 안하. 갑갑하구나…….』
병호는 순영이가 집안 탕패한 리유 말하기를 쓰려 하는 만큼 더욱 듯고 십헛다.
『아버지가 너무 사람이 조코 후덕해서 요러케 되엇지요.』
『후덕한 사람이 모다 이러케 될라서야 어데 이 세상에서 사람이 살 수 잇겟늬?』

『못 살게 되니까 요지경이지요.』

『대관절 집안 량식거리라도 남앗늬, 안 남앗늬?』

『량식거리가 잇스면 이러한 밥장수를 하겟서요? 인제는 집도 터도 업는 거렁뱅이가 되엇답니다.』

병호는 가슴이 압헛다. 이것은 정말 상상한 바 이상 참혹한 말이다. 그래도 량식거리는 좀 남앗슬 것으로 알엇섯다.

병호네 집은 수원읍이엇섯다. 집 형세는 밧갓소문으로 천석을 밧는다 하얏지만, 실상은 륙백석을 넘기지 못하얏다. 현금을 만히 가젓다고 세상이 쏜한 써들엇지만, 실상은 그러치도 못하얏다. 거저 돈 천원이나 가지고 잇슬 뿐이엇다. 어쩌케 되엇든 외문에 천석군이오, 현금을 만히 가젓다 하니 수원 가튼 지방에서는 재산가인 동시에 세력가이엇섯다.

그는 관청 교제도 하고, 민간의 사업에 참예도 하엿다. 지위를 보전하고 명망을 유지하기에 그의 가진 재산은 그러케 넉넉한 편이 아니엇다. 본래 후덕한 만큼 다른 사람의 딱한 사정을 들으면 그대로 잇지를 못하얏다. 어려운 친구가 사정을 하면 다소간이라도 수응을 하지 안코는 마음이 괴로움을 견대지 못하엿다. 그는 친구를 위하야 은행, 금륭조합, 고리대금업자에게 차금의 보증을 선 일이 퍽으나 만하엿섯다. 몃 백원 몃 천원은 물론이오, 몃 만원까지 보증을 선 일이 잇섯다. 그 가운데에는 손해를 끼치지 안는 신용 잇는 이도 업는 것도 아니지만, 흔이는 재판을 하느니 지불명령을 하느니 하야 매우 귀찬한 경우를 당할 뿐아니라, 어쩌한 째에 그 빗을 물게 되엇든 것이다. 이러한 경우를 당할 째마다 차용증서에 보증으로 도장친 것을 후회하얏디만, 다른 사람이 다시 와서 그러한 청구를 하면 이것을 단연히 거절해 보지를 못하얏다. 이러하는 동안에 가산은 작구 치패하기 시작하얏다.

―(6),『매일신보』, 1931. 10. 8

귀국 (7)

집안 형세는 날마다 글러가도 지금까지 지니고 내려온 김 참사ㅅ댁 명성을 일허버리기는 실헛다. 병호를 동경으로 류학을 보내게 될 때도 벌서 수습할 수 업게 집안은 기우러젓다. 그러나 병호의 아버지는 최후까지 버티엇다. 주야 생각이 어쩌케 하면 이 기우러진 형세를 다시 바르게 붓잡아 볼가 하는 것이엇다. 재산과 부채를 비교하면 부채의 편이 물론 만핫섯다. 얼은 발에 오줌 누기로 급한 곳의 빗을 청장하기 위하야 다른 새 곳에서 고리를 엇게 되엇다. 이 빗을 갑는 때는 쏘 다른 빗을 엇게 되엇다. 결국 빗으로 빗을 갑흐니 그 동안에 늘어가는 것이엇다. 그러나 정말 백만장자의 살림이라도 그러한 상태가 되면 오래 유지하기는 도저히 어려운 일이다. 겨우 륙칠백 석 밧는 중산게급 정도의 병호 집은 더 말할 것도 업시 집으러젓다. 가산집물까지 집행을 당하게 된 비참한 경우에 니르니, 병호의 집은 아주 탕진되엿다 하야 날마다 차저오든 걸인의 무리도 그 집 문 박글 그대로 지나게 되엇다.

　그러나 일시는 일군(一郡)을 울리다십히 지나든 병호의 집이라 그래도 어느 구석에인지 약간의 남은 것은 잇섯다. 파산선고를 당하다십히 된 오늘에 약간 남은 것으로 자긔의 일흔 위신을 고을 안에서 다시 어들 수는 매우 어려운 일이엇다. 누구누구니 하고 한 고을에서 써들려 지내는 이는 돈밧게 그래도 다른 평범한 사람과는 족음 다른 곳이 잇는 것을 미더 왓섯다.

　그리하야 수원 안에서 김 참사ㅅ집이라 써들어주는 것은 돈의 힘보다 인격의 힘이 만흔 것 가티 스스로 미더 왓섯다. 사실에 잇서서 병호의 아버지는 사람이 후덕한 만큼 인심을 일치 아니 하야 세상ㅅ사람이 인격자로 보앗슬는지 알 수 업스나, 가젓든 재산이 업서지고 보고 인격자의 표준이 하루아침에 변해버리고 말앗다. 한참 동안 다른 사람을 위하야 재산을 내던지는 그때—그리하면서도 아즉 재산의 여유가 잇는 그때에는 참으로 후덕한 분이라고 한 고을 사람들은 칭찬을 바치엇다. 그리다가 다시 닐어날 수 업는 최후의 파산선고를 밧게 되니 병호의 집을 동정하는 사람보다 조소하는 사람이 만하젓고, 후덕하다는 찬사는 바보로 변하얏다.

　그러나 병호의 아버지는 비롯오 세상은 안 것 가티 너무나 천박한 인심을 원망도 하얏스나 때는 이미 느젓섯다. 그러나 족음도 마음에 붓그럽지는 안햇다. 병호의 공부를 계속 시키지 못하는 것이 무엇보다도 마음 아픈 일이엇다.

병호의 아버지는 생각다 못하야 수원을 쓰기로 하얏다. 전날 잘 사든 째와 탕패된 오늘의 자긔네에 대한 사람들의 태도가 달라진 것을 미워할 리유도 업섯지만, 그래도 잘 사든 곳에서 전날 굽실거리든 사람의 거만한 것은 참아 당할 수 업섯다. 찰아리 모르는 사람에게 창피를 당할지언정, 이 고을에 그대로 안저서 눈쏠 들던 일은 볼 수 업다 하야 약간 남은 것을 정리하야 가지고 서울로 올라왓섯다.

서울로 올라오기는 하얏지만, 쏘한 별도리가 업섯다. 생각다 못하야 려관업을 시작하얏다. 이와 가튼 가정의 파멸이 단시일에 일허난 것은 아니지만, 그 동안에 집안 사정을 도모지 일너주지 안헛다. 그 리유는 공부하는 자식에게 마음 상할 소식은 일러주지 안는 편이 돌이어 낫다는 것이엇다. 최후까지 어쩌튼지 병호의 공부만 게속케 하겟다는 아버니다운 생각에서 나온 일이엇다. 그러나 경성에 와서는 어찌할 수 업서 좌우간 집안 형편이 이러케 된 이야기라도 해보자고 병호를 동경에서 불러낸 것이다.

—(7), 『매일신보』, 1931. 10. 9

귀국 (8)

속히 나오라는 아버지의 편지를 바들 째에, 병호도 즉각적으로 집안 사정이 절박하야 그러함인 줄 알엇다. 그러나 누이동생의 말과 가티 이러케 거렁뱅이 살림이 되엇슬 것은 참으로 상상 박이엇다. 병호는 한참 아무 말도 업다가,

『량식거리도 안 남앗서…….』

하고, 동생의 말을 의심하는 것 가티 물엇다.

『잇기는 무엇이 잇겟서요.』

병호는 아무 말도 업섯다. 동경에서 이러한 집안의 자세한 사정도 모르고 갓금 가다 학비 아니 부처준다고 앙탈하는 편지를 한 일이 뉘우처젓다.

『집안 형편이 이러케 되도록 아무 말슴도 일너주시지 안코, 필경 꼿장을 보고 불러내시니 정말 싹한 일도 만쿠나.』

『아부님 생각은 걱정거리를 공부하는 옵바에게 알리기 실허서 그러케 한 게지오. 듯고 보면 공부에 방해가 물론 되겟지오.』

『그도 그러하겟지만, 터무니업시 공부를 어쩌케 계속 하늬? 차라리 생활하기 위해서 좀 노력해 봐야 할 걸 그랫구나. 너도 싹한 아이지. 왜 집안 사정을 알려주지 안햇늬?』

『걱정 될 편지는 절대로 말라고 아주 엄명을 내리섯답니다. 아부지 명령인데 어쩌케 합니싸?』

병호는 가슴이 메어질 듯이 슬펏다. 아버지는 골난을 격거 가면서도 아들의 학비를 쓰치지 안코 보내주엇섯다. 부모가 아모리 자식을 사랑한다 하드라도, 이러케까지 하기는 그대지 용이한 일이 아니엇다. 부모마다 다 그러케 할일은 못 되엇다. 자식에게 걱정을 끼칠가 하야 집안 형편도 알려주지 안는 아버지의 마음이 얼마나 아펏슬 것인가. 족으마한 힘이라도 잇고, 쏘는 장래에 실낫가티 가느다란 희망이라도 잇섯드면, 이와 가티 자긔를 학창에서 불너내지는 안엇슬 것이다. 집안살이가 절대절명의 경우에 림박한 것을 알 수가 잇섯다.

『참으로 고마우신 아버지시다.』

병호는 혼자ㅅ말로 중얼대엇다.

『근심하실 것 업서요. 오늘은 편히 쉬고, 래일 쏘 말하지오.』

영숙이는 옵바가 너무 걱정하는 듯해서 말을 중지하랴는 뜻이엇다.

『이러케 된 것을 말만한들 무슨 소용이 잇겟스만, 모르고 답답하구나. 네 말 듯지 안해도 대강은 짐작이 된다. 그러면 나는 목욕이나 좀 하고 오겟다.』

하고, 병호는 가방에서 목욕긔구를 들고 외투만 걸치고 방문 밧그로 나왓다.

『너 어데 가늬? 밥도 안 먹고…….』

어머니와 아버지는 큰방 문을 열고 머리를 내밀고 합창을 한다.

『차중에서 저녁은 사 먹엇서요. 걱정 마세요.』

하고, 병호는 대문 박그로 천천히 걸어나왓다. 려인숙 문패가 다시 바라다뵈엇다. 려관집ㅅ아들로 동경 류학이 어쩐지 몸에 맛지 안흔 의복 가튼 생각이 낫다. 늙은 부모가 밥을 팔아서 아들의 학비를 대일 형편도 물론 되지 못할 일이지만, 설혹 된다 하드라도 자긔로서 안연히 바들 수 업다는 생각이 새 려관 문패와 가티 새로워젓다.

병호는 공평동 좁은 길로 머리를 숙이고 천천히 걸어나왓다. 종로에서 흘러 드러오는 야시의 잡음은 마치 인생 지옥에서 살려달라는 애걸과 가티 들리엇다. 선술집에서 흐터저 피어나는 음식과 술 냄새는 이 생을 저 생으로 인도하는 마취약 가티 코를 찔넛다. 여긔가 경성의 중심인 종로뒤ㅅ 골목이다. 이러케 표리가 부동한 도회가 어느 나라에 잇슬 것인가. 한 걸음 압 큰길에는 아스팔트가 쌀리고, 한 발자국 뒤에는 오줌과 진흙이 굴르지 안는가. 압길에는 자동차 전차가 살 가티 달아가고, 뒤ㅅ길에는 목로술에 취한 주정뱅이의 비틀걸음이 어지럽지 안흔가. 이러한 경성의 무엇이 그리워서 차저왓슬까. 사람이 그리워서 그리하엿슬 것인가. 사람을 쓰더서 주린 배를 채울가 하고 올라온 것이다. 그런 생각으로 갖고 올라오기는 하얏지만, 장래에 창자 주리지 안흘 것을 누구가 보장할 것인가.

모든 생각에 정신이 어지러워젓다. 그러나 발은 긔계적으로 움직이어젓다.

『여보게, 김 군 아닌가?…….』

하는 소리가 쌈하게 들리엇다.

—(8), 『매일신보』, 1931. 10. 10

귀국 (9)

병호는 처음에는 자긔의 귀를 의심하얏다. 쏘한 불른 소리가 분명히 김 군이라 할지라도, 자긔 압을 선 사람이 김 군인지 뒤를 딸하온 사람이 김 군인지를 누구가 알 수 잇슬 것인가. 뒤도 돌아다보지 안코 천천히 걸엇다.

『김 군! 이게 오랜만일세. 웬일이야?』

하고, 억개를 탁 치는 사람이 잇다.

병호는 깜작 놀라서 고개를 돌리엇다. 병호는 두 번채 놀랏다. 일년 동안이나 소식이 업든 친구 최민(崔敏)이가 서 잇섯다. 병호는 무의식적으로 민의 손을 잡앗다.

『이게 웬일인가?』

『이게 웬일인가?』

놀란 얼굴은 반가워하는 표정으로 변하얏다.

이 최민이는 동경 한 하숙에서 친하게 지내든 벗이다. 그는 미술학교에 다니엇다. 머리를 기다라케 길러 귀를 덥게 하고, 천주교 신부 쓰는 것 가튼 검고 납작한 모자를 뒤로 재처 쓰고, 만도를 목에 걸어 뒤으로 재치고, 국다란 단장을 끌고 나서면 아주 전형적 미술청년이엇다. 그러나 최가 그림 그리는 것을 본 친구는 별로 업섯다. 더구나 그의 작품을 어더 본 사람은 하나도 업섯다. 잇다금 스케취를 한다고 칸파스를 메고 동경 야외로 나가는 일이 잇섯스나, 한 자리를 잡고 안저서 채필(彩筆)을 움직이는 것을 본 일이 업섯다. 그는 괜히 벅스를 메고 단일 뿐이엇다. 그리하야 어쩌한 째에는 친구들이

『자네 뭘로 해서 미술가라고 하나?』

하고 물으면,

『나는 미술가는 아니야. 미술비평가야……』

하고 웃엇섯다.

자긔가 미술비평가로 자처하는 만큼 그가 작품을 평할 째나 작가를 평할 째는 제법 귀를 기우려 들을만한 말도 업지는 안햇섯다.

『자네도 미술 공부를 사오 년이나 하면 친구의 방에 그림이나 한 장 걸어주어 보게.』

짐짓 놀리면,

『마음에 드는 작품이 어대 잇서야 들이지?』

하고, 최민이는 가장 작품을 만히 가진 것 가티 대답하얏다.

『아무거나 조흐니 하나 주게. 그러지 말고.』

친구가 이러케 말하면 최민이는 시침이를 짜고,

『내 맘에 들지 안는 작품을 귀한 벗에게 어찌 바칠 수 잇나?』

『자네 맘에 안 들어도 내 맘에 들으면 그만 아닌가? 하나 보내주게…… 화포와 책색갑은 내가 낼 터이니까…….』

『나는 성미가 본래부터 까다루어워 내 맘에 맛지 안는 것이면 바로 그 자리에서 처분을 해버리니까 남아 잇는 것이 업스니 미안허이.』

하고 웃엇다.

이러한 쌔에 병호는 죽음도 용서업시

『이 사람이 그림 그리어 본 줄 아나? 눈에다 사진 박으러 왓지. 아마 저 눈 속에 동경의 미인 사진을 박은 것만 해도 수만 명은 될 것일세. 그리고 풍경화 가튼 것은 문제가 안 되네. 라체화라야만 하지…… 마음에 안 들어 그림을 줄 수 업다는 것은 쌀간 거짓말일세. 화포갑과 화구(繪具)갑이 다 어데로 가는 줄 아나? 저 눈요구갑으로 들어간다네…….』

하면, 여러 친구들은 손뼉을 치며 웃엇다.

『저 김 군 째문에 미술비평가 쏠닥 망햇구나. 어데 문학청년 김병호 좀 두고 보자…….』

하고, 최는 웃으며 별럿다.

또한 이름이 이상스럽다 하야 최민이가 보이기만 하면,

『야민하고나.』

하고, 친구들은 놀리엇다. 『아이 졸려.』 하고 거짓 코를 고는 친구도 잇섯다.

이것은 최민을 최면으로 해석하야 놀린 것이다. 어찌 되엇든 병호의 친구 사이에는 엇지 못할 한 명물이엇다. 그러하든 최민을 뜻밧게 만나게 되니 병호는 반갑기가 짝이 업섯다.

『자네 목욕 가는 것을 보니, 어대 댁이 이 근방에 잇는 모양일세!』

민은 뭇는다.

『응. 이 근처에 잇서…….』

병호는 자긔집으로 데리고 가서 이야기나 난홀가 하얏스나, 첫재 좌석이 맛당치 못할 뿐 아니라, 려관업 하는 처참한 광경을 오래 간만에 맛나니 친하고도 실업슨 친구에게 보여주고 십지 안햇다.

—(9), 『매일신보』, 1931. 10. 11

귀국 (10)

『오래 간만이니 이야기나 좀 하세.』

병호는 잠간 생각하다가, 민의 손을 끌엇다.

『참 반갑군 그래.』

민은 못 이기는 체하고 끌리어 갓다.

병호는 족으마한 끽다점을 차저 종로 네거리로 두어 번 오르내렷스나, 조용한 곳은 업는 것 가탓다.

민은 차스집을 찻지 못하는 것을 민망하게 녁이엇다. 그리하야 이번에는 끌려온 민이 병호를 인도하야 족으만 한 카페로 들어갓다. 그들은 한편 구석에 자리를 잡고 차를 청하얏다. 맨대가리에 우장외투를 걸치고 목욕 긔구를 손에 든 병호를 녀급들은 유심하게 바라본다. 민은 이 카페에 자조 다니는 것 가타서 여자들이 최 선생이라 하고 반가히 와서 인사를 들인다. 민은 모자를 뒤으로 벌덕 재처 쓰고 담배를 피워 공중으로 날리며 겨트로 오는 게집들에게 농담을 걸친다.

『동경 시대의 민이나 경성 시대의 민은 족음도 변하지 안햇군 그래…….』

하고, 병호는 웃엇다.

『그건 속 모르는 말이야. 경성 시대의 최민이는 아주 죽을 지경일세……. 농담 한 마듸 변변히 바더줄 줄 모르는 병신 가튼 녀성들만 보고 지나니, 아주 심심해 못 견듸겟서…….』

하고, 민은 웃는다.

겨테서 안젓든 녀자의 얼굴빗이 족음 변해지며,

『바들 농담을 해야 바더주지. 쓸대업는 잡소리만 하니, 그걸 누가 말대구하구 잇서요?』

하고, 항의를 제출한다.

병호는 그 동안 지난 이야기를 서로 듯고 들려주자는 것이 괜히 쓸대업시 농당직어리러 들어온 것 가타서 족음 불유쾌하엿지만, 민이 실업시 굴고 안진 이상 별도리 업섯다. 아무 말도 업시 거저 바라보고 안젓슬 쑨이엇다. 아무 말업시 잠잣고 안즌 것이 녀자의 맘에 들엇든지, 민의 겨테 안젓든 이십 사오세 되어 보이는 녀급이 병호의 동정을 살피고 안젓드니,

『저긔 안즌 저 선생님 가티 좀 점잔히 안저 게세요.』

하고, 민의 등을 힘껏 째리고 방긋 웃는다.

그 녀자는 어대인지 족음 교양이 들어보이엇다. 얼굴에는 그러케 회스박을 씨우지 안햇건만, 대리석 가티 희고 투명하여 보이엇다. 몸이 그러케 후리후리해 보이지 안햇지만 그래도 날신한 맛이 잇고, 다리 가튼 것은 몃 만원 보험 부치엇다는 서양 녀배우를 련상할 만큼 여엽벗다. 그리고 청초하게 양장을 차리엇다. 물론 단발이엇다. 웨이브를 맨들지 안코 기름을 곱게 발러 뒤으로 잭기고 다시 귀 미트로 그 씃을 내민 것이 미국 영화 녀배우 그레타 가보 양 비슷하얏다.

병호는 저 녀자와 민의 사이는 그러케 범연치 안흔 것을 짐작하얏다. 차 두 잔에 저러케 부터 안는 것이 벌서 심상치 안흔 증거라구 생각하얏다.

등을 어더 마즌 민은 상을 찡그리며,

『재롱도 귀찬하니 좀 저리로 가오. 비밀한 이야기가 잇스니…….』

하고, 의자에서 잡아일으키엇다.

녀자는 얼골에 족음 무안스러운 듯이 자리를 써낫다.

『김 군! 내 생활은 어대를 가든지 요모양이니, 이것 참 큰일일세……. 그리고 저 녀자가 누군 줄 아나? 서울 극게를 한참 동안 울리든 녀배우 신영애(申英愛)일세…….』

민은 흥미 백 퍼센트를 가지고 말하얏스나, 병호는 그대지 흥미를 늣기지 안햇다.

『그건 그러타 하고, 최 군은 지금 무엇을 하고 잇나?』

병호는 화제를 근본으로 돌리엇다.

『나 말이지. 허는 게 뭐야. 그럭저럭 놀고 잇네…….』

병호가 진정으로 뭇는 말에 민의 얼골도 약간 정색된 것이 보이엇다.

『아무 것도 하지 안코 놀기가 싫증나쟌튼가?』

병호는 여전하게 락천적 개성을 가지고 지나는 민이 부럽기도 하얏다.

『자미잇게 일평생을 놀고 지날 수만 잇다면 놀아도 보겟지만, 노는 것

가티 고통이 되는 일이 어데 잇단 말인가. 정말 죽을 지경일세…….』

말이 여긔에 니를 째에, 주정군 한 패가 문 압헤서 야료를 하면서 들어왓다.

—(10),『매일신보』, 1931. 10. 12

혼담 (1)

혜영이는 정거장 출구에서 작별한 병호를 자동차 뒤ㅅ창문으로 발견하고 손을 흔들어 또다시 작별케 된 것이 어느 로맨틱한 영화장면 가타서 속으로 웃엇다. 자긔가 역시 이러한 영화를 실연한 것인 듯한 생각도 업지 안햇다. 겨테 안젓든 친구 영숙이는 두 남녀의 태도가 넘어나 정도에 넘치게 친밀한 것 가타서, 이번 돌아온 혜영의 신상에 일대파란이 닐어나지 안흘가 하는 예감이 나서 몹시 그의 몸이 근심되엇다. 그리하여 자동차가 남문 안에 들어설 째에 운전수에게 들리지 안흘만한 나직한 목소리로 물엇다.

『앗가 그 청년이 누구야?』

『길동무야. 그이와 동무가 되어서 아주 심심치 안케 왓서…… 아주 퍽 순진해 보이지…… 그런데 낫븐 의미로 보면 바보도 가타…… 호… 호….』

하고 소리를 놉혀 혜영이는 웃엇다.

『본래 아는 이로 길동무 되엇단 말인지, 처음 맛난 이란 말인지 잘 알 수 업는 걸요.』

영숙이는 속을 쩌보랴고 물은 것이엇다.

『긔차 중에서 우연히 맛나서 친하게 되엇서. 아주 로맨틱하지? 호 호…….』

혜영이는 긔탄 업시 말하고 웃어댄다.

영숙이는 혜영의 엽구리를 슬적 찔르며,

『운전수 들어요.』

하고, 눈을 흘겨 썻다.

『들으면 어째…… 사실 잇는대로 우리끼리 말하는대 별걱정을 다하는구려.』

이러케 말하는 혜영의 목소리는 한결 더 놉핫다.

자동차는 조선은행 압흘 지낫다. 본정 들어가는 어구와 남대문통 일대에 늘어 서잇는 여러 상점의 일루미네숀과 네온사인은 밤 경성을 아름답게 장식하얏다. 새로 난 여러 쩨파트는 무엇보다도 혜영에게 한 쇼크를 주엇다.

『아주 경성도 이제는 훌륭해젓구먼…… 한 해 동안 아니 보는데 퍽도 변햇서…….』

『그야 날마다 변해 가니까 여러 해 전을 생각하면 텬양지차가 잇겟지…….』

영숙이도 짤려 이러한 대답을 하얏다.

눈을 휘둘러 창 밧그로 이곳저곳 발아보는 동안에 자동차는 종로 네거리를 지낫다. 야시의 소란한 소리를 왼편 귀에 들으면서 쏘다시 혜영이는 입을 쎄엇다.

『대관절 어머니의 병 핑게까지 해 가지고 나를 불러내는 까닭을 동생은 알겟지? 알거든 좀 닐러주어요.』

혜영이 생각에는 필연코 자긔 일신상에 중대한 문제가 닐어낫슬 것으로 상상은 되엇지만, 구체적 무엇이 잇는 것을 듯고 십헛다. 일신상 큰 문제라면 물을 것도 업시 결혼 문제일 것이다. 학비를 대일 수 업서 학업을 중지시킬 경우는 절대로 업슬 것이다. 만일 결혼 문제가 낫다면, 나의 의사를 한 번은 서신으로라도 물어보는 것이 일의 순서일 것이다. 그러한데 어둔 밤에 홍두개 노키로 헛전보를 처서 불러내는 것을 보면, 그 리면에는 중대한 사정이 분명히 들어 잇는 것은 넉넉히 알 일이다. 이러케 중대한 듯한 생각이 날스록 혜영이는 궁금증이 난 것이엇다.

『그러케 알랴고 애쓸게 뭐야요? 오늘 저녁에는 다 알 일인데. 그러고 경사스러운 일은 아니지만 아마 사단이 퍽으나 잇나 봅데다…….』

하고, 영숙이는 의미잇는 것을 말하얏다.

혜영이도 다시 그 문제에 대해서 입을 벌리지 안햇다.

원남동 혜영이 집 압헤 자동차가 설 째는 가을 짧은 해는 아주 점으럿다.

집에 들어서며 혜영이는 자긔 집 생활양식이 아주 일변한 데에 아니 놀랄 수 업섯다. 전연히 조선 구식이든 것이 양식을 절충하야 응접실과 침실까지 따로 잇섯다.

전 가트면 마당으로 들어서며 어머니나 아버지를 불럿슬는지 알 수 업섯다. 그러나 오늘에는 문 압헤 먼저 전령(電鈴)을 눌럿다. 어머니나 아버지가 나오지 안코 조고마한 게집아이가 나왓다.

그 뒤를 짤하 병들엇다는 어머니가 나왓다.

혜영의 두 손을 붓들고 눈물이 날 듯이 반겨하드니, 손을 끌고 안방으로 들어갓다. 양식으로 단아하게 꾸미여 노흔 방이다.

―(11), 『매일신보』, 1931. 10. 13

혼담 (2)

『경사스러운 일은 아니지만, 아마 사단이 퍽으나 잇나 봅데다.』하든 영숙의 말이 집안 살림이 일변한 것을 보매, 혜영에게는 더욱 의미 깁게 생각되엇다.

『이게 너 거처하라고 맨드러 둔 방이다.』

어머니는 짤의 환심을 사랴는 것처름 생색을 내인다.

『오래 잇지도 안흘 터인데, 이러케 조흔 독방을 차지할 게 뭐야요?』

혜영이는 자긔 어머니가 권하는 의자에 걸어안즈며 사양하듯 말한다.

『멧칠이 되엇든 잇는 동안은 그대로 편히 잇서야 하잔늬? 영숙아! 너도 날마다 좀 놀러 오렴으나.』

륙십이 넘은 어머니지만, 아직도 그러케 머리털도 히지도 안햇다. 얼굴의 혈색이 오십 여세밧게 아니 되어 뵈이엇다.

『영숙이! 이리 안저…….』

하고, 혜영이는 경숙에게 의자를 권하얏다. 그도 안젓다.

『어머니 병환이 대단하시다드니, 괜챤흐세요?』

하고, 혜영이는 물엇다.

집에 돌아와서 늙은 부모를 만나보는 것이 한 깃붐이 아닌 것은 아니지만, 거짓 전보를 처서 사람을 놀래게 한 것을 생각하면 조금 원망스럽지 안흔 것도 아니엇다. 그리하야 비쏘아 물은 것이엇다.

『내가 병이 낫다고 어데서 그런 말을 들엇늬? 병이란 다 뭐냐. 암스랑 챤케 지냇는데…….』

혜영의 어머니는 전보 사건에는 아무러한 관계가 업는 것 가티 뵈엇다. 혜영이는 모르는 어머니를 작구 추궁할 수 업섯다.

『아버지는 어데 가셋서요?』

혜영이는 물엇다.

『저녁 째 어쩐 손님허고 어대 가시는 것 갓더라. 정거장에 안 가셋드냐?』

하고, 어머니는 도리어 뭇는다.

『아버지는 아주 납버요. 헛전보질을 해서 사람을 오래만 노코 그대로 어데 가버리셋서요.』

어쩐지 형세가 좀 위험하다. 겨테 잇든 영숙이는 예상되는 가정풍파에 좀 미안한 생각이 낫든지 자리를 사양하고 나갓다. 혜영이는 어머니와 하든 말을 중지하고 영숙이를 현관에까지 나가서,

『영숙이, 오늘은 용서해, 응? 그러고 래일 석양엔 꼭 좀 와주어요.』

한 마디 인사로 보내엇다.

혜영이는 뒤쌀하 온 어머니와 함쯰 다시 자긔방으로 도라왓다. 아무러한 사정도 모르는 자긔 어머니만 졸라대는 것이 미안한 생각이 낫다. 그리하야 화제를 돌리엇다.

『이 집은 언제 이러케 고치섯서요? 어머니!』

『얼마 되지 안는다. 바로 지난 달 금음이란다.』

펭키와 풀냄새가 아즉도 코를 찔럿다.

『그 전은 어째서 이러케 고츠섯서요? 아버지도 참 싹하세요. 이러케 재게공황(財界恐慌)한 시절에 집만 고치시고, 돈이 퍽 만히 들엇겟지요?』

하고, 혜영이는 다시 방안을 둘러보앗다.

『누가 아늬? 네 아버지가 하시는 일은…… 짠돈이 날 데도 업는데, 이새는 돈을 물 쓰듯이 하시니 참으로 걱정이다. 멋 천이나 하는 것을 막 썰어먹기로 작정하시는 모양이니 참으로 걱정이다.』

이제는 어머니가 딸에게 하소연을 하게 되엇다.

혜영이는 자긔 아버지가 의외의 돈을 만히 쓴다는 것과 어머니의 병을 팔아 자긔를 불러 내온 것을 련락하야 생각하면, 거긔에는 반듯이 어쩌한 자긔의 일신상 문제가 들어 잇다고 생각하얏다. 아무 것도 모르는 어머니를 졸라대는 것보다, 직접 아버지를 만나 들어보는 것이 조흘 듯하야

『어머니! 이런 이야기는 래일 하지오. 옷도 갈아입고 목욕도 좀 하야 하겟서요.』

하고, 가방을 열랴고 닐어섯다.

『암 그래야지. 목욕간에 물도 데워 노코 햇스니, 어서 가보렴우나. 그리고 갈아입을 옷도 여긔 잇다.』

하고, 어머니는 양복장에서 눈이 부시도록 번적이는 비단 의복 한 벌을 내노앗다. 모도가 입은 기억이 업는 새 옷뿐이다.

혜영이는 어쩐 영문인 줄을 몰랏다.

—(12), 『매일신보』, 1931. 10. 14

혼담 (3)

혜영이는 목욕을 대강 마친 뒤에 자긔 방으로 돌아왓다. 비단 새 의복이 체경 압헤서 기다리고 잇다. 그러나 혜영이는 그 옷을 입지 안햇다. 부모가 자식을 위하야 맨들어 준 의복으로는 넘우나 화려하얏다. 만일 자식을 위하야 이러한 의복을 입히랴고 생각하얏다 하면, 이것은 정말 자긔 부모의 망녕이라 아니 할 수 업섯다. 화류계의 녀자나 그러치 안흐면 부자ㅅ집 첩덕이들이나 입을 의복이오, 행세하는 신녀성이나 점잔한 가정부녀로는 목에 걸치기 어려운 것이엇다. 이 의복 가운대에는 필연코 무슨 까닭이 들어 잇는 것이라 하얏다.

얼굴에 화장을 고치는 동안에 게집애 하인이 홍차와 과자를 들고 들어와서 책상 우에 노코 가만히 나간다. 자긔 집에 목욕간도 업섯거니와, 목욕 맛친 뒤에 홍차까지 대령하는 것은 전후에 업든 일이다. 일년 동안에 생활양식이 이러케 변할 줄은 짐작도 못할 일이엇다. 이것은 아모리 생각하야도 자긔 어머니나 아버지의 의사에서 나온 일은 아니엇다. 만일

자긔의 부모가 일시의 호화로운 생활을 모방하야 생활의 형식을 변한 것이라면, 어쩌한 곳에서든지 구식 사람의 머리에서 나온 것이라 할만한 미흡과 불완전이 잇슬 것이다.

그러나 신식으로는 섯툴다 할만한 것을 아무 것도 발견할 수 업는 것을 보면, 이 집의 생활양식이 변경된 그 리면에는 반듯이 어쩌한 리유가 들어 잇슬 것 가탓다. 이러케 생각하니 어쩐지 의자에 안기도 불안하얏고, 침대에 눕기도 불안하얏다. 차를 마시어도 목구멍을 잘 넘어가지 안햇다. 더구나 일음 몰을 찬란한 의복을 몸에 걸칠 생각을 하니 몸이 쏩빗하얏다.

려행에 부댓긴 몸이 목욕을 마치고 나니 사지가 느러저서 피곤을 더 늣기엇다. 그리하야 침대 우에 잠간 몸을 비껴 누엇다.

겻방 응접실에서 무언가 수군거리는 소리가 나드니, 어머니가 쏘아를 열고 고개만 듸밀면서,

『혜영아! 이리 좀 나오너라.』

하고 불른다.

혜영이는 침대에서 몸을 니르키엇다. 어머니는 혜영의 가라입은 의복이 자긔의 준 것이 아닌 것을 이상하게 생각하얏든지, 쏘아를 뒤으로 잠그고 방안으로 들어서며 나직한 소리로,

『이애! 의복이나 좀 깨끗한 걸 입지. 저게 뭐야…… 저걸 입으렴우나.』

하고, 체경 압헤 노흔 의복을 가르치엇다.

『이건 어쩐가요. 잘 자리에…… 몸이 고되니 그대로 자겟서요.』

혜영이는 자긔를 불러내어 다른 사람에게 소개하랴는 뜻을 짐작한 싸닭에, 짐짓 예방선을 펴본 것이다.

『밥도 안 먹고 자다니…… 그리고 너의 아버지가 지금 들어오셋다. 가 뵈야지…….』

하고, 어머니는 응접실로 나아가기를 재촉한다.

혜영이는 하는 수 업시 옷맵시를 족음 고치고 머리를 훔치린 뒤에 어머니 뒤를 쌸하 응접실로 들어갓다.

응접 원탁을 가운대에 두고, 주객이 마주 대하고 안젓다. 문을 향하야 안즌 이는 아버지요, 혜영이가 들어오는 편을 바라보고 안즌 이는 손님

이다. 아버지는 벌덕 니러서며,

『잘 왓다. 이 자식아! 써날 째에 전보나 치고 오지, 부산씀 와서 긔별이 잇슬 줄 알앗구나.』

이러케 혜영이에게 말하고, 이번에는 건너편에 안젓는 손님을 향라야

『리 군! 이 아이가 내 짤일세. 잘 지도해주게……..』

말하고는, 다시 혜영을 향하야

『리 군은 지금 청년 실업가로 남성은행 전무로 게신 분이다. 그러고 다년간 미국에서 경제학을 전공해서 학위까지 어더 가지고 오신 분이다.』

하고, 소개를 한다.

청년 신사는 황송한 듯이 머리를 숙이여 인사를 한 뒤에, 다시 의자에 걸어안는다.

『혜영아! 너도 좀 안즈렴우나.』

하고, 아버지는 의자를 권한다.

혜영이는 마지 못하야 권하는 의자에 걸어안젓다.

청년 신사는 차를 마셔가며 겻눈으로 슬적〱 혜영이를 본다.

혜영이는 불유쾌한 긔분 그대로 하면 곳 쒸어나왓슬는지도 알 수 업섯다.

―(13), 『매일신보』, 1931. 10. 15

혼담 (4)

목욕이 씃나서 얼마큼 상긔된 혜영의 얼굴은 더욱 어엽벗다. 죡음 피로한 긔운의 나타난 것이 유순한 맛으로 변하야 누구든지 친압할 수 잇는 매력을 하나 더하얏다. 청년 신사의 눈은 혜영에게로 쏠리는 도수가 자저진다. 혜영이는 엇전 짜닭인지 바눌방석에 안진 것 가탓다. 젊은 손님은 남성은행의 전무라 하니 물론 재산가일 것이오, 미국에서 학위까지 어덧다 하니 상당한 지식게급의 사람일 것이다. 그러나 혜영의 눈에는 첫인상이 아주 납벗다. 아무리 보아도 속물이엇다. 죡음도 노불한 점은 업섯다. 나쓰게 말하면 알부랑자로 박게 뵈이지 안햇다.

저 알부랑자 가튼 이가 아무 것도 모르는 순진한 자긔 아버지를 금력으로 매수하야 자긔의 야심을 풀어볼랴는 것이나 안일짜, 이러케 생각하고

보니 얄밉기가 짝이 업다.

　한자리에 오래 안젓는 것이 부지럽는 듯하야 자긔 아버지에게
『고달프니 편히 좀 쉬겟서요.』
　나직히 말하고 의자에서 몸을 닐으키엇다.
『너 저녁 먹엇늬?』
　하고, 아버지는 뭇는다.
『그 애는 아즉 안 먹엇다우.』
　어머니가 혜영의 대답을 가로막는다.
『그러면 우리 좀 나가서 먹어볼가?』
　아버지는 니러나는 혜영에게 권한다.
　친구 대접을 한다고 료리ㅅ집이나 다른 음식점 가튼 곳으로 돌아다니든 것을 욕하고 미워하든 자긔 아버지가 쌀더러 외식을 나가자고 권하는 것이 천만 의외의 일이엇다.
『어쩌면 중늙은이가 맘이 저러케 변하얏슬가? 참으로 긔구한 일도 만타.』
　혜영이는 이러케 조롱하고 십헛다. 그러나 참아 입박게 낼 수는 업섯다.
『저는 아무 것도 먹기 실흐니까 그만 두겟서요.』
　혜영이는 간단한 말로 거절하얏다.
『그러면 무엇을 좀 가져오라고 해볼가? 여보! 청명관으로 전화를 좀 걸어보구려.』
　아버지는 어머니에게 명령한다.
　한참 시절에는 장국밥이나 설넝탕 한 그릇을 사들이어도 말성을 부리든 자긔의 아버지다. 이제 와서는 료리ㅅ집에 음식을 주문하게 되엇다. 혜영이로는 격세의 늣김이 업지 안햇다. 사람 맘의 변하는 것은 한 번 움직이기 시작하면 손바닥을 뒤집기보다 더 쉬운 일이엇다.
　어머니는 초인종을 눌른다.
『저는 아무 것도 먹기 실허요. 아부지가 잡수시랴거든 가저 오라 하시쥬.』
　하고, 혜영이는 그대로 니러서서 자긔 방으로 돌아갓다.
　응접실에는 아버지와 어머니와 청년 신사가 남아 잇슬 뿐이다. 무어라고 말하는 모양이나, 자세히 들리지는 안햇다.

혜영이는 침대 우에 몸을 던젓다. 탄력 조흔 쿠숀 우에서 파무치는 경쾌한 긔분이 피곤하게 된 몸을 편케 할 수는 잇섯스나, 그의 불유쾌한 생각을 깃브게 할 수는 업섯다. 몸이 공중에 떠잇는 듯한 불안을 늣기엇다. 발에 걸치는 새털이불이 부드럽고 짜뜻하기는 하지만, 혜영의 고독한 심사를 위로할 수는 업다. 나뭇가지에 안즌 것 갓고, 사막 우에 누은 듯하얏다. 어머니의 병 핑게를 하고 헛전보를 처서 자긔를 불러내인 아버지의 의사를 분명히 듯기 전에는 그와 가튼 불안한 생각을 도저히 노흘 수 업섯다.

혜영이는 그 리유를 물어보고 십헛다. 침대 우헤서 한참 동안 명상하다가, 응접실 쪼아를 슬그머니 열고,

『아버지!』

하고 불럿다.

—(14), 『매일신보』, 1931. 10. 16

혼답 (5)

아버지는 뒤를 돌아다본다.

『좀 엿줄 말슴이 잇서요.』

혜영의 말소리는 족음 썰리엇다.

아버지는 두말하지 안코 소파에서 몸을 니르키어 혜영의 방으로 들어왓다.

『무슨 말이늬?』

하고, 아버지는 의자에 걸어안젓다.

『아버지!』

혜영의 불르는 소리는 날카로윗다.

『웨 그러니……?』

아버지의 대답은 힘이 적어 뵈이엇다.

『아버지께서 저더러 무슨 말슴이 잇슬 줄 알앗드니, 아무 말슴도 안하시니 웬일이야요?』

『내가 무슨 말을…….』

『그러면 저를 뭘 하러 불러내셋서요?』

『응. 너를 불러낸 리유 말이늬? 그거야 물론 말해야 될 일이지. 그러나 오늘 이 자리에서 말치 안해도 자연히 알 일이다. 오늘은 편히 쉬렴우나. 래일에 말할 터이니, 응…….』

하고, 아버지는 우물쭈물한다.

『어머니는 무슨 병환으로 고생을 하셋서요?』

혜영이는 아버지의 얼굴을 찬々히 바라보앗다.

이버지는 고개를 숙이고 무엇인지 생각하드니,

『너의 어머니가 아무 말도 하쟌튼? 내가 오기 전에 대강 이야기를 한 줄 알앗구나.』

하고, 얼버무리려 한다.

『아무 병도 알은 일이 업다는 말슴은 하셋서요.』

『엇재서 전보하얏다는 리유는 말치 안트냐?』

『전보는 한 줄도 모르시던대요?』

『그래…… 응.』

하고, 아버지는 무엇인지 잠간 생각하드니

『혜영아! 네게다 헛전보한 까닭은 래일 자세히 말하마. 손님도 계시고 하니까, 그래도 관게챤치……?』

우물쭈물 넘기랴고 한다.

『헛전보 치신 리유를 들어서 그러케 유쾌할 것도 업겟지만요, 좌우간 맘에 써리끼는 일은 하루밤이라도 그대로 두면 궁금증이 나서 못 견대겟스니까, 말슴을 시원하게 해주세요, 네? 아버지!』

혜영이는 책상 우헤 두 팔을 올려 노흐며 아버지의 대답을 기다리엇다.

『그러면 손님이 간 뒤에 내 말하마.』

『아버지! 안 되아요. 지금 말슴해 주세요.』

혜영이는 엉석 비슷하게 쏘 졸라대엇다.

『글세. 이러케 조급히 굴 것이 무어냐. 아비 말도 좀 들어야 하지.』

『안 돼요. 대체 젊은 신사 친구를 언제부터 사귀엿서요?』

혜영의 목소리는 족음 놉하것다.

『쉬……..』
하고, 아버지는 손을 흔든다.
『대체 알부랑자를 무엇 째문에 그러케 관대를 하세요?』
혜영이는 일부러 소리를 더 놉혓다. 아버지의 황겁해 하는 것이 더욱 웃으웟다. 혜영이는 소리를 내어 우섯다.
『너는 나ㅅ살이 먹어가도 늘 한 모양이니 큰일낫다. 여나믄 살 째의 버릇을 그대로 가지고 잇구나. 큰일이다.』
혜영이는 무남독녀이엇다. 부모의 사랑이 자긔의 일친에만 모히게 된 만큼 엄격한 가정ㅅ사람이 보면 비웃지 안홀 수 업게 어머니나 아버지에게 버릇업시 굴엇다. 이십 세가 넘도록 그 버릇은 그대로 남아 잇섯든 것이엇다.
『세살의 버릇이 팔십까지 간다고 하지 안해. 수물 두세 살까지 가는 게야. 그러케 괴상할 것 업쟌하요?』
『일본 유학까지 하는 녀자가 아비에게 버릇업시 군다는 것이 말이 되늬? 좀 점잔해야 된다.』
『대체 젊은 은행가가 어째서 아버지 친구가 되엇서요? 좀 말슴 못할 거야 업겟죠?』
혜영이는 아버지의 우물쭈물하는 태도가 몹시도 미운 생각이 낫다. 단도직입으로 사위를 삼으랴는 것이라고 웨 대답치 못할 것인가. 우물쭈물 대답을 속히 하지 안는 그 리면에 아버지의 량심에 무엇인지 꿀리는 곳이 반드시 잇슴을 아럿다. 아버지의 말을 듯기 전에, 자긔의 상ㅅ을 되앗든 못 되앗든 함부로 내노아서 그 안에서 까닭을 차저내는 것이 지금까지 저 청년 은행가와 자긔 집 관계를 아는 데에 한 방편이 될는지도 알 수 업다고 생각하얏다.

—(15), 『매일신보』, 1931. 10. 17

혼담 (6)
『아버지! 웨 아무 말슴도 안호세요? 남성은행 전무라면, 경상도 부자 리춘식(李春植)이 아니야요?』

『어쩌케 해서 알앗늬?』

신호(神戶)에 가서 오래 잇든 자긔 쌀이 리춘식이가 경상도 부자인 것까지 알게 된 것은 죡음 이상한 일이다. 놀라는 것이 무리도 아니엇다.

『조선 사회에서 유명한 분이니까 저라고 몰을라구요.』

놀나서 커다란해진 아버지의 눈이 이번에는 반가워서 실가티 가늘어젓다. 사회에서 유명한 분이라 한 말을 아버지는 혜영이가 그의 명망에 취해서 흠모하는 것으로 지러짐작을 한 까닭이다.

『암 그러코 말고! 청년 실업가로 조선 사회에서 첫 손가락을 꼽는 사람이다.』

하고, 아버지는 안경 넘어로 혜영의 얼굴빗을 삷히며 다시 그 다음 말을 니으랴 할 째에, 혜영이는 말을 내엇다.

『리춘식이는 돈 만키로도 유명하지만, 쪼 하나 유명한 것이 잇쟌해요.』

『무엇…… 양행까지 하고 왓스니까 지식으로 상당한 명망이 잇겟지.』

아버지는 혜영의 뭇는 의사가 어대 잇는지 몰으고 깃버하면서 다시 대답한 것이다.

『지식은 처음 듯는 말 가튼데요? 그것 외에 쪼 하나 유명하쟌해요.』

아버지는 두리번두리번하며,

『글세. 쪼 하나 유명한 게 뭔가?』

혼자 중얼거리듯 대답한다.

『정말 모르세요, 아버지?』

『글세. 뭘가?』

혜영의 태도가 차々로 자긔의 예상에 버서저 가는 듯하야 아버지는 적지안흔 불안을 늣기게 되엇다. 돈과 학문 이외에 쪼 무엇으로 명망을 어덧슬가 역시 큰 의문이엇다.

『웨 유명한 것이 하나 잇지요?』

하고, 혜영이는 웃엇다.

『나는 모르겟다. 네가 잘 아는 모양이니 말해보렴우나.』

『말해도 괜찬해요? 괜찬타면 말하죠. 그러지만 그이가 어쌔서 우리 집에 출입을 하게 된 리유를 듯지 안코는 말하쟌켓서요. 들으시겟서요?』

아버지는 눈치를 차렷다.

엇제든지 말을 하고 말 것이니 말이 난 이 자리에서 모든 것을 설파하는 것이 조흘 듯하야 목소리를 특별히 나추어 가지고,

『너, 리 군허구 결혼할 생각은 업늬?』

『호, 호, 호……』

하고, 혜영이는 우섯다.

아버지는 자긔 딸의 태도가 넘우나 불손한 것 가타서 눈섭이 우흐로 올라갓다. 아무 말 업시 찬찬히 바라보기만 하얏다.

『결혼 말슴이야요? 거저 글얼듯해서 엿주어 보앗지요?』

아버지는 어이가 업는 듯이 바라볼 뿐이다.

『웨 그러케 보시기만 하세요?』

『버릇 업는 자식……』

아버지는 안경을 우흐로 올린다. 그러나 마음은 게회방으로 옴기어 갓다. 부녀간의 불쾌히 나오는 말소리가 청년 실업가에게 들릴가 그것이 몹시 근심되엇다.

『아버지! 그이가 쏘 하나 유명한 것을 제가 말할가요?』

『무어냐? 말해보렴.』

『녀자로서는 입박게 내기가 좀 창피한 말이지오만, 아버지가 말슴하시라니 말슴합죠. 저 아주 색마로도 유명하답니다.』

하고, 혜영이는 아버지의 안색을 삷히엇다.

아버지의 얼굴에는 실망의 빗이 돌앗다. 사실 자긔의 지금까지 애써 세워 노흔 게획이 일시에 수포로 돌아가고 말 것이엇다. 그러나 그대로 말 수도 업섯다.

『너 누구한테 그런 말 들엇늬?』

『누구한테라구요? 세상이 말하든데요.』

『세상이라니……』

『세상 사람이 말이야요.』

하고 혜영이는 웃엇다. 거트로는 웃엇지만, 속으로는 자긔 아버지의 자긔에 대한 태도를 노하얏다. 그러고 섭섭히 녁이엇다.

『만일 세상 사람들이 그런 말을 한다면, 그건 잘 모르고 하는 말이겟지. 그럴 리가 잇느?』
『대관절 리춘식이가 혼담을 먼저 내엇습니까?』
『그런 것도 아니다만……』
아버지의 대답은 아주 애매하얏다.
『그러면 선후는 말할 것 업시 이 혼담에 대해서 무어라 대답하셋서요?』
—(16), 『매일신보』, 1931. 10. 19

혼담 (7)
『네 말도 듯지 안코 무슨 확실한 대답을 하엿겟느니, 내가 명령하면 네가 들을 것 가티는 말해 두엇지.』
『아버지의 명령이면 들을 것 가티는 말해 두셋다구요? 제가 명령을 아니 들으면 어쩌케 하실랴고 그러케 하셋서요?』
『네가 내 말을 안 들을 리가 잇겟느?』
『아모리 부모의 시키는 일이라도 들을 것이 잇고, 못 들을 것이 잇지 안습니까?』
『그야 그러하지.』
『그러케 아신다면 결혼 문제 가튼 것을 끄집어내지 마르세요. 저는 아즉 결혼하고 십쟌하니 말슴이야요.』
이러케 말하는 혜영의 량 미간에는 어쩌한 결심이 력々히 뵈엇다.
『본인이 실타는 혼인을 강제로 할 수야 업겟지만, 여러 가지 사정으로 보아 리춘식의 혼담을 거절하기가 참으로 난처하구나.』
아버지는 탄원하듯 말한다.
『난처할 거야 무엇 잇서요? 상대자가 실타고 하면 그만 아니야요? 만일 아버지가 말슴하시기가 거북하면 지금이라도 제가 나가서 거절을 할 터이야요.』
하고, 혜영이는 의자에서 벌덕 니러섯다.
『이게 웬짓이느……?』
하고, 아버지는 황망히 두 손을 아프로 내미러 혜영이를 붓들엇다.

『그러면 아버지가 지금 곳 거절해 주시겟서요?』

『응. 내 하지.』

이러케 간단히 대답한 아버지의 태도는 매우 침울하얏다. 매우 걱정이 되는 모양이엇다. 혜영이는 아버지가 가엽슨 생각이 낫다. 그 실망 락담하는 태도가 넘우 과도하얏다. 미안하고 가엽슨 생각 그대로 하면 이 혼담에 쾌락을 하얏슬는지도 알 수 업스나, 이 문제만은 련민이나 동정으로는 어쩌케 할 수 업는 일이엇다. 아무리 가엽고 아무리 불상해도 아무리 미안해도 어찌할 수는 업섯다.

『그러면 아버지! 지금 나가세서 단연히 거절을 하세요. 그런 알부랑자 가튼 자가 내 집 문전에 출입하는 것도 창피하니까…….』

혜영이는 자긔 아버지를 응접실로 밀어낼 듯한 긔세로 말한다.

아버지는 딸의 그 미욱한 생각을 리해할 수 업섯다. 인물이 남만 못하지도 안코, 재산이 넉넉하고 사회의 지위가 쏘한 남에게 질 것이 업고, 학식이 남만 못지 안코 해서 어느 점으로 보든지 혜영의 남편 자격을 충분히 가젓다고 생각하얏다. 다맛 한 가지 문제될 것은 그에게 후취로 들어간다는 것뿐이엇다. 본처를 그대로 두고 결혼하는 시대가 아닌가. 세상에 대해서는 정실 가티 행세를 하지만, 실상인즉 첩의 지위밧게 아니 되는 그들도 경성 대로상으로 대가리짓을 하고 다니지 안는가. 그러타 하면 후취 가튼 것은 문제거리가 되지 안흘 것이다. 리춘식의 혼담을 단연히 거절하겟다는 그 리면에는 짠 사정이 들어잇지나 안흔 것인가. 시체 녀자들 더욱히 신녀성들의 쩌드는 련해 업는 결혼을 부인한다는 데서 나온 것이나 안일까?

쏘한 아주 현재에 짠 애인이 잇서서 짠 약속 때문에 혼담을 거절함이나 아닌가. 열어 가지 의심이 아버지의 머리 속에 번개가티 지내엇다. 그리하야 이 문제는 일조일석에 바로 해결하랴다가는 아주 빗굴어질 렴녜가 잇서서 이 문제는 거저 이만큼 해두고 차차 뒤ㅅ긔회를 보아 결정하는 것이 조흘 듯하야 아버지는 얼굴의 표정을 변하고 자애가 넘치는 웃음을 보이며,

『네가 실흔 것을 억지로 할 수가 잇늬? 억지로 할 수 업는 일이니까, 내의 처지가 아무리 곤난하드라도 내가 거절하지.』

아버지가 이러케 속히 일어선 것은 겨테 응접실에서 기다리고 안젓는 리춘식이가 부녀간의 충돌이 잇슨 것을 눈치채일가 념려한 까닭이다. 이러한 험악한 형세를 미리 보이는 것은 재미업는 일이엇다. 리춘식이로 하야금 이 결혼에 미리 단념을 식히면 여러 가지로 불리할 사정이 잇섯다.
―(17), 『매일신보』, 1931. 10. 20

혼담 (8)

혜영의 아버지 김영한(金英漢)은 경성 안에서 이름난 부자는 아니엇스나, 충청남도에 멧천이나 밧는 토지를 가지고 긔만 원 돈이 수중에 잇서서 그것으로 대금업을 남몰래 하얏다. 이러한 관게로 일반 사회에서 김영한이가 누구인 것을 아는 이가 별로 업섯지만, 각 은행과 실업게에서는 상당한 신용을 밧는 터이엇다. 그리하야 경성 안에서 모모 큰 부자들의 수형이 통용되지 안는 경우가 잇슬지라도, 김영한의 몃천 원 수형이 그대로 그의 손으로 돌아가는 째는 절대로 업섯다. 그러나 이것도 일시의 일이엇섯다. 영한은 생활에 잇서서는 남을 불어워할 것이 업섯스나, 인간적으로는 퍽으나 고독을 늣기엇다. 첫재, 그에게는 아들이 업섯다. 남녀가 평등이라는 막연한 생각으로 짤이라도 하나 잇는 것으로 위로를 삼지 안흔 것은 아니엇스나, 이것은 자기를 속이기 위한 억지의 위안이엇다. 자긔의 후사를 부탁한다는 영원한 걱정이 업는 것도 아니엇스나, 그보다도 날마다 견대기 어려운 것은 자긔의 가정 살림이 너무나 간소무미한 것이엇다. 늙은 내외가 코만 서로 바라보고 안젓는 것이 몹시도 적적하얏다. 혜영이가 슬하에 잇슬 째에는 적쟌히 위안이 되엇다. 온 집안이 혜영이를 중심 삼아 살아가는 듯하얏다. 말 그대로 금지옥엽이엇다. 그러한 자애를 한곳에다 집중할수록 그는 그 자애의 논흘 곳이 업슴을 한탄하얏다.

그러나 다시 자녀의 새 재롱을 엇기에 그들은 넘우 늙엇다. 하나 잇는 외 짤자식에게나 탁정을 하고 후사를 닛게 하는 수박에 업다고 단념하얏다. 혈연을 차자서 양자를 드리고도 십헛지만, 이것은 평일부터 절대로 불가하다는 의견을 가지고 잇섯다. 먼 일가들이 춤을 삼키어가며 자긔의 자식을 양자로 들어보내일 운동을 하얏든 것이다. 그러나 이러한 양자의 말이 나오면 그는 『자식 업는 것이 내외 팔자인데, 남의 자식을 다려다가 자긔 자식을 맨든다는 것은 텬명을 억이는 것이니 하는 수 업다.』고 거절을 하야 왓다. 사람의 고독을 위하야 자긔의 자식을 주겟다는 일가간의 화목에서 나온 선심이라면 물론 고마운 일이지만, 대개는 자긔 사후의 재산을 욕심내어 그러한 것을 번연히 알면서 집안에 화근을 붓들 수는 업섯든 것이다.

재산 만코 자식 업는 집으로 그 뒤가 별로 깨끗한 것을 못 보앗다. 재산이 만흘수록 그 뒤는 더 식그러웟다. 자식 업시 재산만 남기는 것은 필경 사후에 욕을 남기는 것이나 다름업다고 생각하얏든 것이다. 쪼한 지금 자식이 업다고 양자를 들이는 것은 금지옥엽 가티 아는 쌀 혜영에게도 미안한 일이엇다. 그리하야 양자 문제는 입밧게 내지도 못하게 된 것이엇다.

그러나 영한은 나이 먹어갈스록 자식 업는 설음이 커졋다. 이 재산을 누구를 위하야 이러케 모흐는가 이것을 생각하면 다시금 자긔의 인색한 짓이 웃으웟다. 대체 돈을 가지는 쯧이 어대 잇는가. 맘끗 써보지도 못하고 세상을 위해서 일 하나도 해노치 못하고, 뭣 째문에 재산이냐고 스스로 물을 째에 자긔 지금 생활이란 참으로 웃으웟다.

그러나 자긔 가진 바 정도의 재산으로는 사회를 위하야 일할 만한 정도도 못 되고, 일평생을 궁사극치로 지낼만한 형편도 못 되엇다. 거저 몃천밧는 짱덩어리와 긔만원의 돈을 지키는 수직ㅅ군 노릇을 하는 것밧게 못 되는 것을 한탄하얏다. 결국에는 한 모험심이 생기엇다. 아주 이름난 재산가 되든지, 그러치 안흐면 일년에 생활 걱정이나 업슬 정도의 재산을 남기고 남아지는 의의 잇게 써보는 것이 조타고 생각한 째가 만핫다.

얼마 되지 안는 것으로 방자히 사회사업을 위하야 재산을 내노혼다는 것은 한 매명 수단으로 생각이 들엇다. 그리하야 영한은 큰 부자를 꿈꾸엇고, 큰 사업가를 꿈꾸엇다. 그의 배ㅅ장은 점점 커갓다. 이기면 군왕이오, 패하면 역적이다. 큰 사업가 큰 부자가 되든지, 그러치 못하면 비렁뱅이가 되자 결심하고 자긔 토지 전부를 남성은행에 담보를 하고 오만원의 빗을 어듯든 것이다. 물론 혜영에게 의론하지 안햇섯다.

—(18),『매일신보』, 1931. 10. 21

혼담 (9)

영한은 은행에서 어든 돈으로 간사지를 개간하게 되엇다. 전라남도 고흥 해안에 훌륭한 간사지가 잇섯다. 이것은 벌서 개간 허가가 되엇스나, 허가 마튼 사람에게 자력(資力)이 업서서 아즉 착수하지 못하고 잇섯든 터이엇다. 만일 상당한 자본가가 이 사업에 착수하야 개척이 완성만 되면 천여 정보의 옥토가 일시에 생길 형편이엇다. 이러한 소식을 그의 친구가 전하얏다. 처음에는 말이 넘우 허황한 듯하야 밋지 안햇스나, 친구가 오래 두고 출석거리는 바람에 영한은 마음이 솔곳하얏다. 더구나 생활이 너무나 단조할 뿐아니라 어쩌한 투긔 사업을 하야 백만장자가 되든지 비렁뱅이가 되든지, 한 번 활동하자는 갈림길에서 그가 방황하든 째이다. 그는 필경 마음을 움직이게 되엿섯다. 그러나 다맛 설게서와 허가증만 미들 수 업서서 지방 려행 겸 실지로 그 간사지를 시찰하러 갓다. 설게서와 족음도 틀림업섯다. 산과 산 새이의 일 마일만 막으면 그 안은 간석지다. 량전옥답이 될 것은 의심할 여지가 업섯다. 그는 그 자리에서 개간사업에 착수하기로 결심하고 경성으로 돌아왓다. 만일 이 개간사업이 쯧과 가티 게획대로 성공만 되면 천석군의 김영한은 몃 해 뒤에는 만석군이 될 터이니, 이러케 커다란 횡재가 어대에 잇슬 것인가. 혜영의 부친은 내심으로 깃뻣다. 곳 만석군이 된 것 가티 토지 전부를 저당을 하게 되엇섯다.

그리하야 개간공사를 시작하얏섯다. 영한 자신도 그 공사장에 갓금 래왕하엿스러니와, 남성은행 전무 춘식이를 다리고 자랑 겸 시찰식힌 일도 잇섯다. 시찰을 단여온 춘식이는 입에 춤이 마르도록 그 사업이 유리한 것을 치하하얏다. 『이 사업만 완성되면 령감은 백만장자가 되십니다.』 농담 비슷하게 말한 째도 만핫섯다. 그것 뿐아니라 이 사업의 진행에 대해서면 얼마큼이든 자력으로 원조하여 주겟다는 것을 루루히 말하얏섯다. 영한에게는 이 말이 무엇보다 힘지게 들리엇다. 그래서 만석군을 쑴쭈엇다. 이런 사업에 착수한 이상 사회 교제에 잇서서도 자긔의 존재를 널리 알으킬 필요가 잇다 하야 생활양식까지 변한 것이엇다. 혜영이가 집에 돌아와서 쌈작 놀라게 된 것도 그럼 즉한 일이엇다. 영한은 이 사업만 성공하면 이러한 간사지 개척으로 일생의 사업을 삼을가 하는 생각까지 하얏든 것이다. 그리하야 내외인의 사교를 위하야 생활하는 형식도 변하고 말엇다.

그러나 호사다마이엿다. 그해 봄 일이엇다. 공사에 착수하야 거의 준공이 되어갈 째에 폭풍우로 수천 척의 선박이 부서지고 인명의 사상이 다대하얏다는 것이 신문 지상에 삼사단 제목으로 요란스럽게 보도되엇다. 그뿐 아니라 약간의 해일이 잇섯다는 것도 보도가 되엇다. 이러한 신문 긔사에 간담이 서늘하여진 이는 혜영의 부친이엇다. 그는 즉시 고흥 디방의 간사지 개간공사장에 사람을 보내어 보앗다. 그 회답은 긔가막힐 비보이엇다. 방축 전부가 험한 파도에 문허저버렷다는 것이엇다. 벌서 오만 원의 자본이 업서진 이째이다. 지금까지 하여 노흔 사업을 하루밤 동안에 남해의 파도가 삼키어버린 것이다. 장래의 만석군도 일장춘몽에 지나지 못하엿다. 허스퉁하기가 짝이 업섯다. 만석ㅅ꾼갑으로는 넘우나 고가이 엇섯다. 이것은 그에게 절대절명의 막다른 경우라 아니 할 수 업섯다. 그리하야 평일부터 자력으로 원조해주겟다고 약속을 한 남성은행 리 전무를 차저보고 이러한 형편 이야기를 하고 사업을 게속하도록 해달라고 원조를 청하얏섯다. 리춘식은 입을 쌈ㅅ하고 다시 생각해보겟다고 대답할 쑨이엇섯다. 이러케 사업을 게속할 교섭이 사오 개월을 두고 게속하엿스나, 아무런 시원한 대답이 리 전무의 입에서 나오지 안헛다.

늙은 사람이 젊은이에게 사정하기가 좀 창피는 하얏지만, 만석ㅅ군의 꿈을 아주 니즐 수는 업섯든 것이다. 이러한 승강이 잇는 동안에 춘식에게서 혼담이 들어왓다. 그리하야 춘식이와 인연을 매저서 사업을 게속하여 보겟다는 생각으로 혜영을 불러낸 것이엇다. 그러나 혜영에게 말을 걸치어 보니, 아주 짝수는 틀리엇다. 차ㅅ 긔회나 기다려보자고 생각하고 다시 응접실로 나왓다.

—(19), 『매일신보』, 1931. 10. 22

혼담 (10)

아버지가 응접실로 돌아가자 바로 그 뒤를 니어 어머니가 들어왓다.

어머니의 얼굴에는 념려하는 빗이 쩌올랏다.

『무슨 이야기가 그러케 길엇늬?』

『이야기가 길긴 무엇이 길어요. 엿줄 말슴을 다 엿줍기도 전에 나아가셋는데오.』

『무슨 엿줄 말이 그리도 만헛늬?』

『아모 자세한 말슴은 하시지 안코, 어머니께 들어보라고 하셋서요.』

『내게서 들을 말이 무엇일까?』

『그러면 제가 뭇는 대로 대답만 해주세요.』

하고, 혜영이는 다시 말소리를 낫추어

『남성은행 전무허고 어째서 혼담이 잇섯서요?』

『우리 쪽에서 말을 먼저 낸 것이 아니다. 저 편에서 말이 온 것이야……』

『어쩐 쯧으로 청혼을 한 것일가요?』

『그야 규수가 맘에 든 까닭이겟지.』

『그래서 어머니는 무어라 대답하셋서요?』

『내야 알 수 잇느냐고 대답햇지.』

『그러면 어머니 생각에는 제가 그 사람에게 시집을 가는 게 조켓습니까, 아니 가는 게 조켓습니까?』

『네가 그이에게로 시집만 간다면야 물론 조흔 일이지. 인물이 얌전하고 재산이 상당하고 사회에 명망이 잇고, 여러 가지가 구비하엿스니까.』

『어머니 생각도 그러하시군요. 그러치만 저는 아무리 잘난 산애가 잇서도 결혼을 하지 안흐면 어쩌케 하시겟서요?』

『그 따위 말은 하지도 말어요! 게집애 처노코 시집 안 가는 게 어데 잇늬?』

『여게 잇서요.』

하고, 혜영이는 손가락으로 자긔를 갈으첫다.

『이애 듯기도 실타. 쓸데업는 주둥이를 놀리지만, 아버지 시키는 대로 해요.』

『시켜서 들을 일이 잇지요. 결혼을 누구가 하라 마라 해요?』

하고, 혜영이는 머리를 겨트로 돌리엇다. 어머니는 어이업는 듯, 혜영이의 얼굴을 찬찬히 바라본다.

『혜영아! 너는 해외로 공부 다닌다고 집안 형편을 자세히 모르고 하는 말이로구나. 지금 집안 일이 말이 아니란다. 기동뿌리라도 아니 남게 되엇단다. 너를 언제까지 그러케 공부만 식킬 형편도 못될 쑨아니라, 집안 형세가 그래도 요만큼 부지할 째이니까 그래도 여긔저긔서 혼담이 들어오는 게지. 만약 박아지를 차고 거리로 나가게 되어보렴. 상당한 곳에서 청혼이 오나. 그래서 네의 결혼을 조급히 구는 것이다. 네 아버지가 집안 형편을 말슴하시지 안튼?』

『아무 말슴도 업섯서요.』

어머니는 한숨을 쉰 뒤에 간사지 개척으로 실패한 것을 길게 자세히 말하얏다. 그래서 지금 후원을 리춘식에게 청하게 된 것까지 일일이 말을 하얏다.

이 말에는 혜영이도 아니 놀랄 수 업섯다. 이러한 사업을 시작할 째에 한 마듸 상의도 업섯다는 것은 참으로 섭섭하얏다. 만일 자긔가 아들로 태어낫다면 전 가산을 걸고 위험한 사업을 시작하면서 아무러한 상의가 업슬 리는 만무하얏스리라고 생각하니, 녀자로 태어난 것도 한 원한이엿다.

자식도 업스며 어찌 그러한 위험한 사업을 시작하얏든가. 이것은 아버지의 망녕이엇다. 이러케 집안이 위태하게 되니까 집안을 다시 붓들기 위하야 나를 남성은행 전무에게 선물로 바치랴는 것이 아닐가 얄미운 생각까지 낫다. 그는 단연히 결심하얏다.

『저는 어쩌한 일이 잇든지 결혼은 하지 안흘 터이야요.』

—(20), 『매일신보』, 1931. 10. 23

구직 (1)

병호의 눈은 날도 밝기 전에 벌서 밝아젓스나, 머릿속은 어둡고 묵어왓다. 하룻밤 지난 것이 아득한 생각이 낫다. 여러 날 걸닌 려행이니 피곤하여서라도 단잠을 닐우엇슬 것이다. 그러나 단잠이 니루어지지 안햇다. 전전반칙으로 하루밤을 새윗다 하든 공부를 계속하지 못하는 것은 오히려 문제가 아니엇다. 늙은 부모 어린 누이가 이제로부터 어쩌케 살아갈 것인지 만일 자긔 홋몸이라면 행길에서 인력거를 끌어서라도 살아갈 수도 잇지마는, 가족들은 이러한 생활능력이 업는 가련한 사람들이엇다.

집안 형편을 보건대, 아즉도 예전에 할 수 잇게 생활하든 그 솜씨와 긔억은 아즉 잇서서 지금 이와 가티 치패한 살림 가운데에도 어느 곳인지 사치하랴는 욕망이 잇서 뵈엇다. 김치 한 그릇, 고기 한 점을 밥상에 노하도 거긔에서는 녯날 넉넉히 살림하든 냄새를 피우랴 할 것이니, 참으로 딱한 일이라 아니 할 수 업섯다. 생활의 리상과 현실이 그 거리가 멀스록 고통이 더 클 것은 말할 것도 업는 일이엇다. 오늘은 넘우나 궁한 나머지에 려관업을 시작하얏지만, 어쩌한 째에 어쩌한 충동으로 이 업도 내던질지 알 수 업는 일이엇다. 이러한 밥장수는 본래가 머리를 잘 굽히어 손들의 환심을 잘 살 수 잇는 사람들이 할 일이오, 자긔 아버지나 어머니 가티 창피한 꼴을 당치 안코 살아온 사람들로는 참아 할 수 업는 일이다.

필경은 부지럽슨 분함에 문패를 쎄어버리게 될 것은 명약관화이다. 만일 이런 경우를 당하면 물질의 고통 우에 정신의 고통이 다시 더할 뿐이다. 이러한 곤경에서 그들을 구해내는 것이 아모리 생각해도 자긔의 책임인 것 가탓다.

결국은 집안사람을 살리기 위하야 자긔가 벗고 나서지 안흐면 안 될 것을 알앗다. 래일이라도 상당한 직업이 잇스면 그것을 붓드러 보랴 하얏다. 그러면 어쩌한 방법으로 이 직업을 차즐가, 이것이 밤이 새도록 병호의 머리를 괴롭힌 문제이엇다. 돈 잇든 전날의 부친 친구를 차자 일자리를 구해볼가 생각도 하얏스나, 차저가 보고 상의할만한 곳이란 경성에는 업섯다. 필경은 동경에서 먼저 업을 마치고 귀국하야 상당한 지위를 가진 선배를 차저보고 부탁하는 수밧게 다른 도리가 업섯든 것이다. 그러나 이러한 선배도 넘우에 얼핏 쩌올르지 안햇다. 그 전날 밤 카페에서 그 적조한 것을 풀 째에도, 병호는 이제로부터는 어쩌케든지 직업을 하나 붓들어야 할 쯧을 말말 쯔테 족음 비추어보앗다.

그째에 민은 미안하다는 듯이 우스며,

『이새의 직업 엇기란 하눌에 가서 별짜기만치 어려우니까.』

하는 말이 몃 번이나 병호의 머리를 아프게 하얏든 것이다.

더욱히 한 패 몰려들어 온 술군들이 카페 안의 테블을 뒤업흘 것 가티 녀급을 다리고 희롱하다가 돌아간 뒤에 민은

『여보게, 김 군! 주정ㅅ군들이 누구인 줄 아나? 모다 경성 안에서는 상당한 교양을 가지고도 밥버리 업서서 썰썰매는 고등유민들일세.』

하든 말에 병호는

『카페에 단일 돈은 어대서 나나?』

하고 물엇드니, 민은

『그러기에 걱정이야. 그 가운대에 그래도 돈푼이나 가즌 집 자식이 잇스니까 그걸 쓰더 먹는 게야. 저런 지식게급이 해마다 늘어가는 모양이야. 내 자신도 저런 부류의 하나이지만, 참으로 피차에 큰일이야.』

하고 걱정하얏다.

이 말은 더욱 병호를 놀라게 한 것이엇다. 아무 일 업시 고등유민의 패를 등에 차게 되면 하는 두려움이 무엇보다 컷섯든 것이다. 그리하야 잠도 잘 니루지 못하얏든 것이다.

—(21), 『매일신보』, 1931. 10. 24

구직 (2)

병호는 집안 구제 문제로 머리를 썩이는 동안에도 틈만 잇스면 한 개의 환영이 그의 눈 압헤 알은알은하얏다. 이것은 신호에서부터 경성까지 동행이 되엇고, 동행하면서 서로 심심치 안케 지나든 혜영의 그림자이다. 쾌활한 성격의 소유자이면서도 어대인지 녀자다운 곳이 뵈이엇다. 대담한 듯하면서도 조심하는 태도가 물론 병호의 호긔심을 쓸은 것이엇지만, 그보다도 더 병호의 눈에 깁게 들어간 것은 그의 가진 바 모든 것이 근대적인 것이엇다.

동경 천지에서 내노라 하고 뽑내는 녀성에 비하야 용모도 못지 안코 육체미도 못지 안햇다. 녀자로서는 전문학생이라면 대개는 얼굴이나 체격이 미인의 권내에는 들지 못하는 것으로 알앗섯다. 그런데 혜영이만은

이 사실을 부인할 증거로 들만한 미인이엿든 것이다. 함께 오는 동안에는 이러한 비판을 할 여가도 별로 업섯지만, 홀로 집에 돌아와서 이틀 동안의 긔억을 니르키니 다시 한번 맛나고 십흔 생각이 간절하얏다. 아무러한 걱정도 업시 오래 간만에 부모 형제를 맛나는 그 깃븜만 맛보게 된다면, 혹은 혜영이의 긔억이 그 이튼날에나 나왓슬는지도 모르는 일이나, 집안이 쓸쓸하고 모든 것이 걱정인 만큼 이 외롭고 외로운 생각을 잠시라도 다른 곳으로 돌리어 보자고 로력할 째에는 마음은 자연히 혜영에게로 돌아가고 말앗다.

여러 가지로 혜영의 일에 대해서도 여러 가지로 환상을 그리엇다. 신호에서 맛나든 일과 경성역 아페서 갈리든 일과 자동차ㅅ뒤창으로 손을 흔들든 일을 모다 호의로 해석하면 자긔에게 대하야 족음 생각이 달른 것을 부인할 수 업섯다. 그러나 이것이 요새 신녀성들의 사교적 상투수단이라면 이러한 데 돌이어 마음을 쏠리게 된 자긔가 웃으엇다. 그뿐 아니라 본능적으로 니러 나오는 혜영에 대한 호긔심을 몹시도 조소하는 생각이 쏘 하나 잇섯다. 이것은 내의 현재 집안 사정을 잘 삷히여보라는 것이엇다. 집안이 망해서 려관업을 하게 되엇다. 이제로부터 무엇보다도 어쩌케 하여야 입에 풀칠이라고 하고 몸이 람루라도 걸치게 될가에 자긔의 마음과 힘을 잇는대로 써야 한 경우가 안인가. 만일 그러타면 길동무로서 약간의 친절을 뵈어주엇다 하야 그 녀자에게 마음을 아주 팔게 되는 것은 못난이나 할 일이라고 생각하엿다. 그러나 아즉 이처지지는 안햇든 것이다.

병호는 아침밥을 먹은 뒤에 묵어운 머리나 좀 가벼웁게 할 생각으로 공평동 자긔 집을 나왓다. 그는 길로 나올 째에 두 가지 예정을 가젓다. 하나는 최민이를 차저서 취직의 상의를 할가 한 것이오, 쏘 하나는 혜영이를 차자 볼가 한 것이엇다. 그리하야 병호의 양복 왼편 호주머니에는 혜영이가 갈릴 째에 적어준 그의 명함이 주름 하나 접어지지 안흔 채로 잇섯다.

민을 먼저 차즐가, 혜영이를 먼저 차즐가 잠간 동안 망서리다가 그는 동대문행 전차를 탓다. 민은 정령코 늣잠을 잘 것 갓핫고, 혜영이는 녀자인 만큼 일즉 닐어낫스리라고 생각하얏다. 차저 보는 것이 새삼스럽게 쑥스러운 생각이 나서 잇지 말고 엽서로나 안부를 물어볼가 하다가, 내친걸음이니 차저 보자는 새로운 용긔를 내엇다.

　병호는 황교에서 전차를 내려 바로 두어 번 번지를 물어 한 문화주택을 발견하얏다. 서양 절충의 근대식 건물이다. 새로 지은 집인지 정원을 맨들어 오래된 집보다도 더 얼리어 보엿다. 혜영의 집이 이러틋 화려하리라고는 상상도 안햇든 것이다. 병호는 사면을 삷히면서 문 안에 들어서서 초인종을 눌럿다.

―(22), 『매일신보』, 1931. 10. 25

구직 (3)

　족음 잇섯더니 안에서 게집아이가 나왓다. 처음 보는 손님이라,
『어데서 오셋서요?』
하고 뭇는다.
『혜영 씨를 좀 뵈러 왓다고 엿주어 다오..』
게집아이는 문을 닷고 들어가드니, 잠간 잇다가 다시 나오더니
『누구신지 명함을 좀 주시요.』
하고, 병호를 유심하게 삷히엇다.

　병호는 하는 수 업시 명함을 게집아이에게 주엇다. 게집아이 다시 나와서 길을 인도한다. 병호는 게집아이를 짤하 응접실로 들어갓다. 응접실 치장만 보아도 상당한 부르조아 생활을 함을 알 수 잇섯다. 가구도 제법 갑만흔 것뿐이엇다. 벽에 걸린 액자와 탁자에 노힌 그릇이 모다 갑 나가 뵈이는 골동품들이엇다. 호피로 덥흔 안락의자는 그로테스크하야 뵈엇다.

　병호의 일평생을 통하야 이러한 의리의리한 응접실에 출입을 한 일이 별로 업섯다. 그는 한 편 장의자에 안저서 머리를 좌우로 둘러 삷히엇다.

　십여 분 시간 기다려도 사람 나오는 긔척이 보이지 안는다. 괴상한 생각이 낫다. 사람을 나추어보는 것이나 안일가 분하기도 하얏다. 웬일일가 짠 손님이 온 것이나 안일까 여러 가지로 궁리할 째에, 건너편 도아가 슬그머니 열니엇다. 거긔에는 혜영의 미소를 먹음은 얼굴이 먼저 나타낫다.

그 다음에 고동색으로 우알에를 차린 전신이 나타낫다. 스립히 우에 밋금한 두 다리는 고흔 조각 가탓다. 하루밤 동안에 훨신 더 어엽버진 것 가탓다. 병호는 무의식적으로 의자에서 몸을 닐으키엇다.

혜영이는 미소를 던지고 머리를 족음 숙여 인사를 한 뒤에,

『퍽 피곤하셋지오? 이리로 오세요.』

하고, 의자를 권한다.

병호는 권하는 의자에 걸어안즈며 게우 입을 쩨엇다.

『혜영 씨도 퍽 곤하세지오? 려행을 해보면 집에 돌아와서가 더 피곤하드군요.』

『이러케 차저 주세서 퍽 감사합니다.』

혜영이는 진정으로 감사한 뜻을 표한 것이다. 그새에 평범한 길동무 이상의 친분을 병호에게 가지고 잇섯든 것이다.

인사가 막 긋나자 게집아이가 홍차를 가지고 들어와서 두 사람 압헤 난호아 노코는 그대로 나아갓고, 두 사람 사이에는 별로 할일이 적엇다. 우드커니 안저 얼굴만 바라보앗다.

『맛나보실 친구는 만나보셋서요?』

혜영이는 긔차 중에서 한 말을 닛지 안햇다.

병호는 무어라 대답할지 대단이 거북하얏다.

『……..』

희미한 대답이지만, 이러케 말하는 수밧게 짠 도리가 업섯든 것이다.

『서울에 올에 게시겟서요?』

『네. 오래 잇겟습니다.』

『언제까지 게시겟서요?』

『작정은 업습니다.』

『만일 다시 들어가시게 되면, 그때를 알려주세요. 저도 가티 가겟서요.』

『네. 가게 되면 알려드리지요.』

병호의 대답은 연해 궁경으로 썰허젓다. 그러나 자긔의 현금 처지를 설명할 수도 업섯다. 혜영이는 녀자이다. 그뿐 아니라 도중에서 우연히 맛난 사람이다. 이러한 자긔 가정 이야기를 말하기에는 그의 자존심이

넘우나 강하얏다.

『지금 어대 유하세요?』

『친구의 집에 류합니다.』

『친구댁은 어대신가요?』

병호는 무어라 대답하여야 조흘지 몰랏다. 혜영이가 숙소를 뭇는 것은 필연 자긔도 방문을 하자는 뜻가티 뵈엇다. 참으로 대답하기가 짝하얏다. 그러타고 대답을 주저할 수도 업섯다.

—(23),『매일신보』, 1931. 10. 26

구직 (4)

『오늘 쯤은 다른데로 옴길가 합니다.』

병호는 창황히 이러케 대답하얏다.

『만일 옴기시거든 곳 알르켜주세요.』

하고, 혜영이는 테블 우에 노힌 초인종을 눌른다.

『옴기는 대로 알르켜 드리죠.』

병호는 이러케 대답은 하얏스나, 마음은 켱기엇다. 족으마한 자존심이 자긔를 련해 궁경으로 모라너코 말엇다.

게집아이가 들어왔다. 혜영이는 차를 다시 가저오라 한다. 이야기가 좀 더 하고 십헛다. 병호도 자긔의 주소를 속이고 마음이 좀 불안하얏지만, 이 자리를 써날 생각이 적엇다. 할 말이 만하서 그런 것도 어니엇다. 거저 써나는 것이 섭섭하얏다. 혜영이도 별로 이야기 재료가 업는 듯하야 침묵이 게속할 뿐이엇다.

『이야기나 좀 허세요.』

하고, 혜영이는 차를 마신다.

『무슨 별 이야기가 잇서야 하죠.』

병호는 웃고 대답하얏다.

혜영이도 짤하 우섯다. 우슴과 우슴이 이야기를 대신하얏다.

사실 엔간한 이야기는 긔차 중에서 다 해버렷섯다. 그러나 두 남녀의 일신상에 관계되는 이야기는 물론 아니엇섯다. 거지 헛튼 수작에 자나지 못한 것이엇다. 세상 형편 이야기, 사회 사상에 관게 되는 이야기들이엇다. 깁히 인정의 긔미에 들어가기를 둘이 피차에 끄렷다. 엇저함인지 속을 뵈는 것 가타서 그런 것이엇다.

　병호는 혜영이를 만날 처음에는 거저 말괄양이 녀자로 알은 것이 자긔의 현명하지 못한 사람 보는 눈이라 하야 대단히 후회하얏다. 그러나 처음과 나종의 말이 좀 달은 것을 혜영이는 넉넉히 리해하겟지만, 구차한 리해를 구할 사이도 아즉 못 되엇고, 반갑지 못한 개인의 사정을 설파한들 뭇은 소용이 잇스리 하고, 병호는 자긔 주소에 대한 이야기가 아무조록 혜영의 입에서 아니 나오기를 바랏다.

　그러나 혜영이는 이러케 화려한 집에 잇는 것이 돌이어 감옥에 들어온 것 가타서 하루라도 속히 학창으로 돌아가고 십헛다. 부득이 잇게 된다면 다맛 몟칠 동안이라도 마음 상치 안흘 정도에서 향락도 하고 십헛다. 서로 상종할 사람이란 영숙 한 사람뿐이다. 영숙 한 사람으로는 넘우나 적적하얏다. 병호를 교제하면 혹은 집안의 오해를 살는지 알 수 업스나, 이러한 째에 오해를 사는 것은 돌이어 관게치 안흔 일이라 하엿다. 소위 남성은 행 전무 춘식의 혼담을 스스로 거더 가게 하는 데에는 짠 남성과 친근한 교제하는 것을 보이는 것이 제일 상책이라고 생각하엿다. 순진해 보이는 병호를 이러한 궁경에서 한 리용물을 삼는 것 갓지만은, 만일 서로 리해가 되고 완전한 사랑이 성립되어 그째에 결혼을 한다면 두 사람이 서로 북그러울 것이 업다고 생각하엿다.

　그리하야 병호의 심방한 것을 혜영이는 퍽으나 깁버하얏다. 좌우간 자긔 집 형편 이야기를 병호에게 비추어 두는 것이 후ㅅ날의 오해를 예방하는 것 가타서 아모조록 자조 만날 긔회를 가지고 십헛다.

　『려관에 게시랴거든 이 근처로 오세요. 이 근방에도 깨끗한 일본 려관도 더러 잇나봐요.』

　『봐서 되는대로 하지요.』

　이러케 병호는 불분명한 대답을 하얏다. 자긔 집이 서울에 잇는 것을 말할 긔회를 또 일헛다. 하찬한 거짓말을 작구 거듭하는 것이 마음에 몹시 괴로엇다. 그러나 그 거지 가튼 려관업 살림을 공주 가티 거처하는 혜영에게 뵈일 용긔가 아주 좌죽되엇든 것이다. 그러나 혜영의 것을 쩌나기는 마음에 실헛다. 혜영이를 사랑함이 아닌가. 만일 그러하다면 처지가 자긔와 달은 부르조아의 딸과 사랑이 성립될 가능성이 적은 것을 번연히 알면서 마음을 그 편으로 쏫게 되는 것이 잘못이다. 마음을 돌려야겟다고 생각하얏다.

—(24),『매일신보』, 1931. 10. 27

구직 (5)

『그러면 제가 이 근처에 려관을 하나 보아 두짜요?』

혜영이는 병호가 근처로 오기를 매우 바라는 모양이다.

『고맙습니다. 옴기게 되면 말슴을 엿줄 터이니, 그때에 한 군대 잡아주세요.』

병호는 자긔의 집이 경성으로 온 것을 말할 긔회를 쏘 한번 그대로 보내엇다. 만일 긔어히 숙소를 알려야 될 그때에나 자세한 사정 이야기를 하겟다고 마음으로 작정하얏다.

『오늘 틈이 게시면 창경원에 구경이나 가시지 안흐세요?』

혜영이는 어쩌케든지 병호와 말하는 시간을 연장하고 십헛다.

『오늘은 틈이 업습니다. 래일이라도 틈이 잇스면 차저와 뵙지요.』

병호는 어엽븐 혜영이와 억개를 나란히 하야 창경원 경치 조흔 곳을 걸고 십헛다. 그러나 자긔는 아츰 일즉이 직업을 구하기 위해서 나온 것이오, 어엽븐 아갓씨와 산보를 나온 것이 아니엇다. 그러한 팔자가 되지 못한 것을 한탄하얏다.

『그러면 래일은 쏙 간다고 약속을 해주세요.』

『그러케 합죠.』

『쏙 가세야 합니다.』

『시간은 열두 시가 좃켓지요?』

『저는 언제든지 조하요.』

『이새 볼만한 것이 잇슬가요?』

『무슨 볼 것만 잇서서 갑니까? 산보 겸 가는 게지요.』

혜영이는 병호가 볼 것만 보기 위해서 가는 것 가티 생각하는 것을 마음에 족음 불만으로 생각되엇다. 아주 맹추는 아닌 듯한데 어대인지 좀 어리숙한 곳이 들어 잇는 것이 아닌가 하고 의심하엿다. 그러나 좀 어리숙한 것이 혜영의 호긔심을 놉힌 것인지도 알 수 업섯다.

병호는 이러케 안젓다가는 시간의 한정이 업슬 듯하야, 이번에는 제법 용긔를 내어 의자에서 몸을 일으키엇다.

『좀더 노다 가세요.』

이것이 평범한 인사말은 아니엇다. 진심으로 나온 말이엇다. 인천이나 문 밧그로 소풍이라도 가치 하면 조흘 생각이엇다.

그러나 병호에게 그러한 마음의 여유가 업섯다. 친구 민과 상의하야 직업을 구하는 것이 그에게는 무엇보다도 큰 당면한 문제인 것을 드는이즐 수 업섯다.

혜영이는 현관까지 나와서 병호를 보내엇다. 병호의 발자추 소리가 정문 밧게서 살아질 때까지 혜영이는 문 압헤 서잇섯다.

병호는 문을 나서면서 최후의 미소를 보내엇다. 병호의 가슴을 새삼스럽게 쒸엇다. 떨어지지 안는 발을 억지로 쩨어가며 직업을 구하여야 할 자긔의 처지를 저주하고 십헛다. 그리고 비교적 개방적인 혜영의 가풍에는 새로운 선망을 늣기엇다. 아무리 전문 정도 이상 학생이지만, 남자의 교제를 자긔 집에서 대담하게 하야도 아무 말이 업는 듯한 것은 자긔 가정에서는 못 보든 일이엇다. 전날 자긔 시골에서 호화로운 생활을 할 때는 물론이오, 락백하야 려관업을 하게 된 오늘에도 자긔 누이동생 영숙이를 문 밧게도 내노치 안는 것과는 비교할 수도 업시 개방적이엇다. 그러나 그것이 반듯이 가풍에서 나온 것으로만 알 수 업섯다. 필경은 혜영의 개성에서 나온 것이엇다. 그의 자유분방한 행동이 집안의 가풍을 억제한 것이엇다.

아무 거릿김이 업시 남녀의 구별이 업시 교제하는 혜영의 태도를 여러 배 돗보기 거울로 보아 자긔에 대한 생각이 달은 것 가티 해석한 것이나 안일까 이러한 의심이 머리를 시처갈 째에, 병호의 뜬 마음은 본자리로 돌아섯다.

그는 걸음을 빨리하야 최민의 집을 차저갓다.
—(25), 『매일신보』, 1931. 10. 28

구직 (6)
병호가 차저가자 민은 자긔 집에서 막 나오는 길이엇다.
민은 깜작 놀라며,
『이게 웬일이야?』
하고, 손을 잇글며 다시 들어가기를 청한다.
『급한 볼 일이면 들어갈 것 무엇 잇나. 요다음에 오지.』
하고, 병호는 발을 멈추엇다.
『그러케 긴급한 일이 아니니 괜찬하. 거저 바람이나 좀 쏘일가 하고 나가는 길일세.』
민은 압플 서서 안으로 들어간다.
병호는 그의 뒤를 딸핫다.
들어간 곳은 민이 응접실 겸 화실 겸 서재 겸 침실 겸 사용하는 다다미방이엇다.
방 윗목에 반쯤 그린 풍경화가 화가에 언친대로 서잇다. 이것이 병호로는 화가 민을 사괴인 뒤로는 처음 본 일이다.
병호는 민의 권하는 자리에 안즈며 바로
『자네도 인제는 제작도 해보는 모양일세.』
하고, 윗목 그림을 찬찬히 바라보앗다.
『자네도란이? 그림쟁이가 그림 그리는 것이 이상할 거야 뭐 잇나?』
하고, 민은 빙그레 웃는다.
『도란 말이 좀 이상하게 들리엇는지 알 수 업스나, 하엿튼 희귀한 일일세.』
병호는 또다시 사면을 둘러보앗다. 여러 개 그림이 부터 잇섯다. 그 가운데에는 사람 압헤 내노키 궤면적게 로골적인 라체화도 더러 부텃다. 그리고 그 알에는 민의 싸인이 부텃다. 병호는 민이 귀국한 이후에도 방랑한 긔분으로 시일을 보내는 것 가티 알알섯다. 그러나 그 방에 들어와서 보니 민은 이런 중에서 화가로서 아즉 그 본령을 니저버리지 안흔 것을

그들은 어대로 | 55

알앗다. 감사한 생각이 낫다. 존경하는 마음도 낫다. 그리하야 진심으로
『그 동안 공부 만히 햇네 그려!』
치하를 하얏다.
『천만에ㅅ낫잠자기 시러서 붓작란을 하얏슬 짜름이야.』
민은 웃어버린다.
아무 말업시 잠간 안젓다가 병호는 입을 쩨엇다.
『나는 공부를 그만두겟네.』
『웨 그만두어?』
하고, 민의 눈은 죽음 둥그레젓다.
『집안 형편이 공부를 게속할 수 업스니짜.』
『벌서 그러케 되엇나?』
민의 이 말이 병호의 귀에는 족음 거슬리엇다. 어느 곳인지 비웃는 의미가 들어 잇는 듯하얏다. 『벌서라니』 하고 재처 뭇고 십헛스나 참앗다. 아무 말도 안코 안젓는 병호의 심중을 알아차린 것 가티,
『시골에서 돈양 볏섬이나 가지고 행세하는 사람은 모다 망하게 된 세상이니짜, 할 수 업는 일이야.』
하고, 병호를 바라본다.
병호는 민의 벌서라는 말의 쯧을 알아들엇다. 거긔에는 족으만 모멸도 업섯다. 일반 사회의 중산게급을 가르처 하는 의미인 줄을 알엇다.
『자연히 그러할 운명에 잇섯스니짜 하는 수 업지.』
병호는 한탄하듯 말하얏다.
『그러면 가족의 생활이 문제이겟지.』
『좌우간 공부나 쯧을 매젓스면 조켓지. 밥은 어쩌케 먹는가가 문제일게야. 어쩌케 하나?』
『참으로 피차에 짝한 일일세.』
『어쩌케 하면 조흘가 해서 상의나 좀 해볼가 하고 온 것일세.』
『의론을 서로 암만 해도 맛찬가지야. 생활을 할대도 어대다가 텍을 걸 곳이 잇서야 하쟌나?』
『그 택 걸 곳이 어대 업슬가?』

『텍 걸 곳을 차즈랴면 여간 창피한 꼴을 보지 안흐면 안 될 터이니㕨.』
—(26), 『매일신보』, 1931. 10. 29

구직 (7)

직업을 구하랴면 만흔 창피를 당한다는 친구의 말이 병호의 귀에는 그대로 들어가지 안햇다. 생활하기 위해서 분투하는 것은 여러 가지 형식으로 발표될 것이다. 근육 로동을 해서 그날그날의 품삭으로 살아가기도 하겟고, 장사를 해서 리 남는 것으로 생활을 유지도 할 것이오, 자긔의 지식이나 정신을 팔아서 생활할 수도 잇슬 것이다. 이러한 의미로 보면 생물은 생활하는 것이 본능이오 목적인 이상, 살아가기 위하야 사람이 로동을 하고 직업을 가진다는 것이 그러케 창피한 일은 안일 것이다. 그뿐 아니라 생활하기 위해서 직업을 붓들랴다가 그것을 붓들지 못하얏다고 그러케 붓그럽고 창피한 일은 업슬 것이다. 직업 구하는 것을 몹시 천하게 본다는 그 의식부터 시대에 뒤ㅅ썰허진 자나 가질 것이 안일가. 직업을 구하다가 업서서 엇지 못하면 그만이다. 이것을 어들 수 업섯다고 수치가 될 것은 업는 것이다. 병호 자긔의 집이 옛날에 잘 살앗다고 그것만 생각하고 세도인심만을 원망하고 저주한들 그것이 무슨 효험 잇는 일인가. 이러한 생각을 한다 하야 어느 사람이 동정을 하야 굼고 헐벗는 것을 막어줄 리도 만무한 것이다. 세상에 어리석은 것은 개고리처럼 지난 뒤ㅅ일만 돌아보는 것이다. 무엇보다 압헤 당해 올 일을 잘 삷히는 것처럼 자긔의 생활을 위해서는 영리한 일이 업슬 것이다.

민의 창피하다는 말이 병호의 머리에는 온갓 의문을 닐으키엇다.

그리하야 병호는 물엇다.

『무슨 창피를 당한다는 말이야?』

『그런 것을 창피로 아니 안다면 그만이지만, 그래도 젊은이들에게는 피가 잇스니㕨…… 당하기 난처한 경우가 퍽 만하. 어쩌한 회사의 중역에게 취직을 의뢰하러 가쟌나? 그러면 그 중역의 거드름이란 참아 성한 눈으로는 볼 수가 업단 말이야. 그도 사람에 딸해서 그러치 안흔 인격자도 잇지만…… 대개는 아니㕨아 말이 안 나온단 말일세…….』

『일자리가 업서서 직업을 줄 수 업스면 그만이지, 거긔다가 거드름을 쌜 거야 무어야. 그리고 직업을 구하러 갓다가 직업이 업서서 헛걸음을 햇다고 창피할 것은 쏘 뭐야. 서로 생각이 틀린 게지.』

『자네 가티 생각을 한다면 그도 그러치만, 이 세상인심은 그러치 아니하니까 싹한 일일세.』

『그런 이야기이란 이 다음에 쏘 하기로 하고, 좌우간 친구를 위해서 직업을 하나 붓들어 줄만한 곳이 잇나? 그러면 여러 말할 것 업시 소개를 좀 하여 주게……』

병호는 단도직입으로 취직의 주선을 부탁한 것이다.

『글세. 별안간 생각나는 것이 업는데……』

민은 한참 생각하다가,

『어쩌케든지 지금까지 해 온 공부이니 학교를 졸업하도록 해보는 게 어쩌한가?』

『그러케 될 수만 잇다면 집안을 불고하고라도 동경으로 다시 건너가 겟지만, 암만 생각해도 별도리가 업스니 하는 수 업지.』

『고학이라도 할 수 업나?』

『고학? 그것은 나로서는 할 수 업는 일일세.』

『웨?』

『지금은 세상 인심이 원악 각박해서 도저히 할 수 업는 일이야. 설혹 천신만고를 해서 학업을 맛친다한들, 무슨 소용이 잇나? 사람의 사람 되는 조건이 학교의 졸업장만이 아니니까.』

『그러면 서울에서 직업을 어더 가지고 버리를 하여야만 되겟단 말이야?』

『그런 말일세.』

민은 병호의 아즉도 세태에 쏘들리지 안흔 세상다운 긔품을 존경하고 십 헛다. 그러나 얼마 지나지 못하야 다시 시들어지고야 말 것을 생각하니, 애닯 기도 하얏다. 그러나 병호의 저런 긔개가 가난에 쏘다시 쏘들려버릴 것은 명약관화이다. 어쩌케든지 저러한 긔개를 가나하면서도 업서지지 안흘 처지 에다 병호를 보내는 것이 친한 벗으로는 당연히 취할 태도라고 생각하얏다.

—(27), 『매일신보』, 1931. 10. 30

구직 (8)

민은 병호의 취직 문제에 대하야 번연히 생각할 수 업게 되엇다. 병호의 태도가 퍽으나 열심인 까닭이엇다. 병호에게 제일 적당한 직업이 무엇일가? 역시 언론긔관이나 문필 사업에 종사케 하는 것이 본인을 위하야 조흘 듯하얏다. 그리하야 민은 『동방시론(東方時論)』이란 잡지사에 병호를 천거해볼가 생각하얏다. 『동방시론』이라면 조선에서 첫 손가락을 꼽는 권위 잇는 잡지이다. 병호가 그 잡지사에 들어가게만 된다면, 병호로서는 첫 출세라고도 할 수 잇섯다.

『동방시론』의 주필로 잇는 자긔의 선배인 윤찬영(尹贊英)에게 천거하려 하얏다. 윤찬영은 당대 문명이 혁々하얏다. 그는 일즉이 동경 류학을 마치고 서울에 와서 여러 해 동안 신문 긔자 생활을 하다가 『동방시론』 잡지를 맨들어 그것을 주재하게 되엇다. 민은 윤 주필의 추천으로 『동방』 지상에 미술평론 가튼 것을 발표한 일도 잇섯고, 표지의 의장 가튼 것을 갓금 제공한 일도 잇섯다. 이러한 관게로 귀국한 이후에 특별히 친한 관게를 맷게 되엇섯다.

병호는 아즉 서생으로 잡지 긔자의 책임을 충분히 다할 수는 업지마는, 본래가 영리하니 얼마 아니 되어서 상당한 진보를 언론게에서 가지게 될 것은 의심할 여지도 업는 일이라 생각하얏다.

그리하야

『여보게! 조흔 수 잇네.』

하고, 민은 병호를 바라보앗다.

『무슨 조흔 수가 잇어……..』

병호는 반가워서 되물엇다.

『될는지 안 될는지는 알 수 업지만, 『동방시론』 주필 윤 씨를 좀 차저 보고 거긔 입사 운동을 해볼가?』

권위 잇는 동방시론사에 취직이 되면, 이 우에 더 깁분 일은 업섯다.

『되기만 하면 물론 조치. 좌우간 주필을 좀 차저 볼가?』

하고, 병호는 어둠에서 광명을 발견한 듯이 깃버하얏다.

『그러면 잠간 기다리게. 전화로 윤 씨가 잇는지 업는지 좀 알아보고 올 터이니…….』

하고, 민은 박그로 나아갓다.

병호는 윤 씨를 맛나기도 전에 가슴이 족음 이상스럽게 뛰엇다. 어느 것보다 자긔의 성미에 맞는 직업이다. 민의 소개로 입사하게만 되면, 충실한 사원이 되고, 다음에는 당당한 론객이 되여 보겟다고 생각하얏다.

족음 잇섯드니 민이 급히 들어오며,

『마침 주필이 어데 출입하고 업는 모양이야.』

하고, 자리에 안는다.

병호는 취직 되랴는 것이 파의가 된 것이나 가티 마음이 허전하얏다. 그러나 어찌 할 수 업다.

『자네 혹 론문 가튼 것 써둔 것이 잇나?』

민은 뭇는다.

병호는 지금까지 글을 만히 써본 일이 업다. 동경에서 학생 잡지에 더러 투고를 한 일도 잇섯지마는, 대개는 몰서를 당하얏섯다. 이러탓이 큰 론문을 써서 세상과 선배의 비판을 청할만한 것은 물론 업섯다.

『론문다운 론문을 써본 일이 업는데, 뭘 하게?』

『필연 문장을 좀 보자고 할 듯하니까, 그걸 좀 가지고 가보게 말일세.』

『그러면 취직 론문을 제출하여야 된단 말인지? 써둔 것이 업스니 벼락 론문을 하나 써볼가?』

하고, 병호는 웃엇다.

민은 잠간 무엇인지 생각하드니,

『좌우간 가서 윤 씨를 만나나 보세.』

―(28), 『매일신보』, 1931. 10. 31

구직 (9)

종로 네거리에서 전차를 나렷다. 동방시론사는 병호의 상상한 이상으로 외관부터 훌륭하얏다. 벽돌 이층집이다. 병호는 민의 뒤를 서서 천천히 이층 편집실로 올라갓다. 내부의 설비도 비교적 정돈이 되여 뵈엇다. 북편

벽 압헤 커다란 테불이 노이고 회전의자는 주인이 업시 그 뒤에 뷔어 잇다. 아마 주필의 자리인 듯하다. 또 그 테불을 련하야 두어 개 사무ㅅ상이 노이엇다. 거긔에는 젊은 녀자 한 사람과 중년 남자 한 사람이 마주 바라보고 안저서 원고에 붓을 대고 잇다. 남쪽 창문 아페는 젊은이가 짠 책상에 홀로 안저서 무엇인지 쓰고 안젓다. 병호와 민이 방안에 들어스자 모든 시선은 모다 문 아프로 모아들엇다. 그들의 얼골빗은 혈색이 업서 뵈엇다. 그리고 어대인지 인텔리의 냄새가 나오는 듯하엿다. 그들과 민과는 모다 친근한 사이 가티 뵈엿다.

『오래간만입니다.』

모다 제창을 한다.

그 가운대에는 녀자의 소리도 석기어 들린다. 녀자도 사원인가 생각하엿다. 그 녀자는 도수가 강한 도수 무테안경을 벗틔엇다. 어대에서인지 본 듯한 긔억도 낫다. 남자들도 어대에서 한두 번 대면한 적이 잇는 것도 가탓다. 모도가 친하기 쉬운 얼골들이엇다. 악인은 하나도 엇서 뵈엇다. 공긔가 봄날 꼿동산이 겨울의 온실 가탓다. 병호는 어쩌케 하든지 이러한 곳에서 유쾌하게 마음 편케 정답게 서로 손을 맛붓들고 일을 햇스면 얼마나 조흘가 하는 생각이 낫다.

『윤 선생 어데 가셋습니까?』

민은 응접 테불 겻 의자에 몸을 던지며 뭇엇다.

『잡지 일로 경찰부에 가셋서요.』

녀자 사원이 대답을 한다.

『곳 나오십니까?』

민은 녀자를 바라보며 뭇는다.

『아마 곳 들어오실 것이야요. 무슨 일이세요?』

병호는 건방지다고 생각하엿다. 무슨 일인지 알아 무엇을 할 것인가 직각적으로 수다한 녀자라 판정을 내렷다. 그러나 민에게로 갓금 가는 시선 가운대에는 족음 보통으로 사람 보는 것이 아닌 것을 발견하엿다. 이제는 민의 애인이나 아닌가 또한 의심하엿다.

병호는 방안의 형세만 가만히 살피어 안젓슬 뿐이엇다.

민은 여러 사람을 상대하야 말을 주고 밧고 한다. 이러한 중에도 녀사원에게 가는 말이 만핫다. 썰하서 오는 말도 만핫다. 자긔의 취직을 주선하야 온 것을 이저버린 것 가티 뵈엇다. 그쑨 아니라 겨테 무료이 안즌 친구의 존재까지 아주 이저버린 것 가티 뵈엇다. 그리하야 병호는 속으로 녁정이 족음 낫다. 그러타고 민을 원망할 수도 업섯다. 그 대신 호긔심을 가지고 여러 사람의 말에 귀를 기우리게 되엇다.

『화성(花城) 씨의 문장은 이 새에 점점 세련되어 가는데오?』

민이 웃으며 말한다. 화성이란 녀사원의 호인 듯하얏다. 화성이라 듯고 보니 어느 잡지에선지 본 적이 잇는 듯한 이름이다. 신문지상에서 더러 구경한 듯도 하얏다. 병호의 호긔심도 족음 도수가 놉핫다.

『괜히 쏘 조롱을 하십니까?』

녀사원은 안경을 번지거리며 머리를 숙인다.

『누구가 조롱을 한단 말슴이야요?』

『그런 말슴일랑 나종에 하시지요.』

하고, 녀사원은 웃는다. 교양이 잇서 보이는 웃음이다.

이러한 작란 비슷한 두어 마듸 말에 병호의 민과 녀사무원 사이를 이상하게 생각하든 생각은 풀어젓다. 순연한 우정 관계만이 잇는 것은 분명한 일이다. 만일 그 이상 다른 것이 잇다면, 저러케 무관히 교제할 수는 업슬 것이다. 그러나 서로 회의를 가진 것만은 사실 가탓다.

—(29),『매일신보』, 1931. 11. 1

구직 (10)

주필을 기다린 지 이십 분이 되어도 주필은 돌아오지 안햇다. 병호는 남의 사무실에 우둑허니 안젓는 것이 창피하고 미안한 생각이 나서 신문을 뒤적거리는 민을 썰벅거렷다.

『응, 웨 그래?』

하고, 민은 쌈짝 놀란다.

『아마 느질 모양이니, 요다음에 오세 그려.』

하고, 병호는 나오는 하품을 돌오 삼키엇다.

『글세. 오늘은 그대로 돌아갈가?』

민의 의사도 가튼 것 가탓다.

『곳 돌아오실 것 가튼데오. 한 십분만 더 기다려보시지오.』

안경 쓴 녀자의 말이다.

『그러면 더 좀 기다려 볼가?』

하고, 민은 다시 주저안젓다.

병호도 그대로 기다리는 수밧게 업섯다.

민은 인제야 생각이 난 것 가티 편집실 안 사람 여러 사람들 인사를 소개한다. 맨 처음에 녀사원에게 소개를 하고, 그 다음에 바른편에 안즌 중년신사에게 소개를 한다. 그 사원은 최춘호(崔春湖)라 하얏다. 춘호라면 조선 문단에서 이름이 놉흔 중견작가이다. 병호는 조선 문단에 다소간 관심을 가지고 잇는 만큼 문사인 춘호를 몰을 리가 업섯다. 그 작품도 여러 개 읽엇섯다. 반가운 생각이 낫다.

『춘호 선생입니까? 성화는 만히 들엇스나, 뵙기는 이번이 처음입니다.』

공순한 인사가 절로 나왓다.

그러나 병호는 이상한 생각이 낫다. 조선에서 문명을 휘날리는 당당한 문인으로 일개 잡지사에 와서 말석을 차지하고 잇는 것은 조선 사정 모르는 병호로서 괴이하게 생각함은 무리한 일도 아니엇다.

민은 춘호에게 병호의 학력과 문학에 대한 조예가 깁흔 것을 족음 과대하게 소개한다. 병호는 얼굴이 붉어지지 안흘 수 업섯다. 과분한 소개에 춘호 선생의 태도가 더욱 친절은근해진 까닭이엇다.

『그러십니까? 뵙기가 좀 느젓소이다.』

병호는 아무 말도 못하고 머리를 숙엿다. 녀사원의 호긔심도 도수 안경 속에서 번적이는 것이 뵈엇다.

춘호는 백년지긔나 만난 것처럼 정리하든 원고를 한편으로 치어 노코 담배를 부치며 이야기를 끄집어낸다.

『동경에 잇는 조선 학생들의 근일 이상은 어쩌한가요?』

언론긔관에 잇는 사람의 무름즉한 말이다.

병호는 대답하기가 어려웟다. 사실 사상운동 가튼 데에 몸을 던진 일도

업섯다고 거지 보면 자긔보다도 뭇는 춘호 씨가 더 잘 알 것 가타서
『그건 선생이 더 잘 아실 것 가트신데요? 제가 무엇을 압니까?』
하고, 병호는 머리를 만젓다.
『우리 가티 시대에 뒤진 사람이 무얼 알겟소.』
이째에 편집실 문이 열리엇다. 거긔에 나타나는 이는 신경질로 된 신사이다. 여러 사람은 자리에서 닐어난다. 민도 닐어스며 인사를 한다. 병호는 직각적으로 동방시론사의 주필인 것을 알엇다. 그는 머리에 기름칠을 단단히 하야 뒤으로 제처 비슨 것이 어대인지 단려(端麗)한 곳이 잇는 동시에, 속된 곳도 잇는 것 가탓다. 두 입술을 꽉 다물고 광대ㅅ뼈가 족음 나온 것을 보면 한 심술도 잇는 듯하엿다. 그는 민과 인사를 한 뒤에 자긔의 의자로 가서 벌덕 뒤으로 바긔어 안는다. 춘호와는 아주 짠판으로 쓸쓸한 긔운이 써돌앗다. 춘호 볼 째는 꼿을 구경하는 것 가탓고, 주필을 볼 째에 단풍을 바라는 것 가탓다. 별안간 편집실 안에 찬바람이 도는 것 가탓다. 책상 아페 안저서 종알대든 녀사원도 머리를 잘 들지 안코 원고 우으로 붓을 달린다.
민은 병호를 소개하랴함인지 주필의 압흐로 천천히 걸어간다.

—(30), 『매일신보』, 1931. 11. 2

구직 (11)
주필의 책상에 손을 집고 무어라 나직히 말하든 민은 병호를 주필의 압흐로 불럿다. 병호는 부르는대로 갓가히 갓다.
병호는 민의 소개로 성명을 통하얏다. 주필은 의자에 안즌 채 그대로
『나는 윤찬영이오. 최민 군에게 자세한 말슴은 들엇소.』
하고, 의자에서 닐어선다.
민과 병호는 선 그 자리에 그대로 서서 윤 주필의 어쩌케 하는 것을 바라보앗다.
『이리 좀 오시구려.』
하고, 윤 주필은 아플 선다.
민과 병호는 윤 주필의 뒤를 쌀하섯다.

윤 주필은 겻방 쏘아를 열고 들어간다. 병호와 민도 쌀하 들어섯다. 이 방은 응접실인 듯하얏다. 무슨 비밀실도 가탓다. 응접실로 들어선 세 사람의 등에는 편집실 안의 여러 시선이 쌀핫다.

윤 주필의 권하는 의자에 병호와 민은 안젓다. 병호의 가슴은 이상스럽게 쒸엇다. 세 사람만 짠 방으로 들어온 것은 병호의 인사 문제에 대하야 어쩌한 상의인 것도 가탓다. 조용히 이와 가티 만나보는 것은 자긔를 시험함이나 아닌가 하야 가슴이 족음 우든거리엇든 것이다.

윤 주필은 병호의 그 동안 경력을 대개 물은 뒤에

『문필 사업에 종사하겟다는 그 본의가 어데 잇는가요?』

병호는 무어라 대답하여야 조흘지 알 수 업섯다. 그러나 정직하게 대답하는 수밧게 업섯다. 병호 자신으로는 문필 사업에만 종사해 보겟다는 것이 물론 목적이 아니엇다. 어쩌한 일이든지 집안 형편을 생각하고 아무러한 일이라도 해보겟다는 것이 직업을 구하게 된 동긔이엇든 것이다. 그러나 친구 민은 자긔가 문필 사업에 종사하는 것이 목적인 것 가티 윤 주필에게 소개한 모양이엇다.

『지금까지 유의한 것이 문필이엇스니까, 다른 직업을 가지는 것보다 조흘 듯해서 그런 게 올시다.』

병호는 이러케 대답하는 수밧게 업섯다.

『조선에서 언론긔관에서 종사해 보겟다는 젊은이들은 퍽으나 만치만, 모다 일종의 호긔심만을 가지고 그러는 게나 안인가요?』

윤 주필의 말은 넘우나 사람을 나추 보고 시험하랴는 것 가타서 병호는 불쾌한 생각이 낫다. 그리하야 아무 대답도 안햇다.

『호긔심만으로 직업을 구하는 이가 어데 잇슬라구요?』

겨테 잇는 민이 얼른 반박을 한다.

『신문 긔자나 잡지 긔자, 그박게 여러 가지 문필 사업에 종사하는 이들처럼 개인 생활로 보아서는 불리한 것이 업스니까 만일 언론긔관에 몸을 던저 보겟다고 결심하기 전에 여러 가지로 고난이 잇슬 것을 미리 작정하여야 될 걸요.』

병호는 듯고만 안젓다.

『그런 사정 쯤이야 본인도 다 알고 잇스니까, 윤 선생이 동지로 알고 잘 지도를 하시지요.』

민은 단도직입으로 말한다. 병호의 얼골은 아지 못하는 사이에 붉어젓다.

『문필 사업에 종사하는 이에게는 문필이 한 무긔이니까, 김 군의 문장을 보기 전에는 무어라 말할 수 업스니 론문이든지 창작이든지, 쓴 것이 잇스면 한 번 뵈어주엇스면 조켓소이다.』

윤 주필은 족음 거드름을 빼여 말한다.

민의 말한 바와 맛찬가지다. 병호는 이제로부터 베락 론문이나 창작을 하나 쓰지 안으면 안 될 경우이다.

『쓴 것이 잇스면 하나 뵈어들이고, 만일 업스면 새로 써보는 것이 엇대?』

민이 말한다.

『그러케 하보겟소이다.』

『그러면 속히 좀 뵈어주우.』

하고, 윤 주필은 의자에서 니러슨다.

병호는 민과 주필의 뒤를 쌀하 밧그로 나왓다. 편집실 여러 사람의 눈 가운대에도 녀사원의 시선이 제일 반작거렷다.

—(31), 『매일신보』, 1931. 11. 3

결심 (1)

병호는 하루밤을 거의 쓴눈으로 지내엇다. 취직에 대한 좁아심과 혜영에 대한 동경이 그를 동시에 괴롭게 한 것이엇다. 그 안날 동방시론사를 나서서 민과 서로 갈린 뒤에 집으로 돌아오지 안코 바로 도서관으로 갓섯다. 조용한 데에 가서 간단한 취직 론문을 하나 써볼가 생각한 것이엇다. 그러나 그럴 듯한 주제를 엇지 못하야 온종일 생각을 태웟슬 뿐이엇다. 엇쩐지 직업을 엇기 위한 론문이라고 생각하니 자존심을 더럽히는 듯한 생각이 나서 정신이 한 골수로 모아들지 안햇다. 그리하야 온종일 책만 두적거리다가 그대로 집에 돌아왓다.

집에서 아침에 일즉 나간 병호가 밤이 늣도록 돌아오지 안흔 것이 매우 걱정이 되엇든지, 누이동생 영숙이는 밥도 먹지 안코 기다리고 잇섯다. 어머니도 자긔 아들이 집안 형편의 이러케 침체한 것을 보고 락심이나 아니 하얏는가, 그것이 심려되어 뭅시도 락심 되는 긔색이 뵈엇다. 웬일인지 아버지는 돌아오시지도 안 안핫섯다. 수원에 잇슬 째와 가티 집안에 화평한 긔운이란 보이지 안 햇다. 좌우간 집안이 간난한 대신에 평화한 빗이나 잇서야 할 일이다. 살기가 어렵다고 마음의 평화까지 일는 것은 참으로 량실이다.

병호는 억지로 깃분 빗을 지어 가지고 가족들을 위로하얏다. 어머니는 이마에 주름살이 펴진 아들의 얼골을 보고는 족음 마음이 노이는 것 가티 깃버하얏다. 영숙이도 역시 그러하얏다.

이러한 것을 볼스록 병호는 가정의 평화에 대한 책임이 넘우 묵어운 것을 늣기엇다. 집에 묵어 잇서서 집안 식구 멧 사람으로 하야금 평안한 얼굴을 늘 가지게 함도 적지 안혼 일이라는 생각이 더욱 깁헛다. 이러한 생각이 마음을 태울 째마다 동방시론사 입사에 큰 긔대를 가지게 되엇다. 입사를 하랴면 론문이 필요하다. 목전에 늣기는 필요 째문에 붓을 잡게 된 것이 론문다운 론문이 될 수 잇슬가 하는 위구가 업지도 안 햇다. 그러나 어쩌케 되엇든 붓을 잡아야 할 경우이다. 그가 여러 가지로 생각은 얽어 노앗슬 째는 발서 날이 새엇다.

열시나 되어서 병호는 집을 나섯다. 혜영이와 맛날 약속을 직히려 함이엇다. 만일 약속만 아니 하얏드면 바로 도서관으로 가서 론문이나 썻슬 것이다. 그러나 병호는 혜영이와 맛나고 십헛다.

병호는 종로에 나서서 상점의 전화를 빌어 혜영의 집에 걸엇다. 전화 밧는 소리가 울엉찬 남성이엇다. 혜영의 부친인 듯하얏다. 혜영이를 차젓다. 한참 잇더니 혜영이가 나왓다. 아주 반가윗다.

『어제 약속대로 차저가 볼가 햇지만, 댁에 자주 출입하는 게 안 된 듯해서 전화로 실례합니다. 오늘 엇더케 할가요?』

혜영이는 자긔 집에 출입하야도 무관한 것을 말하얏지만, 병호는 어쩐지 안 된 듯하야 박게서 맛나기를 청하얏다.

혜영이도 아무 이의업시 병호의 의견대로 황교 정류장 압헤서 열한 시에 만나기로 하얏다.

 병호는 수화긔를 노코 종로로 나왓다. 지금으로부터 아즉도 삼십여 분 시간이 남앗다. 그는 전차도 타지 안코 천천히 걸어서 종로 사정목을 행하고 나려갓다. 될 수 잇는대로 걸음을 느렷다.

 열한 시에 황교에 니르럿다. 혜영이가 벌서 나와서 기다리고 섯다.

 병호는 반가윗다. 그의 청초한 태도가 어제보다도 더 아름다윗다.

 『어데 야외로 산보나 좀 가볼가요? 저는 가을에 서울 야외 구경을 한 지가 퍽으나 오래 되엇서요.』

 하고, 혜영이는 걸어 전차 정류장을 향하랴 한다.

 『넘우 일치 안해요? 오정도 못 되엇는데…….』

 『그러면 창경원 국화나 구경하고, 시간이 잇스면 나가 보지요.』

 『그러케 하지요.』

 혜영이는 발길을 돌으켯다.

—(32),『매일신보』, 1931. 11. 5

결심 (2)

 창경원에 들어섯다. 시간이 일러 그러함인지 국화 구경하러 온 사람도 멧 사람이 되지 못하다. 온 창경원이 병호나 혜영이를 위하야 뷔어 가지고 기다리는 듯하얏다. 그들은 단풍진 벗나무 아래로 락엽을 밟으며 식물원 쪽을 향하야 내려갓다.

 사람의 그림자가 드물엇지만, 그들은 더 조용한 곳을 차젓다.

 『가을에 창경원 구경은 여러 해ㅅ만에 처음인데요.』

 『저 역시 그럿습니다.』

 『여름보다 훨신 더 정취가 잇는 것 가태요.』

 『저는 여름의 창경원을 잘 알 수 업지만요. 봄보다도 훨신 나흔 듯합니다.』

 그러나 병호나 혜영이가 창경원이 별안간 나흔 리유에서 벌일 수 업는 한 가지를 말할 용긔는 아즉 업섯다.

 그것은 다른 것이 아니엇다.

병호는 혜영이와 함쯰 온 까닭이오, 혜영이는 병호와 함쯰 온 까닭이 엇다. 피차에 이성을 동반하여 가지고 산ㅅ보 온 일이란 이번이 처음이 엇다. 지금것 늣기여 보지 못한 별다른 정서를 늣기게 되고, 짜라서 가을의 창경원을 례찬하게 된 것은 무리한 일은 아니엇다.
　그들은 련모ㅅ가를 한 번 돌아 온실 겻 잔디밧 우으로 올라갓다. 금잔 듸가 우단 가티 부드러운 그 우에 안젓다. 느진 가을 엷은 해ㅅ빗에 전 신을 목욕하며 잠간 동안 아무 말업시 안젓다. 병호는 조름이 올 듯한 짜 쯧한 긔운에 전신이 싸이기 시작하얏다. 병호의 눈에는 잠이 가득히 들 어보엿다. 전날 잘 자지 못한 피곤이 일시에 폭발하려는 것이엇다.
　병호의 눈은 실가티 가늘어젓다. 우에서 쏘이는 짜쯧한 해ㅅ볏과 겨테서 품기는 향긔로운 분내에 긴장된 신경이 차차 풀어저 늘어낫다.
　혜영이는 조름이 넘치는 병호의 얼굴을 겻눈으로 한 번 삷히엇다.
　『졸리세요?』
　하고, 물엇다. 족음 불쾌한 생각도 업지 안핫다. 자긔의 존재를 너무 무시한 것 가티도 해석되엇다.
　병호는 정신이 번쩍 나서 두 눈을 부비엇다.
　『실례햇습니다. 몟칠 동안 잠을 잘 자지 못하얏드니 그럿습니다. 용서 하십시오..』
　『아마 객지에 거처가 불편해서 그러시지요. 댁에 돌아가시면 잘 주무 시겟지요?』
　하고, 혜영이는 벙긋 웃엇다.
　이 자리에서 쏘 다시 병호의 호적 조사가 시작되엇다. 그러나 병호는 쏘 다시 허튼 수작으로 이번에도 혜영의 말을 대답할 용긔는 과연 업섯 다. 첫 번에 아무러한 계획이나 의식이 업시 시럽시 한 대답에 붓들리어 어듸까지든지 어쩌한 감격을 가지고 나아가랴는 것은 분명히 어리석은 짓이엇다. 이 자리에서 자긔의 형편을 토파하는 것이 마음의 짐을 부려 놈이엇다. 병호는 단ㅅ히 마음을 먹엇다. 그러나 말을 내기 전에 얼굴부 터 먼저 붉히엇다.
　이것을 바라본 혜영이는 병호가 조을다가 무렴해서 그런 것으로만 알앗다.

그들은 어대로 | 69

『뭘 그러케 붓그러 하세요. 졸릴 째 조는 것이 어썬가요? 그러치. 퍽으나 놋기신데요. 창경원까지 와서 주무시니……..』

하고, 호호 웃엇다.

병호는 더 얼굴이 붉어젓다.

동행 되든 그때에는 례사로 취급하든 혜영이를 어찌해 이러케 어렵게 생각하게 되엇는지 자긔로는 자긔의 속을 몰랏다. 몰른 것이 아니엇다. 알지만 그 생각을 의심한 것이엇다.

—(33), 『매일신보』, 1931. 11. 6

결심 (3)

『혜영 씨!』

병호의 말소리는 족음 썰리엇다.

『웨 그러세요?』

혜영의 얼굴에는 의아하는 빗이 써올랏다.

『제가 객지에 잇는 줄 아시지요?』

『객지라고 말슴하지 안흐셋서요?』

『그러케 말슴 엿준 것은 거짓말이오, 제 집이 서울에 잇습니다.』

『네, 그러세요.』

흥미 업는 대답이엇다.

혜영이는 이상한 생각이 낫다. 자긔의 집을 속히는 리면에는 어쩌한 리유가 잇슴 직하얏다.

『혜영 씨! 남자란 족으마한 자긔의 위신을 보전하기 위해서 마음에 업는 거짓말을 부지중 하게 되는 것 가태요.』

병호는 변명 비슷하게 말하얏다.

『그런 심리는 남자뿐일나구요? 녀자에게도 잇겟지요.』

『정신상의 결점이나 물질상의 결점을 다른 이에게 보이지 안흐랴는 것이 아마 인정상의 긔미인가 봐요. 어잿든 제 집이 경성에 잇다는 것만 알아두십시요. 차ㅅ속에서 한 말을 정정합니다.』

혜영이는 웬 까닭인지 알 수 업섯다. 우연히 맛난 병호이지만, 첫 번부터 어쩌한 거짓이 두 사람 가운대에 잇섯다는 것은 아무리 생각하야도 불유쾌한 일이엇다. 그러나 병호의 자긔에 대한 태도가 긔차 중에서 동행하든 그째와 달라진 것만은 짐작함 즉한 일이엇다. 만일 혜영 자신을 로상에서 보는 사람으로만 대우한다면 일시의 허튼 수작 흐르는 말을 이제 와서 정정할 필요도 업슬 것이다, 그러나 용감히 정정하는 것을 보면 속이어서는 안 되겟다는 두 사람 사이인 것을 병호 자신이 분명히 알고 잇는 것 가탓다. 이것은 병호의 태도가 작란에서 진정으로 돌아선 것이엇다. 이러케 생각하니 혜영이는 반갑기도 하고 무섭기도 하얏다. 병호의 집안 사정과 그의 처지를 분명히 알아야 할 필요도 늣기엇다. 그리하야 짐짓 혜영이는 물엇다.

『남자는 족으마한 자존심 째문에 거짓말이라도 정말 가티 어느 째든지 직힌다는데, 별안간 그러치 안타고 정정하는 그 싸닭이 어대 잇슬가요?』

병호는 찬물을 등에 씨언는 듯 몸이 옷슥하얏다. 싸닭을 말하자면 자긔의 혜영에 대한 현재의 태도를 분명히 하여야 할 것이다.

그러나 병호에게는 그럴 용긔가 나오지 안햇다. 지금 그의 처지가 충동을 늣기는 그대로 할 수 업섯다. 아무 대답도 아니 하엿다. 대답을 기다리든 혜영이가 대답을 대신하엿다.

『처음 볼 째와 지금이 족음 달라젓다고 필연코 서로 서로의 가정 형편과 처지를 알아야 할 경우가 올 듯해서 미리 토파하신 것이 아니야요?』

병호가 바로 하고자 한 그 말이다.

『저는 이번 정정하는 그 말이 우리 둘 새이를 더 갓갑게 한 것이나 안일가 생각하는데요. 어째요?』

병호는 아무 말업시 혜영의 얼굴을 바라보앗다. 서로 납븐 감정을 가지지 안는 사괴임에는 이러한 거짓도 오히려 미화되어 상대자에 들어가는 것이엇다. 혜영의 분명한 말소리, 쏘렷한 시선이 천만 근의 힘으로써 각 일각으로 자긔를 눌르는 듯하엿다.

병호는 아무 말하지 안코 두 손으로 혜영의 두 손을 쥐엇다. 혜영이는 아무 말업시 머리를 숙인다.

『집안 사정을 알어야 할 것 가트면 물론 말슴하지요.』
『아무 것도 서로 아지 못하는 것이 돌이어 조치 안흘가요?』
하고, 혜영이는 머리를 들엇다.
『필연 서로 알게 될 것이 아닌가요?』
『미리 알어서 이러한 교제도 게속하지 못하게 되면 어쩌케 해요.』
—(34), 『매일신보』, 1931. 11. 7

결심 (4)

집안 사정을 서로 토파하게 된다면 병호보다 혜영이가 말 못할 점이 만히 잇섯다. 병호는 자긔 집안이 치페되어 가족이 서울로 와서 밥장수를 하게 된 것과 공부를 게속치 못하게 된 것과 직업을 구하는 중인 것을 말하면 그만이지만, 혜영으로서는 여러 가지로 말하기 창피한 점이 잇섯다. 첫재, 자긔 일신상 문제가 말하기 제일 거북하엿다. 외양으로 누구가 보든지 백만장자의 살림 가트나, 실상은 간사지 개간 사업에 실패한 이후로는 집안 형편이 아주 내용으로는 억망이엇다. 어느 째에든지 한편 구석이 문허지기 시작만 하면 어쩌한 힘으로라도 것잡을 수 업시 집안이 걱굴어질 형편이다. 이것을 고이기 위하야 은행가 리춘식에게 귀여운 쌀을 시집보내랴는 자긔 아버지의 방책 가튼 것은 도저히 입을 벌려 말하기 어려운 일이엇다. 이러한 말을 미리 토파하야 병호의 감정에 한 개의 공허한 곳을 맨드는 것이 어찌함인지 혜영이는 몹시 두려운 생각이 낫다.

그리하야 서로 서로의 자긔 형편 이야기는 아즉 보류해 두고 십헛다. 이러케 하는 것이 돌이어 두 사람 사이를 그대로 유지하는 것인 듯하엿다.

그러나 병호는 한 번 입박게 내노흔 말인지라 그대로 거두어들일 수 업서서 자긔 집안 형편을 전날 수원에서 지내든 일과 지금 서울에서 사는 형편을 대강 대강 말하엿다. 병호는 이러케 말하고 보니 묵어운 짐을 벗어노흔 것 가티 마음이 갑분하앗다.

병호는 말을 마치고 쏘다시 혜영의 손을 잡앗다. 혜영이는 아무 말업시 쥐인 손에 힘을 너허 잡은 손을 쥐엇다. 혜영의 손에서 흘른 짜쓰한 긔운이 자긔 손으로 옴길 째에 병호는 아지 못할 현훈을 늣기엇다. 모든 것을 잘 리해한다는 쯧이엇다. 모든 사정을 설파하겟다는 마음을 작정하든 그 순간에는 절망에 갓가운 생각이 업지도 안햇다. 혜영은 외양으로 보아서 허영이 업는 것도 갓지 안햇다. 녀자의 허영심은 언제든지 물질과 함끠 움직이는 것이다. 이러한 가난한 처지에 잇는 자긔로서 부자ㅅ집 짤의 사랑을 사랴는 것은 어쩌한 물질을 목표 삼은 것이나 아닐까 하는 의심이 상대자의 머리에 써오를 째에, 그 결과가 어쩌케 무서울 것을 병호가 모르는 바가 아니엇다. 첫재, 인격적으로 모욕을 당함이 이보다 더 큼이 업섯다. 그러나 병호로서는 어대까지든지 자긔를 속이어 가지고 상대자의 호의를 유지하고 십지는 안햇다. 자긔의 못난 처지를 설파하야 그의 자긔에 대한 사랑이나 호의가 설혹 업서질지라도, 이것은 돌이어 자긔를 숨기랴는 그 애먹는 것보다는 고통이 적고 마음이 가벼울 것 가티 생각되엇든 것이다. 그리하다가 설파한 뒤에 상대한 녀성의게도 자긔 예상과는 반대로 더욱 호의를 가지고 리해하는 듯한 표정을 볼 째에 그는 모든 것을 니저버렷다.

이번에는 두 손으로 혜영의 한 손을 쥐엇다.

혜영이는 무엇인지 한참 생각하드니,

『병호 씨! 이제는 집안 형편 이야기할 차례가 저이죠?』

하고, 입을 비롯오 열엇다.

『별로 할 말슴이 업스면 안해도 조치요.』

『그건 안 돼요. 당신의 사정 이야기만 듯고 내 말은 하쟌하면 이상한 일이 아니야요?』

『이상할 거야 업지요.』

『당신이 사정 말슴을 들은 이상 저는 제의 사정을 말할 의무가 잇쟌해요. 그러치만 잠간 동안 생각해서 엿줄 터이니까 잠간 동안의 여유를 주세요.』

이째에서 그 압으로 젊은 부부가 아이의 손을 좌우편에서 잡고 지내어 갓다.

혜영과 병호의 말은 자연히 중지가 되엇다.

『족음 산보나 하지요.』

하고, 병호는 니러섯다.

두 사람은 온실 압흐로 엇개를 나란히 하야 걸어갓다. 이째에 그들 뒤에서 병호를 불르는 이가 잇섯다.

—(35), 『매일신보』, 1931. 11. 8

결심 (5)

병호는 불르는 소리에 뒤를 돌아다보앗다. 거긔에는 최민의 웃는 얼굴이 병호의 시선을 기다리고 잇다. 그리고 바로 그 뒤에는 동방시론사의 최춘호(崔春湖)가 짤하온다. 민은 새로 지흔 양복을 말숙하게 입엇고, 춘호는 조선옷을 입엇다. 병호는 좀 북그러운 생각이 낫다. 녀자와 함끠 아츰부터 창경원 산보하는 것이 어찌 좀 괴면적은 생각도 낫다. 그러나 현장에서 발각된 이상 하는 수 업시 얼굴로 올나오는 피를 억지로 모라 내리며 가만히 기다리고 섯다.

혜영이는 가는 목소리로 뭇는다.

『저게 누구들야요?』

병호도 역시 나즌 목소리로 민은 친한 친구요, 조선의 유일한 미술비평가이라는 것과 춘호는 동방시론사원이오, 쏘한 조선 문단에서 중견작가라는 것을 간단히 말하엿다.

민은 가만히 말해도 들릴 거리에 오드니,

『우리가 제일 먼저 온 줄 알앗더니, 자네들이 먼저 왓군.』

하고, 손을 내민다.

병호는 그 손을 잡앗다.

혜영이는 온실 안을 들여다보는 척하고 돌아서 잇다. 병호는 춘호와도 인사를 하얏다.

어제 처음 맛난 사람이라지만, 백년지긔나 맛난 것 가티 반겨 한다. 병호는 언제 보아도 웃는 듯한 그 얼굴이 퍽으나 마음에 들엇다.

민은 병호의 억개를 탁 치면서,

『조하 그려. 바로 고백을 해.』

하고, 혜영의 뒤ㅅ태도를 유심히 살핀다. 춘호는 아무 말업시 웃을 쁜이다.

『이 사람, 별안간 고백이 무슨 고백이야!』

병호는 족음 얼굴을 붉히며 대답하얏다. 벗에게 취직 론문 쓸 것을 약속하고 아츰부터 녀자를 더리고 쏘대는 것이 마음에 여간 찔리는 일이 아니엇다. 춘호도 문사이라 이러한 일을 리해하여 주겟지만, 엇지 함인지 그래도 족음 켱기엇다. 그러나 이러한 경우에 우물쭈물하는 태도를 보이는 것보다 두 사람 사이가 정정당당하다는 것을 보이는 것도 조흘 듯하야 한편에서 온실을 들려다 보는 혜영이를 불럿다.

혜영이는 뒤를 돌아다보고 두어 거름 갓가히 세 남자 아프로 나왓다.

병호는 민과 춘호를 혜영에게 소개하얏다. 혜영이도 소개하기를 바랏다는 듯이 반겨하얏다. 병호는 마음이 족음 불쾌하얏다. 그러나 불쾌한 생각을 웃는 마음도 쏘 한편에 잇섯다. 이것은 분명히 다른 남성에 대한 질투가 벌서 움돗기 시작한 것이 아닌가 의심되엇다. 민은 인사 소개가 끗나자 바로 련못 언덕 송림 속 길로 춘호와 함끠 걸어간다. 민이 가면서 던진 인사는 『잘 놀다 오게.』 웃으면서 한 말이다.

병호는 민이 알심 잇는 듯이 그래도 가는 것이 감사하기도 하얏고, 불유쾌하기도 하얏다. 그러나 혜영이를 더리고 그들과 한 패가 될 수 업는 이상, 단둘이 재미잇게 이야기나 하는 것이 조흘 듯하얏다. 사실 혜영이와 병호 새이에 이야기가 다 끗난 것도 아니엇다. 그들은 다시 민들과는 반대 방향으로 것게 되엇다.

『그분이 춘호라죠? 조선에서는 그이만큼 소설다운 소설을 쓰는 사람은 업겟죠? 그분의 소설을 읽고 상상한 것과는 인상이 아주 짠판인데요.』

혜영이는 매우 춘호에 대하야 흥미를 늣기는 모양이엇다.

『상상한 것과 어쩌케 달탄 말슴인가요?』

『아주 신경질이고 변통성 적고 몸이 약하고 나이 어린 줄 알앗드니, 그러치는 안코 아주 온후하고 몸이 건강하고 풍신도 조하 보이는구먼요.』

『나도 역시 그러케 상상하얏섯죠.』

병호는 흥미 적은 대답이 절로 나왓다.

—(36), 『매일신보』, 1931. 11. 9

결심 (6)

『병호 씨는 조흔 친구를 만히 두셋구먼요.』

혜영이는 이러케 말하고 다시 련못 저편 송림 속을 바라보앗다.

『조흔 친군지 납븐 친군지 어쩌케 그러케 잘 아십니까?』

병호의 한 말이 혜영의 귀에 족음 거슬리엇다.

『그것을 몰라요? 우선 니름만으로도 훌륭하쟌습니까? 한 분은 조선 문단에서 이름 놉흔 작가이고, 쏘 한 분은 조선 미술게의 쟁쟁한 비평가 아닌가요? 그만 하면 훌륭하쟌해요?』

혜영이는 항의 비슷하게 말하얏다.

『사람이 조코 납븐 것을 박가테 나타난 이름으로만 알 수 업는 것이오. 명예가 잇다고 다 조흔 친구라면, 이 세상에는 친구 가진 사람이 얼마 되지 못할 걸요? 최민 군은 선배이오 친구지만, 춘호는 어제 비롯오 첫인사를 한 사람이니까 그러케 친분도 업는 새이죠.』

병호는 이러한 다른 사람의 비평 비슷한 이야기를 길게 할 필요가 업다고 생각하얏지만, 자긔의 친구에게 경의를 표한다는 혜영의 말에 무조건하고 머리를 끄덕일 수는 업섯든 것이다. 그리하야 트집 비슷하게 두어 마듸 말을 던지기는 햇스나, 춘호나 민에게 대한 인격상의 신임이나 존경이 업서서 그런 것은 아니엇다. 혜영이가 대번에 보고 칭찬하는 그 이상으로 근거 깁흔 존경할 리유를 병호는 가지고 잇섯다. 그러나 어찌함인지 혜영이에게 자긔와 가티 미ㅅ한 존재와 춘호나 민과 가튼 위대한 존재를 비교하는 심리를 니르키고 십지는 안핫다. 그러한 심리가 녀자의 마음에서 닐어날 째에 여러 가지의 비참한 갈등이 남녀 사이에 폭발되는 것을 잘 아는 까닭이다. 단순한 우정 관계에 잇서서라도 만흔 사람은 겸손한 마음으로 자긔의 가진 바 모든 가치를 랭정하게 평가해서 아무러한 불평도 업시 아모러한 질투도 업시 평화로운 관계를 직히는 것이 매우 어려운 일이다. 이러한 것이 련애 관계에 잇서서는 더욱 지키기 어려운 일이다.

혜영이가 첫 번 맛난 춘호나 민을 격찬한다 하야 병호가 질투 비슷한 생각을 니르킨 것도 그대지 무리라 할 수는 업섯다. 혜영 자신에는 어쩌한 짠 생각이 잇서서 그러한 찬사를 병호에게 들인 것은 물론 아니다. 만일 심리에 그러한 이동이 잇섯드면 이런 말을 낼 리가 만무한 일이다.

　여긔에는 병호도 생각한 바 잇서서 돌이어 자긔 맘의 좁은 것을 스스로 붓그러워하얏다. 짤하서 상대자의 마음 한 구석에 이러한 구멍이 생길 여유를 주지 안토록 그의 전부를 완전히 소유하고 십헛다. 여긔까지 두 사람이 걸어오게 된 이상, 족으마한 뷔인 틈도 가운대에 두고 십지 안햇다. 하루라도 속히 완전한 결합을 보고 십헛다. 그러나 자긔의 모든 형편이 결혼 문제를 쯔내기에는 넘우나 적합지 못하얏다. 그러나 궁극은 역시 결혼을 목적하고 나가는 수박게 업섯다. 긔회만 잇스면 바로 결혼 문제를 쯔내기로 마음을 단단히 먹엇다.

　이러한 생각을 하는 동안 련못가 정자나무 밋까지 그들은 왓다.

　병호와 혜영이는 쩬취 우에 나란히 안젓다.

　혜영이는 춘호나 민을 칭찬한 순간부터 병호의 태도가 족음 이상해진 것을 보고 그의 마음은 깃벗다. 다른 남자를 칭찬하는 것만도 불쾌하게 생각하는 그 심리를 짐작한 까닭이엇다.

　자긔의 생각의 전부를 자긔에게로 모으고자 하는 만큼 병호의 태도가 허위가 업는 것을 미덧다. 작란 비슷하게 제삼자를 추켜들어서 상대자의 애를 좀 태워볼가 하는 생각도 낫다. 그러나 이것은 넘우 참혹한 작란이라 하야 민이나 춘호를 칭찬하는 말만은 중지하얏다. 병호는 아무 말도 업시 련못을 바라보앗다.

　언둑 우의 단풍이 물에 비쵀어 붉은 물결이 가는 바람에 넘실거린다. 병호의 맘도 그와 가티 붉은 물결이 첫다.

　혜영이는 병호의 이러한 침묵을 무엇으로 깨트려볼가 생각하얏다.

　　　　　　　　　　　　　　―(37), 『매일신보』, 1931. 11. 10

결심 (7)

『언제나 쩌나십니짜?』

　혜영이가 말을 내기 전에 병호가 먼저 침묵을 깨트렷다.

『아즉 작정은 업서요. 그만 둘는지 알 수 업서요.』

혜영이는 힘업시 대답하얏다.

학교를 그만 두게 되는지도 알 수 업다는 혜영의 대답에 병호는 놀라지 안흘 수 업섯다. 학교를 댄일 수 업는 집안 형편도 안일 것이오, 혜영 자신이 공부에 실증이 나서 그러할 리도 만무할 것이다. 만일 공부를 계속할 수 업는 것이 진정의 말이라면, 그 리면에는 어쩌한 복잡한 사정이 잇슬 것이다. 그 사정이 혜영 일신상의 중대한 문제나 안일까? 병호 자신이 경성에 눌러 잇게 되엇다 하니 자기도 역시 경성에 잇겟다 하는 의사로 그런 말을 낸 것이나 안일까? 그러나 이러한 해석은 자기 자신을 넘우나 빗산 처지에다 노흔 염치 업는 일이엇다. 병호는 마음으로 웃엇다.

『학교는 그만 두신단 말인가요?』

『아주 확정한 일인지는 알 수 업지만요. 형편 보아서 공부는 그만 하겟서요.』

혜영의 대답은 암만 해도 그 안에 무슨 리유가 잇는 것 갓닷.

『형편이 무슨 형편이란 말슴이야요?』

『집안 형편이야요.』

『댁에 중도 폐학을 할 그러한 형편이 잇슴 즉도 하쟌튼데요?』

『그러한 형편이 잇고 업는 것을 어쩌케 아세요?』

『다른 사람의 집안 형편을 어쩌케 알 수가 잇겟습니까만은, 우리가 학교를 그만 두게 되는 리유는 모다 물질 째문이 아닌가요?』

병호는 이러케 대답하는 수밧게 업섯다. 사실 혜영이가 학비가 업서서 학교를 그만 둘 리가 만무한 까닭으로 생각하얏든 것이다.

『물질도 물질이지만, 저에게는 그보다도 더 큰 사정이 잇서서 어쩌케 될는지 알 수 업다는 말이야요.』

더 큰 사정이란 병호의 가슴을 캄캄케 하는 희미한 말이엇다.

『학교를 그만 두지 안흐면 안 될 리유가 뭐일까요?』

『좀 말하기 거북한 리유가 잇서요.』

혜영이는 병호의 사정 이야기를 들을 째부터 자긔도 자긔의 형편을 속임 업시 말하는 것이 올타고는 생각하얏스나, 참아 입이 썰어지지 안해서 그대로 둔 것이엇다. 그러다가 필경 병호의 가슴에 어써한 검은 그림자를 썰어트리고 말엇다. 이것이 혜영에게는 마음 아픈 일이엇다.

『말 못할 사정이란 무엇일까요?』

병호는 갑갑증이 족음 낫다.

『지금 말슴하기는 조금 거북한 말이야요. 장차 두고 보면 알 일이야요.』

두고 보면 알 일이라는 것을 식악스럽게 물을 수 업섯다. 그러나 마음의 한구석이 뷔이기 시작하얏다. 그는 마음속으로 말슴 못할 사정! 말 못할 사정! 하고 몃 번이나 뇌작이엇다. 그러나 다시 물을 수도 업는 일이다. 병호는 아무 말업시 발 씃으로 쌍에 장단을 첫다. 혜영이는 벌서 병호의 고독 늣기는 심리를 삷히엇다.

『사정 말슴을 엿줍지 안는다고 달리 생각은 마세요. 얼마 아니 되어서 모든 것을 말슴할 시기가 닥처 올는지도 알 수 업스니까요.』

하고, 혜영이는 벙긋 웃는다. 그 얼굴에는 알 수 업는 고독이 써오른다.

『무슨 사정인지 갑갑합니다만, 말할 째까지 기다리라면 기다리죠.』

병호도 짤하서 빙그레 웃엇다.

『지금 제의 사정이란 제의 결심 하나로 어써케든지 해결될 일이야요. 아무 다른 걱정은 업스니 염녀마세요.』

『쏘 좀 걸어볼가요?』

병호는 쎈취에서 니러섯다. 그들은 동물원을 향하엿다.

— (38), 『매일신보』, 1931. 11. 11

유혹 (1)

혜영이는 창경원에서 병호를 작별하고 바로 자긔 집으로 돌아왓다. 집에는 자긔 아버지도 안 게시고 어머니만이 안ㅅ방에서 게집아이에게 무엇인지 분부하고 잇섯다. 혜영이는 바로 자긔 방으로 들어왓다. 책상 우에 족으만한 쪽지가 잇섯다. 친구 영숙이가 차저 왓다가 보지 못하고 돌아가니 유감이라는 뜻이 적히엇다. 혜영이도 섭섭한 생각이 낫다. 그러나 영숙이를 못 맛난 것은 할 수 업는 사정이엇스니, 요다음에 만나서 리유를 자세히 말하면 용서하리라고 생각하얏다. 지금이라도 영숙이가 만일 온다면 자긔의 붓잡을 수 업시 쩌잇는 마음을 그에게 하소연하야 고독이나 위로하여 볼가 하는 생각도 간절하얏다. 이러케 마음의 산란을 늣기어 본 일이 혜영으로서는 처음이엇다. 이러한 마음이 사랑하는 마음인가 하는 늣김도 업지 안핫다. 자긔가 과연 병호를 사랑한다면 지금의 자긔 처지에서 맹연히 몸을 니르키어야 할 것이다. 병호는 분명히 빈한한 쳥년이다. 가난뱅이 병호와 결혼하기까지에는 대단한 파란이 가정에서 니러나고야 말 것이다. 더구나 한 집안이 죽느냐 사느냐 하는 관문을 아페 두고 발버둥치게 된 이째에, 모든 것을 단연히 물리치고 병호와 일평생을 약속하는 것이 과연 사람의 자녀로서 올흔 행동일까? 여러 가지 복잡한 색각이 그의 머리를 어지럽게 하얏다. 그리하야 혜영이는 의복을 박구어 입지도 안코 그대로 침대에 몸을 던젓다.

그러나 자긔의 뭇처럼 이 세상에 나와서 집안을 구하기 위하야 한평생을 그대로 희생하는 것은 넘우나 자긔의 생에 대하야 불충실한 일이라 생각하얏다. 그러나 이러한 생각을 하는 것도 째느진 일이라 하얏다. 사랑을 하느니 결혼을 하느니 하는 그러한 말을 서로 입박게 내노흔 것이 아니지만, 자긔들은 벌서 행동으로써 서로 의사를 보이지 안햇는가. 서로 약속하고 맹서한 것은 아니라 할지라도, 맹서나 약속보다 더 단々한 암시를 서로 주고밧지 안햇는가. 만일 이것이 진실하다면 마음속에 다른 여유가 업슬 것이다. 한번 마음을 단々히 먹은 이상, 무엇이 걱정이 될 것인가. 자긔는 자긔의 밋는대로 나아가는 수박게 별도리가 업다고 단념하얏다. 이러한 생각을 하는 동안에 혜영이는 심신이 넘우나 피곤하얏든지 잠이 들엇다.

혜영이가 어머니의 손에 슬들이어 잠을 깨니 벌서 오후 네 시나 되엇다. 가을날 네 시면 해는 겨우 졈을 째이다.

아버지가 부르신다는 어머니의 말에 혜영이는 눈을 부비고 경대 아프로 나아가서 머리를 고처 쪽지고 화장을 고치엇다. 눈에는 상혈 되어 피ㅅ대가 섯다. 이러케 미운 자긔의 얼굴을 본 적이 별로 업섯다. 마음의 병은 눈에 나타난다는 말을 다시 한번 음미하얏다.

혜영이는 아버지를 보며 응접실로 나왓다. 아버지는 양복을 입고 의자에 걸어안저서 여송연을 풍기고 잇다.

『아버지 불으셋서요?』

하고, 불넛다.

『게집애 낫잠이 무슨 일이늬?』

물론 성낸 말은 아니엇다.

그러나 혜영이는 붓그러웟다.

『할일이 업스니 낫잠 밧게 잘 것이 쪼 잇서요?』

『이애 잠도 깨기 겸 우리 어대 가서 소풍이나 하쟌컨늬?』

혜영이는 소풍이란 말에 반가웟다.

『그러케 하죠.』

얼핏 대답하얏다.

아버지는 자동차를 불럿다.

혜영이와 그의 아버지를 태운 자동차가 종로 사정목을 지나고 다시 광화문통을 지내어 인왕산 밋 괴상한 주택 압헤 와서 정지를 하얏다. 리춘식이란 문패가 쭈렷이 나타낫다.

—(39), 『매일신보』, 1931. 11. 12

유혹 (2)

혜영이는 타고 오는 자동차 안에서 여러 번이나 어대로 가는 것을 물엇섯다. 그러나 아버지는 분명한 대답을 하지 안코 거저

『가서 보면 알 터이니 잠잣코 잇서!』

하얏슬 뿐이다.

과연 와서 보니 리춘식의 집 문전이나 자동차 속에서 아마 리춘식의 집에를 더리고 가지 안나 하는 의심도 어릿풋이 나기도 하얏스나 아주 단정은 못하얏섯다. 도중에서 춘식의 집이면 가지 안켓다고 미리 예방선을 펴지 못한 것이 후회가 되엇다. 그러나 째는 이미 느젓다.

자동차는 싸일렌을 길게 울린다. 자동차 운전수는 벌서 쏘아를 열고 어서 내리라 하는 듯이 겨테 서잇다. 혜영이는 안즌 쿳숀에서 몸을 니르키지 안코,

『아버지! 저는 돌오 집으로 가겟서요. 아버지나 노다 오세요.』

하고, 한 번 버틔엇다.

아버지의 얼굴에서는 황겁해 하는 빗히 써오랏다.

『그게 무슨 말, 어서 나오느라. 잠간만 놀다 가자.』

하고, 혜영의 손을 잡아 니르키려 하얏다.

혜영이는 이러케 쏘 한 번 거절은 하얏스나, 겨테 잇는 운전수 보기에 넘우나 창피하얏다. 그뿐 아니라 자동차 싸일렌 소리에 춘식의 집안에서 하인들이 나온다. 혜영이는 보기 추한 부녀간 갈등을 여러 사람에게 보이기가 창피하야 아버지를 딸하 자동차를 내렷다.

아버지는 인제 안심한 듯이 마중 나온 하인을 보고,

『영감 게신가?』

하고 뭇는다.

『네. 게십니다. 이리로 오십시요.』

하고, 하인은 아플 서서 현관으로 길을 인도한다.

혜영이도 하는 수 업시 현관으로 들어섯다. 현관만 보아도 얼마나 사치스러운 생활을 하는지 알 수 잇다. 번질번질한 마루 우에는 가죽 슬립허가 여러 개 늘어 뇌엇다. 커다란 체경이 번적거리는 그 겨테는 모자거리가 뇌엇다. 화장벽돌 방바닥 우에는 남자 구두와 녀자 구두가 한 켤레식 뇌엇다. 다가티 반작거리는 에나메르이엇다.

게집하인의 인도를 바다 혜영 부녀는 한편 응접실로 들어갓다. 방안이 넘우나 의리의리하얏다. 의자 하나, 책상ㅅ보 하나라도 모다 갑빗산 것이다. 탁자 우에 노힌 골동품, 벽에 걸린 서화가 모다 평범한 것은 하나도 업서 보인다. 혜영의 집을 여긔에 비하면 행랑방 세간이나 다름업슬 것 가탓다. 혜영의 눈이 자연히 이곳저곳으로 이동을 하게 되엇다. 아버지는 안락의자에 몸을 파뭇고 담배를 피우고 안젓는 것을 보니, 이 응접실이 그에게는 퍽으나 낫익은 듯하얏다. 그러나 이러케 사치스러운 방안치레를 둘러는 보앗스나, 아무러한 흥미도 업섯다. 우득허니 안저서 주인을 기다리는 아버지가 몹시도 쑥스러워 뵈엇다.

딴 방으로 들어갓든 하인이 다시 들어와서, 방금 딴 손님이 오셋스니 잠간 기다리라는 뜻을 고하고 다시 나아간다.

혜영이는 더욱 창피한 생각이 낫다. 자긔 혼자만이라도 쒸어나오고 십헛다.

십분 가량 시간이 지난 뒤에 주인 춘식이가 나왓다. 오늘은 조선의복을 말숙하게 입엇다. 모도가 이름모를 주속이다. 그의 머리는 기름에다 담근 것 가티 윤택이 낫다. 몸에서는 지금까지 마터 본 적 업는 향수 냄새가 발산되엇다. 혜영이는 구역이 왈칵 낫다. 남자가 저러케 사치를 해서 무엇을 하랴 함일까? 그 야비한 심리가 내다보이는 것 갓닷다. 처음 자긔 집에서 인사를 처음 할 때보다도 더 천박해 뵈엇다. 돈과 모양으로 녀자의 환심을 포착할 것 가티 자신하는 그 반작거리는 눈이 몹시도 미웟다. 저런 사나히에게 미혹하야 일신을 망친 녀자가 만흔 것을 생각하니, 미혹이란 녀자의 어리석은 것이 돌이어 미웟다.

『마침 손님이 잇서 실례되엇소이다.』

하고, 춘식이는 혜영의 건너편 의자에 몸을 던지고 한 번 흘긋 시선을 던진다. 그 시선이 배암의 혀바닥 가티 징그러웟다. 그리고 손님이 왓다는 말을 들으니 현관에 노이엇든 칠피 녀자 구두의 임자가 누구일까 하는 의심도 다시 새로웟다.

—(40), 『매일신보』, 1931. 11. 13

유혹 (3)

춘식이는 웅접실 테불 우의 초인종을 눌는다. 족음 잇스니 녀하인이 들어왓다. 하인 노릇하기는 앗가운 얼굴이다. 나이 십칠팔 세 되어 뵈엇다. 만일 춘식이가 주인의 태도로 보지 안코, 또한 머리를 따 늘리지 안코 행주치마를 걸치지 안햇스면, 그 게집아이를 하인으로 대접할 리는 하나도 업섯슬 것이다. 눈동자가 맑고, 얼굴빗이 희고, 키가 후리〈 하고, 억개가 좁웃하게 알애로 족음 처진 것이 분명한 미인의 타입이다. 만일 그 녀자의 얼굴이 확 픠게 되면 마음 들성거리는 남자의 마음을 상당히 끄을 수 잇는 녀자이다. 혜영이는 하인까지 저러한 미인만 골라 두는 춘식의 심리가 대강 짐작되엇다.

여자 하인은 얼굴을 숙이고 눈을 우으로 써서 혜영의 얼굴빗을 슬금〈

삷힌다. 혜영이는 이것이 매우 불유쾌하얏다. 그 녀자의 얼굴에서 어쩌한 질투에 갓가운 시선이 나오지 안나 하고 눈치를 삷히엇다. 혜영이는 춘식이가 저러케 고흔 녀자를 그대로 두지는 안햇스라는 의심이 난 까닭이다. 그러나 미인 하인의 눈에서는 질투에 갓가운 눈치를 발견하지는 못하얏다. 다만 호긔심으로 바라보는 시선인 것을 알앗슬 쑨이다.

춘식이는 안사랑으로 차를 준비하라고 명령을 한다. 녀하인은 공손히 례를 하고 박그로 나아갓다.

『저리로 건너가시죠?』

하고, 춘식이가 의자에서 몸을 니르킨다.

아버지가 쏘 쌀하서 니러낫다. 혜영이도 하는 수 업서 의자에서 몸을 니르키엇다.

춘식이는 스립허를 슬슬 끌며 아플 서서 기다란 랑하를 걸어갓다. 랑하의 군대〈 에는 국화분이 노이고, 열대식물의 조려와 선인장 가튼 것도 더러 뵈엇다.

한참 동안 돌아가니 거긔는 남향으로 조선식 가옥이 잇다. 압 류리창 안에는 조선 미닫이가 하엿케 뵈엇다. 재목도 특별히 선택한 것 가탓다. 옹이 자죽 하나 보이지 아는 밋근밋근한 나무이다. 마루도 송판 한 장을 펴노흔 것 가티 틈 하나 보이지 안코 번적거리는 류리 가티 길이 들엇다. 잘못 드듸면 밋그러질 듯하다. 마루에는 크다란 체경이 여긔저긔 부텃다.

가운내 문을 지내어 큰방으로 들어섯다. 방 윗목에는 크다란 서가가 금글시 번적이는 서적을 가득히 싯고 서잇다. 방 가운대에는 화류로 맨든 책상, 뒷벽에는 화류문갑이 노이고, 사면 벽에는 제법 오래 되어 뵈이는 고화(古畵)의 족자가 걸리엇다. 방안의 도베도 비단으로 한 것 가티 번적거리엇다. 보료와 방석도 벽빗에 잘 조화되는 빗으로 맨들엇다. 방안의 모든 치장은 잘 열리는 교향악처럼 사람의 시선에 조화를 주엇다. 혜영이는 새삼스럽게 집주인의 거처에 대한 취미만은 그러케 야비치 안흘 것을 알앗다.

춘식과 혜영의 아버지는 알에ㅅ목에 자리를 잡고 안젓고, 혜영이는 남편 미닫이 두겁 압헤 안젓다. 춘식이는 어쩌한 화제를 쯔낼가 매우 고심하는 태도가 뵈엇다. 아버지도 웬일인지 담배만 피우신다. 혜영이는 슴거운 생각이 낫다. 이것이 도대체 웬 까닭일까? 춘식이의 호화로운 생활양식을 견학시키랴고 더리고 온 셈일까? 이러한 호강을 하랴거든 춘식이와 결혼하라는 의미일까? 어쩌한 의미로 해석을 하든지 간에 혜영이는 자긔를 일개 허영에 심취할 가능성을 가젓다는 녀자로 인정한 그 심리에는 불복이 잇섯다. 쌀하서 이러한 관념을 타파해 줄 긔회도 이때라는 반항의 움이 혜영의 가슴에서 벌서 도닷든 것이다. 이야기가 잇스면 그 응접실에서 못할 배도 아니다. 아주 별실을 치우고 와서 조용한 말을 할 아무 것도 업는 새이가 안인가. 이러한 물질의 힘으로 자긔의 환심을 사보겟다는 은행가 춘식의 생각이 천박도 하얏지만, 자긔 쌀을 더리고 부자ㅅ집을 우질우질 차저다니는 아버지의 태도는 퍽으나 비루해 뵈엇다. 이전에는 저런 아버지가 아니엇건만 하고 생각을 하니 섭々하기가 한이 업다. 혜영이는 벌덕 니러서서 밧그로 쒸어갈가 하얏다.

—(41), 『매일신보』, 1931. 11. 14

유혹 (4)

겨테 우둑허니 안저서 청춘 남녀의 눈치를 번갈아 삷히는 가엽슨 생각이 나서 혜영이는 참아 박그로 쒸어나올 수 업섯다. 아모 말업시 머리를 숙이고 안젓슬 뿐이다.

족음 잇다가 차과가 나왓다. 혜영이는 차도 마시는 체하얏고, 과자도 먹는 체하얏슬 뿐이다. 차과가 혜영의 목구멍으로 걸이김업시 넘어갈 리가 만무하얏다. 일각이라도 쌀리 춘식의 집을 써나랴는 생각뿐이엇다. 그러나 아버지의 차리는 품은 여긔에서 밤이라도 새일 것 가티 추근추근히 군다.

혜영이는 견대다 못하야 나직한 목소리로 아버지를 불럿다.

『응. 웨 그래?』

하고, 아버지는 고개를 혜영의 편으로 돌으킨다.

『그만 집으로 가지요. 날도 저믈고 햇스니……』

혜영이는 춘식도 알아들으라는 것 가티 크게 말하얏다.

아버지가 대답도 하기 전에 춘식이가 먼저 입을 연다.

『더 노다 가십시오. 그리고 오늘은 제 집에서 저녁 준비가 잇스니까 찬은 업지만 제 집에서 잡수십시오.』

『괜히 폐를 끼쳐서 되겟서요? 아버지, 닐어나세요.』

『리 선생이 너를 위해 못처럼 저녁을 대접한다는데 그대로 가서 되겟늬? 좀더 노다 가잣구나.』

이러케 말한 아버지는 그대로 주저안즐 모양이다.

혜영이도 하는 수 업섯다. 그러나 자긔의 부친의 하는 짓이 조방군이나 쒸쟁이의 행세가티 해석이 되어서 불유쾌하기가 짝이 업섯다.

혜영이가 이러케 생각이 반대 방면으로 달아나는 한편에는 춘식의 혜영이를 자긔의 소유를 맨들어보겟다는 욕심이 고속도로 불어낫다. 쏘한 혜영의 부친은 남녀의 애정은 필경의 거리에 정비례한다는 철학을 가지고 잇섯든 것이다. 자긔 짤 혜영이가 은행가 리춘식에게 시집을 간다 하야 자긔에게 불명예가 될 것이 하나도 업섯다. 그도 만일 제이 부인이 된다면 자존심이 잇는 혜영이가 들을 리도 만무할 쑨아니라, 설혹 본인이 그리 되기를 바란다 할지라도 점잔한 아비로서는 그것을 찬성할 수 업는 일이지만, 지금 춘식에게서 온 청혼이 정정당당한 이상 이것을 거절할 아무러한 리유도 업섯다. 다만 본인의 승낙 여부에 이 결혼의 성립 여부가 잇슬 쑨이엇다.

그러나 혜영의 눈치를 삷히건대, 마음에 불합한 점이 잇는 듯하나, 차차 교제하여 가는 동안에 서로 리해를 하고 낫이 익으면 사랑하는 마음이 자연히 나는 수도 잇스니까 그대지 이 결혼 문제에 비관을 하지 안햇다. 그리하야 아모조록 춘식이와 혜영이가 접촉할 긔회를 만히 맨들고자 한 것이엇다. 말하자면 오늘 춘식의 집에서 만찬회를 열게 된 것도 혜영 부친의 암시가 그 동긔가 된 것이엇다. 물론 혜영이가 리춘식의 불품행을 허물하는 심리를 부친이 모르는 바는 아니엇스나, 이 조선 천지에 쏙쏙하다는 남자치고 다소의 불품행이 업는 사람이 업는 것을 짐작하는 터이라, 이것을 문제 삼고 십지는 안햇다. 제일 마음에 쩔리는 것은 다만 재산과 후원 관계이엇섯다. 자긔의 전 재산을 전당으로 너혼 은행의 전무를 자긔 사위를 삼는다는 것은 세상이 오해하기 쉬운 일이다. 결국 비스쟁이에게 애양(愛孃)을 팔게 된 셈이다. 더구나 자긔가 춘식의 힘을 어더 다시 간사지 개간사업을 게속하랴는 쯧이 잇는 이상, 다른 사람이 쌀을 은행가에게 팔앗다 하여도 변명할 여지업는 것이엇다. 현금 혜영의 감정이 병호로 인하야 극도로 혼란한 상태에 싸진 것은 꿈에도 생각지 못한 바이다. 처음에는 약간 일흔 생각이 잇슬지라도, 일부러라도 맛날 긔회를 자조 맨들어서 감정을 융화식켜 보겟다는 것은 돌이어 생각을 천리나 만리 박그로 다라나게 하고, 자긔를 인격적으로 의심하게 될 줄은 몰랏든 것이다.

—(42), 『매일신보』, 1931. 11. 15

유혹 (5)

혜영이는 하는 수 업시 그날 만찬을 춘식의 집에서 먹게 되엇다. 혜영이가 출생한 이후로 처음 밧는 관대이엇다. 식당의 내부는 양식으로 쑤미엇스나, 먹는 음식은 조선식이엇다. 춘식이는 최선을 다하야 혜영 부녀를 대접하는 모양이나, 혜영은 아무러한 감사도 늣기지 안햇다. 춘식의 태도가 친절할스록 혜영이는 야비한 생각을 하게 되엇다.

춘식으로도 여러 녀자와 상종을 하야 보앗지만, 오늘의 혜영의 경우처럼 일심정력을 다한 일은 업섯다. 대개는 녀자 편에서 더 만흔 호의를 뵈이엇다. 녀자 편에서 몹시 쌀리는 것을 보면 춘식이는 대개 의심이 낫다. 필연코 자긔의 재산에 눈이 어두어서 업는 애정을 잇는 체하는 것이나 안일까 하야 경계를 하얏든 것이다. 경계를 하고 약게 쌀々하게 구는 동안에 항용 녀자들은 대부분이 퇴각을 하고 말앗섯다. 그리하야 녀자를 얼르기는 만히 얼럿스나, 참으로 진정을 서로 토파한 녀자는 하나도 업섯든 것이다. 지금까지 상종한 녀성 가운대에 그만하면 자긔의 안해라 하야 남의 압페 내노흘만한 녀자는 그의 긔억에는 하나도 남아 잇지 안햇섯다. 그만큼 녀자에 대해서는 환멸의 슬픔을 늣기어 오든 춘식이가 혜영에게 특별히 호긔심을 가지고 덤빈 것은 짠 리유가 잇섯든 것이다. 첫재, 혜영의 용모에는 고귀한 늣김이 흘럿고, 그의 학식이 전문 이상이라는 것이오, 그의 문벌이 상당하다는 것이엇다. 이러한 여러 가지 원인을 초월하야 위대한 힘으로 더욱 몹시 그의 정신을 살오잡으랴는 것은 춘식의 존재가 혜영의 안중에 업는 것이엇다. 춘식의 자존심은 첫 번 인사할 때부터 여지업시 깨틀어젓섯다. 춘식이는 경성에서 유수한 실업가요, 쏘한 외양으로 보든지 학식으로 보든지 남보다 나엇스면 나엇지 썰어지지는 안핫다. 재산 만코 풍신 조코 지위 잇는 춘식이가 일개 녀성 혜영에게 위신을 짓밟힌다는 것은 아모리 생각하야도 분개치 안흘 수 업는 일이엇다. 어쩌케든지 혜영의 오만불손한 태도를 정복하여 보겟다는 맘으로 춘식이 가슴은 갓득 찻섯다. 그리하야 춘식의 혜영에 대한 태도는 더욱 친절하고 은근하얏다.

혜영이는 춘식의 태도에 구역이 낫스나, 모처럼 보이는 다른 사람의 호의를 무조건하고 물리칠 수 업서서 조흔 낫으로 응수를 하얏다.

춘식이는 혜영의 태도가 얼마큼 푸러진 듯하야 맘으로 깃벗다. 그리하야 겨테 잇는 혜영이더러 들으라는 것처럼 자긔 은행은 이와 가튼 공황에도 아무러한 영향을 입지 안코 잘 발전되어 간다는 것과 성북동에다 새로운 별장을 건축할 계획을 말하고, 쏘한 혜영 부친의 간사지 개척사업에 실패한 것을 퍽으나 동정하는 것처럼 여러 번 되집허 이야기를 한다. 이러한 이야기 중에서도 가장 힘잇게 말하는 것은 그 사업에 자긔의 힘이 미치는 대로는 절대의 후원을 앗기지 안켓다는 것이엇다.

그러나 이러한 춘식의 말이 혜영에게는 진정으로 들리지 안햇다. 입에 부튼 허튼 수작으로 밧게 들을 수 업섯다. 참으로 그러한 호의를 가젓다면 미리 말도 할 것이 업시 실행으로써 보여주면 그만이 안일까? 사람을 새에 너허 청혼을 하여 노코 상대자 압헤서 자긔의 생활을 자랑하고 상대자 저치를 동정하는 것 가티 말하는 것은 다믄 사람을 업수히 녁인 것이나 안일까? 혜영이는 돌이어 모욕을 바든 것 가티 불유쾌하얏다. 아무리 만반진수이지만, 혜영의 목구멍에 잘 넘어갈 리가 업섯다. 그는 먹는 체 마는 체하고, 숟가락을 노흔 뒤에 아버지와 춘식이를 짤하 응접실로 나왓다.

차를 마시고 담배를 피운 뒤에 춘식이는 자동차를 불르고, 안방으로 들어가서 조선옷을 양복으로 갈아입고 나왓다. 얼마 뒤에 문 아페서 싸이렌이 길게 들리엇다.

『밥도 내리기 겸 박게 가서 소창이나 하지요.』

하고, 춘식이가 닐어낫다.

주인이 니러나는 이상 그대로 안젓슬 수 업서 혜영이도 아버지와 함끠 닐어섯다.

—(43),『매일신보』, 1931. 11. 17

유혹 (6)

춘식이가 자동차 도아 겨테 서서 한 손을 내밀어 차 안을 가르키며 혜영 부녀의 타기를 권한 다.

혜영이는 그 자동차에 몸을 실어 조흘지 납블지 몰라 잠간 동안 망사리엇스나, 아버지가 올라타고 들어오기를 권하는 바람에 하는 수 업시 바른편 쿳손에 몸을 던젓다.

혜영의 아버지와 춘식이가 짤하 올랏다. 자동차가 발화되어 폭음이 들릴 째에 한가운대에 안진 아버지가 왼편으로 머리를 둘르며 춘식이더러 뭇는다.

『어데로 가나요?』

춘식이는 머리를 발은편으로 둘러 혜영 부녀를 한꺼번에 바라보면서,

『오늘은 제가 주인이니까, 모든 것을 맛기어 두세요.』

하고, 벙긋 웃는다.

혜영이는 춘식이와 자동차를 가티 탄 것도 불유쾌한 일인데, 게다가 쏘 다시 오늘 저녁의 행동을 춘식에게 맛긴다는 것은 견대기 어려운 고통이엇다. 그리하야 혜영이는 아버지의 엽구리를 슬적 찔럿다. 아버지는 깜작 놀라 혜영이를 본다.

『아버지! 저는 몸도 불편하니까 바로 집으로 보내주세요.』

혜영이는 아버지를 발아보앗다.

『어데가 불편하세요? 그러면 바로 의사를 차저갈가요?』

춘식이는 혜영의 부친이 말하기도 전에 그 대답을 가로찬다.

『그러케 의사에게 진찰 바들 정도로 아프지는 안해요.』

『그대지 심하지 안흐시면 오늘 극장에 구경이나 가십시다.』

하고, 춘식이는 여송연을 피어문다.
『이 다음에나 가지요.』
하고, 혜영이는 쏘 사양을 하얏다.
웬일인지 아버지는 아무 말도 업다.
『이 다음 일은 이 다음 일이오, 오늘 일은 오늘 일이니까 나선 김에 잠간 구경하는 것도 괜찬지 안습니까? 구경은 그러케 조하하지 안흐시는 모양입니다 그려.』
춘식이는 어쩌한 실망을 늣긴 듯이 말한다.
『본래 그러케 구경을 깃버하지는 안 해요.』
하고 혜영이는 대답을 하얏스나, 실상인즉 그는 연극이나 활동사진 보는 데에 상당한 취미를 가지고 잇섯다. 그리하야 신호에 잇슬 때에도 한 달에 두세 번 가량은 극장 출입을 하얏섯다. 경성에 잇슬 때에도 극장에 구경을 단인다 하야 아버지에게 꾸지람을 들은 일도 퍽으나 만핫섯다. 구경을 실허 한다는 말을 입 박게 내노키가 매우 거북하얏다. 겨테 잇는 그의 아버지도 속으로 웃엇다. 그러나 실흔 남자가 야심을 두고 인도하는 극장 구경을 반겨서 갈 수는 과연 업섯다.
『극장 가튼 것도 한 번 보아두는 것도 한 참고가 됩니다. 잠간 들렷다 가시죠?』
하고, 춘식이는 다시 청한다.
『잠간 보고 가자.』
겨테 잇는 아버지가 권한다.
혜영이는 형세가 글른 것을 알고 집으로 바로 가기는 단념하얏다. 저녁밥까지 어더 먹고 태워주는 자동차에 몸을 싯고 와서 하자는 구경만 하니 간다고 자기의 결벽이 보전되엇다고 생각할 수는 업섯다. 좌우간 들쓰인 마음을 극장 구경이라도 하야서 안정을 시키고 위로를 해볼가 하는 생각도 업지 안핫다. 그리하야 다시 말대구도 하지 안코 자동차 압만 바라보고 안젓다. 운전대 압헤서 반작거리는 쌕그라스 안에서 춘식의 미소와 추파가 혜영을 향하야 쏘다저 나온다. 혜영이는 루추한 생각이 낫다. 일부러 추파를 한 번 보내어 놀려볼가도 생각도 하얏스나, 그러한 작란을 할 여유가 생길 수 업게 혜영의 마음은 긴장되엿섯다. 이번에는 얼굴을 겻창 박그로 돌리고 쨱그라스를 바라보지도 안햇다.

　말업시 가는 동안에 자동차는 어느덧 서울극장 압헤 와서 스톱을 하얏다. 활동사진을 흥행하는 중이엇다. 수백 개의 전등이 극장 압을 백주와 가티 비취이엇다. 포스타 그림 간판, 프로마이드 스틸 가튼 것이 극장의 전면을 황홀하게 장식하얏다. 세 사람은 극장 안으로 들어섯다.

―(44), 『매일신보』, 1931. 11. 18

유혹 (7)

　활동사진의 영사가 시작되어 극장 안은 어두컴컴하얏다. 상하층 객석에는 관객이 갓득 차서 손가락 하나 쏘즐 곳이 업섯스나, 정면 특등석에는 약간의 자리가 뷔어 잇고, 의자 뒤에는 예약표가부터 잇섯다. 춘식이가 벌서 세 자리를 예약하야 두엇든 것이다.

　세 사람은 극장 쏘이의 인도를 바더 여러 관객을 허치고 특등석으로 들어갓다. 의자에 예약표가 부텃든 관계인지 쏘는 혜영 일행이 눈에 이상히 띄엇든 까닭인지 뒤와 좌우의 시선이 모다 그들에게로 모아드는 것 가타서 혜영이는 머리를 숙이어 압만 보고 아버지를 쌀하 특등석으로 들어갓다. 차례로 안즌 것이 혜영이가 중앙을 차지하게 되엇다. 춘식의 겨테 안즌 것이 엇전지 마음에 실엇지만, 그러타고 다시 아버지와 자리를 박굴 수도 업서서 불안을 늣기면서 그대로 잇지 안흘 수 업섯다. 어두운 가운대로 기어들어 혜영의 코를 찌르는 담배ㅅ내, 쌈내보다도 더 구역나게 마터지는 것은 겨테 잇는 춘식의 향수 냄새이엇다. 몸을 움직일 때마다 향내가 풀신풀신 낫다. 야비한 생각이 놉하질 쑨이다.

　혜영이는 부친 의자에 몸을 비기고 코를 이 편으로 돌리여 스크린을 바라보앗다. 웬일인지 춘식의 몸도 족음식 족음식 혜영 편으로 갓가워진다. 혜영이는 모르는 체하고 사진만 보앗다. 상영하는 것은 러뷰 영화이엇다. 어엿분 러뷰씬들이 혹은 라체로, 혹은 반나체로 팔과 다리 머리와 몸둥이를 음악에 맞추고 흔들고 내둘른다. 여러 관객은 숨도 잘 쉬지 안코 취한 듯이 바라보고 안젓다. 혜영의 아버지는 망칙한 생각이 나는지 하펌을 소리업시 한다. 춘식이는 스크린과 혜영의 얼굴을 번갈아 본다. 혜영이는 춘식의 시선과 숨기운이 쌤에 부드치는 촉감이 잇슬 때마다 송충이가 굼실거리는 듯하야 고개가 옴슥옴슥 들어갓다. 혜영이는 이와 가튼 괴로운 구경을 해본 적은 지금까지 한번도 업섯다. 아버지만 업스면 그대로 쮜어나가든지 다른 곳으로 자리를 옴기엇슬는지도 알 수 업섯다. 그러나 혜영이는 참앗다.

이러케 괴로운 생각을 하는 중에도 아버지의 체신 업는 오늘 저녁의 극장 출입은 넘우나 웃으웟다. 하품을 하여 가며 견대는 고통을 생각하면 생각할스록 가엽기도 하얏고, 체신이 업서 보이기도 하얏다. 그리하야 혜영이는 이 영화만 씃나면 바로 나갈 작정으로 잔쓱 별르고 안젓섯다.

화려한 무대가 녀배우의 화장실로 변하고 거긔에 그 배우의 애인이 꼿을 들고 차저와서 위로하는 광경이 다시 스크린에 나타날 째이다. 춘식의 손이 슬며시 와서 손등을 덥헛다. 혜영이는 손을 반사적으로 쓸어드렷다. 그러나 어느듯 춘식이는 벌서 혜영의 손을 쥐엇든 것이다. 마음대로 옴켜々지 안햇다. 혜영이는 발은 손으로 싸귀를 보기 조케 한 대 부처줄가 하얏스나 참아 못하얏다. 겨테 부친이 안젓다. 쏘한 스크린을 향하야 수천의 눈동자가 깜작이고 잇다. 소동을 니르키면 춘식의 수칠뿐이 아니다. 첫재, 혜영 자신이 먼저 구경거리가 될 것이다. 복잡한 생각이 다만 혜영의 한 편 손을 썰게 하얏슬 쑨이다. 그는 참앗다. 춘식이는 혜영의 동정을 삷히랴는 것처럼 겻눈질을 슬적 한다.

혜영이는 이것도 신사요 실업가인가 하고 가만히 물어보고 십헛다. 그래도 참앗다. 여러 사람 아페서 녀자의 수집은 약점을 잡아 가지고 관능의 만족을 늣기랴는 얼굴을 바라보매 구역이 나왓다. 가슴이 닝닝하얏다. 어서 불이 켜지기를 바랏다.

—(45), 『매일신보』, 1931. 11. 20

유혹 (8)

영화의 씃이 갓가워오자 춘식의 손은 혜영의 손에서 슬며시 써나갓다. 배암에게 감기엇든 손이 굴신을 자유로 하게 된 것처럼 시원하얏다.

『아버지!』

히고, 혜영이는 조용히 불럿다.

『응.』

하고, 아버지는 쌈작 놀란다. 조흘고 잇섯든 모양이다.

『인제 그만 집으로 가지요.』

하고, 혜영이는 아버지를 찔벅거렷다.

아버지는 춘식의 동의를 구하는 것처럼 아프로 머리를 숙이어 춘식이를 바라본다. 당신도 들엇스니 어쩌케 하면 조흔가 하고 의사를 눈으로 뭇는 격이다.

춘식이는 못 본 체하고 영사막만 바라본다. 그만 돌아가는 데에는 물론 동의를 안는다는 표정이다.

『이애! 좀더 보고 가자.』

하고, 아버지는 춘식의 눈치를 채든 눈으로 다시 딸의 눈치를 본다.

『그러면 저 혼자라도 가겟서요.』

혜영이는 단연히 말하얏다.

『어느 새 가세요? 족음만 더 보고 가시지요.』

춘식이는 이제야 황망히 혜영의 소매를 끈다.

『저는 가겟서요.』

하고, 혜영이는 자리에서 니러나랴 하얏다.

이째에 뒤에서 『쉬!』 하는 소리가 낫다. 짤하서 웃는 소리가 낫다. 세 사람의 쩌드는 소리가 작란군 관객에게 들린 모양이엇다. 혜영이는 망신을 당하얏다고 창피한 생각을 하얏스나, 어쩌케 할 수 업섯다. 이째에 영화는 쯧이 나고 불이 환하게 켜젓다.

혜영이는 쉬는 동안에 박그로 나아가 볼가 하고 좌우를 둘러보앗다. 사람이 아주 결진을 하야 그 가운대로 부비고 나가기가 용이한 일 가타 보이지 안햇다. 『쉬!』 소리가 난 까닭인지 여러 관객의 시선이란 시선이 모다 혜영을 한 번 건드리고 다른 편으로 달아가는 것 가탓다. 전신이 가려워 견댈 수 업섯다. 환하게 밝은 째에 여러 사람을 헤치고 박그로 나갈 용긔가 그대로 썩거지고 말앗다. 니러나랴다가 그대로 주저안저서 다시 어둡기를 기다리엇다. 그러나 막 새이가 비교적 길엇다. 혜영이는 머리를 가만히 돌리어 『쉬!』ㅅ소리 나든 편을 바라보앗다. 거기에는 학모를 왁살스럽게 쓴 학생 한 패가 무어라 중얼대고 잇섯다.

혜영이는 머리를 다시 제 위치로 돌리는 동안에 깜작 놀랏다. 그리고 눈은 한 편을 향하야 고정이 되엇다. 이 편을 바라보든 이가 분명히 병호이다. 또 그 겨테는 한 번 본 듯한 긔억이 잇는 남자가 서잇다. 이것을 보고 나니 혜영이는 소슴증이 나서 견댈 수 업섯다. 곳 니러나서 병호의 편으로 달아가서 달금한 장면을 이 바보 춘식에게 뵈어서 단념을 시키고 십헛다. 그러나 도저히 나아갈 길이 업다. 병호는 웬일인지 슬적 한 번 바라보드니, 다시 시선 한 번 던지지 안코 겨테 잇는 사내와 무어라 이야기를 할뿐이다. 혜영이는 병호의 시선이 올 째까지 그곳을 지키고 잇섯스나, 도모지 오지 안햇다. 혜영이는 병호가 오늘밤의 이 구경을 오래한 것이나 안일까 하는 의심이 낫다. 처녀가 이름난 실업가요 녀자 조하하기로 유명한 리춘식과 함끠 극장 구경을 왓다 하면, 여간 신뢰를 하지 안코는 의심하지 안흘 수 업는 일이엇다.

이러케 생각하니 혜영의 가슴은 몹시 쒸놀앗다. 그러나 춘식이와 짠 의미가 잇서서 깃버서 온 것은 물론 아니지만, 좌우간 혼담이 잇슨 뒤에 이러케 자즌 교제가 시작된다는 것은 누구가 생각하든지 의심할만한 일이다. 좌우간 자긔의 모든 사정과 충정을 병호에게 토파하는 것이 모든 의심을 일으키지 안는 예방선이 되리라고 생각하얏다. 그리하야 오늘 이 자리에서라도 서로 만날 생각도 잇섯스나, 이것은 사실 불가능한 일이엇다. 좌우간 나가기도 어렵고 통긔도 할 도리도 업서 구경이 파하야 나아갈 째만 기다리는 수밧게 업섯다.

마음을 이러케 먹엇다. 이째에 다시 불이 써지고 영사막이 밝아젓다. 그러나 혜영의 눈은 영사막에서 놀앗스나, 마음은 병호 잇는 편으로 쌀아갓다.

—(46), 『매일신보』, 1931. 11. 21

유혹 (9)
극장은 파하얏다. 혜영이는 물결 미듯 쏘다저 나오는 관객에 싸이어 서울극장 문 박그로 나왓다.

박게서는 춘식의 자동차가 기다리고 잇섯다. 그러나 혜영이는 그것을 타랴고도 하지 안햇다.

『댁에까지 모세다들이죠. 어서 타십시오.』

하고, 춘식이는 재촉을 한다.

아버지는 자동차에 한 발을 올려 노코 혜영이를 돌아보며 어서 타라 재촉한다.

『오래 간만에 만날 동무가 여긔 왓스니까 잠간 만나보고 가겟서요. 먼저 가주세요.』

혜영이는 이러케 말하면서도 사람이 쏘다저 나오는 극장 문스간을 직혓다.

『래일 만나보지 그러늬?』

아버지는 또 재촉을 한다.

『래일 만나보아도 관게챤하면 여긔서 기다릴 것이 뭐야요. 지금 만나봐야 할 동무야요.』

하고, 혜영이는 자동차 겨틀 쩌나서 홀로 사람 쏘다저 나오는 아플 갈오 건너 저편 구석으로 들어섯다.

아버지와 춘식이는 하는 수 업다는 것처럼 자동차 안으로 들어갓다. 혜영이는 마음을 노코 나오는 사람을 조사하여 보앗다. 그러나 병호 가튼 사람은 나오지 안 햇다. 최후까지 병호가 섯든 자리에 그대로 섯든 것은 혜영이가 분명히 보앗다. 좌석 관게로 보아도 병호가 먼저 나올 리는 만무하다. 또한 병호가 나가기 전에 먼저 나오랴고 혜영이는 특별히 아플 섯든 것이다. 아버지와 춘식이 탄 자동차는 단념을 하얏다는 듯이 큰길을 향하야 슬슬 굴러 나아갓다.

혜영이는 눈을 잠시 가티 동그라케 쓰고 이곳저곳을 삷히엇스나, 병호는 영영 보이지 안는다. 멀건히 서서 두리번거리는 혜영에게로 돌아가는 구경군의 이상스러워 하는 눈이 모아들 뿐이다.

차차 듬을어 가는 관객의 발자취가 서울극장 문 압헤 끗칠 때까지 혜영이는 길 건너에서 기다려보앗다. 극장 문이 마치고 일루미네슌이 꺼젓다. 홀로 서잇는 혜영 자신이 넘우나 가엽서 뵈엇다.

그들은 어대로 | 95

혜영의 병호를 기다리든 마음은 병호에게 모욕을 바든 듯한 분노로 변하얏다. 만일 병호가 내인 줄을 알앗스면 그대로 맛나지 안코 그대로 돌아갈 리는 만무하다. 필연코 병호가 나인 줄 몰랏든 게다 하고 호의로 해석을 하얏스나, 이것은 자기의 마음을 스스로 속이는 것이나 아닐까 하는 의심이 가슴을 치밀고 올라왓다.

혜영이는 머리를 숙이고 극장 문 아플 써낫다. 극장집이 웃고, 거리의 행인이 웃는 것 가탓다. 붓그럽기도 하고 분하기도 하얏다. 어쩌면 사람이 그러케 무심할까? 병호가 오늘의 나를 정녕코 오해한 것이다. 심리가 매우 복잡한 녀성으로 단정을 한 것이다. 춘식이와 동행이 된 데에 큰 의심을 품고 그대로 돌아간 것이나 안일까? 병호는 일개의 서생으로 살랴고 헤매이는 터이오, 춘식이는 유수한 은행가로 경향에 굴지하는 부호이다. 룸펜에 갓가운 병호로서가 쑤르조아 춘식이와 극장 출입을 하는 혜영 자신을 볼 째에 이상한 생각을 하는 것도 무리한 일이 아니라 생각하니, 극장에 온 것이 자긔의 본의는 아니라 할지라도 엇지 되엿든 병호에게 사과를 하고 그 리유를 말하고도 십헛다. 그러나 사과 바들 사람은 간 곳이 업다. 리유를 말할 기회도 주지 안코 의심을 품고 그대로 몸을 숨긴 병호가 원망스럽기도 하얏다. 좀더 자긔의 마음을 리해하얏스면 문 박게서 기다려주기라도 할 처지이다. 그런데 만날가를 두려워하야 홱 가버리지를 아니 하얏는가? 도량ㅅ성 업는 남자, 녀자를 리해할 줄 모르는 남자. 이러케 생각하는 자긔가 못 생기지나 아니 한가 하는 의심도 낫다.

여러 가지 복잡한 생각으로 발이 뇌일 자리에 잘 노이지 안아서 전신이 중심을 일흔 듯이 곳 업흐러질 듯하얏다. 이째에 뒤에서 『혜영 씨!』하고 부르는 소리가 가늘게 들리엇다. 혜영이는 거름을 멈추엇다.

—(47), 『매일신보』, 1931. 11. 22

유혹 (10)
혜영이는 아니 놀랄 수 업섯다. 아니 반길 수 업섯다. 이째ㅅ것 눈에 현긔증이 나도록 찻든 병호가 제 발로 걸어오지 안는가?

혜영이는 쒸는 가슴을 진정하고 병호의 갓가히 오기를 기다리다가 그것도 느짓 듯하야 두어 걸음 압흐로 나아갓다.
『구경오셋서요?』
병호는 시침이를 쩨고 뭇는다.
혜영이는 이러한 인사를 기다리지는 안햇다. 마음으로 원망스러웟다.
『네. 구경왓섯서요.』
『혼자 오셋서요?』
『여럿이 왓섯서요.』
『어찌 혼자만 게세요?』
병호의 뭇는 말이 비웃는 듯도 의심이 잇는 듯도 하야, 혜영이는 넘우 불쾌하야 대답도 하지 안햇다.
병호는 혜영의 대답 업는 것이 혜영 자신의 마음을 웅변으로써 대답한 것과 다름업는 줄을 알앗다.
『가티 안젓든 이가 서울에서 유명한 부자 리춘식이엇죠?』
『네. 리춘식이야요. 어쩌케 아세요?』
『민 군이 그러케 말하기에 알앗죠.』
극장에서 얼마 썰허저 잇지 안흔 길가에서 더욱 이 밤ㅅ중에 두 남녀가 속삭이는 것이 여러 행인의 눈에 거슬일까 하야 혜영이는 천천히 것기 시작하얏다. 병호는 엽흘 딸하섯다.
『민이란 분은 창경원에서 만나본 그이지요?』
이러케 말하는 혜영이는 병호의 친구 민이 필연코 춘식이와 함꾀 구경온 것을 증상 비슷하게 좃치 안케 말하얏슬 것이라 생각하얏다. 리해 업는 제삼자의 눈으로 보면 이것도 무리한 일이 아니엇다. 춘식이와 함꾀 극장 구경을 와서 병호의 가슴에 한 개 수수썩이를 너어준 것을 알앗다. 손은 맛쥐어 사랑의 심정을 서로 맹서한 상대자를 위하야 매우 섭々한 일은 일이엇다.
모든 것을 설파할 긔회가 잇다고도 생각하얏다. 모든 것을 속에 감추어 두는 것은 자긔의 량심을 속일 뿐아니라 상대자를 속임이다. 그는 여러 가지 사정을 토파할 용긔를 내랴 하얏다. 그러나 무두무미하게 춘식이에 대한 말부터 변명할 수는 업섯다. 아무 말업시 잠간 걸으며 생각하얏다.
『웨 그러케 극장 압헤 서서 게셋서요?』

병호가 먼저 입을 쩨엇다.
『제가 기다리고 섯든 걸 보셋군요.』
『네. 저 편에 서서 보앗지요.』
혜영이는 원망스러윗다. 병호는 분명히 자긔를 의심하야 내의 동정을 정탐한 것이다. 의심하는 것까지는 용혹무괴이지만, 이와 가티 동정을 정탐하는 심리는 미윗다. 의심나는 일이면 정정당당히 막 대하고 물어보는 것이 서로 사랑을 늣기는 사람 새이의 당연히 할 일이 안일까?
사랑하는 사람이 극장 문 아페서 염치를 물읍쓰고 사람 기다리는 것을 보고도 가만히 서서 보고만 잇슬 수 잇섯슬가? 그 태도가 넘우나 랭담하고 회의적이다.
이와 가튼 생각에 혜영의 얼굴은 불과 가티 달앗다. 입에서 말도 잘 나오지 안햇다. 벌서부터 이러케 사람을 탐정하는 남자와는 교제를 끈는 것이 자긔의 장래를 위하야 조흔 일이 안일가 하는 생각도 낫다.
『그러면 다른 이의 행동을 정탐하랴고 숨어서서 엿보셋군요?』
혜영이는 참다 못하야 말을 내엇다. 말긋은 날카로윗다. 그리고 그 속에 칼이 들어 잇는 것 가티 들리엇다.
병호는 속으로 놀랏다. 결단코 자긔가 혜영의 행동을 정탐하랴는 생각으로 그러한 것이 아니엇다. 혜영이가 리춘식이라는 실업가와 극장에 구경을 오게 된 데에는 적지안흔 의심을 가진 것이 사실이엇다. 더구나 겨테서 친구 민이 근래 녀자의 허영심 만흔 것을 비방하면서 혜영이도 그러한 종류의 녀자인 것을 주장하얏다.
민도 만일 병호가 혜영이를 진심으로 사랑의 대상을 삼고 잇는 줄을 알앗스면 이러한 말을 병호의 낫을 보아서라도 중지하얏슬는지 알 수 업섯스나, 실상은 일시의 호긔심을 가지고 창경원 가튼 곳으로 산보ㅅ동무를 삼는 것이나 안일가 생각한 까닭에, 덥허 노코 작란 겸 혜영이는 색마 춘식의 유혹에 빠진 것을 일러준 것이엇다. 그러나 병호는 친구의 말을 그대로 고지 듯지는 안햇다. 갓금 변명 비슷한 말을 하얏스나, 어찌 되엇든 사랑하는 녀자가 색마 남성과 극장에 온 것이 그에게 유쾌한 일은 아니엇다.

—(48), 『매일신보』, 1931. 11. 23

유혹 (11)

그러나 혜영이가 자긔의 행동을 삷히엇다 하야 노하는 것을 보니, 그것이 비록 의외ㅅ일이라 할지라도 병호는 돌이어 반가운 생각이 낫다. 혜영이가 자긔를 밋는 것이 자긔가 혜영이를 밋는 것보다 더 든든하엿다는 의사가 혜영의 노하는 표정 가운대에 들어 잇는 것을 발견한 까닭이다.

『혜영 씨! 제가 당신의 행동을 정탐하기 위해서 정탐한 것처럼 아시는 건 오해입니다.』

병호는 유순하게 말하얏다.

『사람의 행동을 그늘에 숨어서 삷혓스니 정탐하는 것이 아니고 뭐야요? 저는 그러케 의심하는 이는 본래 조찬케 생각해요.』

혜영이는 말로 이러케 강경한 태도를 뵈엇스나, 병호의 어색한 변명에 마음이 약간 숙으러젓다.

『부호 춘식이 허고 한 좌석에서 구경하는 당신을 의심한 건 사실이지만, 문 압헤서 자동차에 들어가지 안는 당신을 결단코 의심하지 안햇서요.』

『그러면 처음에는 의심하고, 나종에는 의심하지 안햇다는 말슴인가요?』

『그러탄 말슴이지요.』

『먼저는 어쩌한 의심을 하셧서요?』

병호는 이 말을 대답하기가 매우 거북하얏다.『당신이 춘식이의 작난감이 되지나 안흘가 하얏지요.』하고 십헛다. 그러나 그 말이 참아 입박게 나오지 안햇다. 혜영의 자존심을 진흙구렁에 너코 십지 안햇든 것이다.

『무슨 의심을 하섯서요?』

혜영이는 쏘다시 물엇다.

『그걸 작구 물어 뭘 하게요? 어쩌한 의심을 하얏다구 쏙 그것을 일일이 표명을 해야만 합니까? 짐작을 하심 즉한 일이 아닐까요?』

병호는 대답하기가 거북하야 역습을 한 것이다. 혜영이는 병호의 대답이 매우 요령 잇는 대답인 것을 알엇다. 무슨 의심인가 하고 뭇기는 물엇스나, 자긔가 상상한 바와 가튼 대답이 병호의 입에서 나올가를 두려워하얏섯다. 혜영의 상상한 대답이 말로 표명될 째에 그것이 사실이고 아닌 것을 물을 것 업시 자긔의 자존심이 여지업시 쌔트러질 렴려가 잇는 까닭이다.

『의심처럼 사람과 사람 새이를 멀리 만드는 것은 업나 바요.』

혜영이는 이러케 말하고 병호의 얼굴을 다시 보앗다.

『참으로 그래요. 의심하면 의심할수록 의심이 작구 더 나오는 것 가태요.』

병호는 혜영의 얼굴을 보앗다.

그들은 다 가튼 감격과 흥분을 얼굴에다 씌엇다.

『병호 씨는 아주 낫봐요.』

『웨요?』

『사람이 그러케 애쓰는 걸 보고도 가만히 숨어 게셋서요? 넘우 가엽단 생각도 업섯서요?』

『그러기에 뒤를 짤하 오지 안햇습니까?』

『그 전에 웨 좀더 일즉히 알은체를 안 하셧서요?』

『누구를 기다리는 줄 알고 주전업시 알은체를 해요?』

병호는 벙긋 웃엇다.

『아주 입이 납브세요. 남을 놀려보려구.』

혜영이도 웃엇다.

이러케 말하는 동안에 파고다공원 아페 니르럿다. 인도 겨테 헤드라이트를 쓰고 고요히 기다리는 자동차가 잇다. 혜영이는 겻눈으로 슬적 보앗다.

그 안에는 자긔의 아버지와 춘식이가 창박글 내다보고 잇다. 운전수가 운전대에서 내려오드니,

『차가 기다리고 잇습니다.』

하고, 혜영에게 머리를 숙인다.

『족음 볼 일이 잇서서 그대로 갑시라구 엿주시우.』

혜영이는 걸음을 멈추지 안코 말을 던진다. 운전수가 운전대로 돌아가드니 폭음을 내고 자동차가 동대문을 행하야 달아간다.

—(49), 『매일신보』, 1931. 11. 24

유혹 (12)

　혜영이가 원남동 자긔 집에 돌아온 째는 밤이 대단히 깁헛다. 한길에 다니는 사람도 듬을엇다. 오는 길에 혜영이는 병호에게 자기의 현재 사정을 숨기지 안코 일일이 말하얏다. 자긔 아버지가 간사지 개간사업에 실패한 것과 은행 거래 관계로 춘식이와 상종이 잣게 된 것과 이것이 인연이 되어 춘식이가 청혼을 하게 된 것과 부친의 의향은 결혼하기를 바라는 것을 대강대강 이야기하얏섯다. 병호는 아무 말도 업시 듯기만 하고 짤하 왓섯다.
　집이 갓가웟슬 째에 혜영이는 힘잇게 부르지지듯 이러케 말하얏다.
　『병호 씨! 부녀간에 절연을 할지라도 내 마음에 업는 결혼은 결단코 허지 안을 터야요. 더구나 황금으로 녀자의 환심을 사랴는 자에게서 혼담이 왓다는 사실만이라도 저에게는 한 수치처럼 생각이 되어요. 청혼하는 그 동긔를 생각하면 우리 집을 모욕하는 셈이 아닌가요? 생각해 보세요. 은행 거래로 내 집안 전재산이 자기의 은행 금고 속에 들엇다고, 그것을 약점을 삼아 가지고 청혼을 하는 그 심리를 생각하면 누구든지 모욕으로 알지 안켓서요? 이러한 모욕을 달게 밧지 못해서 애를 먹는 아버지 일을 생각하면 아주 가슴이 멍멍해요. 오늘 저녁에 극장 구경도 모다 이러한 계획에서 나온 일이야요. 사람이 늘어갈스록 재물에는 욕긔가 몹시 나는 것 가태요. 우리 아버지도 그러치 안슴니까? 멧 천이나 되는 것을 괜히 짠 욕심을 내어서 한 톨도 밧지 못하게 되엇서요. 지금이라도 집안을 미리 잘 정리하면 굼고 헐벗는 일은 업겟지만, 지금도 허욕만 내세요. 그래서 어쩌케하든지 간사지 개간사업을 다시 계속할 생각으로 밤에 잠도 못 주무시는 것 가태요. 참으로 짝한 일이야요. 그러치만 아버지의 개간지 개간사업 째문에 내의 정조를 팔 수는 업서요. 마음 업는 결혼을 하는 것은 정조를 파는 것과 다름업스닛까요. 녀자의 일평생이란 그러케 험한 것이 아닌 줄 알이요.』
　갑분 숨을 쉬어가며 혜영이는 한참 동안 말을 계속하얏섯다.
　이 말을 들은 뒤에야 병호는 저윽히 안심이 되는 것 가티 아모 말업시 혜영의 손만 단々히 쥐엇섯다. 사실 병호의 의심은 전부 풀리엇든 터이다. 그러나 혜영이는 한편으로는 오늘밤에 병호와 함쯰 이와 가티 사람 그림자 드문 밤거리로 머리를 숙이고 걸어가며 여러 가지로 통사정을 하는 것이 병호를 진실로 밋고 사랑하는 데에서 나온 것일가? 쏘는 춘식에게서 늣긴 모욕에 갓가운 감정의 반동으로 이러함이나 안일까 하는 의심이 업지도 안햇다. 그러치만 이것은 쓰거운 본능의 피를 식힐 수 업섯다. 이와 가튼 리성의 섬광은 홍로의 일점설과 가탓다. 그리하야 혜영의 집 문 아페서 침묵과 악수가 교환되엇섯다.

혜영이가 문을 열고 집안으로 들어서니 온 집안은 고요하얏다. 아모조록 발소리를 종용히 하야 랑하를 지내어 자긔 방으로 들어가랴고 할 째에, 응접실에서 아버지의 목소리다. 오늘 저녁일로 꾸지람을 하랴는 것인 줄 알앗다. 그리고 오늘 밤에 춘식에 대한 혼담을 구체적으로 내일 것도 짐작되엇다.

혜영이는 응접실로 들어섯다. 먼저 아버지의 얼굴빗을 살폇다. 매우 험상구저 뵈엇다. 아버지의 이러한 얼굴을 본 긔억이 업다. 혜영이는 미리 이러한 줄 알고 들어왓지만, 딱 당하고 보니 어쩐지 마음이 족음 썰리엇다. 아버지는 안락의자에 양복을 입은 채 그대로 걸어안저서 들어오는 자긔에게 눈도 주지 안코 담배만 썩々 빨고 잇다.

혜영이는 천천히 아버지의 아프로 나아갓다.

—(50),『매일신보』, 1931. 11. 25

유혹 (13)

『불르섯세요?』

하고, 혜영이는 아버지의 안색을 다시 살피엇다. 역시 노긔가 등등하여 보인다.

『거긔 안저라.』

아버지의 음성은 험악해진 그 표정과는 짠판으로 유순하얏다. 혜영이는 의자에 가만히 안젓다.

『너, 어머니한테 대강 말 들엇지?』

『무슨 말슴이야요?』

『네의 결혼에 대한 이야기 말이다.』

『네. 자세히 들엇서요.』

혜영이는 이 자리에서 아버지가 결혼 문제를 쓰집어내기 전에, 오늘밤에 가티 걸어온 청년이 누구인 것과 그이와의 관계를 먼저 물어보리라고 예상하얏다. 그랫드니 그것은 제처 노코 결혼 문제를 바로 쓰집어내는 것을 보니 오늘 저녁에는 좌우간 이 문제를 해결하자는 아버지의 숨은 결심을 박게서도 력력히 바라볼 수 잇섯다.

『여러 말할 것 업시 춘식이와 결혼을 하는 것이 어쩌하니?』

『…….』

혜영이는 머리를 숙이엇다.

아버지는 이러케 말은 해 노코는 쌀의 입에서 어쩌한 대답이 나올지 매우 심려되는 모양이다.

『네 의향은 어쩌하니?』

애원하듯이 뭇는다.

혜영이는 아버지가 가엽슨 생각이 낫다. 속에서 끌어나오는 격노를 억지로 참아가며 쌀의 비위를 마치랴는 노력이 얼굴에 분명히 나타낫다. 그러나 아버지의 처지를 동정하는 생각만으로 이 문제를 결정할 것은 물론 아니엇다.

『아버지! 저는 여러 말 엿줍지 안켓서요. 춘식이 가튼 사람과는 결혼을 하고 십지 안 해요.』

혜영이는 단연히 거절하얏다, 아버지는 긔가 막히어 말이 아니 나오는 것 가탓다.

『어쩨서……?』

『마음에 실흐니까요.』

『당자의 실흔 결혼을 억지로 할 수 업는 일이지만, 실흔 리유를 알 수 업구나.』

『그 리유는 본인이 아니시니까 모르시지요.』

혜영의 태도는 갈스록 쌀쌀하얏다.

혜영의 성미를 잘 아는 이는 역시 아버지엇다. 발서 일이 틀린 것을 알앗다. 한 말에 되지 안흔 일이 여러 말에 될 리가 업섯다. 오늘밤에 혜영의 취한 태도를 보아도 가히 짐작할 수 잇섯다. 가티 간 일행을 버리고 다른 청년과 억개를 견주어 자동차 압으로 엄연히 지나간 혜영이다.

말이 길면 길스록 부녀간의 의만 상케 될 쑨이엇다. 아버지 자신으로도 지금 경우에 춘식과의 결혼을 강권하는 것이 썻々한 일이 아닌 것을 모르는 바가 아니엇다. 직접으로 혜영에게 말하지 못하고 어머니를 가운대에 두고 간접으로 말한 것도 이 까닭이엇다. 오늘밤에 춘식이와 교제할 긔회를 맨든 것도 혜영의 의사를 매우 존중한 데서 나온 것이엇다. 만일 인상이 조흐면 혼담을 진행식킬 수도 잇다고 미덧다. 그러나 그 결과는 자긔 자신이 주책망난이가 되엇슬 쑨이다. 탑골공원 아페 그대로 행행히 지나는 혜영의 쌀々한 태도는 아비의 위신을 짓밟히고 만 것이다. 그러나 불순한 리해타산을 압세운 결혼 문제이라 이러한 봉변을 하는 것이 오히려 당연한 일이라고 생각하얏다. 그리하야 딸에게 결혼을 권한 것이 자긔의 본의가 아니엇든 것을 말하는 것이 부녀간의 정의나 상치 안켓다는 생각도 업지 안햇다.

『리춘식이가 네의 배필로 상당하다고 나는 비록 생각한대도, 네가 실흔 걸 어쩌케 하겟늬? 이 문제는 네의 의사에 맛기는 수밧게 업지만, 다시 한 번 생각해 보렴우나.』

『더 생각할 것은 업서요. 돈 잇는 자에게 팔려갈 수는 업스니까요.』

『그럼 네 마음대로 하렴우나. 그 대신 우리 식구들은 래일이라도 로두에서 방황할 결심을 하여야 된다.』

아버지의 태도는 풀이 죽어 보엿다.

『어쩌케든지 굶어야 죽겟습니까? 걱정마세요.』

혜영이는 위로 겸 이러케 말은 하얏지만, 가슴이 선을하얏다. 설만들 자기 집이 그러케야 될가? 그러나 악마 가튼 빈궁은 호화로운 그들의 생활을 위협하얏다. 저절로 머리가 숙어젓다.

―(51),『매일신보』, 1931. 11. 26

유혹 (14)

아버지는 아무 말도 하지 안코 권연 연긔를 품기며 머리 숙인 혜영이를 찬찬히 바라보더니, 자긔 역시 머리를 숙이고 무엇이니 골돌히 생각한다. 그의 눈에는 간사지의 제방을 성낸 물결이 샘키든 광경이 써오른다. 토지 전부와 가산집물이 쏘한 그 물결에 휩싸이어 바다ㅅ속으로 깁히ㄷ 싸저드러가는 것이 나타낫다. 그리고 자긔의 세 식구가 길거리에서 방황하여 보엿다. 그는 몸을 오스스 썰엇다. 그러나 자긔가 사랑하는 쌀의 결혼과 가정의 몰락을 쏙 가튼 것으로 혼동할 수는 업섯다. 그는 머리를 번듯 들엇다.

『이애 혜영아! 네 의사는 충분히 알앗다. 어서 들어가서 자렴우나. 산 사람 목구멍에 거미줄 치라는 법은 업스니까, 어쩌케든지 살아갈 수 잇겟지. 쌀밥 먹을 데 조밥을 먹고, 비단옷 입을 데 무명옷을 입으면 그만이 아닌가. 어째튼 조밥 무명옷이야 못 먹고 못 입겟늬? 렴려 말렴으나.』

이러케 말하는 아버지의 얼굴에는 단단한 결심과 믓에는 애수가 써오랏다.

혜영이는 자긔도 알 수 업시 감격의 눈물이 글성글성하얏다. 참으로 리해 만흐신 아버지라 하얏다. 다른 자녀 업시 다만 자긔 하나에게 모든 자애를 집중하는 부친이다. 집안의 기우러지는 것은 붓들랴고 심고하는 그 광경에 새삼스러운 슬픔을 늣기게 되엇다.

『아버지! 제가 퍽 불효이지요? 집안 생각이란 죡음도 허지 안코 제 마음대로 허니 말슴이야요. 마음에 업는 결혼을 해서 물질의 노예가 되는 것보다는, 가난하나마 마음 편케 생활하는 것이 그 얼마나 나흘지 알 수 업서요. 아버지 말슴과 가티 이 밥 먹을 째 조밥을 먹지요. 비단옷 입을 째에 무명옷을 입지요. 자동차를 못 타면 전차를 타지요. 전차도 못 타게 되면 걸지요. 걱정마세요.』

하고, 혜영이는 의자에서 닐어낫다.

『어서 가서 자렴우나. 쓸대업는 걱정을 해서 어린 네 속까지 산란하게 해노앗구나.』

『아버지도 어서 들어가셔서 주무세요.』

하고, 혜영이는 먼저 자긔 방으로 들어왓다. 침대 우에는 비단이불이 전등불빗헤 번적거리엇다. 의장 속에는 비단옷이 주절〈 걸리엇다. 경대 아페는 갑빗산 화장품이 늘어 뇌엿다. 벽에는 족자가 걸려 잇다. 그러나 이것이 모다 일시의 장식이엇다. 모든 것을 새로운 눈으로 대하게 된 혜영에게 잠이 올 리가 업섯다. 그의 몸은 침대 우에 던저 잇스나, 마음은 공중 우에 써돌앗다.

아버지 아페서는 가난을 찬미하고 호언장담을 하얏지만, 지금까지 온실에서 자란 화초와 가튼 자긔로서 과연 말과 가티 각박한 이 세상에서 생활하려고 분투할 수가 잇슬가는 한 의문이엇다. 만일 될 수가 잇다면 자긔 집의 현상을 오래 유지하고 십헛다. 집안을 유지하는 열쇠는 춘식이가 쥐고 잇다. 이 자의 감정을 상하게 하는 것은 물론 자긔 집의 운명을 재촉하는 일이다. 어써케든지 그 감정을 극단으로 상치 안케 할 수는 업슬가? 결혼에 응하면 문제고 별로 업스나, 이것은 자긔 일생을 장사지내는 것이다. 목소리가 처젓다. 혜영의 눈 압헤는 녀교이 나타낫다. 녀점원이 나타낫다. 녀공이 나타낫다. 써스걸이 나타낫다. 산파, 간호부, 녀사무원 등, 직업부인들이 차례차례로 눈 압헤 지내갓다. 그이들의 얼굴은 모다 초최한 혜영 자신의 얼굴이엇다.

부자의 딸이 일조에 변하야 직업녀성— 생각만 해도 비참하다. 사랑하는 병호 역시 생활에 능력 업는 서생이다. 이도 자긔들의 생활쁜이라면 굶어도 조코 헐벗어도 관게 업겟지만, 병호도 가족을 부양하여야 할 처지인 것을 들엇다. 참으로 싹한 일이다. 자긔로 인해서 춘식이와 자긔 아버지 새이를 벌글게 하야 가정을 몰락시키는 것은 자긔 가정에 죄를 짓는 것이나 안일가 하는 생각도 업지 안햇다.

—(52), 『매일신보』, 1931. 11. 27

출분 (1)

김장이 한창이엇다. 배추와 무ㅅ바리가 경성의 거리에 널리어 게절적 풍경을 니루엇다. 산듯한 가을의 긔분은 가두에서도 사라젓다. 서늘한 바람에 구는 락엽과 가티 휘날리든 고흔 녀성의 경라(輕羅)도 볼 수가 업다. 엄습해 올 치위를 알리는 툭ㄱ하고 순박한 의복이 거리에 널리엇다. 삼동을 압둔 경성은 이상하게도 긴장하여 뵈엇다.

병호는 취직 론문이 무사히 통과하여 동방시론사에 날마다 출근을 하게 되엇다. 월급이 그대지 넉넉지는 못하엿스나, 네 식구의 시량갑슨 되엇다. 그리하야 공평동에 려관업도 자파하고, 동소문 안 숭삼동에 족으만 전셋ㅅ집을 한 채 어더 들엇다. 동소문 안에다 집을 어든 것은 경성의 중앙지로 갑시 헐하다는 리유도 잇섯지마는, 또 하나 말 못할 리유는 혜영이가 사는 원남동과 거리가 갓가워서 래왕 간에 만나볼 긔회를 용이하게 어들 수 잇도록 하랴 함이엇다. 이러케 이사한 뒤로는 병호의 집안에는 비교적 평화한 날이 만히 게속하얏다. 수원에서 호화롭게 지낼 째보다 오늘의 빈한한 서울의 가정이 훨신 단란하얏다. 아버지는 자식의 벌어드리는 것만 먹고 지낼 수 업다 하야 혼란하얏든 자산을 정리할 겸 수원에 내려가서 만흔 시일을 보내게 되엇다. 병호가 식전 일즉히 동방시론사에 출근한 뒤에 남아 잇는 것은 어머니와 누이동생 순영이엇다.

어머니는 수원에서 넉넉히 살 째보다도 마음은 대단히 편하고 깃벗다. 자식의 밥을 먹게 된 것은 그에게는 적지 안흔 깃분 일이엇다.

병호는 잡지사의 일을 마치고 일즉이 집으로 돌아오면 하는 일이란 원고 쓰는 것과 독서하는 것이엇다. 동생 순영이는 자긔 옵바의 신변에 대한 일에는 전심전력을 하야 하나도 불편한 점이 업도록 하얏다.

이와 가티 단순하게 시일을 보내면서도 마음의 한편 구석에 한 개의 번뇌로 남아 잇는 것은 혜영의 신상에 대한 문제이엇다.

혜영의 말을 들으면 그의 결심이 단단한 만큼 그의 신상에 대해서도 아무러한 걱정도 업지만, 이것은 결국 일시의 열정으로만 그러한 것이 안일까? 만일 그러하다면 그 열정이 식어서 랭랭한 현실 생활에 정신이 돌아설 째에 그가 후회나 하지 안흘까? 혜영이는 부자ㅅ집 딸이다. 단순한 이 리유로만으로도 자긔의 가정과 가튼 빈한한 곳에 와서 시집사리를 유쾌하게 될가는 한 의문이엇다. 더구나 혜영이는 자긔의 한 발을 잘 드듸고 못 드듸는 데에 일가족의 흥망성쇠가 달리어서 인순주저(因循躊躇)하는 이째이다. 단순한 정의로써 물질의 행복을 박차버리고 자긔에게로 왓다가 만일 두 사람의 새이에 파탄이 생기면 한갓 원망과 후회가 남아 잇게 되지 안흘가? 만일 그러케 된다면 두 사람의 일평생은 다시 회복할 수 업는 파멸로 들어가고야 말 것이다.

참으로 싹한 일이엇다.

혜영이는 자긔의 처지가 싹한 만큼 병호를 맛나기만 하면, 그 동안 집안의 경과 이야기를 하고 집안에 희생을 내지 안코 자긔 둘 새이의 사랑을 완성시킬 도리가 업슬가 이것을 상의하얏다. 그러나 자긔네의 사랑은 사랑대로 완성하고, 집안은 전날 그대로 유지하기는 그러케 용이한 일이 아니엇다. 결국은 사랑을 위하야 집안을 불고하든지 집안을 위하야 사랑을 버리든지, 이 두 가지 중에 하나를 취하여야 할 형편이엇다. 아즉도 이 갈림길에서 방황하는 혜영의 고통은 간단하게 해결할 처지가 아니엇든 것이다.

—(53),『매일신보』, 1931. 11. 28

출분 (2)

공일날 아츰이엇다. 병호는 못처럼 맛난 일요일이니 이 날 하루를 어쩌케 의미잇게 보내볼가 하고 자리ㅅ속에서부터 궁리를 하얏다. 날이 따뜻하면 교외나 공원 하든 데로 혜영이와 산보라도 해보는 것이 병호로서는 공일 하루를 제일 유효하게 보내는 일이엇지만, 한울이 흐리고 바람끗이 몹시 차서 이것은 될 수 업는 일이엇다. 호주머니에 돈이 잇스면 문박게 절간 가튼 데로 드라이브라도 하겟지만, 그러한 여유가 업섯다. 그러타고 혜영이를 아주 맛나지 안흘 수도 업섯다.

병호는 아츰밥을 먹은 뒤에 혜영이를 차즈려 자긔 집을 나섯다. 음산한 바람이 몬지와 석기어 길가는 이들의 옷을 휩싸고 돌앗다. 박석고개를 천천히 넘어 창경원 문 아페 당도하얏슬 째이다. 대학병원 아페 털외투로 몸을 싼 양장한 녀자가 천천히 걸어온다. 분명이 혜영이다. 그러나 머리를 숙이고 걸른 그는 넘우나 맥이 풀리어 뵈엇다. 직각적으로 그의 가정에 무슨 사건이 생기엇든지, 그러치 안흐면 그의 마음에 적지 안흔 변화가 니러낫다는 것은 그의 맥 풀린 걸음이 설명하얏다.

　병호는 걸음을 멈추고 잠간 기다리다가 다시 혜영이가 오는 편으로 향하야 걸어갓다. 혜영이는 머리를 숙인 채 압만 보고 걸는다. 병호가 두어 걸음 아페 당도하야도 혜영이는 몰은다.

　병호는 웬일인 줄을 몰라 혜영의 뒤를 짤하 그의 동정을 살피자는 작란 비슷한 생각이 생기엇지만, 그의 지금과 가튼 태도를 그대로 보아둘 수는 업섯다. 그리하야

『혜영 씨!』

하고 불럿다.

혜영이는 쌈작 놀라서 머리를 들어 병호를 본다. 혜영이는 불으는 소리에 놀랏고, 불은 이가 병호인 데에 또 다시 놀란 모양이다.

『어데를 가세요?』

혜영이는 겨우 이러케 물엇다.

『지금 혜영 씨를 좀 뵈일가 하고 차저가는 길인데요.』

하고, 병호는 혜영을 바라보앗다.

『저도 지금 병호 씨를 좀 뵈올가 하고 차저가는 길이야요. 잘 되엇군요.』

이러케 말하는 혜영의 말소리는 기운이 하나도 업시 들이엇고, 입술에도 피스긔가 적엇다. 얼굴은 해스슥하고. 눈에는 충혈이 되엇다. 어제ㅅ밤에 잠을 족음도 이루지 못한 것이 분명하다.

『신색이 엇지 저러케 못 되엇습니까?』

병호는 적쟌케 걱정이 되엇든 것이다.

『얼굴이 아주 알아보지 못하게 틀렷서요. 큰일 낫구면요.』

혜영이는 빙그레 웃는다.

야윈 얼굴에 흥미 업는 웃음은 몹시도 고적해 뵈엇다. 처량한 미(美)가 하나 더한 것 가탓다.

『어대가 편챤하셋든가요?』

『아니야요. 아무러치 안해요.』

『그러면 얼굴이 저러케 틀렷슬라구요?』

『틀릴 리유가 잇스니까 틀리엇겟지요.』

이와 가티 길에 서서 잠간 이야기를 계속하다가, 병호는 발길을 돌리엇다.
『어데 조용한 곳이 업슬가요? 여러 가지로 상의할 일이 좀 잇서요.』
『제 집으로 가시는 게 어쩌할가요?』
『댁도 조용만 하면 관게 업겟지요..』
혜영의 태도를 보면 오늘 말하랴는 일이 매우 중대한 듯하얏다. 병호는 함씌 걸어가면서 여러 가지로 궁금증이 낫다. 혹은 지금까지 계속하든 태도를 돌연히 변하야 단연한 결심을 하지나 안햇는가 여러 가지로 생각할스록 의심이 들어 견듸기 어려웟다. 잇다금 웃는 고독이 넘치는 혜영의 미소에는 더욱 마음을 조리게 되엇다.
병호와 혜영이는 아무 말업시 창경원 압을 지나고 박석고개를 넘엇다. 그리하야 얼마 뒤에 병호ㅅ집에 니르럿다.

—(54),『매일신보』, 1931. 11. 29

출분 (3)

혜영이는 병호를 쌀하 문 안으로 들어섯다. 외양으로는 오막사리 가티 뵈엇스나, 안에 들어서서는 그러치 안햇다. 깨끗하고 정갈하야 비락이장을 바라보는 늣김이 엇섯다. 이 집안사람들의 성격을 짐작할 수 잇섯다. 병호가 숭삼동으로 이사를 한 뒤에 한 번 차저 달라는 부탁을 여러 번 바덧스나, 이 집을 몸소 차저오기는 오늘이 물론 처음이엇다.
병호의 거처하는 곳은 쓸 안에ㅅ방이엇다. 간 반도 되지 못하는 방에 책장과 책상이 노이고, 게다가 가방과 금침이 자리를 차지하고 보니 사람 안즐 곳이란 몹시 좁앗다. 가늘게 쉬는 숨소리가 들릴 만큼 그들은 갓가히 안게 되엇다. 혜영이는 외투를 벗엇다. 주홍색의 찬란한 드레스가 좁은 방안을 환하게 비최엇다.
혜영이는 방안을 한 번 둘러본 뒤에 다시 고개를 숙이고 생각하얏다. 자긔의 작정한 마음을 설파하는 것이 올흘지, 그대로 가슴에 감추어 두는 것이 올흘지 몰라 잠간 주저하얏다.
『댁에 무슨 일이 생겻습니까?』

병호는 너무 갑갑해서 먼저 말을 내엇다.

『아즉 별다른 일은 생기지 안햇서요.』

『그러면 어찌 저러케 침울해지셋서요?』

『근심을 안흐랴도 자연히 근심이 되는 걸 어쩌케 합니까?』

『근심해서 될 일 가트면 근심을 하는 것도 조치만, 근심해서 안 될 일을 근심하는 것은 근심하는 것만 손해이니까 근심을 마시지요.』

병호는 위로 겸 이러케 권하기는 하얏스나, 이것이 무리한 권고인 걸을 모르는 바도 아니엇다. 사실 자긔네 둘이 일에 대해서 마음을 태우는 정도가 혜영의 근심하는 그 정도에 못지 안흔 터이엇다.

『그런 줄 모르는 바도 아니지만, 마음대로 되지 안는 걸 어쩌케 합니까?』

혜영이는 병호의 더퍼 노코 근심 말라는 말이 족음 원망스럽기도 하얏다. 만일 걱정을 한다면 두리 가티 하여야 할 처지이다. 이것은 넘우나 리해 못하는 말이엇다. 병호는 아무 말도 다시 못하고 혜영의 시들은 태도를 바라볼 뿐이엇다.

혜영이는 자긔의 결심한 것을 좌우간 말하겟다고 용긔를 내엇다.

『병호 씨! 저는 서울을 쓸가 해요.』

혜영이가 서울에서 써나겟다는 리유가 병호에게는 두 가지로 해석되엇다. 하나는 하든 공부를 게속하겟다는 것으로 들리엇고, 또 한 가지는 자긔의 처지가 극히 난처하니까 이것저것을 모다 단념하고 문제가 저절로 해결되기를 다른 곳에 가서 천천히 기다려보겟다는 것으로 들리엇다. 하든 공부를 다시 게속한다는 것은 말릴 수 업는 사정이지만, 더퍼 노코 서울을 써나 은신을 한다는 것은 매우 위험이 만한 일이엇다.

『어째서 서울을 써나신단 말슴인가요?』

『어째서라구요? 생각해 보세요. 제가 지금 어쩌한 처지에 잇는가.』

혜영이는 눈을 아래로 쓰고 힘업시 대답하얏다.

『써나지 안코라도 해결할 수 잇는 사정이면 써날 게야 무엇이겟습니까?』

『암만 해도 이대로 잇스면 집안에 걱정만 더 씨칠 것 가트니까, 저는 집을 나와야 하겟서요.』

『집을 나오시면 어쩌케 합니까?』
『집안에서 찻기 어려운 먼 곳으로 가겟서요.』
『녀자가 그러케 사람 몰을 먼 곳으로 가서 지날 수가 잇슬가요?』
『그러케 하려면 굿세인 길동무가 필요할 줄 알아요.』
혜영이는 이러케 말하고 병호의 눈치를 삷히엇다.
병호는 이 말에 어쩌케 대답할지 몰라 잠간 동안 잠자코 안젓슬 뿐이엇다.

—(55), 『매일신보』, 1931. 11. 30

출분 (4)

『굿세인 길동무가 잇스면 지금이라도 경성을 써나시겟단 말인가요?』
『물론 그러케 하지요.』
『굿센 동무란 어썬 동무-ㄴ가요?』
『굿센 동무란 암 미듬즉한 동무야요. 생사를 가티 할 사람이야요. 서로서로의 몸을 허락하고도 후회 안흘 동무야요.』
하고, 혜영이는 얼굴을 죽음 붉힌다.
혜영의 굿센 동무란 분명히 애인을 가르처 말한 것이다. 병호 자신더러 함쇠 서울을 써나자는 것이다. 참으로 이 말대답만은 난처하얏다. 병호 생각에 혜영이와 손을 맛붓들고 여러 가지의 문제 업는 곳을 차저서 귀를 막고 지내어 보자는 로맨틕한 생각이 업는 바도 아니엇스나, 병호에게는 이러한 문제는 소극적으로 해결하는 것보다 적극적으로 해결하는 것이 일을 안정시키는 방법이오 정도인 것을 생각할 여유를 아즉도 가지고 잇섯다.
첫재, 게우 직업을 어더서 가정이 정돈된 이때에 별안간에 게집을 짤하 집을 버린다는 것은 눈동자가 올케 박이어 가지고는 참아 못할 일이엇다. 더구나 직업을 가지고 언론긔관에 몸을 던진 이상 언론게에서 여러 사람을 위하야 헌신하는 동시에, 자기의 사회적 지위도 향상시켜 보겟단 욕심을 이 자리에서 별안간 벌일 수도 업섯든 것이다. 하여하든 크게 생각해 볼 문제이엇다. 그리하야 병호는 짐짓 이러케 물엇다.

『본인들이 결혼을 승낙 안는 이상, 이것을 누구가 강제하겟습니까? 그러한 구든 결심만 가진다면 경성에 그대로 잇서서라도 자연히 해결할 수 잇는 문제가 안일가요? 저는 그러케 생각하는 걸요.』

『저도 처음에는 그러케 생각하얏서요. 그러하지만 사람의 마음은 본래가 그러케 굿센 것이 아닌 모양이야요, 집에 들어 안저서 부모네의 걱정하는 양을 보면 엇전지 마음이 아파서 견댈 수가 업서요. 춘식이 허고 결혼을 하라고 강제를 하면 차라리 조켓서요. 그러타면 반항이라도 해보고 심술이라도 부려 보겟지만, 결혼 문제는 제가 한 번 거절한 뒤로는 다시 끄집어내시지도 안코, 다만 일시에 집안이 탕패한 것만 후회를 하시고 걱정을 하세요. 그리고 이 새는 잘 잡수시지 안튼 술을 잡수시게 되니, 온 집안이 아주 수라장이 되어서 한시도 마음 편할 째가 업서요. 차라리 아니 보는 편이 나흘 것 가태서 집을 써나볼까 생각하얏서요.』

병호는 혜영의 말을 듯고, 괴로운 처지를 대강 상ㅅ하얏다.

『딱한 사정입니다. 참으로……』

『이러케 말하면 넘우 비루한 생각이라고 하실는지 알 수 업지만은, 저는 그런 결혼 문제를 상대자가 감정 안 나도록 거절해서 집안의 파산을 면해볼가 하얏서요. 춘식의 편에서는 당사자보다도 부모 되는 이들이 성의가 업서서 그런 것 가티 오해를 해 가지고 이 새에 와서 날마다 채무를 정리하라고 재촉이 성화 가튼 모양이야요. 그래서 결혼을 거절한 것이 부모의 의사가 아니오 제의 의사인 것을 사실대로 보이라면, 제가 제 집을 써나는 수박게 다른 도리가 업슬 것 가태요.』

『혜영 씨가 집을 써난다면 춘식이란 자의 감정이 풀릴 줄 아십니까?』

병호는 혜영이는 비록 전문 교육을 밧는 중에 잇는 녀자이지만, 역시 녀자다운 생각에서 초월 못한 것을 알앗다. 그리하여 혜영의 말을 중지를 시키엇다.

『제 말을 다 듯고 말슴을 하게요. 단순하게 감정을 융화시키자는 의미 쑨이 아니니까요. 저는 돈이 업서도 살아갈 자신이 잇서요. 부자ㅅ집 쌀이라는 말을 듯는 것보다도 직업녀성이라는 말을 듯는 것을 더 영광으로 생각해요. 그러니까 쎄스썰 노릇을 하고, 여자사무원 노릇을 하드라도 제야 못 살아 갈 리 업지만, 저의 부모들은 돈 업어서지는 날이 곳 생명이 끈허지는 말이니까, 일조에 파산되는 그 날은 불상한 두 늙으니를 장사지내는 일이야요. 넘우나 가엽지 안습니까? 그래서 어쩌케 하면 두 늙으니가 오래 굼고 벗지나 안케 해볼가 하고 여러 날을 두고 생각해 본 결과, 집안을 부모들 몰래 써나는 것이 제일 조흔 방책인 것 가태서 지금 상의를 해보는 것이야요.』

병호는 집을 출분하는 것이 가족을 구하는 방법이 되는지 그 리유를 몰랏다. 다음 말을 기다리는 수밧게 업섯다.

—(56), 『매일신보』, 1931. 12. 1

출분 (5)

『제의 부모는 춘식이와 갓가운 인연을 맷는 것을 본심으로 바라는 터이야요. 제의 태도가 펴으나 강경하게 나왓스니까 아주 단념을 하신 모양이지만, 지금이라도 내가 맘만 돌린다면 집안을 부지할 수 잇다는 자신을 가진 듯해요.』

병호는 혜영의 지금까지 하는 말이 춘식이게로 시집을 가겟다는 말인지, 집안을 써나겟다는 말인지 그 본의가 어대 잇는 것을 알기 어려웟다. 자기가 춘식에게로 시집만 가면 자긔 집안은 무사하리라는 것은 여러 번 되집허 이야기하는 것이 암만 해도 아즉 단연한 결심을 가지고 잇는 것도 갓지 안햇다. 또 한편으로는 우리 집안이 몰락하는 것은 병호에게도 약간의 책임이 잇스니, 두 사람이 맛당히 그 책임을 저야 하겟다는 것으로도 들리엇다. 사실은 딱한 형편이지만, 한편으로는 혜영의 태도에 의심을 두지 안홀 수도 업섯다. 그리하야 병호는 잠간 생각하다가 말을 내엇다.

『지금에 집안 일이 그러케 걱정이 되시면 생각을 돌으키어 춘식이와 결혼을 하시는 것이 어쩌할가요? 그러면 모든 일이 잘 펴지지 안습니까?』

참으로 뜻박게 말이다. 혜영이는 이러한 말이 병호의 입에서 나올 것을 꿈에도 생각지 안햇다. 혜영이는 전신에 흘르는 피가 머리로 일시에 모아든 것처럼 상긔가 되엇다. 모앗든 피가 다시 제자리로 흘러내려 갈 째에 그의 얼굴에는 피가 한 점도 남아 잇지 안핫다. 얼굴에 푸른 빗이 질리고 찬 긔운이 돌앗다. 입술은 바르르 썰이엇다.

『그런 말슴을 드르랴고 오늘 온 줄 아십니까?』

하고, 혜영이는 병호의 랭정한 얼굴에 불가티 성내인 시선을 던젓다.

병호는 그대지 크다란 짠 의미가 업시 충동이 겸 내노흔 말에 혜영이가 이러케 노할 줄은 몰랐다. 이것으로만 보아도 혜영의 정신이 상태가 안인 것만은 짐작할 수 잇다. 만일 그러치 안흐면 이러한 말 씀은 웃으면서 농담으로 처치해도 관계업는 일이엇다.

병호는 제 무렴에 지처서 아무 대답도 못하고 얼굴을 불키며 빙그레 웃엇다.

『웃으실 것이 뭐야요? 제가 그러케 웃우어 뵙니까?』

여전히 전신에서 찬바람이 돈다.

『그러케 노할 것 업시 제 말을 들으시구려! 제 생각에는 혜영 씨가 생각하는 것 가티 집안의 몰락도 막고, 자긔의 개성도 살리겟다는 생각은 좀 모순이 잇는 것 가태서 한 말이지, 결단코 당신의 인격을 의심해서 한 말은 아니니까 족음도 오해해서는 안 됩니다. 량전(兩全)이란 그러케 용이한 일이 아니니까, 한 가지는 희생할 생각을 하시라는 의미에 지내지 못한 말슴이지요..』

『량전이란 업스니까 그 가운대에 한 가지를 취할진댄, 우리들의 사랑을 위하야 모든 것을 희생하자고 말슴 못할 것이 무엇인가요? 그와 가티 미즉한 태도를 보일 줄은 평소에 상상도 안 햇서요..』

혜영의 눈에는 눈물이 족음 맷치엇다.

『그러면 어쩌케 해야 조탄 말인가요?』

『두 말할 것 업시 저 하자는 대로 해주시겟서요?』

병호는 무어라 대답하여야 조흘지 알 수 업섯다.

『제가 하자는 대로 못해 주시겟서요?』

혜영의 눈에 눈물은 업서젓다. 단단한 결심이 써올라 보일 뿐이다.

『말슴을 드러서 좌우간 어쩌케 작정을 하지요.』

『저와 함쯰 어대든지 함께 가주시겟서요?』

『어대로 간단 말이오?』

『아무 데나 사람들이 구찬케 굴지 안흘 곳으로 가주세요.』
혜영의 날쮜는 것이 아무리 보아도 병적이엇다.
『더퍼 노코 가기만 하면 고통이 업슬 줄 알지만, 내 생각에는 어리석은 일 갓습니다. 더 좀 생각해 보지요.』
『어리석은 일이라구요? 총명하신 병호 씨에게 어리석은 일을 권하는 것은 잘못 되엇습니다. 용서하세요.』
하고, 혜영이는 벌덕 니러나서 외투를 집어들고 밧그로 나아가랴 한다. 병호는 웬셈인지를 몰랏다.
『웨 이러십니까?』
하고, 한 편 손으로 방문 여는 혜영이를 붓들랴 하얏다.

—(57),『매일신보』, 1931. 12. 3

출분 (6)

혜영이는 붓드는 병호의 손을 뿌리치고 행々히 문 밧그로 나아갓다.
『혜영 씨!』
하고, 병호는 혜영의 뒤를 쌀하섯다.
처음부터 녀자가 별안간 차저온 것을 이상하게 생각하든 병호의 어머니와 동생 순영이가 압마루로 나서서 구경을 한다. 아무리 가족들이지만 어쩌한 취톄를 연출한 것 가타서 북그러운 생각도 낫다. 그래도 그 뒤를 쌀흘가 말가 주저하는 동안에 혜영의 성낸 얼굴은 문 박그로 사라저버렷든 것이다. 혜영이도 병호의 집 사람의 구경거리가 된 것 가타서 자못 불유쾌하얏다. 그리하야 뒤를 볼아보지도 안코 문 박그로 나서게 된 것이다.
『옵바! 그이가 누구야요?』
순영의 뭇는 말도 대답치 안코 병호는 다시 방으로 들어왓다. 오늘의 혜영의 태도는 상식으로는 판단할 수 업섯다. 춘식에게 시집을 가라는 말이 그러케 원망스럽게 생각된다면, 첫재 자기의 본심이 그러치 안타는 것을 말하여야 될 것이다. 쏘한 춘식이와 결혼을 하라고 한 말이 병호 자신의 본의에서 나오지 안흔 것을 다소간이라도 량해한다면 그러한 말까지 하지 안흘 수 업는 병호 자신의 처지를 혜영이가 돌이어 동정하여야 할 것이다. 이와 가티 남의 말을 리해 못할 줄은 몰낫다. 혜영이는 그 동안에 상종한 경험으로 보면 매우 총명한 녀성이엇다. 비록 부자ㅅ집 딸이라 할지라도 세상 형편을 삷히는 데도 상당한 식견을 가진 줄 알엇다. 그러나 오늘의 혜영의 행동은 상당한 식견을 가진 이의 행동으로 보기가 어려윗다. 철모르는 녀자가 다만 일시의 감정에 움직이여 전후를 불게 하고 경망하게 행동한 것으로밧게 보히지 안햇다.

그러나 이러한 해석은 병호의 혜영에 대한 호의에서 나온 것이엇다. 병호는 생각을 거듭할스록 호의의 해석은 점々 그 그림자가 엷어지고, 어쩌한 의심이 머리를 들기 시작하엿다.

혜영이가 병호 자신을 시험함이나 아니엇든가? 참으로 절대의 신뢰를 사랑하는 대상자에 가젓다면 속을 떠보기 위한 시험이 잇슬 리가 업다. 시험하게 된 동긔가 생길가를 무서워할 것이다. 자긔가 일부러 시험하려 자긔를 차저온다는 것은 넘우나 무서운 행동이다. 그의 가슴에 흐르는 피가 얼마나 타산적인 것을 짐작할 수가 잇섯다. 그러나 혜영의 태도는 시험만을 하려면 제출할 문제가 좀더 만흘 것이오, 설혹 그 답이 죡음 틀리엇다 하더라도, 그와 가티 발연변색하야 다시 한 번 더 생각할 여유조차 주지 안케 이 자리를 그러케 행행히 떠나가지는 안이 하얏슬 것이다. 이러케 생각하면 혜영의 오늘 태도는 시험 답안이 틀린 것을 허물하는 것만으로 해석할 수는 업섯다. 그 이상의 계획이 들어 잇는 것 가티도 생각되엇다. 더 깁흔 계획이 무엇일까?

이것은 분명히 트집을 잡자는 것이엇다. 자긔의 집안 형편으로 보아 춘식의 혼담을 깨트리기는 매우 어려운 일이다. 일신의 허영을 채우기 위해서 쏘는 자긔 친가의 파멸을 구하기 위해서 춘식과 결혼하는 것이 당연한 것을 한편으로 생각하고, 전날의 마음으로 맹서한 약속을 긔회를 보아 파긔하랴고 일부러 자긔를 차저와서 해석할 수 업는 어려운 문제를 제출한 것이나 아니엇든가? 그리하야 모든 성의(誠意) 업는 허물을 전수히 병호 자신에게 씨우고 자긔는 발을 빼어서 짠 행동을 취하랴는 게책이 아니엇든가?

이와 가티 여러 가지로 생각하니 혜영이와 더 깁흔 관계를 맺지 아니

하고 이 만흔 경우에 서로 갈리는 것이 두 사람을 위하야 돌이어 행복이 되지나 안흘가 하는 단념도 생기엇다.
『그대로 두고 보자. 제 마음대로 하게. 춘식과 결혼을 하랴거든 하렴우나. 누구가 마라 해!』
이러한 절망의 부즈지짐이 병호 자신도 모르게 입 박그로 새어 나왓다.
—(58), 『매일신보』, 1931. 12. 4

출분 (7)

병호의 집 문을 나선 혜영이는 자긔의 감정에 못 이기어 압흘 잘 고느지 못하고 허둥지둥 걸엇다.
『그러면 춘식과 결혼을 하시지요.』
하든 병호의 말이 아즉 귀ㅅ가에 달라 부터 갓금 울리어 들어와서 머릿골을 휘젓는 듯하얏다. 자긔의 자존심이 여지업시 짓밟힌 것만 가타서 분하기가 싹이 업섯다. 그러나 쏘 한편으로 춘식과 결혼하라는 병호의 말이 진정에서 나왓슬가 하는 의심을 하지 안흔 것도 아니엇다. 병호에게 그 말한 본의를 설파할 긔회도 주지 안코 분연히 쒸어나온 자긔가 경솔 치나 아니 하얏든가? 다른 사람의 진정을 모르고 나왓다 다시 발길을 돌으키어 그 사람에게 사과를 하는 것이 올흔 일이 안일까?
아니다! 아니다! 녀자의 약하고 착한 마음으로 남자의 우유부단한 것을 선의로 해석하야 그것을 변명할 필요는 족음도 업는 것이다 이제로부터 다시 맛나지 안으면 그만이지, 내의 행동이 자긔에게 족음 책임이 돌 듯 하니까 그것을 회피하기 위해서 춘식과 결혼을 하라는 것이 안이엇슬가? 만일 그러한 뜻으로 그런 말을 내엇다 하면 그에게 성의가 업는 것은 넉 넉히 짐작함 즉한 일이다. 나는 나대로 행동을 하자. 이러케 혜영이가 속 으로 부르지젓스나, 마음의 한 구석이 뷔이기 시작한 것은 사실이다. 것 잡을 수 업시 섭섭한 생각이 끗업시 쩌더나갓다.
일시 흥분이 차차 갈안질수록 전신에 맥이 풀리엇다. 단념을 마음으로 맹서하고도 마음을 잡을 수 업는 자긔의 리지가 넘우 엷은 것을 스스로 원망하엿다.

내의 오해나 아니엇든가 몃 번이나 이러케 생각하얏다. 이러한 생각이 차라리 오해이엇스면 얼마나 조흘가 하는 마음도 업지 안햇다.

혜영이는 자긔의 집에 들리지 안코 바로 동무 영숙이를 차저보고 이러한 상의를 하여 볼가 하얏다. 그리하야 그는 창경원 압헤서 바로 전차를 탓다.

혜영이가 안국동 영숙의 집 문 압헤 다다르자, 영숙이는 자긔 집에서 막 나오든 차이엇다.

영숙이는 쌈작 놀라며,

『언니! 이게 웬일이야? 어쩌면 그러케 볼 수가 업서……. 오늘은 하두 심심하기에 언니나 차저 볼가 하구 나서는 길인데, 잘 왓수.』

하고, 혜영의 손을 잡는다.

혜영이는 자긔의 아쉬운 사정 이야기나 잇서서만 비롯오 차저 오게 된 자긔의 넘우나 릐긔적인 것을 마음으로 북그러워하얏다.

『내 퍽 무심하지? 동생! 용서해…… 응? 그 동안 말하기 딱한 집안 사정이 잇서 출입도 변변히 못해서 그러케 되엇서…….』

『말 말어요. 애인이 생기면 친구도 다 소용 업나 봐. 그야 극장 구경단이랴 날마다 만나서 이야기하랴, 좀처럼 해서 틈이 잇슬라구요.』

영숙이는 족음 놀리는 것이엇지만, 혜영이는 마음이 족음 아펏다. 아무 대답도 안햇다.

『어서 안으로 들어갑죠.』

하고, 영숙이는 혜영의 손을 쓸엇다. 다른 째 가트면 영숙이보다도 혜영이가 여러 배나 말을 하얏슬 것이다. 그러나 웬일인지 혜영의 얼굴에는 우울한 빗이 가득하고 침묵이 게속하얏다.

영숙이는 반가운 김에 처음에는 여러 말하얏지만, 혜영의 동정을 한 번 삷힌 뒤로는 짤하서 그도 입을 담을고 방으로 들어갓다.

『어듸 편찮햇수?』

하고, 영숙이가 뭇는다.

『내 얼굴이 그러케 틀렷서?』

혜영이는 되물엇다.

—(59), 『매일신보』, 1931. 12. 6

출분 (8)

『별다른 사정이 잇슬 까닭이 잇나요. 괜히 그러지 말아요.』

영숙이는 고지를 듯지 안는 모양이다. 혜영 자신을 어대까지든지 행운의 소유자로 알고 잇는 듯하다. 영숙으로 혜영이를 그러케 아는 것이 무리치 안햇다. 영숙이뿐이 아니라 세상ㅅ사람이 다 그러케 알고 잇슬 것이다. 혜영이는 부자ㅅ집 짤이다. 고등한 학식을 가지고 잇다. 그 우에 사랑의 대상이 생기엇다. 누구가 이것을 부럽게 생각지 안흘 것인가?

『동생! 이 언니에게는 아무러한 사정이 업서 보이지? 나는 다른 사람들이 그러케 아는 것이 더 짝해 죽겟서…….』

혜영이는 탄식하듯 말하엿다.

『짝한 사정이 언니라구 업슬 리가 업겟지만, 그런 걱정은 언니가 스스로 사서 하는 것이 안일가요?』

영숙의 말에는 어쩌한 짠 의미가 들어 들리엇다.

『그야 자기 스스로가 사서 하는 걱정도 잇겟지만, 이번 우리 집 사정은 퍽으나 짝하게 되엇서…….』

『뭣이 그러케 짝할가?』

『암만 해도 나는 집을 버리고 나 혼자 살아가야 할 모양이야!』

『집을 버리고 늙은 부모들을 어쩌케 하랴고 그러시우?』

『내가 집에 잇스면 늙은 부모들의 걱정이 되니까, 부모를 위해서라도 어데로든지 도망질을 치든지 죽어버리든지 해야 할 것 가타서…….』

『그게 말이 되나요? 리치에 당찬한 말을 하는구려. 언니가 업서저서 아젓씨나 아주머니의 걱정 아니 될 일이 어대 잇겟서요?』

『그건 동생이 아즉 모르고 하는 말이야. 부모를 위해서 내 일평생을 희생할 수는 도저히 업서……. 심청이 가튼 효녀는 아버지의 어둔 눈을 쓰게 하랴고 몸을 팔앗다구도 하지만, 나는 아무리 생각해도 그런 맘이 나지 안흐니까 억지로 할 수는 업겟지. 동생은 그러겟서……? 그도 목숨만을 일시의 수단으로 쓰겟다 하면 생각을 다시 한 번 해볼 수도 잇지만, 마음에 업는 결혼을 어쩌케 하우?』

영숙이는 혜영의 말하는 쯧을 대강 짐작하얏다. 혜영이를 신호에서 불러낸 까닭이 리춘식이와 결혼을 시키랴는 데에 잇슨 것을 그는 알앗섯다. 그리하야 경성에서 돈 만흔 색마에게 만일 혜영이가 시집을 가게 되면 어찌할가 하는 위구를 혜영이를 경성역으로 마중갈 때까지 품고 잇섯다. 그러나 혜영이를 플랫폼에서 발견할 째부터 그러한 위구는 노케 되엿다. 자동차 안 뒤ㅅ창으로 전차 속에 잇는 병호에게 던지는 그 시선이 혜영의 병호에 대한 모든 긔분을 말하는 것으로 알앗다. 분명히 사랑을 늣긴 두 사람 새인 것을 알앗다. 사랑하는 대상이 한 번 생긴 이상에 짠 혼담이 진행될 리가 만무하엿다. 혜영의 성격은 감동하기 쉬웟다. 어쩌한 때에는 비상히 센치멘탈하얏다. 또 한편으로 자존심이 굿세엇고, 허영심도 업지 안햇다. 부자ㅅ집 외ㅅ짤의 독특한 긔질을 약간의 교양이 교정할 수 업섯다. 방안에서 자라난 화초 가튼 혜영이가 녀자의 환심을 잘 사기로 서울 안에서 유명한 리춘식에게 걸리어서 무사히 몸의 정경을 지키리라구는 도저히 미들 수 업섯다. 금력의 정복을 당하야 나종에 허둥지둥하는 쑬을 어쩌케 볼가 하는 것이 경숙에게는 혜영에 대한 우의를 생각하야 큰 걱정거리가 되엇섯다. 그리하야 춘식의 청혼을 단연히 거절하라고 권고할 생각까지 하엿든 것이다. 그러나 혜영이가 사랑의 대상을 겨테 노코 온 이상 그런 충고는 돌이어 쓸대업시 남의 자존심을 멸시하는 말 가타서 그대로 미든 셈치고 아무 충고도 업시 오늘까지 지내왓섯다.

그러다가 오늘날 별안간 이러한 혜영의 방문을 밧고 보니, 혜영의 심리에 말 못할 한 착난이 생긴 것을 직각적으로 알게 되엇다. 역시 부자ㅅ집 외ㅅ짤이라는 생각을 새롭게 하얏다.

―(60),『매일신보』, 1931. 12. 7

출분 (9)

『언니! 아마 부모님들과 의견 충돌이 된 모양이구려.』

영숙이는 춘식이와 혜영의 결혼 문제가 병호 때문에 파란이 생긴 것으로 상상되엇다.

『그런 것도 아니야. 찰아리 부모님의 의견과 충돌이 되엇스면 집안에 그대로 잇서서 문제를 해결하게 될는지도 알 수 업지만……』

『부모가 양해하자는데 무슨 걱정이란 말이야요? 괜히 쓸데업는 걱정을 사서 하시는구려!』

『단순히 그러케만 생각할 수 업는 사정이 업지도 안흐니까 참으로 답답해.』

혜영이는 오늘 병호를 차저가서 실망하얏다는 말이 입 박그로 비저나올 듯하얏스나, 그것을 참앗다. 병호의 위인과 처음 본 인상을 영숙에게 입에 침이 마르도록 칭찬하야 말한 긔억이 아즉도 혜영의 머리에서 살아지지 안 햇다. 어느 째는 그와 가티 칭찬을 하얏다가, 지금에 와서 별안간 나추워 말하면 듯는 사람이 아모리 자긔와 절친한 영숙이라 할지라도 체신업시 생각이나 하지 안흘가 하야 그 말을 하기 위하야는 참아 입을 버릴 수 업섯든 것이다.

『그러치 안흔 리유가 짜로 잇다는 것은 암만 해도 상ᄉ할 수 업는 것 가튼데요?』

『동생이 내 사정을 상ᄉ 못할 것도 업슬 터인데…….』

혜영이는 영숙을 바라보든 눈을 무릅 우흐로 내려트리고 무엇인지 잠간 생각하드니 다시 입을 열엇다.

『춘식이란 자가 만일 우리 집안사람 전부가 의합이 되어 가지고 제의 청혼을 반대할 줄 알면 좌우간 재미업는 일이지?』

『그야 춘식이도 감정이 잇는 이상 자신을 가지고 청혼을 하얏다가 온 집안사람들에게 거절을 바덧다면 맘이 유쾌할 리가 잇겟소? 물론 큰 모욕이나 당한 것처럼 분이 나겟지요.』

『동생! 내의 생각이 넘우나 약한 것인지 알 수 업지만, 이번 춘식의 청혼에 대해서 다만 본인인 내가 반대한다는 것을 상대자에게 특별히 알려 줄 도리가 업슬가 하고, 이것을 퍽으나 생각하엿지…….』

하고, 혜영이는 말을 멈추엇다.

『온 집안이 반대한다는 것을 숨길 필요도 쏘한 업지요.』

『그러하기에 그것이 약한 생각이나 아닌가 하고 내 말햇지? 영숙이도 우리 집안 사정은 들어서 알앗슬 터이지만, 춘식이가 몹쓸 생각을 한 번

먹으면 우리 집안사람들은 모다 거리에서 방황할 형편이니까, 모든 책임을 내가 지고 부모도 모르게 어대로 도망을 해볼가 하얏서. 춘식이의 우리 집안 전체에 대한 감정을 다소간이라도 완화시키랴면 이러케 하는 수밧게 별다른 도리가 업다고 여러 날 두고 생각해 보앗서. 동생의 생각에는 어때?』

『그도 한 방법이 아닌 것이 아니지만, 언니가 집에서 도망질첫다고 춘식이가 전과 가튼 호의를 언니의 아버지에게 가지리라고 생각할 수는 업는걸요.』

영숙이는 혜영의 딱한 심경을 동정치 안흘 수 업섯다. 혜영이가 아모리 녀자로서 상당한 교육을 바덧고 개성에 눈쓴 것 갓지만, 실상은 역시 평범한 녀성이엇다. 자긔네의 집안 살림도 현상을 유지하고 십헛다. 이러한 경우에 두 가지ㅅ중에 한 가지를 희생하자는 단연한 결심할 용긔와 냉정이 적엇든 것이다.

혜영의 말이 경숙에게도 그럴 듯하게 들리엇다.

『춘식이가 사내답고 경우를 아는 사람이라면 언니의 생각이 그럼 즉도 하지만, 그런 량해가 잇슬라구요?』

『량해가 잇고 업고는 뒤ㅅ일이니까 두고 보아야 하겟지만, 먼저 내의 태도를 분명히 할랴고 집을 써나볼가 한 것이야!』

혜영이는 자긔의 의견을 영숙이가 다소간이라도 량해하는 듯한 것이 몹시도 반가웟다.

—(61), 『매일신보』, 1931. 12. 8

파문 (1)

『동방시론』 편집실 안에는 병호와 부인긔자 화성이가 잇슬 뿐이다. 그 달 원고의 시메가리가 오늘 안임으로, 다른 사원들은 각 긔고가의 원고를 수집하러 밧그로 나아갓다. 병호는 주필의 명령으로 그달에 발생된 중요한 사건을 내외 각 신문에서 따서 적엇고, 부인긔자 화성은 모은 원고를 수정하고 잇섯다. 병호는 사건의 대소를 다만 신문지의 표제의 대소를 짤하 쏩아내랴고 여러 신문의 사회면에 눈을 다름질시키고 잇섯다.

그러나 전날의 혜영의 일이 마음에 잣구 떠올라서 시선은 신문지 활자 우를 긔게적으로 달름질할 뿐이엇다. 무엇이 중대한 사건이오, 무엇이 경미한 사건인지를 분간할 수 업게 그의 머리는 혼란하얏다. 특호활자로 삼사 단 뽑아 노흔 제목의 긔사의 요령을 간단하게 원고에 옴기기는 하얏스나, 모다 하찬한 것 가탓다.

『어쌔서 혜영이가 행행이 돌아갓슬가? 무슨 핑계나 구실을 잡으러 왓다가 자긔의 태도가 족음 약하니까 그 긔회를 노치지 안흐랴고 그대로 다라난 것이엇슬가? 자긔를 밋고 와서 경성을 함씌 써나고자 한 것이 돌이어 자긔의 어리석은 것을 폭로시키고야 말앗다 하야 그것이 분해서 달아난 것이엇슬가? 그러면 춘식에게 결혼을 하는 것도 조타는 말을 참말로 알아 듯고 내의 혜영 자신에 대한 태도를 의심함이엇슬가?』

이와 가튼 생각이 다른 사건의 중량을 저울질할 리성을 흐리게 한 것이엇다. 어쩌한 일이 아무리 중대하다 할지라도, 자긔 신변에서 닐어난 어제ㅅ일이 제일 중요한 것처럼 생각되엇다.

오늘 석양 퇴사 후에 다시 한 번 혜영이를 차저보고 그대로 노하여 간 리유를 물어보아, 만일 서로의 오해에서 나온 갈등 가트면 그 자리에서 풀어버리겟다고 마음을 먹엇다. 만일 서울을 가티 써나는 것이 혜영의 첫재 요구이면 이것을 어쩌케 할가? 혜영의 요구대로 경성을 써나가야 할 것인가? 경성을 써나가면 혜영이가 생각하는 것과 가티 조흔 일이 손을 버리고 자긔네를 마저줄 것인가? 설혹 두 사람은 어느 조용한 곳에다 사랑의 보금자리를 얽고 거긔에서 단꿈을 날마다 일운다 할지라도, 집에 남아 잇는 생활의 능력이 업는 가족들은 어쩌케 될 것인가? 약소한 월급이라도 매달 바더서 겨우 호구를 하는 자긔의 가정에서 만일 병호 자신을 일케 되면 그들은 필연코 절망락담은 더 말할 것도 업거니와, 로두에서 전 가족이 방황하게 되지 안흘 것을 누구가 보장할 것인가? 참으로 짝한 일이엇다. 아무리 사랑이 중하기로 불상한 가족을 버릴 수는 업다고 그의 리성이 대답하엿다. 경성을 써나지 안코라도 자긔네의 사랑이란 얼마든지 완성시킬 수 잇스면서 집을 버리고 가족을 내던지고, 두 남녀가 손을 맛쥐고 방랑의 길을 써나는 그러한 로맨틱한 흉내를 내기에는 병호의 가슴이 아즉도 싸늘하얏다. 석양에 맛나서 그가 그의 집에 잇지 못할 사정이 잇다면 내의 집에 잇게 하자고 결심하얏다. 그리고 춘식에게 시집가라 한 것이 혜영의 자존심을 여지업시 짓밟힌 것이라도 이러한 오해는 변명 한 마듸로 풀 수도 잇다고 생각하얏다. 그 전날 바로 혜영이를 차저나 보고 모든 것을 설파 못한 것이 후회이엇다. 이것도 병호의 족으마한 자존심이 잇기 째문이엇다. 무엇보다도 남녀 두 사람의 사랑을 영속케 하는 데에는 서로〈 의 자존심을 짓밟어서는 안 될 것을 처음 경험하얏다. 속으로 부르지젓다.

여러 가지 공상에 머리가 자연히 압흐로 숙으러젓다. 이 째에 규지가 서류 편지를 가지고 병호의 책상 압흐로 왓다.

—(62),『매일신보』, 1931. 12. 9

파문 (2)

혜영의 편지다.

병호는 반갑기도 하고, 두렵기도 하얏다. 어쩌케 된 줄 몰라서 답답한 생각을 하든 지음에 소식을 알게 되엇스니 반가웟다. 그러나 이 편지가 두 사람 새이를 긋는 최후의 선언이나 안일까 생각하니 무서움기도 하얏다. 피봉을 쩨는 병호의 손은 제절로 족음 썰리엇다.

흥분된 혜영의 얼굴이 이 편지 우에 써올낫다. 간단한 내용이지만, 넘우 흥분해서 쓴 까닭인지 요령을 잘 붓들기 어려웟다.

병호가 예상한 것과 가티 혜영이는 『춘식과 결혼하십시요.』 한 말에 큰 오해를 가진 것이 분명하얏다. 책임을 회피하라는 병호의 태도를 혜영이는 조롱 비슷한 어구로 웃엇섯다. 그리고 춘식의 청혼을 거절하는 데는 단 한 마듸 말보다 몸으로써 실증을 보여주는 것이 더 효과가 잇다는 것을 말하얏다. 그러나 이러케 단연히 행동을 하는 것은 결단코 병호에게 미련이 남아 잇고, 짤해서 장래의 결혼 생활을 꿈꾸어 그런 것이 아니라는 것을 설명하얏다. 이번에는 자긔 집에 어쩌한 파란을 니르킬는지 알 수 업스나, 이 파란이 가란진 뒤에 다시 자긔 집으로 돌아와서 오늘과는 다른 형식으로 생활하여 보겟다는 것을 말하얏다.

『제의 편지가 당신의 손에 들어갈 때에, 저는 경부선 렬차 한편 구석에서 요 얼마 전에 당신과 마주 안저서 바라보든 그곳에 외로웁고 눈물 저즌 시선을 던지고 잇슬 것이외다. 부대 안녕히 게시기를 축원합니다. 사회적으로 못처럼 어든 당신의 지위이니 그 지위를 근거 삼아 장래에 대성하시기를 바랍니다.』

이라 쓴 최후의 구절에 니르러서는 병호의 손에서 편지가 가늘게 썰엇다.

벌서 경부선 렬차의 몸이 된 것을 보면, 혜영이가 자긔의 의사를 써보아서 만일 불분명하면 그가 자긔의 태도를 달리 가지겟다고 온 것이 아닌 것만은 의심 업섯다. 그가 자긔의 말을 트집 잡아 춘식과 결혼하랴는 것인 안일가 하는 의심을 비록 일순간이라도 가젓든 것을 병호는 내심으로 아니 붓그러워할 수 업다. 어쩌한 방법으로든지 달아나는 혜영이를 이 경성을 향하야 돌으키고 십헛다. 그리하야 모든 것을 사과하고 십헛다. 그러나 혜영이는 경성을 써난지가 벌서 륙칠 시간이다. 경부선을 탄 것을 보아 일본으로 향한 것이 분명하다. 갈 곳은 신호나 대판, 그러치 안흐면 동경 등지일 것이다.

그리고 만일 혜영이가 자긔의 종적을 아주 감출 생각 가트면 이와 가티 편지를 할 리도 업슬 것이오, 편지를 한다 해도 자긔의 달아나는 방향을 알으켜 줄 리도 업슬 것이다. 이것은 분명히 병호 자신에게 혜영이가 절망을 하지 안햇다는 것을 보인 것이다. 서로 일시의 오해를 토파할 수 잇도록 여유를 남기고 간 것이다. 병호는 절망의 구렁에서 다시 희망의 평지로 올라섯다. 어쩌케 하든 달아나는 혜영을 붓들지 안흘 수 업섯다.

병호는 부산행 제팔 렬차 중의 혜영에게 화문으로 전보를 썻다.

『부산에서 기다리라. 자세한 것은 만나보고 할 터이니.』

규지를 시켜 전보를 노흘가 하다가, 미신한 생각이 나서 모자를 집어들고 황망히 동방시론사를 나서서 우편국으로 향하얏다.

병호는 지급전보를 친 뒤에 시론사로 돌아왓다. 이제는 흥분이 얼마큼 풀어저서 얼골빗이 조금 창백하얏다.

이제 남은 문제는 부산으로 쏘차가는 것뿐이엇다. 거긔에서 묵을 비용은 그만 두고라도, 래왕 차비라도 잇서야 할 것이다. 그러나 병호의 랑중에는 전차ㅅ표 몃 장박게 업다. 참으로 긔가 막히는 일이엇다. 자긔 집에를 간 대야 아모러한 도리가 업섯다. 역시 최민을 붓들고 사정하는 수박에 딴 도리가 업섯다. 입사한지 얼마 되지 안허서 한참 밧븐 쌔에 몸을 쌔치는 것도 안 된 일이엇다.

—(63), 『매일신보』, 1931. 12. 10

파문 (3)

병호는 급한 마음 그대로 하면 바로 사를 나서서 려비 변통을 하러 다니고 십헛스나, 주필도 업고 춘호도 아즉 돌아오지 안햇다. 책임자 업는 쌔에 사를 뷔이고 혼자 나올 수가 업섯다. 주필이나 최의 돌아오기만 고대〈 하고 안젓슬 수박게 업섯다. 부인긔자 화성이가 편지를 본 뒤에 황망히 구는 병호의 태도를 좀 이상하게 생각하얏든지, 안경 넘어로 갓금 바라다본다. 병호는 생각다 못하야 화성에게 하든 일을 부탁할가 하고,

『화성 선생!』

하고 불럿다.

병호가 입사한 뒤에 말을 걸치기는 처음 일이다. 대개는 말괄량이 화성이가 갓금 말을 건늬고 병호를 놀리엇다. 그러나 병호는 그것을 탄치 안코 웃어버려 왓다. 이러케 내려오든 차에 병호가 이상스럽게 우울한 태도로 자긔를 불으는 것을 본 화성이가 괴이한 생각을 하는 것도 무리한 일이 아니엇다. 그는 대답을 눈으로 대신할 쑨이엇다.

『제 집에 급한 사건이 돌발해서 일즉 나가게 되엇다고 춘호 선생이 돌아오시거든 말슴을 좀 해 주십시오.』

『네. 그러케 하지요.』

병호의 화성을 불은 것은 일즉 돌아가는 리유를 전달하야 달라는 것쑨이 아니엇다. 그러나 말이 잘 나오지 안햇다.

화성이는 자긔 자리에서 병호의 겨트로 걸어오드니,

『볼 일이 게시면 나가서 보시지요. 그리고 지금 하시는 일은 제가 해 드릴 터이니까.』

하고, 늘어 노흔 서류를 뒤적거리며 설명을 구한다.

『퍽 미안합니다. 그러케 해주시면 참 고맙겟습니다.』

병호는 화성이를 오늘 가티 우아한 녀성으로 생각한 적이 업섯다. 몃 번이나 머리를 굽슬거려 치하를 하얏다.

화성이는 하든 일의 설명을 듯드니,

『우리 주필은 사원에게 일 시킬 줄을 몰라요. 병호 선생 가튼 분에게 이런 일을 담당시킨다는 것은 망녕이야요. 더 좀 두뇌 쓸 일을 시키지 안 코, 이게 뭐야요. 이런 것은 규지를 시켜도 넉넉이 할 일인데…….』

하고, 화성이는 빙그레 웃는다.

병호는 화성에게 놀림을 밧는 것 가타서 좀 불쾌도 하얏지만, 좌우간 마튼 일을 해준다는 것이 고마워서 두 말 업시 하는 일을 인게시키고, 모 자를 들고 문 박그로 나서랴 하얏다.

『병호 씨! 이 일을 오늘 제가 밤잠을 아니 자고라도 해둘 터이니, 조흔 미야게(선물)를 가지고 오세야 합니다.』

하고, 화성이는 사에 혼자 남아 잇는 것이 고적한 것 가티 외로운 미소를 보낸다.

『네. 그러케 하지요.』

병호는 바로 종로를 나서서 전차를 탓다.

렬차 중에서 혜영이가 전보를 바더 보앗겟지. 바더 보고는 어쩌한 생 각을 하얏슬가? 내의 전문대로 그가 부산에서 기다려줄 것인가? 그러치 안코 전날 노염이 풀리지 안하 련락선으로 바로 올라갈 것인가?

여러 가지 복잡한 생각이 병호를 전차 안에서 편히 안처 두지도 안햇다. 그 는 여러 번 쿳숀에 몸을 던지엇다가는 다시 닐어서서 밧갓을 내어다보고 하얏다.

병호가 행하는 곳은 물론 민의 집이엇다. 민이 업스면 어찌할가 하는 의심도 적지 안햇다. 민을 만날 수가 업스면 그 뒤에는 어쩌케 하나? 자 긔 집에 돌아가서 세간짐이나 서적을 전당잡히는 수박게 별도리가 업섯다.

애인의 뒤를 쌀어가랴고 전당을 잡혀? 지금까지 늣기어 본 적 업는 감 상이 그의 가슴을 치밀엇다. 이러한 심정을 만일 혜영이가 짐작한다면, 이러한 근심을 내에게 씨칠 념려가 업섯슬 것이다. 이러케 생각하니 자 긔 자신이 못 생긴 것도 갓탓다.

얼마 뒤에 병호는 민의 집 압헤 당도하얏다. 민의 집 문 아페서 웬일인지 낫몰을 이상한 사람드리 오락가락 건일고 잇섯다.

—(64), 『매일신보』, 1931. 12. 11

파문 (4)

병호는 싼 의심 업시 밧분 생각에 문 안으로 쑥 들어서며 민을 불럿다. 불은 민은 나오지 안코 어떤 양복 입은 이가 문 뒤에서 이상스러운 눈으로 찬찬히 노려보고 잇다.

병호는 다시 민을 불럿다. 아무러한 대답이 업다. 민이 집에 업는 것은 병호에게는 여간 큰 일이 아니엇다. 만일 민도 업스면 일을 어쩌케 하나 하고 맥 풀린 채 잠간 서서 안에서 대답 나오기를 기다렷다. 이것을 찬찬히 바라보고 잇든 양복 입은 이가 겨트로 갓가히 오드니,

『민을 볼랴고 그러우? 이리로 오구려.』

하고 아플 선다.

병호는 이상은스러웟지만, 하는 수 업시 그 뒤를 쌀하 섯다. 민의 화실 압헤는 구두가 여러 켤레 노인 것을 보니 사람이 업는 것도 아니엇다. 병호는 즉각적으로 무슨 사건이 생긴 것을 알앗다. 병호는 돌아서서 다시 문 박그로 나오랴 하얏다. 양복 입은 이가 븟든다.

『주인이 업서서 돌아가는데, 웨 이러우?』

하고, 병호는 븟든 손을 쑤리칠 형세를 보엿다.

『안 돼! 성명이 뭐야?』

이와 가티 힐난을 하자, 문간에서 두어 사람이 쏘 나타낫다. 경관들이 민의 집을 매복경계함이 분명하얏다. 민이 무슨 큰 사건에 관련한 일이 업고야 이와 가티 경계가 엄중할 리는 만무하얏다. 필경 민의 집에 억류를 당하고 마나부다 하고 맘으로는 각오하얏스나, 부산에서 기다리라고 혜영에게 전보 친 것을 생각하니 압이 캄々하얏다. 이야말로 화약을 지고 불로 들어선 격이다. 혜영을 차즈랴는 려비를 변통하러 왓다가, 이제는 돈이 잇드라도 갈 수 업는 경우를 당하고야 만 것이것다. 어쩌한 사건인지는 알 수 업스나, 자긔에게 아무 것도 컴々한 구석이 업는 이상, 이곳에

오래 억류를 당할 리는 업스리 생각하고 자기의 성명과 직업을 뭇는대로 말한 뒤에 사의 급한 용무로 민을 차저 오게 된 것을 여러 번 변명하얏스나, 형사들은

『여긔에 오는 사람을 억류하라는 명령이 잇서서 이러하는 것이니, 족음도 섭々히 생각지 말고 잠간 기다리우.』

하고, 노치를 안는다.

병호는 하는 수 업시 민의 화실로 들어섯다. 안에서는 두어 사람이 방 안을 고비 삿々히 뒤지고 잇다. 웬일인지 민은 뵈이지 안핫다. 낫 모르는 청년 둘이 방 윗목에 희푸른 얼굴로 안젓다. 저들도 역시 억류를 당한 것이라고 생각하얏다. 병호는 다시 문 아페 안즌 형사에게 밧분 일이 잇는 것을 사정하얏다. 그러나 형사는 들어주지를 안는다. 병호는 하는 수 업시 또 잠잣코 안젓다. 대체 무슨 사건일까? 이 새 신문지에 보도된 불온문서를 뿌린 사건이나 안일까? 민은 결단코 자긔가 사괴어 온 경험으로 보아서는 의식분자도 아니엇다. 어쩌한 주의의 지배를 바들 그이도 아니엇다. 또한 사긔나 횡령 가튼 파염치죄를 범할 이는 물론 아니엇다. 필연코 해외에서 잠입한 친구의 관게나 안일까? 그래서 여긔에 차저 오는 사람을 일일히 검거하랴는 것이 안일까 하고 여러 가지로 생각하얏다. 이러하는 동안에 한 시간이 가고 두 시간이 갓섯다. 이러하다가 부산을 영々 못 가게 되면 어이할까? 몸에서 불이 확근확근 올라왓다. 일분이라도 일즉이 이 억류에서 벗어나야 려비를 변통하게 될 것이다. 이대로 안 젓다가 밤을 새이면 만사는 그만이다.

병호는 또 한번 경계하는 형사 순사에게 사의 사무가 긴급한 것을 말하얏다. 그러나 순사는 머리를 엽흐로 흔드럿다. 병호는 버텨도 보앗다. 그러나 아무러한 효과가 업섯다. 저녁밥이 나왓다. 여덜 시가 되고, 아홉 시가 지내엇다. 그래도 가라오라는 아무 말도 업다.

부산행 차ㅅ시간은 다 지내어갓다.

이째에야 비롯오 이 사건을 책임 마튼 듯한 이가 왓다. 억류당한 사람을 일일히 조사를 시작하얏다.

—(65), 『매일신보』, 1931. 12. 12

파문 (5)

 부산행 급행렬차가 대구를 지나서 밀양을 향하는 도중에 렬차 쏘이가 전보를 한 손에 들고 김혜영이를 련해 부른다. 이름을 불리운 혜영이는 깜작 놀라지 안흘 수 업섯다. 차창 박가틔 졈으러져 가는 들빗을 바라보든 혜영이는 자긔 니름 부르는 편을 향하얏다. 아마 전보가 온 모양이다. 렬차 중에다 전보를 칠 사람은 병호 밧게 업다. 만일 이외에 쏘 잇다면 영숙이다. 그러나 영숙이가 전보를 칠 리는 만무하다. 혜영의 집에서는 혜영이가 부산을 향하고 가는 중인지도 아즉 몰을 째이니, 더구나 집안 전보 안인 것은 분명한 일이다.
 혜영이는 여러 가지로 의심을 하면서 쏘이가 갓까히 오기를 기다리엇다. 이 전보를 바더 조흘지 안 바더 조흘지 몰라 잠간 생각하다가, 그래도 궁금해서 손을 들어 쏘이를 불럿다. 쏘이는 전보를 전하고 딴 차ㅅ간으로 들어갓다. 전보를 쎄엇다. 그가 상상한 바와 가티 과연 병호의 전보이다.
 『부산에서 잠간 기다리라.』
 하얏다.
 부산에서 기다리고 아니 기다리는 것을 마음으로 작정하기 전에, 대번에 어쩌한 슬픔이 가슴을 치밀고 올라왓다. 지금까지 전신을 휩싸고 돌든 쓸쓸한 긔운이 일시에 슬픔으로 변한 것 가탓다.
 혜영이가 결심을 단단히 하고 룡산역에서 긔차를 탈 째는 긔분이 넘우나 긴장되어 그럴 줄 저럴 줄 몰랏지만, 몸을 실흔 긔차가 천천히 움직이게 되니 전신의 긴장은 풀리엇다. 그 대신 휩싸고 도는 것은 고향을 써나게 되는 허젼한 생각보다도 더 쓸쓸한 고독의 늣김이엇다. 혜영이가 자긔의 집을 등지고 먼 길을 써나기는 이번이 처음이 아니다. 다른 째에는 학창을 향하는 깃븜과 고향을 써나는 섭섭이 상반하야 특별한 애수나 감상을 가진 일이 업섯다. 그러나 오늘의 써나는 길은 분명히 전날과는 달랏다. 그도 병호나 동행이 되엇드면 족음 힘지고 미든즉하야 그러한 애수와 감상이 엇섯겟지만, 모처럼 동행을 청하얏다가 거절을 당하고, 더구나 모욕에 갓가운 말까지 들엇섯다.

이런 것 저런 것 모든 것을 생각하니 혜영의 가슴은 필경은 비장한 긔분으로 가득 찻섯다.

여러 직업녀성과 가티 자긔 생활을 위하야 분투한다는 막연한 생각이엇지만, 이것은 전쟁에 나아가는 병사와 가튼 단단한 결심을 혜영에게 자발적으로 가지게 하얏다. 그의 눈을 개리웟든 눈물의 구름도 어느듯 훗터젓다. 이러케 부르지지기도 하얏다. 그러나 역시 눈에서 써나지 안는 것은 병호이엇다. 그가 과연 본심으로 춘식과 결혼을 하라 하얏슬가? 만일 자긔의 한 말이 넘우나 그에게 자심업시 들이어서 그러케 말함이엇슬가?

이와 가튼 의심이 몟 번이나 왕래를 하얏지만, 한 번 내드된 발길을 돌니킬 수는 자존심이 허락지 안 햇다.

신호에 가서 자긔를 친절히 지도하든 선생과 상의하야 동경으로 올라가서 어쩌한 직업을 하나 붓들어서 몟 달 동안 지나다가 집안의 형세를 보아서 다시 어쩌한 행동을 취해 보겟다는 것이 혜영이가 출분한 뒤의 방침이엇스나, 모든 것이 쯧대로 되지 안흐면 어쩌케 하나 하는 위구가 업는 것도 아니엇다.

여러 가지 복잡한 생각이 교향악처럼 그의 머리에서 울 째에 병호의 전보를 밧고 보니, 혜영의 생각이 감개무량하야 자시 동요한 것은 무리한 일이 아니엇다. 경성을 써나든 째와 가튼 애수와 감상이 다시 새로웟다.

—(66),『매일신보』, 1931. 12. 13

파문 (6)

부산에 내려서 병호를 기다려볼가? 내어 노흔 걸음이니 그대로 련락선을 타버릴가? 두 가지ㅅ 생각에 혜영이는 한참동안 마음이 괴로웟다.

차중에까지 전보 친 것을 보면 병호가 부산으로 짤아올 것은 분명한 일이다. 오는 리유는 물론 오해를 푸는 데에 잇슬 것이다. 설혹 오해를 푼다 할지라도, 지금과 가티 억으러진 두 사람 새이가 전일과 가티 뷘틈업시 다시 맞추어질는지 그것은 한 의문이엇다.

함께 지나는 동안에 어느 째까지든지 두 사람 사이에 갈등이 업스리라고 예상하기는 어려운 일이다. 만일 갈등이 생기면 이번의 일이 반듯이 생각이 날 것이다. 이번의 갈등을 련해 두고 생각하는 것은 서로 인격을 의심하는 것이다. 인격을 의심하면서 두 사람의 사랑이 영원이 계속될 것을 상ㅅ할 수는 업다. 그때의 갈등은 두 사람의 사이를 다시 갓갑게 할 수 업는 영원의 파멸로 썰허트리고 말 것이다. 만일 그러하다면 한 번 서로 길을 달리 한 오늘에 와서 다시 만나서 오해를 말로만 푼다는 것은 돌이어 재미업는 일이다. 전날의 갈등이 진실로 서로의 오해에서 나온 일이면 서로 서신으로라도 풀음즉하다. 구태여 부산에까지 쏘차와서 풀 것이 무엇일까? 쌀하 온다는 것이 병호에게 아즉도 자긔에 대한 열정이 식지 안햇다는 변명은 될지언정, 장래까지를 보장하는 사랑의 맹서는 되지 못할 것이다. 아니 만나는 것이 올타고 혜영이는 맘으로 부르지젓다.

그뿐 아니라 병호는 동방시론사에 입사한지가 얼마 되지 못하얏다. 시론사에 대한 신용이 아즉 굿기도 전에 녀자의 뒤를 쌀하 부산까지 쏘차 다니엇다는 소문이 만일 퍼지게 되면 그의 직무상의 신용이 자연히 썰허질 것은 의심할 것도 업다. 아무리 생각해도 뒤를 쏘차온다는 것은 천부당만부당한 일이엇다.

혜영이는 가방에서 전보지를 내어 병호에게 전보를 썻다. 전보가 중도에 상치되지 안코 순조로 들어가면 병호가 밤차로 경성을 써나기 전에 넉넉히 바드리 생각하얏다.

『자세한 말은 편지로 할 터이니 부산까지 올 필요가 업다.』

는 문구이엇다.

혜영이는 이 전보 치기를 렬차 쏘이에게 부탁하얏다.

전보를 치고 보니 혜영의 마음은 다시 쓸쓸하얏다. 전날 이 경부선을 함끠 지낼 째에 서로서로 동경을 가지든 여러 가지 긔억이 다시 살아낫다. 침착한 태도를 구수하게 굴든 병호가 아페 아른아른하얏다. 역시 다시 한 번 만나는 것이 조흘 듯한 생각이 낫다.

그는 병호에게 오지 말라 하고 전보 친 것을 후회하얏다. 그러나 째는 이미 느젓다. 전에 차전보를 취소하고 부산에서 기달일 터이니 곳 내려오라 할가 하고 생각을 돌으키엇스나, 그의 리지의 입은 다시 감정의 불을 불어 써버렷다. 이러케 생각을 돌으킨 뒤는 마음이 더 압핫다.
 밤이 완전히 일본해를 덥헛슬 째에, 급행렬차는 부산잔교에 도착하얏다. 저편 선창에는 커다란 련락선이 악마처럼 우둑허니 서잇서서 긔차의 내린 손님을 하나식 둘식 삼키기 시작한다. 잔교와 부두 우의 등불들은 일본해 찬 바람에 곤한 잠을 깨우친 것처럼 눈을 썸벅이고 잇다.
 혜영이는 련락선으로 들어가랴고도 하지 안코, 우득허니 안저서 명상에 집혓다. 련락선에 한 번 들어가면 그쑨이다. 그러나 어찌함인지 들어갈 생각이 나지 안햇다. 쏘차온다는 병호를 오지도 못하게 하고 그대로 조선을 써나는 것은 참으로 섭々하얏다. 오늘의 차중에서 노흔 전보가 병호가 경성을 써나기 전에 들어갓슬까? 이 전보를 미처 바더보지 못하고 그대로 경성을 써낫스면 래일 부산에 도착한 그가 얼마나 섭々한 생각을 할가?
 출범 시간은 점점 갓가워 온다. 련락선으로 들어갈 사람 사람은 분주히 잔교 우으로 달아난다.

—(67), 『매일신보』, 1931. 12. 15

파문 (7)
 혜영이는 써나랴는 련락선에 올라갈 생각도 하지 안코 우둑허니 캄캄한 바다만 바라보고 안젓다. 전신에는 맥이 풀리어 손 한 번 들 긔운도 업고, 발 한 번 내디딜 긔운조차 업다. 역시 동래온천에 가서 하루밤을 쉬고 래일 낫배로 가는 것이 조흘 듯한 생각이 낫다. 병호가 만일 차중에서 친 전보를 보지 못하고 여긔까지 쌸하왓다가 그대로 돌아가게 된다면 그 얼마나 섭섭한 일일까? 배가 지나간 자리에서 뜻업시 넘실거리는 물결만을 바라보다가 뒤으로 돌아설 째에 그의 심정이 얼마나 쓸쓸할가? 이러한 생각을 하니 하루ㅅ밤을 편히 쉬기 겸 기다려 보는 것도 인정에 쩟쩟한 일이 안일까?
 이와 가티 생각이 바다와 가티 집허갈 째에, 련락선에서는 쟁소리가 요란히 들니엇다. 출범의 신호이다. 이제는 부산에서 하루밤을 안이 류할 수 업게 되엇다.

혜영이는 행구를 들고 동래온천 가는 뻐스를 탓다. 녀자 혼자의 려행은 몹시도 쓸쓸하얏다. 밤을 헤치고 달아가든 자동차는 얼마 뒤에 동래온천장에 도착되엇다. 혜영이는 신호 래왕에 갓금 들릴 적이 잇는 봉래호텔로 들어갓다. 낫익은 하녀들도 쌈작 놀라며 반겨 마젓다.

혜영이는 하녀의 인도를 바더 조용한 방으로 들어갓다. 하녀는 차를 가지고 들어와서,

『혼자세요?』

하고 뭇는다.

련락선이나 긔차가 도착될 째도 안인 이째에 혜영이가 홀로 들어온 것을 이상스럽게 생각한 것도 무리한 일이 아니엇다.

『혼자이지 누구가 쏘 잇서…….』

하고, 혜영이는 빙그레 웃엇다. 이 웃슴은 병호와 불쾌히 갈린 뒤에 처음 뵈이는 웃음이엇다.

하녀가 돌아간 뒤에 혜영이는 옷을 갈아입고 목욕탕으로 들어갓다. 싸쯧한 맑은 물에 전신을 담그고 안즈니 전신이 녹는 것 가탓다. 한참 동안 눈을 감고 사라저가는 정신을 수습하얏다.

혜영이는 자긔의 참마음을 자긔 량심에 다시 뭇고 십헛다. 병호를 이저버리고 혼자 꼿꼿이 세상의 파란과 다투어 살아갈 수 잇겟는가? 쏘 행행이 집을 쩌난 것이 모다 집안을 구하랴 함에만 잇섯든가? 어찌하야 련락선을 바로 타지 안코 온천에서 하루밤을 새우게 되엇는가? 긔차 중에서 늙은 부모의 정경이 만히 생각되엇든가, 병호가 만히 생각되엇든가? 집안의 절박한 사정이 더 근심되엇든가? 병호의 얄미운 대답이 야속한 생각이 더 만햇든가?

이러케 스스로 물어보는 동안에 그의 정신은 더욱 혼란할 쑨이엇다. 자긔도 자긔의 마음을 알 수 업다는 것이 결론으로 나왓다.

긔왕에 하루밤을 온천에서 쉬게 되엇스니 병호와 시원히 이야기나 한 번 한 뒤에 이곳을 쩌나고 십다고 생각하얏다. 온천의 하루밤은 무사히 지낫다. 정신과 몸이 함끠 피곤한 까닭인지 비교적 곤한 잠을 일우엇든 것이다. 아츰 일즉이 호텔을 쩌나 부산진역으로 나아갓다. 경성에서 내려오는

긔차의 도착 시간은 아즉도 십여 분이나 남앗다. 혜영이는 부산까지의 차ㅅ표를 사들고 플랫폼으로 들어갓다. 죡음 잇다가 찬 서리가 집웅에 잔득 덥힌 렬차는 부산진에 도착하얏다. 혜영이는 차중으로 들어섯다. 승객들은 잠이 아즉 들 쌔인 얼골로 짐 찻기에 분주하다.

혜영이는 이 차ㅅ간 저 차ㅅ간으로 병호가 혹 내려오나 안햇나 하고 돌아다니엇다. 그러나 병호 가튼 이는 하나도 보이지 안는다.

혜영이는 죡으마한 실망을 늣기엇다.

『아마 어제 전보를 바더 본 게로군.』

이 한 마듸 말로 모든 것을 단념하얏다.

혜영이는 부산 잔교에 대리면서도 승객을 일일이 다시 점검해 보앗스나, 역시 보이지 안햇다. 그는 하는 수 업시 련락선으로 들어갓다. 련락선에 올라서서 선창으로 래왕하는 사람을 유심히 살폇다. 그러나 병호는 다시 차즐 수 업다.

—(68), 『매일신보』, 1931. 12. 16

파문 (8)

려비를 변통하러 갓든 병호는 밤중까지 민의 집에 억류를 당하엿다가 열한 시나 거의 되어 혐의가 풀리엇다. 직업이 분명히 민을 차저온 리유가 확실이 잇서서 담임하야 취조하든 경관도 나종에는 비롯오 고개를 끄덕이게 되어 집으로 돌아왓다.

병호는 집으로 오면서도 길에서 여러 번 헛웃음을 우섯다. 만일 이쌔에 겨테서 보는 사람이 잇섯드면 병호를 성한 사람으로 보지 안햇슬 것이다. 그러나 다행히 겨테 짤아온 사람은 업섯다.

병호가 자긔 집에 돌아올 쌔는 거의 자정이나 되엇다. 집안 식구들은 잠을 자지 안코 기다리고 잇섯다.

문 안에 들어서니 순영이가 방문을 열고 마루로 나서며,

『옵바! 엇지 이러케 느젓서요?』

하고 뭇는다.

『죡음 일이 잇서서…….』

병호는 흥미 업는 대답을 하얏다.

『어머니도 지금까지 아니 주무시고 기다렷서요.』

병호는 자긔 방으로 바로 들어가랴다가 어머니가 안 주무신다는 말에 안방으로 들어섯다. 병호가 동경에서 나온 뒤로 이와 가티 밤늣게 돌아온 일이 업섯다. 집안에서 몹시 걱정한 것도 무리한 일이 아니엇다.

『이째ㅅ것 안 주무셋서요? 요담에는 혹 늣게 되더라도 걱정마시고 주무세요.』

병호는 미안한 생각이 나서 위로 겸 말하얏다.

『이 세상이 퍽 싯그러웁다는데, 밤 늣게 다니지 마라.』

어머니는 안심한 듯이 말한다.

『옵바! 저녁째 전보가 왓서요. 나는 아부님께서 친 전보나 아닌가 하고 펴보앗드니 아니드군요.』

하고, 책상 설합에서 전보를 끄내어 놋는다.

병호는 직각적으로 혜영에게서 온 것을 알앗다. 바더 들고 보니 과연 혜영이가 차중에서 친 전보이다.

『올 것이 업습니다. 자세한 것은 편지로 말하겟다.』

차 시간도 업고 려비도 업서서 가지 못하얏지만, 엇전지 올 것이 업다는 것이 그의 마음에는 한결 더 섭섭하얏다.

병호는 전보를 쥔 채 자긔 방으로 건너왓다. 책상 우에는 그날 신문이 뇌엇다. 자긔가 민의 집에서 억류당한 일을 생각하니 무슨 사건이 발생되지나 안햇는가 그것이 알고 십다. 그러나 혜영이가 엇재서 자긔에게 오지를 말라는 전보를 치게 되엇는지 그 심리가 알 수 업서서 궁금하얏다. 그리하야 모든 생각은 그곳으로 모아젓다.

만일 자긔가 뒤를 딸하가면 안 될 일이 엇서서 예방선을 편 것이나 안일까? 그것이 사실이라면 딸하 서서 안 될 일이 무엇일까? 혜영이가 진실로 자긔에게 족음이라도 호의를 가젓다면 미리 이러케 오는 것을 거절할 리는 업슬 것이다. 이와 가티 골돌히 생각하는 동안에 상상은 뒤를 이어 극단에까지 뻣질러 갓다.

『혜영이는 필연코 짠 사람과 함쯰 가게 된 것이다. 자긔 이외에 사랑하는 이가 쏘 잇섯든 것이다.』
　이러케 생각하니 분하기가 짝이 업섯다. 이러한 광경을 목도치 안흔 것이 돌이어 잘된 일 가탓다. 자긔에게 려비가 업섯고, 민의 집에 갓다가 억류당한 것이 다행한 일이엇다.
　병호의 생각은 쏘 한 번 전환을 하얏다. 만일 혜영이가 짠 사내와 동행이 되엇다면 일부러 전보를 칠 리가 업다. 아무러한 대답을 할 것도 업시 련락선으로 조선해협만 넘어서면 그만이 아니냐. 무엇이 켱기어서 짤하올 수 업는 사람에게 오지 말라고 일부러 전보까지 칠 리가 업는 것이다. 혜영의 인격을 의심하고 모욕한 것 가타서 후회하는 생각이 낫다. 일이 이러케 되엇스니 편지나 기다려 보자.
　병호는 생각을 돌으키고 책상 우의 신문을 펴들엇다. ×와 ○을 석근 큰 제목의 긔사가 사회면의 대가리를 장식하얏다. 검거의 큰 선풍이 니러난 모양이다. 민의 집에서 억류당한 리유를 분명히 알앗다. 그러나 민이 그러한 사건에 관련이 되엇스라라는 것은 쑴에도 생각하지 못할 일이다. 지금까지 그가 사회운동에나 정치운동에 참예되엇다는 것은 긔적에 갓가운 일이다. 머리를 멧 번이나 기웃거렷다. 그럴 리가 업다고 생각하얏다.
　애인과 친구를 한꺼번에 일흔 병호는 더욱 어쩌한 고독을 늣기엇다.
　　　　　　　　　—(69), 『매일신보』, 1931. 12. 17

파문 (9)
　병호는 부산행을 중지치 안흘 수 업섯다. 자세한 사정은 편지도 통지하겟다는 혜영의 말을 밋고 좌우간 통지 오기나 기다릴 쑨이엇다.
　모든 일이 이와 가티 빗구러진 오늘에 혜영의 본심을 미덧다 해도 쓸대업고, 밋지 안햇다 해도 그만일 것 가타서 병호는 지금까지 쑤어 온 쑴을 이즐 수만 잇스면 전부 이저버리고 십헛다. 혜영이도 자긔 가튼 생각이나 안일가? 이러케 생각하면 쯧업는 고적이 그의 심장을 얽는 것 가탓다.
　그 이튿날 아츰에 병호는 시론사에 나갓다. 하루 동안에 그의 얼굴은 알아볼 수 업게 틀리엇다. 다라난 혜영의 일, 잡혀간 민의 일이 교대하야 그의 머리 속에서 곤두질치는 바람에 하루밤을 쓴눈으로 새이다십히 하얏다. 얼굴빗이 틀린 것이 그럼즉도 한 일이엇다.

병호는 시론사 편집실에 들어서며 춘호의 자리를 보앗다. 그 자리는 뷔엿다. 그 다음 화성의 저리를 바라보앗다. 화성이는 머리를 굽히고 안소를 먹음은 얼굴로 걸어안즌 채 인사를 한다.

병호는 자긔 자리에 안즈며 우편물을 뒤젓다. 자긔에게 온 편지는 하나도 업섯다. 혜영에게서 편지 올 시일이 못 된 줄은 짐작도 되지만, 엇전지 마음은 허전하얏다.

『춘호 선생이 어찌 지금썻 안 오실가요?』

하고, 병호는 화성의 편을 바라보앗다.

입사한 이후로 춘호보다 병호가 일즛히 출근한 일은 한번도 업섯다. 오늘에 한하야 춘호가 아즉 보이지 안는 것은 괴상한 일이엇다. 병호는 직각적으로 어제 민의 일과 춘호의 지각하는 것이 어써한 관련이 되지나 안흔가 의심을 가지게 되엇다.

『글세요. 웬일일가요? 이러케 늣게 오신 건은 저도 처음 보는 일인데요.』

화성이도 괴상하게 생각하는 모양이다.

『어제 신문 보셋지요?』

『네. 보앗서요. 쏘 검거의 선풍이 부는 모양이야요.』

『그런데 민 군도 어제 붓들려 간 줄 모르시지요?』

『민 선생이 잡혀가셋서요?』

화성의 눈은 휘둥글해진다.

『어제 민 군 집에 갓다가 열한 시싸지 억류를 당햇섯지요.』

『무슨 혐의로싸요? 사실 ○○사건에 참여되엇슬가요?』

『그야 알 수 업지만, 사건은 퍽으나 확대되어 가는 듯해요.』

『평소 무어라 리론 하나 캐지 안튼 이가 웬일일싸요? 참으로 쯧박긴데요.』

이째에 전화의 뻴이 요란히 울엇다.

화성이가 전화 아프로 가서 수화긔를 들엇다.

『저런!』

하는 화성의 안색은 변하얏다. 심상치 안흔 어썬 소식을 들은 모양이다.

『참말이야요?』

하고, 잠간 듯고 잇는 화성이가 힘업시 수화긔를 걸고 병호 겨트로 오면서,
『큰일 낫구면요.』
『큰일이란요?』
『춘호 선생이 검거를 당한 모양이야요.』
『춘호 선생도…….』
하고, 병호도 문득 부르지젓다. 민과의 친분으로 보아 그럼 즉도 하다고 생갓하얏다.
시론사에 들어온 지 얼마 되지 못하야 선배로 생각하고 밋든 춘호조차 쏘 일어버리게 된 것은 퍽으나 섭섭하얏다. 자긔의 신변에서 친한 이들이 한 사람식 두 사람식 차차 쩌나게 됨이 쓸쓸하얏다.
시론사를 춘호가 쩌나게 되면 병호와 화성, 두 사람이 편집실을 차지하게 될 것이다.
『춘호 씨가 정말 그런 사건에 참예되엇다면 참으로 큰일인데요.』
화성이도 매우 쓸쓸한 모양이다.
병호는 고독한 것이 자긔의 운명인가 하얏다.
만일 고독이 내의 운명이라면 역시 고독을 달게 밧는 수박게 업다고 속으로 부르지젓다.

―(70), 『매일신보』, 1931. 12. 19

파산 (1)

춘호를 일허버린 시론사는 일이 대단 밧벗다. 병호는 아츰 일즉이 들어가서 밤늣게야 나오게 되는 쌔가 만핫다.

화성이 역시 그러하얏다. 일의 전 분량으로 말하면 세 사람의 하든 것을 두 사람이 하는 셈이지만, 실상 일을 하는 분량으로는 춘호가 전부를 주장하여 온 만큼 그 뒤를 이은 병호의 하는 일은 눈코를 쓸 결을도 업시 밧벗든 것이다. 주필도 대외교제를 얼마큼 절약하고 시론사 일에 만흔 시간을 제공하얏지만, 이것도 별로 효과가 적엇다. 필경은 사무 보는 시간을 연장하는 수밧게 별도리가 업섯든 것이다. 화성이와 병호는 번갈라서 원고의 수집을 다니는 일이 만하엿다.

일이 원악 몰리고 보니 짠 생각할 틈도 별로 적엇지만, 몸과 마음이 족음이라도 풀어 만지면 역시 병호의 머리에 떠올르는 것은 혜영이가 어쩌케 지내나 하는 넘녀이엇다.

혜영이가 신호에서 보낸 편지를 바더보기는 하얏스나, 편지의 내용이 병호에게 안심시킬 아모 것도 업섯다. 돌이어 혜영의 더 신상에 대한 근심을 하나 더 사게 하얏슬 쑨이엇다. 혜영의 일본 들어간 동긔가 너무나 천박한 생각에서 나온 것을 병호로 하야금 분명히 알게 하엿슬 쑨이다.

춘식의 청혼 문제에 대한 책임의 전부를 자긔가 혼자 지고 가족에게는 책임이 업다는 것을 보이랴고 출분한 것이 첫재 어리석고 불순한 일이엇다. 부친이 결혼을 강권은 해보앗스나, 혜영의 의사가 그러치 아니 하야 혼담이 성립되지 못한 것이 사실이지만, 이러한 혜영 가정 내부의 불통일이 모처럼 청혼의 거절로 격노된 춘식의 감정을 완화시킬 수 업는 것은 족음이라도 돈 잇는 색마의 심리를 안다면 누구나 상상할 수 잇는 일이다. 고등교육을 바든 녀자로서 이것도 생각지 못하는 것은 참으로 상상 박기엇다. 그리고 그러한 길동무가 되어주지 아니 하엿다고 사랑하는 사람을 의심한다는 것은 넘우나 천박한 일이다. 자긔의 일을 랭정이 생각한다면 모든 것을 반성하는 것이 현명한 녀성의 취할 태도알 것이다. 그러나 신호에서 보낸 편지에는 그러한 반성이란 눈을 씻고 보아도 차저낼 수가 업섯다.

더구나 녀자의 일평생을 글으치는 것은 일시의 감정을 억제치 못하기 째문이다. 춘식이가 최후의 수단을 써서 청혼 거절의 분푸리를 하게 되는 날에는 혜영의 집안이 몰락되고, 그의 늙은 부모가 거리에서 방황하게 될 것은 정해 노흔 일이다.

그러케 된 뒤에 혜영이는 필연코 집으로 돌아올 면목이 업다 하야 동경이나 대판, 신호 가튼 도회에서 살기 위하야 방황하게 될 것이다. 녀자에게는 악마와 가튼 화려한 도회가 그의 순진을 완전히 보장하야 주리라고 생각할 수는 업다. 직업녀성! 허영심이 상당히 강한 여성. 입으로는 의지가 제법 구든 듯하면서도 실상은 감정에 격앙되기 쉬운 녀성. 이러한 녀성의 범주에서 버서나지 못한 혜영의 장래를 도저히 락관할 수는 업섯다.

애인관게를 떠나서라도 혜영이를 성격파탄에서 구하도록 하는 것이 자긔의 의무나 아닌가 하는 생각이 업지 안햇든 것이다. 그쑨 아니라 춘식과 혜영의 집 관게를 삷히어 왓섯다. 남성은행과 혜영의 집 관게가 그 동안 어쩌케 전개되어 가는 것도 남성은행원을 통하야 들어왓다. 암만 해도 불일간 폭발이 되리라는 소식도 이틀 전에 들엇섯다.

이와 가티 병호는 여러 날 두고 생각한 결과, 좌우간 혜영의 부친을 차저보고 혜영의 신상을 한 번 상의해 보고 십헛다.

그리하야 그는 집에 돌아가는 길에 황교에서 차를 내려 혜영의 집을 차젓다. 정문을 들어서니 여러 가지 달콤한 긔억이 다시 살아낫다. 문간까지 나와서 보내주든 혜영의 얼굴이 완연히 보이는 듯하얏다.

병호는 모든 긔억을 자아내면서 현관에 들어섯다. 엇전지 화려한 집에는 비애가 휩싸고 도는 듯하얏다.

—(71), 『매일신보』, 1931. 12. 20

파산 (2)

병호는 초인종을 눌럿다.

전날 혜영이를 처음 차저왓슬 쌔 보든 녀하인이 나와서 문을 연다.

하인은 병호를 긔억하얏다는 듯이 미소로써 인사를 대신한다.

『주인 령감 게시지? 좀 뵈러 왓는데.』

병호는 문 안으로 들어섯다.

『몸이 편찬해서 누으셋서요. 그러치만 잠간 기다려주세요.』

하고, 녀하인은 안으로 들어갓다.

주인령감이 병들어 누은 원인은 가화나 안일까 하는 의심이 업지도 안햇다. 족음 기다렷드니 녀하인이 급히 나와서 응접실로 인도를 한다. 병호는 쌀하 들어가서 권하는 쏘파 우에 몸을 던젓다.

응접실 안은 변함이 업다. 전날 혜영이를 찻든 쌔에 업든 것은 페치카 난로 쑨이엇다. 호듯한 긔운에 몸의 긴장이 풀어저 가는 듯하얏다. 응접 테불 저편에는 혜영이가, 이편에는 자긔가 안저서 어색한 대화로 쓸대업시 갓금 얼굴 불키든 생각을 하니 새로히 감개가 무량하얏다. 청초한 조선 의복에 어렴풋한 화장으로 슬적이 쏘 아페 나타날 쌔에, 병호는 새로운 매력을 혜영에게서 늣기엇든 것이다. 녀자다운 녀자라는 인상을 깁게 가진 것도 역시 그때이엇다. 부잣집 아갓씨는 역시 족음 달은 점의 미가 잇다는 것을 늣긴 것도 그때이엇다.

응접실 안에 우득하니 안젓는 동안에 이와 가튼 여러 가지 긔억이 살아낫다.

쏘 한 가지의 의심은 병든 주인 령감의 승낙도 업시 어찌하야서 자긔를 이 응접실까지 인도하엿슬가 함이다. 녀하인은 분명히 자긔의 얼굴을 긔억한 까닭에 주인의 승낙도 업시 응접실에 드린 것이 안일까? 이 집에서 혜영이가 출분한 이후에 자긔의 행동이 이 집안사람들의 분분한 물의의 대상이 된 것을 가히 짐작할 수 잇섯다. 만일 상상되는 일이 틀림이 업다면, 오늘 차저온 것은 매우 시긔에 적당한 일이엇다.

모든 복잡한 생각으로 병호의 머리는 상당히 흥분이 되엇슬 째에 응접실 문을 슬그머니 열며 기침을 두어 번하며 들어오는 이가 잇다. 혜영의 부친이다. 병호는 쏘파에서 니러낫다. 로인은 페치카 갓가히 쏘파를 옴기면서,

『거긔 안즈우.』

하고, 자리를 권한다.

병호는 닐어선 그대로 초면 인사를 하엿다.

『네. 나는 김영한이라 하우.』

하고, 쏘 다시 기침을 한다.

병호는 혜영의 일에 대하야 바로 자긔의 의견을 토해볼가 망사리고 잇는 것을 눈치채인 혜영의 부인은 먼저 말을 내엇다.

『병호 군을 인제야 보게 된 것은 좀 느젓소.』

매우 의미 잇는 말의 넉두리다. 병호는 등에서 땀이 벗적 낫다.

『이제야 차저뵈옵게 된 것은 매우 황송합니다.』

분명히 대답하고, 머리를 숙이엇다.

『쌀자식 하나 둔 것이 넘우 말괄량이라, 온 집안의 화근을 맨드는구려.』

혜영의 부친 말이 넘우나 단도즉입이다.

병호는 무어라 대답을 하여야 조흘지 몰라 머리를 숙이고 잇섯다.

혜영의 부친은 유심하게 병호의 동정을 삷힌다.

―(72), 『매일신보』, 1931. 12. 21

파산 (3)

말대답하기가 어색한 듯한 병호의 동정을 솗힌 혜영의 부친은 화제를 싼곳으로 옴기엇다.

『김 군은 지금 무얼 하우?』

『지금 동방시론사에 잇습니다.』

『동방시론? 거긔서 뭘 하우?』

『긔자로 잇습니다.』

『긔자! 매우 조흔 직업이지! 사회의 목탁이오, 무관제왕이오. 참 훌륭한 사업이지!』

병호는 조롱을 밧는 것 가타서 불유쾌하얏다.

『저 가튼 이에게 어대 그러한 말이 당키나 합니까? 밥버리하는 한 문필로동자에 지나지 못합니다.』

『문필로동자! 그도 그럴 듯한 말야. 이새 세상에는 너도 나도 모다 로동자라 하니까 정말 로동자들은 울는지도 모르지만, 로동자 아니라 하고 행세하기 어려운 세상인 것은 알 수 잇서…….』

여긔까지 말하고 그 로인은 다시 기침을 시작한다. 병호를 보고 얼마큼 혜영의 부친의 신경이 흥분된 것을 짐작할 수 잇섯다. 이 자리에 오래 안저서 그의 마음 압흔 이야기를 하는 것이 상대한 김 로인의 건강을 위하야 조치 못한 것 가타서 작별할 생각이 업는 것도 아니엇스나, 그대로 이러서는 것은 넘우나 무의미한 일이엇다. 여러 가지로 생각하다가 병호는 입을 대담하게 찍엇다.

『짜님안테서 무슨 소식이 업습니까?』

『…….』

이제는 혜영의 부친이 아무 말도 안코 잠간 무엇을 생각하드니,

『병호 군에게도 소식이 업습딋가?』

하고 뭇는다.

혜영의 부친은 비록 집안에는 통신을 안트래도, 병호에게는 그 동정을 알려주엇스리라고 미더 왓섯다. 그리다가 병호에게 혜영의 동정을 돌이어

물리게 되니 맥에 힘이 풀어젓다. 이와 가티 별안간 차저온 것도 조흔 소식을 가지고 온 것이나 안일싸 하야 마음으로는 제법 깃벗섯다. 병호는 혜영 부친의 태도로 집안에도 아무러한 소식이 오지 안흔 것을 알앗다.

『집에 안 온 통신이 제게 올 리가 잇겟습니싸?』

혜영의 부친은 아무 말업시 천정을 바라보다가 다시 기침을 시작한다. 희프린 주름잡힌 얼굴이 생기가 된다.

혜영의 부친은 혜영이가 병호와 다난한 약속이 잇서서 집을 써난 것으로만 지금싸지 알아왓다. 자긔 딸을 자동차에 싯고 락산 밋 리춘식이를 찻든 그날 밤 일이 아즉도 눈 압헤서 아른거리엇다. 경성극장 아페서 혼자 썰허진 혜영이가 파고다공원 압헤 다시 나타날 째에는 어썬 남자와 억개 걸다시피 하고 자동차 아플 지나갓다. 운전수를 보내서 타고 가자고 강권햇지만, 혜영이는 단연히 거절하고 남자와 걸어 내려갓다. 헤드라이트에 언듯 비친 얼굴이 자긔 압에 안즌 바로 저 얼굴이오, 쏘한 먼저 통한 성명이 혜영이가 일즉이 말하는 그 성명이다. 혜영에게 모욕을 밧다십시한 춘식이는 아무 말업시 다맛 얼굴을 푸르럿다 누르럿다. 쏘한 춘식의 매삽은 얼굴이 병호의 겨테서 눈흘기고 이 편을 바라보는 것도 가탓다. 그 뒤에 온갓 협박을 다해 가며 결혼을 재촉할 째마다, 혜영의 아버지는 사실 그날 밤에 혜영이와 가티 얼리어 가든 병호를 맘으로 원망한 적도 업지 안햇섯다. 그러나 젊은이의 사랑을 어찌할 수 업다 하야 혜영의 의사를 무리하게 무시하지 안코 되어가는 형편만을 바라보앗섯다. 그러다가 돌연히 혜영이는 결혼 문제에 대한 모든 책임을 자기가 진다는 편지 한 장을 남기어 노코 종적을 감추어버렷섯다. 그러나 자긔와 사랑하는 남자와 함쯰 간 듯해서 위태한 가운대에도 족음 미덤직한 생각을 하얏든 것이다, 혜영의 아버지뿐 아니라 온 집안이 다 그러케 알아왓다. 게집하인이 병든 령감을 깨워 응접실로 보낸 것도 다 이러한 싸닭이엇다.

—(73), 『매일신보』, 1931. 12. 22

파산 (4)

『그 애가 써나간 뒤로는 이러타 저러타 하는 말 한 마듸 업스니싸, 웬셈인 줄 모르고 지내는 중이오.』

혜영의 부친은 기침을 참아 가며 겨우 말한다.

병호는 자긔에게는 아무러한 통신이 업슬지라도, 그의 가정에는 어쩌한 긔별이 필히 잇스시라고 밋고 여긔까지 차저온 것이다. 저윽히 실망하얏다.

『그게 웬일일까요?』

『낸들 알 수 잇소.』

『어대 잇는 것이나 알고 잇서야 할 것 아닙니까?』

『물론 그러 해야 하겟지만……..』

병호는 쓸데업는 걱정까지 하게 되어 자긔의 속을 뽑히지나 아니 햇나 하야 북그러운 생각이 낫다. 그러나 풀긔 죽은 로인의 태도를 보니 자긔가 건방지다는 말을 들을 지라도, 자긔의 힘으로 될 일이면 어쩌한 짓을 하드라도 혜영의 가정에 다시 평화의 바람이 불도록 해주고 십헛다.

『이런 말슴을 엿주미 실례가 될는지 알 수 업습니다마는, 남성은행 사건은 어쩌케 되엇습니까?』

『남성은행 사건?』

하고, 혜영 아버지는 아무 말도 하지 안는다.

병호가 어찌하야 남성은행 사건까지 알가 하는 의심이 난 것이 그의 얼골에 나타낫다.

『금명일 동안에 규정이 나겟지.』

다시 이러케 대답하는 혜영 부친의 얼굴에는『그런 말을 누구가 일러 줄 리가 잇스리. 분명히 혜영이가 일일이 토파한 것이로구나.』하는 표정이 뵈엇다.

『금명일간이라뇨?』

병호는 어느 정도까지 이 사건이 무사히 타협이 되나부다 하고 되물엇다.

『금명일간에 다 작정이 나요.』

먼저와 꼭 가튼 대답이다.

『어쩌케 하는 말슴인가요?』

『해결하기가 족음도 어렵지 안하. 내가 거렁뱅이가 되어 이 집을 쩌나

가면 그만 아니오? 딴 방책이 잇슬 리가 잇겟소?』

병호는 아니 놀랄 수 업섯다. 이와 가티 가정 사정이 절박하게 된 줄은 몰랏다.

남의 순결한 녀자를 욕심내어 결혼을 하랴다가, 그것에 당자가 응치 안는다 하야 그 집안을 아주 여지업게 짓밟어버리랴는 춘식의 사람답지 안흔 맘씨를 온 세상사람 아페 폭로를 시킬가 하는 생각이 업지 안햇다.

사랑을 돈으로 박굴 수 업는 것을 사실로써 뵈여주랴는 혜영의 태도이엇든 것을 새로운 의미로 참하하고도 십헛다. 물론 혜영의 태도에 족음 난약하고도 불철저한 점이 업지도 아니 하얏다. 이 날 이 경우에서 물론 문제 삼고 십지 안헛다.

춘식과 가튼 부호가 온 세상 사람이 숭배하는 금력으로도 썩지 못한 혜영의 마음을 백면서생이오, 일개 언론긔관의 문필로동자인 자긔로서 비록 한째라 할지라도 단단이 휘잡엇든 것은 자랑할만한 일이엇다

『그러케 몰인정한 자가 어대 잇슴닛가? 결혼 문제는 결혼 문제요 금전의 대차 문제는 대차 문제인데, 이것을 혼동해 가지고 남의 생활을 협박하니 그런 악덕한(惡德漢)이 어데 잇겟슴니까?』

하고, 병호는 부르짓다십히 하얏다.

『김 군의 생각은 넘우 단순해. 나도 전날에는 거지란 말을 듯지 안햇서. 돈 잇는 자들의 편이라서 그런 말이 아니라, 돈을 가저보면 생각이 다른 거야. 돈을 가지면 어쩌한 일이라도 할 수 잇다는 신념을 여지업시 짓밟아 준 것은 통쾌한 일이지만, 돈 가진 사람은 돈의 힘으로 그들의 자존심을 위해서 원수를 갑겟다고 생각하는 것이 그대로 무리한 일도 아니겟지.』

이러케 말하고 혜영의 아버지는 쏘다시 기침을 한다.

『그러나 섭섭한 것은 재산도 재산이려니와, 쌀까지 겨틀 쩌나게 된 것이야.』

혜영 부친의 어조는 매우 비통하얏다.

『그것은 젊은이들의 잔꾀가 이런 결과를 만든 것인가 합니다. 모든 것을 정정당당하게 해결할 작정이엇드면 이러한 일은 업섯슬 줄 압니다.』

하고, 병호는 위로하얏다.

―(74),『매일신보』, 1931. 12. 23

파산 (5)

『그건 잔꾀로만 그랫다고 볼 수 업겟지. 제짠에는 그래도 무엇인지 결심한 배가 잇서서 그러한 것이라고 나는 아오.』

혜영의 부친은 자긔 딸을 변호한다.

병호는 혜영을 이후에 다시 비평하고 십지는 안햇다. 그러나 내심으로는 혜영의 출분한 행동을 잔꾀 이상의 수ゝ걱기가 들어 잇지 안은가 하는 의심이 잇는 것을 스ゝ로 부인할 수는 업섯다.

『그도 그러합니다만, 따님한테서 소식이 업는 건 웬일일까요?』

『필연 제짠에는 결심을 단ゝ히 한 모양이야. 아는 바와 가티 우리 집에는 하나박게 업는 딸자식이니까, 집안을 위하야 무엇이든지 큼직한 일을 한 번 해보겟다는 생각으로 그런 줄 아오. 그러치만 이건 아즉 세상 인심을 모르는 유치한 객긔에서 나온 생각이겟지. 나는 그 객긔가 제일 걱정이 된단 말이오. 지금 이 사회에서 녀자의 직업이 뭐란 말요? 잘 해야 학교 선생, 그러치 안흐면 회사 사무원밧게 쏘 잇소? 그박게 녀자의 돈버리란 육체를 파는 것밧게 업스니까 참으로 걱정이야. 거저 상당한 남편을 맛나서 자녀 낫코 집안 살림 잘하는 것이 제일이지. 이런이 저런이 해서 무슨 소용이 잇소. 젊엇슬 때의 객긔를 부리느라고 무슨 사상이니 주의니 련애니 경제적 독입이니 써들지, 자긔가 이 세상에서 정말 풍파를 한 번 격거나 보구려우. 상당한 년긔에 상당한 가정부인이 되어서 살림하지 못한 것을 대개는 후회를 하게 될 터이니…… 참으로 짝한 일이야.』

이러케 기침 겸 말하든 혜영의 부친은 겨테서도 알아 듯기 어려운 한숨을 쉬인다.

혜영의 부친과 혜영의 새이에는 사상이라는 커다란 틈이 벌어 잇는 것을 알앗다. 지금까지 공부를 한 것도 혜영이가 외ㅅ딸이라는 사람의 무긔로써 부친을 정복한 것을 알 수 잇섯다. 그러나 춘식과의 결혼 문제에도 부친의 참마음은 어느 정도까지는 찬성이엇스나, 필경은 혜영의 고집을 억제할 수 업서서 이와 가튼 결과가 아니엇든가 하는 의심도 새로워젓다. 아무리 완고한 혜영의 부친이지만, 결혼 문제만은 강제할 수가 업섯다는 것을 혜영 부친의 자백을 밧지 안코도 짐작할 수 잇섯다. 혜영의 오늘의 처지가 얼마나 딱한 것을 알 수 잇섯다. 그리하야 병호는 아모 말도 하지 안코 긔회를 보아 이 자리를 써나랴 하얏다.

『그리고 사람의 재산도 역시 그런 게야. 병호 군은 아즉 젊으니까 모르겟지만, 업스랴면 아주 한 푼도 업서야 하고, 잇스랴면 자긔의 하고 십흔 일이란 무엇이든지 할 수 잇슬 만큼 잇서야 해. 나는 그래서 래일 모르면 거리로 나아 안게 된 오늘의 형편이지만, 죡음도 비관을 하지는 안 해. 돈이란 잇다가도 업게 되고 업다가도 잇게 되는 것이니까, 얼마 뒤에 내가 쏘다시 부러움을 들을는지 알 수 잇소?』

혜영의 부친이 자신을 위하야 스스로 위로하는 말이지만, 거긔에는 약간의 진리도 들어 잇는 것 가탓다.

병호는 혜영의 소식을 듯고자 하야 궁금증이 나서 그의 집을 차저갓다가, 혜영 부친의 긔엄만 듯고 돌아서는 것이 마음에 족음 섭섭하얏지만, 이 자리에 안젓는 것이 돌이어 미안한 생각이 나서 자리에서 니러낫다.

『좀더 이야기나 하다가 가구려.』

하고, 혜영 부친은 권한다.

『이 다음에 쏘 와서 뵈옵겟습니다.』

『안 되엇소. 소식을 알러 온 병호 군에게 돌이어 소식을 뭇게 되엇스니…….』

병호는 얼굴이 족음 붉어젓다.

『그러나 일이 이러케 되엇스니, 사람이나 버리지 안흐면 될 것이니 잘 좀 생각해 보구려.』

병호는 마음으로 감사를 늣기엇다. 존경하고 십헛다. 김 로인의 최후의 말이 얼마나 힘진지 알 수 업겟다.

혜영이를 어쩌케 하든지 마음을 돌리자. 이것이 사랑하는 사람에게 대한 가장 큰 의무이라고 부르지지고 십헛다.

그는 길에 나서니 새로운 광명이 비친 듯하얏다.

—(75), 『매일신보』, 1931. 12. 24

새로운 유혹 (1)

해도 어느듯 섣달 대목이 닥첫다. 종로 거리에는 세모대매출의 붉은 긔ㅅ발들이 살을 에이는 듯한 찬바람에 나부기고 잇다. 의장을 생각하는 대로 다하야 꿈이어 노흔 쇼윈도 압헤는 왕래하는 여러 사람의 걸음이 멈을럿다. 병호는 년말 긔분이 점점 농후하야저도 종로 근처로 산보 한 번 할 틈도 업시 밧벗다. 신년호 원고 준비가 끗나서 인쇄에 부친 뒤에 겨우 숨을 돌리엇다. 춘호가 검거를 당하지 안코 시론사에 그대로 잇섯 스면 그러케 밧부지는 아니 하얏겟지만, 입사하야 모든 일이 익숙지 못한 터에 게다가 사람의 손조차 줄엇스니, 그 얼마나 황망하게 지내엇슬 것을 넉넉히 짐작할 수 잇섯다.

사실 혜영의 일에 대하야 마음을 노코 생각해 본 적이 적엇다. 고요한 밤 외로운 자리에서는 언듯 생각이 나면 마음을 것잡을 수 업시 쓸쓸하 얏지만, 하로의 일에 피곤한 그는 곤한 잠의 습격을 바더 그대로 쓸어지고 말엇든 것이다. 아무리 육체가 고달프고 정신이 피곤하다 할지라도, 혜영의 편에서 새로운 자극을 끈치지 안코 준다면 이즐 결이 업섯겟지만, 혜영이가 한 번 출분한 뒤에는 아무 통신도 업섯다. 어대서 무엇을 하는지 몰라서 다맛 궁금하얏슬 뿐이엇다. 병호는 물론 통신을 하랴 해도 길이 업섯다. 동경에 가티 잇든 여러 친구에게 혜영의 일에 대하야 편지로 조회를 하야 보앗스나, 그들에게서는 도모지 알 수 업다는 통지가 왓슬 뿐이엇다. 원남동 혜영의 집에도 물어보기도 하얏지만, 역시 거긔에도 아무러한 소식이 업다 하얏다. 궁금증도 만성이 되어 아주 니저버릴 상태에 이르럿섯다.

인쇄소로 교정을 보러 다니다가 이제는 교정도 다 끗나고 보니, 병호는 몸이 날듯이 가벼웟다. 그러나 몸과 마음의 긴장이 풀리고 나니 이제에는 혜영의 꿈이 잣구 그의 머리를 무겁게 하얏다. 차라리 눈코 쓸 결을 업시 밧비 지내는 것이 쓸대업시 마음을 태우면서 한가한 세월을 보내는 것보다 얼마나 다행한 일인지를 절실하게 병호는 늣기엇다.

몸이 좀 편해진 병호는 동경이나 신호에 건너가서 혜영이를 차저보고도 십헛다. 그러나 그에게는 그리 할 시간도 업고 돈도 업섯다. 돌아오는 정초의 한가한 틈을 타서 경성을 써날 것을 혜영의 아버지와 상의해 볼가 하는 생각도 하얏다. 그러나 일부러 상의를 하는 것은 로수ㅅ량이나 보태어 달라는 것 가타서 뜻은 잇스면서도 입 박게는 내지 안햇다.

이와 가티 마음이 쓸ㅅ한 가운대에도 쏘는 밧분 가운대에도 한 가지 위안이 되는 것은 함꾀 잇는 화성이와 뜻을 맞추어 시론사ㅅ일을 일사천리적으로 하여 가는 것이엇다. 편집에 대한 일, 원고 부탁에 대한 일에 이상스럽게도 일치가 되엿다. 혹은 한 편에서는 다른 편의 의견을 존중하야 이의를 제창치 아니 하야서 그런 것이나 안일까 하고 의심도 해보앗지만, 지금까지 화성의 의견이 제출될 째에 병호 자신이 참마음으로 그러치 안타고 생각한 적이 업섯다. 대개는 자기가 말하고 십흔 것이엇다. 병호 자신을 표준하야 말하면 화성이도 역시 그리 하얏스리라는 상ㅅ이 틀림업슬 것이다.

어쩌한 째이면 병호는 자신의 혜영에 대한 진의를 의심도 하얏다. 그러나 화성에 대한 생각은 우정이나 사무상으로 존경하는 이외에는 아무것도 업는 것을 굿게 미덧다. 주간 되는 이도 이번 신년호는 병호와 화성에 만흔 공로로 이와 가티 훌륭하게 된 것이라 하야 매우 깃버하얏다.

—(76), 『매일신보』, 1931. 12. 25

새로운 유혹 (2)

신년호 인쇄가 거의 다 되어 갈 째에 동방시론사에서는 각 긔고가를 항춘관으로 초대하야 망년회를 열게 되엇다.

초대를 바든 이들은 경성 안에서는 말 마듸 하고 글줄이나 쓰는 이엇다. 론객, 문사, 신문 긔자, 사상가들이엇다. 시론사에서는 윤 주필을 비롯하야 병호, 화성은 물론이오, 영업을 맛는 사무원까지라도 모다 출석하게 되엇다.

병호는 이 회합에 출석하게 된 것을 깃브게 생각하얏다. 평일부터 경성사회에서 내노라 하고 써드는 그들의 모인 자리에 참여하야 여러 가지의 명론탁설과 주의주장을 듯고 십헛든 차이다. 부탁한 원고를 차즈러 다니며 개인적으로 약간의 말을 서로 난호기는 하얏지만, 다맛 그것으로는 그 개인의 특증을 잡을 수도 업섯다. 엇잿든 이 회합이 잇게 된 것은 병호에게 무엇보다 깃븜이오 기대이엇다.

고고가 초대회의 밤이 왓다. 병호는 화성이와 개회 시간 삼십 분을 압두고 항춘관으로 갓섯다.

병호는 항춘관이란 중국 요리ㅅ집으로 제일 설비가 조코 음식을 잘한다는 소식은 들엇스나, 이러케 놀러와 보기는 이번이 처음이엿다.

듯는 말과 가티 설비가 훌륭하얏다. 화류의 탁자와 의자가 벽을 대어 늘어노이엇고, 가운대에는 정결한 식탁이 길게 벌려 뇌엇다. 벽에는 산수화의 족자가 줄ㅅ이 늘어저 걸리엇다. 화성이는 그러케 호긔심을 가지지 안코 사면에 족음만치도 주의의 시선을 방사 안는 것을 보아도 여러 번 온 것 가티 뵈엇다.

『청요리ㅅ집으로는 아주 훌륭한데요.』

하고, 병호는 물엇다.

『인제 첨이세요? 경성서는 유명하답니다. 저도 세번ㅅ채나 되는데요.』

하고, 화성이는 웃는다.

『녀자도 이런 데를 옵니ㅉㅏ?』

『녀자라구 음식점에 못 올 게 무엇 잇겟습니ㅉㅏ?』

『이런 데 오는 녀자는 암만해도 좀 이상한 이들이죠.』

하고, 병호는 웃엇다.

『이런 데 오는 녀자가 이상할 게 뭐야요? 그러면 저도 이상한 녀자란 말슴인가요?』

『화성 씨는 빼노코 말슴이지요.』

『병호 씨도 아주 입이 납바요. 이상한 녀자란 어쩌한 의미를 두고 하시는 말슴인가요?』

병호는 입이 낫브다는 말을 어쩐 사람에게 한 번 들엇다는 긔억이 낫다. 올타! 경부선 렬차 속에서 혜영에게 들은 말이다. 과연 입이 납븐가? 혜영이가 그러케 말하얏고, 화성이가 오늘 또 그러케 말한다. 병호는 참으로 입아 낫브다는 말 들을만한 마듸가 잇섯다.

『이런 데 다니는 녀자들은 련애를 잘하는 이들이라죠?』』

이러케 말하고 십헛든 것이다.

이때에 윤 주필이 왓다. 윤 주필 온 뒤를 니어 손님들이 작구 왓다. 어느듯 방에 노인 의자가 거의 찻다.

안즌 손님은 참으로 형형색색이엇다. 까치집 가티 엉크러진 머리를 뒤ㅅ통수까지 내려트린 이도 잇섯다. 올쌕에 로이드안경을 쓴 이도 잇섯다. 눈 날이는 년말에 째 무든 세루양복을 입은 이도 잇다. 째 무든 칼라 우에 걸네 가튼 넥타이가 얽어진 이도 잇다. 진홍 넥타이에 셀러방스를 입은 모던쏘이도 잇다. 이러한 가운대에서도 이채를 나타내는 이는 녀자 세 사람이엇다. 한 사람은 조선에서 녀류작가로 행세하는 이오, 두 녀자는 신문사의 부인긔자라 하얏다. 그들은 몸치장한 것이 경성에서는 보기 드문 모던이엇다. 교양이 잇는 만큼 의복빗의 조화나 화장의 담아한 것이 왁살스러운 여러 남성 가운대에서 찬란하게 빗낫다. 화성이를 합하야 네 녀성이 이 모음의 광채가 낫다.

병호는 혜영이가 이런 데 잇스면 어쩌할가 비교할 생각이 낫다. 병호는 쓸대업는 공상을 스스로 웃엇다.

얼마 뒤에 여러 사람은 식탁으로 나아갓다. 정좌를 하자 시론사 주필 윤은 의자에서 니러섯다.

—(77), 『매일신보』, 1931. 12. 26

새로운 유혹 (3)

윤 주필은 닐어서며 기침을 한 번 하얏다. 여러 손님의 시선은 윤 주필에게로 모엿다. 병호도 윤 주필 편으로 머리를 돌이엇다.

『세말이 되어서 대단 밧부실 터인데 오늘과 가튼 치위도 불고하시고, 이처럼 왕림해주신 것은 참으로 감사히 생각하는 바올시다. 오늘 밤에 이 좌석을 모은 것은 다른 뜻이 업습니다. 금년도 이미 저물엇고, 평소에 자조 뵈옵지 못해서 적체된 그 동안의 회포를 담소하는 가운데에서 풀어볼가 함이올시다. 장차 가라는 금년은 사회적으로 복잡다단하얏습니다. 짤하서 일반 사상게에도 적지 안흔 파란과 변천이 잇슨 것은 우리가 직접 보고 들은 바이니, 본인의 졸렬한 변설을 기다리지 안코라도 여러분은 다 아실 것이외다. 다맛 여기에서 『동방시론』을 위하야 유형무형으로 원조를 앗기지 안흐신 여러분씌 『동방시론』의 책임자로서 그 동안 지난 일의 보고 겸 들일 말슴이 한 가지 잇습니다. 여러분이 아시는 바와 가티, 아무 활긔 업는 사회에서 언론긔관이 그 긔능을 충분히 발휘한다는 것은 그러케 용이한 일이 아닙니다. 그러나 본사는 어느 정도까지 민중이 『동방시론』에 민중의 긔대를 위하야 대변자로서 분투하여 왓습니다. 이것은 상업주의를 써나서 사회봉공의 처지로 보아 『동방시론』이 자랑하는 바의 하나가 될 것을 확실히 자부하는 바입니다. 그러나 이것만으로써 우리 『동방시론』의 사명을 다하얏다고 생각하는 것은 물론 아닙니다. 오는 해에는 한 계단을 더 올라가서 사회적으로 가장 의의 잇는 출판 사업에 착수를 하랴 합니다. 그째에도 여러분이 특별한 원조를 하실 줄 밋습니다. 한 가지 이 자리에 유감이 되는 것은 동방시론의 사업을 위하야는 생명이라도 바치랴는 저의 동료 춘호 군을 볼 수 업는 것입니다. 이것은 여러분도 다 가티 섭々히 알 줄 밋습니다. 박주일배라도 정으로 잡수시고 유쾌히 노흐시기를 바랍니다.』

하고, 윤 주필은 잔을 들어 여러 손과 함께 건강을 빌엇다.

여긔서 저긔서 서로 웃어 가며 술잔을 한참 동안 난우엇다. 병호도 몃 잔을 먹엇다.

『선생도 술을 자십니까?』

건너편 화성이가 가만히 뭇는다.

『술 못 먹는 사나이가 어대 잇단 말이오?』

병호는 술잔을 다시 들며 대답하얏다.

『술 못 먹으면 사나이가 아니란 말인가요?』

『술 못 먹는 사나이도 잇지만, 이런 자리에서는 좀 슴겁죠.』

『그러면 슴거운 것은 사나이가 아니란 말슴인가요?』

『슴거운 사나이도 잇기야 잇죠.』

『그러면 삼단론법으로 보아 지금 말슴하신 사나이치고 술 못 먹는 이가 업다는 명제는 성입이 되지 못햇군요.』

『저는 론리학을 못 배워서 잘 모르겟습니다.』

병호는 동경 재학 시대부터 술을 한두 잔 먹엇섯다. 집안 사정이 이러케 되어 술을 일부러 먹게 하는 생각을 하지는 안햇스나, 이 자리에 여러 사람이 이러케 모으고 보니 술에 대한 호긔심이 업지도 안햇다. 평소에 먹든 분량 이상을 주인 노릇하느라고 자연히 먹게 되엇다. 그러나 정신이 몽농할 정도는 아니엇다. 다만 얼굴이 확끈거리고 두통의 긔운이 죡음 잇는 것 가탓다.

건너편에서 화성의 주의하는 시선이 잣구 건너왓다. 그러나 병호는 모르는 체하얏다. 한참 써드는 동안에 좌석의 질서는 점점 물란하야젓다. 손으로 불려온 녀성들에게로 여러 사람의 눈과 입이 부리를 대게 되엇다.

더벙머리 친구가 술잔을 녀류작가에게로 내밀면,

『영광이올시다.』

하고, 술을 권한다.

『뭣이 영광이란 말요?』

겨테 잇는 대머리 버슨 중년신사가 말을 거든다.

『그 말을 몰라?』

『그 잔을 바드면 자네가 영광이란 말이지.』

『아니 그러면 무슨 쯧이야?』

『우리 남자와 한자리에서 먹게 된 녀성들이 영광이란 말이야. 내가 무슨 영광이람.』

좌중에는 웃음이 폭발되엇다.

—(78), 『매일신보』, 1931. 12. 28

새로운 유혹 (4)

밤도 열시가 지낫다. 좌석의 흥도 차차 열버저서 손들은 한 사람 두 사람식 좌석을 빠저나기 시작하얏다.

병호는 오래간만의 먹은 술에 몹시 취하얏다. 정신을 일흘 정도까지 미치지는 안햇지만, 상당히 흥분이 되어 여러 손을 상대로 상당한 치염을 타하얏다. 조선에서 소위 누구누구하고 써들리어 지나는 그들도 역시 별

사람이 아니라 생각하얏다. 그들 중에는 아즉도 생각이 너무나 추상적이 엇다. 만일 주객의 처지가 박귀어 자긔가 손이 되엿드면 그들에게 대답하기 거북한 질문을 런발하얏슬는지도 알 수 업섯다. 쏘는 여러 사람을 야유하얏슬는지도 알 수 업다. 그러나 취한 가운대에도 자긔는 주인측이라는 것을 잇지 안햇다. 갓금 신랄(辛辣)한 풍자를 내노흘가 하다가도, 건너편 화성의 눈이 검벅거리게 되면 그대로 참앗다. 사실 오늘밤의 모듬에는 화성이가 병호의 지도자격이 되엿섯다. 술을 먹을 째부터 화성이는 눈짓과 입부리로 간섭을 하얏다. 처음에는 족음 불유쾌하얏지만, 어쩐지 한편으로 깃브기도 하얏다. 호의에서 나온 간섭이란 것이 그를 깃브게 하얏다.

손은 모다 돌아갓다. 남은 이는 주인측 쑨이엇다.

『김 선생! 차나 잡수러 가시지 안흐세요?』

료리스집 문 박글 나설 째에 화성이가 겨테서 가만히 말하얏다. 병호는 그대로 집에 돌아가는 것이 족음 심심하게 생각되는 지음이다.

『그러케 하죠.』

병호도 가만히 대답하얏다.

그리하야 병호와 화성이는 여러 사람의 뒤썰어저서 천천히 걸엇다.

『웬 술을 그러케 잡수세요?』

『제가 무슨 술을 그러케 먹어요?』

『얼굴이 아주 샛빩앗케 되도록 자시는 걸요.』

『잘 먹으면 샛빩앗켓습니싸? 못 먹으니 그러치요.』

『잘 먹는 이도 얼골만 붉도군요.』

『못 먹는 이도 얼굴만 붉도군요.』

『아주 입이 낫브세요. 남을 슬슬 놀려보시구……』

『남 놀릴 줄은 본래 모르는 저인데요. 별말슴을 다 하십니다.』

사실 술이 족음 들어간 병호는 평소와 달랏다. 숭굴숭굴하는 말이 화성의 호긔심을 벗적 끌엇다.

『참으로 남을 놀릴 줄 알앗드면 큰일 날 번 하셋습니다.』

하고, 화성이는 족음 갓가히 병호 겨트로 짤하섯다. 화성의 분냄새에 병호의 취한 신경이 다시 놀랏다.

그들은 남대문통으로 나섯다. 찬바람이 귀ㅅ가로 휘ㅅ파람을 하고 지나갓다. 얼은 네일 우으로 굴러가는 전차ㅅ소리가 요란하얏다. 자동차의 헤드라이트에 모던껄의 방황하는 시선처럼 아스팔트 우에 무지개처럼 써치엇다. 일루미네이슌은 밤의 공중을 찬란하게 장식하얏다.

병호와 화성이는 조선은행 압 광장을 건너서 진고개로 들어섯다. 풍경란(鈴蘭)의 가들이 욱어진 미테는 사람 그림자가 무수히 움직이엇다. 좌우편 상점에서는 사람의 눈을 현황케 하는 유혹의 광선이 쏘다저 흘럿다.

『잠간 기다리세요.』

하고, 화성이는 그 유혹의 광선에 끄을리어 상점으로 들어갓다.

병호는 박가트로 천천히 걸어가면서 나오기를 기다리엇다. 그러나 용이하게 나오지 안햇다. 그는 하는 수 업서 시계ㅅ방 진렬장을 들여다보고 잇섯다.

멧 천원의 보석반지가 미혹의 광성을 내품엇다. 병호는 발길을 돌으키엇다. 쏘 걸엇다.

—(79),『매일신보』, 1932. 1. 3

새로운 유혹 (5)

화성이는 병호의 뒤에서 숨찬 소리로

『실례햇서요..』

히고, 겨트로 대선다.

병호는 쇼윈도 바라보든 눈을 화성에게로 옴기엇다. 족으만한 물건 싼 봉지가 화성의 가슴에 안기엇다.

『뭘 그러케 오래 흥정하셋서요?』

병호는 물엇다.

『별 것 아니야요.』

화성이는 대답을 피한다.

『이러한 곳에 와서는 정신이 황홀하여지기는 족음 교양이 잇다는 녀성이나 교양이 업다는 녀성이나 다 맛찬가지겟죠?』

『웨 그런 말슴을 물으세요? 제가 동행하는 분을 썰어트리고 물건을 사러 들어갓다고 해서 하시는 말슴인가요?』

『그럴 리가 잇나요. 아모러해도 사세야 되겟죠.』

『그러면 정신이 황홀해진다는 말슴은 어쩐 의미로 하신 말슴인가요?』

『별로 의미가 잇서서 한 말슴은 아닌 걸요.』

『이상하지 안하요? 제가 물건을 사 가지고 오자 그런 말슴을 하시게 되니까 말이야요.』

『실상은 녀자쑌도 아니겟지요. 제가 우선 현란하여지니 말이죠.』

『제가 우선이란요?』

『남자인 저도 그럿탄 쯧이지요.』

『남자인 저란요? 병호 씨도 역시 남자라고 우월감을 가지고 게시구면요.』

『우월감으로 그런 말을 하얏겟습니까? 노하실 것도 업지요.』

병호는 웃엇다.

『노하기가 누구가 노해요?』

이러케 말하는 화성의 눈은 족음 쌀죽하얏다.

병호는 노해서 표정이 변하는데 어쩌한 흥미를 늣기엇다.

그는 취한 중에도 자긔의 성격 가운대에 변태적 습성이 잇는 것을 스스로 웃엇다. 사람을 놀려서 성나게 해노코 깃버하는 것은 확실히 변태이엇다.

두 사람은 잠간 동안 아무 말업시 걸엇다.

『아주 머리가 몹시 패고 압흔데요?』

병호는 힘업시 말하얏다.

『그러기에 제가 뭐라 햇서요. 술을 잡숫지 말라 하잔 햇서요.』

화성이는 통쾌해 하는 표정이다.

병호는 화성의 족으만한 복수심이 돌이어 어엿벗다.

『목이 몹시 마르는데요.』

『그러면 어데든지 들어가서 시원한 걸 잡수시지요.』

화성이는 이러케 말하고 끽다점으로 압흘 서서 들어섯다. 병호도 쌀하 섯다. 매우 정결한 차ㅅ집이다. 쏘파가 여긔저긔 노엇다.

병호와 화성이는 그 가운대에서도 제일 사람의 눈에 쯰이지 안흘 자리를 잡아 안젓다.

병호는 소다수를 주문하고, 화성이는 코코아를 주문하얏다. 방안의 여러 손의 눈이 자긔네게로 모아드는 것 가티 병호는 일종의 불안을 늣기엇다. 그러나 화성이는 태연한 태도이다.

『병호 씨! 이 가운대에 뭣이 들어 잇는지 알으켜내세요.』

하고, 화성이는 물건 봉지를 갈으킨다.

『제가 천리안 안인 이상 알 수 잇나요.』

병호는 웃고 대답하얏다.

『천리안이 안이라도 짐작이야 못하시겟서요? 어대 말슴해 보세요.』

화성이는 화제가 업서서 매우 섭섭한 모양이다.

『뭔지 알 수 업는 걸요.』

『내가 아주 제일 존경하는 사람에게 보내는 프레센트가 들어 잇답니다.』

화성이는 의기 잇는 웃음을 븨인다.

—(80), 『매일신보』, 1932. 1. 7

새로운 유혹 (6)

병호는 화성의 의미 잇는 웃음에 호긔심이 낫다.

『존경하는 사람에게는 프레센트를 하여야 합니까?』

『의례히 그런 것도 아니겟지요.』

『그러면 프레센트할 필요도 업겟죠.』

『필요가 잇서서 다른 이에게 물건을 주는 것이 아니니까 프레센트를 해도 관게업겟지요.』

『존경하는 사람이 물건을 밧고 돌이어 불쾌하게 생각하는 경우에는 어쩌케 될가요?』

『존경하는 이가 불쾌하게 생각할 리가 업지요. 만일 불쾌하게 생각한다면 그건 오해이겟지요.』

『어째서요?』

『물건을 주고 밧는 데에 그 동긔가 불순하다면 불쾌한 생각도 날는지도 모르지만은, 그러치 안흔 데야 불쾌한 생각을 할 게 업겟지요.』

『그건 그럴 듯도 하지만, 물질을 주고밧는 데는 대개가 목적이 잇지 안흘가요?』

『목적이란요?』

『남자가 녀자에게 프레센트를 하엿다고 하면, 얼핏 해석되기는 녀자의 환심을 사기 위해서 그러한 것 가티 안켓슴니까?』

『그도 일반적으로 그러하다고는 못할 걸요』

『제삼자는 대개 그러케 생각할 걸요.』

『제삼자가 어쩌케 생각하든지 그것을 문제 삼을 것이 뭐야요? 상대자끼리 서로 리해가 잇스면 그만이지요.』

『그러치만 물질을 서로 주고밧는 것은 아무리 생각해도 치사해서 불쾌하드군요.』

『그건 병호 씨의 결벽인지는 모르지만, 치사하게 생각하니까 치사하지요. 신성하게 생각하면 신성하지 안흔 것도 업겟지요.』

『밧고 줄 그 당시는 누구든지 자긔네의 프라이드를 일치 안흐랴고 그러케 생각하지만, 필경은 치사한 것이 되고 말 줄 아는 걸요.』

『나종 생각이 어쩌케 들 것까지 생각할 필요는 업겟지요. 주고바들 그 째만 마음에 붓그러운 것이 업스면 그만이 아니야요?』

『저는 나종일까지도 생각을 하니까 그런 프레센트니 뭐니 하는 형식의 짓은 잘 못합니다.』

『참으로 존경하는 이, 참으로 사랑하는 이를 위해서 울어나오는 맘으로 프레센트를 해서 못쓸가요? 그러면 오늘 저녁에 이 물건을 괜히 삿서…….』

화성이는 얼굴이 족음 붉어젓다.

『그야 맘에서 울어나는 거야 어쩌케 하겟슴니까? 자긔의 살이라도 벼어내서 먹이고 십흔 사이도 잇슬 터이니까.』

병호는 미안한 생각이 나서 역습은 중지하얏다.

『괜히 사람을 놀리세요.』

하고, 화성이는 미소를 븨엇다.

병호는 『도대체 화성 씨의 존경하는 사람이 누군가요?』 하고 물어보고 십헛다.

그러나 화성의 눈치가 넘우나 이상하야 말을 중지하고 남은 소다수컵을 들엇다.

『저러한 프레센트를 밧는 사람을 참으로 행복스럽습니다.』

병호는 컵을 노흐며 말하얏다.

『그야 행복이 될는지 화가 될는지 알 수 잇나요? 두고 봐야 알지요.』

하고, 화성이는 방긋 웃는다.

『나종 일이야 생각할 게야 무엇 잇겟습니까? 밧는 그때만 행복하면 그만일 걸요.』

하고, 병호도 웃엇다.

『앗가 말슴한 것을 긔어히 오금을 박으세야 속이 시원하신가요? 병호 씨는 아주 사람이 나쁘세요.』

하고, 화성이는 찻잔으로 얼굴을 개리며 사면을 둘러본다. 그는 자긔네의 나직한 담화가 다른 곳으로 흘러 가지나 안햇나 주의함이엇다.

화성의 눈을 다른 좌석을 삷히든 병호의 놀란 시선이 한편 구석에 고착이 되엇다.

―(81), 『매일신보』, 1932. 1. 8

새로운 유혹 (7)

(신문자료 없음…)

―(82), 『매일신보』, 1932. 1. 9

새로운 유혹 (8)

『퍽 오래간만에 뵈옵습니다.』

병호는 황망히 인사를 하얏다.

『그 동안에 늘 서울에 게셧서요?』

영숙이는 겨테 서잇는 화성의 표정을 살피며 뭇는다.

『네. 서울에 잇섯습니다.』

이 대답을 니어서 병호는 바로 혜영의 소식을 뭇고 십헛다. 영숙이만에게는 통신이 잇슬 듯하야 그러케 생각한 것이다. 그러나 이 말을 뭇게 되면 이야기가 자연히 길어질 것은 정한 일이다. 화성이와 동행이 되어 이러한 말로 긴 시간을 보내기도 좀 미안한 생각이 나서 다소 주저하지 안흘 수 업섯다.

『서울에 게셋서요?』

하고, 영숙이는 재처 뭇는다.

영숙이도 자긔와 혜영이가 가티 어대로 함꾀 다니난 줄 알고 잇는 것이나 안일까 하는 의심이 낫다. 그러면 이 영숙이도 필연코 혜영의 소식은 자세히 모르는 것이나 안일까? 혜영의 소식이나 들을까 하든 소망이 다시 끈허젓다. 병호는 새로히 섭섭하얏다. 그러나 그 자리를 아무 말업시 써 나기도 실엇다.

『혼자 오셋서요?』

하고, 병호는 물엇다.

『물건을 사러 왓다가 잠간 들어왓서요.』

하고, 영숙이는 족음 붓그러운 빗을 뵈이엇다.

병호는 영숙이와 잠간 동안이라도 이야기를 하랴면 화성이와 영숙에게 서로 인사를 시키는 것이 조흘 듯하야

『용서하십시오..』

하고, 좌석에 걸어안즈며

『두 분 인사하시지요.』

하고, 소개를 하얏다.

두 여자는 서로 머리를 숙이며 자긔네의 성명을 통하얏다.

『화성 씨! 잠간만 이야기하다가 가는 게 어쩟습니까?』

『조치오..』

하고, 화성이도 걸어안젓다.

병호는 좌우간 이 자리에서 혜영의 소식을 물어보자는 욕심으로 안기는 안젓스나, 말이 잘 나오지 안햇다.

영숙이도 엇쩐지 족음 행동이 어색해 뵈엇다. 필연코 병호 자신의 행

동을 오해하는 모양이라고 생각하얏다. 화성이는 화성이 제대로 딴 의심을 가지는 것이 그의 동정 살피는 눈이 말하얏다.

이 우에 만일 혜영의 문제가 나오게 되면 세 사람의 심리가 매우 복잡할 것을 병호는 잘 알앗다. 그러나 이러한 좌석을 모호하게 하고 의심 품은 그대로 갈리는 것도 매우 재미 업는 일이라 하야 병호는 필경 말을 내노앗다.

『혜영 씨 소식 들으셋습니까?』

『혜영 언니 말슴이야요? 도모지 듯들 못햇서요.』

병호는 영숙의 대답에 적잔한 실망을 늣기면서 다시 물엇든 것이다.

『도모지 소식이 업서요. 저는 선생님에게나 소식이 잇나 해서 지금 물어보랴든 터인데요.』

병호는 뭐라 대답하여야 조흘지 몰랏다.

『저 역시 소식을 도모지 듯지 못햇서요.』

겨테 안젓는 화성이는 매우 갑갑한 모양이다. 아무 말업시 병호와 영숙의 눈치만 삷힐 뿐이엇다.

『자긔 집에도 아무 소식이 업나 봐요.』

『아마 그런 모양입데다.』

『그 집에 가보셋서요?』

『얼마 전에 가보앗지요.』

『그게 웬일까……?』

『…….』

『참 이상한 일도 만하요. 아마 그 언니가 이 세상을 아주 비관한 모양이야요.』

『비관하기도 넘우 일치 안해요? 녀자들은 넘우 센치멘탈해서 안 되엇서요.』

이째에 영숙의 주문한 다과가 왓다.

화성이는 아무 말도 업시 안젓다가,

『김 선생! 가시죠.』

하고 닐어섯다. 매우 불쾌해 뵈엇다.

병호는 화성의 족으마한 질투를 맘으로 웃엇다.
『우리도 차 한 잔 더 먹고 갑시다.』
하고, 병호는 차를 주문하얏다.

—(83), 『매일신보』, 1932. 1. 10

새로운 유혹 (9)
『영숙 씨! 화성 씨는 함끠 일하는 동료이신데, 조선에서는 부인긔자로 명성이 자자하신 분입니다.』
병호는 자긔의 처지를 이 한 말로써 영숙에게 발표한 것이엇다.
『네, 그러세요. 잠시나 신문지상에서 뵈온 일은 만치만, 이와 가티 한 자리에 모시기는 처음입니다. 만히 사랑해 주세요.』
하고, 영숙이는 머리를 숙이엇다.
『천만엣 말슴입니다. 만히 사랑해 주세요.』
하고, 화성이도 머리를 숙이엇다.
그러나 화성이는 병호의 이러한 소개에 마음으로는 불복이 잇섯다. 이것은 다름이 아니라 병호의 태도가 너무나 자긔와 사괴임이 직업적이나 쏘는 우정 이외에는 짠 리유가 업다는 것을 설명하기에 급급하여 보인 까닭이엇다. 그쑨 아니라 혜영이라는 녀자와는 그 관계가 심상치 안흔 것도 짐작되엇든 것이다. 만일 병호의 정신이 한 곳으로 치웃치게 된다면 그 대상은 바로 아페 안즌 영숙이가 아니오, 소식조차 알 수 업다는 혜영이가 엇더한 이인지 그것을 발견하는 데로 모여들엇다. 그러나 이 자리에서 혜영의 일을 염치불고하고 잣구 뭇는 것도 자긔의 내심을 폭로하는 듯십허서 잠잣코 영숙과 병호의 이야기나 들어볼가 하얏다.
그러나 병호와 영숙이의 이야기는 지금까지 말한 이상으로 더 깁흔 곳에는 들어가지 안햇다. 말하자면 문답이 넘우나 평범한 곳에서 방황하얏든 것이다.
『웬일일까요? 엇더케 알아볼 수 업슬까요?』
병호는 한참 동안 아무 말업시 안젓다가 이러케 말을 내엇다.
『참으로 알 수 업는 일이야요.』

영숙의 대답은 매우 간단하얏다.

여러 가지 의미로 보아 말 한 마듸에도 화성의 눈치를 삷히랴는 영숙의 표정이 화성이는 몹시도 밋살스러웟다. 그러나 한 편으로는 밋살스럽게 생각되는 자긔의 마음을 쏘한 웃지 안흘 수도 업섯다. 짠 곳에 사랑하는 사람을 보내고 그의 종적을 알 수 업서서 애를 태우는 병호와 그 처지를 밧구어 생각할 마음의 여유를 가지지 못한 것은 화성의 자존심을 더럽힘 이엇다. 좌우간 이 좌석을 길게 하는 것은 피차에 재미 업는 짓이라 하야 화성이는 벌덕 니러섯다.

『저 먼저 가겟습니다. 더 이야기하다가 오시죠.』

『저도 가겟서요.』

이제는 영숙이가 닐어섯다.

『그러면 다가티 가지요.』

병호는 혜영의 일에 대해서 좀더 이야기하고 십헛스나, 하는 수 업시 자리에서 몸을 니르키엇다.

그리하야 세 사람은 끽다점을 나서서 본정통을 다시 걸게 되엇다.

화성이는 영숙의 겨트로 갓가히 갓다. 이것은 끽다점에서 어서 가자고 서든 것을 영숙이가 만일 다맛 질투하는 것으로 안다면, 자긔의 인격에 관게되는 도량 좁은 행동 가타서 그러치 안타는 것을 변명하기 위함이엇다.

병호는 자긔의 량심에 비최어 아무 것도 붓그러울 것도 업섯지만, 오늘밤의 화성의 태도에는 분명히 어쩌한 질투가 들어잇슴을 알앗다. 만일 그 행동이 분명히 질투라면 평일의 화성의 자긔에 대한 향의(向意)를 사랑의 단서로 볼 수 잇다고 생각하얏다. 화성이는 상당한 교양이 잇고, 미가 잇는 녀성이다. 이러한 녀성에게 사랑을 밧는다는 것이 그대지 불명예 도리 것도 업고 쏘한 적극적으로 화성이를 사랑할 수는 업스나 그대지 실흔 감정도 업는 터이다. 근일에 와서 혜영이 간 뒤로 지금까지 맛본 일 업든 고독을 화성 째문에 이저버리게 된 째도 한두 번도 아니엇다. 자긔가 자긔의 마음을 밋지 못할 위구를 새로히 늣기엇다.

—(84), 『매일신보』, 1932. 1. 11

새로운 유혹 (10)

세 사람은 찬바람을 아프로 안고 본정통을 나서서 조선은행 압 광장으로 나섯다.

『병호 씨! 어데로 가세요?』

겨테서 오든 화성이가 뭇는다.

『어데 갈 데 잇나요. 집으로 가야지요.』

밤도 벌서 열 시가 되엇다.

병호는 영숙에게 좀더 물어볼 말도 잇고, 집에 돌아간대도 쓸쓸한 뷘 자리가 기다리고 잇슬 쑨이니까 좀더 돌아다니고 십헛지마는 대답한 것이엇다.

『좀더 산보하시지 안흐세요?』

화성이는 그대로 갈리는 것이 매우 섭섭하얏다.

『밤이 깁헛는데 넘우 느즈면 댁에서 걱정하시지 안흐세요?』

병호는 집에 들어갈 생각이 적엇다. 집에 들어간대야 쓸쓸한 뷔인 방이 그를 기다릴 쑨이엇다. 어머니와 누이동생이 기다리기는 하겟지만, 오늘은 망년회가 잇다고 미리 말을 일러두고 나왓스니 가족이 기다리어서 미안하다는 생각은 업섯다. 마음으로 몟 시간이라도 돌아다니고 십헛스나, 녀자들에게 미안한 생각이 나서 바로 찬성을 하지 못하얏다.

화성이는 다맛 어머니 하나를 모시고 잇슬 뿐이엇다. 자긔가 자긔의 손으로 벌어서 모녀가 살아가게 된 까닭인지 알 수 업스나, 집안에서는 화성의 행동을 간섭을 하지 안햇다. 딸의 상당한 교양을 미듬이 잇든지 그의 어머니는 그 딸의 말이라면 무엇이든지 미덧섯다. 닭을 가르키어 봉이라 하야도 의심을 내지 안흘 만한 정도이엇다. 그리하야 화성이는 자긔 어머니의 넘우나 무능한 태도를 좀 불쾌하게 늣길 때는 부처스님 가운데 토막 가튼 이라고 불럿섯다. 그러나 부처에게 짓는 죄는 더욱 큰 것 가티 늣김이엇든지, 화성이는 그래도 제일 어려웁게 생각하는 이는 이 어머니뿐이엇다. 차라리 온 세상 사람에게 꾸지람을 들을지언정, 이 어머니 마음은 불쾌한 감정을 니르키지 안흐랴고 평소부터 생각하얏섯다. 녀자로서 밤 늣게 들어가면 안 된다는 병호의 근심도 잇슴 즉한 일이지만, 이 화성에게 적용되지 안는 걱정이 엇다.

『몹시 치운데도 관게 업슴니까?』

병호는 이제 다시 일긔를 걱정하얏다.

『이만한 치위에 산보 못할 것은 뭐야요? 그러케 치위를 몹시 타세요?』

『그러면 족음 걸어볼가요? 영숙 씨도 웬만하면 걸어보시죠?』

『아니야요. 저는 몸도 좀 불편허구 집에서 기다리니까 가봐야 되겟서요.』

이째에 전차는 정류장에 도착하얏다. 영숙이는 바로 동대문행 전차에 올랏다.

병호는 섭々하고도 미안한 생각이 잇스나 하는 수 업섯다.

『그러면 인제 천천히 걸어보지요.』

하고, 화성이는 병호를 끌는다.

병호는 조선은행 압 보도로 올라섯다.

두 사람은 종로 편을 향하고 걸엇다. 북편에서 내려 쏠리는 바람은 쌤을 에일 듯이 찻다. 병호는 외투깃을 세워서 얼어가는 두 쌤을 쌋다. 화성이는 숄로 압 턱을 쌋다.

『혜영이란 누구야요?』

병호는 무어라 대답하여야 조흘지 몰랏다.

『누구야요?』

화성이는 텍 덥흔 숄을 내리며 힘잇게 뭇는다.

『혜영이 말슴이야요?』

『앗가 그 녀자허고 말슴하는 혜영이 말이야.』

『그건 알아 뭘 하세요?』

『뭘 할 건 업지만, 알고 십흔데요.』

『알고 십흘 건 뭐야요?』

『말슴 못할 건 쏘 뭐야요?』

—(85), 『매일신보』, 1932. 1. 12

새로운 유혹 (11)

『말 못할 것도 업지마는, 첫재 말하기가 실흐니까 이 문제는 그만 중지합시다.』

『어째서 실흘가요?』

『실흔 리유가 잇죠. 말하기 어려운…….』

『그러면 아주 비밀이신 게로군요.』

『네. 아주 비밀입니다.』

『비밀이라니까 더 알고 십허요.』

『다른 사람의 비밀을 그러케 알야고 할 게 무슨 리율까요?

『리유를 말할 것 업시 혜영이란 위대한 존재에 대해서는 다시 말슴 엿줍지는 안흘 터이니까 넘우 념여마세요.』

화성이는 자우 토라진 모양이다. 그들은 아모 말업시 잠간 동안 걸엇다. 병호는 미안한 생각이 업는 것도 아니지만, 다맛 화성에게 미안한 생각으로 혜영의 일을 일일이 말할 수 업섯다. 혜영이가 어쩌한 녀자라는 그것만 설명하기는 물론 용이한 일이지만, 이것은 화성의 호의에 대하야서 매우 불충실한 일이엇다. 필경은 자긔와의 관게도 말하여야 되겟고, 필경은 혜영에게 대한 자긔의 그리운 생각까지라도 설파하게 되어야 할 것이다. 그러나 화성에게는 즉 한 개의 실망을 주는 것이다. 모처럼 오래 동안 가지고 잇든 호의를 서로 표하게 된 오늘밤에 그러한 실망을 늣기게 하는 것은 넘우나 참혹한 일이나 안일까 하는 생각이 필경은 병호의 입을 막게 하고 말앗다. 그러나 말하지 안코 속으로만 괴로워하는 만큼, 병호의 태도는 다시 우울로 들어가고 말앗다. 그리하야 종로 네거리까지 오도록 두 사람의 문답은 중단이 되고 말앗다.

화성이는 아무 말업시 걸어오면서도, 여러 가지 궁리에 머리가 쉬일 새이 업섯다.

『사에 좀 들러보지 안흐세요?』

하고, 화성이는 시론사 근처에 와서 발을 멈춘다.

『아무도 업슬 터인데 들리어서 뭘합니까?』

병호는 거절하얏다.

『아마 규지가 잇슬는지도 알 수 업스니까 들러보지오..』

『오늘은 밤도 느젓스니 그만 두는 게 어쩌습니까? 남은 말슴은 래일 만나 쏘 하죠?』

『남은 말슴도 별로 업지만, 치우니까 몸이나 좀 녹이고 가쟌하세요?』

『불이 잇슬라구요?』

하고, 병호는 하는 수 업시 화성의 아플 서서 시론사를 향하얏다.

시론사 아페 니르니 문이 걸니엇다. 년말이 되어 잡지의 발송으로 밤 늣도록 일할 줄 알고 차저온 화성이는 이상한 생각을 해서 문을 한 번 두다리엇다. 그러나 아무 소식이 업섯다.

두 사람은 하는 수 업시 발길을 돌으키어 두어 거름 종로로 다시 옴기엇다.

『병호 씨! 저의 집에 놀러가지 안흐세요?』

별안간 화성이는 병호의 외투를 붓는다.

『밤이 느젓는데요. 다음날 놀러가죠.』

병호는 쯧박게 그 말에 가슴이 울렁거리엇다. 화성이가 자긔의 마음을 구체적으로 설파하지 안는대도, 병호는 벌서 그의 태도로 보아 모든 것을 짐작하엿다. 화성이와 그의 집을 차저가는 째는 두 사람 사이에 문제가 복잡하여질 것은 물론이다. 이러한 것을 한 개의 유희로만 생각한다면 서슴지 안코 기다리고 잇섯다는 듯이 병호는 화성의 뒤를 짤핫슬 터이다. 그러나 남녀간의 사랑을 그러케 유희로 보고 십지도 안햇다. 실상은 화성이가 실타는 생각만으로 짤하가기를 주저한 것이 아니오, 화성의 사모하는 대상으로서 책임을 지는 것은 지금의 병호로서는 그 짐이 넘우나 묵어웟다. 현재 지고 잇는 마음의 짐을 부려노키도 전에, 쏘다시 짐을 언저 보는 것은 아모리 생각대도 어리석은 일이엇다.

『병호 씨는 숙녀와 교제하는 례식을 모르세요? 밤 늣게 녀자 혼자 가라는 법이 어대 잇서요?』

화성이는 롱담 겸 원망 겸 말하고, 얼굴을 홱 돌으킨다.

『우리는 조선 사람이니까 조선 례식을 직키죠..』

하고, 병호는 웃엇다.
『녀자와 함끠 산보하는 것도 조선법인가요?』
『잘못 되엇소이다. 댁으로 모세다 듸리죠.』
병호는 웃엇다.
화성이는 녀왕처럼 버틔는 얼굴로 걸엇다. 병호는 프로텍터가 되엇다. 찬바람은 두 남녀의 운명을 감시하랴는 것처럼 그들의 뒤를 밀엇다.
―(86), 『매일신보』, 1932. 1. 13

새로운 유혹 (12)

중학동 화성의 집 문 아페 니르럿다. 병호는 녀자를 그의 집에까지 바라다주엇스니 자긔의 책임을 다하엿다 하야
『안녕히 주무십시오.』
하고, 돌아서랴 하얏다.
『치운데 몸이나 좀 녹이고 가세요.』
하고, 화성이는 붓들엇다.
병호는 어써케 하면 조흘지 몰랏다. 화성이를 쌀하 들어가고도 십헛다. 쏘한 밤 늣게 녀자를 쌀하서 방으로 들어가는 것이 위험도 하얏다. 그러나 병호의 호긔심은 필경은 대문 안으로 들어섯다. 밤중이라 자세히 보이지 안햇스나, 깨끗한 새집이엇다. 단 모녀가 지내기에는 아주 정당해 뵈엇다. 드놉게 지은 새 가옥이엇다. 눌으케 발른 펭긔가 방안에서 흘러나오는 전등불비체 희붉어 뵈엇다.
『방은 루추하지만 잠간 들어오세요.』
하고, 화성이는 먼저 마루로 올라선다.
병호는 아무 말업시 구두를 끌르고 쌀하 올라섯다.
『인제 오늬? 퍽 느졋구나.』
하고, 건넌방 문을 여는 로인이 잇다. 어머니인 듯하다.
『지금까지 안 주무셋서요? 어서 주무세요.』
『저녁밥은 어써케 햇늬?』
『오늘 잡지사 연회가 잇서서 거긔서 먹엇서요.』

『오 참 내 이젓구나. 오늘 아츰에 네가 말한 것을…….』

병호는 어느 어머니든지 자식 생각하는 충정은 맛찬가지인 것을 새삼스럽게 늣기엇다. 자긔의 어머니도 정녕코 잠자지 안코 기다릴 것을 상상하얏다. 미안한 생각이 낫다. 그러나 밤은 느젓지만 화성의 방으로 들어섯다. 방안의 치레라구는 눈 쓰이는 것이 업스나, 책장, 의복장, 책상, 모든 것이 다 노임 즉한 자리에 노이고, 벽에는 자수와 유화의 그림들이 걸리엇다. 화류 책상 우에는 족으마한 스탠드와 원고용지와 잡지가 노이엇다. 방안은 몬지 하나 업시 정갈하얏다. 알에목에는 자짓빗 우단보료가 쌀리엇다.

『뭘 이러케 둘러보세요? 봐야 아주 루추하지요.』

하고, 화성이는 의장 미테서 비단방석을 끄내엇다.

병호는 외투 입은 채 아무 말 안코 안젓다.

화성이는 자긔의 외투를 벗어 벽에 걸면서,

『외투 좀 벗으시지 안으세요?』

하고, 미소를 뵈엇다.

『아구! 실례햇습니다.』

하고, 병호는 외투를 벗어 문 아페 노앗다.

『거긔 노흐면 몬지가 무더요.』

하고, 화성이는 외투를 들어다가 자긔의 외투 겨테다 걸엇다.

병호는 나란히 걸린 남녀의 외투를 바라보앗다. 아마 오늘까지 여자의 의복과 자긔의 의복이 가튼 장소에 나란하게 걸리기는 이번이 처음이엿슬 것이다. 평일에 늣긴 일 업는 이상한 쇼크가 그의 머리를 족음 혼란케 하얏다.

『일긔가 몹시 치운데 저ㅅ째문에 괜히 얼으셋서요.』

하고, 화성이는 자긔 책상 아페 소리업시 안는다.

『이만한 치위에 얼기는 뭘 얼어요.』

병호는 비단요 우로 올라온 보드러운 짜쑷한 긔운에 전신을 적시며 대답하얏다.

화성이는 스위ㅅ치를 틀어 스탠드에 불을 켯다. 스탠드갓의 프른 벨을 통하야 소리업시 흘르는 광선은 방안을 프르게 물들이엇다. 아주 평화의 빗이다.
『병호 씨! 이 빗이 조치 안해요?』
화성이는 미소를 프른 광선에 석는다.
『록색은 평화의 빗이니까, 살풍경한 생활을 하는 우리 가튼 이에게 제일 마즌 빗일는지 알 수 업지요.』
사실 록색은 병호도 제일 조화하는 빗이엇다.
『저도 저녁에 늣게 돌아와서라도 저 빗을 가만히 바라보고 누어 잇스면 잠이 절로 와요.』
이러케 말하는 화성의 얼굴에서 고적이 넘치엇다.

―(87), 『매일신보』, 1932. 1. 15

새로운 유혹 (13)
병호는 이 자리에 오래 안젓는 것이 암만 해도 위험한 생각이 낫다. 벌서 그의 머리에는 어쩌한 갈등이 니러낫다.

프른 전등 불빗은 흘르는 시내ㅅ물과 가치 맑고 서늘하여 보엿지만, 그 겨테 안젓는 화성의 얼굴에서는 오뇌와 고독과 정열이 쮜어 놀아 보엿다. 이것을 발아보는 동안에 병호의 얼굴에도 얼마큼 상기가 되엇다. 처음에는 박가테서 얼은 얼굴이 방안에 들어온 까닭에 호듯호듯한 줄로만 알앗다. 그러나 언 얼굴이 녹아서만 그런 것이 아닌 것을 병호는 자기의 가슴의 고동을 들어서 알앗다. 그에게는 악마에게 시험 밧는 성자와 가튼 단단한 의지가 업섯다.

한참 동안은 아무 말업시 화성의 얼굴을 바라보앗다. 화려한 무대 우의 각광 속에서 전신을 률동하는 무희와도 가티 뵈엇다. 여러 사람 모인 곳에서는 아무 것도 끄리는 것 업시 말광양에 갓가운 행동을 하든 화성이가 어찌하야 이와 가티 자긔 집에 와서는 새침스러워젓는지 알 수 업섯다. 평일에도 그의 말광양 짓으로 그의 순결을 의심한 것은 아니엇지만, 오늘 밤에는 특별히 순진한 처녀처럼 늣기어젓다. 만일 병호의 혼란한 머리 그대로 하면 화성이를 그 프른 전등빗 속에 포용하얏슬는지도 알 수 업섯다. 그러나 그에게는 그러한 과단이 업섯다. 각일각으로 핍박하여 오는 새로운 유혹에 그는 다맛 전율할 뿐이엇다.

『이야기나 좀 하세요.』

화성이가 참다 못하야 침묵을 째트린 것이다.

『무슨 이야기가 잇나요?』

병호는 공상에서 현실로 비롯오 돌아섯다.

『아무 이야기나 하세요.』

『글세요……..』

『오늘 저녁에는 퍽 침울하신데요?』

병호는 자긔의 배ㅅ속을 쏩힌 것 가타서 정신이 선듯 낫다. 상대자의 태도를 의심하야 자긔 혼자 흥분이나 되지 안햇든가 이러케 생각하니 붓그럽기도 하얏다. 병호는 더운 마음이 식어지는 찰라에, 그의 마음 한편에서 웻치는 소리를 들엇다. 그것은 분명히 혜영의 소리엇다.

『남녀의 사랑은 거리에 정비례한다 하드니, 그게 정말입니다! 당신도 역시 평범한 남자이외다. 평범한 당신과 거리가 멀어진 것을 나는 행복으로 생각합니다.』

하는 부르지짐을 혼자 들엇다. 전신이 웃슥하얏다.

병호는 다시 마음으로 부르지젓다.

『당신은 나를 버리고 간 사람이 아닌가. 내 말을 듯지 안코 자긔 마음대로 간 사람이 안인가. 춘식의 결혼을 거절하는 데에 나를 한 재료나 구실을 삼으랴든 당신이 안인가. 부산에서 기다리지 안코 그대로 달아나지 안햇는가. 들어가서 자세한 편지를 한다 하고 지금까지 아무 말업시 지나지 안는가. 그대 가티 쌀쌀한 녀자에게 아즉도 미련을 가진 내가 못난이다. 그대는 쓰르조아의 가정에서 금의옥식으로 편하게 지낼 그대이다. 자긔의 일을 위해서 다른 불상한 여러 사람을 희생 안는다고 격노한 그대가 아닌가. 그대의 환영을 두려워하야 내의 현실의 환희와 위안을 째트리는 것은 어리석은 남자로나 할 일이 안일까.』

『뭘 그러케 골돌히 생각하세요?』

하는 화성의 소리에 병호는 쌈작 놀랏다.

『아니오. 밤이 느젓스니 인제 가겟소이다.』
병호는 자기 무렴에 짓처서 이러케 대답한 것이엇다.
『잠간 게세요. 차나 한 잔 자시구 가세요. 뭘 대접할 게 잇서야죠.』
하고, 화성이 책장 속에서 사진첩을 내노앗다.
『잠간 실례하겟서요.』
하고, 문 밧그로 나아갓다.
병호는 사진첩을 두적거리기 시작하얏다.

—(88), 『매일신보』, 1932. 1. 16

새로운 유혹 (14)

첫 장에 나타나는 이가 중늙은이의 남자와 녀자의 반신상이엇다. 여자의 얼굴 모습이 화성이와 비슷한 것이 분명히 화성의 어머니와 아버지인 듯하얏다. 쏘 한 장을 넘기엇다. 거긔에는 화성의 가족 일동이 긔념 촬영한 것이엇다. 소학 시대의 화성 형제가 그의 부모를 중심으로 둘러슨 것을 보면, 예사날의 화성의 집은 그대지 고독지는 안흔 모양이엇다. 오늘과 가티 단 모녀가 지나는 그러한 고독한 가정이 된 데에는 여러 가지 리유가 잇섯스리라는 것이 상상되엇다. 그 다음부터는 여러 동무와 함께 박은 것, 단독으로 박은 것, 려행을 가서 긔념으로 박은 것들이엇다.

병호는 가슴에서 이상한 고동을 들으며 한 장 두 장 넘기엇다. 갓금 가다가는 청년 신사의 사진도 들어 잇섯다. 남자의 사진이 나타날 때마다 그것이 혹시 화성의 애인이나 아니엇든가 하는 질투에 갓가운 상상을 하기도 하얏다. 한편으로는 그들이 누구인지 일일이 화성의 설명을 듯고도 십헛다.

『실례햇서요. 용서하세요.』
하고, 화성이가 귀에서 김이 무럭무럭 나오는 물주전자를 들고 들어왓다.
『관게 업슴니다.』
하고, 병호는 보든 사진첩에 다시 눈을 던젓다.
『재미잇는 사진이 드러 잇죠?』
하고, 화성이는 책장 우에 노힌 차ㅅ기구를 내리어 차를 맨든다.

병호는 아무 대답도 하지 안코 사진만 골돌히 본다.

『뭘 그리 보세요?』

아무 말업는 것이 화성이는 섭섭하얏든 것이엇다. 정신을 전부 쌔아서 간 사진첩도 원망스러웟든지,

『그만 보세요.』

하고, 맨든 차를 아페 노이엇다.

잔 가에서 넘실거리는 금파(錦坡)ㅅ빗 가튼 홍차의 물결이 향긔를 쁨고 잇다. 프른 빗 류리보식긔에는 어엽분 어린 아이의 볼빗 가튼 사과가 담기어 노엿다.

『좀 잡수세요.』

하고, 화성이는 차ㅅ잔을 다시 병호의 아프로 갓가히 내민다.

병호는 차ㅅ잔을 들고 다시 사진첩을 굽어보앗다.

화성이도 차ㅅ잔을 들고 병호 겻 갓가히 와서 사진을 굽어보앗다. 병호는 전날 혜영의 집에 가서 응접실에서 하인이 가저오는 홍차 마신 긔억이 낫다. 엇전지 손수 맨든 화성의 차가 더 맛잇게 생각되엇다.

사진첩을 압헤 노코 머리를 맛대어 화성의 가는 숨소리는 병호의 귀ㅅ가에 설이엇다. 이제는 보는 눈에 보다도 듯는 귀에 정신이 더 만히 쓰이엇다. 입에다 기우린 그의 귀는 상대자의 가슴에까지 내려갓다. 분명히 화성의 심장의 고동이 들리엇다. 쪼 다시 병호는 마을을 썰엇다.

화성이는 차그릇을 나려노코 사진첩의 다시 첫 장을 폇다.

『우리 아버지, 어머니야요.』

다시 둘잿장을 폇다.

『우리 가족들이야요.』

『저러케 만튼 가족이 어찌 오늘은 이러케 되섯습니까?』

『다 죽고 남은 게 우리 모녀쑨이야요. 리유는 간단하지요.』

하고, 화성이는 가만히 한숨을 쉬엇다.

『엇재서 다 돌아가섯서요?』

『무슨 리유가 잇슬 까닭이 잇습니까? 명이 짧아서 일즉 세상을 버린 것이겟지요.』

병호는 다시 더 물어볼 수 업섯다. 화성이는 혜영이보다는 훨신 더 불상한 처지에 잇는 녀성인 것을 알앗다. 화성이는 빈한한 집의 외ㅅ딸이다. 혜영이는 부모의 덕으로 호화로운 생활을 하는 녀자이오, 화성이는 어머니를 살리기 위하야 고민의 생황을 하는 녀성이다. 다시 존경하고 십흔 생각이 낫다.

병호는 사진첩의 눈을 이번에는 전혀 화성에게로 옴기엿다.

—(89),『매일신보』, 1932. 1. 17

급보 (1)

겨우 넉 달 동안에 사람의 일신이 이러케 변하엿슬까? 인사의 무상이란 참으로 이러한가?』

이와 가티 혼자말로 중얼대며 경성역 출구를 나오는 양장한 녀자가 잇섯다. 그는 사 개월 전에 가만히 경성을 쩌난 혜영이다. 혜영이가 경성을 쩌날 째에 이러케 속히 다시 돌아오게 될 것은 꿈에도 생각지 못하얏섯다. 그러나 오늘에는 돌아오지 안코는 못 견딜 여러 가지 사정이 그의 신상과 가정에 니러낫다. 첫재는 여자가 단신으로 만리 이역에 가서 스스로 살아가기가 용이한 일이 아니엇다. 혜영이가 서울을 쩌날 째에는 동경이나 대판이나 신호 가튼 곳에 가면, 어쩌케든지 먹고 지낼 버리가 업슬 리가 업다고 막연히 생각하얏섯다. 직업부인 노릇을 한들 혼자야 못 지내리하고 용긔를 내엇섯다. 그러나 실지를 당하고 보니 한 사람의 쌍 문제를 해결하는 것이 그대지 용이한 일이 아니엇다.

혜영이는 신호에 도착하든 즉시에 자긔가 가장 존경하는 영문학사를 가르키는 송본(松本) 강사를 차저갓섯다. 송본 강사는 소장학자로 관서지방에서는 물론이오, 관동 지방에서도 상당히 명성이 놉핫섯다. 그뿐 아니라 그의 날카로운 평필은 문예평론게에서는 한 이채를 발휘하얏섯다. 그리하야 문예비평가로도 일본 문단에 상당한 지보(地步)를 가지고 잇섯다. 그리하야 각 언론긔관과도 상당한 련락이 잇섯다. 그는 혜영이가 조선 녀자라는 것과 어학에 천재가 잇다는 데에 매우 흥미를 가지고 다른 학생보다도 더욱 친절히 지도를 하야주엇섯다. 혜영이는 그의 호의를 힘닙어 어쩌케든지 자활의 길을 당분간이라도 개척할가 하얏섯다. 그러나 아모리 교제가 만코 발길이 넓은 송본 강사이엇지만, 전문학교 재학 중의 혜영 한 사람을 밥버리에다 부처주기는 매우 어려운 일이엇다. 인심이 강박하고 실업자가 로두에서 방황하는 째에 일자리가 조선 녀성을 위하야 뷔어 노코 기달일 리가 만무하얏다. 선생의 소개ㅅ장을 어더 가지고 여러 회사와 언론긔관의 중역들을 차저보앗스나, 모다 상의나 한 것 가티 지금은 결원이 업스니 후긔나 두고 기다려 보자고 대답을 하얏섯다. 관서 지방에서 단념을 하고 다시 동경으로 올라갓섯다.

그러나 동경 역시 밥버리ㅅ곳이 뷔어 잇지 안햇다. 여러 가지로 상의를 하얏스나, 아무 도리가 업섯다. 그 가운대에서는 새 학긔가 되면 어떤 자선단체나 학업장려단체의 장학금 가튼 것을 엇도록 운동하여 주겟다는 이도 업지는 안햇스나, 그째까지 지내갈 수 잇는가도 문제이지만, 공부하기 위하야 다른 사람의 은혜를 밧는 것은 혜영의 자존심이 허락지 안햇다. 지금 자긔의 집안 형편이 망해 가는 도중에 잇지마는, 만일 자긔가 객지에서 굶어죽게 된다면 그대로 내버려 둘 자긔의 부모가 아니라는 미듬도 잇섯다. 가산집물을 팔고 전당하드라도 일년 동안 쯤이야 자긔에게 고생은 결코 시키지 안흘 것을 알앗다. 그러나 자긔의 고생하는 광경을 일일이 말하야 애걸할 수는 업섯다. 그의 자존심이 쏘한 허락지 안흔 까닭이엇다. 어찌 되엇든 자긔의 힘으로 자긔를 구하자는 것이 그의 골수에 맷친 생각이엇다. 더구나 곤경을 벗어나기 위해서 춘식이 가튼 부호와 결혼을 하겟다는 생각은 꿈에도 업섯다. 그리하야 혜영이는 자긔의 밥 문제를 좌우간 해결해 노코 자긔의 가정에 씻씻한 긔별을 하고자 하얏든 것이다.

그러나 한 달이 지나도 마음대로 되지 안코 두 달이 지나고 석 달이 지나고, 다시 넉 달이 지나도 직업을 엇지 못하얏다. 만일 밥만 먹고 옷만 입기 위해서만 노력한다면 그만한 미, 그만한 학식으로서 못할 리가 업섯다. 그러나 얼골의 미를 파는 카페의 웨트레스나 딴스홀의 딴서 가튼 직업녀성이 되기에는 그의 마음이 아즉 순결하얏다. 쎠스썰, 다른 근육

노동 녀성 노릇하기는 그의 몸이 너무 섬약하얏다. 언론긔관의 녀사무원, 긔자, 큰 상사회사의 여자비서, 타입이스트 가튼 것은 그 자리가 만원이엇섯다.

—(90), 『매일신보』, 1932. 1. 19

급보 (2)

그리하야 혜영이는 멧 달 동안 동경에서 방랑하는 동안에 물질의 곤난도 만히 당하얏다. 이것이 혜영으로서는 생후에 처음 격는 고생이엇다. 그는 부자ㅅ집 외ㅅ딸이다. 쓸대업는 공상이 비저 내인 고민을 정신상으로 늣긴 일은 잇섯스나, 물질의 곤난으로 정신을 괴롭게 한 적은 업섯다. 동경에 와서 직업을 구하러 돌아다니는 얼마 동안에 비롯오 세상 인심이 어쩌한 것을 알앗다. 이러한 고생을 좀더 일즉히 맛보앗드면 오늘의 이러한 고생이 업섯슬는지도 알 수 업다고 한탄을 멧 번이나 하얏섯다. 그러나 하소연도 할 곳이 업섯다. 송본 강사는 동경에 들리면 혜영의 지나는 형편을 민망히 생각하고 물질로 동정하얏거니와, 어쩌한 째에는 조선으로 돌아가는 것이 장래를 위하야 조타는 뜻으로 간곡히 권고를 해준 일도 잇섯다.

혜영이는 선생의 말이 올타고도 생각하얏스나, 지금 고생만 하다가 그대로 돌아가는 것은 가족을 비롯하야 여러 사람을 대할 면목도 업슬 뿐 아니라, 그 중에도 더욱 병호에게는 한 조롱거리가 될 듯하야 귀국하기를 주저치 안을 수 업섯든 것이다. 이러한 가운대에도 제일 견대기가 어려운 것은 하소연할 곳 업는 것이다. 이러한 째에 영숙이나 잇섯스면 하소연이나 하여볼 걸 하는 친구 그리운 생각이 간절하얏다. 경성을 써나올 째에 혜영이는 모든 사정을 친구 영숙에게 토파하얏섯다. 그러나 영숙이도 난마 가티 어지러진 살림 째문에, 날과 밤으로 로심하는 아버지나 부모를 내버리고 써나는 것은 남의 외ㅅ딸로는 하지 못할 일이라고 영숙이는 반대하얏다.

그째에 혜영이는

『영숙이는 내의 긔분을 잘 짐작 못하고 하는 말이야. 맘에 업는 결혼을 할 수 업고, 결혼 안는 책임을 내가 지랴니까 경성을 써나야만 돼!』

하고, 반대를 하얏든 것이다.

그뿐 아니라 영숙이는 병호와의 애인관계를 게속하는 데에도 그대지 찬성하는 쯧을 보이지 안햇다.

『암만 해도 혜영 언니와 병호 씨는 얼는 보아도 성격이 아니 마질 것 가튼데, 어쩌케 되는지 알 수 업서요.』

하고, 돌이어 반대의 쯧을 뵈엇다.

그런 말을 들을 때에는 혜영이는 매우 불쾌한 생각이 낫섯다.

『뭘로 보아서 성격이 아니 마즐 것 가태?』

하고 물엇섯다.

『글세. 꼭집어 내어 말하기는 어렵지만, 첫재 언니는 고생을 못 견딜 것 가트니까 말이야……』

『사랑만 한다면 고생 쯤이야 문제될 것 뭐야. 쓸대업는 걱정이란 그만두어요.』

하고, 혜영이는 웃엇섯다.

『어듸 두고 봐야 알지.』

하고, 영숙이도 엇엇든 것이다.

그러나 자긔의 물질의 고생을 당하고 보니, 비롯오 영숙의 말쯧을 알 듯하얏다. 이것은 동경에서 고생하는 날에 시작한 것이 아니오, 병호에게 집안의 싹한 사정 이야기를 하고 함께 달아나자는 쯧을 말 때부터 어렴풋이 짐작이 되엇섯다. 그뿐 아니라 오늘에 와서 경성을 써나자고 졸을 때에 병호가 랭랭한 태도로

『집안을 위한다면 춘식이와 결혼을 하시지요.』

하는 말쯧도 알아젓다.

그러나 지금에 와서 전날의 자긔 생각이 모다 글럿다 하야 머리를 숙이여 사과할 수는 업섯다. 이후에 거리의 룸펜이 될 때는 모르거니와, 오늘의 그래도 고흔 양장을 하고 지식계급으로 자처하는 혜영에게는 자존심이 아즉도 남아 잇섯다. 그러나 혜영이도 역시 약한 녀자이엇다. 생각이 복잡할스록 옛집이 그립고, 옛 친구가 그립엇다. 신년 년하 겸 영숙에게서는 바로 즉시에 답장이 왓섯다. 그러나 그 편지는 하나도 혜영을 위하야

조흔 소식이 아니엇다. 모다가 간담을 서늘케 하는 애닯흔 현실의 보고이엇다.

—(91),『매일신보』, 1932. 1. 20

급보 (3)

청혼을 하얏다가 거절을 당한 리춘식이는 혜영의 출분을 격노하야 혜영의 집 토지 전부를 경매에 부치엇고, 지금의 가옥과 가산 전부를 차압하야 불일간 이것도 쌧기이게 되엇다는 데에는 몹시 놀라지 안흘 수 업섯다. 경성에 잇서서 잘 상의하야 상대자의 감정을 그대지 상하지 안케 하얏드면, 이러한 극도의 지경에 니르지 안햇슬는지도 알 수 업다는 생각도 낫섯다.

그러나 때는 이미 느젓다. 더욱히 자긔의 부친은 가산을 일코 딸 일흔 울화병으로 신음중이라는 데에는 놀라지 안흘 수 업섯다. 조혼 해결을 하자든 것이 모다 이러한 결과를 보고야 말앗다. 후회를 한들 무슨 효과가 잇스리. 이제로부터는 늙은 부모에게 다시 큰 걱정이나 아니 시키도록 노력하여 보겟다는 결심이 구더젓든 것이다. 좌우간 속히 귀국하야 병든 아버지를 위로하는 것이 자식의 도리라 하야 편지 밧든 즉시에 동경을 쩌나올가 하얏스나, 준비하야 두엇든 려비가 잇슬 리가 업섯다.

그는 다시 영숙에게 자긔 지나는 형편을 자세히 말하얏드니, 웬일인지 바로 이백여 원의 막대한 려비가 전환으로 들어왓다. 궁한 때의 이백원은 풍성히 쓸 때의 멧 천원이나 다름업섯다. 멧 백원 돈에 한번도 만족을 늣긴 일이 업든 혜영이엇지만, 이 돈 이백원 바들 때는 참으로 반가웟다. 그러나 려비와 함쯰 온 소식 하나는 몹시도 혜영의 가슴을 아프게 하얏다. 집안이 아주 망햇다는 소식을 들을 때보다도 오히려 더 외로웟다.

이 소식이 다른 소식이 아니엇다. 혜영이가 매양 이지랴고 로력하면서도 잇지 못하고, 가슴 한구석에다 언제든지 갈머둔 병호에게 딴 애인이 하나 생기엇다는 것이엇다. 세상 인심이 모다 이러할진대, 이러한 세상과는 단연히 인연을 쯧는 것이 울분을 위로하는 수단이 될 듯하게 생각도 들엇다. 만일 병호가 사람의 낫작에 사람의 마음을 가젓다면, 오늘날 자긔 집의 파산에 대하야는 다소간이라도 책임을 늣길 것이다.

만일 책임을 늣긴다면 그 동안에 벌서 짠 녀자를 사랑할 수는 업슬 것이다. 그와 가티 책임 관념이 업든 남자이엇든가. 자긔의 사람 보는 눈이 현명치 못한 것을 스스로 북그러워 하얏다.

그리하야 혜영이는 신호에 들리지도 안코 바로 경성으로 향하야 써난 것이엇다. 물론 차중에서도 병호와 맛나든 여러 가지 긔억이 새로워저서 산란한 심회를 더욱 산란케 하얏다. 그러나 이제로부터 세상과 가난과 싸워야 하겟다는 결심은 모든 것을 니저버리도록 하얏다.

겨울의 경성은 몹시도 쓸쓸하얏다. 어찌함인지 모든 것이 어름 가튼 표정으로 자긔를 바라보는 듯하얏다. 물론 동지 업시 나오는 길이니 마중 나올 사람이 업겟지. 이것이 어찌함인지 혜영에게는 섭々하게 생각되엇다.

원남동 자긔 집에 니르럿다. 문전은 몹시도 쓸々해 뵈엿다. 모든 것을 새로운 눈으로 대하게 되엇다. 이와 가튼 문화주택의 생활도 오늘이 마즈막이 될는지, 래일이 마즈막이 될는지 알 수 업다 생각하니 눈에서 눈물이 저젓다. 그리고 집안은 죽은 듯이 고요하얏다.

혜영이는 아무 말업시 현관문을 열고 가만히 안으로 들어섯다. 전날 가트면 하인을 불르고 어머니를 찻고 해서 야단법석을 노앗겟지만, 오늘에는 그러할 용긔가 나지 안햇다. 풀이 나죽은 얼굴로 가만〱 안으로 들어갓다. 조용할 째가 별로 업든 응접실도 오늘은 고요하다. 문을 가만히 여러 보앗다. 책상과 탁자 우에는 몬지가 보얏게 안젓다. 오래 동안 쓰지 안흔 모양이다. 별로 문병하러 오는 이도 업섯든 모양이다. 혜영이는 가방을 쏘파 우에 노코 피곤한 몸을 그 겨테 던젓다. 페치카는 싸늘한 그대로 잇섯다. 우리 집이 인제는 난로에 불도 못 피우게 되엇나 생각하니 가슴이 답々하얏다.

—(92), 『매일신보』, 1932. 1. 21

급보 (4)

혜영이는 다시 응접실 안을 둘너보앗다. 이상한 표ㅅ조각이 책상과 의자에부터 잇다. 자세히 들여다보앗다. 집달이가 부치인 집행표이다.

이제 와서 놀라는 것이 새삼스러운 일이지만, 동경에서 집안이 망햇다는 것을 소식으로만 듯든 그째보다는 더욱 큰 충동을 밧지 안흘 수 업섯다.
　혜영이는 출생한 뒤에 처음 보는 차압 내텔에 알 수 업는 증오를 늣기엇다. 박박 글거 벗기고 십헛스나 참앗다. 조희조각 하나의 위력이 얼마나 셀 것도 새삼스럽게 늣겨젓다. 이러한 중에도 이상하게 생각되는 것은 자긔가 응접실에 들어오는 것도 모르는 것이다. 엔간하면 사람이 집안에 들어온 긔척을 알앗슬 것이다. 알아 듯고도 내어다 보이 안는지 몰라서 그러한지, 잠간 동안 생각을 궁금케 하얏다. 만일 사람이 들어온 것을 알고도 모른 체한 것이라면, 필연코 들어온 사람이 혜영 자신인 줄을 벌서 집안사람이 알고 잇는 모양이다. 모른 체하는 것은 아무 말업시 출분한 것을 꾸짓는 행동이다.
　그러나 혜영이는 그러할 리가 업다고 생각하얏다. 만일 자긔가 지금 집에 돌아왓다는 말을 부모네가 들으면 아버지는 병상에서 쒸어 나올지도 알 수 업섯다. 어머니는 반듯이 혜영이를 붓들고 깃븜이 석긴 눈물을 흘리엇슬는지도 알 수 업스리라 하야, 혜영이는 용긔를 내어 응접실을 나서서 부친의 침실을 향하얏다. 힘 풀린 다리를 겨우 옴기어 두어 걸음 아프로 내드딜 째에, 저 편 랑하에서
　『저게 누구여!』
　하는 어머니의 부르지지는 음성이 들이엇다.
　혜영이는 걸든 발을 다시 멈추고 머리를 숙이엇다.
　어머니 겨테는 젊은 신사가 가방을 들고 천천히 나왓다. 의사인 것을 즉각적으로 알엇다. 그 뒤에는 녀하인이 짤하 섯다.
　어머니는 함끠 무어라 문답하든 의사를 내던지고 밧비 걸어 혜영이 압흐로 오드니,
　『이 자식아! 이게 웬 짓이니? 어서 방으로 들어가자.』
　하고 쓸다십히 한다.
　『퍽으나 걱정을 씨쳣서요, 어머니!』
　혜영이는 머리를 숙인 채 말하얏다.
　『어서 네 방에 들어가 잇스렴으나.』

어머니는 다시 의사 겨트로 간다.

혜영이는 자긔 방으로 들어갓다. 역시 오래 뷔어둔 방이라 찬바람이 휘々 돌앗다.

아래ㅅ목에 노인 침대를 비롯하야 경대, 의장ᄶᅡ지에도 차압 레텔이 부터 잇다.

혜영이는 침대에 걸어안저서 어머니를 기다리엇다.

『방이 차구나. 차라리 응접실로 가자.』

하고, 어머니는 혜영의 손목을 잡는다. 혜영이는 아무 말업시 다시 응접실로 들어갓다.

하녀가 붉은 숫불이 가득히 담긴 화로를 가지고 들어왓다.

혜영이는 화로불에 발과 손을 녹히엇다.

『너 언제 왓늬?』

어머니의 반가움은 노함으로 다시 변한 모양이다.

『지금 바로 정거장에서 오는 길이야요.』

혜영이는 머리를 들어 어머니를 바라보앗다.

어머니의 얼굴에는 전일에 못 보든 주름살이 불엇다.

『어째 바로 집으로 왓늬? 정든 산애안테 가쟌코?』

말ᄭᅳᆺ테 송굿이 들은 어머니의 말에 혜영이의 눈은 ᄯᅩ 바로 ᄶᅥ지게 되엇다.

『제가 못 올 데를 왓습니ᄭᅡ? 그러면 나가지요.』

—(93), 『매일신보』, 1932. 1. 22

급보 (5)

혜영이는 자긔 본심을 알아주지 안코 극단의 말로 ᄶᅮ지람하는 어머니가 족음 야속한 생각이 나서 그리하게 대답을 한 것이엇다.

『어서 나가렴우나!』

하고, 어머니는 치맛자락을 들어 눈을 개리운다.

혜영이도 문득 눈물이 흘럿다. 그러나 혜영이는 생각을 돌리엇다. 어머니의 처지로 생각하면 물론 그럼 즉한 일이다. 지금ᄭᅡ지 누구를 밋고 살아왓슬 것인가? 짤자식 하나가 자긔의 부모네의 세계에서는 오즉 광명이오 희망이엇슬 것이다. 그러다가 그 광명과 그 희망이 자긔들을 반역할 째에, 반역을 바든 그들의 심사는 어쩌하엿슬싸? 그들은 천지가 문허지는 듯한 놀라움을 바덧슬 것이다. 온 세상이 일순간에 암흑으로 변하얏슬 것이다. 그러한 형편을 생각하면 그 아버지와 그 어머니에게 어쩌한 쑤지람을 밧든지 그것을 달게 알아야 할 것이다. 혜영이는 화약처럼 폭발되는 일시의 감정을 참엇다. 사실 부모에게 원망스러운 사정을 말하랴면 말 못학 것도 업섯지만 참앗다. 결국 모녀간의 쓴흘 수 업는 사랑이 참게 한 것이엇다.

『집안사람이 족음 잘 살자고 리춘식이 가튼 자와 결혼을 하랴는 말슴인가요? 당자가 슬흔 결혼을 어쩌케 합니싸? 무리하게 결혼을 권하는 것은 황금이 자식보다 더 귀엽다는 것이 아닙니싸? 황금이 귀하면 황금의 알을 낫치 어찌하야 쓸데업는 고긔덩이를 나핫습니싸? 짤을 팔아 황금을 엇자는 생각은 너무나 루추하지 안습니싸? 그 명령을 복종하지 안코 출분을 하얏다고 하야 못처럼 돌아온 짤자식에게 이와 가튼 구박을 주십니싸? 먹고 살 수만 업서서 다 망해 가는 이 집으로 들어온 줄만 아십니싸? 춘식이와 결혼을 방해한 제의 애인이 그러케 밉습니싸? 그러나 저는 애인도 업서요. 애인 째문에 도망한 것이 아니야요. 오즉 집안의 책임을 내 자신이 지자는 것이얏서요. 사실 아버지나 어머니는 춘식이한테로 시집을 갓스면 좃켓다고 생각하셋지만 저는 실헛서요. 매매결혼이나 정략결혼의 목적물이 되기에는 제의 개성이 넘우나 싸다러웟서요. 쓸데업는 출분으로 세상의 오해만 사게 되엇서요.』

하고, 벌덕 니러섯슬는지도 알 수 업섯다.

그러나 혜영이는 이러한 말로써 애태운 부모를 다시 괴롭게 할 수 업섯다. 어머니의 노혐에 지처서 나온 쑤지람에 머리를 숙이고 다시 생각을 돌으키어

『어머니! 그러케 노하셋서요? 제가 모다 잘못햇서요. 용서해 주세요.』

하고, 어머니의 손을 잡앗다.

손이 몹시도 써그러웟다. 이제에는 어머니 손수 허드래일을 한 모양이다. 혜영이는 다시 가슴이 아펏다. 집안에는 안잠이 잇섯고, 침모가 잇섯고,

하인이 잇섯다. 방안에 가만히 안저서 손씃에 물 한 방울을 적시지 안코 지어주는 의복, 만들어주는 음식에 세상 형편도 잘 모르고 지내든 어머니 이다. 그의 손이 이러케 거칠도록 일한 것을 생각하면 인세(人世)의 변환 이 무상한 것을 새삼스럽게 늣기지 안흘 수 업섯다.

어머니는 아무 말업시 눈물을 겨운다.

『어머니! 걱정 마세요. 사람이 돈만 만해서 사는 게 아니야요. 돈 만흔 사람만 산다면 돈 업는 사람은 다 죽게요? 대관절 아부지 병환은 좀 어쩌하세요?』

하고, 혜영이는 자긔의 얼굴을 어머니 얼굴 갓가히 대엇다.

어머니는 다시 눈물을 씨섯다.

『세상에 그럴 도리가 어대 잇늬?』

『제가 잘못햇서요. 대관절 아버지가 좀 엇더세요?』

혜영이는 늙어진 어머니보다도 다시 부친의 병세가 걱정이 되엇다.

—(94), 『매일신보』, 1932. 1. 23

급보 (6)

『병세가 암만 해도 회춘하기는 어려운 모양이다. 의사도 퍽으나 걱정을 하는구나.』

하고, 혜영의 모친은 다시 자애에 넘치는 눈으로 딸을 찬々히 본다.

혜영이는 다시 가슴이 터질 듯이 아펏다.

『제가 이러케 급작히 돌아온 줄을 알면 아버지는 퍽 놀라시겟죠?』

『놀라시지 말구. 날마다 눈만 쓰시면 혜영이가 왓소 하고 무르시는구 나. 몹쓸 게집애야! 어쩌면 부모의 속에 그러케 불을 붓늬?』

혜영이는 노염이 풀어진 어머니를 다시 무슨 말로써 위로하여 조흘지 몰랏다. 그리하야 아무 말업시 천정만 치어다보다가,

『아버지를 좀 뵈어야죠.』

하고, 의자에서 닐어섯다.

『지금 안 된다. 잠이 막 들으신 모양이니까.』

『대체 무슨 병환으로 그러세요?』

『의사는 말하기를 폐병이라든가 폐염이라든가 하드라만, 내 알 수 잇늬? 암만 해도 울화ㅅ병이시겟지. 생각해 보렴. 집안이 이러케 망햇지, 쏘 너는 달아낫지, 그리고 집행은 날마다 들어오지, 병이 안 나고 견듸일 수 잇겟늬? 젊은 녀석이라도 피를 토하고 죽을 일 아닌가? 그래도 너의 아버지는 생각이 대범하시니까 지금까지 살으신 것이다. 세상 인심 어대 미들 수 잇든? 집행 들어왓다는 소문이 퍼진 그 이튼날부터 문전이 시끄럽게 다니든 자들도 한 번 차저와서 인사하는 법이 업구나 그려. 네의 아버지가 병들어 달포를 누으셋스나, 위문 한 번 오는 이가 업섯다. 그저 사람의 인사도 돈 잇슬 째의 말이지, 돈 업서지니 모도가 그만이로구나. 그 조흔 돈을 바다 속에다 집어 느코 말년에 이 고생을 할 줄 누구가 알앗늬?』

하고, 어머니는 한숨을 쉬엿다.

『세상 인심이 본래 그런 것이야요. 지금 와서 새삼스럽게 원망을 하면 뭘 합니까?』

혜영이는 말로는 이와 가티 태연하얏지만, 그의 마음은 역시 세상의 각박한 것을 저주하얏다.

『세상에 몹쓸 놈 몹쓸 놈 해도 리춘식이 가티 몹쓸 놈이 어데 잇겟늬? 이걸 보렴. 모도 그 녀석이 집행을 한 것이란다.』

하고, 어머니는 장 압 네텔을 가르친다.

혜영이는 무엇이라 대답하여 조흘지 몰낫다.

『그러케 무지막지한 놈이 어대 잇늬?』

어머니는 생각할스록 분한 모양이다.

『어머니! 돈 잇고 아버지 마음 가튼 이가 어대 잇습니까? 돈 잇는 자의 마음은 대개 그럿탑니다. 지금 그런 말슴을 다시 해서 뭘 합니까?』

『빗을 젓스니 하는 수 업는 일이다만, 해도 넘우허쟌늬?』

『긔왕에 당한 일이니 하는 수 잇서도 아버지 병환이나 어서 쾌차가 잇섯스면 조켓서요..』

『메칠 동안만 무사히 넘기면 관게챦겟다고 의사는 말하드라만, 어쩌케 될 걸 누가 아늬?』

혜영이는 마음으로 슬펏다. 일평생에 그대지 고생하지 안코 지나든 아버지가 만일 집행표 부튼 침대 우에서 최후의 운명을 하게 된다는 것은 너무나 가엽슨 일이다. 다시 병이 낫는 다 해도 여생을 반듯이 행복스럽게 보내리라구 보증할 수는 업지만, 그래도 세 식구가 일간무옥에서 맘 편하게 보내고도 십헛다.

『지금 다니며 치료하는 의사가 누구인가요?』

혜영이는 병세를 알고 십허 물엇다.

『나는 자세히 알 수 업다만, 일본에서 공부하고 나온 박사라구 하드라.』

혜영이는 마음이 족음 뇌엇다.

이째에 녀하인이 나왓다.

『영감마님이 마님을 차즈세요.』

『벌서 잠이 쨋담.』

하고, 어머니는 닐어섯다.

혜영이도 어머니의 뒤를 쌀하 섯다.

—(95), 『매일신보』, 1932. 1. 24

급보 (7)

병상에 누은 부친의 얼골은 참아 바로 볼 수 업게 수척하얏다. 두 눈이 쌈아케 보이니 살아잇는 것 가튼 뿐이다. 분명히 해골이다.

어머니는 병상 갓가히 가서

『혜영이가 왓답니다.』

하고, 손으로 머리를 집는다.

『인제 왓단 말이오?』

하고, 아버지는 힘업는 시선을 혜영이가 서잇는 문 아프로 던진다.

혜영이는 슬픔 그대로 하면 쮜어들어 가서 아버지의 가슴에 머리를 대이고 울엇슬는지 알 수 업섯다. 그러나 그는 병인을 너무 흥분시켜서는 안 될 것을 알앗다. 조심스러히 병상 아프로 나아갓다.

『아버지! 용서하세요.』

하고 머리를 숙엿다.

『몸이나 편히 잘 잇다 왓스니 다행이다.』
이와 가튼 힘 업는 말이 아버지의 입에서 흘럿다. 이 말이 떨어지기도 전에 딸의 눈에서 눈물이 흘럿다.
『쓸대업는 생각을 하고 집안에 괜히 걱정만 끼쳣습니다. 용서하세요.』
하고, 혜영이는 아버지의 손을 쥐엇다.
『지금 동경서 오는 길이지?』
하고, 아버지는 물엇다.
『퍽 피곤하겟구나.』
하고, 아버지는 다시 어머니더러
『혜영이가 퍽 피곤하겟소. 편히 쉬도록 하우.』
하고는 기침을 시작한다.
백납 가튼 얼굴이 빨가케 상혈이 된다. 고민한 그 형용은 참아 보기 어려웟다. 기침이 끚나도 아무 말 못하고 힘 업는 눈을 스르ㅅ 감는다.
혜영이는 겨테 우둑하니 서서 담이 끌어오르는 아버지의 얼굴을 직키엇다. 아버지는 족음 잇다가 다시 눈을 떳다.
『이 애 좀 편히 쉬도록 하우.』
혜영이가 겨테 잇는 것이 매우 걱정이 되는 모양이다.
『아버지! 저는 아무러치도 안해요.』
하고, 혜영이는 다시 부친의 머리를 집헛다. 불떵이 가티 쓰겁다.
아버지는 머리를 집힌 채 그대로 힘 업는 눈을 감으며 잠간 뭐인지 생각하드니 물을 청한다.
어머니는 물병을 입에 대엇다.
부친은 두어 목음 달게 마셔 입을 축인 뒤에,
『혜영아! 내가 죽어도 이 집에서는 죽고 십지 안타. 세스집이라도 조흐니 곳 집을 하나 잡어라. 그리고 곳 영숙이를 좀 오라고 해라.』
하고, 쏘다시 몸을 니르키어 기침을 시작한다.
혜영이는 영숙에게서 돈 이백원 온 것도 이제야 확실히 짐작되엇다. 출분한 딸을 위하야 병중에도 여러 가지로 심려한 것을 알 수 잇섯다. 그 쑨 아니라 이 집을 하루라도 속히 떠나자는 아버지의 쯧도 충분히 량해

되었다. 꾸지람 한 마듸 업시 자긔의 몸 피로할 것을 걱정하는 아버지의 사랑이 얼마나 극진한 것을 처음으로 알앗다. 혜영의 눈에는 쏘 다시 눈물이 매치엇다.

『네. 알앗서요. 곳 영숙에게 속달을 내겟서요.』

하고, 혜영이는 자긔 방으로 돌아왓다.

어느듯 자긔 방은 다시 정결하게 치웟고, 화로의 불이 의자 미테서 니글니글 피여 잇섯다.

방금 도착되엇다는 것과 곳 오라는 뜻으로 편지를 써서 속달우편으로 부치게 하얏다.

혜영이는 편지를 부친 뒤에 안방으로 들어가서 뜻뜻한 자리 속에서 몸을 녹이엇다. 처음에는 여러 가지 공상으로 잠을 니르지 못하얏지만, 원악 육식과 정신이 극도로 피곤한 싸닭이엇든지 어느듯 잠이 들엇다.

—(96),『매일신보』, 1932. 1. 26

급보 (8)

혜영의 곤히 든 잠이 깨일 때는 벌서 오정이 훨신 넘엇다. 그는 다시 세수를 하고 간단히 화장을 고친 뒤에 조선옷으로 갈아입고 아버지의 병실에 들어갓다. 몹시 고민을 하는 모양이다.

『영숙이 아즉 안 왓늬?』

하는 아버지는 가는 목소리로 뭇는다.

『아즉 아니 왓는데요. 영숙이더러 무슨 말슴을 하시려고 그러세요?』

하고, 혜영이는 부친의 겨트로 갓가히 갓다.

『그 애더러 무러보렴.』

아버지는 힘 업는 대답을 한다.

너무나 피곤해서 말할 긔운조차 업는 모양이다. 혜영이는 뭇기를 정지하얏다.

아버지는 영긔 업는 눈으로 천정만 한참 치어다보다가 한숨을 힘업시 길게 내쉬드니,

『세상에 허망한 일도 만하.』

하고 한탄을 한다.

『지나간 일이랑 족음도 걱정마세요. 어서 아버지의 병환이나 쾌차하셋스면 조챤해요.』

혜영이는 진심으로 위로하얏다.

『내 병이 다시 나으면 뭘 하늬? 이대로 죽는 게 내 팔자로는 제일 조흔 일이다.』

하고, 쏘 다시 한숨을 쉰다.

전에는 그러케 약한 말을 하든 어버지가 아니엇섯다. 무슨 일에든지 조금도 비관락담하는 일 업시 용긔 잇게 활동하든 그이엇섯다. 돈 업고 병 드니 심지조차 약하야진 것이라 생각하니 가슴이 쓸아리엇다.

『괜히 그런 말슴을 하세요. 아버지가 돌아가시면 어머니나 저는 어쩌케 되라구요.』

하고, 혜영이는 눈에 도는 눈물을 병든 아버지에게 보이지 안흐랴고 머리를 겨트로 돌렷다.

아버지는 눈치를 차린 모양인지,

『암. 죽어서야 되겟늬? 어쩌케든지 살아야하지…….』

그러나 웬일인지 아버지는 춘식에 관계되는 이야기를 안는다. 족음도 압 박게 내지를 안는다.

혜영이는 이것이 이상스러웟다.

『리춘식 집에서는 그 뒤에 아무 말 업섯서요?』

『그걸 보렴. 온 집안에 부친 표를 보렴. 말이란 것이 그것이다.』

이러케 말하는 부친의 눈에는 분로의 긔운이 써돌앗다.

『아주 의리 업는 구리귀신이야요.』

『이 세상에 구리귀신 아닌 사람이 어대 잇겟늬? 그들에게 의리를 구한다는 것은 무리한 일이지. 돈 잇는 자 처노코 사람다운 것이 멧치나 되늬?』

하고, 아버지는 다시 기침을 시작한다.

『아이구! 가슴이 터지는 것 갓다. 그 물 좀 다우.』

겨테서 쓸데업는 말을 오래 짓거리어 환자를 흥분시키는 것이 안 된 듯하야 그대로 병실을 나와 다시 자긔 방으로 들어왔다. 아모리 생각해도 자긔 아버지는 회춘할 것 갓지 안햇다. 그는 여러 가지로 아버지 사후의 일을 생각하얏다. 역시 입히 캄캄하얏다.

거의 한 시간이나 책상 압헤서 생각을 게속하얏스나, 역시 신통한 도리가 업섯다. 자긔가 시집을 가거나, 그러치 안흐면 직업을 붓들거나, 이 두 가지 중에 한 가지를 안코는 살아갈 수 업는 형편이엇다.

이와 가티 한참 공상에 깁흘 때에 영숙이가 차저왓다.

그는 방안에 들어서며 혜영의 두 손을 덥석 쥐며,

『그 동안 고생 퍽 햇지, 언니!』

혜영이는 참으로 반가웟다.

『내야 무슨 고생! 집에 아무 일 업섯지? 어머니도 잘 게시고, 동생들도 다 잘 잇고?』

『어쩌면 아무 소문도 업시 그대로 나왓수?』

『소문내 뭘 해! 갈 때도 아모 말업시 갓스니까, 올 때도 슬거머니 와야 하지.』

하고, 혜영이는 빙그레 웃엇다. 집에 들어온 뒤에 처음 웃는 미소이엇다.

『아버지 병세는 좀 어쩌세요?』

하고, 영숙이 뭇는다.

『암만 해도 회춘이 되기 어려울 것 가타. 그리고 잣구 비관을 하세요.』

『그야 그러하시겟죠. 그건 언니가 잘못햇서⋯⋯.』

『내가 잘못? 여긔에는 잘과 잘못이 업슬 것 가태⋯⋯.』

하고, 혜영이는 잠간 생각하얏다.

—(97), 『매일신보』, 1932. 1. 27

급보 (9)

그러나 영숙의 잘못이라는 충고가 반듯이 그릇된 일이라고 혜영이는 생각지 안햇다.

춘식이와 결혼을 하얏드면 이와 가티 집안이 파산은 아니 하엿슬 것이오, 딸해서 아버지의 병이 중태에 빠지지도 안햇슬는지 알 수 업는 일이엇다. 자긔가 멀리 동경으로 가서 고생을 하지 안코 학업을 그대로 게속하엿슬 것이다. 결혼을 하지 안흘 생각이 잇섯다 해도 그 뜻을 표시하는 방법이 극히 졸렬한 것은 사실이엇다. 분명한 태도를 보이지 안코 거저 슬적슬적 미루어 가다가 어쩌한 긔회를 보아서 불의에 발표를 하얏드면 목전의 화는 면하얏슬는지도 알 수 업는 터이엇다. 쓸대업는 열정에 끄을리어 집안은 파멸해도 자긔네의 순정만 직히면 그만이라는 청교도의 긔분을 리해하는 사람이라면 모르되, 그러치만 물질의 생활을 편중하야 잘 먹고 잘 입고 잘 쓰는 것만이 영광스러운 생활로 알고 잇는 사람의 눈으로 보아서는 들어오는 복을 박차버리는 어리석은 행동으로 밧게 생각되지 안흘 것이다. 이러한 사람들이 자긔의 행동을 글타고 생각하는 것도 그럴 듯한 일이엇다. 이보다 한층 더 놉게 생각하야 돈 만흔 자를 리용하야 자긔의 생활을 안정한 뒤에 대가를 정조로만 제공치 안흐면 그만이 아니냐 하는 생각도 업지 안햇다. 자긔의 행동과 수단 여하로 이만한 일은 충분히 성공할 수 잇섯슬 것이다. 그런데 그것쯤을 실행할 담력과 수단을 갓지 못하야 오늘 이와 가티 참상을 니르게 한 것은 필경 자긔 자신이 못 생기엇다는 것을 폭로시킨 것 뿐이엇다.

그러나 비록 못 생기엇다는 말을 들을지언정, 수단으로써 영화를 어든 잘난이라는 말은 듯고 십지 안햇다. 오늘 이러케 된 것을 혜영이가 결코 후회는 안햇다. 후회한 것은 다맛 한 가지이엇다. 병호와 가티 평범한 남자를 경골한(硬骨漢)으로 잘못 본 것이엇다.

『춘식이와 결혼을 하시구려.』

이것은 사랑하는 사람에게 일시의 롱담으로도 못할 말이거든, 하물며 일신상의 큰 문제를 가지고 자긔네의 거취를 한숨으로써 상의하는 중요한 째에서랴. 영원히 저주바들 비겁한 말이엇다. 더구나 짠 녀자와 사랑을 하는 중이라는 데야 더 말할 것이 뭣이랴. 그러나 지난 일은 어쩌케 되엇든 간에, 긔회 잇스면 한 번 만나보고도 십헛다. 여긔에는 혜영이도 자긔 자신에 어쩌한 모순이 잇는 것을 발견하얏다. 그러케 밋고 생각이 잇스면서 만나보고 십단 생각은 웬일일까? 참으로 알 수 업는 일이엇다. 집안 일로 돌아오면서도 생각은 각금 병호에게 달아갓섯다. 한참 동안 아모 말업시 생각하는 혜영의 얼굴을 역시 아무 말업시 안저서 물그럼이 바라만 보든 영숙이는 미안한 생각이 낫다.

『그야 언니만 잘못 되엇다는 말은 아니죠. 누구든지 그런 경우를 당하면 하는 수 업겟죠.』

변명 비슷한 말을 하얏다.

『아니 그건 그러치 안하. 다른 사람 가트면 아마 가튼 행동을 취치 안 햇슬 것이니까. 모다 행복스러운 몸이 되엇겟지.』

하고 혜영이는 쏘 다시 미소를 븨엇다. 그리고는 쏘 생각에 침혹되엇다.

『언니! 그이 소식 혹 들엇소?』

『그이라니?』

『앗다 병호 씨 말슴이야요.』

『오늘 아츰에 온 사람이 소식을 들을 수 잇슬라구.』

영숙이가 별안간에 뭇는 말이지만, 그 말 속에도 쯧이 잇는 것 가티 들리엇다. 자조 불유쾌하얏다. 그러나 병호의 소식만은 자긔가 먼저 물어볼가 하든 차이엇다.

—(98), 『매일신보』, 1932. 1. 28

급보 (10)

『그 동안 병호 씨와 서신 왕래나 잇섯나요?』

하고, 영숙이는 다시 물엇다.

『집안에도 소식을 전치 안흔 내가 병호 씨에게 통신을 할라구. 생각해 보면 알 일 아니야.』

혜영이는 자긔와 병호와의 관계를 알아보고 서두는 것이 마음에 족음 이상한 생각이 나 흥미 업는 대답을 던지엇다.

영숙이는 병호가 화성이란 녀자를 더리고 진고개로 산보하든 것과 화성이가 경성 안에서 아주 유명하다는 것과 그 뒤에도 자조 두 남녀가 상종하는 것을 목격하얏다는 것을 말한다. 그리고 화성이는 『동방시론』 녀긔자로 문명(文名)이 놉다는 것을 더욱 힘 잇게 말한다.

혜영이는 이런 말을 듯는 것이 자못 불유쾌하얏다.

『영숙이! 인젠 그런 말이랑 그만해 두어요. 그런데 이번에 돈 이백원을 부처 주엇지? 영숙에게 그런 큰 돈이 업슬 터인데…….』

『내게가 무슨 돈이 잇섯겟소. 언니 편지를 보고 바로 아젓씨께 와서 말슴을 엿주엇섯죠. 그랫드니 언니 니름으로 된 은행의 예금통장을 내주시겟지. 우선 이백원 차저서 부치고, 통장은 네가 잘 맛터 두라고 하시겟지요. 그래서 그 동안 그 통장을 내가 보관하여 가지고 잇섯소.』

하고, 영숙이는 핸드쌕을 열고 도장과 함끠 은행 통장을 내놋는다.

혜영이는 웬일인지를 몰라 통장을 자세히 보앗다. 분명히 자기 이름이 씨어 잇다. 이와 가티 돈으로 곤난을 당하는 아버지가 짤을 위하야 예금을 하여 두엇다는 것은 혜영으로서는 천만 의외의 일이엇다.

다시 통장을 펴보앗다. 액면 삼천원에 지불이란 이백원 뿐이다. 이제 돈 이천팔백원이 남은 셈이다. 지금까지의 호화롭게 지나든 그 생활로 보면 이것은 한두 달의 용ㅅ돈박게 아니 되지만, 오늘과 가튼 현상으로 보면 이천팔백원이란 그러케 적은 돈이 아니엇다. 그래도 자긔의 니름으로 이만한 살림을 모앗든이라, 장래를 준비하는 것이 죡음 달타고 생각하얏다. 아버지에게 새삼스러운 감사를 늣기엇다. 먼저 이 집을 써나자든 아버지의 말의 뜻을 다시 리해되엇다.

『영숙이! 좌우간 아버지를 뵈어야 하지?』

하고 닐어섯다.

영숙이도 짤하 니러섯다.

그들은 병실로 들어섯다. 아버지는 움벅 쩌진 눈으로 들어오는 녀자들을 바라보고 빙그레 웃는다.

『아젓씨 어쩌세요?』

『그저 그러타.』

『언니가 와서 인제는 걱정이 뇌이시지요?』

『내가 언제는 걱정햇늬?』

『괜히 걱정하시구도 안 하셋다구 하세요.』

『세상에 걱정 업는 사람이 어대 잇늬? 그만한 걱정은 걱정으로 생각지 안는다.』

혜영이는 아버지의 천연한 태도가 돌이어 전날의 만흔 걱정을 상증하는 것 가타서 머리가 숙으러젓다.

『어젓씨는 대범하시니까 그러치요. 언니 째문에 퍽 넘녀하신 줄을 누구가 모르는가요?』

『이애! 그런 소리는 그만 해구도, 그건 네게 잇지?』

아버지는 예금통장을 말하는 것 가탓다.

『지금 가지고 와서 언니 주엇서요.』

『그건 잘햇다. 이야 혜영아! 네가 앗가 말햇지? 집일 말이다. 어서 나가서 세ㅅ집이라두 잡으렴으나.』

『세ㅅ집이란요? 이 집은 어찌케 하세요?』

하고, 영숙이는 쯧박게 부탁에 뭇는다.

『너는 다 모르는 말이다. 지금 누어 잇는 것에 내것이란 하나도 업다. 이곳에는 잇기 실흐니 어서 속히 작정을 해라.』

『아부지! 아무 걱정말고 기다리서요. 지금이라도 곳 나아가서 작정을 하고 말 터이야요.』

하고, 혜영이는 영숙이와 다시 자기 방으로 돌아왓다.

—(99),『매일신보』, 1932. 1. 29

급보 (11)

자기 방으로 돌아온 혜영이는 영숙이와 집안 일의 정리할 것을 상의하얏다.

『이러한 째에는 퍽으나 외로운 생각이 나서 견듸지 못하겟서…… 사나이 동생이라도 하나 잇스면 오즉 조흐리.』

하고, 혜영이는 동긔간 업는 것을 한탄하얏다.

『언니가 그러케 외로운 생각을 할 째에, 아젓시나 아주머니의 생각은 오즉이나 고적하시겟소.』

하고, 영숙이는 위로를 한다.

『전에는 남의 동긔간 만흔 것이 그다지 부럽지 안트니, 이번에는 옵바나 동생이 어째서 업는지 몹시도 섭섭한 생각이 나서 견듸지 못하겟서…….』

그들은 어대로 | 195

『지금 그런 생각을 한든 무슨 소용이 잇나요? 힘 당하는 대로 집안일이나 잘 처리해야 되죠.』

『암만해도 나 혼자는 고적해.』

『그도 그러켓죠. 미들만한 애인이라도 잇스면 걱정을 해도 가티 할 터이니까.』

『다 소용 업는 말이야. 애인도 내 형편이 조핫슬 째에 애인이지, 내가 지금이라도 길거리로 나서 봐요. 애인이 어대 잇게 되나.』

『반듯이 그러치도 안켓죠. 정말 사랑한다면 가정 형편 가튼 것이 문제가 될나구요? 거짓 사랑이니까 그러하죠.』

이 말은 다시 혜영으로 하야금 병호의 생각을 니르키게 하얏다.

『사람을 거트로만 보아서는 정말 알 수 업는 게야. 작년 가을에 병호 씨와 함끠 창경원을 갓섯지. 그째에 그의 친구가 더리고 온 신녀성을 바라보는 눈치가 달르기에 족음 불쾌한 긔색을 뵈엇드니, 그 녀자는 변명을 하겟지. 그래서 나는 꼭 미덧지. 그째 그 녀자가 동생이 말하든 동방시론사 부인긔자라는 이야. 참으로 서로 사랑한다면 친구의 애인을 아마 횡령한 모양이야. 아모리 사랑은 서로 자유라 하지만, 친구의 애인을 횡령하는 그러한 의리 업는 이가 어대 잇겟서……..』

혜영이는 창경원 안의 모든 긔억을 다시 불러니르키어 가지고 자긔 스스로 분개하얏다.

『그러면 언니도 그 녀자를 보앗구료. 나는 모르는 줄 알앗지…….』

『보고말고. 안경을 턱 버틘 것이 아주 그럴 듯해서 정말 녀자 인테리 가티 보이든 걸 그래.』

『작년 세안에 끽다점에서 그들을 만나서 병호 씨가 나를 맛나서 언니의 소식을 뭇고 이야기가 족음 길어지니까 눈이 아주 샐죽해지든데요. 녀자는 모다 그러케 생각이 좁은가 봐요…….』

『그야 감정이니 할 수 업겟지. 남녀의 구별이 잇슬라구?』

『그래도 그러한 외면에 나타나는 감정을 속이지 못하나 봐요.』

『속이지 안는 만큼 녀자는 정직하다고 말할 수 잇쟌하? 족음도 후회할 것은 업서…….』

『그런데 집일은 대체 어쩌케 하려우? 언니 혼자 허기 어려우면 우리 아버지더러 잘 보삷혀 달라 해 볼가요?』

『감사하지만 이만한 일에 아젓씨에게까지 폐를 끼쳐서 말이 되나. 되든 못 되든 내가 어쩌케 귀정을 내볼 터야.』

이때에 녀하인이 『앗씨!』 하고 족음 갓븐 숨을 쉬고 혜영의 방 문을 연다.

혜영이는 쌈작 놀랏다. 병석에 게신 아버지의 병세가 변해서 그러지 안는가 하고, 가슴에서 무엇인지 쿵 소리를 치고 내려앉는 듯하얏다.

『웨 그래……?』

『저 손님이 오셋서요.』

『손님이 왓는데 웨 이러케 써들어…….』

『엇다! 그 손님이 오셋서요.』

『그 손님이 누구란 말이야.』

혜영의 눈에도 이상한 빗이 돌앗거니와, 영숙의 이마에 괴상히 녁이는 주름이 타나낫다.

『누구야……?』

『작년에 앗시허고 함꾀 동경에서 왓다는 남자 손님이야요.』

혜영이는 내려앉젓든 가슴이 울렁거리기 시작하얏다. 얼굴에는 족음 희프른 빗이 돌앗다.

—(100), 『매일신보』, 1932. 1. 30

급보 (12)

혜영이는 충동 바든 그대로 하면 현관으로 쮜어 나갓슬는지도 알 수 업섯다. 쮜어 나가서 어쩌케 할 것은 그에게 예정치 안흔 일이엇다. 속이 시원하도록 욕을 하얏슬는지, 손을 붓들고 하소연을 하얏슬는지, 이것은 혜영 자신도 몰을 일이엇다. 그러나 혜영이는 마음을 돌으키엇다. 울렁거리는 가슴을 안정시키엇다. 그리고는 정색을 하여 가지고 하녀에게 물엇다.

『그이가 누구를 찻든?』

『영감마님 병환이 어쩌하신가 하구요. 잠간 뵈옵고 가시겟다고 해요.』

하녀는 이상히 녁이는 눈을 좌우로 둘르며 대답한다.
『누구를 뵈옵고 간다고 그래?』
『누구란 말은 안 해요.』
영숙이가 겨테서 말을 거들엇다.
『언니가 동경서 나온 줄 모르니까, 아마 병 위문을 하겟다는 말이겟죠.』
『얼핏 나가서 영감마님 병이 대단히 위중하세서 다른 손님과 면회를 못하신다구 엿주어라.』
이러케 말한 혜영의 얼굴에 희푸른 빗이 돌앗다.
녀하인은 그대로 현관으로 나아갓다.
사실 혜영이는 병호를 집안으로 인도하야 들이고도 십헛다. 그러나 자기 집안이 이와 가티 난마 상태에 빠진 것을 보이고 십지 안핫다. 세간에 부튼 집행표―자기 집의 몰락을 상증한 그 레텔을 볼 때에 그가 어쩌한 생각을 할 것인가. 쏘 한편으로는 이와 가튼 참상을 그에게 보이고도 십헛다. 이것은 모두 병호 너 째문이라는 것을 실지로 뵈어주게 됨이엿다. 만일 이러한 것으로 그가 다소간 량심에 가책을 밧게 되면, 이것도 오늘의 혜영으로서는 통쾌치 안타고 할 수 업섯다. 그러나 죽을 째에 죽을지라도 어대까지던지 버터보겟다는 혜영의 자존심은 보고 싶흔 병호를 그대로 돌이어 보냇다.
돌리어 보내기는 하얏스나, 마음은 끗업시 압헛다.
『언니! 아주 지독하구려. 온 사람을 어쩌케 그대로 돌려보내어…… 참으로 매삽구려!』
영숙이도 혜영이가 이와 가튼 쌀쌀한 마음의 소유자인지는 짐작 못하얏든 것이다. 물론 병호의 행동이 밉지만, 그러하다고 자기 부친의 병 위문 온 것을 문전에서 축출한다는 것은 보통 녀자로는 할 수 업는 어려운 일이엇다.
『내가 지독해……? 지독한 사람은 이 세상에 싸로 잇겟지.』
이러케 말하는 혜영의 얼굴은 먼저와는 반대로 상긔가 되어 눈창까지 붉어젓다.
『그이가 돌아가면서 퍽 섭섭하게 생각하얏겟소.』

『섭섭할 게 뭐야. 병 위문 왓다가 그 의사만 표햇스면 그만이지, 별 뭣이 쏘 잇나?』

『그래두…….』

『아마 내가 잇는 줄은 모르니까 인사만 치룬 것이 무던히 된 일이라고 생각할 걸 그래…….』

『그이가 그러케 몰르라구? 현관에 전에 업든 여자 신발을 보고, 녀하인의 행동을 보아서도 눈치를 채엇슬 걸 그래요.』

『눈치를 채거나 말거나 그걸 누가 알아. 쓸대업는 이야기랑 그만해 두고 어쩌케 집 이사할가 그 이야기나 하자구.』

이와 가티 혜영이가 말은 하얏스나, 그의 심사는 여간 혼란한 것이 아니엇다. 역시 붓드러 들이어 자세한 사정 이야기라도 들어보는 것이 사람이 사람을 사귀는 도리가 아닐까? 세상에 용납지 못할 큰 죄를 지은 자에게도 그가 어째서 그런 죄를 범하게 되엇다는 그 리유를 말할 긔회를 엄정한 법정에서도 주지 안는가? 하물며 어쩌케 되엇든 서로 사랑하는 사이가 아니엇든가? 그거 어쩌한 동긔에 어쩌한 리유로 그러케 되엇다는 것을 한 번 듯는 것이 인정의 쩟쩟한 일이 안일까?

전날은 어쩌케 되엇든 자긔 부친의 문병을 단일 정도이니, 그의 마음이 아즉 변하얏다고는 볼 수 업는 일이 아닌가? 만일 그러하다면 자긔의 지금 취한 행동이 넘우나 랭혹하다 하야도 변명할 수 업슬 일이다.

혜영이는 현관으로 급히 나아갓다. 그러나 병호의 그림자는 벌서 문 박게서 사라진 째이다.

—(101), 『매일신보』, 1932. 1. 31

눈보라 치든 밤 (1)

혜영의 부친 문병을 갓다가 문전에서 축출을 당하다시피 된 병호는 그대로 자긔 집을 향하얏다. 물론 병호는 혜영이가 자긔 집에 돌아온 줄을 알고 차저간 것이 아니엇다. 다맛 김 로인의 병세가 심상치 안타는 것을 들은 까닭이엇다. 월 전에 심방할 째에 응접실에 나와서 응대하든 김 로인이 이와 가티 래객을 거절할 정도라면, 그 병세가 그 동안에 얼마나 더친 것을 가히 짐작할 수 잇섯다.

　그러나 병호는 그 현관 안에 들어서며 즉각적으로 혜영이가 돌아오지나 안햇나 하는 의심이 낫섯다. 첫재 현관에 녀자 구두가 노인 것을 보고 짐작하얏다. 혜영의 것이라고 확실히 말할 수 업섯스나,. 엇잿든 눈에 익은 맵시가 아모리 해도 혜영의 것이 분명하얏다. 녀하인에게 차저온 쯧을 통하고 현관에서 기다리든 시간 전부를 녀자 구두 감정하는 데에 허비하얏다.

　병호는 녀하인이 안에 들어가기 전에 혜영의 귀국 여부를 물어보지 못한 것을 후회하얏다. 혜영이가 돌아온 것이라고 마음으로 단정을 하고 보니, 그의 가슴은 새로히 쮜엇다. 아모 말업시 그대로 들어가 볼가 망사리는 동안에 하인이 나왓섯다. 병호는 하인이 말을 내기도 전에,

『아갓씨 돌아오셋지…… ?』

『저…… 네…….』

　녀하인은 흥미 업는 대답을 한다.

　병호는 녀하인의 대답이 좀 이상하얏지만, 혜영이를 맛나보겟다는 깃븜에 아무로 올라설 듯한 긔세를 뵈엇다.

『령감마님 병세가 위중해서 오늘은 면회를 못하신대요.』

　하녀는 압을 막아설 듯한 형세를 보이며 말한다.

『누구가 그런 말슴을 하셔?』

　병호는 한 발을 다시 뒤로 내드듸며 말하얏다.

『아갓씨께서요.』

『누구가 왓다고 햇서?』

『작년에 동경서 함꾀 오신 젊은 손님이라고 햇서요.』

　녀하인이 전한 말이 사실이라면, 문전에 와서 찻는 이가 병호인 것을 총명한 혜영이가 몰을 리가 업다. 알고도 가만히 안저서 안 보랴는 쯧이 아니면 병 위문 왓다는 사람을 문전에서 축출하랴는 것은 반듯이 어쩌한 오해가 잇든지, 그러치 안흐면 그의 심경에 크다란 변화가 니러난 것만은 넉넉히 상상할 수 잇섯다. 그러나 병호는 역시 혜영이가 보고 십헛다. 그리하야 녀하인에게 자긔 이름을 대고 면회를 청하려 하얏다. 그러나 이

름을 대엇다가 쏘다시 면회를 거절당할 째의 자긔가 당할 모욕을 생각하니, 추근々 하게 다시 이름을 대고 만나보자는 것이 몹시 비겁한 듯하야 그는 두 말하지 안코 혜영의 집 현관을 나섯다.

나서기는 나섯스나, 그의 자존심은 여지업시 째트러지고 말엇다. 전신의 피가 머리로 치밀어 올랏다. 그의 얼골은 밝하케 되엿다. 압히 캄캄하야 발이 뇌일 자리에 뇌이지 안햇다. 그의 등에는 조소가 퍼붓는 듯하야 아모조록 걸음을 쌜리 하야 도망하는 사람처럼 혜영의 집을 나섯다. 그러나 녀자의 마음을 자긔의 마음으로써 상々한 것이 틀린 짓이나 아니엇든가? 그와 서로 면회도 아니 할 정도로 마음이 변하얏슬가? 서로 사랑하든 그째의 긔분이 업다 하야 면대조차 안할 것이 무엇일가? 더구나 서로 갈린 지가 사오 개월이 되지 안햇는가? 쏘한 차저간 사람으로 말하면 자긔를 귀치안케 하기 위하야 간 것이 아니오, 자긔 부친의 병 위문을 가지 안햇나? 사랑하든 사이로 부친의 문병 온 사람을 문전 축출을 할 것이 무엇일가? 자긔의 사려 업는 행동에 공명을 하지 안햇다 하야 그것이 그리 노여울 것이 무엇일가? 그러나 족음 틀리엇다 하야 그 반동으로 면회까지 거절하게 되는 것을 보면, 전날 혜영의 자긔에 대한 생각이 평범치 안햇다는 것만은 짐작할 수 잇섯다. 다맛 지나간 날의 단꿈을 추억할 째에 그의 얼굴에서는 다시 히프른 빗이 돌앗다. 병호는 새로운 현긔가 생기엇다.

그는 정신을 가다듬어 어느듯 박석고개를 걸고 잇는 자긔를 발견하얏다.
—(102), 『매일신보』, 1932. 2. 2

눈보라 치든 밤 (2)

혜영이는 집에 돌아와서 지난 하루가 한 달이나 가티 지리한 생각이 낫다. 하루 동안을 일분 시간의 안정도 업시 지나엇다. 첫 번 아버지의 초최한 형용을 대할 째로부터 나종 병호가 단이어 간 뒤까지, 그의 정신 상태는 큰 물결이 쒸노는 바다와 가티 소란하얏다. 그러나 그는 이러한 째일스록 정신을 가다듬어서 현실의 생활을 조종하여야 할 것을 알앗다. 거치러진 마음을 가다듬기에 하루밤 동안을 애를 썻다. 밤중에도 아버지의 병실에서는 고민에 못 견대는 기침 소리가 자조 들리어 왓다. 혜영이는 기침 소리에 눈이 쩌질 쌔마다 병실로 가서 아버지를 위로하얏다. 아버지는 혜영이가 잣구 오는 것을 민망하게 생각하얏든지, 그는 갓븐 숨을 쉬어가며

『너 지금것 자쟌햇늬? 나는 늘 이러한 사람이니 걱정 말고 좀 편히 쉬렴으나.』

하고, 한숨을 쉬엇다.

그리하야 새벽 갓가히 겨우 깁흔 잠을 니루엇섯다. 그가 눈이 쩌질 쌔는 벌서 열시가 갓가웟다. 그는 오늘 영숙이와 집을 잡으러 돌아다니기로 약속을 하얏다. 그러나 밧갓 날세가 몹시도 사나운 것 갓탓다. 눈이 한낫 두 낫식 찬바람에 날리엇다. 컴컴한 공중을 바라볼스록 몸이 스스스 썰리엇다.

혜영이는 바로 부친의 병실로 들어갓다. 부친의 병세는 전날보다도 오히려 낫버진 것 갓탓다. 인제는 아주 원긔조차 쇠한 모양이다. 힘 업는 눈을 써서 갓금 방안을 둘러보고는 알어듯기 어려운 한숨을 짓는다.

『의사가 아즉 아니 왓늬?』

멧 번이나 혀로 입술을 축인 뒤에 겨우 말한다.

『아즉 아니 왓나 봐요. 오늘은 좀 긔운이 어쩌하세요?』

하고, 혜영이는 목이 메이는 것을 억지로 참고 울엇다.

『오늘은 아주 말할 긔운도 업구나.』

하고, 부친은 쏘 물을 청한다.

혜영이는 부친에게 물을 드린 뒤에, 다시 자긔 방으로 들어왓다.

책상 우에는 어느듯 편지 한 장이 노여 잇다. 그 동안에 우편이 온 모양이엇다. 혜영이는 편지를 집어들엇다. 병호에게서 온 편지엇다. 그는 반갑기도 하얏고 미웁기도 하얏다. 어제 차저 왓슬 째에 필연코 자긔가 귀국한 것을 알고 돌아간 모양이다. 문전 축출을 당한 것은 물론 섭섭하얏겟지만, 쏘 다시 편지한 것을 보면 그래도 무슨 미진한 생각을 가지고 잇는 것은 짐작할 수 잇섯다. 혜영이는 이 편지를 밧는 게 올흘지, 아니 밧는 게 올흘지 몰라서 잠간 동안 주저하얏다. 그러나 문전 축출을 시키고, 그 우에 편지까지 돌리어보낸다는 것은 자긔의 도량 좁은 것을 넘우나

폭로하는 것 가타서 편지 것봉을 쩨엇다.

『댁에는 육신으로 병든 사람과 정신으로 병든 사람이 잇는 것 갓소이다. 너무 하십니다. 저는 육신의 환자를 위문갓다가 정신의 환자를 발견하얏소이다. 모든 것은 시간이 해결할 줄 압니다. 마음과 마음의 련결은 무엇보다도 굿세다는 것은 착한 사람들만이 살아가는 사회에서만 사용되는 문ᄉ자이겟지요. 여러 말하지 안습니다. 그 동안 알고 지나든 병호를 위해서 한두 시간만 난호아 주기를 바랍니다.』

간단한 중에도 여러 가지의 의미가 들어 잇섯다.

―(103), 『매일신보』, 1932. 2. 3

눈보라 치든 밤 (3)

혜영이는 편지를 들고 한참 동안 생각하얏다. 병호를 맛나는 것이 올흔지, 맛나지 안는 것이 올흔지 잠간 주저치 안흘 수 업섯다. 자긔의 감정 울어나는 대로 하면 좌우간 한 번 맛나는 것이 조타고 생각하얏다. 그러나 자긔의 집안 형편을 생각하고 병호의 한 일을 생각하면 그를 다시 맛나는 것이 썰허진 고민을 다시 주어 잇는 것이나 다름 업다고 생각하얏다. 역시 아니 맛나는 것이 올타고 생각하얏다. 혜영이는 편지를 책상 우에 힘업시 노앗다. 역시 편지 답장 씀은 써야 할 것을 모르는 바가 아니엇스나, 무어라 써서 조흘지 몰랏다. 이 일에 대해서는 족음 더 생각해 볼 필요가 잇다 하고 그는 세수를 하고 아츰밥을 간단히 맞추엇다.

열한 시가 갓가울 째에 영숙이가 차저왓다. 밧가테는 아즉도 눈이 한 낫 두 낫 내리엇다.

『오늘 집 보러 단이기로 아니 햇소? 그러면 어서 나서요.』

하고, 영숙이는 재촉을 한다.

『눈이 오는데 돌아단여도 관게가 업슬까?』

바람낏이 몹시 차고 눈이 휘날리는 날에 자긔의 집 엇기 위하야 친구를 거리로 쓸고 다니는 것이 미안한 생각이 난 까닭이엇다.

『괜찬하요. 우리는 눈이 오면 조하…….』

영숙이는 빙그레 웃는다.

『눈 오는 게 그러케 조하? 아즉도 어린애로군 그래.』
혜영이도 웃엇다.
『내가 그럼 어린애지 어른인가요?』
『일상 어린애야. 실상은 그러치도 안흐면서…….』
『정말 어린애야요…….』
『눈 오면 조타니, 그러면 눈이나 실토록 마저볼가?』
『그러면 어서 나갑시다 그려.』
혜영이는 병실에 들어가서 아버지를 본 뒤에 어머니에게 집 잡으러 가는 뜻을 말하고, 영숙이와 함꾀 자기 집을 나섯다.
이 눈 오는 날에 집을 잡으러 나설 줄이야. 평일에 상ㅅ도 못하얏섯다. 언제든지 양옥집 짜뜻한 자리 우에서 조흔 밥 고흔 옷으로 일상을 지날 줄 알앗섯다. 그러나 모도가 옛날의 꿈이엇다. 병든 아버지를 병석에 뉘어두고 집을 잡으러 다니는 불상한 신세가 되엇다고 생각할 째에, 혜영의 눈에는 눈물이 돌앗다. 그는 수건을 내어 눈을 씨섯다.
『웨 눈물을 내어, 언니!』
영숙이는 위로한다.
『아니, 찬바람이 부니까 별안간 눈물이 나서 그래.』
혜영이는 심약한 것을 아모리 친구이지만 뵈고 십지는 안햇다.
그들은 물론 방향을 정하고 나온 것이 아니엇다.
『어대로 가볼가요?』
『동대문 밧게나 삼청동이나 장춘단 근처로 가볼가?』
혜영이는 영숙이를 돌아다보앗다. 영숙이는 벌서부터 몸을 웅크리고 것는다.
『그러케 먼 데까지 갈 것이야 뭐야요. 이 근처에서 물어보지요.』
눈을 조화한다 하야 짤하서기는 하얏지만, 날시가 넘우나 험악하야 멀리 가기는 실헛다.
『이 근처도 조치만, 그것은 좀 안 되엇서…….』
혜영이는 힘업시 대답하얏다.
영숙이는 혜영이가 이 근처에서 집 엇기를 실허하는 쯧을 알앗다. 혜영이는 지금까지 양옥집에서 호화로운 생활하는 것을 이 원남동 근처ㅅ 사람이 다 알고 잇다. 그래서 부자ㅅ집 아갓씨로 그의 한 걸음 한 팔짓이 동리ㅅ사람들의 주목꺼리가 되어 왓다. 별안간 오막사리로 드나들게 되는 것을 그들에게 보히고 십지는 안햇다.

그리하야 그들은 동대문 박그로 나서서 여러 집을 찻게 되엇다.
　　　　　　　　　　—(104), 『매일신보』, 1932. 2. 4

눈보라 치든 밤 (4)

혜영이나 영숙이가 복덕방을 차저 다니기는 일평생 처음인 것은 물론이다. 영숙이는 집 잡으러 다니는 것이 처음이오, 또한 다른 사람의 일인 만큼 한 가지의 호긔심과 흥미를 가지게 되엇스나, 혜영이는 자긔 집안의 파멸로 말미아마 은둔할 처소를 찻게 되엇다는 실망과 비애가 압장을 선 만큼, 이와 가티 돌아다니는 것이 마음에 몹시도 실코 붓그러웟다. 그리하야 복덕방 아페 니르러서는 대개 영숙이가 거간들에게 말을 부치엇든 것이다. 그러나 영숙이가 주문하는 그러한 가옥은 적엇섯다.

그들은 복덕방의 간판을 차저 여러 곳을 헤매다가 한 곳에 니르럿다. 혜영이는 영숙에게만 교섭을 시킨 것이 미안한 생각이 나서 이번에는 자긔가 스스로 복덕방 문을 열엇다. 찬바람이 도는 방안에는 다 사윈 화로를 가운대에 두고 늙은이 둘이 담배를 피우고 잇섯다.

『이 근처에 빈 집이 업습니까?』

하고, 혀가 잘 돌아가지 안는 말로 물엇다.

복덕방 늙은이들은 눈 날리는 치운 날에 어엽분 신녀성들이 집을 잡으러 온 것을 너무나 괴상하게 녁이엇든지, 눈을 이상스럽게 껌벅이엇다.

『집이 업서요?』

하고, 또 혜영이는 물엇다.

뭇는 말에도 어대인지 어색한 곳이 잇섯다.

한 로인이 담배ㅅ대를 입에서 빼여 화로전을 드둘겨 털더니,

『집이야 더러 잇지오. 새로 들으실는지 사실는지 말슴을 하시죠.』

『전세로 들까 해요.』

세라는 말이 참아 입에서 나오지 안햇다.
『얼마 가량ㅅ자리가 소용이 되겟소?』
『방 서너 잇고 정결하면 얼마나 줄까요?』
혜영이는 용긔를 내어 물엇다.
『그러면 가보지요.』
하고, 혜영이는 문을 밧고 밧그로 나섯다.
거간은 쪼그러진 중절모를 쓰고 나선다.
혜영이와 영숙이는 그 뒤를 짤하섯다. 눈은 작고 퍼붓기 시작하얏다. 실골목을 북으로 한참 들어갓다. 이와 가티 교통이 불편한 곳에서 살아갈가 의심이엇다. 자동차는 그만 두고 인력거 한 채가 출입할 수 업게 협착한 길이다. 그러나 이것은 혜영이가 마음으로 문제를 삼지 안햇다. 이곳에 이사를 온다 해도 자동차나 인력거를 타게 될가가 의문이엇다. 들어가는 좌우 편 집을 보아서 그 가운데에 깨끗한 집이 잇슴 즉지 안햇다.
한참 동안 들어가는 거간은 어쩌한 집 대문 아페 서드니 사람을 불은다.
『집 보러 왓스니 안 좀 치우라고 말씀 엿주어라.』
족으마한 게집아이가 나와서 드러오라 한다. 거간은 손을 치며 불른다. 혜영이는 영숙이와 함끠 집안으로 들어섯다.
『아, 이것이 깨끗한 집이라구?』
하는 말이 혜영의 입가에 돌앗다.
너절한 세간이 이곳저곳 벌려 뇌여서 맘 노코 발 드릴 곳 업다. 마루와 기동에는 때가 다닥ㄱ 부터 잇다. 다맛 한 쪽으로 기울어지지 안흔 것만이 새집이라 할는지 알 수 업섯다. 이런 집에서 하루만 지나도 숨이 막힐 것 가티 갑ㅅ한 생각이 낫다. 거간은 아주 얌전하다고 집을 잣구 추키여 올린다.
『언니 엇대?』
하고, 영숙이가 뭇는다.
『글세……』
혜영이는 흥미 업는 대답을 하얏다.
『다른 집은 업습니까?』

혜영이가 집을 보고 문 밧게 나서면서 물엇다.

『쏘 잇죠. 그러치만 단 부부 지나시기는 너무 클 걸요?』

거간은 어대까지든지 단부부가 살 곳을 표준 삼은 모양이다. 혜영이는 다맛 고소할 뿐이엇다.

—(105), 『매일신보』, 1932. 2. 5

눈보라 치든 밤 (5)

혜영이와 영숙이는 복덕방 거간을 딸하 여러 군데로 집을 보러 다니엇스나, 마음에 드는 곳은 하나도 업섯다. 일긔나 조핫드면 다른 곳으로 다시 차저볼가 하얏스나, 낫이 지나서는 눈보라가 치기 시작하얏다. 찬바람이 온 거리를 휩싸돌아 눈도 달 뜰 수 업섯다. 전신이 싸늘하여저서 저절로 썰리엇다. 집 엇는 일은 스스로 단념하고 집으로 돌아오기로 하얏다. 혜영이는 새삼스럽게 슬픈 생각이 낫다.

『영숙이! 나 째문에 괜히 얼엇지?』

『얼기는, 이만한 치위가 아무러챤하요.』

『정말 안 되엇서. 집으로 얼핏 가서 몸이나 녹여야 되겟서…… 집으로 가자우.』

『글세요…… 언니도 늣겨 별 고생을 다하시는 구려.』

『늣게야 뭐야. 아즉 젊은 나더러…….』

『고생으로 늣쟌햇소. 지금까지야 세상 형편을 모르고 사셋죠.』

『세상 형편 안 것이 느젓다는 것은 말이 되지만, 늣게야 고생한다는 것은 말이 안 돼. 이제로부터 엇썬 고생이 쏘 닥처올는지 알 수 업스니까.』

『물론 이만한 일이 고생될 거야 업겟지만, 그래도 눈보라치는 날에 셋 집 잡으러 다닐 줄이야 누구가 알앗겟소. 언니 집일을 생각하면 참으로 쌕해 못 견듸겟서…… 어쩌케 하면 좃소?』

영숙이는 혜영이를 동정하야 한 말이지만, 혜영이는 감사를 늣기는 동시에 어쩌한 모멸도 아니 늣길 수 업섯다. 거저 아모 말업시 잠잣코 것기만 하얏다.

『언니! 너무 근심이랑 마시구려. 우리 형편보다 더 훨신 불행에 빠진 사람들이 이 세상에는 퍽으나 만흐니㉿…….』

영숙이는 위로하기 위해서 한 말이다.

『영숙이! 세상 사람들 중에는 내 형편 가튼 것을 돌이어 부럽게 생각할 이도 업지 안켓지만, 내 생각에는 나처럼 불행한 사람이 업슬 것 가테…….』

하고, 혜영이는 바람에 날리는 외투자락을 암으렷다.

『그럴 리가 잇나요. 세상일이란 모다 주관적이니㉿ 언니로서는 언니의 당할 처지가 제일 불행한 것 가티 생각이 되시겟죠.』

이러케 말하는 동안에 동대문 전차 정류장 아페 당도하얏다.

『언니! 우리 장춘단 근처로 다시 한 번 가볼㉿?』

『오늘은 이만 하고 래일이나 쏘 나서 보자구.』

혜영이는 이 이상 더 찬바람에 몸을 싸늘하게 시킬 수 업섯다.

족음 기다렷드니 전차가 나왓다. 빈차이다. 영숙이와 혜영이는 눈을 썰고 쿳숀에 몸을 던젓다.

『영숙이! 나는 이러케 생각해…… 영원히 유산게급 가정에서 향락 생활을 못하게 될 것 가트면, 차라리 일즉히 빈한한 가정에 태어난 것만 못하다고…….』

혜영이는 무엇인지 잠간 생각하다가 말하얏다.

『일시의 영화라도 누리고 십허 하는 사람은 만흔 이 세상에 별말슴을 다하시는군요.』

영숙이는 마음으로는 동감이면서도 혜영의 태도가 너무나 시들어 보이어서 일부로 말한 것이엇다.

『이 세상에서 녀자처럼 생활능력 적은 것은 업슬 것이야. 그런 가운데에도 부르조아 녀성들처럼 생활능력 업는 것은 업슬 것이야. 사회적으로 살아갈만한 힘이 업는 것처럼 생존을 경쟁하는 이 세상에서 불상한 것이 어대 잇것서…… 가만히 생각하면 어리석은 것은 녀자요, 불상한 것도 녀자인 줄 알아…….』

하고, 혜영이는 한숨을 지엇다.

—(106), 『매일신보』, 1932. 2. 6

눈보라 치든 밤 (6)

혜영이는 영숙이를 작별하고 전차를 내려 자긔 집으로 돌아왓다. 그는 얼은 몸을 녹킬 결을도 업시 아버지의 병실로 들어갓다.

부친은 딸의 돌아오기를 매우 고대하얏다는 듯이 힘업는 말로,

『어쩌케 되엇늬? 살만한 집이 잇든?』

하고 뭇는다.

『아모리 차저 봐도 살만한 집이 업서요.』

하고, 혜영이는 부친 겨트로 천々히 걸어갓다.

『업서…… 응. 네 맘에 들을 집이 좀처럼 잇겟늬?』

부친의 말에는 여러 가지의 의미가 잇서 들리엇다.

『언간만 해도 작정을 하려 햇지만요. 아주 고약해요.』

『세상집이 다 그러겟지. 집이란 가축할 탓이니까 잘 발르고 꿈여 노면 못 살 집이 어대 잇겟늬? 네 눈이 아즉도 놉해서 그러겟지.』

부친은 집을 잡지 안코 그대로 돌아온 것을 매우 섭섭하게 넉이는 모양이다.

『래일 쏘 나아가보겟서요. 오늘은 원악 일긔가 사나워서 맘대로 단일 수가 업서서 그대로 돌아왓서요.』

『집도 조치만 눈보라야 맞고 돌아단일 수 잇늬? 잘햇다. 날이 조커든 래일이라도 쏘 좀 도라단여 보렴.』

하고, 부친은 쏘 다시 안저서 말을 하는 것이 병인의 안정을 방해하는 것 가타서 자긔 방으로 돌아왓다. 병호에게서 온 편지는 책상 우에 던진 그대로 노여 잇다. 엇지함인지 다시 한 번 더 보고 십헛다. 그의 손은 무의식하게 편지 우으로 갓다.

『다시 보면 뭘 해…….』

혼자말로 중얼대고 그대로 노햇다. 역시 편지 답장 쯤은 하는 것이 올타고 생각하얏다. 그는 다시 자긔의 진심에 다시 물어보앗다. 아즉도 그를 이저버렷다는 대답은 나오지 안햇다. 그는 용감하게 편잔(便箋)을 들엇다.

『오래간만에 편지 밧자오니 반가운 마음 한량이 업습니다.』

이러케 쓰고 한 번 읽어보앗다. 무엇이 그대지 반가울가. 형식의 말 가타서 편잔을 찌저서 뭉처 휴지통에 너헛다.
『이전 날 차저주시고 쏘 편지까지 주시니 감사합니다.』
이러케 썻다. 차저온 것을 문전 축출을 하지 안햇든가. 보낸 편지에 증오를 늣기지 안핫든가. 거짓말 가타서 다 부비어 휴지통에 던젓다.
이와 가티 하야 부비어 던진 휴지가 휴지통에 반이나 찻다.
혜영이는 자긔의 마음이 넘우나 약한 것을 스스로 가엽게 생각하얏다.
역시 편지할 것도 업시 한 번 차저보는 것이 조타고 생각하얏다. 동방시론사로 별안간 차저가서 병호와 그의 사랑하는 녀자가 함끠 안저서 의조케 화평하게 사무 보는 장면을 보고 십헛다. 상상만 해도 영화의 한 러브씬이 눈 아페 나타나 뵈엇다. 혜영이는 자긔 자신의 어느 모엔지 보기 실흔 질투의 불길이 타올르는 것을 늣기엇다.
어쩌면 사람이 이러케 생겻슬가. 벌서 짠 녀자게로 다라난 산애가 아닌가. 그것을 다시 생각하는 것은 정말 못 생긴 짓이엇다.
이제부터는 한 친구로 맛나보면 그만이 아닌가. 거긔에다가 별다른 싸다라운 생각을 부칠 것은 족음도 업다고 생각하얏다. 이튼날은 집 잡으러 나가는 길에 병호를 차저보기로 마음을 먹엇다.
눈보라의 압 류리창의 부드치는 소리가 요란하얏다. 문 박게서 자동차의 싸일렌이 길게 울엇다. 분명이 누구인지 자긔 집을 자저온 모양이다. 혜영이는 귀를 현관 편으로 기우렷다.

—(107), 『매일신보』, 1932. 2. 7

눈보라 치든 밤 (7)

초인종이 요란하게 울엇다. 족음 후에 녀하인이 명함을 들고 와서 손님이 온 것을 고한다. 명함에 눈을 던진 혜영의 얼굴은 흙빗으로 변하얏다. 그리고 입술이 바르르 썰여보엿다.
성남은행 전무 리춘식이가 차저온 것이엇다.
대스체 이 세상에서 제일 뻔ㅅ한 것은 남자 가튼 것이 업다고 생각하얏다. 남의 집을 이와 가티 망처 노코 낫작을 들고 차저온 그 용긔에는 감복치 안흘 수 업섯다. 청혼은 햇다가 거절을 당하고 제 붓그러움에 못 이기어 황금의 힘으로써 복수를 하랴고 하든 춘식이가 어찌하야 자긔 집을 차저왓슬까?. 여긔에는 필연코 어쩌한 리유가 잇슬 것이라고 상〻하얏다. 저 자를 문전에서 그대로 축출할까? 집안에 들려 노코 리유를 따저서 봉변을 한 번 주어 볼까? 잠간 동안 결정을 못하고 주저하얏다.

병호를 들리지 안코 축출한 이 집에다 춘식이를 들이는 것이 좀 모순 갓기도 하엿지만, 혜영이는 단연히 손님을 응접실로 모시라고 녀하인에게 일럿다.

혜영이는 아버지 병실로 먼저 들어가서 춘식의 온 것을 알릴가 하다가 병인을 흥분시키는 것이 안 될 듯하야 그대로 응접실로 들어갓다.

춘식이는 커다란 여송연을 피어 물고 차압 네텔 부튼 안락의자에 걸어 안젓다.

혜영이 들어가자 그는 의자에서 몸을 니르키며,

『어제 오셋단 말슴은 들엇습니다. 아버님 병환은 좀 어쩌합니까?』

하고, 어조 정중하게 뭇는다.

『이 구리귀신! 뭘 하러 우리 집에 왓는가. 어서 물러가라.』

하고, 혜영이는 저주하는 말이 입가에 돌앗스나 그는 참앗다.

『오래ㅅ간만에 뵙습니다. 댁에 아무 연고 업스세요?』

하고, 혜영이는 천연한 태도로 물엇다. 의외로 침착하여지는 자긔의 태도에 혜영 자신도 놀라지 안흘 수 업섯다. 그러나 입술에는 갓금 가벼운 경련이 니러낫다.

『별 연고 업섯습니다.』

하고, 춘식이는 머리를 족음 숙인다.

머리 숙이는 데에 혜영이는 모멸과 증오를 늣기엇다. 짤하서 마음대로 한 번 놀려보고자 하는 호긔심이 무럭무럭 니러낫다.

『리 선생! 그 동안 돈 만히 모으셋서요?』

하고, 혜영이는 미소를 뵈엇다.

춘식이는 웃기만 하고 대답을 하지 안는다. 그는 벌서 눈치를 삷힌 모양이다.

『리 선생을 이런 데다 모세서 퍽 미안합니다.』

하고, 혜영이는 또 웃엇다.

『별말슴을 다하십니다.』

하고, 춘식이는 혜영의 얼굴빗을 살피엇다. 그는 혜영이가 발광이나 하지 안햇나 하는 의심이 낫다. 너무나 웃는 태도가 우스워 보인 까닭이다.

『그런 의자에 안저보신 일이 리 선생의 일평생에 처음이시지요?』

혜영이는 춘식의 얼굴을 찬찬히 들여다보앗다.

춘식이는 어쩌한 뜻인지를 몰라서 다맛 두리번거릴 뿐이엇다.

『좀처럼 명망이 잇는 사람이 아니면 안지 못하는 의자이랍니다.』

춘식이는 갈스록 그 뜻을 알 수 업섯다. 그리고 혜영이가 성치 안흔 녀자로 보이엇다. 그는 차저온 것을 후회하얏다.

『명예스러운 안락의자 우에 안즈신 황금의 신도신 리 선생에 좀 엿줄 말슴이 잇서요.』

혜영의 두 눈썹은 우으로 족음 올라갓다.

춘식이는 아무 말도 못하고 혜영의 얼굴을 바라보앗다.

『명예스러운 의자라 하니 참으로 명예스러운 줄 아십니까? 실상은 아주 불명예스러운 의자입니다. 자세히 보세요. 그 의자에는 강제집행표가 부터 잇지 안습니까? 성남은행 전무 리춘식 씨도 안즐 수 업는 명예스럽지 못한 안락의자입니다. 거긔에 안즈진 것이 실수입니다.』

하고, 혜영이는 쌀쌀 웃엇다.

—(108), 『매일신보』, 1932. 2. 9

눈보라 치든 밤 (8)

춘식이는 혜영이가 평소부터 이와 가티 매삽은 여자라고 생각한 일이 업섯다. 부자집ㅅ쌀로 잘 입기나 조하하고 잘 놀기나 조하하야 황금의 힘으로써 그의 환심만 사면 상대자의 모든 것을 자긔의 욕심대로 좌우할 줄 알아 왓섯다. 그러나 오늘에 와서 부치는 수작을 보니 아주 짠판이다. 무어라고 대답할 말이 업서ㅅ 얼굴빗이 프럿다 노렷다 할 뿐이엇다.

상대자의 얼굴을 찬々히 바라만 보고 안젓든 혜영이는 승리나 한 것 가티 버틔는 태도로 말을 내엇다.
『당신의 회사나 댁으로 이러한 물건을 옴기기 전에 미리 오세서 안저 볼 필요는 어대 잇섯든가요?』
춘식이가 오늘 혜영의 집을 차저온 뜻은 다른 것이 업섯다. 지금까지 자긔의 한 일을 일일이 변명하고 자긔의 혜영에 대한 욕심을 풀어보자고 한 것이엇다. 이러한 말의 단서가 풀려 나오기도 전에 혜영의 칼날 가튼 랭정한 태도에 어느듯 그는 간담이 서늘하여젓다. 그러나 아주 절망을 하고 그대로 돌아갈 담박한 것을 천성으로 가지지 못한 춘식이엇다. 그는 자긔 마음것 무엇인지 단단한 결심을 하얏다. 그의 얼굴에 그런 빗이 나타낫다.
『혜영 씨!』
춘식이는 게우 정중한 나츠로 불럿다.
혜영이는 대답도 업시 춘식의 얼굴을 바라볼 뿐이엇다.
『그러케 오해를 하시면 안 됩니다. 흥분한 김에 무슨 말슴을 못할 배가 아니겟지만, 당신의 지금 태도는 주인으로서 손에게 대하는 태도가 아닙니다.』
『손에 대한 주인의 태도가 틀렷다구요? 그럴 듯하신 말슴인데요. 그러치만 지금 형편으로는 주객이 전도되엇는데요?』
하고, 혜영이는 쏘 한 번 웃섯다.
『주객이 전도란요?』
춘식이는 되물엇다.
『첫재, 이 집이 당신의 것이죠? 그러고 세간이 당신의 것이죠? 저이들은 당신의 집에서 당신의 세간으로 살림을 하고 잇지 안하요? 사람보다 물건을 중히 녁이는 이 세상에서는 물건의 소유자 될 당신이 이 집 주인이 겟죠. 우리는 행랑사리하는 이들이 아닙니까? 제가 주인이라는 것은 천만의ㅅ말슴이지요.』
하고, 혜영이는 입술을 속으로 썰엇다.
춘식이는 말을 어쩌케 부치어야 조흘지 몰랏다. 그는 경성에서 일류 실업가로 사교장리에 만히 출입하얏다. 녀자로는 화류게의 녀성, 지식게급의 신녀성, 구식 녀성과 교제한 경험이 업지는 안햇다. 그러나 이와 가티 대ㅅ쪽을 짜개듯이 쩔ㅅ한 녀자를 본 경험은 업섯다. 쏘한 부하를 백여 명 부리고 수만은 채무자를 욱사리든 수단이 혜영의 압에서는 아무러한 권위가 업섯다.

『그런 것 쯤이야 잘 상의하면 어쩌케든지 잘 해결될 문제가 아닙니까? 더퍼 노코 먼저 흥분할 것이 업스니 랭정한 태도로 조용히 말슴을 하시는 게 어쩨습니까?』

혜영이는 춘식의 추근추근한 태도가 더 마음에 들지 안햇다.

『인제 와서 상의할 아무 것도 업서요. 우리가 오늘이라도 이 집 이 세간을 비어 노코 가면 그만인데, 상의할 일이 뭐야요?』

『좌우간 서로 오해가 잇스면 풀어야 할 것이 아닙니까? 어쩌한 리유로 이러케 되엇다는 것을 한 번은 설명할 의무가 저에게 잇다고 생각한 까닭에, 오늘 제가 차저 뵈오러 온 것이 아닙니까? 말도 듯기 전에 이러케 미리 흥분할 것이 뭣인가요?』

『어쩌한 리유인지 말하지 안는다고 몰을 바보도 아니니까, 말슴을 오래 할 필요도 업지요. 여러 말할 것 업시 그대로 돌아가십시요.』

—(109), 『매일신보』, 1932. 2. 10

눈보라 치든 밤 (9)

춘식이는 안젓기도 난처하얏고, 이러나서 나오기도 거북하얏다. 그는 더 좀 추근추근히 굴어서 혜영으로 하야금 지금의 흥분의 절정에 니르게 하고, 차차 절정에서 다시 내려 굴기를 기다리어 족음 안정된 째에 말을 내기로 결심하얏다. 그리하야 흥분된 혜영의 말은 들은 체하지 안코 짠 궁리를 하면서 담배만 픠윗다.

『미안합니다만, 어서 돌아가시죠.』

혜영이는 다시 재촉을 하얏다.

『가고 아니 가는 것은 제의 자유일 쁜 아니라, 혜영 씨는 나더러 가라 마라 할 권리가 업지 안습니까? 내 집, 내 방, 내 의자에 안젓는 걸 누구라 해서 가라마라 한단 말슴요?』

이것은 춘식이가 혜영의 주객전도라는 말을 역습한 말이엇다.

혜영이는 말이 막히엇다.

다맛 분ㅅ기운이 머리ㅅ끗까지 올라올 뿐이다. 지금까지 비교적 침착한 태도를 조소와 야유를 들씨우든 형세가 일변하야, 이번에는 혜영이가 군색한 처지에 빠지고 말엇다.

분에 겨운 눈물이 어느듯 혜영의 두 쌤을 적시엇다.

응접실 안의 형세가 자못 불온하야진 것을 혜영의 방에서 삷히고 잇든 모친이 문을 열고 들어왔다.

춘식이는 의자에서 몸을 벌덕 니르키어 머리를 공순히 숙이고 인사를 한다. 혜영에게는 그 인사하는 태도가 몹시도 미웟다. 능글능글하고 추근추근한 것이 미운 그대로 하면 얼굴에다 침을 배텃슬는지도 알 수 업섯다. 그러나 혜영이는 끌어오르는 분노를 참엇다.

『오래 간만이오. 우리 집 가튼 데를 차자올 째가 잇스나, 참으로 희한한 일이로구려!』

혜영의 모친 태도도 매우 심상치 안햇다.

『김 선생꾀서 병환이 대단하시다는 말슴을 듯고 위문도 겸, 쏘 짜님이 오셋다기에 인사도 겸 뵈오러 왓습니다. 대관절 김 선생 환후는 어써십니까?』

아주 침착한 태도로 춘식이는 뭇는다.

『감사합니다. 근심해 주신 덕택에 다 무사하죠. 그러치만 오늘 오신 것은 집행하여 둔 물건이 하나라도 업서지지 안햇나 그것을 살피시랴는 뜻이 아닌가요?』

혜영의 모친 역시 불쾌한 얼굴로 비꼬앗다. 춘식이 생각에는 저런 어머니가 저런 짤을 둔 것이 우연한 일이 아니라 하얏다. 그 어머니에 그 짤! 참으로 매삽은 생각이 낫다.

『천만에ㅅ말슴을……. 우리 두 집 새이에는 큰 오해가 가로막히어 잇습니다.』

하고, 춘식이는 혜영 모녀의 입에서 다시 말이 나올가 하야 한 손을 흔들어 상대자를 제재하면서

『제 말슴을 좌우간 듯고 그 뒤에 할 말슴이 잇스면 얼마든지 하시고, 또 꾸지즐 말슴이 잇스면 얼마든지 꾸지저 주십시요. 그때에는 제가 아무 말도 하지 안코 달게 밧겟습니다.』

이러케 달게 춘식의 태도가 비교적 진정으로 뵈어서 혜영이도 말을 중지하얏스려니와, 그의 모친도 잠잣코 잇섯다.

『이러케 된 것이 결국 말하면 제의 허물입니다만, 일에는 공사가 잇습니다. 이 댁 재산을 처분한 것은 성남은행이 한 것이오, 이 춘식이 자신이 한 것은 아닙니다. 이 점을 잘 량해하세야 합니다. 은행 정리상 아무러한 도리가 업서 이러케 된 것을 아신다면, 리춘식이만 그러케 몹쓸놈이라 하야 야속한 생각을 두시지 안케 될 것입니다.』

춘식이가 다시 말을 니르랴 할 째에, 혜영이는

『당신과 오늘 와서 이러니저러니 할 아무 것도 업스니까, 그러한 구구한 변명일랑 요다음 우리 집안 형세가 다시 회복되엇슬 째에나 해주십시요. 지금 거지 된 우리 집에 와서 그런 변명을 할 필요가 업겟죠. 우리가 달라 부터서 살려래라구 애걸을 하면 부호 리춘식 씨에게는 돌이어 구찬치 안 해요? 만이나 남기시고 어서 돌아가시죠.』

하고, 혜영이는 밧그로 나아갓다.

—(110),『매일신보』, 1932. 2. 11

눈보라 치든 밤 (10)

혜영이는 춘식이가 보기 실어서 밧그로 나오기는 햇스나, 귀가 엿튼 자긔 어머니가 사람 후리기에 능난한 춘식의 꾀임에 싸저서 자긔 집 체면을 아주 더럽히지나 아니 할가 하는 염려가 업지 안햇다. 그리하야 응접실로 다시 들어가서 춘식이를 돌려보날가 하다가, 첫재 자긔 자신의 흥분을 갈어안치어야 할 듯해서 자긔의 방으로 들어왓다.

『내 집, 내 방, 내 의자에 안젓는데, 누구가 가라마라 해?』

하든 춘식의 말이 자연히 뇌작이어젓다. 비록 자긔의 비꼬아 한 말을 역습한 일시의 괴변이라 할지라도, 이것은 분명히 자긔 집 전체를 모욕한 일이다. 그 거만스러운 태도를 어쩌케 하든지 중지를 하고 십흔 생각이 무럭무럭 올라왓다. 그러나 아무러한 도리가 업섯다. 자긔의 부친이 지고 잇는 부채 만흔 금액이 현재 자긔의 손에 쥐어 잇다면, 그 돈을 춘식의 낫작에 내부처 흐터 노코 그것을 줏는 광경을 웃음을 웃어가며 바라보고도 십헛다. 그러나 이것은 혜영의 오늘 형편으로 불가능한 일이엇다. 다른 방법이 업슬가 하고 생각을 계속하엿스나, 별로 신통한 대답을 엇지 못햇다.

춘식이는 혜영이가 나간 뒤에 말을 훨신 더 유순하게 하야 가지고 그의 어머니의 감정을 풀랴고 노력하얏다.

『앗가도 말슴한 바와 가티, 금번 두 집 새이의 갈등은 순전히 은행 관게로 그러케 된 것이니까, 그것을 섭섭하게 알으세서는 안 됩니다. 그 동안 저도 이번 일을 아무조록 화평하게 끗매즈래고 퍽으나 노력은 해보앗스나, 어대 세상일이란 마음대로 됩니까? 그래서 지금까지 한 번 와서 뵈옵지도 못하게 되엇습니다.』

『내가 집안 일이 어쩌케 된 걸 아우? 혜영의 부친이나 몸이 성하섯스면 좌우간 일이 귀정이 날 것을, 몃 달 병으로 신고하기 째문에 모다 일이 이러케 된 것이겟지오..』

혜영의 모친은 지금에 와서 이와 가티 자긔 변명에 애가 녹는 춘식의 흉악한 뜻이 어대 잇는지를 알지 못하얏다.

『저는 아주 이 자리에서 썰어 노코 한 말로써, 이번 일의 끗을 매질가 합니다.』

하고, 춘식이의 날카로운 눈초리는 혜영의 어머니게로 갓다.

『한 말로써 어쩌케 커다란 일의 끗을 멧는단 말요?』

혜영의 모친은 춘식이를 바라보앗다.

『저도 이 사회에서 체면을 보는 사람이니까, 내의 낫 쌕기는 일만 아니해주신다면 이 댁과는 전날이나 족음도 다름업는 친근한 관게를 계속하겟고, 영々 이 춘식의 얼굴에다 진흙질을 한다면 저도 사나인 이상 그대로 잇슬 수가 업습니다.』

춘식이는 제의 본심을 토파한 것이엇다.

『진흙칠을 하다니, 그게 무슨 말슴인가요?』

혜영의 모친은 춘식의 하는 말의 의미를 못 아라 들은 것이 아니지만, 그 위협하든 한 말에 반항할 생각이 문득 나서 그러케 짐짓 물은 것이엇다.

『다시 말하면 실업게에서 머리를 들고 다니는 리춘식이가 김 선생 댁에 청혼을 하얏다가 거절을 당하얏다는 명예스럽지 못한 말을 듯지 안토록 해달라는 말슴입니다.』

춘식이는 올 째부터 잔득 준비를 해 가지고 온 말이라, 서슴지 안코 말하얏든 것이다.

『나는 그런 말에 뭐라 대답할 수 업스니까, 혜영이 본인더러 말슴을 해보구려.』

혜영의 모친도 오늘 춘식이가 차저온 쯧을 인제야 확실히 알앗다. 물론 모친에 생각은 본래부터 혜영이가 춘식 집으로 출가하는 데에 반대가 업섯든 만큼, 오늘이라도 서로 감정을 풀고 이 집안 살림을 전과 가티 게속하고 십헛다. 그러나 그는 이런 일이란 자긔네의 명령으로는 어찌 할 수 업는 것을 알아서 본일을 끄집어낸 것이엇다. 본인더러 무르라는 어머니 말이 춘식에게는 아주 망녕 아닌 것으로 들리엇다.

사실 강제집행을 하야 혜영의 집안을 아주 극중에 썰허트리고, 그 약점을 잡아서 다시 혼담을 니르키면 그째에는 대개 성공이 되리라는 것을 춘식이는 미더 왓섯든 게획이엇다.

—(111), 『매일신보』, 1932. 2. 13

눈보라 치든 밤 (11)

자긔 방에서 여러 가지 생각이 깁허 가든 혜영이는 겨우 흥분된 머리를 다시 갈안치엇다. 생각이 단순한 어머니를 교활한 춘식의 겨테다 홀로 오래 안처 두는 것은 그의 달콤한 변설에 유혹당할 긔회를 제공하는 것 가타서 혜영이는 의자에서 몸을 니르켜 다시 응접실로 들어왓다.

춘식이는 웃는 얼굴로 혜영이를 바라보앗다. 그러나 일부로 맨들은 웃는 표정이라, 여러 가지로 부자연한 것이 그 얼굴에 열리엇다. 참으로 춘식이나 춘식이 가튼 종류의 사람에게서만 차저낼 수 잇는 묘한 상통이엇다. 혜영이는 구역이 날 듯이 속이 닝닝하얏다.

『혜영 씨! 일이란 조케 해결하여야 될 것이 아닙니까?』

춘식이는 이러케 말하고, 혜영의 모친을 바라보앗다. 구원을 청하는 표정이다.

『이제 와서 조코 납불 것이 뭣 잇나요? 벌서 다 해결된 문제를 지금에 와서 다시 말할 것이 업슬 듯한데요..』

하고, 혜영이는 자긔 어머니 겨트로 가서 안젓다.

혜영의 어머니 생각에는 이번이 자긔 집안이 갱생할 긔회로 생각되어 혜영이가 마음 돌리기를 마음으로 빌엇다. 그러나 혜영이는 누더기를 입고 박아지를 들고 거리로 나갈지라도, 저러한 자의 놀이개감이 될 수는 업다고 생각하얏다. 쏘 한 편의 춘식이는 자긔의 재산을 다소간 희생할지라도 자긔의 일허버린 위신을 찻고자 하얏다. 어쩌한 방법을 쓰든지 강제로라도 결혼의 승낙을 밧고자 하얏다.

이와 가티 이 자리 세 사람 생각은 각각 달랏다.

『지금 어머님께도 엿준 말슴이지만, 혜영 씨의 생각 하나로 량가의 화평을 누릴 수 잇스니 생각을 족음 돌르키는 게 엇더합니까?』

춘식이는 머리를 족음 숙인다. 혜영이는 숙어진 덜미에 춤을 배앗틀 생각이 낫다. 그러나 참앗다.

『여러 말할 것 업시 댁으로 그만 돌아가시는 게 어쩌합니까?』

어머니는 아무 멀업시 불안을 늣기는 눈으로 춘식과 혜영이를 번가라 볼 쑨이다.

『가라는 말슴을 안트라도 물론 갑니다만, 오늘 김 선생의 환후가 어쩌하신지 위문 겸 온 것이니 좀 뵈옵고 가겟소이다. 지금 말슴한 일을 이 자리에서 바로 결정하기 어려운 일일 터이니, 충분히 생각하세서 회답을 해주십시오..』

춘식이는 이러케 말하고, 다시 혜영의 모친을 향하야

『김 선생이 어데 계신지 잠간 뵈옵고 가겟습니다.』

하고, 병실로 인도하기를 청한다.

『안 됩니다. 우리 아버지는 제가 잇는 동안은 결코 보여드릴 수 업서요. 그런 생각은 그만두고 그대로 돌아가십시오. 병 위문도 서로 화평히 지날 째의 일이죠. 지금에 와서 무슨 일이야요? 독을 먹이고 약을 주는 그러한 친절에 감사를 늣길 우리 집안이 아니니까, 쓸대업는 호의랑 그만 보이고 어서 돌아가세요.』

혜영의 얼굴에는 서리가 맷친 것 가티 쌀々한 바람이 불엇다. 추근〈하든 춘식이도 몸이 으스스하엿다. 이 우에 다시 할말이 업섯다. 오늘 차저온 것을 쏘다시 후회하얏다. 그의 마음에 타올 것은 어써케 하든지 쏘 한 번 혜영의 집에 곤액을 한 번 더 던저보고 십헛다. 그의 니발이 저절로 악무러젓다. 일평생에 처음 당하는 모욕이엇다.

—(112),『매일신보』, 1932. 2. 14

눈보라 치든 밤 (12)

말도 부처볼 수 업시 쌀々하게 구는 혜영의 태도에 춘식이는 절망을 하고 그대로 돌아갓다.

『잘 생각해서 회답을 하오.』

하는 말을 멧 번이나 되풀이하고 갓섯다. 이것은 물론 위협하는 말이엇다. 만일 너의들이 내가 하라는 대로 하지 안흐면 거지가 되어서 길에서 방황을 하게 할 터이라는 협박이엿다. 그러나 혜영이는 족음도 무서운 생각이 업섯다. 돌이어 소위 은행가요 지식게급이라는 춘식의 치긔를 웃엇다. 한편으로 불상한 생각도 낫섯다. 돈만 잇스면 이 세상에서 못할 일이 업스리라고 미더 오든 돈에 대한 신앙이 쌔어질 째에, 그의 환변의 늣김이 얼마나 클 것을 상々한 까닭이엇다.

얼굴이 붉어진 채 아무 말도 하지 안코 혼자 현관으로 나아가든 광경이 눈에 써나지 안햇다. 참으로 통쾌한 생각이 낫다. 입에서는 째 아닌 웃음이 갓금 나왓다.

혜영의 어머니는 말을 입 박게 내지 안흐나, 춘식이를 그와 가티 망신을 주어서 내쏘처 노앗스니 래일이라도 그 보복이 올 것을 두려워하는 모양이엇다.

『어머니! 오늘 일이 걱정이 되어서 그러십니까?』

어머니는 아무 말도 업다.

『그런 걱정이랑 하시지 마세요. 이미 이러케 된 것을 어쩌케 합니까?』
혜영이는 어머니를 위로하얏다.
『이제 와서 새삼스럽게 걱정을 하면 뭘 하느냐, 그래도 압 일을 생각하면 정신이 앗질하구나.』
집안이 망하자 남편이 병드니 혜영의 어머니로서는 이러한 걱정이 업슬 수 업섯다. 그러나 혜영의 마음 하나로 온갓 일이 무사히 펴질 이째에, 혜영이가 고집을 부리는 것은 암만 해도 그 어머니게는 불평이엇다. 그러나 이 불평을 입 박게 내놀 째에 짤짜지 일허벌일 형세이니, 어쩌한 불만이 잇드라도 참지 안흘 수 업섯다.
『어머니! 저는 어머니의 마음을 다 알아요. 오늘이라도 어머니의 말을 순종햇스면 온갓 일이 잘 펴저서 아버지가 부원군의 팔자가 되실 것 가티 생각하시지만, 그건 잘못 생각하신 일이야요. 필경은 두 가지를 다 일허버리는 짓이야요. 우리 집의 조신까지 일허버리는 일을 못해서 걱정할 것이야 업겟지요.』
이러케 말하야도 어머니는 역시 아무 말이 업다. 혜영이는 어머니의 너무나 량해 업는 것을 속으로 웃엇다.
혜영이는 어머니보다 먼저 응접실을 나서서 아버지의 병실로 들어갓다.
『누구가 지금 왓다 갓지?』
하고, 아버지는 뭇는다.
족음 흥분이 된 듯한 긔색이 파리한 얼굴에 나타낫다.
『손님이 왓다 갓서요.』
춘식이가 병 위문을 왓다고 바로 대는 것은 일부러 병든 아버지의 신경을 자극시키는 일이엇다.
『어쩐 손님이란 말이늬? 올 손님이 별로 업는데.』
아버지는 이상하게 생각하얏다. 혜영이는 대답하기가 매우 거북하얏다.
『병호가 왓다 갓서요.』
이 집에 차저다닌 사람은 병호 밧게 업다는 까닭에, 혜영이는 병호가 왓다 갓다고 대답하얏다. 이보다 차라리 혜영의 입에는 병호라는 이름이 잇섯는지도 알 수 업는 일이엇다.

『병호 군이 왔다 갓서……. 이리로 좀 들어오라고 할 걸 그랫구나. 이지막은 한번도 차저오지 안트니 오늘 왓구나.』

부친은 아주 반겨 하는 모양이다.

혜영이는 병호 군을 지금도 자긔의 애인으로나 인정하고 잇는 아버지의 호의에는 감사를 늣기엇다. 그러나 병호가 지금에 엇쩌한 짓을 하고 잇는지 그것도 알 수 업시 한 병들어 누은 아버지의 처지는 참으로 미안한 생각이 낫다.

이째에 어머니가 들어왓다.

『여보! 병호 군이 왓다지? 저녁밥이나 대접해 보내지 그랫소?』

하고, 아버지는 기침을 쏘 시작한다.

—(113), 『매일신보』, 1932. 2. 16

눈보라 치든 밤 (13)

병호가 왓다가 돌아갓다는 남편의 말에 혜영의 어머니는 눈이 둥글해 젓다.

혜영이는 눈짓으로 어머니의 대답을 청하얏다. 아버지는 기침을 하느라고 눈치도 차리지 못하얏다.

기침이 끗나자 아버지는 신음하는 소리를 하고 다시 들어누엇다.

『아마 문병을 온 모양입데다.』

어머니가 쌀의 눈짓으로 이러케 대답은 하얏스나, 어찌 좀 어색한 곳이 잇서 들리엇다.

『나를 좀 보게 하쟌코 보냇수?』

그래도 돌려보냇다는 데에 대한 불평이 아즉도 남아 잇는 모양이엇다.

『글세. 집안이 너무 수수한 것 가트니까, 그가 미리 알아차리고 그대로 간 것 가태요.』

어머니는 서슴지 안코 대답한다. 혜영이는 자긔 어머니는 이러한 째에 보면 매우 림긔응변의 재조가 잇다고 생각하얏다.

『병호 군을 만나면 내가 꼭 헐 말이 잇섯는 것을 그랫구려.』

아버지는 맛나지 못한 것을 매우 유감으로 넉이는 모양이다. 혜영이는 쓸대업는 거즛말을 해 가지고 아버지의 마음을 괴롭게 한 것을 후회하얏다.
『그러케 걱정하실 것 뭣 잇소. 정말 일러둘 말이 잇스면 이 다음 올 째에도 할 수 잇고, 급히 할 일이면 좀 오라고 해도 관게 업슬 일이 아니오?』
어머니는 위로를 하얏다.
『오라고 할 수 잇스면 오라는 것도 조흔 일이야.』
『그러면 오라구 하죠.』
하고, 어머니는 혜영이를 바라본다. 네의 의사는 어쩌한가 하는 의미이엇다.
혜영이는 별안간 이게 웬일일싸 하고 속으로 여러 가지 이상한 생각을 하얏다. 그러나 병호를 오라는 것이 너무나 미안한 생각이 낫다. 전날 차저온 것을 문전에서 축출하고, 지금에 와서 다시 오라 하는 것은 사람을 대접하는 도리가 아니엇다.
『오늘 꼭 불러 보세야 할 일은 업쟌해요?』
하고, 혜영이는 어머니를 보앗다.
『참으로 전도유망한 청년이야. 내게 옛날과 가튼 재산이 잇섯드면, 그런 유망한 청년의 전도를 열어줄 것을…….』
하고, 한숨을 쉰다.
혜영이는 병호가 무엇이 그러케 전도가 유망해 보이는지 아버지의 쯧을 알 수 업섯다.
『그런 헛생각은 내어 뭣 하오. 돈 다 업세버린 오늘에 쓸대업는 말이죠. 짤 하나도 거지 노릇을 하게 맨들어 노코 남의 자식의 압 길을 걱정을 해서 뭘 하오..』
어머니는 평일에 자긔 남편에 대한 불평이 어느듯 폭발된 것이엇다. 평일에 자식도 업는 사람이 돈만 만히 모아서 무엇을 하오. 지금 잇는 재산으로 자본을 삼아 한 번 일확천금을 조흔 사업이나 뒷세상 사람을 위하야 하고 죽겟다는 남편의 결심을 들을 째에, 그는 절々히 반대를 하여 왓섯다. 쓸대업는 개간사업이니 무엇이니 그만 두고 생전에 남의게로 아쉬운 말이나 하지 안코 지나가도록 정신을 차리라고 멧 번이나 권하얏섯다. 그러나 아버지는 그것을 듯지 안 햇섯다. 그리고 혜영이를 위하야 다소간이라도 재산을 맨들어 두자는 주장을 할 째에는 그 아버지는 절대로 반대를 하얏다.

『쌀자식을 위하야 재산을 맨드러 두면 변々한 사위를 엇지 못하는 법이야. 쏙々한 놈 처노코 처가ㅅ집 재산을 노려볼 놈이 어대 잇슬라구 그리우. 그래도 제 안해 하나는 제 손으로 벌어 멕일 만한 놈이라야 되는 법이야.』

하고, 농담 겸 웃어버렷든 것이다.

어머니는 남편의 전일에 한 이러한 말과 병호 가튼 청년은 돈으로 뒤를 바치어 출세를 시키겟다는 말이 서로 모순되는 것을 알앗다. 당장에 오금을 박어주고 십흔 생각이 낫스나, 병든 남편의 마음을 거슬르는 것이 안 되엇다 하야 그대로 참앗다. 쏘한 병호를 어쩌한 쯧으로 후원하겟다는 것인지를 몰랏다. 사위를 삼자는 쯧인지, 거저 전도유망한 청년이라는 의미에서 그러함인지를 알 수 업섯다.

—(114), 『매일신보』, 1932. 2. 17

눈보라 치든 밤 (14)

밤이 들자 박갓테는 바람 소리가 더욱 요란하얏다. 갓금 단々히 다처둔 유리ㅅ창이 썰々거리고 울엇다. 문틈으로 새어 드는 찬바람에도 전신이 으스스 썰리엇다.

아버지의 병세는 저녁 이후로 별안간 변하야 열이 훨신 올라갓다. 갓금 혼수상태에 빠저서 인사도 차리지 못하얏다. 눈보라를 무릅쓰고 혜영이는 의사를 마자 왓다.

의사는 와서 진찰을 하드니, 아무 말도 업시 입맛만 쩍々 다시엇다.

혜영이는 벌서 눈치를 차리엇다. 암만 해도 아버지는 회춘을 못하시나 부다 생각하니, 압이 캄々하고 가슴이 멍멍하얏다.

의사는 응접실로 들어와서 비롯오 아버지의 병세가 아주 중태에 빠젓스니, 오늘밤을 대단히 경계하여야겟다는 것을 말한다. 그리고 오늘 특별히 환자가 흥분되엇든 일이 업는 것을 뭇는다. 흥분된 일은 아무 것도 업섯다. 병호가 다녀갓다는 것이 그러케 흥분될 리는 업섯다.

혜영이는 아무 것도 흥분될 일이 업섯든 것을 말하얏다.

『오늘 저녁을 무사히 넘기기가 좀 어려울 형편이니까 겻흘 써나지 마시오.』

하는 의사의 두 번채 부탁에 혜영이도 눈에서 눈물이 소삿다.

그러나 혜영이는 모든 것을 운명에 맛기는 수밧게 별도리가 업섯다. 마음이 수란한 가운데에도 부친 사후의 일을 생각하얏다. 부친에게 미안한 것은 어서 집행 부친 침대를 써나자 하든 그만한 소원도 풀어들이지 못한 것이엇다.

『암만 해도 회춘을 못하시겟습니까?』

하고 혜영이는 물엇다.

『사람의 운명이란 알 수 업스니까 기적적으로 회생이 되실는지 그건 알 수 업지만, 지금 상태로 보아서는 암만 해도 어려울 것 갓습니다.』

의사는 대답하기 미안한 태도로 이러케 말하얏다.

『그러치만 걱정하실 것은 업습니다. 저런 중태에 잇다가도 다시 회복되는 수도 업지는 안흐니까요.』

의사의 위로하는 말이엇지만, 그래도 혜영과 그의 어머니게는 일루의 희망이 되엇다.

『선생님! 오늘 저녁에 족음 게서주서요.』

하고, 혜영이는 간청하얏다.

의사는 족음 생각하드니,

『그러케 합죠.』

혜영이는 족음 든든한 생각이 낫다.

그리하야 세 사람은 병실로 다시 들어갓다. 억지 혼수상태에 싸저서 갓분 숨을 쉬일 뿐이다. 의사는 가방을 녈고 주사긔를 내엇다.

『인제는 주사의 힘이나 빌어보는 수밧게 업소이다.』

하고, 환자의 파리한 팔에 주사를 놋코 반창코를 뷔엇다.

그러나 주사의 반응도 그대지 업는 것 갓닷다.

밤은 잣구 김허가고 병인의 팔과 가슴에 반창고 부튼 것이 늘어갓다.

의사는 병자의 가슴에 귀를 대인다.

의사의 입에서 무슨 말이 떨어질 것을 상상만 해도 무서운 생각이 낫다.

갓쁜 숨소리가 이제는 다시 느저젓다. 그러고 창백하든 아버지 얼굴에는 핏긔운이 돌앗다. 그러고는 턱을 족음식 썬다.

혜영이는 병상 갓々히 가서 아버지를 불럿다.

아버지의 희미한 눈창이 힘업시 한번 돌앗슬 쑨이다.

의사는 다시 병자의 눈겁질을 뒤집어 반사경을 대이고,

『인제는 다시 영 가망이 업습니다.』

최후의 선고이다.

혜영과 그의 어머니는 한거번에 병인을 안엇다. 그러나 이것은 병인이 아니라 시체이엇다.

김영환의 생명은 집불 가티 사라저버린 것이엇다.

눈보라는 아즉도 박가테서 요란하얏다.

—(116), 『매일신보』, 1932. 2. 18

운명의 작란 (1)

병호는 아츰 일직히 동방시론사로 출근을 하얏다. 그 달 편집이 밀리엇슬 쑨아니라, 자긔의 담당한 긔사를 아즉 착수를 하지 못하야 오늘부터는 외근을 하게 되엇다. 화성이는 사오 일 전부터 신병으로 결근을 하는 중이엇다. 사실 잡지가 느진 것도 화성이가 결근한 까닭이엇다.

윤 주필의 원고 재촉은 평일보다도 더 심해젓다. 그쑨 아니라 원고 채택에도 매우 까다러워젓다. 이와 가티 유쾌치 못한 잡지사 긔자 생활을 하는 것보다 차라리 집에 들어안저서 충분히 읽고 충분히 쓰고 십다고 하얏스나, 병호의 오늘 처지로서 도저히 할 수 업는 일이엇다. 아프든지 쓸이든지 얼마 동안은 동방시론에 헌신하는 수박게 별도리가 업섯다. 이러한 가운데에도 윤 주필이 별안간 까다라워진 리유를 도저히 알 수 업섯다. 혹 화성이와 새이가 너무 친근하니까 그것을 시긔해서 그러함이나 안일까 하는 의심도 하여보앗지만, 그래도 이 사회에서 내노라하고 써들고 지나는 윤 주필로서 자긔의 부하의 남녀 새이를 의심하야 시긔할 리야 잇나 하고 자긔의 쓸대업는 상상을 스스로 말소하기에 로력을 하얏다.

이것은 제법 오래 동안을 계속하든 병호의 불안이엇스나, 수일 전부터 그에게는 새로운 의심이 또 하나 생기엇다.

혜영의 집에서 문전 축출을 당한 뒤에 그는 섭々한 마음을 이기지 못하야 편지를 하얏다. 이 편지는 결국 혜영의 본심을 한 번 시험하고자 함이엇다. 그 편지 답장은 하루를 지내어도 오지 안햇다. 만일 답장을 한다면 별로 생각을 할 것도 업시 그 자리에서 쓸 수 잇는 것이엇다. 아무 말업는 것은 필연코 짠 곡절이 잇는 일이라 생각하얏다.

이러한 생각이 그를 괴롭게 한 이후로는 원남동 길을 전차로 지나든지 걸어서 지나든지, 혜영의 집이 그대로 보이지 안햇다. 혜영이가 출분한 이후로 물론 아무러한 관심이 업시 그 집 아플 지낸 일이 업지만, 그때에는 별다른 고통에 갓가운 미운 의심은 업섯스나, 오늘에 와서는 한 가지 저주까지 보태어젓다.

바로 눈보라치든 날 석양이다. 병호는 시론사를 나서서 두어 군대의 부탁한 원고를 차저 가지고 지기 집으로 돌아오게 되엇다. 역시 전날과 맛찬가지로 황교 정류장을 지나면서 혜영의 집을 바라보앗다. 거기에는 문 아페 새 자동차가 노엿다. 언제인간 한 번 언듯 본 듯한 자동차 번호이다. 그 집에 웬 자동차일까 하는 의심에 못 이기어 병호는 제대의원 정류장에서 전차를 내려 다시 원남동 편으로 향하얏다. 혜영의 집 어구에 이르자 자동차는 폭성을 남기고 큰길로 달아나왓다. 자동차 안의 안젓는 사람을 볼 때에 그는 아니 놀날 수 업섯다. 그 안에는 혜영이가 결혼하기 실타고 집안에 평지풍파를 니르키든 성남은행 전무 리춘식이가 들어 잇지 안흔가. 병호는 처음에는 자기 눈을 의심하얏다. 그러나 아무리 보아도 리춘식이다. 저 자가 어찌하야 또 다시 혜영의 집에 출입을 하게 되엇슬까? 일전에 축출을 당하든 일과 오늘의 리춘식이가 차저오게 된 것을 어울러 생각하면 모든 의문이 해결도 되엇지만, 병호의 감정은 그러케 대담을 부인하고 십헛다.

이와 가튼 생각의 한 편에는 절망의 부르지즘이 자연히 나왓다. 혜영이도 역시 녀자이다. 필경은 황금의 우상 아페 머리를 숙인 것이 분명하다. 그래서 집으로 돌아온 것이오, 또한 자긔의 방문까지 거절한 것이다.

일시의 호긔심으로 사괴인 자긔 쯤이야 황금에 눈 어두어 혜영의 아페서 그 존재가 업슬 것은 돌이어 당연한 일인지 알 수 업다고 생각하얏다. 이와 가티 단념을 하랴는 로력이 그의 마음을 괴롭게 하얏다.

눈보라에 그의 몸은 싸늘하얏스나, 모든 생각에 그의 마음은 화산ㅅ속 가타서 어느 째에 걸은 긔억도 업시 박석고개를 넘게 되엇든 것이다.

―(117),『매일신보』, 1932. 2. 19

운명의 작란 (2)

그 전날의 조치 못한 긔억이 아참에 출근할 째에 아즉까지 남아 잇서서 전차 속에서 다시 한 번 혜영의 집 문전을 멀리 살피게 하얏다. 그러나 오날 아참에는 어제 노여 잇든 자동차가 보이지 안햇다. 힌눈이 곱게 쌔여 잇슬 쑨이엇다. 마음이 얼마큼 노이는 듯도 하얏다.

그러나 혜영이가 리춘식이를 만일 계속하야 자긔 집에 출입을 하게 하고 나종에는 결혼까지 하게 된다면, 이것은 분명히 자긔를 모욕하기 위한 행동으로박게 생각지 안흘 수 업섯다. 이와 가튼 잡염에 머리 속이 어수선하야 마튼 원고를 정리하기에도 짠 힘이 써젓다. 좌우간 밧가트로 돌아다니면 여러 가지 울작한 심회가 풀릴 듯도 하야 오늘의 외근 나가게 된 것을 마음으로 저윽히 위로를 삼앗다.

전날 밤의 눈보라는 하루ㅅ밤 동안에 전 경성시가를 정화를 시키엇다. 아참 해는 눈 우에 명랑하게 비최어 눈이 부시엇다. 골목골목에는 눈 쓰는 사람의 입김이 안개처럼 흘럿다.

병호는 명랑한 햇빗을 무릅쓰고 종로 네거리로 나섯다. 여러 사람의 웅크린 그림자가 눈 우에서 곱게 움직이엇다. 오늘 병호의 외근하는 용무는 조선 재게의 거두들을 방문하고, 피폐한 농촌을 어쩌케 해야 구제할 수가 잇느냐는 의견을 듯는 것이엇다. 이것은 물론 윤 주필의 의견이엇다. 지금 조선 재게에서 소위 거두로 자처하는 이들 중에 농촌 문제까지 연구해 본 사람이 멋치나 되지 못할 것 가타서 병호는 처음부터 여긔에는 반대이엇다. 찰하리 조선 안에서 행세하는 소장 론객들을 차저보고 그 의견을 듯는 것이 낫다고 생각한 까닭이엇다.

그러나 윤 주필은 실제 사회에 권위 잇는 사람의 의견을 들어보는 것이 쓸데업시 써드는 소장 론객보다 낫다고 하야 필경은 은행가를 차저보게 되엿섯다. 의견을 물을 사람 중에는 성남은행 전무 리춘식이도 한 자리를 메우게 되엿든 것이다. 다른 사람을 다 맛나보는 것은 병호의 호긔심을 도드게 하얏지만, 이 성남은행 전무만은 차저볼 생각이 적엇다. 그러나 이것도 사사가 아니오 공무인 이상, 개인의 가정을 초월하야 서로 공인으로 정당하게 맛나보는 것을 죽음도 치욕으로 생각할 것이 업다 하야 나오든 첫 걸음을 성남은행을 향하야 내드듸엿다. 불가불 리춘식이를 한번 만나보아야 할 필요가 병호가 늣긴 것은 혜영에 대하야 리춘식이가 지금 어쩌한 지위에 잇는 것을 살피고자 한 까닭이엇다. 물론 혜영의 집 아페서 춘식의 자동차를 발견하기 전에는 그를 굿센 사랑의 대적으로 생각지는 안햇섯다. 다맛 이 세상에 돈푼이나 가지고 녀편네라면 춤이나 홀리는 백치로만 알아 왓섯슬는지도 알 수 업섯다. 그러나 지금에 와서는 아모리 해도 혜영에게 대하야는 춘식의 존재가 자긔보다는 훨신 위대하지나 안흔가 하고 의심이 업지 안햇든 것이다. 그리하야 적개심과 호긔심이 춘식이를 첫 걸음에 찾게 한 것이엇다.

　병호가 은행을 차저가 거슬 것이 업섯다. 그는 서무부에 가서 명함을 내밀고 전무에게 면회를 청하얏다. 수부의 계원은 병호를 우알에로 홀터보고는 전부가 아즉 출근치 안햇다고 한다. 부득이 대답은 하는 모양이나, 깃버서 하는 대답은 아니엇다.

『언제쯤이나 들어오십니까?』

하고, 병호는 물엇다.

『곳 들어오실 듯합니다.』

행원은 대답을 한다.

　병호는 한 편 의자에 안저서 잠간 기다리엇다. 아츰 일즉부터 은행 창구에 사람이 만히 부터 잇는 것을 보니, 제법 영업 상태가 흥왕하는 모양이엇다. 역시 악착스럽게 굴지 안흐면 세상에서 일컷는 성공자가 못 되는 것인가 하는 생각을 새롭게 하얏다.

—(118), 『매일신보』, 1932. 2. 20

운명의 작란 (3)

　병호는 십여 분 동안을 기다리엇다. 다른 곳을 것치어 다시 차저올가 생각을 하고 의자에서 몸을 니르키자, 은행 하인이 나와서 병호의 명함을 보며 두리번거리어 사람을 찾는 모양이다. 병호는 니러나서 자긔인 것을 말하얏다. 하인은 압을 서서 인도를 한다. 병호는 하인을 짤하 전무의 방으로 들어갓다.
　춘식이는 웃는 얼굴로 병호에게 의자를 권한다. 서로 인사를 통한 뒤에, 병호는 차저온 요건을 바로 말할까 하얏다. 그러나 어찌함인지 병호의 얼골이 여러 번 다시 바라보일 뿐이오, 말은 잘 나오지 안햇다.
　춘식이는 병호가 평일에 상상한 것 가티 그러케 오만불손하지는 안햇다. 갓금 미소를 씌운 얼골로 말을 슬적슬적 걸치는 것이 사교에 매우 능난해 보이엇다. 병호는 이런 자와 섯불리 수작을 부치엇다가는 큰 망신을 하겟다 하야 마음을 돗으려 먹엇다. 그뿐 아니라 춘식의 태도에 어대인지 병호 자신이 어쩌한 사람인지를 알고 잇는 것 가튼 곳이 업지 안햇다. 탑골공원 안 자동차 속에서 어둠을 통하야 언듯 한 번 바라보고도, 오히려 그 긔억에 남기어 둘만큼 자긔의 존재가 춘식에게 관심되엇든 것이라 생각하니 불유쾌하기가 짝이 업섯다. 쏘한 병호 자신의 지금 처지가 만일 혜영의 입을 거치어 춘식에게 알리게 되지나 아니 하얏는가 하는 의심도 업지 안햇다. 잠간 동안의 복잡한 생각에 병호의 얼굴은 족음 붉어젓다. 공과 사를 분명히 가리어 가지고 방문을 온 그이지만, 말이 잘 나오지 안코 사사의 감정만이 압을 섯다. 자긔 마음의 아즉 유치한 것을 그는 스스로 웃엇다.
　『윤 주필, 이새에 잘 잇습니까?』
　하고, 춘식이가 먼저 입을 연다.
　『네. 잘 잇습니다.』
　병호는 이러케 대답을 하얏스나, 동방시론사의 주재자와 잘 알고 지낸다는 것을 첫 인사에 나타내는 것이 그 알에서 일하는 자긔를 업수이 녁이는 듯하야 불쾌한 생각이 업지도 안햇다.

『잡지가 이새 잘 팔립니ㅼ가?』

말 부치는 수작이 잘스록 상식적이다. 신문잡지 가튼 것도 한 개의 상품으로 그의 의식에 굿게 박인 것 가탓다.

『그건 자세히 알 수 업습니다.』

병호는 어색한 대답을 하얏다. 상대자에게 매우 무책임한 대답으로 들리엇다.

『그럿습니ㅼ가?』

하고, 춘식이는 다시 말을 내지 안는다.

잠간 동안 아무 말업시 안젓다가 병호는 자긔의 방문 온 요건을 말하얏다.

그러나 웬일인지 춘식이는 병호의 뭇는 말에 책임 잇는 대답을 피하얏다. 의견을 말한다 하야도 모다 평범하얏다. 외국에 가서 경제학을 전문하고, ㅼ또한 현재 조선 재게에서 은행가의 견식으로는 넘우나 천박한 점이 업지 안햇다. 거저 황금의 탈을 쓰고 분바른 녀성의 뒤나 쫏차다니기에 제일 적임자라 하는 경멸하는 생각이 무렁무렁 난다.

학문적이나 시사 문제를 가지고 말하는 것보다, 녀자나 화류게의 일을 재료 삼아 말하면 그에게서 철저한 의견을 들음 즉한 예상이 업지 안햇다. 오래 안저서 다른 말할 흥미는 업섯스나, 혜영의 일에 대한 말만 한 번 ㅼ쓰집어내고 십헛다. 물어보는 것이 물론 어리석은 일이나, 그래도 어찌함인지 알 수 업는 질투를 그의 얼골에서 늣긴 ㅼ까닭이엇다.

그리하야 말을 어쩌케 내일가 하고 잠간 동안 망사리엇스나, 암만해도 말이 입 박게로 나오지 안햇다. 병호는 자긔의 못 생긴 생각을 웃엇다. 녀자 하나로 자긔가 어리석은 사내가 되어서는 안 된다고 속으로 부르지젓다.

『넘우 실례햇습니다.』

하고, 병호는 벌덕 의자에서 니러낫다.

『더 좀 잠간 이야기나 하시죠.』

하고, 춘식이는 말린다.

춘식에게서 무슨 말이 나옴즉하얏다.

—(119), 『매일신보』, 1932. 2. 21

운명의 작란 (4)

『김영한(金英漢) 씨 댁허구는 어쩌한 과갈이 잇소?』

김영한은 혜영의 아버지이다. 혜영이와의 관계를 뭇지 안코 그의 아버지와의 관계를 뭇는 것을 보니, 사람 다루는 수단이 제법 숙련하다고 병호는 생각하얏다.

『아무러한 과갈은 업소이다. 거저 알고 지나는 사이죠.』

병호는 이러케 대답하고, 그 다음 뭇는 말을 기다리엇다. 필연코 혜영이와 어쩌한 관계를 가젓는 것을 물을 것으로 예상하얏다. 그러나 춘식의 뭇는 말은 병호의 예상과는 틀리엇다.

『영감님이 괜히 쓸데업는 욕심을 내어 가지고 조흔 재산을 업서버렷죠.』

춘식이는 은연한 가운대에 김영한의 개간사업에 착수하얏든 것을 비방하는 모양이다.

병호는 별안간 가슴에 불덩이가 치밀어 올라왓다.

『무엇이 엇재서 쓸데업는 욕심을 내엇단 말인가. 너의들 대금업자와 맛찬가지로 돈에서부터 나오는 리자로 호화로운 생활을 하는 것이 제일 영리하다는 말인가. 대소상업자나 중산계급의 고혈을 짜내는 것이 아닌가. 크다란 긔업가가 운수가 납브던지, 일시에 그들의 사려 부족으로 그 사업이 실패될 쌔에 그 전 재산을 차압하야서라도 밧기에만 급급한 그대들의 욕심에 비하면, 김영한의 쓸데업다는 욕심이 얼마나 신성한 줄 몰을 것이다. 그러한데 비방을 하고 조소를 한단 말인가. 참으로 우수운 일이다. 그대들과 가튼 소위 자본가는 김영한 가튼 긔업가 아페서 무릅을 쑬어야 할 것이다. 번잡한 말은 하지도 말라.』

이와 가티 나무라주고 십헛다. 그러나 참앗다.

『김영한 씨가 내신 욕심은 당연한 욕심인 줄 아는 걸요.』

하고, 병호는 춘식의 얼굴을 바라보앗다.

『그도 그러치만 아무 사업이든지 자긔의 력량을 생각하고 시작을 해야 할 게지, 더퍼 노코 벌려 노키만 하면 되나요? 무엇이든지 결과를 생각하여야 되겟죠.』

이와 가튼 춘식의 대답은 김영한에게 대한 춘식 자신의 태도를 변명하자는 전제인 것 가티 병호에게 들리엇다. 전날 혜영의 집에 간 것은 필연코 영한의 집 재산에 관게된 일이오, 결혼에 대한 이야기는 아닌 것을 희미한 가운대에서 차저낼 수 잇섯다. 병호는 마음이 얼마큼 노이엇다. 이러한 말을 춘식이가 내는 것은 병호 자신이 언론긔관에 잇는 만큼, 뒤날의 쓸데업는 소문을 퍼칠가 하는 위구에서 변명 비슷하게 나온 말인 줄을 알엇다. 그리하야 병호는 춘식이를 밧짝 추키어 들고 놀려주기는 제일 조흔 시긔라 생각하엿다.

『김영한 씨의 재산이 귀 은행에 전부 들엇단 말슴을 들엇는데, 그게 참말슴인가요?』

하고, 병호는 물엇다.

『들어 잇는 것은 사실이지만, 우리 은행도 김영한의 일로 해서 막대한 손해를 입엇지요.』

춘식이는 병호의 얼굴빗을 살펴 가며 대답한다.

『손해를 당해? 처음에는 크다란 욕심을 내엇다가, 그 욕심을 채울 수 업서서 손해란 말인가. 바들 것의 삼배나 오배를 밧지 못해서 손해란 말인가. 경매에 부치어서 채금 증수가 못 되게 되어 손해란 말인가가 하고 십흔 말이 입가에서 오락가락하얏다. 그러나 병호는 이번에도 쏘 참앗다.

『손해를 너무 보아서 안 되엇소이다. 그러한 위험한 사업에 돈을 내신 것이 실수이엇는지도 알 수 업지요.』

하고, 병호는 족음 조롱하얏다. 그러나 이 말이 상대자에게는 조롱으로 아니 들리고, 자긔를 동정하는 것으로 들리엇다.

『서로 친한 사이이니짜 리해를 불관하고 동정한 것이 그러케 된 것이죠.』

춘식이는 아주 태연하다.

『짠 욕심은 업스셋든가요?』

하고, 병호는 뭇고 십헛다.

—(120), 『매일신보』, 1932. 2. 23

운명의 작란 (5)

『서로 친하신 새이시면 아주 적극적으로 후원을 해주시는 데 어쩌하십니까?』

병호는 생각을 돌으키어 짐짓 이러케 물엇다.

『그럴 생각이 업는 것도 아니지만, 그런 사업이란 확실성이 업스니까 한이 잇는 재산으로 한이 업는 허비를 할 수야 잇나요? 그들이 실패한 뒤에 그들의 생활을 보장하는 것 가튼 것은 딴 문제이지만…….』

춘식의 대답은 매우 애매하얏다.

『사업에 실패하면 호의로써 생활은 보장할 수 잇다는 말슴인가요?』

병호는 한 번 뒤를 다지는 것처럼 물엇다.

『그도 경우에 딸하서 다르겟지요. 이곳에서 보내는 호의를 만일 저편에서 무시한다면 여긔서 귀태여 보장할 것이야 무엇 잇겟소?』

춘식의 말에는 깁흔 의미가 잇서 들리엇다. 그의 말하는 호의란 물론 서로 째지 못할 인연을 멧자는 것이엇다. 딴 사람으로 째지 못할 인연은 즉, 결혼을 의미한 것이엇다.

병호는 춘식의 이와 가티 태연히 안저서 하는 말에 말로써 표현하기 어려운 모욕을 늣기엇다. 춘식이가 자긔를 붓들고 이와 가티 말하는 것은 계획적으로 자긔를 모욕하자는 것이나 아니엇든가. 만일 그리하다면 병호 자신은 그의 계획에 썰어진 어리석은 자이엇다. 한 편으로 분하기가 싹이 업섯다. 그러하다고 이 자리를 분연히 니러날 수도 업섯다.

『호의를 무시한다는 것은 어쩌한 의미인지 알 수 업소이다.』

병호의 말소리는 족음 놉핫다. 춘식의 속으로 웃는 것이 눈에 나타낫다.

『여긔에서 지도라는 대로 듯지 안는 것이 즉, 호의를 무시하는 것이겟죠.』

『호의의 지도도 잇슬 것이오, 악의의 지도도 잇지 안켓습니까? 지도를 듯지 안는 것이 반듯이 호의를 거절하는 것으로 볼 수 업지 안습니까?』

병호는 춘식의 추근〈 한 태도가 더 괘심하얏다.

『악의로 지도하야 하겟소. 서로 조흘 일을 지도하겟지…….』

『서로 조흘 일을 지도해서 안 들을 리가 잇겟소? 한 편은 조치 안케 생각한 까닭이겟죠.』

병호는 물론 결혼만 하면 생활을 보장하겟다는 것을 알앗다. 그러나 덥허 노코 결혼만 하면 두 집이 서로 조흔 일이라는 것은 한갓 황금만으로 행복을 어들 수 잇다는 단순한 물질주의자의 천박한 신념이엇다. 병호는 마음으로 쏘 웃엇다.

『조치 안케 생각한다는 것이 고생할 장본이죠.』

춘식의 말하는 태도는 매우 랭정하다.

병호는 여긔에 안저서 오래 이야기하는 것이 필경은 모욕만 더 바들 듯하야 자리에서 니러섯다.

『잠간만 기다리십시오. 잠간 엿줄 말슴이 잇스니까.』

춘식이는 손짓으로 니러나는 병호를 억제하며 말하얏다.

『무슨 말슴입니까?』

하고, 병호는 다시 안젓다.

『이런 말슴을 뭇는 게 실례지만, 혜영 씨와 결혼을 하셋습니까?』

춘식이는 말도 더듬지 안코 례사로 뭇는다.

『이 색마의 중년 신사! 결혼을 햇스면 무엇을 하며, 결혼을 안햇스면 어찌할 테야!』

하고, 싸귀를 한 대 보기조케 부처줄가 하다가 병호는 쏘 참앗다.

『어째서 그런 말슴을 물으십니까? 저는 대답할 수 업소이다.』

병호는 분연히 대답하얏다.

『당신은 아즉 전도가 유망한 청년이시니까, 나는 진심으로 권고합니다. 당신이 정말 김영한 씨 댁 일을 걱정하고, 아즉 정식으로 그 집 딸과 결혼을 하지 안햇거든, 김영한 씨 집과는 인연을 끈는 것이 조흘 듯합니다.』

병호는 웃음과 분함이 한꺼번에 터저나왓다.

『이 뻔뻔한 색마 되아지!』

하고, 부르지지는 동시에, 그의 얼골에 침을 배스텃다.

—(121), 『매일신보』, 1932. 2. 24

운명의 작란 (6)

병호는 뒤도 돌아다보지 안코 성남은행을 나섯다. 그는 극도로 홍분되엿섯다. 그러나 속이 시원하엿다. 돈만 잇스면 세상 일이 제 마음대로 될 줄 아는 그 거만한 얼골에 침을 배아튼 것은 참으로 통쾌한 일이엇다.

그의 마음은 운우에 비최인 해ㅅ빗과 가티 명랑하얏다. 그러나 홍분된 얼골은 아즉도 붉고 호듯하얏다.

전차길을 가로건너서 다시 동방시론사로 왓다. 마음을 죠곰 진정시켜 가지고 다시 다른 재게 인물들을 방문할가 하얏다. 그러나 소위 재게의 거물이라 하야 첫 번 맛난 리춘식의 일을 생각하니, 엇전지 문둥병 환자를 차저단일 듯한 불유쾌한 생각이 낫다. 모든 것을 화성에게 미루고 자긔는 다른 일을 할가 하엿스나, 화성이가 아니 들어오는 이상 하는 수 업섯다. 직무에 충실하여야 할가, 감정에 충실하여야 할가. 물론 직무에 충실하여야 한다는 대답이 나왓스나, 감정은 허락하지 안햇다.

병호는 자긔 책상 아페 안서서 담배를 피어가며 한참동안 명상에 깁혓다. 울분을 풀고 난 뒤에 다시 차저드는 마음의 고적은 뭐라고 말할 수 업시 더 쓸々하얏다. 이때에 급사가 편지를 들고 왓다. 그것은 부고이엇다. 김영한이가 별세를 하얏다는 통지이다. 병호는 아니 놀랄 수 업섯다. 지금에 춘식이와 다투는 일이 다시 생각낫다. 사람의 운명이란 참으로 알 수 업다고 생각하얏다. 사업에 실패하고 가산까지 업서진 오늘에 그가 돌연히 세상을 써날 줄이야 참으로 예상치 못하얏다. 김의 집은 아주 고단한 집이다. 돈양이나 가지고 호화롭게 지난 째 가트면 이번의 상중에도 그러케 고적하지 안케 지날 것이겟지만, 집안이 망한 오늘 인심이 각박한 경성에서 혜영이가 얼마나 외로울까?

이러케 생각하니 병호는 안즌 자리에 안연히 잇슬 수가 업섯다. 그는 벌덕 의자에서 니러섯다. 그러나 맛튼 일을 제처 노코 혜영의 집으로 문상을 가는 데 올흔지는 알 수 업섯다. 거저 잇슬 수야 물론 업는 일이지만, 긴치 안흔 사람이 쮜어들어가는 것은 우슴거리가 되지나 안흘가. 춘식이가 그 집 초상난 것을 모르고 잇는 것을 보면, 그 두 집 사이가 자긔가 전날 그 집 아페서 나오는 자동차를 바라보고 상々한 것은 오해인 것이 분명하얏다.

그는 바로 종로로 쒸어나서 전차를 탓다. 원남동에서 전차를 내려 밧분 걸음으로 혜영의 집에 니르럿다. 문전이 고요하얏다. 상가 갓지 안케 뵈엿다.

혜영의 집만큼 큰 집에 초상이 난다면 조객의 걸음이 련락부절할 것이엇다. 그러나 출입하는 사람이 별로 업섯다. 병호는 현관으로 들어서며 초인종을 눌럿다. 족음 잇다가 혜영의 친구 영숙이가 나왓다.

『이건 뜻박깁니다.』

병호는 황망히 말하얏다.

『그러케 쉽게 당도할 줄은 저도 상々을 못햇서요. 이리로 들어오세요.』

영숙이는 매우 반가워하는 모양이다. 병호는 밧분 걸음으로 영숙의 뒤를 쌀하 응접실로 들어갓다.

혜영이는 의자에 안젓다가, 병호의 들어서는 것을 보고 힘업시 닐어선다. 병호는 무어라 인사를 하여야 조흘지 몰라 머리만 숙이엇다.

혜영이는 말보다도 눈물이 압섯다. 역시 머리를 숙이엇다.

병호는 형식이지만 혜영의 뒤를 쌀하가서 시체방 아페서 조의를 표하고, 다시 응접실로 들어왓다. 집안에 남자란 영숙의 집에서 보낸 중늙은이 하나쑌이엇다. 응접실 안 여러 세간에부터 잇는 차압 네델이 위세 잇게 김영한의 혼을 조상할 쑌이엇다.

—(122),『매일신보』, 1932. 2. 25

운명의 작란 (7)

병호는 여러 가지로 물어보고 십흔 말이 가슴에 갓득 찻다. 그러나 자긔들 개인 신상의 말을 물을 째가 아니엇다. 그러고 영숙이가 겨틀 써나지 안햇다.

혜영이도 하고 시픈 말이 물론 만헛다. 그러나 병호가 하랴는 말과는 그 의미가 달랏다.

병호는 혜영이가 자긔 집에서 붓잡는 자긔의 손을 뿌리치고 행々히 써난 뒤로부터 부친상을 당한 오늘까지의 지난 일을 일일이 알고 십헛다. 더구나 동경에 가서 멋 달 동안 방랑생활하든 것은 병호가 알지 못하야 답답증을 알튼 일이엇다. 물론 혜영의 그 동안 생활에 어쩌한 풍파가 잇섯다는 것은 대개 상상하얏다. 그러나 자긔의 상상이 틀림업이 마즐가 그것이 지금까지의 고통이엇섯다.

그의 상상은 이러하얏다. 혜영이는 춘식의 청혼을 거절하고 그 책임을 자긔가 지기 위하야 길동무 삼아 출분을 하랴다가 자긔가 듯지 안는 것을 분하고 섭섭히 녁이어 자포자긔의 행동을 하다가, 거긔에서 하는 수 업서서 본국으로 돌아와서는 춘식의 버려 노흔 그물에 걸리지나 아니 하얏슬가. 만일 그러하다면 병호로서는 자긔의 처지를 선명히 할 필요가 잇다고 생각하얏다.

혜영이는 병호가 자긔의 의사를 무시하는 것은 자긔 집안 사정도 잇섯지만, 한군대 쩨지 못할 사정이 잇서서 주저한 것이나 아니엇든가. 영숙의 편지와 경성에 돌아온 이후에 들은 소문을 종합하면, 짜로 사랑하는 녀성이 매일 책상을 마주하야 날마다 단꿈을 꾸고 잇는 줄로 알아 왓다. 그러나 자긔 집에 출입하얏다는 것과 자긔 아버지가 림종시 갓가워서 병호를 찾는 것을 보면 병호가 단순히 혜영 자신의 감정을 희롱한 것만도 아닌 것을 바로 그 전날에 깨달앗다. 좌우간 모든 사정을 토파하여 보면 자긔의 상々이 틀리엇든지 마젓든지를 바로 알 일이엇다. 그리하야 그 이튼날은 긔어코 동방시론사로 차저가서 직접 맛나보고 그 동정을 살피려 하다가, 별안간 집안에 상사가 생기엇다.

그리하야 맨처음 부고를 한 것이 병호이엇다. 부고는 어느 의미로 보아서는 병호의 진심을 시험한 것도 되엇다. 만일 병호가 자긔의 집안 일에 대하야 참으로 걱정한다면, 쏘한 자긔 부친이 병호를 생각하는 것 가튼 친함이 만일 병호에게도 잇다면, 그는 일각을 주저치 안흘 것이라 생각하얏다. 물론 영숙이는 맨처음에 부음을 병호에게 전할 째에 그 리유를 물엇다. 그째에 혜영이는 이러케 고단한 집안의 초상을 열심히 보아줄 친분까지 니저버리지는 안햇슬 터이니 통지하는 것이라 대답하얏다. 만일 병호가 그대로 모르는 체하면 혜영 자신의 위신은 여지업시 썰허저버릴 경우이엇다. 그러나 병호는 일각을 지체하지 안코 달아왓섯다. 혜영이는 참으로 반가윗다. 지난 모든 감정은 일시에 구름 가티 살아젓다. 반가운 그대로 하면 병호의 손을 붓잡고 늑기어 울엇슬는지 알 수 업섯다. 그러나 혜영이는 이 집안에서 상주인 것을 잇지 안햇다. 그리하야 아무 말업시 형식의 인사를 서로 교환하얏슬 뿐이엇다.

『혜영 씨! 무어라 인사 말슴을 엿주어 조흘지 알 수 업슴니다.』

병호는 한참 동안 아무 말업시 안젓다가 입을 쩨엇다.

『…….』

혜영이는 아무 말업시 찬々히 병호를 바라볼 뿐이다.

그 눈은 여러 가지 복잡한 사정이 들어 잇섯다. 우는 눈이라 할는지, 웃는 눈이라 할는지, 원망하는 눈이라 할는지, 성내인 눈이라 할는지 알 수 업섯다. 태양광선을 분해하는 푸리슴(三稜鏡) 가튼 의식이 잇서 만일 혜영의 시선을 분해한다면, 녀성 감정이 아름다운 모든 것을 충분히 맛볼 수 잇섯슬 것이다. 그러나 유감이지만, 병호에게는 의식의 삼릉경이 업섯다.

—(123), 『매일신보』, 1932. 2. 26

운명의 작란 (8)

병호는 여러 날을 두고 만흔 시간을 혜영의 집 상중에서 보내엇다. 그러나 상중에 관계되는 일 이외에는 혜영이와 친밀하게 이야기할 긔회가 물론 업섯다. 다맛 눈과 눈이 복잡한 감정을 교환할 뿐이엇다. 물론 자긔의 맛튼 일이 밀리는 것을 걱정도 하얏지만, 자긔의 일을 보기 위하야 상가를 써날 수 업섯다. 시론사에는 게우 아츰에 한번식 얼굴을 뵈일 뿐이엇다. 상가에 범절이 족음도 곤난한 것이 업섯드면, 동방시론사의 일을 일대로 볼 수도 잇섯다. 그러나 혜영의 집 형편은 아주 말이 아니엇다. 하는 수 업시 병호는 억매게 되엇섯다.

눈보라치든 날 아츰 일즉이 혜영의 집 아페서 초라한 장식의 행렬이 써낫다. 동리 사람들도 저와 가티 커다란 문화주택에서 이와 가튼 고적한 행상이 잇는 것을 이상스럽게 생각하얏다. 혜영이의 슬픔도 절정에

달하얏다. 아버지가 이 세상을 써난 것만이 그의 슬픔이 아니엇다. 아주 락백(落魄)하야 몰락에 갓가워진 자긔 집 운명도 슬픔의 하나이엇다. 슬픔에 잠기인 혜영의 눈을 바라볼 째에 병호는 멧 번이나 마음으로 울엇다.

장사 치룬 그 이튼날, 병호는 일즉이 시론사에 출근을 하얏다. 이날에는 화성이도 출근을 하얏다. 화성이 얼굴은 몹시도 야위어 뵈엇다.

『인제 좀 관게찬하세요?』

병호는 반가워 물엇다.

『아즉도 쾌치는 못하지만, 주간이 출근하라 해서 나왓서요.』

화성이는 근심이 가득한 표정이엇다.

병든 사원을 일부러 불러내는 데에 무슨 까닭이 잇는 일이엇다. 병호는 마음으로 저윽히 놀랏다.

『무슨 일이 잇는 게것죠.』

『글세 무슨 일일까요?』

『좌우간 주간이 들어와 봐야 되것죠.』

『전에는 병으로 여러 날 결근을 해도 아무 말이 업섯는데요. 웬 까닭일까요?』

병호는 여러 가지로 의심이 낫다. 이 달 원고가 느저가니까 그것을 재촉하랴 함이 안일까? 또는 이 새 멧칠 동안 일에 태만하엿스니까, 그것을 재촉하는 의미로 병든 사원까지 증발함이나 안일까? 이러케 여러 가지로 상상하는 동안에 그의 마음은 갈스록 불쾌하고 침울하여젓다.

화성이도 엇전지 불쾌한 빗이 나타나 뵈엇다.

병호는 전날 춘식이를 만나든 일이 다시 생각되엇다. 지금으로부터 다시 재게의 거두를 불가불 또 방문하여야 할 것이 마음에 몹시도 실헛다.

『화성 씨! 재게의 거두들 중에 아는 이가 더러 잇습니까?』

『저는 아는 이가 별로 업서요.』

『그래도 오래ㅅ동안 경성에 게섯스니까 나보다는 낫겟지요.』

『오래 잇섯다고 반듯이 나으란 법도 업겟죠.』

『알어서만 차저볼 것도 아니지만, 첫 번에 만나본 녀석이 사람 갓지 안해서 아주 방문하기가 실어서 그럿습니다.』

『참 방문을 다니랴면 별 아니꼬은 일이 만하요. 더구나 녀자가 방문을 하면 제의 재산을 탐내서 유혹이나 하러 간 줄 아는지, 잘 만나보지도 안 해요. 그 중에 더러 맛나게 되는 자는 구역이 날만큼 거만을 쎄죠. 참으로 직업이 아니고는 못할 일이야.』

화성이도 여러 해 동안에 여러 가지로 난처한 경우를 당한 모양이다.

『그 중에도 좀 통쾌한 자를 맛나본 일이 업습데까?』

『하나도 업서요. 돈 만코 잘난 사람은 별로 업는 모양이야.』

『돈도 만코 사람도 잘 나면 그이들 세상이겟죠. 세상이 불공평하다 해도 이 사실만은 공평한 모양인 듯해요.』

이째에 윤 주간이 들어왓다. 어찌함인지 그의 안색이 오늘은 조치 못하다. 화성이와 병호는 니러서서 인사를 하엿다. 별로 친절히 대답도 하지 안는다.

—(124), 『매일신보』, 1932. 2. 27

운명의 작란 (9)

금시에 비가 될지 바람이 될지 알 수 업는 저긔압이 시론사 편집실 안에 흘럿다. 병호는 송구한 생각이 낫다. 화성이도 심상치 안흔 주필의 태도에 저윽히 불안을 늣기엇다.

주필은 자긔의 테불 아페에 가서 우편물을 뒤적거리다가,

『김 군! 래월 원고는 시메가리가 되엇소?』

하고, 뭇는다.

말소리가 어름 가티 차게 들리엇다. 인제는 폭풍우나 니러나나부다 하고 병호는 마음을 단단히 먹엇다.

『아즉 못 되엇습니다.』

하고, 병호는 니러서며 대답하엿다.

주필은 다시 아무 말도 뭇지 안는다. 뭇지만 안흘 뿐아니라, 바라다보지도 안는다.

병호는 다시 의자에 걸어안젓다. 불안에 타는 화성의 시선이 건너편에서 번적거리엇다.

『김 군! 이리로 좀 오오.』

하고, 윤 주필은 자긔 의자에서 벌덕 니러나서 응접실로 들어갓다.

병호는 불안을 늣기며 주필의 뒤를 짤핫다.

주필의 안면신경이 바르르 썰림인지, 두 볼타구니가 실룩거린다. 암만해도 커다란 꾸지람이 폭포 가티 썰어질 듯하다.

병호는 몸을 사리고 주필이 안즌 응접 테불 압 의자에 걸어안젓다.

『다른 사람의 말을 일일이 신용해서 김 군에게 말하는 게 아니니까, 잇는 일은 잇다 하고 업는 일은 업다고 바른대로 대답을 해주오.』

아주 법관의 형사피고를 심문하는 것이나 다름업는 어조이다.

병호는 맘으로 웃엇다.

『무슨 말슴인지는 알 수 업습니다마는, 숨김업시 대답을 하엿줍지요.』

병호는 태연히 대답하얏다.

『이새 메칠 동안 뭣을 햇소?』

주간은 슬젹 병호의 안색을 살핀다.

『아는 사람의 집에 초상이 나서 상중 일을 좀 보아주엇습니다.』

병호는 서슴지 안코 대답하얏다.

『아는 사람이란 누구란 말요?』

주필은 다시 추궁을 한다.

병호는 상대자의 뭇는 태도가 넘우나 거만해 보이어 가슴에서 무엇인지 뭉클함을 늣기엇다.

그러나 참고,

『김영한이라는 이입니다.』

하고 대답하얏다. 혜영이를 내세우기는 암만 해도 어색하얏다.

『김영한이와는 어쩌한 관계로 서로 알게 되엇소?』

주필의 뭇는 것이 갈스록 싸다러웁다.

『어쩌한 관계란요? 거저 알고 지나는 사이입니다.』

『거저 알고만 지나지 안흔 것 가튼데……. 자긔의 직무를 버리고 초상을 칠우어준 정도라면 거저 아는 새이라고만 하겟소?』

주필의 얼굴에는 조소조차 써돌앗다.

『직무를 아조 니저버린 것도 아니엇습니다.』

『그러면 엇젓단 말이요?』

『너무나 고독히 지나는 집이니까, 하는 수 업시 상중 일을 보아준 것입니다.』

『사람의 불상사를 동정해서 이 일을 돌보아주는 것을 나는 결단코 나쑤다는 말이 아니오.』

『그러면 어쩌케 하시는 말슴인지 알 수 업습니다.』

『어쩌케 하는 말인지 알 수가 업서……?』

『…….』

『자긔의 량심이 제일 잘 알 일이 아니요?』

『량심이 제일 잘 아르니 말슴이야요?』

『김 군의 량심은 이상스러운 량심이구려!』

『그러케 여러 말슴을 하실 것이 아니라, 만일 제가 잘못된 일이 잇스면 그것을 바로 책망하여 주시지요.』

병호는 주간의 기다라케 늘어놋는 여러 말이 듯기 실엇다.

—(125), 『매일신보』, 1932. 2. 28

운명의 작란 (10)

주간은 아모 말업시 병호를 바라보드니,

『이 전날 성남은행 전무를 인터뷰한 일이 잇소?』

하고 뭇는다.

『잇섯습니다.』

병호는 간단히 대답하얏다. 주간의 오늘의 괴상한 태도가 춘식에게 춤 세례준 데에 잇는 것을 즉각적으로 알앗다.

『어쩌한 말을 물엇소?』

『조선의 농촌 피폐에 관한 것을 물엇습니다.』

『무어라 대답을 하든가?』

『뭇는 말에는 대답을 하지 안코, 짠말을 돌이어 나에게 물엇소이다.』

『어쩌한 말을…….』

『개인의 사생활에 대한 말을 뭇드군요.』
『사생활이란 어쩌한 것을 물어요?』
병호는 대답하기가 족음 어색하얏스나, 말치 안홀 수 업섯다.
『김영한 씨의 집과 어쩌한 관게를 가젓는가, 그것을 물드군요.』
『그러해서 무어라 대답하얏소?』
주간의 추근추근한 태도가 갈스록 병호에게 불유쾌한 감정을 니르키엇다.
『윤 선생! 이것도 한 개인의 사생활에 관게 되는 일이 아닙니짜? 그런 일을 일일 알으세서 무엇을 하시랴고 그러하십니짜?』
병호의 얼굴빗은 부지중 붉어젓다.
『알아서 무엇을 하려느냐? 그야 알 필요가 잇서서 그러는 게야.』
주간의 태도도 좀더 험악하야젓다.
『내의 사생애에 대한 일은 저의 부모일지라도 말할 필요가 업는 줄 압니다. 말슴 못 엿줍겟소이다.』
하고, 병호는 걸상에서 몸을 니르키엇다.
『잠간만 안저서 내 말을 들어요.』
주간은 자긔의 위신을 지키기 위하야 억지로 병호를 다시 그 자리에 안친 것이엇다.
『그러면 그날 성남은행 전무를 방문 간 것이 공사(公事)요, 사사(私事)요?』
주간은 뭇는다.
『물론 공사로 간 것입니다. 공사로 방문 온 사람을 붓들고 사생활을 뭇는 것은 례를 모르는 자가 아닙니짜?』
『그러면 공사로 가서 사사 감정으로 그 사람을 모욕하는 것은 례의인가요?』
『제가 무슨 모욕을 햇단 말슴입니짜?』
병호는 춤 배앗튼 기억이 업는 바 아니엇다. 그러나 짐짓 버틔엇다.
『전무의 얼굴에 춤 뱃튼 일은 이젓구려.』
『춤 쯤이야 그런 자에게는 돌이어 깨끗합니다. 얼굴에 똥칠을 해주어도 관게업는 자입니다.』

병호의 말소리는 자연히 놉핫다.

『그것은 신사의 행동이 아니야. 더구나 적어도『동방시론』이라는 언론긔관을 대표하야 방문을 갓다가 그와 가튼 무뢰한들이나 하는 행동을 하얏다는 것은 시론사의 공정한 처지를 더럽힌 짓인 줄을 몰른단 말이지?』

주간의 말소리는 서리 가티 싸늘하다.

『리춘식의 얼굴에 춤 쯤 배앗텃다구, 그것이 우리 시론사의 불명예 될 것이 하나도 업슬 줄 압니다. 금력만 잇스면 이 세상에서 못할 일이 업다고 거만을 부리는 자를 이 세상에는 그러치 안흔 진리도 잇다는 것을 알으켜 준 것이 그대지 불명예가 될가요? 세상 놈이 모다 금전 아페는 머리를 숙이지 안는다는 것을 본뵈어 준 것이 그러케 실례일가요? 저는 그 자의 얼굴에 춤을 배앗튼 내 입이 돌이어 더러워젓다고 후회를 합니다. 우리의 『동방시론』이 이 사회의 공정한 언론긔관이라면, 그와 가티 금력만 맛고 오만불손한 태도를 가진 자는 죽음도 용서하지 안코 응증하는 것이 돌이어 우리 시론사의 사명인 줄 압니다. 윤 주간의 입에서 그러케 못 생긴 말슴이 나올 줄은 상상도 못하엿습니다.』

병호는 부르지즐듯 말하얏다.

—(126),『매일신보』, 1932. 3. 1

운명의 작란 (11)

주간은 불꼿 가티 타올르는 병호의 성낸 얼굴을 잠간 동안 노려보고 잇다가,

『김 군! 내의 말에 반항을 하는 게야?』

하고, 책상을 짱 치며 얼러댄다.

『반항이라구요? 어쩌한 의미로는 반항일는지 알 수 업죠. 신성한 언론긔관의 주재자로 색마 은행가를 그러케 무서워하는 그러한 말슴에는 반항치 안흘 수 업습니다.』

병호의 입가에는 랭소가 써올랏다.

『내 말에 반항하랴면 이 시론사를 오늘부터라도 나가!』

하고, 주간은 입술을 바르르 떨엇다.
『물론 나가죠.』
병호는 의자에서 벌썩 니러섯다.
『그대의 사행에 대해서 여러 가지 조치 못한 풍문이 잇섯지만, 젊은 시절에는 누구든지 그러하기 쉬운 일이라고 오늘까지 용서를 해 왓지만, 차々 두고 보니 사람이 아주 못 쓰겟구려.』
주간의 태도는 어대까지는 병호를 어린 아이로 대접하는 모양이다. 병호는 이것이 마음에 더 아니꼬앗다. 의사가 맛지 아니 하야 이 시론사를 쩌나게 된 이상, 주간을 아주 선배로 대접만 할 수 업섯다.
『그 따위 사람을 인격적으로 모욕한다는 말은 그만두!』
하고, 춘식에게 배아튼 춤과 가튼 춤을 주간의 얼굴에 다시 한 번 배아타줄가 하다가 참앗다. 최후의 모욕을 주는 것이 자긔의 인격에 돌이어 관게 되는 것 가티 생각이 들엇다.
『은행가 리춘식의 재정 보호를 바더서 동방시론사 주간의 의자를 자손에게까지 전하십시오.』
하고, 병호는 응접실에서 나왓다.
병호의 안색이 심상치 안흔 것을 바라보는 화성이는 걱정이 갓득 실린 시선을 병호에게로 보내엇다. 화성이는 병든 자긔를 일부러 불러낸 것과 방금 응접실에서 극도로 흥분하야 나오는 병호의 얼굴빗을 종합하야 생각할 때에, 여러 가지의 불안을 늣기엇든 것이다.
『병호 씨! 웬일이야요? 뭐어라 합듸까?』
하고, 화성이는 병호의 겨트로 갓가히 왓다.
『……..』
병호는 아무 말도 업다.
『뭐라 해요?』
또 물엇다.
『차々 말슴하죠.』
하고, 병호는 자긔 책상 압흐로 두어 걸음 옴기엇다.
『웨 그러세요?』

화성이는 속이 매우 타는 모양이다.

『저는 시론사를 그만 두겟소이다. 그 동안 여러 가지로 신세를 만히 젓습니다.』

『무슨 일로 그러세요?』

병호는 다시 대답을 하지 안햇다.

이때에 주간은 응접실에서 머리만 내노코,

『화성 씨! 이리로 좀 오시우.』

하고 불른다.

『…….』

하는 화성의 대답은 족음 썰리엇다.

포주ㅅ간에 들어가는 짐생 가티 풀긔가 업섯다.

화성이도 자긔의 신상에 어쩌한 중재 문제가 썰어질 것을 예상한 것 가탓다.

병호는 처음으로 살라리맨의 비애를 늣기엇다. 눈을 동그러케 쓰고 불려들어 가는 화성의 뒤ㅅ태를 잠간 동안 바라보든 병호는 가는 한숨을 쉬엇다.

게우 정돈된 자의의 가정에 쏘 다시 생활의 위협이 돌아왓다고 생각하니 압히 캄ㅅ하엿다. 그러나 병호는 아주 실망치는 안햇다.

—(127), 『매일신보』, 1932. 3. 2

운명의 작란 (12)

병호는 주간과 이와 가티 언쟁한 이상, 비록 삽시간이라도 동방시론사의 의자에 안고 십쟌햇다. 그리하야 곳 자긔 집으로 돌아갈가 하얏스나, 주간에게 응접실로 불려 드러간 화성의 일이 마음에 걸리어 그대로 쩌날 수 업섯다.

좌우간 화성이가 나온 뒤에 나올 작정으로 담배를 피어 물고 명상에 깁혓다. 어찌 되엇든 기억이 깁흔 시론사를 쩌나는 것은 병호에게는 무한히 섭ㅅ한 일이엇다. 친구 민을 생각하고, 선배요 친구인 춘호를 다시 생각하얏다. 동방시론사의 운명도 이제로부터 여지가 업시 씃난 것처럼 생각되엿다. 감옥에 잇서서 족으마한 풍파를 모르고 지나는 민과 춘호의 심경이 돌이어 불어운 생각이 낫다. 남아 잇는 윤 주간의 비열하고 루추하게 변한 마음이 오늘의 이러한 풍파를 비저낸 것이라 생각하매, 이 세상에서 구복을 채우기 위하여서만 살어 잇는 것이 너무나 무의미한 듯하얏다. 어머니, 누이동생, 혜영, 혜영의 어머니, 화성이, 화성의 집 모든 것이 환상이 되어 그의 눈을 교대하야 혼란케 하얏다.

이런 생각 저런 생각하는 동안에 어느듯 십여 분 시간이 지내어갓다. 그러나 화성이는 응접실에서 나오지 안햇다. 병호는 이상스러운 생각이 낫다. 그리하야 이번에는 특별히 응접실 편으로 귀를 기우리엇다. 그러나 특별히 들리어 오는 말이 업다.

병호는 명상에 깁헛다. 이째에 변화의 쎌이 울엇다.

병호는 처음에는 주저하다가 수화긔를 들엇다. 혜영의 음성이다. 그는 흥분된 가운데에도 반가웟다.

오늘은 멧 시에 퇴사하게 되느냐는 시간을 뭇는다. 퇴사되면 집으로 오라는 말이다.

병호는 서슴지 안코 나는 지금부터 영々 퇴사하게 되엇다는 것을 말하얏다. 전화인지라 얼굴은 자세히 아니 보이지만, 혜영의 말소리에는 퇴사되엇다는 것에 얼마나 놀래엇다는 것이 충분히 표현되엇다.

병호는 자세한 것은 뵈옵고 말하겟다 하고 전화를 끈헛다.

전날에 아버지를 장사하고, 오늘에는 실직한 애인을 마저 드리게 된 혜영의 팔자도 얼마나 긔구한 것을 한탄하얏다.

그러나 병호는 자긔가 혜영의 애인이나 정말 된 것처럼 그를 동정하는 그 마음을 웃엇다. 두고 보아야 알 일이 아닌가.

이째에 화성이가 응접실에서 흥분한 얼굴로 나왓다. 그는 머리를 푹 숙이엇다. 눈에는 독이 흘러보엿다.

웬일인지 주간은 나오지 안는다.

『뭐라 해요?』

하고, 병호는 갑갑증이 나서 물엇다.

화성이는 아모 대답 업다.

병호도 가만히 보고만 잇섯다.
『인격 무시해도 분수가 잇서 하죠.』
화성이는 겨우 입을 쩨엇다.
병호는 벌서 짐작이 되엇다. 중년 신사의 맘씨 구진 질투가 필연코 화성이를 인격상으로 모욕한 것이라 상々 하얏다.
『좀 들어가 보세요.』
『어대로요?』
『응접실로…… 주간이 오시라구 해요.』
화성의 얼굴은 창백하여 간다. 병호는 처음에는 들어가 볼가 하다가 그대로 안젓다. 이 동방시론사를 하직하기로 결심한 이상, 그의 오라 가라 하는 명령 비슷한 말에 복종할 아무러한 의무가 자긔에게 업섯다.
『어써케 인격을 무시해요?』
하고, 병호는 물엇다.
『나종에 말슴하지요. 하두 어처구니가 업서서 뭐라 입을 쎌 수가 업서요.』
하고, 화성이는 헛우슴을 친다.

―(128), 『매일신보』, 1932. 3. 3

운명의 작란 (13)

병호는 외투를 입고 모자를 들엇다.
『어데로 가세요?』
얼굴이 희푸러진 화성이가 뭇는다.
『퇴사하라는 말을 들은 이상, 이곳에 한신들 잇슬 까닭이 잇나요? 집으로 가지요.』
병호는 두어 걸음 옴기면서 대답하엿다.
『저도 가겟서요.』
하고, 화성이도 닐어선다.
『웬일이세요?』
병호는 화성이도 퇴사 명령을 바든 것으로 상々 하얏다.
『몸이 첫재 불편하니까, 좀 쉬어야 하겟서요.』

화성이는 퇴사 명령까지는 밧지 안흔 모양이다. 병호는 화성이가 어쩌한 말로 주간에게 구박바덧는지 그것이 알고 십헛다.

주간은 응접실에서 병호를 기다리고 잇슨 모양이다. 혼자 우득허니 기다려 두고 그대로 이 자리를 쩌나는 것이 병호에게 적지안케 통쾌한 생각을 주엇다. 게다가 화성이까지 달고 나게 된 것은 더욱 유쾌한 일이엇다. 그리하야 나오랴는 화성이를 만류하지도 안햇다.

『그러면 좀 쉬세야 하죠. 그런데 주간이 뭐라 해요?』

하고, 쏘아를 열면서 병호는 쏘 물엇다.

『간단히 말할 수 업서요. 이 세상에 좀더 오래 살면 어쩌한 말을 들을는지 알 수 업서요.』

병호의 뭇는 말에 화성이는 다시 흥분이 되엇다.

병호는 다시 물을 용기가 나지 안햇다. 아무 말업시 층층대를 내려왓다.

화성이는 힘업시 내려온다.

병호는 좌우간 오늘 주간이 화성이에 한 말들을 긔회를 약속하려고 알에서 기다리고 섯다.

이때에 밧간문이 열리고 화성이를 기다리는 병호의 뒷통수를 쏘고 잇는 젊은 녀자의 시선이 잇섯다.

『어서 내려오시죠.』

아무 것도 모르는 병호는 화성이 얼핏 내려오기를 재촉하엿다.

화성의 시선은 층々대 우에서 이상스럽게 번적거리엇다.

화성의 얼굴을 바라보든 병호는 화성의 눈이 이상한 생각이 나서 그의 시선이 썰어지는 곳으로 머리를 돌리엇다.

거긔에는 혜영이가 외투로 몸을 싸고 서잇다. 혜영이가 시론사로 차저올 줄은 상々치 못하얏다. 그가 전화 건 시간이 불과 륙칠 분이다. 어찌하야 이와 가티 급작히 차저왓슬가?

그러나 병호는 이와 가티 차저준 혜영의 호의를 감사히 생각하얏다. 혜영이는 긔회만 잇스면 병호가 현재 일하고 잇는 동방시론사를 구경도 하고, 쏘한 그가 어쩌케 잇는지를 알어보랴는 계획을 가지고 잇섯다. 거긔 잇는 부인긔자와 어쩌한 관계가 잇는 것을 눈치채이랴는 것이 첫재 그를 이곳으로 인도한 것이엇다. 영々 퇴사를 하게 되엇다는 놀라운 병호의 말이 혜영이로 하야금 수화기를 써는 손으로 노케 하얏다. 그리하야 급히 온 것이엇다. 전화를 빌어준 상점 사람이 이상한 눈으로 그의 뒤를 쏫는 줄 의식하면서도, 그는 황망히 굴엇섯다. 병호는 울렁거린 가슴이 다시 갈아안젓다.

『벌서 출입을 하세요?』

병호는 혜영이가 상신으로 이러케 일즉히 출입할 줄 예정 못하얏다는 의사표시엇섯다.

『이러케 나다니면 못 쓰나요?』

혜영이는 불평스럽게 대답하얏다. 할말이 만흔 가운대에 어찌 출입하는 것을 말하나 하는 의심이 낫다. 필연코 재미 업는 장면을 자긔에게 들키어서 할말이 업서서 한 말로 해석이 되엇다.

화성이는 천천히 내려온 것이 벌서 병호의 압 갓가히 서게 되엇다. 아무 말업시 두 사람을 바라보앗다.

이째에 위층 문이 또 열리게 되엇다. 거긔에 나타난 이는 윤 주간이엇다.

—(129), 『매일신보』, 1932. 3. 4

운명의 작란 (14)

우층에 나타난 윤 주간은 하도 어이업는 듯이 바라만 보고 잇슬 뿐이다. 한 남자에 두 녀자! 매우 드문 일이다. 그에게서 호긔심이 난 것이엇다.

『화성 씨!』

하고, 주간은 불은다.

화성이는 아무 말업시 뒤를 돌아다본다.

병호는 자긔의 량심에는 그다지 붓그럽지 안햇스나, 어찌 되엇든 두 녀성이 한 곳에 다닥치게 된 것을 좀 안 된 일이라 생각하얏다. 그러나 이러케 된 이상, 서로 오해나 하지 안키를 그는 마음으로 바랏다. 세 사람이 한 자리에서 이야기하는 동안에 충분한 량해가 잇슬 것을 미덧다. 자긔의 이 두 녀성에 대하야 가진 마음이 그다지 단순하다고는 물론 할 수 업섯스나, 둘 중에 한 사람을 골으기 위하야 고통할 정도는 물론 아니엇다. 마음으로는 벌서 작정한 바가 잇섯다. 화성이의 자긔에 대한 항의는 벌서부터 알엇다. 쏘한 그의 태도가 적극적으로 나오는 것을 모르는 바가 아니엇다. 그의 적극적 태도에 호감을 가진 것도 사실이엇다. 일시에는 자긔의 마음이 얼마큼 쏠린 것은 부인할 수 업섯다. 그러나 자긔가 화성이를 렬렬히 사랑하느냐고 자긔 량심에 물을 째에, 그리하다고 바로 대답할 수는 업섯다. 자연히 주저하게 되엇다. 그에게는 화성 문제에 대하야 다시 생각할 여유가 너무나 만햇든 까닭이다. 우정으로서는 어대까지든지 지구성을 가젓다고 볼 수 잇섯지만, 사랑으로서는 암만 해도 공허가 잇섯다. 이것은 즉 혜영이라는 환영이 그 압흘 써나지 안한 까닭이엇다.

그도 일시에는 혜영을 잇기 위하야 여러 가지로 로력을 해보앗다. 그러나 그것은 자긔를 속이는 헛되인 로력이엇다. 그리하야 어쩌한 째에는 화성이더러,

『내 자신으로는 근일의 써드는 사랑이니 무엇이니 하는 것을 부인하고 십지만, 거긔에 엇전지 마음이 끌이어서 한 모순을 늣기는데요..』

이러케 말할 일이 잇섯다.

총명한 화성이는 벌서 눈치를 채엇섯다.

『글세요. 그 문제만은 누구든지 한 번 생각하게 되는가 봐요..』

화성이는 이와 가티 대답하고 다시 무엇인지 족음 생각하다가,

『참말로 사랑은 삼각애의 경우에서만 그 진가를 발견할 수 잇나 봐요. 그런 경우를 누구든지 번민을 하는 모양 가태요. 번민한다는 그 자체가 벌서 그 사랑의 불순한 것을 말하는 것 가태요. 애인이 잇는 사람은 언제든지 그 태도를 선명하게 가지지 안흐면 나종에는 흔히 그러한 번민을 사는 모양이야요. 번민 쯤은 자업자득이지만, 어쩌한 경우에는 상대자에게 일평생의 치명상을 주는 일도 업지 안해요..』

하고, 화성이는 병호의 얼굴에서 위대한 무엇이나 발견하랴는 듯이 바라보앗섯다.

이러한 말을 들을 째에 병호는 물론 가슴이 쯔끔하얏다.

자긔에게 충고를 하는 말 가티도 들리엇고, 화성 자신의 신세를 한탄하는 말 가티도 들리엇다. 병호 자신으로 이 말만에는 책임을 대답하여야 할

의무가 잇다고 생각하얏다.

 그러나 혜영의 종적을 모르든 그때이다. 종적을 모르는 상대자를 들어서 가지고 자기의 태도를 구구히 변명을 하면 무엇하리 하고 그는 잠잣코 화성의 말만 들엇섯다.

 『그러치! 우리는 한 번 진심으로 사랑하는 상대자가 잇다면, 적극적으로 그 사랑을 완성하기 위해서 분투할 터이야요.』

 이것은 병호에 대해서 한 위협이다.

 오늘 우연한 긔회에 화성이는 혜영이라는 최신식 타입의 녀성이 병호의 주위에 방황하고 잇는 것을 발견하얏든 것이다.

 화성이는 부르는 주간의 편으로 가기 전에 병호의 아프로 갓가히 갓다.
—(130), 『매일신보』, 1932. 3. 5

운명의 작란 (15)

 병호와 혜영이와 화성이는 동방시론사를 함끠 나섯다.

 물론 혜영이와 화성이 사이에는 병호의 소개로 초면 인사를 하게 되엿다.

 병호의 뒤에는 주간의 까다로운 시선이 쏘차오는 듯하얏다. 문 박게 나서기는 햇스나, 별로 갈 곳도 업서 종로 네거리 전차 정류장에서 잠간 상의를 하얏다. 화성이는 자긔의 집으로 잠간 함끠 들어가자고 하얏다. 혜영이는 집안 일이 걱정이 되는 것을 구실 삼아 함끠 가기를 거절하얏다. 족으만치도 질투의 빗이란 볼 수 업섯고, 돌이어 혜영의 편에 매우 다소간 불유쾌한 빗이 보이엿슬 뿐이다. 병호는 이 긔회를 노치지 안코 심경을 서로 비최여 보고 십헛다. 그러나 상신으로 잇는 혜영을 위하야 다소간 체면을 차리여 줄 필요도 잇서서 화성의 집으로 가지 안켓다는 혜영의 의견에 항의를 제출치 못하고 주저하얏다.

 화성이는 무엇을 생각함이엇든지,

 『그러면 김 선생! 이러케 하죠. 지금 주간이 나를 불럿는데, 제가 그대로 나오쟌 해서요. 주간을 보아야 할 터이니까, 저는 여긔서 실례하겟서요.』

 하고, 인사를 한 뒤에 병호와 혜영이가 말을 내기도 전에 몸을 돌으키어 동방시론사 편으로 가버렷다.

『오늘 그런데 웬일이야요? 영영 퇴사를 하겟다고 앗가 전화로 말슴하셋지요?』

화성이가 말이 들리지 안흘 거리에 갓슬 째에 혜영이가 걱정스러운 빗을 짓고 말한다.

병호는 주간과 다툰 후에 흥분된 신경이 두 녀성의 동정을 살피기에 적쟌케 고곤하얏다. 화성이가 물러간 뒤에는 퇴직을 하얏스니, 이제는 엇더한 방법으로써 살아갈가 하는 근심이 그의 머리를 전부 차지하얏다.

『자세한 말은 여긔에서 할 수 업스니까, 댁으로 가는 게 어쩌할가요?』

병호는 혜영의 부친 상중에 출입을 할 째에는, 오늘까지 지나온 자세한 형편 이야기를 듯지도 못하고 노치도 못하얏다. 거저 두 사람 사이에 가로노힌 감정의 빗장이 겨우 열이엇슬 쑨이엇다. 아즉 두 문을 훨신 개방하지는 못하얏다.

혜영이도 병호와 가튼 생각을 하고 잇든 터이다. 아무러한 항의가 업섯다.

그리하야 혜영이와 병호는 동대문행 전차에 몸을 실엇다. 병호는 실직하는 그 자리에서 녀자와 동반이 된 것이 어쩌한 운명의 암시 가티도 생각이 들엇다. 장차 어쩌케 되랴나 하는 의문이 압흘 가리엇다. 그쑨 아니라 주간에게 불리어 들어간 화성이가 어쩌케 되엇는지 그것도 마음에 몹시 걸리엇다. 병호의 태도는 자연히 침울하야젓다. 이 침울한 태도는 쏘한 혜영의 마음을 캄캄하게 하얏다. 자긔의 아페 잇는 모든 광명이 하나식 둘식 물거품처럼 사라지는 듯하얏다. 그쑨 아니라 지금것 머리 속에 한 개의 수수걱기로 남아 잇는 것은 화성의 오늘 태도이엇다. 언듯 보면 자긔를 어쩌한 장애물처럼 생각하면서도 좀 리용하랴는 듯한 긔색도 업지 안햇다. 자긔의 집으로 가자는 것과 그것이 뜻대로 되지 안흐니까 자긔가 스스로 퇴각하야 단둘만 남기어 두는 것이 암만 해도 그대로 무심하게 볼 일이 못되엇다. 필연코 이번에 병호의 입에서는 자서한 변명이 나올 것을 밋는 만큼, 조마조마한 생각이 쌀리 달아가는 전차도 돌이어 느진 생각이 낫다.

그들은 황교에서 전차를 내려 혜영의 집을 향하얏다.

혜영의 집 현관 압에는 낫 모를 중늙은이가 서잇섯다. 그는 인바네스를 입고 가방을 겨테 끼엇다. 모자는 고물상에서 날아온 것 가티 그의 머리에 언치엇다.

—(131), 『매일신보』, 1932. 3. 8

운명의 작란 (16)

낫 몰을 사람은 집달리엇다. 오늘은 혜영의 집 가산 전부를 처분하러 출장 온 것을 알앗다.

혜영의 얼굴에는 희푸른 빗이 돌앗다. 집달리의 처분으로 집행당한 가산 전부를 내놋는 것이 앗가워서 그런 것은 아니엇다. 춘식의 태도가 넘우나 비렬한 것을 분하게 넉이어 그러함이엇다. 오늘이 초상을 치룬 이튿날이 아닌가. 상중에 집달리를 보내지 안흔 것을 후한 인심으로 생각한다면 더 말할 것도 업지만, 그래도 사람으로서 사람의 처지를 생각한다면 이와 가티 강박한 일이 이 세상에 다시는 업슬 것이다.

자긔네의 권리를 주장하는 것도 정도의 문제가 안일까? 하루나 이틀을 참는다 하야 집행 노흔 가산이 어대로 업서질 바 아니엇다. 그것을 참지 안코 아즉도 비애에 쌔어 잇는 이 집에 집달리를 보낸 것은 순전히 춘식의 악감정에서 나온 것을 알 수 잇섯다.

혜영이는 병호와 함쯰 아무 말업시 응접실로 들어갓다.

『김 선생! 지금 바로 쌔앗길 의자이지만, 거긔 좀 안즈세요.』

하고, 혜영이는 외투를 벗으며 권한다.

병호는 지금 혜영의 마음이 어쩌케나 아플 것을 생각하매, 무엇으로써 위로하여야 조흘지 알 수 업섯다. 병호가 직접으로 자세한 리유를 혜영에게서 들은 바는 아니지만, 짐작조차 못할 리가 업섯다. 긔구에 부터 잇는 차압표를 한 번 바라보면서 병호는 권하는 의자에 걸어안젓다.

『병호 씨! 저는 아주 결심을 햇서요.』

혜영의 량 미간에는 결심의 빗이 뵈엇다.

『무슨 결심이세요?』

병호는 물엇다.

『저는 어쩌한 수단을 쓰든지 아버지가 착수하섯다가 실패한 간사지 개간사업을 계속할 터이야요.』

병호의 생각으로는 혜영이가 그 사업을 계속하겟다는 것은 도저히 가능성이 업는 일이엇다. 녀성의 단순한 생각으로밧게 해석치 안을 수 업섯다. 수십만 원의 재산을 허비하고도 성공치 못하엿슬 뿐 아니라, 결과는 자긔네 멧 식구를 로두에 방황하게 맨드러 노치 안햇는가. 오늘 혜영이가 녀자의 몸으로 맨주먹을 쥐고 그 사업을 계속한다는 것은 망상이엇다.

『자금이 잇습니까?』

하고, 병호는 물엇다.

『자금이야 잇든 업든 계속할 터이야요.』

혜영이는 얼굴의 긴장을 늣추지 안코 대답한다.

병호에게 혜영의 대답이 상식으로 들리지 안햇다. 그의 머리에 이상이나 생기지 안햇나 하는 의심조차 낫다.

『돈 업시 그와 가튼 사업을 어쩌케 계속한다는 말슴인가요?』

『세상일이란 돈으로만 되는 게 아니니까요.』

『돈으로만 되지 안는 일도 잇지만, 그런 사업을 돈 업시 계속할 수 잇겟습니까?』

병호는 이러케 뭇기는 하얏스나, 혜영의 적지안흔 의심을 품지 안흘 수 업섯다. 이 사업을 계속하기로 결심한다는 것은 다시 말하면 자금을 만히 엇기로 결심한다는 것이다. 즉, 자금을 엇기 위해서 행동한다는 말이엇다. 녀자로는 막대한 자금을 융통할 수 업는 일이다. 더구나 설게서 조각이나 들고 자본가를 차저 다니는 것은 혜영으로 하기 어려운 일이엇다. 필경은 허황한 사람이 될 뿐이엇다. 자금을 대어 사업을 계속하는 자는 두 가지 욕심이 필연코 그 동긔가 될 것이엇다. 하나는 사업을 성취한 뒤에 자긔에게 돌아오는 리익을 바라는 욕심이오, 쏘 하나는 당시에 혜영의 환심을 사자는 야심일 것이다. 그러나 한다면 혜영의 겨테 잇는 병호 자신의 존재란 아무러한 가치가 업슬 것이다. 결국 한 개의 촉루에 지나지 못할 것이다. 사업을 계속하는 것을 전제를 삼고 생각하면 압길이 캄캄한 늣김이 업지 안햇다. 동방시론사로 쏘기어 나온 실직자인 병호가 아닌가.

—(132),『매일신보』, 1932. 3. 9

운명의 작란 (17)

　병호에게 만일 자본의 힘이 잇스면 물론 김영한 로인의 사업을 계속하엿슬 것이다. 전날에 혜영이가 자긔 아버지가 부지럽슨 사업을 시작하야 집안을 망처 노핫다 하야 자긔 아버지를 원망하는 말을 들은 일도 잇섯다. 그째에는 녀자로는 무리하지 안타고 생각하얏스나, 내심으로는 혜영의 부친의 사업에 절대의 찬의를 가지고 그를 동정하얏섯다. 그러한 사업에 설혹 실패한다 하야도 그의 량심에는 붓그러울 것이 업슬 것을 마음으로 존경하얏섯다. 그러나 병호가 간사지가 만일 마음대로 개척된다면, 그 토지를 어써케 리용해 보겟다는 게획은 혜영의 아버지와는 족음 달랏다. 혜영의 아버지는 그 토지를 돈으로 밧구어서 사회적으로 의의 잇는 사업을 시작한다는 것이 동긔엇지만, 병호는 만일 커다란 간사지가 옥토로 변한다면 거긔에다 족으마한 리상향을 건설하는 것이 조흐리라는 생각이 엇섯든 것이다.

　오늘 기구한 처지에서 공상에 마음을 치우칠 것도 아니지만, 좌우간 병호로서는 그의 머리에 일상에 그리든 유토피아가 혜영이가 자긔 부친의 사업인 간사지 개척에 아무 힘도 업시 몸을 바치겟다는 말을 듯고 쏘 다시 그의 눈 아페 나타난 것이엇다. 만일 혜영이가 자긔와 가튼 생각으로 어쩌한 리상향을 건설하겟다는 결심이 만일 잇다면, 그 사업에 실지로 착수하는 그 여부는 생각할 것도 업시 자긔네는 벌서 어쩌한 방면에 리상으로 합치된 점을 발견한 것이엇다.

　병호는 헛된 동경에 한참 동안 환희를 늣기엇다.
　『혜영 씨! 개간사업을 어쩌케 하든지 꼭 계속하여야만 될가요?』
　병호는 물엇다.
　『꼭 계속하여야만 되지요.』
　혜영이는 결심한 빗이 보인다.
　『어썬 동긔에서 그러한 결심을 하셋서요?』
　『바로 오늘 이 자리에서…….』
　병호는 혜영의 넘우나 긔분적인 것이 마음에 미듬직하지 안햇다. 족음 잇스면 쏘다시 어쩌케 변할지 알 수 업는 녀자의 말에 쓸대업시 자긔의 가슴을 쒸게 한 것이 붓그러웟다.

『그러면 아무러한 방법도 예산도 업시 거저 그러케 생각만 하신 게지요?』

맥 풀린 말로 병호는 물엇다.

『한 번 마음을 결정하고 그 뒤에 사업을 성공할 방법이나 예산을 세우는 것이 일하는 순서가 아닌가요.』

혜영이는 거의 비슷하게 말한다. 아무리 보아도 혜영이는 극도로 흥분한 모양이엇다. 집달 리가 달려든 것이 그로 하야금 극도의 분로와 비애를 늣기게 한 것이엇다.

『우리는 서울 가튼 도회의 생활은 아주 실허요. 희검창 속에서 꾸물거리는 지렁이의 생활과 달을 것이 무엇이야요?』

혜영이는 부르지젓다.

병호는 쌈작 놀랏다. 정신에 이상이 생기지나 안햇나 의심이 낫다. 그가 지금까지 상상하는 유토피아는 간 곳이 업섯다. 그의 아페는 동물원 가튼 잔광병원(癲狂病院)이 나타낫다.

멧칠 동안을 두고 정체된 울분과 전망이 혜여이로 하여금 분과 이와 가티 부르지지게 한 것이엇다.

『혜영 씨! 이러한 째일스록 정신을 차려야 합니다. 좀더 랭정히 생각합시다. 이래서는 안 됩니다. 우리는 아즉 전도가 잇지 안습니까? 족으마한 핍박에 용긔를 일허서는 안 됩니다.』

하고, 병호는 책상 우으로 손을 내밀엇다.

혜영이는 힘업는 팔을 병호의 손 아페 던지고 그대로 머리를 책상 우에 노핫다.

―(133), 『매일신보』, 1932. 3. 10

운명의 작란 (18)

혜영의 집 아페는 여러 사람이 모아들엇다. 그들의 혜영의 집 세간을 헐가로 사서 가자는 욕심이 엷지 안흔 사람들이엇다.

그들은 집달리를 딸하 들어왔다.

병호와 혜영이는 깜작 놀랏다. 집달리는 세간이라는 세간에 모다 번호를 부치엇다. 이로부터 세간의 경매가 시작되는 것이엇다.

혜영이는 참아 보고 안젓슬 수 업섯다. 병호는 창피하야 보고 잇슬 수 업섯다.

여러 사람들은 의자를 들어도 보고, 책상을 두들겨도 본다. 모다 일전이라도 갑 헐하게 사서 갑 빗사게 팔자는 부로카들이엇다.

혜영이는 머리를 숙이고 의자에서 닐어섯다. 그의 갈 곳은 자긔의 방밧게 업섯다. 병호는 어쩌한 말로 실심하는 혜영이를 위로하여 조흘지 알 수 업섯다. 이러한 광경을 보이지 안는 것이 그를 위로하는 다맛 하나의 길이엇다.

『혜영 씨! 잠간 밧가트로 나가지 안흐세요?』

병호는 물엇다.

『어머니는 어쩌케 하라구요?』

혜영이는 힘업시 말한다.

병호에게는 혜영의 존재만 잇섯다.

『그러면 어머니도 함끠 모시고 나가는 게 어째요?』

『어대로요?』

『제 집으로라도…….』

『안 됩니다. 최후까지 돈 잇는 자의 악착한 행동이 엇더한 것을 보아주어야 합니다. 도망하는 것 가타서 안 되엇서요.』

혜영의 얼굴에는 희푸른 기운이 차々 지터 간다.

『그러면 온 집안이 다 비일 째까지 기다리시겟습니까?』

병호는 짝한 생각이 나서 쏘 물엇다.

『돈 잇는 자가 승리의 개가를 부르고 이 집을 써날 째까지 저는 그대로 잇겟서요.』

하고, 혜영이는 손으로 머리를 집는다.

병호는 그의 얼굴만 바라보앗다.

『이애 혜영아!』

하는 소리가 문 박게서 들렷다.
『어머니세요? 이리 들어오세요.』
혜영이는 얼굴을 소리나는 편으로 돌리엇다.
그의 어머니는 수건으로 눈을 닥으며 방안으로 들어선다.
병호는 자리에서 니러섯다. 미안하다 할는지 죄송하다 할는지, 어쩌한 말로 인사를 하여 조흘지 알 수 업섯다.
『이걸 어쩌케 하면 조흐니?』
어머니는 울음 반 석긴 말로 애원하듯 뭇는다.
『집을 잡아 가지고 새로 살림을 시작하면 그만 아니에요? 벌서부터 당해 노흔 일을 이제 와서 새삼스럽게 걱정할 것이 뭣 잇서요. 되어 가는 대로 하죠.』
혜영의 말소리로 보면 처음보다는 얼마큼 침착하야젓다.
『그러면 어쩌케든 잇슬 곳을 잡어야 하쟌늬?』
『잡아야 하죠.』
혜영의 태도는 갈스록 랭담하다.
병호는 여러 가지로 미안한 생각이 낫다. 오늘 이러한 참상에 빠진 것은 모다 자긔의 책임인 것 가타서 얼굴을 들기 어려웟다. 만일 춘식의 얼굴에 춤만 배앗지 안햇서도 이러한 참경 당할 것을 얼마큼 연긔하얏슬는지도 알 수 업섯다. 춘식의 태도가 아주 변하야 이와 가튼 참혹한 일을 하게 된 것은 그의 복수심에서 나온 것이엇다.
어쩌케 하든지 혜영의 가족을 구하는 것이 자긔의 의무인 것을 알앗다 병호는 벌덕 닐어섯다.
『어머니 모시고 니러서십시오. 혜영 씨!』
하고 부르지젓다.
『어대로요? 안 됩니다. 지금 이 모녀의 뒷통수를 아귀 가튼 저 자들에게 보이기 실흐니짜요. 안 됩니다.』
병호는 다시 주저안젓다.

—(134), 『매일신보』, 1932. 3. 11

새살림 (1)

혹독한 치위도 어느듯 지나갓다. 힘업시 던저진 해ㅅ빗에는 날마다 싸쯧한 맛이 더하여 왓다. 양지 바른 곳에는 동리 아이들의 작란이 한참이엇다. 앙상한 나무가지에는 참새의 조름이 무르녹앗다.

혜영이가 행촌동 막바지로 이사 온 지도 벌서 한 달 전 일이다. 원남동 주택을 써날 때는 치운 날 밤이엇다. 알토란 가튼 세간도 어느듯 남의 손으로 넘어가고 말앗섯다. 의복도 별로 남지 안햇다. 몸에 걸친 것 외에 의복도 별로 남은 것이 업섯다. 거저 알몸으로 나온 것이나 다름업섯다. 고리짝 멧 개가 전날 대사업가를 꿈쑤든 김영한의 유산이엇다. 급작히 서둘러 조용한 곳을 차저 온 것이 이 향촌동 월세 십원의 셋집이엇다. 물론 이 집을 차저 준 이는 병호이엇다.

어둔 밤을 타서 원남동의 화려한 주택을 나설 때에 어머니는 소리를 놉혀 통곡하얏다. 혜영이도 쌀하서 눈물을 흘리엇다. 게집아이도 늣기어 울엇다. 동리ㅅ사람의 눈에 띄지 아안토록 그들은 머리를 숙이고 골목 박그로 나서서 령천행 쩌스에 몸을 실엇섯다. 병호는 약속한 시간에 향촌동 어구에서 기다리고 섯섯다. 병호의 인도로 혜영의 세 식구는 새로 잡은 집을 차저 들엇다. 실골목을 한참 동안 올라갓다. 숨차는 정도로 보아 새로 잡은 집이 얼마나 놉흔 곳에 잇는 것이 짐작되엇다.

한참 동안을 올라가니 그곳에 새로 세운 일각대문이 잇다. 병호는 그 문 안으로 들어선다.

혜영이는 뒤를 한 번 돌아다보앗다. 금화산과 남산 일대에는 무수한 등불이 검벅거리엇다. 멀리 경성역의 기적소리도 들리엇다. 어쩌한 꿈나라에 려행하는 기분이 낫다. 모화판을 넘어든 찬바람은 휘파람을 치고 귀를 시처갓다. 그러나 서울의 밤 경개를 찬미할 여유를 혜영이는 가지지 못하얏다.

혜영이는 갓분 숨을 게우 진정하야 가지고 문 안으로 들어섯다. 아즉도 재목 냄새가 새로운 새 집이엇스나, 안방 건너방 가운대에 간반마루가 잇는 족으마한 집이엇다.

혜영이는 새삼스러히 호화로운 원남동의 생활이 그의 눈 아페 써올랏다. 그러나 전날과 오늘을 비교하는 것이 어리석은 일인 것을 알앗다. 그는 나오랴는 눈물을 거두엇다. 어머니는 아무 말도 업시 눈물 저즌 눈으로 반작거리는 경성시가를 바라보고 안젓다. 병호는 우둑허니 서서 혜영의 집 식구의 얼골을 번갈아 바라본다.

『어머니! 올라가시지요.』

혜영이는 마루 우로 올라섯다. 어머니도 아모 말업시 마루로 올라섯다.

혜영이는 안방 문을 열엇다. 도배가 아즉도 말르지 안하 풀과 기름 냄새가 그의 코를 찔럿다. 다시 건넌방문을 열엇다. 역시 풀과 기름 냄새가 낫다. 그러나 두 방에서 더운 기운이 그의 얼골을 호듯하게 흘러나왓다. 방안의 세간이란 아무 것도 업섯다. 먼저 실어 온 고리짝 두어 개가 방 윗목에 노여 잇슬 뿐이엿다. 그리고 아레목에는 새로 맨든 보료가 깔리어 잇섯다.

혜영이는 외투를 버서 벽에 걸고 윗목에 쪼그리고 안저서 전등불만 치어다보앗다.

어머니는 아랫목에 쪽으리고 안저서 눈물만 썰어트렷다.

병호는 보기가 민망한 생각이 나서 그대로 그 집을 하직하고 돌아갓섯다.

혜영이는 하룻ㅅ밤을 거의 뜬눈으로 새우다십히 하얏섯다.

날이 새일 무렵에 혜영이는 몸이 썰리고 두통이 생기엇다. 그날부터 그는 병상에 들어누엇섯다. 어머니는 집 업서진 슬픔도 다 니저버리고 딸 병구원에 골몰하얏섯다. 병든 지 십여 일이 넘어도 혜영의 몸에서 열이 내리지 안햇다. 초최한 혜영에게 다시 전날의 얼굴을 차질 수 업섯다.

—(135),『매일신보』, 1932. 3. 12

새살림 (2)

혜영이는 행촌동으로 이사한 이후로 거의 한 달 동안을 신병으로 신음하다가, 게우 오늘에 비롯오 가벼운 머리로 마루끗테 안저서 시가를 내려다보앗다. 그러나 아즉도 싸늘한 바람은 그의 목을 움츠리게 하얏다. 건너ㅅ편 산중턱에 희미한 안개가 써돌고 잇는 것이 분명히 봄이엇다.

혜영으로서 행촌동 막바지 오막사리에서 이와 가티 초봄을 마지할 줄은 상상도 못하얏든 일이었다. 몸이 병으로 누엇슬 째는 그는 자포자긔의 태도로써 모든 것을 운명에다 맛기엇다. 어쩌한 째이면 이와 가튼 신음을 오래 당할 것 업시 그대로 죽어버렷스면 조켓다는 단념까지 하얏섯다. 죽은 뒤의 일을 걱정하야 죽지 못하는 것처럼 어리석은 일이 업다고 생각도 하얏섯다. 그리다가 병이 차차 회복됨을 짤하 그의 걱정은 커젓다. 이제로부터 어쩌케 살아갈가 하는 것이 그를 몹시 괴롭게 하얏다. 지금이라도 자긔의 용모의 미나 정조를 돈 잇는 자에게 제공한다면 옛날과 가티 호화로운 생활을 다시 계속하게 되는지도 알 수 업지만, 오늘까지 자긔의 리상을 지키기 위하야 싸워온 것이 아무러한 의미가 업게 될 것을 생각하면 다맛 영화를 위하야 몸을 벌일 수는 업섯든 것이다. 이러한 잡념이 그를 괴롭게 굴 째마다 그는 몸이 병들면 마음까지 약해지는 것을 탄식하얏섯다. 이와 가티 지나는 동안에 하루도 째지 안코 위문을 와주는 것은 병호이엇다. 영숙이도 물론 갓금갓금 왓섯다. 그리하야 어쩌한 날이면 위문 왓든 병호와 영숙이가 한 자리에 마주처서 함쯰 돌아가는 일도 잇섯다. 혜영이는 병호도 밋고 영숙이도 밋고 지나는 터이지만, 그래도 족음만한 질투를 늣기는 째가 업지 안햇섯다. 질투를 늣긴 뒤에는 반듯이 자긔의 다라운 감정을 쭈지젓다. 그는 병중에 잇스면서도 병호를 볼 째마다,

『어대 취직이나 다시 하게 되셋서요?』
하고 물엇다.
『이새에 취직이 그러케 용이한 일인가요.』
하고, 병호는 민망한 얼골로 대답을 하얏섯다.
몸에서 병줄이 되여갈스록 생활 문제에 애를 녹이든 혜영이는 신문 광고 하나도 범연히 보지 안코 병호를 위하야, 자긔 자신을 위하야 직업 찻기에 애를 녹이엇섯다.
『어머니! 오늘은 출입을 좀 해야 되겟서요.』
하고, 마루에서 신문을 두적이든 혜영이가 안방의 어머니를 불럿다.
『저 얼굴을 해 가지고 출입이 뭐니? 남 붓그럽게……..』

하고, 어머니는 반대를 한다.
『제 얼굴이 엇째서 그래요.』
하고, 혜영이는 자긔 방으로 들어가서 거울을 보앗다. 눈은 더 컷다. 광대ㅅ뼈가 족음 나왓다. 그리고 희푸른 빗이 얼골 전면을 덥헛다.
『그래도 좀 나아가 봐야 되겟서요.』
하고, 혜영이는 다시 마루로 나섯다. 자긔의 취직에 대한 일을 녯날 학교 교장과 의론해 볼가 하는 생각으로 문 안에 들어가랴는 것이엇다.
『쏘 감긔가 들면 어쩌케 하늬? 몟칠 동안만 더 조리하렴우나.』
어머니는 역시 반대이엿다.
『들어 안젓스면 늘 일반이야요. 출입을 하는 동안에 차차 쾌복이 되겟죠.』
하고, 혜영이는 마루씃헤서 세수를 시작하얏다.
세수가 씃난 뒤에 경대 압헤서 오래간만에 화장을 시작하얏다.
화장을 하고 보니 역시 녯 얼굴을 절반이나 차즌 듯하얏다. 이 경대는 이사 온 그 이튿날에 병호가 푸레센트한 물건이다. 그러나 병으로 누은 혜영의 파리한 얼골을 비쵀엇슬 뿐이오, 이와 가티 화장한 얼골을 비쵀 인 적은 업섯다. 이 거울에 아름답게 비쵀이는 자긔의 얼굴이 몹시도 가련한 생각이 낫다. 무엇 째문에 한 화장일까? 직업을 구하러 나가는 내 몸으로. 혜영이는 화장을 마치고 자긔 집을 나섯다. 발길이 허전하야 걸음이 잘 걸리지 안햇다. 역시 출입이 너무 일흔 것을 알앗다.

—(136), 『매일신보』, 1932. 3. 13

새살림 (3)

혜영이는 언덕길을 조심스럽게 내려오면서도 여러 가지로 생각을 하 얏다. 옛날 녀학교 시대의 선생을 오늘에 와서 별안간 차저보고 직업을 소개해 달라는 것이 족음 싼싼하지나 안흔 일일까? 녀학교 재학 시대에 는 물론 부자ㅅ집 딸이라 하야 선생들 사이에도 그러케 무명색하게 아는 이가 적엇다. 혜영이는 그 학급에서 뿐 아니라, 학교 전체로 보아서도 미 인으로 유명하얏섯다. 돈이 잇고, 인물이 어엽부고, 재조가 잇서서 선생 간의 귀염이 혜영의 일신에 모아 잇섯다. 다른 학생들이 이것을 몹시 시긔하야 여러 가지로 학교 안에 문에를 니르킨 일도 잇섯다. 그가 학교를 졸업하고 신호로 류학을 가든 그날에도 여러 선생들은 경성역에까지 나와서 전송을 하야 주엇섯다. 만일 그때와 가튼 친밀한 관계를 모교와 매저 두엇드면 오늘에 와서 직업 소개를 의뢰하러 선생을 차저가는 것이 그대지 섭서하지는 안흘 것이지만, 그가 신호로 건너간 뒤에는 통신도 막히엇슬 뿐 아니라, 방학이 되어 간혹 귀국을 한 때에도 별로 차저본 일이 업섯다. 그럭저럭 서로 격조한지가 발서 사년인 오늘에 별안간 차저가서 궁한 소리할 수는 업섯다. 그의 자존심이 아즉까지도 어느 구석에 족음 남아 잇는 것을 스스로 알앗다. 원악 궁해서 족으만한 자존심까지 일허버리면 어쩌케 하나 하는 것이 혜영으로서 한 마음의 두려움이엇다.

그러나 한 번 차저보기로 내어 노흔 걸음을 다시 돌으킬 수도 업섯다. 그리하야 혜영이는 뻐스 정류장에서 문 안으로 들어가는 뻐스를 기다리엇다. 령천을 가는 차가 정거하자, 병호가 쒸여내려왓다.

병호는 뻐스 속에서부터 혜영이를 바라보앗든 모양이다.

『오늘은 어쩌케 출입할 만큼 몸이 관계챤하세요?』

병호는 혜영의 겨트로 갓가히 오며 반가워한다.

혜영이도 날마다 보든 병호이지만, 오래 간만에 출입하게 된 오늘에 만나게 된 것은 몹시 반가웟다.

『어째 오늘은 이러케 일즉 오세요?』

하고, 혜영이도 두어 걸음 아프로 나아갓다.

『그런데 지금 어대를 가세요?』

혜영이는 대답하기가 족음 거북하얏다.

『어데를 가세요?』

병호는 쏘 물엇다.

『밥버리할 곳을 차저볼가 해서요.』

하고, 혜영이는 빙그레 웃엇다.

『밥버리할 곳을……요?』

병호는 이러케 되물엇스나, 그의 가슴은 아펏다. 니어서 다시 물엇다.

『이러케 막연하게 차즈러 나서면 일이 됩니까?』

『막연히 나와서 돌아다니다가 혹 성공하는 수도 잇겟죠.』

이째에 동대문행 쩌스가 왓다.

『좌우간 타시지요.』

하고, 병호는 혜영의 아플 빗기엇다.

혜영이는 쩌스에 올랏다. 병호도 혜영이를 만난 이상 그 집을 차즐 필요는 업섯다. 그도 쌀하 올라탓다. 쩌스 안에는 젊은 녀자 세 사람이 잇슬 뿐이다.

『어데를 가세요?』

차체가 서서히 흔들리기 시작할 째에 병호는 쏘 물엇다.

『옛날 선생을 차저보러 가는 중이야요.』

『그 선생을 차저보면 일이 마음대로 됩니까?』

『그건 맛나봐야 알지요.』

『아즉 어쩌케 되리라는 자신이 업시 나오셋습니다 그려.』

『자신이 잇슬 까닭이 잇나요.』

『대체 차저보러 가시는 이가 누구입니까?』

『알면 뭣 하세요? 나종에 차차 알죠.』

『알어서 못 될 것도 업지요.』

쩌스를 서대문 우편국 압의 카브를 돌앗다.

—(137), 『매일신보』, 1932. 3. 15

새살림 (4)

혜영이가 한성녀학교 문 아페 당도할 째는 마츰 방과 시간이엇다. 여러 학생들은 양지를 쪼차 군대 군대 모아 서서 속살거리고 잇다. 교실이나 교정은 사년 전 옛날과 족음도 변함이 업다. 다맛 그곳에서 움직이는 사람의 얼굴이 달을 뿐이엇다.

혜영이는 교문에 발을 드려 노흘가 말가 잠간 주저하얏다. 어찌함인지 아쉬운 말을 하러 차저온 것이 족음 뒤로 켱기엇다. 상학종이나 친 뒤에 사람 업는 틈에 들어갈가 하고 문 안에서 족음 머뭇거렷다. 혜영의 얼굴을 발견한 여러 녀학생의 시선은 모다 문 아프로 모아 들엇다. 그의 채림 채림이 그들의 호긔심을 쑤석어려 낸 까닭이엇다. 문 아페서 방황하는 것이 돌이어 쑥스럽다 하야 그는 마음을 돗으려 먹고 교정 안으로 쑥 들어섯다. 어쩌한 생도들은 혜영의 뒤를 쌀하서며 동정을 살피기도 한다.

혜영이는 밧분 걸음으로 사무실로 들어섯다. 그 동안 선생의 얼굴도 대개는 변하얏스나, 그 가운대에는 자긔를 가르키든 선생도 잇섯다. 그는 오래 동안 격조하얏다는 인사를 일일이 드렷다. 그 가운대에는 혜영의 집안 형편이 어쩌케 되엇다는 것을 알고 잇는 선생도 잇섯다. 그러나 선생 그들과 말을 길게 난울 수 업서 바로 교장실 문을 쑤드리고 안으로 드러섯다.

교장은 안경 넘어로 한참 동안이나 드러오는 혜영이를 바라보드니,

『아주 몰라보게 되엇군. 김혜영이 아니야? 이리 오…….』

하고, 응접 테불 아프로 나아온다.

혜영이는 외투를 벗고 공순히 머리를 숙이엇다.

『오래간만일 걸. 그리 안구려.』

하고, 교장은 의자를 권하엿다.

혜영이는 권하는 의자에 몸을 실엇다.

『그 동안 아주 변햇군!』

사실 오늘 혜영과 전날 가르킬 째의 혜영이는 아주 달낫다. 그째에야 이와 가티 화려한 외양을 가진 혜영이가 아니엇다. 만일 혜영이가 이름만이 교장의 머리에 남어 잇섯드면 그의 자태를 보고 놀낼 리 만무하지만, 그래도 혜영의 이 학교에서의 존재는 맨말재 안흔 만큼 교장은 변한 혜영의 태도에 놀랏든 것이다. 교장은 학생을 대할 째나 다맛 맛찬가지로 친절한 어조로 여자란 남자의 노예가 되어서는 안 된다 하얏다. 서로 서로 인격적으로 상당한 지위를 보전하랴면 남자와 가튼 생활 능력을 가저야 한다는 것을 력설하얏다. 그리한 의미에서의 현모량처를 양성하는 것이 자긔의 교육 방침이라 하얏다. 아즉 조선의 사회는 녀자가 생활 능력을 발휘할 수 업슬 처지에 당하지 안햇스나, 차차 시세의 변천을 쌀하서 녀자도 생활전선으로 나아가게 될 날이 반듯이 잇슬 것을 말하얏다. 결국 인격을 서로 존중하게 되는 날은 녀자가 독립생활을 하게 되는 날이라

하얏다. 생활에 잇서서 결단코 남자만은 의뢰할 것이 안이오, 자긔의 힘으로 살아야 할 것을 말하얏다. 현대 녀자 교육이 다맛 현모량처를 맨들기 위해서 생활 능력의 발휘를 등한히 보는 것은 큰 잘못이라 하얏다. 현대 조선 녀자 교육게에서는 드믄 인물이엇다. 혜영도 전날 교장의 일러준 말이 의식의 한 편에 남아 잇섯든 까닭이다. 그러나 교장은 녀성의 허영에 대하야는 절대로 증오를 가젓섯다. 혜영이는 아무러한 거리씸 업시 평소 그대로 차저왓스나, 평소의 눈에는 매우 거실리엇다.

—(138), 『매일신보』, 1932. 3. 16

새살림 (5)

혜영이는 단도직입으로 자긔에게 상당한 직업이 업는지 그것을 물어볼가 하얏스나, 입이 잘 썰어지지 안햇다. 머리를 숙이고 가만히 안젓슬 뿐이다.

교장 선생의 눈에는 이상하게 녁이는 빗이 써돌앗다.

『이새는 뭘 하오?』

하고, 선생이 먼저 입을 쩨엇다.

『아무 것도 하는 게 업서요.』

혜영이는 구원을 바든 듯이 머리를 들엇다.

『결혼은 햇소?』

『아즉 안 햇서요.』

『혜영이야 아무 것 안해도 아버지가 돈이 만흐시니까 관계 업겟지…….』

선생의 말이 조롱으로 들리엇다.

『아버지는 돌아가섯서요.』

『아버지가 돌아가셧서? 언제…… 도모지 모르고 지낫군.』

선생은 놀래엇다.

『월 전에 돌아가셧서요.』

『그러면 집안일을 모다 혜영이가 보아야 되지? 아주 책임이 크지.』

선생은 혜영의 집안 형편이 어쩌케 된 줄을 모르는 모양이다.

『집안에 볼 일이 뭣 잇나요? 제게 책임 썰어진 것은 어머님 한 분을 어쩌케 봉양하여야 할가 하는 것 뿐이야요.』

혜영이는 자긔의 형편을 말할 긔회를 노치지 안햇다.

『집안 살림이 그대지 간단하지 안할 줄 아는데 그러우?』

선생은 혜영의 말에 의심을 내엇다.

『아버지가 저에게 묵어운 짐을 지지 안흐시랴고 살림을 모다 처분을 하고 돌아가섯요.』

『처분을 하다니?』

『하나도 남기지 안코 돌아가섯서요.』

『그러면 남을 다 주엇단 말이요? 사회사업에 긔부를 하엿단 말이오?』

『남에게 빼앗기엇답니다.』

『남에게 빼앗기엇다니? 이 밝은 세상에 말이 되나?』

선생은 매우 놀란다.

『여러 가지 사업에 실패해서 남이 모다 가저갓답니다.』

『그러면 빼앗긴 건 아니로군, 자긔가 업샌 게지.』

『선생님! 좀 엿줄 말슴이 잇서서 오늘 별안간 차처왓서요.』

하고, 혜영이는 다시 정색을 하얏다.

『그야 무슨 필요한 일이 잇섯기에 왓겟지. 한번도 차저온 일이 업는 혜영이가 괜히 왓슬 리가 잇나.』

선생은 또 다시 비쏜다.

이 학교에서 교장 선생은 학교 직원 새이에는 물론이오, 학생 새이에도 자꼬 비쏘기로 유명하얏다.

혜영이는 사년 만에 처음 듯는 선생의 비쏘는 말이 돌이어 반가윗다. 그 비쏘는 말에 악의가 들어 잇지 안흔 까닭이엇다.

『엿줄 말은 다른 말슴이 아니라, 제가 손으로 버리를 해서 살아가겟서요. 맛당한 취직할 곳이 잇스면 소개를 하나 해 주세요.』

혜영이는 재학 시대에 부리든 아양을 다시 한 번 부렷다.

『아버지가 남게준 돈은 다 뭘하구?』

어대까지든지 선생은 롱담으로 넘겨버리랴 한다.

『아버지가 남겨준 재산을 바라고 거저 놀 수가 업서서 그래요.』
하고, 혜영이는 웃엇다.
『부자가 더 되자는 말이지. 아마 화장품을 좀더 조흔 것을 써보고 시픈 게지.』
하고, 선생은 혜영의 얼굴을 찬찬히 바라본다.
『선생님! 제 청을 롱담으로 돌아보내지 말고 좀 드러주세요.』
혜영이는 다시 정색을 하얏다.
『녀자로 돈버리하는 것은 제일 조흔 게 하나 잇지…….』
『그게 뭐야요?』
『시집가는 게 제일 조흔 돈버리가 아니야? 밥 먹이어 줄 것이오, 옷을 이펴줄 것이오, 용돈을 줄 것이오, 그 우에 더 편한 돈버리가 어대 잇담?』
혜영이는 자긔를 조롱하는 것 가타서 화가 벌컥 낫다.

─(139), 『매일신보』, 1932. 3. 17

새살림 (6)
『저 가튼 녀자를 더려갈 사람이 어대 잇나요?』
혜영이는 속을 석이고 대답하얏다.
『천만에ㅅ 모서가랴는 사람이야 퍽 만치만, 혜영이가 가지를 안는 게지……!』
하고, 선생은 웃는다.
어쩌한 말을 하든지 선생은 그 말을 롱담으로 돌리는 데에 혜영이는 헛힘이 써젓다.
『선생님! 먹여주고 이펴주는 것만 바란다면 무슨 짓을 못하겟서요. 그래도 결혼이란 자긔의 리상대로 하여야 할 게 아닌가요? 제가 지금 청하는 말슴을 롱담으로만 들으시면 안 되아요. 저는 실정으로 엿주는 말슴이니까요.』
혜영이는 애원하듯 말하얏다.
『물론 그러치. 결혼이란 자긔 리상대로 해야지. 그러치? 리상적으로 된 결혼을 나는 그러케 만히 보지 못햇서…… 모다 서로 어쩌한 일부분의 조건이 마저서 결혼하는 건 보앗지만…….』

교장 선생은 머리를 끄덕이엇다.

『저는 선생님이 평일에 늘 말슴하신 대로 경제적으로 자활을 하겟서요. 결혼하는 동시에 생활 문제까지 해결하는 그러한 약한 녀자가 되고는 십히 안 해요.』

혜영이는 선생의 뜻을 한 번 영합한 것이엿다. 선생에게는 그 말이 매우 긔특하게 들리엇다.

『암…… 그래야지. 그 어데 맛당한 직업이 업슬가……?』

이제야 진심으로 생각하는 빗이 선생의 얼굴에 나타낫다.

혜영에게는 선생의 힘을 빌기에 매우 조흔 긔회이엇다.

『선생님! 제 속 좀 어쩌케 해주세야 됩니다.』

『글세. 좀 어려운 일이 잇는 걸!』

『어려운 일이 뭐야요?』

『저 모양을 해 가지고는 서양에 가서나 직업을 차저야 할 걸 그래. 조선에서는 좀 어려울 걸!』

『제 모양이 엇대서 그래요?』

『어째서 그러다니! 좀 체경을 보지. 혜영 가튼 이가 메치나 잇는지 보구려.』

하고, 선생은 썰썰 웃는다.

『양장을 하고 단발을 하면 직업을 가질 수도 잇슬가요?』

『그야 양장 단발한 녀자에게 쏘한 상당한 직업이 업는 것도 아니겟지.』

『무엇이 상당하겟서요?』

『이 새에 흔한 녀배우나 카페 녀자들로는 환영을 밧겟지.』

이것은 혜영에게 대한 한 모욕이엇다. 혜영의 전신의 피가 모다 얼골로 모아들엇다. 정신이 앗질하얏다. 이 순간이 지난 뒤에는 그의 얼굴이 다시 희프러젓다.

『카페 녀자도 조코 녀배우도 조흐니, 하나 소개해 주세요.』

어름 가튼 말이 그의 입에서 쏘다젓다.

선생은 눈이 안경 속에서 동글해젓다.

『그게 무슨 말…….』

『무슨 말이 아니라 무엇이든지 저에게 상당한 직업이면 소개를 해주세요.』

『그런 천한 직업을 혜영이가 가질 수야 잇다고?』

『직업에 귀천이 잇슬 까닭이 잇나요? 신성하게 생각하면 역시 직업은 신성한 거겟지요. 저는 이 세상 남자들의 직업에 대한 관념이 틀린 줄 알아요. 어째서 그와 가튼 천한 직업을 맨들어 노앗서요? 제도로써 그런 것을 맨들고 거기에 들어가는 녀성을 천인이라 하야 학대하는 그 심정은 참으로 알 수 업서요. 생활 전선에다 함정을 파노코 거기에 싸지면 춤을 뱃는 거와 마찬가지야요. 선생님도 자기의 생활은 자기가 해결하여야 한다는 것을 늘 주장하셋지요?

독입생활을 주장하면서 그러한 직업을 시인하는 것은 그러한 곳으로 들어가라고 장려하는 것과 달을 것이 무엇 잇슬가요? 그러한 선생의 교육을 바더 온 혜영이가 카페 녀자나 녀배우가 된다 해서 그대지 모순될 것도 업슬 듯해요.』

혜영의 얼골은 다시 늙어젓다.

—(140), 『매일신보』, 1932. 3. 18

새살림 (7)

『보지 못한 멧해ㅅ동안에 구변이 장족 진보를 햇군!』

선생은 쏘 다시 얄미운 수작을 한다. 혜영이는 이 늙은이가 망녕이 들엇나 의심을 하얏다.

『직업 소개해 줄 수 업스면 이미 업다고 말슴을 하시지 안코 쓸대업는 말로 저를 망신을 주랴고 하실 게 뭐야요?』

하고, 혜영이는 입술이 썰엇다.

『혜영이가 내 말을 오해하는군. 랭정한 마음으로 들어보오.』

하고, 선생은 다시 정색한 뒤에 천천히 말을 내엇다.

『조선의 지금 형편이 혜영이와 가티 치장을 하고 다니는 사람을 위해서 직업을 내주지 안는다는 말이야. 아즉은 녀자의 생활에 대해서는 리해가 업스니까, 직업을 어드랴면 첫재 남의 눈에 버서나지 안토록 외양부터 가저야 한단 말이야. 내가 혜영이를 생각해서 하는 말이니 결코 오해를 해서는 안 되오.』

『그러면 어쩌한 모양을 해서 점잔해 볼가요?』

혜영이는 나오는 웃음을 참고 물엇다.

『내 말을 허수히 알아서는 안 되어……. 좌우간 내가 한 곳에 소개를 해줄 터이니, 단정한 조선옷을 입고 달레라도 부치어 틀어 머리를 하고, 그리고 차저가 봐야 된단 말이야. 알엇소?』

선생의 말소리는 매우 친절하다.

『선생님! 역시 직업을 어드랴면 자긔의 정체를 감추어야 됩니까?』

하고, 혜영이는 물엇다.

『정체를 감춘다면 족음 어페가 잇지만, 좌우간 자긔의 전체를 그대로 내노흐면 안 된단 말이야. 사람의 전체가 다 아름답지 못하니까.』

선생은 의미 잇는 눈을 씸벅거린다.

『그러면 자기가 가진 조흔 부분만 발표하도록 하여야 한단 말슴인가요?』

하고, 혜영이는 웃엇다.

『웃을 일이 아니야. 사회에 첫 걸음을 내드릴 사람이 남의 눈에 거츠른 짓을 해서는 안 된단 말이오. 업는 것을 잇는 것 가티 거짓을 꿈이라는 말은 아니니까.』

『알아들엇서요. 그러면 선생님의 시키는 대로 하죠.』

혜영이는 새삼스리 인간 세정의 부박한 것을 선생과 토론할 경우가 아닌 것을 알앗다.

아무러튼 상당한 직업을 선생의 힘을 빌어 어드면 그만이엇다.

『혜영이는 어쩌한 일을 제일 잘할가?』

선생은 혼잣말로 중얼거리듯 하고 천정을 치어다본다.

『저는 배우나 카페 녀급이 제일 적당하겟죠.』

하고, 혜영이는 웃엇다.

『인제는 나를 돌이어 놀리려 하는군!』

하고, 선생도 쌀하 웃는다.

선생의 마음이 훨씬 눅어저 보엿다.

『녀자 교원 노릇은 면허ㅅ장이 업스니 헐 수 업슬 게고…… 참 딱한데……. 좌우간 내가 잘 아는 사람에게 혜영의 일을 잘 부탁해 줄 터이니, 내 편지를 가지고 가서 그이와 의론을 한 번 해보오.』

직업을 소개해 줄 듯하든 선생의 말이 다시 빅구러젓다.

그러나 혜영이는 선생이 자긔 일로 깁히 애를 쓰는 것만은 인정치 안흘 수 업서서

『그러면 다른 분에게 부탁할 곳이 잇스면 부탁해 주세요.』

하고, 의자에서 니러낫다.

『거긔 안구려우. 편지를 써줄 터이니…….』

하고, 필연을 열엇다.

혜영이는 선생의 편지를 맛터 가지고 모교 문을 나섯슬 째는 벌서 해가 놉핫다. 문을 나서며 그는 소개 편지를 호주머니에서 끄집어내어 다시 한 번 보앗다.

—(141), 『매일신보』, 1932. 3. 19

새살림 (8)

선생은 혜영이더러 오늘의 이 모양을 해 가지고 직업 소개해 줄 사람을 차저가서는 안 된다는 것을 말하얏다. 그러나 혜영이는 직업 소개를 엇기 위해서 별안간 조선 옷을 입고 업는 머리를 부처서 자긔의 정체를 감출 수 업섯다. 그는 되든 못 되든 자긔의 정체를 뵈어 가지고 엇는 직업이 돌이어 확실성이 잇슬 듯한 생각이 낫다.

오래ㅅ동안 집안에 들어 잇다가 별안간 나온 까닭인지 몸과 정신이 몹시 피곤하얏스나, 혜영이는 이것을 이기고 선생이 소개해 준 곳을 차저갓다. 차저간 곳은 녀자강습소 가튼 족으마한 학교이엇다. 평일에 만히 들어온 녀자궁성학원을 이제야 처음 보게 되엇다. 일종의 호긔심도 낫다.

학생의 인도를 바더 학원장실을 차저갓다. 원장은 오십이 훨신 넘어 보이는 녀자이다.

혜영의 생각에는 이 녀원장과 교장이 어찌 서로 알게 되엇슬까 하는

의심이 낫다. 사람의 직업을 소개할 힘이 이름난 교장으로서 이름 업는 녀자 학원장보다 적다는 것도 한 의문이엇다.

혜영이는 편지를 녀원장의 아페 내노앗다. 원장은 편지를 바더 들고는 태도가 훨신 친절하여젓다. 혜영이는 인사를 하고 의자에 걸어안젓다. 원장은 편지를 한참 동안 바라보드니,

『전날 내가 사람을 하나 부탁한 일이 잇섯지요.』

하고, 얼굴을 혜영의 편으로 돌린다.

혜영이는 아무 말도 업시 원장의 얼굴만 바라보앗다.

『다른 게 아니라, 이 학원은 조선 사회에서 가장 불행한 처지에 잇는 녀자들을 위해서 설립된 곳입니다. 구식 가정에 자라난 녀자들이 째를 노치고 공부할 수 업는 이나, 쏘는 무식한 것이 원인이 되여 가정생활에서 파탄을 당한 이나, 쏘는 장래의 파탄을 면하기 위해서 설리설리 준비하는 이들만이 다니게 된 학원입니다. 사회적으로 보아서 대단히 의미 깁흔 사업이지만, 본래 재정이 넉넉지 못할 쑨 아니라, 이 사업을 리해하여 주는 사람이 적어서 보시는 바와 가티 대단히 빈약합니다. 그래서 밤낫으로 교단에서 애를 쓰시는 교직원의 대우도 충분하지 못합니다. 대우가 충분치 못하니까 이 사업에 헌신하실 분을 엇기가 매우 어렵습니다. 그래서 여러 곳에 이 사업을 찬성하세서 동지가 될 분이 잇스면 천거하도록 부탁해 두엇드니, 아마 그 선생이 당신을 추천한 것 갓소이다.』

『그런 말슴은 듯지 못하고, 선생을 차저보라구만 하시기에 뵈러 온 것입니다.』

『첫재, 말슴할 것은 이 곳은 보수가 퍽 박합니다. 그래도 조흐시다면 다시 한 번 생각해 보겟소이다.』

혜영이는 보수가 얼마나 되는 것을 무러보고도 십헛스나, 참아 입이 썰허지지 안햇다.

『보수만 바란 것도 아닙니다.』

혜영의 자존심이 이것을 말하게 하엿다.

『물론 그러하시겟죠.』

원장도 매우 깃버하는 모양이엇다.

『그러면 요다음에 다시 차저와서 뵈옵겟습니다.』

하고, 혜영이는 니러섯다.

『그대로 와서 게서 줍시사 말할 수는 업스니까, 다소간 보수를 드리겟소이다. 좌우간 이력서를 한 장 보내줍시오. 이 학원에 오세서 불행한 여러 녀자들과 접촉을 해보십시요. 우리의 장래에 참고 될 일도 퍽 만흘 줄 압니다.』

원장의 태도는 의외로 친절하얏다.

혜영의 마음에 깁히 박힌 것은 불행한 처지에 잇는 녀성들과 접촉해 보라는 말이 혜영의 호긔심을 쓸엇다.

—(142), 『매일신보』, 1932. 3. 20

새살림 (9)

혜영이가 니러서서 문 박그로 나오랴 할 째에 하학종 소리가 낫다. 그는 어쩌한 학생들이 이러한 학교에 와서 공부를 하는지 그것이 잠간 보고 십헛다.

그리하야 공부를 마치고 나오는 학생들을 기다리엇다. 건너편 교실에서 녀선생이 분필갑과 책을 들고 이 편으로 걸어왓다. 어데서 본 긔억이 잇는 얼굴이다. 아니, 언제든지 혜영의 긔억에서 살아지지 안는 얼굴이다. 분명히 화성의 얼굴이다. 화성이가 이 극성학원에 와서 교수를 할 리는 만무하얏다. 그는 동방시론사에서 긔자 노릇을 하는 중이다. 이곳에 올 리가 만무하다. 만일 화성이가 아니라면 세상에! 저와 가티 쪽 가튼 얼굴이 어대 잇슬가?

혜영이는 잠간 동안 자긔의 눈을 의심하얏다. 그러나 저 편에서 이 편을 보고 얼굴을 숨키고 미소를 보내는 것을 보면 분명히 이 편이 누구인 것을 아는 모양이다.

혜영이는 그 녀자가 자긔 압해로 갓가히 올 째까지 눈 한 번 깜작이지 안코 바라보앗다.

그가 겨테 당도하얏슬 째이다.

『이게 웬일이야요?』

하고, 그 녀자가 먼저 입을 연다.
『이게 웬일이야요?』
하고, 혜영이도 입을 열엇다. 틀림업시 화성이다.
『제가 이리 온 줄 모르시죠?』
하고, 화성이는 분필 무든 손으로 아페 흐터진 머리털을 뒤로 넘기엿다.
『전혀 몰랏서요. 언제부터 여기 게시게 되셋서요?』
 혜영이는 화성의 말을 병호에게 물을 틈이 적엇다. 그는 집을 써나 온 뒤로 거의 한 달 동안은 병으로 신고를 하얏다. 병호도 어쩌함인지 화성의 말을 입에 내지를 안햇다. 혜영이는 종로 전차 정류장에서 갈린 이후로 어쩌한 째이면 화성이가 어쩌케 되엇는지 궁금증이 나서 알고도 십헛지만, 화성의 이야기를 병호가 말하기 전에 끄어내고 십지 안햇다. 그것은 상대자의 태도를 의심하는 것을 보고 십지 안햇다. 언제든지 상대자를 밋고 잇는 것을 보이고 십헛다. 화성의 일에 대해서 잣구 뭇는 것이 자기의 숨은 감정을 발표하는 것 가타서 뭇고 십흔 째에는 나오는 말을 참앗든 것이다. 그러나 화성으로서는 그 일신상에 이와 가티 변화가 잇슴에도 불구하고 병호에게서 아무러한 이야기도 듯지 못한 것은 참으로 유감이엇다. 만일 화성의 신상에 이러한 변화가 잇는 줄을 병호가 모르고 지난 것이라 하면, 혜영의 처지로는 돌이어 의심의 한 마즘이 풀어젓슬 것이나, 병호가 이러케 된 일을 전연히 모르고 지낼 리가 만무하다고 생각하매, 전일에 업든 싼 의심까지 생기엇든 것이다.
 그리하야 혜영이는 사람의 운명이란 참으로 알 수 업다고 부르지젓다. 화성이와 이런 가튼 곳에서 이와 가티 맛날 것은 꿈에도 생각한 적이 업섯든 것이다.
 화성이는 혜영이가 엇지하야 이곳에 차저 온 리유를 모르는 이상, 그는 자기가 이 학원에 와서 잇는 진가를 알아보러 온 것이라고 생각할 수밧게 업섯다.
『저는요, 동방시론사를 그만 두고 바로 이리로 왓서요.』
하고, 화성이는 어색한 대답을 하얏다.

『동방시론사를 언제 그만 두셧서요?』

혜영이는 물엇다.

『병호 씨가 그만 두든 그날부터 그만 두엇서요.』

하고, 화성이는 빙그레 웃는다.

이 미소에는 여러 가지 의미가 들어 잇는 것 가티 혜영에게 들리엇다. 나는 애인이 쏘기어 나간 곳에서 일할 수 업섯다는 의미나 아닌지 알 수 업섯다.

『그러섯서요.』

혜영이는 힘업는 대답을 하얏다.

—(143), 『매일신보』, 1932. 3. 22

새살림 (10)

『그런데 아주 어려운 출입을 하셋군요.』

이번에는 화성이가 물엇다.

『족음 볼 일이 잇서서 왓서요.』

혜영이는 취직 문제로 이곳을 차저 왓다는 말은 하지 안햇다.

『이새 병호 씨와 더러 만나세요?』

『오늘 아츰에 잠간 뵈엇서요.』

혜영이는 이러케 대답하고 화성의 얼굴빗을 살피엇다.

화성이와 병호는 그동안 상종이 그대지 만치 안흔 것을 혜영이는 알앗다. 마음이 족음 노이는 것 갓닷. 그는 자긔의 마음을 스스로 웃엇다.

『그 동안 도모지 뵈옵지 못햇서요. 아마 취직 문제로 퍽으나 애를 쓰는 모양이야요.』

화성이는 병호의 취직 문제에 매우 근심이 되는 것 가티 뵈엇다.

『자긔는 인제부터 다른 사람의 고용이 되지 안코, 되나 못 되나 독입으로 무슨 생활이든지 해보겟다고 하드군요.』

혜영이는 병호가 동방시론사에서 쏘기어 나온 뒤에 여러 군데로 취직 운동을 하다가 그것이 되지 못하야 락망한 남저지에 한탄하듯 한 말을 그대로 화성에게 말하엿다.

『물론 그런 생각을 하시겟지요. 여간한 창피를 당하셋나요? 저도 월급 생활 가튼 것은 다시 안켓다고 마음으로 작정햇지만, 필경은 쏘 이러케 되고 말앗서요.』

화성이는 빙그레 웃고 사면을 둘러본다. 운동장에는 여러 학생들이 군데군데 모아 서서 무어라 중얼거리고 서잇다. 그들의 눈에는 단발 양장한 혜영이가 긔이한 존재이엇다.

그이들 가운대에는 혜영이와 가튼 녀성을 볼 쌔에, 알 수 업는 일종의 반감을 가지는 이도 업지 안햇다. 학원장의 말과 가티 그들은 순진한 소녀들만이 아니엇다. 소박덕이도 잇섯고, 화류게에서 류락의 생활을 하든 이도 잇섯다. 쏘한 학교에 니름을 걸고 전 녀성을 모독하는 행동을 하는 이도 업지 안햇다. 이 학교 저 학교의 모다 락제를 하고 장차 입학 준비를 하랴고 일시적으로 재학한 이도 업지 안햇다.

그러나 녀자다운 마음은 모다 일반이엇다. 사람을 볼 쌔에 첫재 의복과 외양을 보고, 그 다음 얼굴을 보앗다. 그리하야 자긔네의 모든 것과 비교하는 터이엇다. 하여튼 그들 가운대에는 혜영이나 화성이와 가튼 용모의 미를 가진 이가 하나도 업는 것은 물론이려니와, 의복의 채림 채림도 고상하고 단아한 품이 그를 짤을 리가 업섯다. 그들 중에는 아모리 아름답다 하야도 어느 순간에인지 이 세상에서 몹시 시달린 기색이 감출 수 업시 나타나는 이가 만핫다. 이 세상에서 순결을 일흔 이들이 만하얏다. 그러나 혜영에게는 이러한 사람들의 애달픈 존재를 열심이 바라볼 안식이 업섯다. 이러한 것을 일일히 감식하기에는 그의 경험이 넘어나 엿헛다.

여러 학생들이 중얼거리며 겻눈으로 슬슬 바라보는 것에 그대지 큰 의미가 업는 것 가티 혜영이는 생각하엿지만, 바라보는 그들은 벌서 자긔네의 과거나 장래를 거긔에 비교하는 것이엇다.

『저네들을 벗을 삼고 지나는 재미도 퍽 조흐시겟지요?』

혜영이는 운동장의 여러 학생을 바라보며 족음 생각하다가 물엇다.

『재미라 할 것은 업지만 저이들 중에는 우리가 들어서 참고될만한 가엽슨 처지에 잇는 이가 퍽으나 만히 잇서요. 녀성으로서 가장 처참한 경우에서 방황하다가 겨우 구원을 바든 이들도 퍽으나 만치만, 이제로부터 다시 인생의 류락경(淪落境)을 방황할 가능성을 가진 이도 퍽으나 만하요.』
이째에 다시 상학종이 울엇다.

—(144), 『매일신보』, 1932. 3. 23

새살림 (11)

혜영이는 화성이와 작별하고 바로 자긔 집으로 돌아왓다. 하로 동안 나돌아서 활동한 보람이 잇는 것을 마음으로는 저윽히 깃벗스나, 극성학원의 선생 노릇을 하는 것이 조흘지 아니 하는 것이 조흘지, 여긔에는 아즉 단연한 결심을 하지 못하엿다.

화성이가 그곳에 잇다는 것이 어찌함인지 마음에 걸리엇다. 그러할 리가 물론 만무하다고 생각은 하지만, 만일 병호와 그가 어쩌한 관계가 잇서서 나종에 그러한 갈등이 생기게 되면 두 사람이 한 곳에서 일을 하면서 한 산애를 경쟁하는 셈이 될 터이니, 이것은 더욱 창피한 일이라 하얏다.

집에 돌아와서도 여러 가지로 생각을 하얏다. 그러나 지금에 와서 다시 이러한 문제로 마음을 고롭게 할 필요가 어대 잇슬가. 이러한 것을 모다 초월하야 이 세상에서 굿세게 살아보자고 결심한 자긔가 아닌가. 이것은 못 생긴 생각이다. 동경으로 도망갈 째에 어쩌한 결심을 하얏든가. 도망할 째와 가튼 결심을 다시 할 째가 왓다. 굿세게 살아가자. 병호를 화성에게 양도할 시긔가 만일 온다면, 그째에는 조흔 나츠로 양도를 하면 그만이 아닌가. 그대로 리력서나 제출해 보자. 이와 가티 혜영이가 극성학원에 단여와서 그의 심경에 다소간 변화가 니르킨 것은 사실이엇다. 그리하야 그는 리력서를 썼다. 그리하야 우편으로 학원장에게 보내엇다.

석양이 되엇다. 혜영이는 오래 간만의 출입에 몸이 몹시 피곤해서 자리에 누은 것이 그대로 잠이 들엇섯다.

어머니의 깨우는 소리에 쌈작 놀라 니러난 혜영이는 세수를 고쳐 한 뒤에 어머니 방으로 들어갓다.

『오늘 너 어대 갓다 왓니?』

어머니는 뭇는다.

『옛날 선생을 차저보고 왓서요.』

『오늘은 병호가 아니 오는구나. 웬일일싸?』

거의 날마다 차저오든 병호가 오늘에 한하야 아니 오는 것을 이상스럽게 생각하는 것도 무리가 아니엇다.

『오늘 만나밧서요.』

『어대서……..』

『여긔로 차저오는 것을 길에서 맛낫서요.』

『네가 업슬 터이니싸 집에는 오지 안코 그대로 돌아갓단 말이지?』

그의 어머니는 병호가 자긔는 차저보지 안코 그대로 돌아간 것을 섭섭히 생각하는 모양이엇다. 혜영이는 자긔 어머니의 속에는 아즉도 어린이 생각이 잇는 것을 속으로 웃엇다.

『집으로 오겟다는 것을 제가 다리고 문 안으로 들어갓서요.』

어머니와 병호 새이에 족음만치라도 섭섭한 생각을 서로 니르키지 안흐랴 한 것이다.

『병호가 오면 좀 할 말이 잇서서 기다렷지.』

『무슨 말슴을 하시랴구 하셋서요?』

『별달은 말은 업서……..』

『별다른 말 아니라고 뭐야요?』

『병호에게 물어본 뒤에 네게 다시 말하지.』

어머니의 병호에 대한 감정이 근일에 와서 대단히 완화된 것을 혜영이는 마음으로 깃버하얏섯다. 이것은 병호의 진실한 태도가 어머니를 감복시킨 것이엇다. 지금 병호와 상의할 일이 잇다면, 이것은 필연코 자긔의 일신상 문제일 것이다. 자긔 쌀의 일신상 문제를 당자인 혜영에게 뭇지 안코 엇지하야 상대자인 병호에게 먼저 물을싸? 여긔에는 의심도 잇스려니와, 쏘한 혜영으로서는 불만도 업지 안햇다.

『무슨 말슴이야요? 물으실 말슴이……..』

『글세. 너는 가만히 잇서요. 에미가 다 알아 할 터이니……..』

『어머니! 무얼 알아 하세요?』

『우리 집안에 다 조흔 일이니싸, 나종에 알아도 관계가 업다.』

어머니는 좀처럼 말을 하지 안흘 모양이다.

―(145), 『매일신보』, 1932. 3. 24

새살림 (12)

혜영이는 자긔 어머니에 대하야는 늘 미안한 생각을 금할 수 업섯다. 오늘의 가난구렁에서 헤매게 된 것이 자긔의 책임이나 아니엇든가. 어머니와 가튼 경우에 잇는 사람으로 제일 행복이 될 것은 물질의 풍부일 것이다. 만일 그러하다면 어쩌한 방법으로든지 풍부한 물질 가운데서 춤을 추게 하여야 할 것이다. 그러나 혜영이는 그것을 하지 못하게 하엿다. 돌아오는 행복을 박차버린 셈이다. 춘식이와 결혼을 하얏다면 물질 문제는 벌서 해결이 되고 말엇슬 것이다. 어머니에게 일생에 다시 어더 보기 어려운 긔회를 일허버렷다는 유감은 물질의 곤란이 차저올 째마다 더 새로워질 것을 모르는 바가 아니나, 혜영의 청교도적 정신은 물질에 마음이 팔리는 것은 허락지 안햇든 것이다.

이와 가튼 여러 가지 복잡한 생각이 써오르니, 자긔 어머니가 병호가 오면 꼭 할 말이 잇다는 것이 오늘에는 최후 담판을 하야 물질의 곤란에서 헤어나자는 의미가 아닌가 하는 의심도 낫다. 혜영이는 병호에게 하고자 하는 어머니의 말이 미리 듯고 시퍼 견댈 수 업섯다.

『무슨 말슴을 하실 터이야요?』

하고, 혜영이는 쏘 물엇다.

『글세. 병호에게 물어보고 네게 말할 터이니 잠잣고 잇서요. 어찌 그리 조급히 구늬?』

혜영이는 어머니의 웃는 얼굴을 보고 이제 와서 별안간 주책업는 말로서 자긔네 새이를 숭겁게 맨들지나 아니 할가 하는 넘려는 노핫다. 그러고 『어찌 그리 조급히 구늬?』 하는 말에는 다소간 조혼 의미로 해석할 여러 가지 조건이 들어 잇섯다. 혜영이는 이제 와서는 어머니의 얼굴을 바라보기가 열적은 생각이 낫다. 그리하야 아모조록 병호에 대한 말은 피하랴고 화제를 돌리엇다. 그러면서도 병호가 이러한 째에 왓스면 하는 마음이 간절하얏다.

『너 오늘 돌아다닌 일은 어쩌케 되엇늬?』

어머니는 별안간 생각이 난 것 가티 뭇는다.

혜영이는 자긔의 마음에 이리할지 저리할지 확실한 작정이 업서서 아즉 자긔 어머니에게 극성학원 문제는 내지 안햇섯다. 그러나 어머니가 먼저 뭇는 바에 오늘의 일을 말치 안흘 수 업섯다.

그리하야 어찌하면 교원 노릇을 하게 될는지 알 수 업는 것을 자세히 말하얏다.

『그러면 월급은 얼마나 되늬?』

하고, 어머니는 뭇는다.

『월급 말슴이야요?』

혜영이는 대답하기가 거북하얏다. 상당한 수입이 잇다는 것을 말하여야 어머니에게 위로와 만족이 될 것을 알앗다. 그러나 실상이 그러치 못한 것을 거짓말을 할 수 업섯다.

『아즉 작정을 안햇서요. 그 학교는 퍽 가난한 학교라 보수를 준다 해도 신발갑 밧게 아니 주겟지요.』

『신발갑 밧게 안 되는 보수를 밧고 고생을 살게 뭣 잇늬? 그만 두렴우나.』

어머니는 대번에 반대하는 뜻을 표한다.

혜영이는 가슴이 멍멍하여젓다. 전날에는 월급이니 보수니 하는 것은 입 박게 내기도 실허하든 어머니이다. 월급 적으면 천대를 하든 그이이다. 그러나 오늘에 자긔 딸의 월급의 돈 수회를 뭇게 되엇고, 쏘한 수입이 적다 하야 교단에 서는 것을 반대하얏다. 멧 달 동안의 가난한 살림이 벌서 이와 가티 선량한 어머니를 물질의 리해를 헤아리게 하얏슬가? 자긔의 책임이 묵어운 것을 더욱 깨다랏다.

『대번에 모든 것이 마음에 듭니까? 차차 조흔 도리가 잇겟죠.』

혜영이는 이러케 말하는 수밧게 업섯다.

『녀자가 버리를 한다는 것은 틀린 수작이야. 시집을 가야 된다.』

어머니의 본심이 필경 발표되고 말엇다.

—(146), 『매일신보』, 1932. 3. 25

새살림 (13)

　병호가 오면 결혼 문제로 직접 담판을 시작하랴는 것이 어머니의 의향이 아닌가 생각하니 혜영의 족으마한 가슴은 썰리엇다.
　『어머니! 제 일은 제가 잘 생각해서 할 터이니까 아모 걱정도 마세요.』
　병호의 결혼 문제만은 어머니의 입을 빌어서 말을 걸치고 십지 안햇다. 이런 문제는 자긔가 직접으로 말을 내어야 할 것이엇다. 그러나 아즉 결혼 문제를 내일 시긔가 아닌 것을 혜영이는 잘 알고 잇섯다. 병호가 실직한 오늘에 결혼 문제를 끄어내는 것은 그에게 큰 고통을 주는 것이엇다. 경제적으로 한 집안의 생활을 지탕할 수 업스면서 다시 싸로 가정을 맨든다는 것은 어리석은 일이엇다. 혜영이는 병호와 모든 것이 서로 리해해서 결혼을 하게 된다 하야도 그 시긔는 병호도 상당한 직업을 가지고, 자긔도 어머니 하나를 봉양할 만한 힘을 경제적으로 가질 그째를 기다릴 수밧게 업다고 마음을 먹어 왓든 터이다. 어머니가 별안간 결혼 문제를 끄내어 병호를 괴롭게 하는 것은 두 사람의 새이를 그대로 썰허지게 하는 수단으로도 볼 수 잇섯다.
　『어머니! 제 일신상의 일은 병호에게 물어서는 안 됩니다.』
　하고, 혜영이는 다시 다젓다.
　『그러면 아무 말도 말란 말이냐?』
　어머니는 자긔 쌀을 깃부게 하랴고 의미 잇는 말을 내엇다가 돌이어 입의 봉쇄를 당하고 말앗다.
　『아무 말도 마세요.』
　『그러면 암말 안치.』
　이째에 문 박게서 발소리가 들니엇다. 이째에 『게세요?』 하고 부르는 소리가 난다. 병호의 음성이다. 혜영이는 놀랏다. 문 박그로 쒸어나갓다. 병호가 밤중에 차저오기는 이번이 처음이엇다.
　『웬일이세요? 지금 막 김 선생의 말을 하는 중이엇서요.』
　『잠간 상의할 일이 잇서서 왓습니다.』
　하고, 병호는 마루로 올라오랴고도 하지 안는다.

『올라오세요, 잠간.』

혜영이는 권하얏다.

병호는 혜영이를 쌀하 방으로 들어왓다.

『오늘 일은 엇더케 되엇서요?』

병호는 방에 들어서며 말을 낸다.

『안즈세요. 차차 이야기하죠.』

병호는 윗목에 안젓다.

『이리 내려오세요.』

혜영이는 아레ㅅ목으로 자리를 권하얏다.

병호는 아레ㅅ목으로 갓가히 왓다.

『극성학원이란 어썬 학교야요?』

하고, 혜영이는 물엇다.

『그 내용은 자세히 몰으지만, 아마 정식으로 순서를 밟아 공부할 수 업는 녀자들을 위해서 생긴 학원인갑듸다.』

『그 학원 설립자가 누구인지 모르세요?』

『설입자는 조선에서 유명한 녀자이지요. 조선 녀자 중에서는 제일 쏙쏙한 걸요. 아주 입지전 중의 인물이지요.』

『병호 씨! 오늘 제가 그를 맛나밧서요.』

『취직 문제 때문에요?』

병호는 벌서 눈치를 차렷다.

혜영이는 교장 선생을 차저본 이야기로부터 극성학원에 이력서 제출한 것을 일일이 말하얏다.

『그대로 노는 것보다는 나으실 터이니까 단여보시지요.』

『단여도 관게챤할가요?』

『그러치만 그곳 선생들 중에는 평판이 조치 못한 이가 만흐니까, 다니시게 되어도 특별히 주의를 하세야 될 걸요.』

『어쩌하게 평판이 조치 못해요?』

혜영이는 이러한 말을 뭇기 전에 먼저 물어볼 말이 잇섯다. 화성이가 어쩌케 되어서 그 학교에 들어가게 되엇스며, 그러케 된 것을 알앗는지 몰랐는지 뭇고 십헛다. 그러나 혜영이는 이 말을 먼저 내지 안코 차ᄎ 눈치를 차리어 물어볼가 하엿다.

—(147), 『매일신보』, 1932. 3. 26

새살림 (14)

『원장이란 이가 교제가 넓어서 사람을 어느 곳에든지 잘 소개를 해준다는 것이야요.』

『소개를 잘 해주면 조치, 낫불 거야 뭐 잇습니ᄭᅡ?』

『소개도 헐 소개가 잇고 못할 소개가 잇서요. 아마 하지 못할 소개를 잘하는 모양이야요.』

『하지 못할 소개란요?』

『결혼 소개를 한다고 잇다금 멀정한 처녀를 남의 소실로 소개를 하는 모양이야요. 그래서 조치 못한 비평을 듯는 모양입늬다.』

『소개하는 이도 잘못이지만, 소개를 한다고 그러한 그물에 걸리는 본인도 못난이지요.』

『그야 본인이 실흐면 될 일이 아니지만, 본인도 실혼 생각이 업자 쏘겨테서 그럴 듯하게 유혹을 하면 거긔에 아니 넘어갈 녀자가 별로 잇슬라구요.』

『그건 아무러한 생각이 업는 녀자나 그러하겟죠. 다 그러타구야 할 수 잇나요.』

『이 세상에 자각한 녀자가 얼마 잇나요. 모다 허영심에 들ᄶᅱ어서 호강만 한다면 거긔로 마음이 쏠리는 것은 사실이니ᄭᅡ…….』

『허영도 정도 문제이겟죠. 남의 첩이 되어서 호강하겟다는 녀자가 어대 잇슬라구요. 이것은 여러 녀성을 김 선생의 선입견으로 모욕하는 말슴이지요.』

혜영이는 속으로 슬그머니 골이 낫다. 극성학원에 들어가서 선생 노릇 하는 것이 마음에 맛지 아니 하면 정면으로 들어가지 말라고 일르는 것이 사내답은 일이 안일ᄭᅡ? 바로 말치 못하고 빗대어 노코 거긔에 잇는 녀성들을 모욕하는 것은 비겁한 일이 안일ᄭᅡ?

『녀성을 모욕해서 말슴하는 것은 물론 아닙니다. 그 학원이란 그러한 평판이 잇는 것이니, 그런 데에 가시드라도 특별히 주의를 하시라는 충고에 지나지 못하는 말입니다.』

『그러케 충고를 해주시니 감사합니다.』

혜영이는 이 말 한 마듸하고 입을 다물엇다. 화성은 말을 내지 안코 병호의 입에서 어쩌한 말이 떨어질가 그것을 기다렷다. 병호도 아무 말업시 혜영의 얼굴만 바라보앗다. 필경 혜영이가 궁금증이 낫다.

『극성학원 선생 중에 아는 이가 업스세요?』

『별로 아는 이는 업습니다.』

『화성 씨가 거기서 교편을 자고 잇는 줄 모르세요?』

혜영이는 족음 날카로운 목소리로 물엇다.

『화성 씨도 거기 잇서요? 저는 전연히 몰느고 지낫서요.』

『전연히 몰랏서요?』

『정말 몰랏서요.』

『한날 함씌 동방시론사를 쏘기어나오다십히 하섯스면서 그것을 몰으고 지나섯서요? 남자들이란 모다 그러케 무정한가요?』

이 말이 병호에게는 자기를 비쏘는 것으로 들리엇스나, 혜영이는 진심으로 남자의 본성을 의심하얏다. 녀자의 마음을 아는 것은 역시 녀자박게 업다는 것을 절실히 깨다랏다. 혜영이와 극성학원 사무실 문 아페서 잠간 이야기할 째에 자기가 동방시론사를 그만둔 리유가 병호 째문인 듯한 것을 말로는 발하지 안햇지만, 눈치로는 여러 번 되엿다. 지금까지 혜영의 귀에 남아 잇는 것은 화성이가 『병호 씨가 그만두는 날부터 그만두엇서요. 자세한 것은 언제 한 번 만나뵈옵고 말슴하죠.』 하든 힘업는 말이다. 자긔 째문에 직업을 내던지게 된 화성이가 그 뒤에 어쩌케 된 줄을 몰랏다는 것은 넘우나 방정한 말이엇다. 만일 알고도 모르는 것 가티 대답하얏다면, 이것은 자긔를 속이는 더욱 불유쾌한 일이엇다.

『저는 어찌해서 그만두엇다는 리유도 몰랏서요.』

병호는 사실 화성이와 그러한 이야기를 난울 긔회를 엇지 못하얏섯다. 혜영이가 자긔의 태도를 의심하는 것 가터서 마음이 여간 불안하지 안햇다.

그러나 오늘 병호가 밤중에 이러케 차저온 것은 자긔 일생일대에 적지안흔 계획을 의론하랴는 것이엇다.
　『혜영 씨! 이러한 이야기는 그만두고 제 말을 잠간 들으세요. 이 일만 성공하면 극성학원에 가서 교편을 잡지 안흐세도 조코, 황금을 가젓다고 거만을 부리든 놈을 중계할 수도 잇습니다.』
　　　　　　　　　　　―(148),『매일신보』, 1932. 3. 29

새살림 (15)
　어쩌한 일이 자긔네를 궁한 지경에서 구해내 줄 조흔 일일까? 혜영이는 도모지 상상할 수가 업섯다. 지금 형편으로 자긔가 옛날과 가튼 부호가 되든지, 병호가 어느 곳에서 금산이나 발견을 하얏든지, 그러치 안흐면 일시에 천백만원의 횡재를 하얏든지 하지' 안흐면 방금 말한 바와 가티 월급쟁이 노릇을 아니 해도 조코, 황금이 잇다고 거만을 부리든 자를 중계할 수가 업슬 것이다. 다맛 물질로 인하야 곤경에서 헤매는 자긔를 다만 위로하랴고 일시의 허튼 수작이나 아닐까? 그러나 허튼 수작이라면, 말하든 병호의 태도가 너무나 진실하얏다. 쏘한 그러한 허튼 수작으로 사람을 유인하랴는 책약으로 롱락할 소질이 업는 병호이엇다. 혜영이가 여러 가지로 의심을 낸 것도 그런즉한 일이엇다. 근일 넘우나 고통을 바더서 그의 정신에 이상이나 생기지 안햇슬가?
　여러 가지 복잡한 생각에 병호의 말에 대답할 힘조차 빠진 혜영이는 다맛 병호의 입만 바라보앗다.
　『혜영 씨! 이 세상에서 근본부터 낫분 사람이란 아주 업는 것 가태요. 쏘한 근본부터 착한 사람도 업는 것 가태요. 악한 사람이 착해도 지고, 착한 사람이 악해도 지는 것 갓소이다.』
　『별안간 웨 그런 말슴을 하세요?』
　혜영이는 넘우나 분명히 보편적으로 누구든지 아는 일을 병호 자신이 발견이나 한 것 가티 감격해서 말하는 것이 우습기도 하얏고, 쏘 한편으로는 자긔를 얏잡아보고 풍을 치는 것이나 아닐가 하야 불쾌하기도 하얏다.
　『그뿐 아니야요. 친구를 사괴어도 본래부터 친한 이는 업는 듯해요. 친하게 되면 다 친해지는 것 가태요. 그쁜 아니라 이 세상에 원수라 하는 것도 본래부터 잇는 것이 아니오, 은인이라는 것도 근본부터 잇는 것이 아닌 듯해요. 원수가 은인이 되는 법도 잇고, 은인이 원수가 되는 일도 잇는 것 가태요. 그러니까 원수를 어느 째까지든지 원수로 알 것도 아니오, 은인을 어느 째까지든지 은인으로만 알 것이 아니야요. 우리는 마음에다 흐리지 안흔 거울을 노코 늘 세상 사물을 비최어 보고 공평한 처지에서 주관을 쩌나서 비평을 하여야 할 것 가태요.』

병호는 여러 말을 혼자 하는 동안에 스스로 흥분하야 이마에서 쌈이 흘른다.

혜영이는 벽에 걸린 수건을 병호에게 주엇다.

『쌈이나 싹그세요.』

병호의 태도가 넘우나 이상하야서 혜영이는 일종의 공포와 불안을 늣기엇다.

문득 의심이 나는 것은 이 이가 상식으로 판단할 수 업는 큰일이나 저즈지 아니 햇나? 만일 상々과 가티 그러한 사건이 발생하얏다면 어쩌한 일일까? 부호를 위협하얏슬가? 어대서 막대한 금전을 주엇슬가? 어쩌한 돈을 횡령하엿슬가? 이와 가티 여러 가지의 의심과 두려움이 병호의 이마의 쌈을 바라보는 혜영의 가슴에 문득 소사올랏다. 그의 표정도 자연히 변하엿다.

『혜영 씨! 놀나지 마세요. 제의 태도가 아즉것 혜영 씨에게는 해석이 못 되는 모양입니다. 그도 무리가 아니겟지요. 월여를 두고 다니든 자가 별안간 이와 가티 흥분한 태도로 수수걱기 가튼 말을 계속하니까 여러 가지로 의심이 나시겟지요. 의심뿐 아니라 무서운 생각도 나실 것입니다. 그러치만 병호는 경부선 렬차 중에서 맛날 째나, 창경원에서 뵈올 째나, 족음도 변화업는 마음을 가진 사람입니다. 만일 변한 것이 잇다면 저의 환경이겟지요. 족음도 무서워하지 마십시오.』

족음도 변함이 업는 병호라고 변명하는 것이 평상시의 병호와 다른 것을 증명하는 것 가타서 혜영이는 아무 말업시 의심의 눈을 병호에게로 던지게 되엇다.

—(149), 『매일신보』, 1932. 3. 30

새살림 (16)

『그래도 제 말을 밋지 안는 것 가티 뵈입니다 그려. 혜영 씨!』
하고, 병호의 굿세인 팔은 혜영의 섬세한 손목을 덤벅 쥐엇다.
혜영이는 쑤르칠 용긔를 일흔 듯이 가만히 안젓다.
『참으로 조흔 째가 확실이 올 것 갓소이다. 제의 리상을 일울 째가 아마 오나 봅니다.』
하고, 병호는 혜영의 손을 잡어 흔든다.
병호로서는 지금까지 하지 못한 짓이다. 혜영이는 그에게 손을 잡힐 째에 이상한 충동을 늣기엇스나, 지금 와서는 다시 무시무시한 생각이 낫다. 그리하야 손을 슬그머니 안으로 잡아다니엇다. 병호는 이번에는 잡은 손을 노키는커녕, 쏘 한 편 손으로 혜영의 바른손을 마저 붓들엇다. 혜영이는 두 손은 한거번에 쑤르치랴 하엿다. 그러나 병호는 두 편 손을 다 노치 안코 벗적 쥐엇다. 혜영이는 두 손이 으스러지는 것 가티 압헛다. 그리고 손에 통하지 못한 피가 얼굴로 올라왓는지 그의 얼굴은 확근확근 하엿다. 병호의 흥분된 숨소리는 상긔된 혜영의 얼굴에 부드처서 살아젓다. 혜영의 눈은 자연히 알에로 써러젓다. 전혀 먹을 것에 주린 야수 같이 날쒸는 병호가 돌이어 가엽슨 생각이 낫다.
『혜영 씨! 인제는 우리도 정신과 육체가 다가티 합할 째가 왓소이다. 참으로 깃분 일입니다.』
하고, 병호는 자긔의 쌤을 혜영의 쌤 갓가히 가지고 갓다.
혜영이는 전신의 힘을 다하야 병호의 손을 쑤르첫다.
『병호 씨! 이게 웬일이야요? 저리 잘 안저서 자세한 말슴을 하세요, 어쩌한 일이 어쩌하게 될 터이니싸 우리의 압길은 열니엇다고 말슴을 하서야 할 것이 아닌가요? 더퍼 노코 흥분만 해 가지고 말슴도 잘 못하시니싸 어썬 까닭인지 알 수 업지 안해요.』
하고, 혜영이는 정색을 하얏다.
사실 병호의 태도가 별안간 이와 가티 열정적으로 변한 것은 혜영에게는 해석하기 어려운 수수썩기엿섯다. 남자의 녀자를 정복하려는 맹수와 가튼 야욕이 병호에게도 잇섯든지는 지금까지 혜영이는 의문으로 생각하여 왓다. 첫재, 병호는 매양 침착한 태도를 황망히 굴지 안는 것을 혜영이는 존경하야 왓섯다. 그러한 첫인상이 혜영으로 하야금 병호에게 호감을 가지게 하얏섯다. 병호는 오늘에 와서 풍을 처노코는 열정에 타오르는 시선과 음성을 한거번에 쏘드래는 병호는 한갓 혜영의 호긔심을 도들 뿐이엇다. 오늘 밤에는 전날의 반대로 혜영의 태도가 병호의 열정을 시키는 선풍긔 노릇을 하얏다. 그러나 더위를 시키는 선풍긔가 되지 못하고, 불을 부치는 선풍긔가 되엇다.

『혜영 씨! 제의 태도가 넘우나 이상하다고 생각하십니까? 남자는 모다 이러하다는 것을 아르세야 합니다 어느 째에든지 열정은 긔어코 폭발을 하고야 맙니다. 참으로 사랑하는 사람 아페서 제의 정체를 어느 째까지 감추고야 지날 수 잇겟습니까?』

하고, 병호는 타올르는 눈으로 혜영의 어름 가튼 눈을 직히엇다.

『안 됩니다. 병호 씨! 저는 아즉까지도 당신에게 대해서는 한 의심을 가지고 잇서요. 그 의심이 풀어지기 전에는 내의 정신과 육체를 당신에게 바칠 수는 업서요. 혹은 친구로서 당신을 존경을 할는지는 모르지만, 우리가 구원(久遠)한 애인으로서 행동은 할 수 업서요.』

혜영이는 짐짓 병호의 진심을 쩌보라는 것이엇다.

『알앗소이다. 화성이가 극성학원에 다닌다죠? 래일이라도 가서 본인에게 물어보면 알 일입니다. 화성 씨에게 호감을 가진 것은 사실입니다. 쏘한 우정을 가젓슬는지는 알 수 업서요. 그러나 도저히 애인으로서 사랑할 수는 업섯서요. 일시에는 유혹을 늣기엇든 것은 사실입니다. 잘못 햇스면 후회를 해도 미칠 수 업는 지경까지 들어갓섯슬는지 알 수 업서요. 오해를 하시면 안 됩니다. 감옥에 잇는 민이 너무나 불상합니다.』

하고, 병호는 혜영의 잡앗든 손을 노앗다.

—(150), 『매일신보』, 1932. 3. 31

인간성의 발로 (1)

병호는 자긔네의 이상이 성취할 긔회가 온 것을 깃버하얏다. 인간적으로 모든 미운 쟁투에서 벗어날 수 잇는 것을 깃버하얏다. 자긔의 집도 구원 바들 수 잇고, 혜영의 집도 구원 바들 수 잇고, 감옥에 들어간 민이나 춘호 선생도 구원 바들 수 잇는 일이 생기엇든 것이엇다. 말하자면 이러한 깃븜에 병호는 어느 정도까지 흥분이 되엇든 것이다. 이것이 자긔의 공상이나 아니엇든가 하고 자긔의 마음을 의심할 때면 정신이 다시 침울하얏스나, 희망의 깃븜이 그의 아플 설 때에 밋친 듯이 정신이 흥분되엇섯다. 그러면 병호의 인물과 리상은 과연 무엇이엇든가?

병호가 동방시론사의 일로 성남은행의 리춘식이를 방문하러 간 제는 벌서 한 달 전 일이다. 그때에 일시의 분로를 참지 못하야 춘식의 얼굴에 춤을 배앗고 모욕한 것과 혜영의 상중 일을 보다가 사무에 불충실하다는 혐의로 동방시론사에서 윤 주간에게 퇴사 권고를 밧고 나온 뒤로, 지금까지 한 달 동안의 짧지 안흔 세월에 무수한 고초를 바덧섯다. 첫재, 그를 위협하는 것은 생활 문제이엇다. 만일 자긔의 한 몸이라도 어쩌한 짓을 하든지 살아갈 수도 잇섯지만, 그에게는 늙은 부모가 잇섯고 어린 동생이 잇섯다. 그들은 모도 생활능력이 업는 이엇다. 병호의 밧는 월급이 비록 약소하지만, 가산이 치패된 병호의 집에는 업지 못할 생활 비용이엇다.

병호는 약간의 월급을 엇기 위하야 자긔의 몸에 모욕이 온 것을 생각하면 다른 사람의 알에 가서 녹을 어더 먹는 생활을 아모조록 하지 안켓다고 결심한 바도 업지 안햇스나, 이것은 쓸대업는 객긔가 되고 말앗섯다. 생활의 위협이 잣구잣구 팔을 것고 아프로 달겨들 때에, 그는 하는 수 업시 직업을 어드랴고 사면으로 돌아다니엇섯다. 더구나 사랑하는 혜영이를 생각할 때에 어쩌케 하든지 팡 문제를 해결하야 가지고 족으만한 보금자리라도 엇고 십헛다. 그리하야 한 달 이상을 직업을 구하야 쏘대엇든 것이다. 그러한 가운데에도 병든 혜영이를 위하야 하루도 쌔임 업시 그를 위문하얏섯다. 그때에는 자긔가 직업을 엇는 것과 혜영이의 병이 속히 쾌차되기를 바라는 것이 그의 생각의 전부이엇섯다. 그는 직업을 구하러 돌아다니는 동안에 정말 이 세상이 얼마나 각박한 것을 비롯오 알엇다.

병호는 실업자가 된 뒤로는 신문광고란 가튼 것도 허수히 보지 안햇다. 어대서 사람을 사용한다는 광고가 나지 안햇는가, 쏘한 어쩌한 직업이 상당한가를 차저보기 위해서 그러한 것이엇다.

한번은 어쩌한 생명보험에서 유급 외교원을 쏩는다는 것이 신문에 광고란에 낫섯다. 신문에 광고를 내어야 비롯오 사원을 채용할 수 잇는 회사라면 그 회사의 신용 정도는 가히 알 것이어니와, 그 회사는 비록 충실하다 할지라도 그 자리가 오늘과 가티 취직난이 극도에 달한 이째에 그대로 븨어 잇다는 것은 그 자리가 얼마나 부실한 것은 짐작할 수 잇는 일이엇다. 그리하야 그러한 광고에 유혹을 당치 안케 하고 생각을 몟 번이나 돌으키엇스나, 여러 날 두고 다시 생각한 결과에 시험 삼아 그 보험회사를 차저가게 되엇다. 물론 자필 이력서를 지참하라는 주의서가 잇서서 정서한 이력서를 가지고 그곳을 차저 갓섯다. 물론 여긔에 큰 희망은 업섯스나, 잘 되면 다행이라는 희망은 업지 안햇다.

병호는 아무리 보아도 보험회사의 권유원 밋으로 자격이 잇서 보이지는 안햇다.

—(151), 『매일신보』, 1932. 4. 2

인간성의 발로 (2)

병호는 접수구에 이력서를 내노코 응접실에서 기다리엇다. 응접실은 그다지 넓지는 못햇스나, 정결하기는 하얏다. 그곳에서 여러 사람이 기다리고 잇섯다. 모다 보면 병호의 그째 경우와 가튼 이들이엇다. 얼굴에는 이 세상과 싸운 형적이 완연히 나타나 뵈엇다. 그 가운대에는 아주 다라버릴대로 다라버린 외교원의 전형적 인물도 더러 잇서 뵈엇다. 영양불양인지 신병인지 알 수 업게 야윈 얼골에서 검은 눈만 반짝거리는 이도 잇섯다. 말하자면 그이들은 병호의 보험회사 외교원 노릇의 경쟁자들이엇다. 그러나 병호의 눈에는 그들이 경쟁자로는 보이지 안햇다. 불상한 동무로 뵈엇다. 자긔네가 채용이 되엇스면 조켓다고 원하고 바라는 그 반면은, 달은 사람은 채용이 되지 못햇스면 조켓다는 마음이 업지도 안흘 것이다.

얼마 아니 되는 팡을 엇기 위하야 미운 쟁투가 가슴의 한구석을 점령

하엿다고 생각하니, 자긔의 오늘 처지가 넘우나 가긍하얏다. 병호는 자긔의 성미에 맞지 안는 보험 외교원이 되랴고 다맛 일시라도 다른 사람의 취직을 위협하는 것은 정말 그들에게는 미안한 일이엇다.

그리하야 병호는 아무 말업시 안저서 여러 사람의 동정을 살피엇다. 부르기를 기다리고 안젓든 동안 또한 여러 사람이 들어왓다. 그 중에는 녀자도 잇섯다. 녀자의 얼굴에는 남자보다 더 만흔 생활과 쟁투한 흔적이 잇섯다. 녀자가 여북해야 보험의 외교원이 될가 하는 그러한 선입견이 그러케 본 것이 아니라, 그들의 태도가 사실로써 증명하얏섯다.

족음 잇섯드니 규지가 나와서 안젓는 사람의 이름을 부르며 압흘 서々 인도한다. 외교원 채용시험이 시작된 모양이엇다.

한 사람식 불러가자 거긔에 남아 잇는 여러 사람의 표정은 매우 긴장하얏섯다. 여러 사람의 긴장된 얼굴을 속으로 웃는 병호도 역시 가슴이 이상스럽게 쮜엇다. 여러 녀자의 얼굴은 알아보기 쉽게 희프러젓다. 그들은 붓그러움에 못이김인지 머리를 숙인 채 머리를 잘 거듭쩌지 안햇다. 병호는 이것을 조흔 긔회로 삼고 찬々히 바라보고 잇섯다. 그는 혜영이를 생각하고 화성이를 생각하얏다. 직업을 구하는 녀성! 창작의 제목으로는 훌륭하얏다. 혜영이나 화성이가 직업을 구하는 경우에도 역시 저러한 녀성과 행동이 족음도 달음 업스리라고 생각하니 가엽슨 생각이 새로워젓다.

들어갓다가 나오는 사람의 안색은 모다 햇슥하얏다. 저 햇슥한 빗이 무엇을 말함일ㅆㅏ? 그는 불안심되는 눈을 멀거케 쓰고 돌아가는 실직자를 응접실 안에서 칠팔 인 보낸 뒤에 비롯오 불리엇다.

병호는 전에 들어간 여러 사람과 맛챤가지로 규지의 뒤를 쌀하섯다. 번적거리는 테블 뒤에는 대머리가 족음 벗은 중년신사가 안저서 걸음거리에까지 주의 깁흔 시선을 던진다. 주임인 듯하얏다. 노려보는 배암 가튼 시선에 병호의 머리는 흔들리엇다.

그는 정신을 수습하여 가지고 주임 아프로 나아갓다. 주임은 이력서를 잠간 뒤적거리드니, 여러 가지 말을 뭇기 시작하얏다. 이것이 소위 멘탈 테스트인가 하고 병호는 뭇는대로 대답하얏다. 최종에 주임은 병호의 집안 재산 정도를 물엇다. 병호는 서슴지 안코 재산 잇는 사람이 이와 가튼 보험의 외교원 되기를 지원할 리가 잇느냐고 대답하얏다.

　좌우간 래일에 통지해들일 터이니 댁에 가서 기다리라고 주임은 친절하게 말하여 주엇다. 모든 인사범절이 비굴에 갓가울 만큼 주인의 행동은 정말 보험 외교원의 전형으로 뵈엇다.

　병호는 다시 응접실로 나왓다. 여러 사람의 얼굴을 바라볼 여가도 업시 그는 급히 문을 열엇다. 병호의 뒤에서 녀자의 킥킥하는 웃음소리가 가늘게 들리엇다.

　　　　　　　　　　　—(152), 『매일신보』, 1932. 4. 3

인간성의 발로 (3)

　병호는 보험 외교원만은 아무리 궁해도 할 수 업슬 것을 자긔 스스로 알엇다. 격에 맛지 안는 일이엇다. 그리하야 여러 신문사에 혹 자리가 잇나 하고 알아보앗스나, 역시 비인 자리가 업섯다. 직업을 엇는 일은 당분간 단념치 안흘 수 업게 되엇섯다. 아모리 생각하야도 살아갈 도리는 막연하얏다. 그는 농촌으로 돌아가서 흙에서 땅을 어들가 하얏스나, 이것도 공상인 것을 깨달앗다. 그는 평일부터 어느 정도까지 농촌 생활에 동경을 가지고 잇섯다. 산수 조흔 곳에 정갈한 집을 짓고, 나제는 로동을 하고 저녁에는 독서를 하야 조흔 시긔를 기다리는 것도 한 가지 락이 될 것을 분명히 알앗섯다. 조선의 젊은이는 도회에서 방황할 것 업시 농촌으로 돌아가서 농촌 계발을 위하야 자긔를 희생하는 것을 자랑으로 알어어야 할 것을 부르짓기도 하얏다.

　그러나 만연히 생각한 것을 한 번 실행할가 생각하니 일을 맨들 엄두가 나지 안햇다. 첫재, 그에게는 갈을 땅이 업섯다. 집을 지을 곳이 업섯다. 또는 땅이 생기고 집이 생긴다 할지라도, 힘에 벗는 과격한 노동에 자긔의 건강이 견대어낼는가가 의문이엇다. 땅도 업고 집도 업고 또한 힘도 업는 그가 막연히 농촌으로 돌아가라고 외친 것이 자긔 모순이 아닌가 하는 의심이 낫다. 모든 것이 생각만으로 되지 안는 것을 그는 새삼스럽게 깨달엇다. 어쩌한 일이든지 그 일을 성취할만한 토대를 먼저 맨들지 안코 쓸대업시 부시대는 것은 한갓 힘의 랑비인 것을 알엇다. 결국 자긔 혼자의 안락을 위한다거나, 쏘는 호구를 위해서 모든 사색을 집중할 째에는 그 엇는 바 효과가 가장 박한 것을 미리 알아차리게 되엿든 것이다. 쓸대업시 허덕일 것 업시 모든 것을 되어가는 대로 두고 볼 수밧게 업다고 생각하 얏다.

그러나 이러한 가운대에도 병호에게는 크다란 바람이 하나 잇섯다. 그 것은 다른 것이 아니엇다. 혜영의 도라간 아버지가 경영하든 간사지 개 척사업이 어쩌케든지 다시 착수할 긔회가 오기를 바라는 것이엇다. 만일 그 사업이 성공만 되면 모든 문제가 일시에 해결될 것을 알앗다. 그뿐 아 니라 자긔의 현재 이 쌍에서 생활하는 동안의 모든 리상을 실현할 수도 잇다고 생각하얏다. 그리하야 혜영에게 그의 집안이 파산이 일은 원인을 그의 입에서 들을 째부터 이 간사지 개간사업에 대하야는 매우 흥미와 희망을 가지고 여러 가지로 연구도 해보고 조사도 해보앗섯다. 도면을 가지고 이 사업을 다시 게속하기 위해서 유력한 사람에게 상의를 해본 일도 잇섯다. 혹은 전문가에게 감정을 맛튼 일도 잇섯다. 전문가는 매우 유망한 사업이라는 것을 증명도 하야주엇섯다. 이러한 말을 들을 째마다 병호는 생각을 태윗다.

그러나 지금 형편으로 이 사업의 게속에 막대한 사업지를 던질 독지 (篤志)는 한 사람도 업섯다. 민이나 춘호 선생이 그대로 잇섯드면 충분 한 상의를 해서 사업가를 쓸어낼 운동이라도 하엿슬는지 모르나, 그들은 세상일에 손댈 자유를 일헛다. 병호와 가튼 서생의 말에 움직일 사람이 잇슬 리가 업섯다. 쏘한 한 번 실패에 돌아갓다는 것이 이 세상의 투긔사 업가로 하여금 내미든 손을 돌오 옴추리게 하얏다. 한동안에는 직업을 구하는 것보다 이 사업에 후원할 사람을 구하는 것으로 전문을 삼다십히 지내오든 터이엇다. 그러나 병호가 이 사업이 성취하면 자긔네가 일시에 부호나 지주가 된다는 것을 희망하는 것은 물론 아니엇다. 그에게는 짠 욕심이 잇섯다. 짠 희망이 잇섯다. 이 사업에 착수하는 알은 그 사업이 완전히 성공하는 날까지 비상한 고생을 격글 것을 결심하엿섯다. 어쩌한 희망, 어쩌한 욕심이 그와 가튼 결심을 병호로 하여금 가지게 하얏슬가?

—(153), 『매일신보』, 1932. 4. 5

인간성의 발로 (4)

　병호는 그의 머릿속에 어쩌한 유토피아를 그리고 잇섯다. 이 유토피아의 주인공들이 될 사람은 물론 자긔와 혜영이엇다. 그박게 중심인물로 등장할 사람 가운대에 중요한 지위에 잇는 이는 화성이와 민과 춘호 선생이엇다. 혜영이와 자긔에게 직접 관계가 되는 가족들과 쏘는 민, 화성, 춘호들의 가족들이 중요한 책임을 가지고 그 유토피아를 유토피아답게 할 의무가 잇는 것은 물론이엇다. 자긔의 손에 상당한 사업지가 들어와서 결국 개간사업에 착수를 하게 된다면, 우선 자긔의 집과 혜영의 집이 바닷가 한적한 데로 이사를 가게 할 것이다. 경치 조코 양지 바른 곳에 단아하고 쇄락한 집을 두어ㅅ채 지어 노코, 거긔에서 지내가며 공사를 시작하야 자긔도 그 공사하는 한 인부가 되어서 여러 사람과 돌도 운전하고 흙을 파내어서 얼굴이 쌈앗케 그을고 가는 팔이 우들투들 굵어지도록 차차 이러케 지나가는 몇 해 동안에 민도 차저오고, 춘호도 차저와서 다 가티 힘을 합하야 사업을 계속하면 그 얼마나 유쾌할 것인가.

　바닷가 속음 배인 갯ㅅ짱이 일조일석에 옥토로 화하기를 바랄 수는 업스나, 한 해가 지나 이ㅅ해가 지내어 차차 조흔 밧이 되고 논이 되면, 그째에는 거긔에 호수를 드리고 광이를 너허 씨를 쑤리고 모를 내게 될 것이다. 수만 정보의 넓은 옥야가 눈 아페 전개하게 될 째에 그 깃붐이 얼마나 크랴. 조선 안의 시달킨 사람을 위하야 얼마나 큰 행복이냐. 흙에 주린 사람, 밥에 주린 사람, 잔학한 지주에게 학대 밧든 사람을 위하야 그 토지를 개방하자. 이 소식이 조선에 퍼질 째에 어려운 사람이 구름 가티 모여들 것이다. 구름 가티 모여드는 사람 중에서도 가장 불상한 처지에 잇는 사람, 마음이 착한 사람을 선택하야 그 짱의 주인을 맨들고, 자긔네는 그들의 지도자가 되어 여러 사람의 행복을 위하야 최선을 다하자. 지금 간난에 쏘들린 불상한 농민 가운대에서 위대한 인물을 구하기는 어려운 일이지만, 그들을 지도하야 순량한 인물을 맨들기는 그러케 어려운 일이 안일 것이다. 학교를 세우고 회의당을 세워서 문맹을 퇴치하고, 힘의 늘어가는 것을 보아 주택을 정리하고, 의복을 개량하야 생활을 향상시키고,

쏘다시 촌락으로서 커다란 집단을 완성하야 남는 힘을 다시 사회적으로 발전케 하면, 이 얼마나 이 세상에서 가장 의의 잇는 사업일 것일까? 동리 안의 영양불양으로 얼굴빗 희푸른 이가 업고, 글을 몰라 갑々한 이가 업고, 마음이 착하야 무책임한 일을 하는 이가 업고, 남을 해하는 사람이 업고, 남을 중상하고 비회하는 이가 업스며, 아첨하고 거짓말하는 이가 업게 된다면, 이것이 이상촌이 아니고 무엇일까? 물론 현대의 모든 문화를 초월하야 공상적으로 생활의 행락만을 취하는 것이 사람의 생활의 최고봉은 안일 것이다.

　이 세상에서 해석되는 유토피아와 병호가 그리는 유토피아와는 족음 달랏다. 병호는 자긔가 리상하는 간사지 우에 열린 유토피아의 장래에까지 걱정한 일이 잇섯다. 간사지의 면적은 어느 때에든지 신축이 잇슬 리 업섯다. 그러나 그는 리의 거접하는 사람의 인구는 해마다 늘 것이 아닌가. 우선 병호 자신으로 보아도 혜영이와 결혼 생활을 한다면 자손이 생길 것은 정한 일이다. 민도 그러하고, 화성이도 그러하고, 춘호 선생도 그러할 것이다. 일정한 간사지 우에서 인구가 짓고 불어가면 거긔에는 자연히 생존경쟁이 닐어날 것이다. 이것은 단순히 말사스의 말을 인용치 안트라도 누구나 물을 일이 아니다. 그는 간사지 우에 건설된 족으마한 리상촌의 항구성을 직키기 위해서 장래에 어떠케 할 것까지 생각을 괴롭게 하엿섯다.

―(154),『매일신보』, 1932. 4. 6

인간성의 발로 (5)

　병호는 마음에 리상향을 그리고 그것이 성공된 째를 상상만 하여도 쓸 듯이 깃벗다. 그러나 생각이 다시 자긔의 현실에 돌아설 때는 깃분 반동으로 고독하기가 비할 데 업시 컷섯다. 리상향을 건설하기는컨영, 목하 두어 가족을 부양하기가 어려워 날마다 직업을 차저서 이곳저곳 헤매이는 자긔가 안인가. 그는 스스로 붓그러움을 이길 수 업서서 들엇든 머리가 자연히 숙어젓다. 이와 가튼 번민과 공상의 날이 오래 게속하엿스나, 이 문제를 해결할 서광은 아모리 해도 차저낼 수가 업섯다. 쪽 가튼 공상의

테에서 그의 생각이 벗어날 수 업섯든 것이다.

병호는 이러한 공상에 갓가운 리상을 혜영에게 한 번 토파할가 하야 그 긔회를 엿본 일도 한두 번이 아니엇지만, 병으로 고민하는 그에게 쓸데업는 이야기를 하야 흥분을 시키는 것은 안 된 일이라 하야 그는 참아왓섯다. 빈궁의 구렁에서 헤매는 혜영에게 다시 그의 아버지가 실패한 사업에 대한 이야기를 내는 것은 어리석다는 것을 발표하는 것이나 다름이 업는 것 가타서 자긔의 권위를 지키기 위해서 말치 안흔 것이 한 까닭이 아닌 것도 아니엇섯다.

병호가 혜영의 집으로 차저온 그 번 날 밤이엇다. 병호는 비교적 큰 사실에 직면하게 되엇다. 오래ㅅ동안을 두고 어쩌케 살아갈가 하는 생각을 하느라고 그의 심신은 몹시 피곤하얏다. 일도 마음대로 이루지 못하고 심신만 괴롭게 하는 것이 몹시도 앗가웟다. 그는 다시 어쩌케 하면 쓸데업는 걱정을 이즐 수 잇슬가. 아무리 애를 쓰고 발버둥을 치드라도, 일이란 될 수 잇는 이상 더 잘 되는 것은 업는 법인 것을 알면서도 쓸데업시 마음을 태오는 것을 스스로 웃엇다.

울적한 회포를 경성 가로에다 허처볼가 하고 그는 동소문 안 집을 나서서 전차도 타지 안코 창경원을 지나고 종로 사정목을 건너서 본정 사정목으로 들어섯다. 여러 사람 속에 싸이는 그는 본정통으로 들어섯다. 병호의 걸음은 물론 더듸엇다. 그는 무슨 일이 잇서서 나온 것이 아니라, 거저 방황하기 위해서 집을 나온 까닭이엇다. 좌우편 쇼윈도를 번가라 바라보며 걸음을 느릴 대로 느려서 걸엇다. 그는 걸으면서도 생각을 태우는 까닭인지 초봄의 쓸쓸하게 몬지를 휩싸 가지고 지나가는 치위도 늣기지 못하얏다.

병호가 본정통을 나서서 조선은행 압 광장에 나설 째이다.

『병호 군!』

하고, 부르는 소리가 바로 뒤에서 들리엇다.

병호는 걸음을 멈추고 뒤를 돌아보앗다. 벙긋벙긋 손을 내밀고 아프로 나오는 젊은이가 잇다. 그는 자긔의 고향인 수원에서 죽마고우로 지나든 박혁(朴赫)이엇다. 그는 북만 지방에서 방랑생활을 햇다는 것과 근래에는 자긔 집에 돌아와서 술이나 먹고 돌아다닌다는 것도 자긔 어머니한테 들엇다. 산보차로 나왓다가 우연히 맛나게 된 것은 참으로 긔우이엇다. 병호도 물론 반가웟다.
『들으니 자네는 이 새 문단으로 출세하게 되엇다데 그려!』
박혁의 첫인사가 이것이엇다.
병호는 뭐라 대답하여야 조흘지 알 수 업섯다.
『자네 댁 다 무사하신가?』
병호는 평범한 인사ㅅ말로 박혁의 뭇는 말을 묵살하얏섯다.
『참 반갑군! 우리 오래간만이니 어대 가서 이야기나 좀 하세. 그 동안 너무나 적조햇서……』
하고, 박혁이는 병호의 손을 끌엇다.
오래 간만에 맛난 벗이니 반갑기도 하려니와, 족음 울적한 긔분을 소장하랴고 나온 길인지라 병호는 그가 끄는대로 쌀하갓섯다.
그는 아프로 지내가는 비인 탁시를 소을 들어 호긔잇게 스톱을 시킨다.
병호는 웬 령문이지 모르면서 차 안으로 들어갓다.
—(155), 『매일신보』, 1932. 4. 7

인간성의 발로 (6)
얼마 뒤에 그들을 태운 자동차는 영춘관 료리ㅅ집 아페 정거를 하엿다.
병호는 혁의 뒤를 쌀하 하인이 인도하는 방으로 들어갓다. 친구는 이 료리ㅅ집에서 상당한 대우를 밧는 모양이엇다. 하인들이 모다 굽실굽실할 쑨 아니라, 방도 그 집에서는 제일가는 방이엇다. 쌀아 노앗든 보료를 박구는 둥, 하인들이 쩔쩔매엇다. 수원 친구로 경성에 와서 이와 가티 융숭한 대접을 밧기에는 상당한 밋천이 들엇슬 것이엇다. 이와 가튼 친구를 쌀하 료리ㅅ집에 온 것이 자긔의 위신에나 관계되는 듯하야 불안을 늣기엇다.
혁이는 기생을 부르고 술상을 주문하엿다. 병호를 상좌에 안치고, 그는 그 겻테에 안저서 담베를 피우면서 말을 내엇다.
『정말 반가워…… 벌서 맛나보지 못한 제가 사오 년 되지? 자네도 인제는 아주 씩씩한 장년 남아 가티 뵈이네 그려.』

하고, 혁이는 웃엇다.

『참으로 뜻박길세. 자네는 수원에 잇는지만 알앗지. 우리 어머니도 갓금 자네 말을 하시니까…….』

병호도 참으로 반가웟다.

그러나 그를 맛나니 반갑다는 생각과 그의 행동을 살피어 경멸히 뵈어지는 마음을 달랏다. 첫재, 그의 외양의 너무나 사치스러운 것이 마음에 틀리엇다. 그의 손가락에는 금강석 반지가 별과 가티 썸벅거리엇다. 입을 버리면 황금이 번적거리엇다. 국다란 황금시게ㅅ줄이 그의 가슴을 얼것섯다. 양말, 장갑까지라도 범연한 것이 하나도 업섯다. 지금 경성에 와서 돈을 함부로 쓰는 중인 것은 눈을 감고 더듬어보아도 알 정도로 그는 밋금하얏다.

『글세. 어머니께 인사도 못 드리고 이러케 놀고만 단여서 자네 볼 낫이 업네. 춘부장은 수원에서 갓금 뵈엇지만…… 그러고 저 자네 씨스터가 잇지? 아마 퍽 자랏슬 걸!』

혁이는 정말 반가운 모양이다.

『도피생활을 하다십히 하는 나 가튼 사람의 종적을 차즐 수 업서서 자연 그러케 되엇겟지. 내야말로 자네를 한 번도 못 찻게 되엇스니, 정말 미안허이. 용서하게…….』

병호도 혁의 열심 잇는 태도에 자연 휘쓸려 들어가서 이러케 말한 것이엇다.

『천만의ㅅ말일세. 도피생활이란 말이 되나. 경성에 와서 전도유망한 길을 밟고 잇는 자네가 그게 무슨 소리? 래일 자네 댁에 좀 가보겟네…….』

혁이는 병호가 최근에 어쩌케 되엇다는 그 소식을 듯지 못한 모양이엇다. 방문하겟다는 친구를 오지 말라고 막을 수도 업섯다.

『차저주면 고맙지…….』

병호는 이러케 대답은 하얏섯스나, 자긔네의 가난에 싸진 생활을 오래간만에 맛난 친구에게 보이는 것이 붓그러운 생각이 낫섯다.

『래일 오정 쯤 해서 쏙 차저가지. 댁이 어댄가?』

하고, 혁이는 자긔의 수첩을 쓰내엇다.

병호는 『동방시론』 시대에 쓰고 남은 명함을 쓰내어 주소를 적어주엇다. 주소를 쓰면서 동방시론사란 직함에는 두 줄을 그엇다.

『동방시론사를 그만 둔지는 벌서 달포가 지낫네.』

이러케 변명을 하면서 혁에게 주엇섯다.

혁이는 동방시론사에서 나왓다는 것을 이상스럽게 생각하는 모양이엇다.

『나는 『동방시론』에서 갓금 자네 작품을 더러 읽엇지. 조선의 문호가 되어주게……. 월급에 팔이어 몸을 억매는 것보다, 자유롭게 작가 생활을 하는게 조켓지…….』

혁이는 조선의 형편을 아즉 모르는 모양이다.

그쑨 아니라 병호의 가정이 어써케 된 것도 모르는 모양이엇섯다.

『그야 먹을 것만 잇스면 작가 생활이 좀 조흐려.』

하고, 병호는 웃엇다.

『나도 좀 생활을 고처야 할 터인데, 정말 큰일 낫서.』

혁의 얼굴에는 그때까지 아니 뵈이든 짠 우울한 빗이 나타낫다.

—(156), 『매일신보』, 1932. 4. 8

인간성의 발로 (7)

혁에게는 남에게 말 못할 여러 가지 고민이 잇는 듯한 것을 병호는 짐작하엿섯다. 경성에 올라와서 돈을 쓰고 돌아다니는 것이나 안일까 하는 동정하는 마음도 들엇다. 혁의 힘을 빌어서 자긔가 동경하든 리상향을 건설해볼가 하는 생각이 낫섯다. 그러나 사업의 규모가 너무나 방대하야 혁이가 그것을 리해하게 될는지는 의문이엇다. 그 자리에서 자긔의 포부를 말하는 것은 아즉 이른 일이지만, 긔회로서는 그만큼 조흔 때가 업섯다. 좌우간 이야기하는 중에 긔회를 보아 자긔의 처지와 간사지 개간과 가튼 장래 유망한 사업이 잇다는 것을 말하랴고 마음을 먹엇다.

족음 잇다가 긔생 둘이 들어왓다. 두 사람의 말은 중단이 되엇다. 불려 온 긔생은 둘 다 상당한 미인이엇다. 병호는 료리집 출입이 적어서 그들의 성명을 알 수 업섯스나, 혁이와는 매우 익숙한 모양이엇다.

『박 선생! 어제 퍽 피곤하섯지요?』

열팔구 세 되어 보이는 얼굴이 동글납작한 기생이 혁의 겨테 갓가히 안즈며, 방긋 웃으며 아양을 부리엇다.

『어제 그게 무슨 짓이야요?』

하고, 한 녀자는 눈을 흙이어 원망하는 태도를 보이엇다.

『내가 무슨 짓을 햇서……? 이리로 좀 오렴!』

하고, 손을 내밀엇다.

그 녀자도 혁의 겨트로 갓갓히 갓다. 혁이는 두 녀자 틈에 씨어서 깃븜에 넘치는 웃음을 련해 웃엇다.

이 광경을 보면 혁이가 어제ㅅ밤에도 진탕하게 유흥한 것을 알 수가 잇고, 그 동안 서울에 와서 얼마나 방탕한 생활을 발전시켯든 것을 가히 짐작할 수 잇섯다.

『이 애! 너의들 이 김 선생님을 모르니?』

하고, 혁이는 두 기생을 소개하엿다.

『글세. 어대서 뵈인 것도 가태요.』

하고, 한 녀자가 머리를 숙여 인사를 하엿섯다.

병호로는 물론 처음 보는 녀자이엇다.

『본 적이 잇기는 뭘 잇서? 남자는 모다 본 사람 가티 보이지!』

하고, 혁이는 야유를 햐얏다.

『박 선생님은 아주 입이 납브서!』

하고, 그 녀자는 입을 쎄죽거리엇다.

『너는 웨 가만히 안젓늬? 문학소녀로서 조선의 신진작가 김병호 씨를 모른대서야 말이 되니?』

하고, 혁이는 아무 말업시 병호 편을 바라만보고 안젓는 녀자를 건드리엇다.

『네, 그러세요. 저는 선생님의 작품을 애독하얏서요.』

하고, 그 녀자는 머리를 숙여 인사하고 병호의 얼굴을 찬々히 바라보앗다.

말하는 품이 그럴 듯하고 얼굴의 어느 구석에서 문학소녀인 듯한 씬치멘탈한 표정이 써올랏다.
병호가 발표한 작품이란 최근에 와서 『동방시론』 지상에 두어 편박게 업섯다. 신진작가니 무엇이니 하는 말을 듯고 나니 마음이 간즈러윗다. 돌이어 자기를 비웃는 말로 들리엇섯다. 그리하야 병호는 아무 말도 못하고 얼굴만 족음 불키엇섯다.
『선생님! 녀자의 심리를 엇쩌면 그러케 잘 아세요?』
문학지망생이 물엇다.
『소설가가 사람의 심리를 모른대서 말이 되니?』
혁이가 말을 가로막엇다.
『아마 녀자와 만흔 교제한 경험이 만흐신 게죠?』
한 녀자를 혁의 말은 대구하얏섯다.
병호로서는 쯧박게 오해를 바든 것이엇다. 녀자 교제로는 혜영이나 화성이 박게는 별로 업섯다.
『장가도 들지 안흔 김 선생이 녀자 교제란 말이 되니? 그건 너의들의 짐작이 잘못이다.』
하고, 혁이는 병호가 총각인 것을 설명하얏섯다.
『그러치만 애인이야 가지시엇겟지?』
하고, 문학 기생은 방긋 웃엇다.

—(157), 『매일신보』, 1932. 4. 9

인간성의 발로 (8)

장가는 가지 안햇서도 애인은 두엇스리라는 문학 기생의 추칙이 마진 것을 병호는 그대지 괴이한 일로 생각치 안햇다. 병호는 아무 말도 하지 안코 빙그레 웃엇슬 뿐이엇다.
『자네 정말 애인이 잇나?』
하고, 혁이는 쏘 웃엇다.
『자네 말하는 눈치가 좀 달레. 잇거든 고백을 하게! 이 두 녀성 가운데에서 자네를 사랑할 사람이 만일 이 자리에서 생긴다면, 나종에 처지가 족음 곤란할 터이니…….』

하고, 혁이는 두 기생의 눈치를 차렷다. 이것은 물론 혁의 의례히 할 농담인 것은 물론이엇다.

『나 가튼 사람을 사랑한 녀자가 이 세상에 어대 잇겟나. 녀성에게 사랑을 바들 그러한 영광스러운 몸이 아니니까.』

하고, 병호는 웃어버렷섯다.

술상이 들어왓다.

그들은 술을 먹기 시작하얏다. 병호는 잘 먹지 못하는 술을 친구와 녀성의 권고로 하는 수 업시 몃 잔 마시엇다. 어느듯 얼굴이 확근거리기 시작하얏다.

주정 기운으로 흥분된 그의 신경은 바늘끗 가티 날카로워젓다. 녀자 둘, 남자 둘이 한 자리에서 유쾌히 노는 것이 그 동안의 피곤을 잇게 하는 조흔 방편이 아닌 것도 아니엇다. 엇전지 마음에 족음 켱기엇다. 아름다운 녀성의 손도 만저보고 십헛다. 달콤한 이야기도 더러 난호아 보고 십헛다. 그러나 한편 구석에서 혜영이가 파리한 얼굴로 감독을 하는 것 가탓다. 그는 갓금 고적에 넘치는 웃음과 시선을 보낼 뿐이엇다.

『자네는 술을 잘 못하는 모양일세 그려.』

하고, 혁이는 족음 불만을 늣기는 모양이엇다.

『술도 못 먹는 병신이야 몃 잔만 들어가면 얼굴이 아주 요모양이 되니까, 교제상에는 아주 안 된 째가 만히 잇서…….』

병호는 혁이를 위로하듯 말하얏다.

그러나 족음 명정(酩酊)하니까 작년 망년회에서 술이 취하야 화성이와 진고개 산보하든 생각이 낫다. 그리고 영숙이를 만나든 일과 화성이를 짤해서 그의 집으로 가든 기억도 새로워젓다. 그뿐 아니라 간동 그의 집에서 밤이 깁도록 리성과 감정이 싸우든 일이 다시 눈 아페 전개되엇다. 그째에 병호의 가슴은 미친 바람에 놀래인 물결 가티 쒸엇섯다. 화성의 타는 듯한 시선이 자긔의 얼굴에 부듯칠 째마다, 그의 전신은 오한을 늣기엇다. 자긔의 못 생긴 량심을 꾸지젓다. 멀리 다라난 한 개의 녀성이 마음에 써르키어 생명의 환희를 맛볼 이 긔회에서 주저한다는 것은 남성으로서 넘우나 못 생긴 짓이 안일까? 그는 손을 쥐고 나종에는 포옹에까지 니르럿섯다. 환희의 절정에 올라 안즌 그는 다시 한 번 정신을 가다듬어 가지고 발밋을 내려다보앗섯다. 천 길이나 놉흔 그 아래에는 혜영이와 민이 머리를 알에로 써러트리고 우둑허니 서잇섯다. 병호는 정신이 번적 낫섯다. 그리하야 잡앗든 손을 불을 내던지듯 노앗다. 화성이도 병호의 돌연한 태도에 저윽히 놀라든 것이엇다.

화성이는 두 눈에 눈물이 그렁〈 하여젓섯다.

『병호 씨! 우리들은 역시 서로 사랑을 못할 처지에 잇지요?』

하고 물엇섯다.

『모도가 제 잘못이니 용서합시오. 오늘 내가 아주 미웟나 봅니다.』

하고, 병호는 싸로 썰어저 안젓섯다.

화성이는 머리를 숙이고 얼굴이 쌝애 가지고 안젓섯다.

『화성 씨! 오늘 인간의 본능 정체가 아주 폭로된 것 갓소이다.』

하고, 병호는 한숨을 쉬엿다.

화성이는 역시 아무 말도 업섯다.

이러한 기억이 두 기생을 대하고 충동을 바들 때에 다시 니러나게 된 것이엇다.

―(158), 『매일신보』, 1932. 4. 10

인간성의 발로 (9)

이러한 술자리에는 지난 일을 생각하는 것보다, 차라리 술이나 잔득 먹고 허튼 수작으로 유쾌히 보내는 것이 훨신 낫다 하야 병호는 생각을 돌리엇다.

혁이는 병호가 잠간 짠 생각을 하는 동안에 기생들과 무어라고 수작을 난호고 잇섯다.

병호는 자긔 아페서 식은 술잔을 들어 마시랴 하얏다.

『차지 안으세요?』

하고, 문학 기생은 얼핏 술병을 들엇다.

『괜찬소이다.』

하고, 병호는 먹은 술잔을 혁에게로 돌리엇다.

혁은 그 술잔을 바더 마신 뒤에 다시 병호에게로 돌리엇다. 병호는 다시 바다 마시엇다. 이와 가티 술잔의 교환이 빈번하얏다. 병호의 가슴은 몹시도 쒸놀앗다.

『잘 잡수시지 못하는 술을 웨 그러케 작구 권하세요?』

하고, 문학 기생은 혁이를 책망하듯 말하얏다.

『이 애가 아주 잔득 켱겻구나. 병호 씨에게……. 그러치만 너 가튼 것은 아무 소용이 업단 말이야. 훌륭한 애인이 잇스니까…….』

하고, 혁이는 썰々 웃엇다.

『너 가튼 것이란 어쩌케 하시는 말슴이야요?』

하고, 기생은 눈이 샐죽하야젓다.

『이애! 그건 잘못 되엇다. 네가 그러케 야속하게 생각한다면 말야…….』

혁이는 매우 유쾌한 모양이엇다.

그러나 술이 취해갈스록 병호의 마음에는 공허를 늣기엇다. 이와 가튼 쓸대업는 수작으로만 긴 시간을 보내는 것이 앗가웟다.

『동방시론은 웨 그만 두엇나?』

혁이는 별안간 정색을 하고 물엇다.

『그만둔 리유를 들으면 기가 막히지!』

병호가 만일 이 술이 취하지 안햇스면 거저 자긔의 사정이 잇서서 그만둔 것이라고 대답하얏슬 것이엇지만, 그는 얼마쯤 술이 취하야 정신이 흥분되엇는지 그 리유를 말하랴 한 것이엇다.

『무엇이 기가 막힌단 말이야?』

혁이는 그만둔 리유에 크게 호긔심을 가지는 모양 가탓다.

『뿌르조아를 옹호하는 주간과 의견이 맛잔해서 그만둔 것이야. 자네도 뿌르계급에 속한 이니까 노할는지도 알 수 업네만…….』

하고, 병호는 술잔을 다시 들엇다.

『주간이 옹호하는 뿌르란 누구야?』

혁이는 밧작 덤비엇다.

만일 『자네도 뿌르』란 말에 그의 얼굴에 불쾌하게 생각하는 빗이 다만 한 조각이라도 쩌돌앗드면 병호가 아모리 술이 취하얏슬지라도 눈치를 차렷슬 것이나, 벗의 얼굴은 족음도 변함업시 유쾌하여 보엿다. 병호는 마음이 깃벗다.

『주간이란 윤을 상당한 인격인 줄 알지 안 햇나? 그러나 실지로 접촉을 해보니까 아무 것도 아니란 말일세. 사회에서 뭐니 뭐니 쩌들지만, 그 자들의 리면을 굽어보면 모다 개채반이란 말이야. 사회를 위하고 뭘 위하고 모다 입에 부튼 말이야 말로 씀이야 뭐 못할 것이 무엇 잇나? 아주 안 되엇서……』

병호의 속에 싸인 울분이 말이 되어 풀려나온 것이엇다.

『대체 자네가 소위 유지니 지도자니 하는 자들에게 너무 큰 기대를 가젓기 째문에, 이제 와서 비롯오 환멸의 비애를 늣기게 된 것이야. 저도 사람 나도 사람, 결국 사람다운 사람이 되면 그만이라고 결심하면 남을 원망할 것도 업는 법이야. 일전ㅅ자리를 물건에다 천 원이나 백 원의 정가표를 부치고 바라보니까 그러한 생각을 하게 되는 걸세. 피차에 모다 탈을 벗어버리고 보면 특별이 잘난 몸이 어대 잇스며, 못난 놈이 어대 잇는지. 나도 술이나 먹고 돌아다니니까 여러 사람에 부랑자라는 말을 듯게 되는 게지. 이제로부터 무슨 사업에 착수해서 사회를 위한다고 쩌들어 보게. 곳 세상에서 훌륭한 사람이라고 쩌들지 안나…….』

하고, 혁이는 술을 들어키엇다.

—(159), 『매일신보』, 1932. 4. 12

인간성의 발로 (10)

『성남은행 리춘식이를 아나?』

병호는 필경에 춘식의 이름을 압박게 내고야 말앗다.

『알고말고. 우리 집 가친과도 퍽으나 친한 새이야. 그이가 말성을 부렷단 말인가?』

하고, 혁이는 쌈작 놀랏다.

정말 쯧박기란 표정이 그의 얼골에 나타낫섯다.

혁이도 부자이오 춘식이도 부자이니까 서로 알고 지날 수는 잇는 것을 병호는 그대지 이상하게 생각지는 안햇지만, 춘식의 말이 나자 저와 가티 태도가 변할 줄은 몰랏섯다.

어쩌케 되엇든 동방시론사를 그만 둔 것을 자세히 설명하기는 어려웟다. 더구나 겨테 기생도 잇슬 뿐 아니라, 비록 단 두 사람이 맛낫다 할지라도 장시간이 걸리게 될 것이엇다. 거긔에는 혜영의 이야기가 들어가야 될 것이다. 춘식이가 청혼에 실패한 분푸리로 혜영의 집을 파산케 한 것과 동방시론사에서 농촌 문제로 방문을 갓다가 춘식의 태도가 넘우나 거만하고 무례해서 춤을 배앗텃다는 것을 일ㅅ히 설명치 안코는 상대자에게 알아듯도록 간단하게 설명할 수는 업섯다.

『춘식이란 자는 언제든지 한 번 보아주어야 되겟서……. 되쟌한 자가 젠 체해 가지고 사람을 모욕한단 말일세.』

춘식의 말을 내고 병호는 자긔 스스로 흥분하얏다. 이것도 말할 것 업시 술을 먹지 안엇스면 자긔 마음에만 치부해 둘 일이 표면에 발현되고 만 것이엇다.

『어쩌한 리유가 잇는지는 알 수 업지만, 그이가 그런 이가 아닌데 자네가 오해한 것이나 아닌가?』

혁이는 춘식을 두호하얏섯다. 그의 아는 범위ㅅ내의 춘식이는 그러케 다른 사람에게 원한을 살 이가 아니라고 혁이는 미든 것 가탯다.

『그야 자네들끼리야 서로 낫비 지내지 안흐니까 결점을 모르는 모양이지마는, 장안에서 유명하지 안흔 싹정이오. 게집 조하하기로…….』

병호는 갈스록 흥분이 되엇다.

『글세. 우리들끼리라 하니 할 말은 업네만…… 아마 자네의 련적이나 되나베 그려. 그러게 저런 게지.』

하고, 혁이는 농담으로 돌리엇다.

『아니야. 그러치 안하. 그 자의 추행을 들추어내면 긔가 막혀. 아주 낫분 녀석이야.』

하고, 병호는 쏘 술잔을 들엇다.

『남 말 괜히 그러케 납비 마세요.』

하고, 한 기생이 술을 짤앗다.

『너의들이 뭘 아니? 어른들 말하는데 쓸대업시 말을 거드니…….』

병호가 이 술자리에서 기생에게 해라를 한 것이 이번이 처음이엇다.

『이 사람 술 취햇네…….』

혁이는 매우 거북한 모양이엇다.

『술이 취치 안흔 건 아니야. 그러치만 언제든지 리춘식이란 자와는 리론으로 싸저서 물으면 완력으로 이 울분을 청산할 터이야.』

하고, 병호는 주먹을 쥐엇다.

『대체 리춘식이가 엇지 햇다는 말인가? 서로 감정을 풀 일이면 풀고 지내야 조찬켓나?』

혁의 얼굴에는 갈스록 미안한 빗치 나타낫섯다.

『이 자리에서 간단히 할 이야기는 못 되니까, 언제든지 긔회 잇는 째에 내 자세히 말하지.』

이째에 문학 기생이 박그로 나아갓다.

『어서 술이나 먹세.』

하고, 혁이는 병호에게 잔을 돌리엇다.

병호는 비록 취중이지만, 자긔가 어찌해서 이러케 흥분하얏는지 그 쯧을 알 수 업섯다.

나갓든 문학 기생은 다시 들어왓다. 그는 숨을 죽여가지고,

『성남은행 전무가 저 편 구석방에서 술을 먹어요.』

하고, 숨을 갑비 쉬엇다.

『그 자가 여긔를 왓서……?』

하고, 병호는 벌덕 니러섯다.

―(160), 『매일신보』, 1932. 4. 13

인간성의 발로 (11)

병호가 미친 듯이 니러나는 바람에 술자리에 안젓든 여러 사람은 쌈작 놀라 정신을 일헛다.

『이게 웬일이냐?』

하고, 혁이가 짤하 니러서며 병호를 붓들엇다.

『노케. 내 좀 가서 맛나볼 터야.』

하고, 병호는 혁의 손을 뿔으치랴 하얏다.

『자네, 이것 미첫나? 맛나기는 누구를 맛난단 말이야.』

하고, 혁이는 병호를 끄을엇다.

『성남은행 전무 말일세. 조선에서 경제학자로 자처하는 자 말일세. 결혼하지 안는다고 남의 집 재산을 쌔아서 먹은 자 말일세. 녀자 관게로 다른 사람의 직업까지 쩨어먹은 자 말일세……..』

병호는 매우 흥분하얏섯다.

『자네, 정말 취햇나? 미첫나? 여긔가 어대라고 이리 해.』

하고, 혁이는 나아가랴는 문을 가로막아 섯다.

『이 사람이 나를 정말 밋치고 취한 사람을 내는 모양일세. 오늘만은 세상에 업는 이가 말을 해도 내의 행동을 막지는 못할 터이니까 빗켜 서게……..』

하고, 병호는 아프로 확 내달앗다.

『이러지 말아요. 이러하면 자네조차 재미 업서.』

병호의 눈골이 족음 틀려 뵈엇다.

『자네나 내나 체면을 보는 터에 요리ㅅ집에서 이래서야 창피하지 안흔가?』

혁이는 애원을 하얏섯다.

『체면? 체면을 보이게 이만큼이란 말이야. 내게야 무슨 체면이 잇슬 까닭이 잇나.』

하고, 병호는 쏘다시 뿌리첫다.

기생들은 겨테서 벌벌 썰고 잇슬 뿐이엇다.

『내 요전에 하든 말의 결론을 그 자에게 들을 터야.』

『결론이 무슨 결론이람? 글세. 싹한 사람아! 우리가 체면조차 유지 못 햇대서야 말이 되나. 가만히 잇게. 내가 요전 이야기의 결론을 맷도록 긔회를 맨들어 줄 터이니, 친구의 말을 드르란 말이야.』

혁이는 정말 싹하얏다. 이는 속으로 병호를 다리고 이런 곳으로 놀러 온 것을 후회하얏섯다.

그들은 어대로 | 311

『체면? 자네 가튼 부호들에게는 체면이 잇겟지만, 우리 가튼 룸펜에게는 체면이 업서…… 글세. 노하요.』

하고, 병호가 뿌리치는 바람에 혁의 손은 절로 노이어젓다.

병호의 몸은 문 박그로 쑥 나타낫다.

혁이는 다시 뒤로 병호의 몸을 안핫다.

박가테서 웬 영문인 줄 모르고 주의해 보든 쏘이들이 모여 섯다.

『글세. 이게 웬 짓이야. 이 사람아! 정말 미첫나?』

혁이는 다시 병호의 귀에다 애원을 하얏다.

『자네는 남의 형편을 모르거든 말이나 말게.』

『이런 몰상식한 짓이 어대 잇서? 요리ㅅ집에서 남의 방을 습격하다니, 말이 되나?』

『흥! 몰상식? 이 세상에 상식이 따로 잇는 줄 아나? 세상에 돈보다 더 무서운 것이 잇다는 상식의 하나를 돈 박게 모르는 자에게 늘려주자는 것이야. 돈의 힘으로 녀자의 정조를 마음대로 할 수 업다는 상식의 하나는 더 늘엇겟지만, 못된 행세를 함부로 하고 돈의 힘으로 사람을 모욕하면 요리ㅅ집 가튼 데로 다니며 마음대로 유흥을 못한다는 상식은 아즉 가지지 못햇슬 터이니까, 그것을 오늘은 좀 일러주자는 것이야.』

하고, 병호는 전신의 힘을 다하야 혁이를 뿌리고 리춘식이가 잇다는 구석방으로 달아갓다. 그 뒤에는 요리ㅅ집 쏘이가 『웨 이럽시오?』하고 뒤를 딸핫다. 혁이도 뒤를 딸하섯다.

—(161),『매일신보』, 1932. 4. 20

인간성의 발로 (12)

병호는 미닫이를 홱 열어자첫다. 색동 보료 우에 두 다리를 쭉 뻣고 기생의 손을 주물르고 안젓든 리춘식의 눈이 휘동글해젓다. 건너편에는 그의 병정인 듯한 양복쟁이 절믄이가 쏘한 기생을 끼고 안저서 히롱을 하든 차이엇다.

춘식의 뻐든 발이 반사적으로 쑥 들어갓다. 손도 뇌엇다. 병정은 벌덕 닐어서서 두 주먹을 쥐엇다.

병호는 방안으로 들어서랴 하얏다.

그러나 쏘이가 압을 막아섯다. 병호의 단々한 주먹이 쏘이의 얼굴에 번개 가티 쩔어젓다. 쏘이가 씩 하고 방바닥에 걱굴어젓다.

리춘식의 얼굴은 희푸러젓다. 아무 말업시 바라만 보고 잇섯다.

그의 병정은 쏘이를 불르며, 웬 놈을 손님방에 들리엇느냐고 야단을 첫섯다. 그러나 불가티 타는 병호의 얼굴을 바라본 그들은 다맛 말로만 『웨 이러세요?』를 련해 차즐 쑨이엇다.

『너 나를 모르건늬? 성남은행 전무 리춘식!』

하고, 병호는 소리를 버럭 질럿다.

『웨 남의 방에 아무 말업시 들어 왓서. 술을 고이 색이지 못하고.』

병정이 말을 가로 마타 가지고 나섯다.

『이건 쏘 웬 놈이야!』

병호의 주먹은 어느듯 병정의 볼타구니로 달아갓다. 쏘 씩 하고 쓸어젓다.

『술잔이나 빌어먹게 되엿거든 가만 잇지 안코, 건방지게 굴고 잇스니…….』

하고, 병호는 춘식의 아프로 나아갓다.

혁이는 하는 수 업시 방안으로 뛰어들어섯다.

『이게 웬일이야. 조용히 말하잣구나. 이러케 써들 게 뭣 잇늬?』

혁이는 다시 병호를 붓들엇다.

춘식의 얼골에는 구원을 바닷다는 듯한 회생의 빗이 내돌앗다.

『리 선생! 용서합시오. 병호 군이 오늘 술이 좀 취햇스니까, 모다 제의 불민이올시다.』

하고, 혁이는 리춘식에게 사과를 하엿다.

『술이 취해? 누구가 술이 취해? 남을 술 취한 미친놈을 만들 작정이람? 자네랑 저 방으로 가서 기달리게……. 저기서 얼굴이 희프러 가지고 황금갑주를 입고 황금똥을 싸는 리춘식이 허고 죽음 할 말이 잇스니까…….』

하고, 병호는 아레ㅅ목으로 달려가랴 하엿다.

혁이는 하는 수 업시 리춘식에게 눈짓으로 피하기를 권하얏다.
 리춘식으로 물론 생전에 처음 당하는 일이엇다. 지금것 자긔의 말이 그러치 안타고 거슬르는 사람도 하나가 업섯다. 팟으로 메주를 쑨다고 하면 팟으로도 메주가 되나요 하고 의심을 내는 이는 잇섯서도, 팟으로 쑤는 것이 아니오 콩으로 쑤는 것이라고 말하는 이는 적엇섯다. 바로 욕설로써 정면으로 대드는 것은 꿈에도 생각 못한 일이엇다. 그는 속으로 여러 가지 궁리를 하얏다. 그러나 병호의 행동을 다맛 술 취한 것으로 녁일 수는 업섯다. 자긔가 지금것 취해 온 수단이 병호로 하여금 저만큼 격노하게 한 것은 무리한 일이 아니엇다. 오늘 저녁에 당한 변고가 오히려 늣지나 안햇든가 하는 의심조차 업지 안햇다. 이 자리를 슬적 피할가 하얏스나, 그것은 너무나 비겁한 짓이엇다. 긔왕에 당한 일을 더 소문 굉장하게 할 필요가 업다고 그는 생각하얏다.
 쏘이들에게 나가라고 춘식이는 소리를 질럿다. 그리고는 병호의 겻흐로 닐어서 왓다. 병호는 이상한 생각이 낫다.

—(162), 『매일신보』, 1932. 4. 21

인간성의 발로 (13)
 병호도 리춘식이가 무서워서 쥐구멍을 차저 도망하리라고 생각하지는 안햇지만, 자긔의 겨트로 엄연히 올 줄은 예상치 못한 바이엇다. 불꼿가티 타올르는 노긔에 족음 물이 끼어언처진 것은 병호 스스로는 깨닷지 못햇스나, 겨테 잇는 혁이나 다른 사람의 눈에는 확실히 발견되엇다.
 혁이는 오늘밤을 무사히 넘기랴면 이 기회를 노처서는 안 되엇다고 생각하얏든지,
 『리 선생! 이 세상에 오해가티 무서운 것은 업나 봅니다. 서로 랭정한 마음으로 이야기를 해보면 다 알 일을 이러케 불쾌하게 할 게야 뭐에 잇습니까? 그러치 안 해요 네?…….』
 하고, 말솟을 다지며 병호의 압흘 막아섯다.
 『여보, 로 형! 사소한 감정으로 이와 가튼 료리집에서 써들게 된다면 우리네의 인격에 관게되는 일이니까, 족음 랭정하게 생각하시구려! 그런

말슴을 할 긔회가 하필 오늘이며, 쏘한 이 자리겟소? 참으시고 그런 이야기랑 우리 단 두리 조용한 곳에서 하십시다 그려. 그러실 게야 뭐 잇소?』

하고, 리춘식이는 손을 내밀엇다.

리춘식으로는 이와 가튼 태도를 이 자리에서 취하는 것이 제일 현명한 것인 것을 알앗다. 물론 춘식 자신으로도 혜영의 집에 대하야 어쩌한 행동을 하엿다는 간음이 잇섯다. 병호가 동방시론에서 쏘기어나게 되엿다는 말을 듯기는 들엇스나, 자긔로서는 물론 하등의 관계가 업는 일이엇다. 사소한 감정으로 다른 사람의 직업까지 빼앗고 말 그러한 앙큼한 자긔라고는 자긔 스스로 인정할 수는 업섯다. 물론 윤 주필의 자의에서 나온 일이엇지만, 평일부터 병호에 대하야는 다소간이라도 미안한 생각을 가져오든 터이엇다 그러다가 이와 가티 뜻박게 병호의 침입을 밧고 보니 그의 미안하든 생각은 두려워하는 마음으로 변하엿섯다. 그러나 이 두려운 생각도 충동적으로 겨우 일순간을 유지할 뿐이엿다. 그의 간은 다시 커젓다. 만일 봉변을 당하면 당하얏지, 봉변 이상의 추태를 연출하고는 십지 안햇다. 어대까지든지 자긔의 아량을 보히려 하얏다. 담대한 것을 보이려 하엿다. 그리하야 그의 얼굴은 다시 태연히 제 빗을 지니게 되엿섯다.

그러나 병호의 생각은 리춘식의 추근추근한 태도가 더 미웟다. 미운 그대로 하면 달겨들어 뼈가 남지 안토록 쑤들겨주고 십헛다. 그러나 병호 자신도 인격적으로 지기 실헛다. 아무리 술을 먹어 다소간 흥분이 되엿다 할지라도, 그는 그것을 잇지 안햇다. 춘식이가 거만을 부리면 그 이상 더 거만을 부리고 십헛다. 만일 완력으로써 그가 덤빈다면 물론 피로써 이에 다다르고 십헛다.

『이 앙큼한 놈이 나를 일개 백면서생으로만 알고…… 응.』

하고, 병호는 니를 악 물엇다.

이와 가티 복잡한 감정이 지나가는 순간에 병호는 얼굴에 피스기를 일헛다. 그는 상대자에게 손을 대기도 전에 그대로 정신이 앗질하얏다.

병호는 정신을 차리랴고 애를 썻스나, 이것은 한갓 추태에 지내지 못하얏다. 아페 잇는 여러 사람의 얼굴이 수십 새로도 보이고 한 개로도 보엿다. 전등불이 가물가물하얏다.

그는 최후의 용맹을 내어

『이놈!』

하고, 소리를 질럿다.

그러나 그 소리는 박게를 나타나오지 안코 목구멍 안에서 사라젓다. 그는 붓들은 여러 사람 팔에 매어달리게 되엇다. 그의 전신은 방바닥에 그대로 쓸어젓다. 여러 사람은 쌈작 놀라서 그의 겻트로 모아들엇다.

—(163), 『매일신보』, 1932. 5. 4

인간성의 발로 (14)

밤이 깁헛다. 얼굴빗이 창백한 병호는 보드러운 보요 우에 길게 누엇섯다. 그 겨테는 의사도 안젓고, 혁이와 춘식이도 안젓섯다. 그들은 주의 깁흔 눈으로 병호의 얼굴을 지키엇다.

병호는 몽농한 가운데에 의식을 회복하얏다. 그러나 압히 희미하야 아모 것도 잘 보이지 안햇다. 다맛 자긔의 잇는 것이 자긔 집 안인 것만은 알앗섯다.

의사는 다시 병호의 손을 들고 맥을 집헛다. 안심하는 빗이 나타낫다. 여러 사람도 쌀하서 수미(愁眉)가 펴젓다.

『김 군! 정신 차리게!』

하고, 혁이는 병호의 손을 쥐엇다.

병호가 이와 가티 혼도한 것은 분량에 넘치게 술을 먹은 것도 까닭도 잇거니와, 극도로 흥분한 것이 무엇보다도 제일 큰 원인이엇다. 그가 혼도하자 그의 얼굴은 희푸러지고 숨결이 갑벗다. 여러 사람은 겻방 조용한 곳으로 옴기고, 의사를 급히 청하야 여러 가지로 응급치료를 하얏섯다.

춘식이는 자긔가 마진 이상으로 놀랏섯다. 혁이는 창황망조하얏다. 그러하다가 병호가 쌔어나고 보니 저윽히 마음을 노핫다.

병호는 혁의 부르는 말소리는 알아들엇다. 그러나 무어라 대답할 기운이 업섯다. 한숨을 한 번 길게 쉴 뿐이엇다.

『김 군! 인제 괜찬한가?』

하고, 혁이는 병호의 얼굴을 굽어보앗다.

병호는 머리를 족음 끄덕거릴 뿐이엇다.

춘식이가 병호의 겨트로 갓가히 나오며 말을 내랴 하얏다. 혁이는 눈짓으로 이것을 막앗다.

병호는 말 막는 눈치를 차릴 만큼 정신을 차리어젓다. 춘식의 얼굴이 눈 압헤 얼른하자 병호의 전신에는 피가 다시 쓸엇다. 그는 몸을 움직이랴 하얏스나, 맥이 풀리어 짤삭 할 수 업섯다. 그는 또 다시 한숨을 쉬엇다. 남은 것은 추태뿐이엇다.

혁이는 쑬적 뒤으로 물러섯다. 병호의 히미한 시선에도 노긔가 씌어 잇는 것을 살핀 까닭이엇다.

『인제 집으로 가세!』

하고, 혁이는 의사를 돌아보앗다.

의사는 좀더 안정시키기를 권하얏다.

그들은 또다시 아무 말업시 병호를 지키엇다.

족음 잇다가 의사는 딴 증세가 다시 업겟지만, 만일 잇거든 곳 통지하라 하고 돌아갓다. 그러나 춘식이는 그대로 안젓섯다.

『리 선생은 그만 돌아가시지요.』

하고, 혁이는 권하얏다.

『네. 관계챤소이다.』

하고, 춘식이는 그대로 안젓섯다.

병호는 의식이 몽농한 가운대에도 여러 사람의 말소리는 들엇다.

리춘식이가 꼿까지 자긔를 지키고 안젓슬 필요가 무엇일까? 만일 사람 갓지 못한 녀석이면 자긔에게 폭행을 하랴는 자가 제 스스로 졸도를 하얏스니 이것을 다행으로 알고 돌아가버렷슬 것이다. 사람 갓챤흔 뿐 아니라 그대로 피신하는 것이 보통사람의 행동일는지도 알 수 업섯다. 그러나 춘식이는 꼿까지 병호의 증세를 살피고 안젓다. 다른 사람의 권하는 것도 듯지 안코 밤 깁도록 안젓는 것은 보통사람과는 생각이 족음 달은 것을 보임이 안일까? 그러나 이것은 병호가 춘식의 행동을 호의로 해석 한 것이엇다. 엇재서 꼿까지 겨테 잇슬까? 후환을 두려워함일까? 자긔는 사회에 이름이 잇는 사람이라 막가는 행동을 할 수 업섯다. 막가는 행동을 미연에 막기 위하야 일시의 창피를 리해타산으로 참는 것이나 안일 것인가? 이것은 물론 호의의 해석이 아니엇다.

—(164), 『매일신보』, 1932. 5. 5

인간성의 발로 (15)

병호는 밤 열두 시가 훨신 지나서 자동차에 태어서 자긔 집으로 돌아왓다.

사람에게 부축을 바더 들어오는 것을 본 그 집 사람들은 물론 놀랏섯다. 병호로서는 지금까지 업든 일이엇다. 그가 들어온 지 아니 들어온 지 알 수 업슬만큼 조용하얏섯다. 그때가티 문 밧갓이 써들석한 적은 업섯다. 아모리 조용히 들어오드래도 잠을 자지 안코 기다리든 어머니는 반듯이 방 문을 열고 아들을 마저드렷든 터이다. 아들의 심상치 안흔 행동에 혼이 뜬 그 어머니는 마루로 쒀어나왓다.

『어머니! 지금까지 안 주무셋서요?』

하고, 병호는 마루 쯔테 잠간 걸어안저서 숨을 돌리엇다.

『너 술 먹엇구나. 이게 웬 짓이니?』

하고, 어머니는 병호의 머리를 집헛다.

『전에 업든 짓을 웨 하니?』

하고, 어머니는 꾸짓듯 쏘 말하얏다.

『걱정 마세요. 뱃속에 못 먹는 술을 몟 잔 먹엇드니 이러케 되엇서요.』

하고, 비틀걸음을 걸어 자긔 방으로 들어갓다.

이때에 혁이와 춘식이는 병호를 바라다주고, 그래도 마음이 아니 뇌어 중문간에서 집안을 살피다가 병호가 자긔 방으로 들어가는 보고, 다시 안쓸로 들어서서 병호의 방으로 들어섯다.

물론 방안의 치장은 업지만, 정결한 것과 정돈된 것이 이 가정 사람의 모든 것을 표하엿섯다. 병호는 양복을 입은 채 아레ㅅ목에 그대로 들어누엇다가, 혁의 들어오는 것을 보고 다시 몸을 니르키엇다.

『잘 조섭하게. 참으로 미안허이.』

하고, 혁이는 방에 들어오지도 안코 툇마루 우에 몸을 걸친 채 인사를 하엿다.

『천만에 나 때문에 퍽 애썻지? 참으로 미안해.』

하고, 병호도 몸을 문 아프로 죡음 굽혓다.

이번에는 혁의 뒤에 섯든 리춘식이가 병호에게 손을 내밀며,

『여러 가지 사과의 말슴은 이 다음에 하겟소이다. 이러한 사람도 서로 리해하는 때에는 목숨을 앗기지 안코 대신 바칠 그러한 의지도 업는 것도 아닌 것만 알아주구려.』

하고는, 동의를 구하는 것가티 혁의 편을 바라다보앗다.

『앗까도 여러 번 말하얏지만, 사람과 사람 새이에 서로 통할 수 업는 커다란 쏠을 파놋는 것은 오해이니까, 서로 맛나서 자세한 사정을 서로 들어보는 것이 조하. 이 일에 대해서는 모든 것을 내게 다 맛기게. 서로 오해를 풀 날이 잇슬 터이니까.』

하고, 혁이는 병호에게 손을 내밀엇다.

병호는 아무 말업시 혁의 손을 방안에 안즌 채 잡앗다.

『자세한 말일랑 우리 래일 합시다.』

하고, 춘식이는 병호의 손을 쥐엇다.

병호의 감정은 아즉까지도 손을 잡을 정도까지 완화가 되지 못하얏다. 그러나 한 번 쥐인 손이라 아모 말업시 그대로 잇섯다. 뿔이칠 생각이 업는 것도 아니엇스나, 넘우나 졸렬한 것 가타서 그대로 참은 것이엇다.

잡은 손을 두어 번 흔들어 작별하고, 혁이와 춘식이는 문 밧가트로 나아갓다.

병호는 옷을 박구어 입고 자리에 누엇다. 머리는 찡하고 속이 아즉도 뉘엇〱 하얏다.『애인의 집을 망친 자! 자긔의 직업을 쩨어먹은 자와 악수를 햇다.』고 생각하니, 자긔의 손이 더러운 생각이 낫다. 싸리랴다가 악수하게 되엇다. 참으로 지리한 일이엇다. 이것은 자긔의 몸과 마음이 약한 까닭인 것을 의식할 때에 얼굴을 이불로 덥고 십헛다.

—(165),『매일신보』, 1932. 5. 6

인간성의 발로 (16)

병호의 혼미한 정신이 밝아갈스록 그의 전신은 형용하야 말할 수 업는 애수에 싸이엇다. 폭풍우가 지난 뒤의 광야와 가티 쓸々하얏다. 극도의 흥분은 극단의 침정(沈靜)을 그에게 주엇다. 그의 눈에 비치는 것은 이 세상 모든 갈등의 참혹한 잔해뿐이엇다. 오전 한 시가 지나고 두 시가 지나어도 잠은 용이하게 들지 안햇다.

그는 모든 것을 니저버리랴고 애를 썻다. 생각이 생각의 꼬리를 물고 나왓다. 이즈랴는 노력이 돌이어 생각을 깁흔 곳으로 인도하얏섯다. 동경에서 돌아올 째에 혜영이를 처음 맛날 그째의 일부터 몃 시간 전 졸도되는 찰라의 일까지가 순서정연하게 써올라 왓다. 사건 가운대에 인상이 깁흔 것은 생각의 무덤을 군대군대 만들엇다.

생각할수록 늣겨지는 것은 자긔의 비참한 현실이엇다. 그날 밤 일만 해도 극도로 흥분하야 돌이어 자긔에게 욕을 오게 한 것이 아니엇든가. 최후가 그의 미테서 놀림이 되고 마지 안햇든가. 춘식이는 태연한 얼굴로 자긔의 손을 쥐어 작별하고 돌아가지 안햇는가. 이것은 정신적으로 춘식에게 지고 만 것이 안일가. 물질로 그에게 지고 정신적으로 그에게 지고 만 것은 생각할스록 섭섭하고 앗가웟다. 그러나 한 번 이러케 된 이상, 이 다음의 승리를 위하야 모든 것을 준비하는 것이 가장 현명한 행동이 안일까. 그러하다고 병호는 맘으로 부르지젓다.

이러한 가운대에도 병들어 누은 혜영이 모녀의 신상을 념려하는 생각은 잠시를 써나지 안햇다. 어쩌케 하면 생활에 능력 업는 두 녀성을 구해낼가. 『산 입에 거미줄 치랴.』 이러케 생각하면 그만이나, 거미줄 치지 안흘 정도의 생활을 도모하기 위하야 정신의 순결까지 내버리고 십지는 안 햇다. 지금까지 하여 온 쓸대업는 못 생긴 생각을 도르키어 모든 것을 초월하여 보고도 십헛다.

이러한 잡념이 얼킨 그의 정신은 극도로 곤비를 다시 늣기어 잠의 길을 찻게 되엇섯다.

그가 잠이 깨일 째는 첫 봄 해ㅅ발이 압 창에서 쒸놀며 춤추엇다. 어제ㅅ밤보다는 물론 머리가 얼마큼 가벼워젓다.

그는 어머니에게

『못된 짓이 작구 늘어가는구나. 집안은 이러케 되고, 너조차 정신을 차리지 못하면 어쩌케 되니? 참으로 걱정이로구나.』

하는 꾸지람을 들엇다.

『옵바! 웬일이오? 어제밤에도 어머니는 잠을 안 주무시고 걱정을 하셋다우.』

하는 누이동생의 충고를 들엇다.

이와 가튼 꾸지람과 충고라도 듯게 된 것이 자긔에는 돌이어 행복 되는 일이 안일까? 그러나 이 세상은 역시 못 된 세상이란 탄식이 그 입 속에서 써나지 안햇다.

『망할 놈의 세상!』 이러케 비루한 틈에 끼어서 살지 안흘 수 업슬가 하는 막연한 생각이 그를 다시 침울로 인도하고 말엇섯다.

아츰에 미음을 마시고 그래도 혜영이가 어쩌케 되엇는지 마음에 걸으켜 자긔 집을 나섯다.

혜영이가 자긔의 하루ㅅ밤 동안에 변한 햇슥한 얼굴을 바라보고 그 연유를 물을 째에 무엇이라 대답할가. 어제ㅅ밤의 광경을 숨김업시 말하기는 아무리 혜영이가 리해를 해줄 줄 밋는다 할지라도 말하기는 어려웟다. 자긔의 못난 것을 폭로시킬 뿐이엇다. 그러나 말치 안흘 수도 업섯다. 이것은 사랑하는 사람을 속이는 일이엇다. 필경은 그 전날 잠 일을 말하게 될 것을 미리부터 애를 써서 이러케 애를 쓰는 것은 돌이어 어리석은 일인 것을 스스로 웃엇다.

—(166), 『매일신보』, 1932. 5. 7

인간성의 발로 (17)

그리하야 병호는 쩌스를 타고 향촌동의 혜영의 집을 차젓섯다. 오래간만에 처음 출입을 하려고 쩌스 정류장에 나섯든 혜영이를 만나게 되어 말도 할 틈 업시 쩌스를 되집허 타고 시내로 향하게 되엇섯다.

병호로서는 비록 일시일지라도 그 전날 밤 일의 고백할 시긔가 연긔되는 것은 일종의 구원을 밧는 셈이엇다. 쩌스 안에서도 만일 짠 사람이 업섯드면 병호의 조마조마한 생각은 필경은 전날 밤 일을 고백하얏슬 것이다. 그러나 사실 이목이 번거하야 참아 입을 벌리지 못하얏섯다. 그리하야 병호는 혜영이를 중도에서 작별하고 자기 집으로 돌아왓다. 만일 몸이 전날 가티 건강하얏드면 혹은 직업을 구하기 위하야 돌아다니엇슬는지 알 수 업섯다. 그러나 피곤한 몸을 강작하야 출입을 하게 된 까닭인지 혜영이와 작별하고는 전신에 맥이 풀리엇다.

집에 돌아와서 병호는 다시 자리를 펴고 들어누엇섯다. 그 전날 생각이 쏘 써올랏다. 생각할스록 분하얏다. 자기가 리춘식이를 쑤들겨주지 못한 것이 분한 것이 아니엇섯다. 마츰내 인격상으로 춘식에게 지지나 안햇는가 하는 생각이 병호로 하여금 얼굴을 불키게 하얏다.

병호가 여러 가지 생각으로 마음을 태울 쌔에 박가테서 부르는 이가 잇섯다. 그 목소리는 분명히 혁의 소리이다.

병호는 이불을 헤치고 박가트로 나아갓섯다. 예상대로 혁이가 섯다.

『밤새 좀 어쩌한가?』

하고, 혁이는 병호의 잡은 손을 흔들엇다.

『어제ㅅ밤에 넘우 취태를 부려서 미안하게 되엇네.』

하고, 병호는 혁의 잡은 손을 흔들엇다.

『추태가 무슨 추태! 격분하면 누구나 그러케 되기 쉽지!』

『잠간 들어가세!』

병호는 혁이가 자기가 추태라 한 말을 부인하는 것 가트면서도, 한편으로 인정하는 것 가튼 불철저한 태도가 좀 마음에 흡족치 못하얏지만, 이 쯧을 발표하기까지 불유쾌하지는 안햇섯다.

그리하야 병호와 혁이는 방으로 들어왓다.

『그런데 이 사람! 그게 무슨 일이야? 나는 밤새도록 잠을 못 잣네.』

혁이는 문싼에서 인사할 쌔와는 짠판이다.

『내가 졸도햇는데, 자네가 잘못 잘 거야 뭣 잇나?』

병호는 족음 비쏘앗다.

『졸도는 자네가 햇지만, 걱정은 우리가 햇스니까 말이야.』

『미안허이!』

『미안하다는 인사말로만 아니 될 걸!』

하고, 혁이는 웃엇다.

『말로만으로 아니 되면 뭘로 치나?』

병호는 쌀하 웃엇다.

『이번에 자네를 참으로 잘 맛낫서…….』

하고, 혁이는 의미 잇는 눈치를 보이엇다.

『무슨 리유가 잇나!』

병호는 이상한 생각이 낫다.

돈 잇는 사람이 돈 업는 사람, 더욱이 장차 룸펜이 될 자긔를 맛나게 됨을 참으로 잘된 일로 생각하는 그 의미가 어대 잇슬 것인지 알지 못하야 답답하얏다. 더군다나 하루밤을 자긔로 인하야 고생한 혁의 입에서 이런 말을 들을 줄은 상상도 못한 일이엇다. 그러면 비쏘아 한 말일까?

말하는 태도로 보아서는 그러치도 안흔 것 갓닷.

―(167), 『매일신보』, 1932. 5. 8

인간성의 발로 (18)

『대관절 몸이 관계찬한가?』

『몸이야 암스랑찬허이. 오늘 아츰에 문 박갓 출입까지 햇스니까.』

『그러면 잘 되엇군. 나허고 좀 가볼 데가 잇는데.』

하고, 혁이는 출입을 권하얏다.

『어데를 간단 말이야?』

병호는 별안간 갈 곳이 어대인지 몰라서 물은 것이엇다.

『여긔에서 말할 것 업시 가보면 알아.』

하고, 혁이는 의미 잇는 듯이 병호를 바라보앗다.

『가보면 곳 알 것을 여긔에서 말 못할 것이 뭣 잇나?』

『그래도 여긔에서 말하면 재미 업스니까 거긔 가서 보면 알 것이야.』

혁이는 흐릿한 말을 하얏다.

『여긔서 미리 말하면 병통이 생길는지 알 수 업스니까, 좌우간 옷을 입고 나서게. 그러면 길에서 말하지.』
　병호는 혁의 태도에 여러 가지 의심이 낫다.
『여긔서 말하게.』
『안 되아. 어서 옷을 입게.』
『옷을 입으랴면 입기야 하겟지만, 웬 까닭인지를 알아야 하지.』
『까닭은 가보면 알아. 내 말을 들엇다가 한 번 바람을 맛는 셈 치고 잔말 말고 나서 보게.』
　병호는 다시 양복을 이엇다. 어찌 되엇든 이상한 일이다. 전날 밤 지낸 일도 잇스니 두 사람 새이의 화제는 반듯이 리춘식이나 쏘는 그 자리에 참예되엇든 사람에게로 돌아가야 할 것이다. 그러나 그 일에 대하야서는 아무 말 업고 더퍼 노코 쓸어내랴 하엿다. 병호는 적지안흔 궁금증이 낫섯다. 그는 옷을 입고 다시 자리에 안즈며,
『좌우간 갈 곳을 알고야 나가겟네…….』
하고, 혁이를 바라보앗다.
『잔말 말고 나서요.』
하고, 혁이는 병호의 팔을 쯔집어 이르키엇다.
　그리하야 하는 수 업시 병호는 혁이를 쌀하 닐어서서 한길로 나섯다. 한길 저 편에는 혁이 탄 자동차가 기다리고 잇섯다.
　병호는 혁이를 쌀하 자동차에 몸을 실엇다.
『어데를 가는 셈이야? 알고나 가세 그려.』
『삼십분 뒤이면 알 일이니까 잠간만 참게.』
　병호는 쏘 다시 물어볼 용긔가 나지 안햇다.
　자동차는 대학통 넓은 길로 속력을 노하 달아낫다. 초봄 한낫의 햇빗은 대학의 교실 류리창에 반사되어 싸뜻한 숨을 품고 잇섯다.
『자네 리춘식이를 언제부터 그러케 잘 아나?』
　춘식이와 혁이는 다가티 돈 잇는 사람이라 서로 친분이 잇슬 것은 짐작도 될만한 일이지만, 성질이 어느 편으로 전혀 달은 두 사람이 상당한 친교를 가지고 잇다는 것은 족음 이상한 일이엇다. 더구나 년치가 맛지 안는 데에는 짠 사정이 잇슬 것은 사실이엇다.

『안 지야 오래일세.』

자동차는 종로 오정목의 카부를 돌아 동대문 편으로 향하얏다.

『대관절 어대로 가나?』

『암말고 가요..』

자동차는 다시 동대문 턱을 지낫다.

병호는 절간으로 소창을 하러 나가는 것을 이제야 깨달앗다.

영도사나, 그러치 안흐면 청량사로 나아가는 것인 줄 알앗다.

자동차는 속력을 죽여 가지고 영도사 어구로 들어섯다.

병호의 예상은 마젓섯다. 그러나 어찌하야 가는 곳도 일러주지 안코 더퍼노코 여긔까지 끄을고 가는 것일까?

다맛 하루의 소창이라 하면

『여보게. 오늘 문 막게 가서 바람이나 쏘이지 안흐랴나?』

하고, 바로 말하얏슬 것이다. 필연코 여긔에는 엇더한 리유가 잇슬 것이다. 정령코 혁 자신이 이 자리로 자긔를 꾀어낼 것이 아니오, 다른 사람의 청을 바더서 그런 것일 것이다. 그러면 누구의 청일까?

―(168), 『매일신보』, 1932. 5. 10

인간성의 발로 (19)

아무리 생각해도 자긔를 이와 가티 한적한 절간으로 불러내일 사람이 잇슴 즉하지 안햇다. 리춘식이가 전날 밤의 당할 번한 변괴의 원한을 풀어보랴 불러낸 것이나 안일까? 그러나 춘식이가 그러할 리는 만무하다고 생각하얏다. 전날 밤의 그의 태도로 보아서는 자긔에게 원한을 가진 것 가티는 보이지 안햇다. 그러면 모든 감정을 풀려고 일부러 이러한 고적한 곳을 차진 것이나 안일까? 돈 만흔 리춘식이가 병호 자신 가튼 일개의 간난한 서생의 감정을 완화시키기 위하야 일부러 자긔 자신을 이와 가티 나추어 가질 리가 만무하다고 생각하얏다. 좌우간 자긔를 이처럼 불러내는 이가 누구인지 알 수 업스나, 퍽으나 호긔심이 만흔 이임에는 틀림이 업스리라고 상々하엿섯다.

그들은 자동차를 내려 동편 개울을 끼고 동리 뒤로 들어섯다. 거긔에는 단정한 정자가 잇섯다. 물론 음식을 파는 절간의 요리ㅅ집이엇다.

병호는 혁이를 딸하 방으로 들어갓섯다. 방에서는 찬바람이 돌앗다. 그리고 그 전날 먹고 난 음식 냄새가 아즉도 살아지지 안햇든지 이상한 냄새가 코를 찔럿다.

병호는 그 방안에 누구가 잇슬 것이라 상ㅅ 하얏스나, 이것은 쓸대업는 공상이엇다. 방에는 아무도 업섯다.

쓸ㅅ한 방안에 혁이와 병호가 쪼그리고 안게 될 뿐이엇다.

『웬 까닭인지 모르겟서. 뭘 하러 여긔까지 오게 되엇나?』

병호는 이상하야 또 물엇다.

『까닭이야 잇지. 암말ㅅ고 잠간 기다려 보게.』

혁이는 아레ㅅ목 보료 우에 몸을 던저 누엇다.

병호도 몸이 족음 피곤하야 벽에다 몸을 비겻다.

『자네 어제밤 일이 생각나나?』

혁이는 물엇다.

『긔억이 분명치는 못하지만, 어렴풋하게 생각이 아니 나는 것도 아니야.』

병호도 다시 그 전날 밤 일을 다시 한번 생각하얏다.

아모리 두둔하는 눈으로 자긔를 비판할 지라도, 추태이오 실수이엇다. 자긔의 인격이 얼마나 적은 것을 폭로하고 만 것이엇다. 최후까지 자긔의 아량을 뵈인 리춘식이가 얼마나 자긔보다 나흔 사람인 것을 알앗다. 그는 일개 서생에게 얼굴에 침세례를 밧지 안햇는가. 그리고 또 그 전날 밤에는 당하기 어려운 봉변을 하지 안햇는가. 그리고도 병호 자신을 집에까지 바라다주지 안햇든가.

『글세. 못 생긴 짓을 넘어 햇서. 자네에게 퍽 미안허이.』

병호는 탄식하듯 대답하얏다.

『못 생긴 것은 아니겟지. 못 생긴 사람이야 그런 일을 하겟나? 그래도 조선에서 굴지하는 재산가요, 게다가 학자라 하는 그에게 여간 사람으로 손을 대랴고 생각이나 먹겟나?』

혁이는 진심으로 한 말이지만, 병호에게는 한 야유로도 들리엇다.

『글세. 내가 넘우 범남한 짓을 햇다고도 하겟지!』

하고, 병호는 웃엇다.

이째에 문 박게서 사람 발소리가 들리엇다. 혁이는 이러서서 밑창을 열엇다. 마루에 선듯 올르는 신사가 잇섯다. 그이가 리춘식이엇다. 병호는 족음 마음으로 놀랏다. 나제 일이 잇는 리춘식이가 이와 가티 나온 것은 어쩌한 큰 리유가 업시는 안 될 일이엇다. 병호는 몸을 니르키엇다. 혁이가 쓸고 나온 리유를 이제야 비롯오 알앗다.

장차 어쩌한 사건이 자긔네 세 사람 가운대에서 전개되어갈지 알 수 업스나, 조용한 절간으로 자긔를 청해 낸 데에는 어쩌한 중대한 의미가 잇슬 것만은 넉넉히 상상할 수 잇섯든 것이다.

리춘식이는 방으로 들어스며,

『김 군! 몸이 좀 엇쩟소?』

하고, 매우 친절한 인사를 하얏다.

『괜챤습니다.』

병호는 반사적으로 대답을 하얏섯다.

세 사람은 각々 제자리에 안젓다.

—(169), 『매일신보』, 1932. 5. 11

인간성의 발로 (20)

병호는 한자리에 안젓는 것이 몹시 불안하얏다. 혁이를 쌀하온 것을 후회하얏섯다. 그러나 그 자리를 피하야 다른 곳으로 갈 수도 업섯다.

지금까지보다도 더 이상으로 자긔의 도량이 넘우나 좁은 것을 폭로하고 십지는 안햇다. 입을 다물고 형세만 관망하얏다

리춘식이는 병호의 눈치를 차리느라고 별로 다른 편도 보지 안코 안젓섯다.

『우리들이 서로 량해를 하면 원망하거나 저주하거나 하는 일은 결코 업슬 줄 아는데, 웨 두 분 새이가 그러케 조치 못한가요?』

하고, 혁이가 문제를 끄내엇다.

병호는 지금부터 예정 계획의 진행에 착수한 것을 알앗다. 긔왕 이러케 된 이상 자긔 마음에 둔 말을 하나도 남기지 안코 활々 쏘다버린 뒤에 새로운 긔억을 여러 사람에게 알려주는 것도 통쾌한 일의 하나이엇다.

『량해가 업는지 잇는지를 네가 엇찌 아나?』

병호의 말하는 얼굴빗이 평소와는 죡음 달랏다.

『량해가 잇스면 그와 가튼 살풍경이 생길 리가 잇담. 암만 해도 오해를 한 게지!』

혁이는 웃으며 말하얏다.

『오햇지 정햇(正解)지를 어쩌케 아나?』

병호는 쏘 한 번 쏘앗다.

『두 분 새이의 일을 제삼자인 나로서 뭐라 말할 수는 업지만, 엇전지 오해를 가진 듯해서 한 말이지, 별다른 의미는 업서…….』

하고, 혁이는 말끗을 흐려버렷다.

『여보 김 군! 지난 일이랑 서로 이저버리는 것이 조치만, 더퍼노코 그리 한다는 것도 좀 안 된 일이니까, 우리가 사로 처지가 달은만큼 량해가 적 엇든 것도 사실이니까, 좌우간 전날 일의 갈등된 연유를 밝히는 것도 사 람이 교제해 나가는 데 그대지 무의미한 것도 아니니까, 오늘 이 자리에서 자세한 이야기나 들을까 해서 오늘 일부러 혁 군을 중간에 너타시피 하고 일부러 이 자리를 모은 것이니까, 충분히 이야기를 하는 게 조치 안소?』

하고, 춘식이는 혁의 처지를 미리 설명하얏다.

병호는 무어라 대답하여야 조흘지 알 수 업섯다. 불유쾌하여 입이 잘 썰어지지 안햇다.

그러나 자기의 용렬한 태도를 다시 폭로하면 엇찌 하나 하는 것이 그에게는 큰 두려움이엇다. 춘식이보다 더 한층 놉흔 곳에 지난 일을 내 려다보고 비판하고 십헛다.

『단순한 리유에 오해가 잇슬 리가 잇겟습니까? 지금 새삼스럽게 여러 말을 끄어낸다 해도 별로 유쾌한 일은 업슬 것 가트니까, 여러 말슴할 것 업고 금후에나 서로 갈등되는 일이 업도록 하지요.』

병호는 랭정히 대답하얏다.

『김 군이 요기에 잇대서 하는 말은 아니지만, 내가 지금까지 알아온 여러 젊은 친구가 가운대에서 김 군처럼 열정의 소유자인 이는 처음 보 앗소이다. 정말 그래요. 대개는 굽실거리는 자들 뿐이엇지, 정면으로 불의를 공격하고 덤비는 이는 업섯단 말이오. 당하는 그 찰라에야 물론 유쾌한 생각을 하지는 안햇지만, 랭정히 생각할스록 김 군의 행동은 존경하고 십헛소이다.』

하고, 춘식이는 하소연하랴는 것 가티 혁이를 바라보앗다.

병호는 낫이 간즈러윗다. 그뿐 아니라 자긔를 어대까지든지 젊은이로 대접하야 격찬을 하는 것이 자긔를 나추어 보는 것이나 안일까 하야 분한 생각도 낫섯다.

그러나 한층 더 놉흔 데서 춘식이를 바라보랴고 마음먹은 이상, 이만한 일에 객기를 낼 수도 업섯다.

『제가 모다 못 생긴 탓이겟지오.』

하고, 병호는 안 나오는 웃음을 억지로 웃엇다.

『어쩌케 되엇든 금번 사건이 어쩌케 된 것인 것을 차ᄎ 자세히 말할 터이니까 들으면 아실 터이지만, 세상에는 절대로 나쁜 일도 그리 업고 조흔 일도 그리 업는 것을 우리는 알아야 됩니다.』

하고, 춘식이는 숨을 내쉬엇다.

―(170),『매일신보』, 1932. 5. 12

호화의 반면 (1)

춘식의 태도가 비겁하다 할 만큼 넘우나 공순하야 속으로 웃은 생각이 낫기도 하얏지만, 선배인 듯한 것과 신사인 듯한 긔상을 족음도 일치 안코 상대자와 엄연히 말을 부치는 데에는 저윽히 감복하얏든 것이다. 미운 감정은 점ᄎ 사라저가는 것을 그는 분명히 알앗다.

『일뿐 아니겟지요. 사람에도 아주 절대로 나쁜 사람이 업는 줄 저는 밋습니다.』

하고, 병호는 혁이를 보앗섯다.

『그러니까 우리 사회에서 화평하게 살아가랴면 조흔 것을 보고 사람을 상종하여야 되겟지요. 누라서 결점이 업겟습니까? 한 가지 부족한 점은 다 잇슬 것이죠. 항상 이 나쁜 점만 서로 찻기 째문에 사람끼리 갈등이 생기는 줄 압니다.』

춘식의 모든 말이 한갈가티 자긔를 나쁜 사람으로 안다는 것이 잘못이라는 설명함이엇다.

병호는 상대자가 자긔 태도를 설명하기 위하야 여러 말을 전제로 늘어 놋는 것이 불쾌도 하얏지만, 교훈 비슷한 말을 막을 수도 업섯다. 그러나 그 동안의 여러 가지 사정이 얼마나 복잡한 것을 전제의 말이 넘우나 기다란 것을 알 수 잇섯다.

춘식이를 외면으로 보면 그에게 짠 걱정이나 고통이 잇슬 리가 업섯다. 그는 세상 사람들이 만히 숭배하는 황금을 가진 이다. 그뿐 아니라 학식으로도 남에게 지지 안흘 학자의 이름을 듯는 터이다. 쏘한 실업게에 굴지하는 명망이 놉흔 지위에 잇는 그이이다. 그러나 춘식에게는 한 가지 공허한 곳이 잇섯다. 마음에 늘 고독을 늣기엇다. 자긔가 어쩌한 행동을 하든지 그것을 그대로 맹목적으로 올타고 인정한 일은 업섯다. 그런 것이 모다 학식의 힘인지는 알 수 업스나, 엄정한 처지에서 비판을 하얏다. 비판한 결과는 만흔 경우에 자긔를 꾸지젓섯다. 그리하야 어쩌한 째에는 자긔에게서 전형적 이중인격을 발견하고 스々로 눈을 감고 주먹을 쥔 일도 업지 안햇다. 그의 로력은 자긔의 조용한 째의 생각과 밧분 경우의 일을 어쩌케 하면 합치가 될가 하는 데에 잇섯다. 그러나 이러한 로력도 역시 한가한 째 고적을 늣길 째에 스々로 질기는 관념유히에 지나지 못하얏다. 아모리 그런 생각을 하다가도 실제 경우를 당하면 어쩌한 것이든지 사무적으로 그대로 아귀를 지어버리는 터이엇다. 그리고 나서는 쏘한 그 째ㅅ경우에 좀더 생각할 여유가 업든가 하고 후회를 하얏다. 말하자면 혜영의 선친 김영한과의 관계도 역시 결과는 사무적으로 해결된 것이엇다. 쏘한 혜영이와 결혼 문제도 사무적으로 해결하얏섯다. 빗을 주고 약속을 이행치 안흐니까 그것을 사무적으로 수속을 하야버린 것이엇다. 혜영의 집에 청혼을 하얏다가 상대자가 듯지 아니 하야 역시 단념을 하얏섯다. 이러한 모든 갈등에 대해서 어쩌한 인과관게를 거긔에다 부치어 생각지 안햇섯다. 물론 청혼을 듯지 안햇스니 혜영의 집 재산을 처분하야 위신 일흔 복수를 해보겟다고 생각한 결과는 아니엇다.

그리하야 그의 겨테ㅅ사람이 혜영의 집 재산 처분에 대하야

『종래의 청혼 문제의 갈등도 잇섯는데, 별안간 그 집 재산을 처분해버리면 세상에서 오해나 아니 할가요?』

하고, 의견을 말한 사람이 잇섯다.

그러나 춘식이는

『약속이 위반되어 그 재산을 처분한데 대해서 세상에서 비평이 잇슬 까닭이 잇소? 언제까지 두고 보는 것은 돌이어 조치 못하니까 이 지음에 단연히 처분하는 것이 올켓소.』

하고, 반대를 하얏섯다.

그는 단연히 처분한 뒤의 자긔의 위신 문제는 돌아보지 안햇든 것이다. 사실에 잇서서는 김영한과 함쯰 개간사업을 해볼가 하는 생각이 업는 바는 아니엇지만, 이것이 단순히 혜영의 집안 환심을 사기 위해 하는 일 가타서 세상이 생각하는 바와는 반대로 그는 관계를 끈흔 것이엇다. 어쩌한 째에는 경제 문제로 김영한이를 위협하야 자긔의 권위를 보전하랴고 한 일도 잇섯지만, 이것은 오늘날의 춘식으로 하야금 후회하게 한 모든 것의 첫재 가는 사건이엇다.

—(171), 『매일신보』, 1932. 5. 13

호화의 반면 (2)

그러한 결과 오늘에 와서는 춘식이와 혜영의 집 사이에는 매일 수 업는 커다란 구거(溝渠)가 가로뇌이고 만 것이엇다. 춘식이는 결혼 문제를 초월하야 모든 감정을 풀랴고도 생각하얏섯다. 그러나 째는 이미 느젓섯다. 이도 혜영의 부친 김영한이가 살아 잇슬 째이면 엇젯든지 해결할 수 잇는 문제이지만, 다맛 모녀가 남어 잇는 혜영의 집의 호의를 사랴면 돌이어 세간의 오해를 살 듯하야 그대로 둔 것이엇다.

춘식이가 자긔를 세간에서 일종의 색마 가티 안다는 그 리유를 몰랏다. 사실에 잇서서 어쩌한 녀자를 자긔 마음대로 롱락해 본 일이 업섯다. 춘식이는 아즉도 사십이 넘지 못햇다. 그는 인생으로 여러 가지 향락을 구하는 것은 피할 수 업는 일이엇다. 더구나 사십 남자가 성적 불만을 가질 째에, 그가 초조한 생각을 그 방면에 가지게 되는 것은 인생의 본능이엇다. 그는 안해가 잇는 몸이엇다. 결혼을 하는 데는 제일 낫분 조건을 가젓섯다. 그의 생각이 오늘 조선 사회의 돈냥이나 가진 평범한 부자들과 가탓드면 그는 화류게스녀자나 경성 안의 암흑면을 수놋는 애매 여성을 첩으로 드릴 수도 잇섯다. 그러나 춘식이는 이러한 축첩제도에는 본래부터 반대이엇다. 일부일처주의를 원칙적으로 주장하여 왓섯다. 마음에 업는 녀성을 안해로 두고 거기에 붓매어 일생의 가정 향락을 그대로 희생하는 것도 동시에 반대를 하얏다. 그리하야 자긔의 처와는 단연히 리혼하는 것이 인도상에 올흔 일이라고 주장하얏다. 이러한 이후로는 본처와는 아주 남남이 되엇다. 법률상으로 아즉 수속은 맞추지 못햇스나, 사실에 잇서는 아주 남이나 다름이 업섯다. 그리하야 춘식의 가정을 가보는 사람으로 이와 가티 호활한 살림을 하는 집에 주부가 업다는 것은 괴상한 일이라고 의심을 하니 내는 이가 업섯다. 만일 허영에 씌인 젊은 녀성으로 춘식의 집에 와서 하로만 지난다면, 그 집 주부 되기를 원치 안흘 이가 업슬 것이다.

그러나 춘식이는 허영에 씌운 여러 녀성을 유혹하기 위해서 이와 가티 살림을 베프른 것은 아니엇다. 모든 것이 춘식의 성격에서 나온 것이엇다. 그러하지만 이것을 보는 여러 사람들은 춘식이가 여러 녀성을 유혹하기 위해서 녀편네도 업는 살림에 저와 가튼 정성을 드리는 것이라고 비방을 하얏섯다. 이러한 비방이 춘식의 귀에 자연 들어가게 되면 그는 고소를 하얏슬 쑨이엇다. 여러 점으로 보아 춘식이는 자긔를 주장하야 고집을 부리는 것이 필경은 여러 사람의 반감을 사서 잇는 일, 업는 일을 가지고 여러 사람들이 써돌게 되엇든 것이다. 그리하야 그의 사행(私行) 에까지 명예스럽지 못한 일이 잇는 듯이 선전하게 된 것이 필경에는 게 집 조하하는 리춘식이를 맨들어 노코 말엇섯다. 춘식으로는 아주 억울한 일이지만, 이것을 일일이 변명할 수는 업섯다. 자긔가 상당한 가정의 녀성과 정식으로 결혼을 하야 원만한 가정을 지을 쌔에, 이러한 비평은 자연히 살아질 것이라 하야 여러 악평을 그대지 넘두에 두지 안코 견대어 왓섯다. 이러한 모든 문제의 해결을 위하야 자긔가 제일 친하다는 김영한에게 모처럼 청혼을 하얏다가 그대로 실패를 당하고 만 것은 춘식으로 정신상에는 여간한 타격이 아니엇섯다. 그는 분하기도 하고 섭섭하기도 하얏섯다. 혜영의 마음을 잘 리해하지 못하고 쏘한 그의 소행을 잘 조사도 해보지 안코 우선 급한 마음에 청혼하얏다가 거절을 당한 것은 결국 자긔가 일을 경솔히 한데서 나온 것이라고 후회하얏든 것이다.

—(172), 『매일신보』, 1932. 5. 15

호화의 반면 (3)

거혼(拒婚)을 당한 뒤로부터 오늘날까지 춘식이는 마음을 편히 가진 날이 하루도 업섯다. 더욱히 병호에게 춤세례를 밧든 그때에는 잠을 자지 못할 지경이엇다. 그러나 어쩌케 하면 자긔의 소원을 풀어보고 복수를 해보겟다는 데서 나온 것이 아니오, 말하자면 인간으로서 늣기는 일종의 평범한 비애가 격노로 변한 것이엇다. 자긔의 진심을 몰라주는 이 사회의 여러 사람을 웃는 마음으로 일시의 격분을 참기는 하얏스나, 직접 자긔에게 충돌한 병호에게 대해서는 대체 괴상한 자라는 호긔심을 가진 것도 속일 수 업는 사실이엇다.

그리하야 춘식이는 춤세례 바든 일에 대해서는 일체 함구를 하랴고 하얏스나, 필경은 동방시론사 윤 주간에게 그의 소성(素性)을 뭇게 되엇섯다. 이것이 동긔로 자연히 자긔에게 욕을 보이는 일까지 입 박게 내게 되엇다. 물론 동방시론사에서 그를 축출할 생각으로 그런 말을 물은 것은 아니엇섯다. 그러나 윤 주필은 평일부터 병호에게 그대지 호감을 가지고 잇지 안흘 쑨아니라, 동방시론사를 유지해 가는 것은 전혀 리춘식의 힘이 잇섯다. 이러한 내용을 아는 이는 하나도 업섯다. 이런 사건이 생긴 것을 긔회로 마음 맛잔는 이를 단연히 처치하겟다는 태도를 뵈엇섯다. 그때에 춘식이는

『내게 관게 되는 일로 전도가 아즉 요원한 사람을 처분하면은 넘우 가엽지 안소?』

하고, 반대를 한 것도 사실이엇다.

윤 주필은

『그 사람이 이번 일 쑨이 아니라 사내의 공긔를 물란하게 할 쑨아니라, 쓸대업는 객긔를 갓금 부리어서 마음대로 사용할 수도 업고, 쏘 녀자라면

함부로 연애를 걸어서 풍긔상 도저히 그대로 둘 수가 업스니까 이번에 단연히 처분을 하겟소이다.』

하고, 춘식의 호감을 사랴 하얏섯다.

춘식이는 련애를 함부로 건다는 병호에게 쏘한 호긔심을 가젓섯다. 혜영이 이외에도 쏘한 애인이 만히 잇는가 하는 의심이 나서,

『어쩌한 종류의 녀자들과 사랑을 잘하는 가요?』

하고 물엇섯다.

『시론사에 잇는 녀긔자와 이새 좀 행동이 이상해서 좀 조사를 해보앗드니, 날마다 서로 반해 다니드라구요. 사 일도 잘 보지 안쿠 해서 한 번 충고를 할가 하든 터입니다.』

윤 주필은 이러케 말하고 상당히 강경한 태도를 뵈엇다.

『젊은 사람들이 약간 련애를 한다기로 그게 그러케 납블 거야 무엇 잇겟소? 그런 건 다소간 눈을 감고 넘겨야죠.』

하고, 춘식이는 모든 감정을 초월하야 웃엇섯다.

『련애를 방해하는 것도 아니오 말리는 것도 아니지만, 련애를 해도 체면을 채려야 되고 절제가 잇서야 되지 안습니까? 체면도 모르고 절제도 업는 련애를 해서 다른 공공사업을 방해하는 것 가튼 행위는 단연히 사회적으로 배척하여야 할 것 가트니까, 이런 건 단연히 처분을 하여 본을 뵈어야 할 것입니다. 이 일에 대해서는 여러 말삼 안트래도 조토록 처분하겟습니다.』

하고, 윤 주필은 말을 다른 곳으로 돌리엇섯다. 춘식이는 여긔에 대해서 여러 말을 하지 안햇스나, 병호라는 청년도 실상 업는 의심을 여러 사람에게 듯는 편이나 아닌가 하는 동정하는 생각도 업지 안햇섯다. 세상의 평판처럼 맹목적인 것이 업는 것을 아는 까닭이엇다.

—(173), 『매일신보』, 1932. 5. 17

호화의 반면 (4)

『그러한 사소한 일로 아즉도 장래 유망한 청년을 동방시론사에서 내보낸다는 것은 좀 안 된 일이 아닌가요? 그대로 두고 잘 지도를 하시구려.』

하고, 춘식이는 윤 주필에게 권하얏섯다.

그러나 춘식의 체면과 지위를 가장 존중히 녁이는 표시를 하기 위해서 윤 주필은 병호와 화성이를 일시에 퇴사시키고 바로 춘식에게 이 말을 고하얏든 것이엿다.

그러나 화성이까지 사직을 시킨 데에는 짠 리유가 쏘 하나 잇섯다. 윤 주필은 춘식이와 혜영의 결혼 문제가 병호로 인해서 파탄이 생긴 것을 알앗거니와, 병호와 혜영이가 춘식의 결혼 문제 때문에 그 새이가 벌어젓다는 것도 잘 알고 잇섯다. 이와 가튼 개인과 개인 새이의 미묘한 련애 갈등을 동방시론사 편집실에 깁히 들어안젓는 윤 주필이 엇지 알게 되엿스리요? 여긔에는 쏘한 그러함 즉한 까닭이 잇섯다. 동방시론사는 리춘식이와 가튼 든々한 후원이 잇는 만큼 사내의 재정은 풍부하야 월급이 못 나오거나, 아주 박급을 주거나 하는 일은 업섯다. 그리하야 여러 실업 지식게급은 이 사에 취직하기를 누구나 원하엿섯다. 여러 사람의 경쟁하는 취직처이라, 그 중에서 자리가 비이기를 고대하고 잇는 이도 만하얏섯다. 극단으로는 잇는 사람을 미러내고라도 그 자리를 차지하랴는 주린 무리들이 만히 기다리고 잇섯다. 그리하야 그곳 사원의 일동일정은 그 이튿날이면 반듯이 윤 주필의 귀로 들어가고 말앗섯다. 그러나 세상 사정에 통달치 못한 병호도 자긔의 긔분대로 정직한 마음으로 몃 달 동안을 눈치도 차리지 못하고 지나왓든 것이엇다. 화성이 역시 그리 하얏섯다. 그러한 중상이 필경은 효과가 잇게 된 것이엇다. 주간은 차차 병호를 불신임하자 화성과 병호는 사내의 풍긔를 문란케 하는 혐의를 밧게 되고, 그 우에 쏘 혜영의 집 사고가 발로되엇다. 그리하야 이런 쯤에 생색을 내기 겸 병호를 퇴사를 시키고 만 것이엇다.

그러나 춘식에게는 이와 가튼 복잡한 사정이 일려질 리가 만무하얏다. 다맛 자긔를 모욕하얏다는 것이 동긔가 되어 그가 퇴사를 당한 것이라고 병호에 대하야는 퍽으나 미안한 생각을 가지고 지나오다가, 어제ㅅ밤에 요정에서 우연히 다시 만나 봉변을 할 번햇스나, 그 불과 가티 타올르는 격노는 돌이어 남에게 말할 수 업는 울분을 가진 춘식의 눈에 홍보석 이상에 꼿빗처럼 비최이엇든 것이다. 그는 속으로 남모르게 이와 가튼 열정의 얼굴이 얼음 가튼 사회에서 용납되지 못한 것도 무리한 일이 아니라고 부르지젓든 것이엇다.

병호가 비롯 술은 취하엿지만, 타는 듯한 눈으로 노려보는 그 찰라는 참으로 상대자를 압도할 위엄의 빗이 무지개처럼 찬란하엿섯다.

그때에 그 증오의 표현은 이 편에서 미워할 수 업는 증오의 표현이엇다. 춘식이는 만강(滿腔)의 동정을 일시에 병호에게 던지엇든 것이다.

그러다가 오늘 영도사 조용한 곳에서 폭풍우 뒤에 새로 차저온 정적에 잠긴 황원 가튼 그의 얼굴을 대하게 되니 춘식은 마음은 알 수 업는 감격이 웃줄거리게 되엿섯다.

그리하야 병호의 얼굴을 바라보고 쏘 바라보고 하얏다. 자긔의 마음에 어찌 하야 이러케 경동 바들 여유가 잇섯든가 하는 것은 스스로 멧 번이나 의심하엿다. 이것이 만일 일시의 심경의 변화라 하면, 이러한 변화는 다시는 오지 안키를 원하엿다. 그리하야 잠간은 술에 취하고 사람에 취하야 두 가지 도연 시간가는 줄을 몰랏다.

—(174),『매일신보』, 1932. 5. 18

호화의 반면 (5)

춘식이는 여러 시간을 두고 쉬엄〈 자긔의 늣긴 바를 단편적으로 병호에게 말하엿다. 거긔에는 물론 거짓이 업섯다. 거짓 업는 말이 솔직한 병호에게 빗구러저서 들어갈 리가 업섯다. 병호도 춘식의 태도에 적지안흔 감격을 늣기엇다. 자긔의 먹은 마음을 솔직하게 입박게 내일 용긔를 어덧섯다. 평일에 생각하든 춘식이와 맛나본 이 자리의 춘식의 새이에는 천양의 차이가 잇섯다. 춘식이 하면 병호는 고리대금업자를 련상하얏고, 색마를 생각하얏다. 그뿐 아니라 지식이 만흔 고등협잡군을 대하는 듯하얏다. 그러나 그 자리에서 바라보는 춘식이는 절에서 수도하는 젊은 불도를 련상하고, 황금감옥에 가치어 잇는 가난한 죄수를 생각하얏다. 그뿐 아니라 인생 문제의 해결에 애를 쓰는 젊은 철학도와 본능과 리성의 싸움으로 고민 속에서 헤매는 중년 예술가를 대한 듯하얏다.

그리하야 인생으로서 걸어야 할 코스를 그대로 두고 짠 곳을 취하기가 사람으로서는 매우 어려운 것을 병호는 새삼스럽게 늣긴 것이엇다.

병호의 달라가는 코스가 반듯이 병호의 것이나 춘식의 것이나 혁의 것이 다가티 인생이 걸어가는 커다란 코스 가운대에 각기 하나인 것은 의심할 여지도 업는 것이엇다. 결국 공통한 것은 크고 적은 것은 물론하고, 고민에서 벗어나랴는 것이 그들을 아푸로 달아가게 하는 원동력의 제일 큰 것인 줄을 알앗다.

이와 가티 공통한 고민의 힘을 지고 다라나면서 서로 저주하고 배척하고 증오하는 것이 이 얼마나 천박한 일일까? 모든 것을 초월한 관용이 어찌하야 자긔에게 업슬까?

이러한 번민에 병호는 그의 머리는 묵어워젓다.

『여보 김 군! 지나간 일의 모든 긔억이랑 격류에 던저서 흘려버립시다.』

하고, 춘식이는 웃으며 술잔을 들엇다.

『서로 전날의 아무런 생각도 가지지 안슙니다. 모다 제가 용렬한 까닭인 줄 압니다.』

병호도 진심으로 말하얏다.

『혁 군! 오늘은 정말 유쾌히 우리가 힘을 합하면 무슨 일이든지 가장 의의 잇는 것을 하나 할 수 잇겟지?』

하고, 술잔을 들엇다.

『물론 할 수 잇겟죠.』

혁이는 병호를 바라보앗다.

병호는 힘을 합한다는 의미가 무엇인지 알 수 업섯다. 춘식이나 혁이가 재력을 합하면 사회적으로 의의 잇는 사업을 하겟다는 말인지 쪼는 돈 모을 사업을 할 수 잇다는 말인지 막연하야 그 뜻을 자세히 알수 업섯스나, 좌우간 무슨 일이든지 하겟다는 뜻만이 그들에게 생겻다는 것은 알 수 잇섯든 것이다.

『김 군! 김 군 생각으로는 지금 무엇을 햇스면 제일 조켓다고 생각허우?』

하고, 춘식이는 뭇는다.

병호는 대답하기가 매우 어려윗슬 뿐 아니라, 시험을 박는 것 가타서 족음 불쾌도 하얏다.

『김 군이야 아즉 뭇은 사업을 하겟다고 생각해 본 일이 업섯겟지. 언제든 자긔충실과 인격완성만을 생각하얏겟지. 이것이 젊은 학도의 동경일 터이니까.』

하고, 혁이가 가운대에서 말을 거들엇섯다.

『그러치 안하…… 나는 생각건대 아마 김 군의 생각에는 지금 형편으로 쏙 하지 안흐면 안 될 커다란 사업이 하나 잇슬 줄 짐작 못하는 바도 아니니까.』

하고, 춘식이는 유쾌한 웃음을 내엇다.

병호는 역시 아무 말업시 가만히 안젓슬 뿐이엇다. 그러나 자긔의 배ㅅ속을 춘식에게 쓸힌 것 가튼 것은 그대지 유쾌한 일은 아니엇다.

—(175), 『매일신보』, 1932. 5. 19

호화의 반면 (6)

병호의 열망하는 사업이 잇다면 이것은 말할 것도 업시 간사지 개간사업일 것이다. 그는 속으로 여러 가지 경륜을 가지고 잇섯다. 거긔에 족으마한 리상향을 맨드는 것이 혜영의 집은 물론이오, 자긔의 친근한 사람들로서 생활에 헤매이는 이는 일시에 구제해낼 수 잇다는 것이엇다. 그리하야 병호는 깁흔 잠이 들기 전에는 비록 일각일지라도 이 사업을 이즌 일이 업섯다.

춘식이가 어쩌한 확신을 가지고 병호 자신의 마음속에 잇는 소원을 들추어낼 듯한 그 기세에는 병호도 머리가 저절로 숙어지지 안흘 수 업섯다.

『내가 혹 추칙을 잘못햇는지는 모르지만, 혜영의 부친 김영한 씨가 계획한 사업을 한번 게승해 보겟다는 것이 김 군으로서는 제일 큰 소망이 아닐는지요?』

하고, 춘식이는 병호의 얼굴을 삷히엇다.

춘식이가 먼저 말을 낸 이상, 자긔의 마음을 속이어 이것을 부인할 수 업섯다.

『재력이 업는 서생으로 그러한 엄청나는 사업을 해보겟다는 것은 물론 망상이지요. 오늘의 우리들의 형편으로 보아서는 생활을 안정하고 제각긔의 인격을 완성하기 위해서는 그 사업 외에 딴 것이 업는 줄 밋고 잇서요.』

병호는 은연한 가운대에 춘식의 추칙이 그릇치지 안흔 것을 인정하얏다.

『여러 말할 것 업시 김 군! 그 사업에 다시 한 번 착수를 합세다. 그래서 성공을 하면 조코, 성공치 못한다면 다른 곳에 가서 쌍을 파면 그만 아니오?』

춘식의 얼굴에는 무엇인지 결심한 듯한 긔색이 분명이 나타낫다.

춘식이가 전심으로 이 사업을 게속한다면, 재력이 모자라서 불성공할 리는 만무하얏다. 병호는 춘식이가 이번에 간사지 개간사업이 얼마나 류리하다는 것을 비롯오 깨닷고 돈을 좀더 모아 보라는 욕심이 나서 병호 자신을 중간에 너코 간사지 개간에 대한 권리를 혜영에게서 앗스랴는 게획이나 안인가 하는 의심도 밧작 낫다. 그러나 설마 그리할 수야 잇스리 하는 생각도 업지 안헛다.

『그곳이 성공 되면 거긔에다 우리 조선 사람으로 굴머 죽게 된 이의 만분의 하나라도 수용을 합세다 그려. 그리고 족으마한 유토피아를 건설해 봅시다 그려. 그리고 우리가 오늘까지 복잡한 이 사회에서 어든 약간의 지식과 경험을 거긔에다 여러 주린 사람을 위해서 기우립시다. 김 군 생각은 어쩟소?』

하고, 춘식이는 병호의 아프로 얼굴을 내밀엇다.

병호는 정신이 얼쩔ㅅ하얏다. 자긔의 이상과 족음도 틀림 업는 말이 춘식의 입에서 나온 것은 참으로 긔적ㅅ으로 생각하얏다.

혁이는 어쩌한 유래가 잇섯든 말과 가티는 들리엇지만, 물론 자세한 내용을 알 수 업섯다. 아무 말도 낼 수 업서 두 사람의 얼골을 교대로 직힐 뿐이엇다.

『물론 조치요.』

병호는 잠간 생각하다가 간단히 대답하얏다.

『그러하지만 김 군이 혹은 내의 본심을 의심해서 야심을 가젓나 하고 생각하는지 알 수 업지만, 나는 그 사업에는 직접 책임을 가지거나 또는 참예해서는 아즉 안 될 형편이니싸, 다맛 물질을 제공하면 그러한 혐의는 아니 밧겟죠?』

병호는 무어라 대답하여야 조을지 몰랏다.

『김 군! 김영한 씨의 령(靈)을 위로하기 위해서 한 번 그 사업을 시작해 보구려! 뒤는 내가 댈 터이니 념여말고, 나도 그러케 되면 김영한 씨 댁에 대해서 면목이 잇게 되고, 지금싸지의 감정도 풀어지게 될 터이니싸…….』

하고, 춘식이는 병호의 아프로 손을 내노코 악수를 청하얏다.

—(176), 『매일신보』, 1932. 5. 20

호화의 반면 (7)

춘식의 내미는 손을 잡아 조흘지 아니 잡아 조흘지, 병호는 잠간 동안 주저치 안흘 수 업섯다. 이번에 잡는 손이 자긔 평생의 거취를 작정하는 듯한 신중한 생각을 한 싸닭이엇다. 지금싸지의 족으마한 모든 원망을 이저버리고 이제로부터 두 사람이 손을 맛쥐고 사업을 위하야 맹진하자는 의미의 악수이엇다. 그의 요구대로 악수를 하면 이것은 일평생 가티 하자고 맹서하는 것이엇다.

병호는 족음 썰리는 손을 아프로 필경 함께 내노코 말앗다. 춘식이는 이제야 안심하얏다는 것 가티 잡은 손을 한 두어 번 흔들며,

『리춘식이도 남아이니싸 약속은 저버리지 안소이다.』

하고, 병호의 손을 노핫섯다.

병호도 손을 의식이 잇서 쥐엇든 업시 쥐엇든 좌우간 맹서의 악수에 응한 이상, 흐리멍텅한 태도를 뵈일싸가 아니라 생각하얏다.

『이 사업이 성공되고 못 되는 것은 하눌에 맛기고, 우리로서는 최후의 힘을 다해서 이상향을 그곳에서 한 번 건설해 보지요.』

하고, 병호는 주먹을 쥐엇다.

겨테 안젓든 혁이는 병호와 춘식의 하는 말로 보아 소위 일대사업이라는 것이 어쩌한 것인지 대강 추칙이 되엇지만, 자세한 내용이야 물론 알 수 업섯다. 결국 두리번질일 쑨이엇다. 그러나 어제ㅅ밤의 형세로 보아서는

오늘 가티 이러케 쉬웁게 두 사람 새이가 타협이 될 줄은 꿈에도 생각지 못햇든 바이다. 어찌 되엇든 그 사업의 내용만은 그 의의가 얼마나 큰 것만은 짐작이 되엇섯다. 사사로운 원망을 쩌나서 공공연한 사업에 악수하는 아름다운 이야기가 아즉도 이 세상에 남아 잇는 것이 긔적처럼 보일 뿐이엇다. 두 사람을 모다 존경하고자 하는 생각이 술 취한 가운대에도 자연히 니러낫다.

『리 선생! 무슨 일인지 알 수 업지만, 그 사업 가운대에 이런 사람도 한 목 끼일 수 잇슬가요?』

하고, 혁이는 웃엇다.

『끼고 말고. 마음만 잇스면 누구든지 공동 협력할 수 잇는 사업이야.』

하고, 춘식이는 정색을 하고 대답하얏다.

『김 군 생각은 어쩌한가?』

『자네 가튼 이와 함께 하면 이 우에 더 조흔 일은 업겟지.』

병호도 정색을 하고 대답하얏섯다.

『자세한 내용 이야기를 들어 보세. 나 가튼 이도 한 목을 보아서 사업에 해가 업다면 나도 끼어 보지.』

하고, 혁이는 소변을 본다 하고 문 박그로 나아갓다.

『김 군! 정말 오늘은 아마 우리 일평생을 두고 기억할만한 날인 줄 아오. 어제밤에도 나는 한잠을 자지 못하고 생각햇섯소. 이 세상에는 생활이 넉々해서 고생하는 사람과 생활이 너무나 궁해서 고생되는 두 층이 잇는 줄 나는 아오..』

하고, 춘식이는 벽에다 몸을 비기엇다.

『생활을 넘우나 잘해서 고생되는 사람이 어대 잇슬라구요?』

하고, 병호는 부인하얏다.

『천만에스. 그건 량심을 가지지 안코 한평생을 자긔 본위를 지나는 사람의 말이지. 족음치라도 이 사회의 현상을 보고 지난다면 반듯이 그러치도 안흔 게죠.』

『그러치 안흔 사람이 어대 멧치나 되든가요? 거의 전부가 자긔만 잘 살면 그만이라고 생각하는 것 갓든데요.』

『물론 다대수가 그러하니까 전부가 그리하다고 하겟죠만, 쏘한 그리치 안흔 이가 업는 바도 아니니까…….』

그 다음에 무슨 말이 쏘 계속될 듯하다가, 춘식이는 그대로 맞을 매저 버리엇다.

병호는 좌우간 춘식이가 인생의 여러 가지 고민을 가젓다는 것만은 량해를 하얏다. 어써한 동긔에서 마음이 돌아섯는지 그것은 알 수 업섯스나, 오늘에 악수로 약속한 그 사업에 그의 번민의 한 부분을 덜고자 한 의사가 잇는 것만은 짐작하엿다. 다만 술자리의 허튼 수작이 아니기를 속으로 빌엇다.

—(177), 『매일신보』, 1932. 5. 21

호화의 반면 (8)

날이 어둔 뒤에야 병호는 영도사를 나섯섯다. 춘식이와 혁이를 작별하고 바로 행촌동으로 혜영이를 차저온 것이엇다.

혁이가 중도에서 자동차를 내리고 단 두 사람만 남게 되자, 춘식이는 다시 말을 끄내엇다.

『김 군! 그 사업은 나에게 법률상 권리가 잇스니까 내의 자유로도 물론 할 수 잇는 일이지만, 그래도 그리찬하니 한 번 혜영 씨의 의사를 물어 보아 주오.』

『모든 것을 초월해서 직접 한 번 물어보시는 것도 관게 업슬 줄 압니다.』

하고, 병호는 춘식이를 보앗섯다.

『관게 업는 일이지만 지금까지 그와 가튼 갈등을 세혹하다가 별안간 이런 말을 내고 보면, 단순한 혜영 씨가 어써한 오해를 쏘 하게 될는지 알 수 업스니까 김 군이 말하는 게 제일 조흘 듯하오.』

하고, 춘식이는 쏘다시 간청하얏다.

병호가 여러 시간을 두고 속으로 궁리한 것이 이번 개간사업을 계속하는 데 대해서 혜영이가 만일 반대를 하면 자긔의 처지가 매우 곤란하여질 터이니, 그런 째에는 어써한 태도를 취할가 하는 것이엇다.

혜영의 성미는 번연히 아는 터이다. 그가 얼마 동안 두고 약간 물질의 곤핍을 바닷다 할지라고 그의 팔팔한 성미조차 업서지지는 안햇다. 지금㉹지 원수 가티 알고 지나든 춘식의 힘을 빌어 자긔 어버지의 사업을 계속한다는 데에 찬성할 리는 만무한 일이엇다. 지금㉹지 사랑의 대적으로 알든 춘식이와 타협한 병호 자신의 못 생긴 것을 춤배앗고 나무랄 것이다. 여자에게서—더욱히 혜영이과 가튼 녀성에게서 관용성을 구하는 것이 너무나 무리가 안일㉹? 여러 가지로 궁리를 하얏스나 별도리가 업섯다.

그러나 모든 것을 숨기지 안코 혜영에게 일일이 말하는 것이 사랑하는 사람에 대한 자긔의 의무인 것을 알앗다. 어찌 되엇든 상대가 오해하지 안토록 곡진하게 말할 필요만은 잇다고 생각하얏다. 어쩌한 방법으로써 의사를 충분히 통할가.

이 말을 내노흐면 혜영이가 대경질색할 것은 명약관화이다. 그의 격분은 보지 안코 무사히 량해가 되도록 함에는 역시 인간적으로 속임 업는 교섭을 하는 것이 올타고 하얏다. 자긔에 대해서 가진 바 모든 의문을 들어 노흔 뒤에 이 일에 대해서 말을 내놋는 것이 제일 효과가 잇슬 줄 미덧다.

그리하야 병호는 춘식이와 이튼날에 다시 맛나기를 약속하고, 혜영이를 차저와서 간사지 개간사업에는 입 박게 내지 안코 다맛 수수걱기 비슷하게 추상적으로 사람에게 절대의 선악이 업는 것부터 비치엇다. 래일부터 극성학원에 취직한다는 혜영의 말을 그대로 인정하얏다. 지금㉹지 다맛 서로 청교도의 긔분으로 대하는 태도를 어느 ㉹에든지 서로 벙그러지게 할 방해물이 침입할 긔회를 맨드는 것 가타서 아주 두 사람은 썰어지지 안는다는 표적을 교환하랴고 결심하얏다. 그리하야 혜영에게 옴기랴 하얏다. 그러나 혜영이는 아즉도 화성에 대한 오해가 풀리지 안혼 모양이엇다. 그리하야 별안간 고처지는 혜영의 태도에 병호는 간담이 서늘하얏다. 이째 형세로는 간사지 개척 문제는 어느 곳에인지 그림자조차 감추어지고 말앗다. 전신에서 쓸는 피가 다맛 혜영의 파리한 얼골에 애욕의 세례를 주자고 쒸놀앗다.

—(178), 『매일신보』, 1932. 5. 22

호화의 반면 (9)

『여보 혜영 씨! 내의 태도에 거짓이 잇는 것 가티 보입니까?』

병호는 노핫든 손으로 다시 혜영의 손을 쥐며 애원하듯 말하얏다.

『그야 누구가 알 수 잇나요?』

혜영의 태도는 아주 쌀쌀하여젓다. 혜영이는 어대가지든지 오늘밤에 쏘 한 번 병호를 시험해 볼 작정이엇다. 병호가 화성에 대한 자긔의 진심을 토파하기까지 버틔어 볼 작정이엇다. 그러나 병호의 생각은 화성과 자긔의 관게 가튼 족으마한 문제를 혜영 아페서 커다케 늘어 노홀 아무러한 필요도 늣기지 안햇다. 두 사람의 장래 문제가 잇섯고, 개간사업에 착수한다는 긔대가 잇섯다. 쓸대업는 질투로 장래를 그릇치고 십지 안햇다. 쏘한 족으마한 감정으로 커다란 사업을 그릇칠 그러한 혜영이가 아닌 것을 미덧다. 한째의 톨아진 것으로만 역이엇다.

그러나 혜영에는 병호에게 쥐인 손을 뿌르치지는 안햇다. 이것은 한편으로 병호를 미들 수 업다는 것을 부인하는 것이다. 병호는 혜영의 태도에 매우 안심되엇다.

『혜영 씨! 지금이라도 돌아간 아버지의 사업을 누구든지 게속한다면 당신은 어쩌케 생각하시겟소?』

병호는 혜영의 얼굴을 찬찬히 보며 비롯오 그런 말을 내엇다.

『별안간 그런 말을 엇째서 내세요? 그러니까 우리가 이상하든 대로 살아갈 수 잇다고 쩌드는 말쯧을 인제야 알아들엇서요. 누구가 한단 말슴이야요?』

혜영이는 족음 놀라 물엇다.

자긔 아버지가 그 사업에 착수하랴고 마음먹는 것이 얼마나 대담한 일일까? 물론 가난뱅이 병호가 그 사업을 게승할 수 업슬 것은 번연히 아는 일이다.

『누구라구는 말할 것이 아즉 업지만, 그 일을 게속하는 것이 좌우간 조흔 일입니까 나쁜 일입니까? 그걸 말슴해 주십시오.』

병호의 입에서는 춘식이가 자본을 대어 그 사업을 혜영의 집을 위하야 계속한다는 말이 참아 나오지 못햇다. 엇전지 자긔의 권위가 천만 길이나 깁흔 구렁으로 빠지는 듯하얏다.

『그 사업을 게속해서 성공만 한다면 그 우에 더 조흔 일이 업겟지만, 그게 그러케 용이할라구요?』

혜영이는 이상히 넉이며 신명 적은 대답을 하얏다. 허황한 소리 가타 들린 싸닭이엇다.

『혜영 씨! 이 일이 두고 봐야 알 일이지만, 간사지 개간사업은 다시 게속될 것 가트니까 우리는 그 사업에다 한 번 전심전력을 해봅시다.』

병호는 부지중 뜻 가운대의 말을 내고 말앗다.

『우리가 전심전력을 하란요?』

혜영이는 병호의 무의식중에 한 말을 그대로 노치지 안엇다. 암만 해도 무슨 계획이 생긴 것 가타서 마음에 깃부기도 하얏고, 허황한 생각도 업지 안엇다.

『우리에게 커다란 관계가 잇슬 듯해서 말이죠.』

병호는 아즉 발표할 시긔가 아닌 이째에, 그 말을 입박게 낸 것을 후회하얏다. 그러나 벌서 느젓다. 총명한 혜영이는 그 말을 거저 남기어 듯지 안코 파기 시작한 이상, 여간한 몽롱한 대답으로는 혜영이를 그대로 침묵시킬 수 업섯다.

『커다란 관계가 잇슬라구요. 벌서 남의 것이 된 오늘에 무슨 상관이 잇서요.』

혜영이는 두 눈을 쏙바로 쓰고 병호를 노려보앗다.

『모든 것은 내가 조토록 할 터이니까 이 뒤에 어쩌한 일이 잇든지 저만 미더줍시요.』

병호는 별안간 쏘 애매한 말을 내엇다.

『말슴을 하서도 조치 안허요? 대ㅅ체 그 간사지 일이 어쩌케 되엇나요?』

혜영이는 병호의 아프로 밧작 덤비엇다.

—(179),『매일신보』, 1932. 5. 24

호화의 반면 (10)

『일이 잘 될 듯한 히망을 어덧기에 이런 말을 하게 되엇죠.』

『일이 어쩌케 잘 된단 말슴인가요?』

『개간지 사업을 다시 게속해서 그것이 성공되는 날, 거긔에서 우리가 마음먹은 생활을 하게 된단 말슴이지요..』

『우리의 마음먹은 생활이란 무엇인가요?』

혜영이는 여긔에 와서 다시 새청을 썻다. 근래에 와서 병호가 조용한 틈만 잇스면 감상적 태도로 『우리는 결국 농촌으로 돌아가서 흙을 친하는 수밧게 별도리가 업슬 것 갓소이다. 도회에서 살랴고 발버둥치는 것보다 자긔도 살고 다른 사람도 잘 살도록 노력하는 것이 훨신 조치 안 해요? 긔회를 보아서 저는 농촌으로 돌아갈가 해요.』 하든 말을 이즐 리가 업섯다. 사실 농촌으로 돌아가는 데에는 혜영 자신도 여러 가지로 생각을 해보앗섯다. 그러나 자긔가 지금까지 해 나온 생활과 농촌에 돌아가서 흙과 친하는 생활 새이는 너무나 커다란 변화가 아페 가로뇌엇다. 그는 그런 생각을 하고 나서는 반듯이 자긔의 손을 한 번 굽어보앗다. 흙빗은 너무 거멋고, 자긔의 손빗은 너무 희엇다. 이 힌 손으로 검은 흙을 만지는 것은 서로의 신성을 서로 더럽히는 듯한 생각이 낫다. 첫재, 힌 손이 흙 주무르는 것을 허락지도 안흐려니와, 검은 흙은 히고 간얄픈 손이 몸에 닷는 것을 거절한 것이엇다.

『우리라면 어페가 잇슬는지 모르겟습니다. 그러면 나 한 사람의 소원하는 생활 말슴이지요. 농촌으로 돌아가자는…….』

혜영이는 눈을 아페로 썻다.

병호는 커다란 목적을 아페 두고 족으마한 지엽 문제로 서로 말트집을 잡는 것이 넘우나 웃으은 생각이 낫다. 이러케 주저할 것 업서서 그 사업을 게속하는 데가 다시 오날 생긴 일을 쏘다 노코 말하는 것이 올타고 생각하얏다. 그리하야 병호는 어제밤에 생긴 요리ㅅ집 소동부터 영도사에서 춘식이와 타협된 것을 간단히 말하얏다. 이 말을 하는 가운데에도 여러 번이나 중요한 장면을 당하면 세상에는 리해 업는 이 사회가 평판하는 것 가티 그러케 악한 사람이 적다는 것을 반듯이 말하얏다.

혜영이는 이 말이 나온 뒤로는 얼굴의 근육이 하나 움직이지 안코 가만히 듯고만 안젓섯다. 이러할스록 병호는 자긔가 어쩌한 의심을 혜영에게 사게 되나 하야 열심으로 그의 얼굴빗을 삺혀 가며 말을 게속하얏다.

병호의 말이 끗나자 혜영이는 얼굴을 들고 입술을 족음 썰며,

『병호 씨! 그러면 춘식의 힘을 빌어 가지고 우리가 그 사업을 게속한단 말슴인가요? 춘식의 사용인이 되 밥을 어더 먹고 사시겟다는 말슴인가요?』

하고, 병호의 얼굴을 찬々히 바라보앗다.

병호가 엇지하야서 저와 가티 남자답지 못한 일에 열심이 되엇슬가 하는 의심을 혜영이가 가지게 되엇다. 만일 자긔를 참으로 사랑한다면, 사랑의 대적이든 춘식이와 저와 가티 타협될 리가 만무하다는 생각도 업지 안햇다. 대적일 쑨 아니라 사랑하는 사람의 전가가 그 사람 째문에 이와 가티 몰락이 되엇다는 것을 알면서 그 사람에게 머리를 굽혀 일해 보겟다는 것은 상식으로 판단할 수 업다고 혜영이는 생각하얏다. 리해관게를 들어서는 사랑도 업고 의리도 업는가 하는 저주하는 마음도 업지 안햇다.

—(180), 『매일신보』, 1932. 5. 25

호화의 반면 (11)

『사용인이 된단 말도 아니오, 힘을 일부러 빌어보잔 것도 아니오. 춘식이가 자발적으로 해보겟다는 것이죠.』

병호는 이와 가티 대답을 하기는 하얏스나, 혜영의 성격으로 춘식이와 타협되엇다는 말을 듯고 놀라는 것도 무리한 일이 아니라고 생각하얏다.

『저도 춘식이 가튼 비루한 남자가 어쩌한 사업을 하든지 거긔에는 관게를 안할 터이니까, 그가 간사지 개척사업을 하거니 말거니 그걸 누구가 아나요? 김 선생님쎄서나 아주 단단히 악수를 하세서 장래의 리익을 위해서 분투해 보시구려!』

혜영의 말은 쌀쌀하기가 겨울바람 가탓다.

그러나 병호에게는 이와 가티 쌀々한 태도가 한 가지 안심이 되엇다.

병호가 자기 자신으로도 분명하게 의식은 못햇스나, 아즉까지도 춘식에게 대해서 질투를 가진 것은 사실이엇다. 춘식이가 막대한 자본을 내어 혜영의 부친이 경영하든 사업을 계속하도록 하여 주겟다는 것을 혜영 압페서 말하기를 주저한 것은 다맛 사랑의 적에게 힘을 빌어 사업을 한다는 사내답지 못한 행동을 혜영이가 비웃으면 어찌 하나 하는 자괴의 마음 때문뿐이 아니오, 한편으로는 혜영이가 춘식의 이번 결심을 아주 찬미하야 의협의 행동으로 알고 다시 그에게 호감을 가지게 되면 어찌 되나 하는 불안을 가진 것도 그 리유의 하나이엇다.

그러나 혜영이는 어대까지든지 춘식에게는 호감을 갓지 안흔 것을 표명하얏다. 병호는 이러한 혜영의 본심을 족음이라도 의심한 것을 붓그럽게 생각하얏다. 질투하는 마음은 털끗만치도 나오지 안햇다. 그러나 한편으로 춘식의 행동이 얼마큼 정々당당하다는 것을 인정치 안흘 수 업섯다. 그의 사업 시작한다는 동긔가 순전히 어쩌한 의협심에서 나온 것만은 병호가 스스로 인정한 까닭이엇다.

『그야 누구가 사업을 하든지 관게 업지 안흘 줄 아는 걸요. 이것은 다맛 우리들의 생활 문제만을 해결해 보겟다는 것이 아니오, 여러 사람을 위해서 시작하겟다는 것이 동긔이니까 사々의 감정으로 그 사업 전체를 부인하고 인격조차 모욕하는 것은 암만 생각해도 넘우나 심한 일 가튼데요?』

병호는 우슴을 절반 석거 가며 말하얏다.

『심하고 아니 할 것이 뭣이 잇나요? 저는 언제든지 이러케 생각해요. 여러 사람을 위해서 일한다는 것처럼 위선의 큰 것은 업다고. 그 간사지가 몃 해 뒤에 옥토로 변할 때에, 춘식이가 그때도 여러 사람을 위해서 개척한 것이라고 웨치고 다니겟습니까? 필연 내가 지주이니 도세를 바치라고 써들겟지요. 그때에 가서 돌이어 창피만 하겟지요. 모다 거짓말이야요. 엉둥한 수작을 부치어 가지고 사람의 환심을 사랴는 위선이야요. 거긔에 속아서는 안 되야요. 당신은 언제까지 서생의 정직한 긔질을 버리시게 될는지 알 수 업서요. 참으로 걱정인 걸요.』

혜영이는 동정하는 말로 준절히 쑤지람을 하얏다.

이 말에는 병호도 별로 변명할 재료가 업섯다. 자긔가 자긔를 랭정하게 비평하면, 물론 서생으로서 아즉 때를 벗지 못한 것은 사실이다. 혜영이는 병호가 춘식의 감언리설에 녹아 가지고 돌아와서 돌이어 감사를 늣기고 조하하는 것이 가엽슨 생각을 한 것이엇다.

병호는 벌덕 닐어섯다.

『혜영 씨! 저는 가겟소이다. 결국 허황한 말을 한 셈만 되고 말앗스니까, 다시 충분히 생각해 보겟습니다. 혜영 씨도 좀더 생각해 보시구려. 나는 본래 사람을 밋는 편이 만흔 사람이니까, 누구든지 그럴 듯하게 말하면 고지 듯고 맙니다. 이 일은 멧칠간 두고 보지요.』

『잠간만 게세요. 좀더 엿줄 말이 잇스니까.』

하고, 혜영이는 병호를 붓들엇다.

—(181), 『매일신보』, 1932. 5. 26

호화의 반면 (12)

『무슨 말슴인가요? 급하지 안흔 일이면 래일 다시 만나보고 말하죠.』

병호는 선자리에서 그대로 말하얏다.

『그러케 급히 가 보세야 할 일이 잇거든 그대로 가세요.』

혜영이는 맥풀린 얼굴로 병호를 잡앗든 손을 슬그머니 노핫다.

병호는 참아 박그로 발을 내드릴 수 업섯다. 책상 우의 시게를 보앗다. 벌서 아홉시가 넘엇다. 하는 수 업시 다시 주저안젓다.

혜영이는 아무 말업시 자긔의 무릅만 내려다보고 안젓다.

『무슨 말슴인가요?』

병호는 혜영의 손을 잡으며 물엇다.

『별로 헐말도 업서요.』

혜영이는 아즉 노긔가 덜 풀린 모양이엇다.

『노하셋소?』

하고, 병호는 혜영의 얼굴을 바라보앗다.

『노할 것이야 무엇 잇겟세요.』

하고, 혜영이는 다시 입을 혼자ㅅ말가티 중얼대엇다.

혜영이의 대답이럿다.

두 사람 새이에는 잠간 동안 서로 침묵이 계속하얏다.

밧가테서는 바람소리가 요란하얏다. 그리고 빗낫이 갓금 압창을 두들기엇다.

혜영이는 밧가테 귀를 기우리다가 가만히 닐어서 문을 여러보앗다. 병호도 혜영의 억개 넘어로 바라보앗다. 한울에는 검은 구름이 내리어 별 하나 쌈작이는 것이 보히지 안엇다. 다만 금화산 저편과 남산 중턱의 수만은 등불이 빗발 새이로 히미한 광선을 보낼 뿐이엇다.

『비가 대단히 오죠?』

하고, 병호가 다시 말을 내엇다.

『날세가 몹시 사나워젓구요.』

하고, 혜영이는 병호를 바라다보앗다.

두 사람 사히에 침묵은 다시 깨트러젓다.

『갈 일이 걱정인 걸.』

병호는 혼자ㅅ말로 중얼대엇다.

『곳 개일 터이죠.』

『개일 것도 갓지 안흔데…….』

병호는 쏘 혼잣말로 중얼대고 다시 안젓다.

혜영이는 문을 닷고 다시 자기 자리로 도라왓다.

『그 사업을 다시 게속하면 어쩌케 됩니까? 그리고 언제부터 시작을 하나요?…….』

혜영이는 새로 뭇는다.

『그 사업은 다시 계속한다면 우리는 거기에다 전심전력을 해야 하지요. 그리고 일 시작은 일에 착심하기로 결심하는 그날부터 시작이 되겟지요.』

병호는 혜영이가 다소간 마음을 돌린 듯하야 마음으로 깃벗다.

『전심전력을 하면 어쩌케 합니까?』

혜영이는 눈을 쏙바로 쓰고 병호를 바라보앗다.

『우리는 서울을 쩌나야 되겟죠.』

『서울을 써나면 어쩌케 되나요?』

『간사지가 잇는 그곳으로 이사를 해야 되겟죠.』

『그곳으로 가지 안코는 안 될가요?』

『어쩌한 자본가가 되어서 장래의 리익을 바라고 하는 사업이라면 사람을 보내어서 일을 경영하게 될지도 알 수 업지만, 이것은 우리의 생명을 그 사업에 다 너허서 우리의 생활을 개혁하자는 것이니까 미리 가서 그 풍토에 맛당한 생활을 련습해야 되겟죠.』

『그러면 우리는 도회의 생활을 버리고 농촌으로 돌아가자는 말슴인가요?

『농촌으로 돌아가자는 말입니다. 그러치만 다만 농촌에 가서 파무치어 살자는 의미는 아닙니다. 족으마한 곳에다 우리의 리상향을 건설하자는 말이죠.』

『리상향!』

하고, 혜영이는 잠간 생각하얏다.

박가테는 비바람 소리가 더욱 식그러웟다.

—(182), 『매일신보』, 1932. 5. 27

호화의 반면 (13)

『리상향이 농촌에만 잇슬가요?』

혜영이는 잠간 생각하다가 다시 물엇다.

『농촌에만 잇슬 것도 아니겟죠. 도회에도 잇슬 수 잇겟죠. 그러하지만 근대의 도회 생활은 타락할 대로 타락해버려서 구해낼 수 업게 되엇스니까, 결국은 더럽퍼지 안흔 곳에 새로 건설하는 수밧게 딴 도리가 업슬 줄 압니다.』

병호는 혜영의 신명 업는 대답이 마음에 족음 만족지 못하야 이와 가티 설명 비슷한 대답을 한 것이엇다.

『저는 농촌도 역시 구해낼 수 업게 타락햇다고 생각하는 걸요.』

『그도 정도 문제이지요. 우리의 생활을 정화시키는 데 얼마쯤 여유가 아즉도 잇슬 줄 밋습니다.』

『도회의 사람이 농촌 사람이나 다 가튼 사람이니까 결국은 맛찬가지라고 생각해요. 생각하면 아마 모도가 살기 위해서 눈이 뒤집힌 이들일 줄 알아요. 그들을 모아 리상향을 니룬다는 것은 족음 어려운 사업일 것 가튼데요.』

혜영의 태도는 퍽으나 랭담하여 보엿다.

『먹을 것만 잇다면 뒤집힌 눈이 바로 쩌질는지 누구가 압니까? 주리지 안코 헐벗지 안코 가족이 모아서 의조케 지나면 평화가 게속하겟죠. 평화한 날이 거듭하면 일종의 리상향이 아니고 무엇입니까?』

병호가 여기에서 생각한 리상향은 물론 공상적 유토피아가 아니엇다. 다맛 생존경쟁이 몹시 격렬한 이 사회를 초월한 일부의 평화향을 꿈꾼 데서 지나지 못한 것이엇다. 혜영이가 너무나 굉장하게 리상향을 생각하는 것이 민망한 생각이 낫다.

『너무나 소극적으로 생각하는 걱인지 알 수 업지만은, 저는 이러케 생각해요. 리상향이나 평화향이 따로 업는 줄 알아요. 어대든지 건설할 줄 알아요. 비록 족으만 오막사리 저의 집일지라도 여기에서 우리 마음먹는데 딸해서 이 경성이 리상향이 될 줄 알아요. 구차하고 창피하게 다른 사람의 힘을 빌어서 리상향을 만드느니 평화촌을 건설하느니 할 것 업시 여긔에다 리상향을 맨들 것이 어쩔가요?』

혜영의 말하는 의미가 매우 심장하얏다.

『그건 안 됩니다. 그것은 리상의 가정은 될 수 잇서도 리상향은 될 수 업습니다. 그게 될 말인가요? 하루 이십사 시간을 두고 눈으로 보고 귀로 듯는대로 마음이 변하는 이 싹다귀 도회에서 마음의 리상향을 건설한다는 것은 유토피아를 바라는 것보다 더 공상일 것 가틉니다. 그러한 생각은 필연코 소극적 센치멘탈에서 나온 것이겟죠. 잘 생각해 보십시오.』

하고, 병호는 열심히 권하얏다.

『이 자리에서 무엇이라고 결정해서 말슴 엿줄 수는 업지만요. 좌우간 다시 한 번 더 생각해 보겟서요.』

혜영이도 병호의 열심인 태도에 머리가 족음 숙어젓다.

『잘 생각해 보십시오. 우리가 반듯이 도피 생활을 탐해서 하는 말이 아니니까.』

병호는 마음이 되엇다. 인제는 박갓 날세가 걱정이 되엇다. 박갓은 여전히 요란하다. 압창을 두드리는 빗발소리가 갓금 우쓰스 들리엇다.
『비가 이러케 오는데 어쩌케 가시겟서요. 주무시고 가세요.』
　혜영이는 얼굴이 족음 붉어지며 말하얏다. 병호도 엇전지 몸이 족음 썰리엇다.
『좀더 기다려보지요.』
　병호는 썰리는 가슴을 게우 진정하고 말하얏다.
『이러케 오는 비가 개일가요? 안 가시면 댁에서 걱정하시겟지만, 이 비를 동소문 안까지 어쩌케 맞고 가세요?』
　하고, 혜영이는 창문을 열어 박갓을 삷히엇다. 축축한 찬바람쎄가 휘스파람을 불어 방안으로 들어왓다.
　　　　　　　　　　　　—(183), 『매일신보』, 1932. 5. 28

호화의 반면 (14)
　열두 시가 갓가워지도록 비바람 소리가 창 박게서 요란하얏다.
　병호는 비가 오는 것도 걱정이오, 비가 개이는 것도 걱정이엇다. 언제까지든지 혜영이 겨테 안젓고 십헛다. 그러나 혜영의 집에서 잠을 잔다는 것은 마음에 켱기엇다.
　혜영이는 밤이 깁허갈스록 그 눈에서는 피곤한 빗치 흘러내리엇다. 밤 늦게 노는 것이 그의 몸에 얼마나 해로울 것을 걱정한 병호는 암만 해도 일즉히 돌아가랴고 니러섯다.
『이 비를 맞고 어쩌케 가세요? 안 됩니다.』
　하고, 혜영이는 쏘 만류하얏다.
　병호는 다시 안젓다.
『저는 안방에 가서 잘 터이니까, 여기서 주무서요.』
　하고, 혜영이는 이부자리를 쓰내엇다.
　병호는 섭々도 하얏지만, 돌이어 무던이 되엇다고 생각하얏다.
『그러케 여긔서 자고 갈가요? 좀 안 되엇는 걸요.』
　병호는 마음으로 밤이 새도록 혜영이와 이야기나 하고 십헛다. 그러나 참아 가티 밤 새이자는 말은 나오지 안햇다.

『안 될 것이야 무엇 잇서요? 병호 씨가 제 집에서 하루ㅅ밤 주무섯대서…….』

하고, 혜영이는 방긋 웃엇다.

파리한 얼굴에서 고요히 흘르는 웃음이 병호로 하야금 모든 것을 이저버리는 황홀경에 니르게 하얏다.

『그러면 실례하겟소이다.』

하고, 병호는 양복 웃저고리를 벗엇다.

혜영이는 이부자리를 아랫목에 편 뒤에,

『루추한 방이지만 안녕히 주무세요.』

하고, 미소를 던지며 밧그로 나아갓다.

병호는 나아가는 혜영이를 붓들고 십헛다. 그러나 그는 참앗다. 비인 방에 홀로 안즌 자긔를 발견할 때에 섭섭하기가 짝이 업섯다. 빗소리가 요란하야 잘 들리지는 안엇스나, 안방에서는 무어라 수군거리는 소리가 들리엇다. 병호가 자게 된 리유를 설명하는 모양이엇다.

병호의 몸은 건넌방에 잇지만, 모든 정신은 안방으로 쏠리엇다. 병호는 깔아준 자리 우에 몸을 던젓다. 이불에서는 지금까지 마터 본 일 업는 향긔가 발산되엇다. 코는 반사적으로 움즉이엇다. 병호의 충동은 모든 것을 상상하얏다. 그리고 그의 련상 심리는 발전할 대로 발전하얏다. 전신은 천이나 만의 벌레가 기는 것 가티 개려웟다.

첨아ㅅ긋의 락수ㅅ소리는 폭포가 썰어지는 것 가티 시끄러웟다. 병호는 잠을 드리랴고 몃 번이나 눈을 감앗다. 그러나 잠은 천리나 만리 박그로 달아나고 말엇다. 감은 눈 속에서는 혜영의 그림자가 쒸고 놀앗다. 보드러운 이불자락이 그의 얼골과 팔에 부드칠 때에 전신의 신경은 모다 얼굴과 팔로 모여들엇다.

병호는 여러 번 전전반칙을 하다가, 하는 수 업시 이불을 헤치고 닐어낫다. 그리하야 책상 아프로 갓가히 갓다. 거기에는 여러 가지 월간 잡지가 뇌엇다. 병호는 책 하나를 쌔서 들엇다. 그러나 별로 일글만한 제목을 발견 못햇다. 다시 한 책을 쌔어 들엇다. 역시 읽을 흥미가 업섯다. 이와 가티 뒤적이는 동안에 족으마한 양장 노트가 나왓다. 『수상수감(隨想隨感)』이라는 표제가 부텃다. 병호는 모든 호긔심이 거기로 모앗다. 그러나 펴보는 것이 죄인 듯해서 손을 대이랴다가 다시 움추렷다.

그러나 눈이 작구 거긔로 갓다. 허락 업시 펴보는 것이 죄가 되는 것 갓지만, 이것은 용서바들 수 잇는 죄라고 생각하얏다.

그리하야 병호는 족음 썰리는 손으로 노트를 폇다.

—(184), 『매일신보』, 1932. 5. 29

호화의 반면 (15)

병호는 노트를 펴면서 무서운 생각이 낫다. 이 책 가운데에서 지금까지 자긔가 모르고 지나든 혜영의 비밀이 만일 발견이 되면 어찌 하나 하는 추칙이 책을 드는 순간에 니러난 까닭이엇다.

그리하야 내용을 검사하는 데는 족음 망사리엇다. 상대자를 밋지 안는 것을 남몰래 발표한 것이 마음으로 붓그러윗다.

병호는 펴랴든 책을 다시 덥허 제자리에 끼어 노흔 뒤에 다른 잡지를 들고 알에목 자리 우에 돌아와 누엇다. 잠들기 위해서 책을 펴들기는 하얏스나, 눈은 더욱 초롱초롱해젓다. 암만 해도 잠이 들 것 갓지 안햇다.

안방에서는 혜영의 말소리가 갓금 가늘게 글리엇다. 희미하게 들리는 혜영의 말소리는 병호의 신경을 더욱 날카롭게 하얏다.

병호는 다시 니러나 안젓다. 우스목 책상에 노힌 혜영의 감상록이 마음에 걸리엇다. 다맛 두어 줄이라도 보지 안코는 그대로 둘 수 업는 호긔심이 밧작 낫다. 그는 쏘다시 책상 아프로 갓가히 갓다. 썰리는 손을 다시 내어 그 노트를 집어 펴들엇다.

일긔 가운대에 자긔의 감상을 쓴 것이엇다. 잉크빗이 아즉 검어지지도 안흔 것을 보면, 이것은 최근의 그의 감상인 듯하얏다.

오늘도 K가 왓다. 내의 병세가 가벼워갈스록 K에 대한 내의 책임은 묵어워지는 것 갓다.

근일에 와서 그의 얼굴에는 살랴고 애쓰는 형적이 력력히 뵈인다. 그의 얼굴만 보며 일종의 애수를 늣기게 된다. 그러나 힘써서 안 되는 일이 업다는 것이 진리라 할진대, 그가 그의 소원을 성취할 째가 멀지 안흔 것을 밋는다.

나는 지나간 날에 여러 동무들의 선망하는 표적이 되엇섯다. 그들은 우리의 집안에 약간 재산이 잇는 것을 불어워하얏다. 무남독녀 나로서는 가장 외로워하고 슬퍼하는 바이지만, 그들은 돌이어 불어워하얏다. 부모의 사랑과 전 재산을 내 한 몸이 독차지한 것을 그들은 행복으로 생각하는 것 갓탓다.

그러나 이것도 옛말이다. 나는 부모의 사랑도 온전히 바다볼 수 업게 되엇다. 나를 가장 리해하든 아버지가 저승으로 가지 안햇는가. 다맛 만흔 부채만 남기고.

이제는 외로운 어머니를 등에 업고 생활전선으로 나아가야 된다. 이와 가티 묵어운 짐이 나에게 지워젓슬 뿐이다. 이래도 내가 행복하다고 여러 사람이 축하를 할가?

이새는 엇썬 일인지 영숙이도 잘 차저오지 안는다. 그도 아마 나를 버리는가부다. 나는 여러 친구 가운대에 그이만은 영원한 벗이 될 것을 밋고 바랏섯다. 그러나 웬일인지 그는 이새에 와서 섭섭한 태도를 뵈인다. 아마 영숙에게도 이새에 애인이 생겻나부다. 그러치 안흐면 그가 나를 찻지 안흘 리가 업다. 더구나 병든 나를.

영숙이는 언제인지 나에게 이러한 말을 하얏다.
『남자라는 미들 수 업다고 여러 녀성들이 부르지지니 그것이 참말일가요? 나는 이러한 하소연을 그들 입에서 듯기 전에 먼저 당신네들이 진심으로 남자를 미더본 일이 잇섯스냐고.』

나는 영숙의 말을 다시 한 번 음미해 보고 십다. 나로서 K를 정말 미덧든가? 그가 몹시 열정을 뵈일스록 나는 마음으로 그를 의심하고 잇지 안흔가? 그러면 사랑에는 의심이 반듯이 부터 다니는 것일까?

—(185),『매일신보』, 1932. 5. 31

호화의 반면 (16)
병호 자신과 혜영의 사이에는 의운(疑雲)이 아즉도 다 흐터지지 안흔 것이 병호로서는 매우 섭々한 일이엇다. 개간사업에 일생을 희생하여서라도 리상향을 맨들자는 데에 그대지 찬성치 안는 것이 그러케 리유 업는 일이 아닌 것을 알앗다.

나는 부유한 가정에 생장한 것을 돌이어 불행으로 생각한다. 지금까지 인생으로 가장 깁히 생각하여야 할 문제는 한번도 생각해 본 적이 업는 것은 인생으로서 생활하는 가치를 일허버린 까닭이다. 매우 섭々한 일이다. 더구나 이제에 와서 비롯오 이러한 문제에 봉착한 것은 불행한 일이다. 그러나 K를 만나게 된 것은 다행한 일이다. 그는 향락을 누릴 째는 신실한 벗이 되지는 못할 그이지만, 빈한과 다톨 째에는 힘진 동무가 될 수 잇는 그이이다. 날 저물고 길 먼 째에 맛난 길동무와도 갓다. 나는 마음 든든하다. 만일 그이가 지금의 태도가 영원히 변함이 업다면.

혜영이는 한편으로 병호를 단단히 밋는 모양이엇다. 병호는 가는 웃음이 입가에 자연히 돌앗다. 그 다음이 쪼 보고 십헛다.

내가 건강을 회복하면 생활하기 위해서 분투해 보자. 적어도 내의 의식에 대해서는 근심을 다른 사람에게 끼치지 안켓다. 다른 사람의 밥을 어더 먹는 그째부터 내 자신은 헤어날 수 업는 울 속으로 들어가는 것이다. 내의 힘으로 내가 생활하는 것이 그 얼마나 쩟々한 일이랴.

그러나 이 세상이 내가 쩟々하게 살랴고 애쓰는 로력을 리해해 줄는지 알 수 업다. 참으로 걱정이다. 나는 아참과 저녁으로 책보를 끼고 거리로 돌아다니는 여러 직업녀성을 볼 째에 가슴 쓰알인 생각이 난다. 그들은 거의 전부가 영양불량에 빠진 것 갓다. 얼굴에는 기름이 적고 팔다리에는 맥이 풀려 보인다. 그들은 다맛 힌 분과 붉은 연지로 그것을 감추엇슬 뿐이다.

살기 위해서 로력하는 그들에게 어찌 하야 내리는 은총이 그대지 적으냐. 참으로 섭〻한 일이다. 세상에 써드는 녀성의 해방은 경제적으로 독립하는 그째에 시작된다는 것도 한 공론이나 안일가? 몰을 일이다. 정망 몰을 일이다.

나는 옛날 이상의 호화로운 생활을 꿈꾸는 째도 업지도 안타. 내의 개성을 초월하야 부귀만을 탐한다면, 생활전선으로 비장한 행진을 안할 수도 잇다. 자신이 업지 안타. 녀성의 미를 탐하야 물질을 희생하는 자가 이 세상에 퍽으나 만흔 것을 안다. 황금의 힘에 정복되지 안흘 것이 업다는 자신을 가진 그들은 함부로 덤빌 것이다. 그와 가튼 어리석은 여러 남성 가운데에서 언간한 자 하나만 붓들으면 문제는 모다 해결될 것이다. 나의 전정을 위해서 이러한 방책을 취하도록 나를 인도하는 이도 업지는 안헛지만, 나는 나의 개성을 죽이어 가지고 까지라도 안락을 취할 수는 업다. 그들의 생활은 우리 안에서 배부른 도야지의 생활이나 다름이 업는 것을 아는 까닭이다.

—(186), 『매일신보』, 1932. 6. 1

호화의 반면 (17)

외양으로 그와 가티 쾌활해 뵈이는 혜영이가 리면으로는 어찌 하야 이와 가티 침울할가 하는 의심을 병호는 다시 되푸리하게 되엇다. 읽어가는 동안에 병호의 마음도 부지중 침울하여젓다. 어쩌한 짓이라고 해서 혜영이를 이와 가튼 침울에서 구해 내는 것이 자긔의 책임인 것을 늣기엇다.

화성이도 가엽슨 녀성이다. 녀성의 속마음은 짐작하기 어려울 것이다. 더욱히 가튼 처지에 잇는 이가 아니면 알기 어려울 것이다. 화성이는 분명히 K를 사랑하는 것 가티 짐작이 된다. 그는 K 째문에 자긔의 직업까지 내던지게 되지 안햇는가. 이 세상 사람은 약간의 팡을 엇기 위하야 생명을 거는 일이 적지 안타. 팡이 생명보다도 더 귀중하다는 일면을 말함이 안일까? 참말이라면 화성이는 사랑하는 사람 째문에 생명의 팡을 버리게 되지 안햇는가. 생각할스록 미안한 일이다. 필연코 그는 K를 원망하고 나를 원망할 것이다. 정말 미안한 일이다. 그러나 다맛 미안하다는 리유로 K를 화성에게 돌려보낼 수 업다. K가 화성의 사랑을 작란감을 삼엇다면 이것은 남자의 넘우나 무책임이지만, 그 무책임한 책임으로 이 평생을 사랑하는 상대자에 대하야 책임감 업시 지나도록 권하는 것이 돌이어 무책임한 생각이 안일까? 어써케 되엇든 K로서 화성에 대한 태도를 분명히 할 필요가 잇슬 것이다. 요다음에 K를 맛나거든 이 말을 짜저보자.

혜영이가 화성이 째문에 심로(心勞)하는 것이 병호로서는 우습기도 하얏고, 미안하기도 하얏다. 혜영이가 이러한 리유를 들어 자긔를 공경하기 전에 병호 자신이 먼저 자긔의 태도를 설명할 필요를 늣기엇다. 자긔 겨테 혜영이가 안젓드면 『쓸대업는 오해는 그만해 두십시오.』하고, 손을 붓잡앗슬는지 알 수 업섯다. 그러나 자긔가 지금 꿈쑤는 사업에 착수만 하게 된다면, 이러한 것은 문제 거리가 되지 안흘 것을 미덧다. 어느 편으로 보드니 지금의 생활환경을 한시라도 일즉히 벗어나는 것이 마음의 평화를 유지하는 최선의 방편인 것을 절실히 늣기엇다.

병호는 노트를 덥헛다. 이 이상 더 뒤저보는 것이 혜영이를 모욕하는 것 가탓다. 그리하야 노트를 꼬첫든 자리에 꽂고 다시 자긔 자리로 돌아와 누엇다.

잠을 자랴 하얏스나, 역시 눈이 감기지 안햇다. 천정만 힘업시 치어다 보앗다. 비바람 소리도 족음 잔 듯하얏다.

병호는 문을 열고 박갓을 내다보앗다. 비는 개이고 가는 바람만이 요란튼 형적을 유지할 뿐이다. 집으로 돌아가는 것이 돌이어 조치 안흘가 하고 잠간 동안은 망사리게 되엇다. 그러나 자다가 나가는 것이 쑥스럽기도 하야 다시 이불을 무릅썻다.

안ㅅ방에서 문 여는 소리가 들이엇다. 아마 병호가 여는 문소리를 들은 모양이다.

병호는 귀가 자연히 그곳으로 기우러젓다.

마루로 걸어오는 발자최 소리가 간을게 들리엇다. 병호는 머리ㅅ끗이 쭈빗하얏다. 머리맛의 밀창이 죠음 열리며 물그릇이 들어왓다. 물그릇 든 손은 분명히 혜영의 손이다.

병호는 머리를 들어 밀창 열린 곳을 바라보앗다.

『아즉 안 주무세요?』

하고, 혜영이가 웃음을 보내인다.

『잠이 잘 들지 안해서 욕을 봅니다. 저는 암만 해도 집으로 가겟소이다.』

하고, 벌덕 니러섯다.

—(187), 『매일신보』, 1932. 6. 2

호화의 반면 (18)

『그러지 말고 그대로 주무세요. 밤이 퍽 깁헛는데요. 그리고 비가 아즉도 개이지 안햇는데요.』

혜영이는 문박게 안즌 채 그대로 말한다.

『불안한 생각이 나서 잠이 도모지 들지를 안는 걸요.』

하고, 병호는 자긔의 머리를 글것다.

『그러케 불안할 거야 무엇 잇서요? 선생 댁으로만 알고 마음 편히 먹고 주무시쟌코 그러세요.』

하고, 혜영이는 뭇는다.

병호는 혜영이더러 잠도 잘 오지 안코 심심하니 들어와서 이야기나 하자는 말이 입 박게서 돌기만 하고 나오지는 안햇다.

『그러케 정말 잠이 안 오세요? 그러면 이야기나 좀 할가요?』

혜영이는 문을 죠음 더 넓게 열엇다.

병호는 그 말이 반가웟다. 잠이 오는 것보다 더 반가윗다.

『들어오세요. 그러치만 너무 피곤치나 안흐십니까?』

하고, 병호는 벽에 걸리엇든 양복 웃저고리를 내려 입엇다.

혜영이는 방으로 들어왓다.

먼저 이 방에서 나갈 쌔의 의복 그대로이다.

『지금까지 아니 주무시고 뭘 하셋습니까?』

병호는 웃으며 물엇다.

『어머니와 여러 가지 이약이를 하느라고 느젓서요.』

『무슨 이야기가 그러케 길엇나요?』

『별 이야기가 잇슬 리 잇나요. 앗가 말슴하신 그 이야기이엇서요.』

혜영이는 간사지 개간사업에 대한 것을 자긔 어머니에게 일ㅅ히 말한 모양이엇다.

『어머니 의견은 어쩌하시든가요?』

『어머니는 대단히 조흔 일이라고 하시드군요.』

『혜영 씨 생각은 역시 리해할 수 업는 것이 잇습니까?』

병호는『어머니는……』하는 그『는』에는 자긔는 그러케 생각지 안는다는 의사가 들어 잇는 듯하야 이러케 쏘다시 물엇다.

『그 말슴은 다시 물어 뭘 하세요? 간사지 사업 문제는 다시 잘 생각해서 대답하기로 보류해 두기로 하지 안흐셋서요?』

혜영에게 이러케 역습을 당하고 나서 병호는 다시 할말이 업섯다. 아무 말업시 혜영의 얼굴만 갓금 바라다보앗다. 혜영이도 이야기하기로 들어오기는 하얏스나, 이야기 재료 될 것은 별로 업섯다. 병호이 얼굴을 갓금 바라다볼 뿐이엇다.

병호는 혜영의 감상록 본 긔억이 작구 살아낫다. 죄를 지은 듯한 생각이 그의 마음을 불안케 하얏다.

『혜영 씨! 제가 혜영 씨한테 용서를 바들 일이 잇는데, 용서해 주실가요?』

병호는 한참 동안 생각하다가 겨우 입을 열엇다.

『용서를 바더야 할 일이란요? 별안간 웨 그런 말슴을 하세요?』

혜영에게서도 족음 놀라는 표정이 흘럿다. 혜영이는 용서라는 데에 여러 가지의 복잡한 의미를 부치어 생각한 싸닭이엇다. 그의 가슴은 족음 썰리엇다. 바로 병호가 두 팡을 벌리고 자긔의 압흐로 덤비는 것 가튼 위압과 충동을 늣기엇다.

『다른 게 아니라 혜영 씨의 감상록을 두어 줄 읽어봣서요. 제게 못 친……. 허락도 업시 읽어봐서 죄송스럽게 되엇는 걸요.』

하고, 병호는 족음 머리를 숙엿다.

『안 되아요. 그건 실례야요. 남의 일긔를 허락 업시 보는 법이 어대 잇서요?』

혜영이는 얼굴을 겨트로 틀엇다. 그러나 그다지 노한 얼굴은 물론 아니엇다. 첫재, 그 감상 가운대에 병호에게 보여서는 안 될 것이 하나도 업는 것이 그에게 성낼 리유를 주지 안햇다.

『잠간 멧 줄을 눈에 씌는 대로 넑어보앗스니까 용서하시구려.』

하고, 병호는 엉석 비슷하게 웃엇다.

『일부분만 봐서는 안 되어요. 보시랴면 전부를 다 보세야 되아요. 못 본 곳에 뭣이 적히어 잇나 하는 의심을 남기면 그것은 피차에 불유쾌하니까 아주 다 보세요.』

하고, 혜영이는 책상 아프로 가서 노트를 쌔어 들엇다.

—(188),『매일신보』, 1932. 6. 3

불상한 녀성들 (1)

이튿날 아츰에는 비도 개이고 바람도 잣다. 그러나 혜영의 가슴에는 새로히 비바람이 닐어낫다. 그 비바람은 녀름날 사막에 외로히 난 풀닙 우에 내리는 것 가튼 비바람이엇다.

혜영의 조흘fls 듯한 정신을 다시 쌔어주엇다. 말라가는 정서에 새로운 윤택을 주엇다. 지금까지와는 짠 의미로 병호를 대하게 되엇다. 이제로부터는 병호가 다소간 잘못이 잇드라도 그것을 용서치 안흐면 안 될 약점을 병호에게 쥐어주고 말엇다. 상대자에게 허락한 것이 그대지 북그러울 것이 업지만, 그래도 엇지 함인지 생명을 걸고 지키어 오든 보물을 남에게 쌔앗긴 듯한 섭々한 생각이 그의 가슴을 울렁거리게 하얏다. 그러나 한 번 닐흐면 다시 차질 수 업는 것을 생각한들 무엇을 하리. 인생으로 언제든지 한 번은 일허버리고야 말 보배가 아니엇든가. 다맛 시일의 문제라 하면 그대지 섭섭히 알 것도 업다고 혜영이는 스스로 위로하얏다.

병호는 날이 밝기도 전에 자긔의 집으로 돌아갓섯다.

혜영이는 아츰밥을 먹고 일즉히 집을 나섯다. 극성학원의 원장과 약속을 지키랴 한 것이엇다. 병호의 말을 밋지 안는 바가 아니지만, 그 사업을 성공하야 리상향을 맨들어 달콤한 보금자리를 얽는 것은 장래의 일이오, 밥을 구하는 것은 목전의 일이엇다. 장래만을 밋고 오늘을 히생할 수 업섯다. 좌우간 극성학원에 가서 당분간 교편을 붓들자고 결심하얏든 것이다.

혜영이가 극성학원에 니르자 원장은 그를 기다리엇다는 듯이 반기히 마저드려 준다.

『이 학원은 선생의 취임에도 그대지 수속이 걸니지 안흐니까, 오늘부터 일을 좀 보아 주십시오. 보수는 넉넉지는 못하나 거마비 쯤은 드리겟소이다.』

『네. 감사합니다. 그러면 오늘부터 일을 보아야 됩니까?』

혜영이는 상상 이외로 일즉 허가가 난 것이 족음 이상스럽기도 하얏스나, 오래 두고 쓸어 가는 것보다는 훨신 낫다고 마음으로 깃벗다.

그리하야 혜영이는 원장의 주문대로 학과를 맛텃다. 수리와 력사가 담당이 되엇다. 혜영으로는 자신은 업섯스나, 참고서만 잇스면 어써케든지 쓸어갈 수 잇슬 듯해서 그 자리에서 담당하기로 쾌락을 하얏다.

원장은 여러 가지고 학원의 형편 이야기를 하얏다. 순전히 불행한 처지에 잇는 녀성들을 위하야 교육한다는 것과 학원의 경영이 매우 곤란한 것을 말하얏다. 경영이 곤란한 극성학원으로서 혜영에게 내이는 보수는 특별히 우대한 까닭이라는 생색을 내엇다. 혜영이는 거저 듯고만 안젓슬 뿐이엇다.

하학 종소리가 나자 여러 선생들은 사무실로 들어왓다. 여러 직원과 취임 인사까지 원장이 소개하얏다. 혜영이는 한 편 의자에 가만히 안젓다가 상학종 친 뒤에 원장을 딸하 교실로 들어갓다. 루추하여 발을 드려 놀 수 업섯다. 혜영이는 이와 가튼 교실을 처음 구경하얏다. 책상도 모다 파괴된 것뿐이엇다. 벽은 썰허저서 발이 지날 째마다 펄렁거리엇다. 원장은 혜영의 이력을 설명하고 추킬대로 추켜서 소개를 하얏다. 학생들은 자긔들끼리 숙은거리엇다.

혜영이는 머리를 숙여 인사를 한 뒤에 아무 말업시 단을 내려왓다.
—(189), 『매일신보』, 1932. 6. 4

불상한 녀성들 (2)

새로 교단에 서게 된 혜영이와 그의 교수를 밧게 된 학생 새이는 넘우나 괴상한 대조이엇다. 혜영이는 너무나 모던이오, 학생들은 지나치는 고전적이엇다. 우선 외면에 나타난 형용이 그것을 말하얏다. 단발을 한 것과 스마트한 복색의 혜영이는 경성에서는 만히 볼 수 업는 모던이엇스나, 학생 가운대에 머리를 따 느러트린 처녀는 물론이오, 머리를 쪽진 구식 가정부인도 만핫다. 의복도 고색이 아즉 창연한 것을 걸친 이가 업지 안햇다. 이와 가티 형형색々의 녀성이 어쩌케 이러케 한 자리에 모으게 되엇는지 알 수 업는 일의 하나이엇다.

혜영이는 원장을 딸하 다시 사무실로 돌아왓다. 그는 원장이 지정하는 책상 하나를 마터서 그 압 의자에 걸어안젓다. 책상 우에는 약간의 참고서와 교과서가 노일 뿐이엇다.

혜영이는 교과서를 뒤저보앗다. 녀학교 시대에 배운 것이엇지만, 모다 니저버린 것 갓다. 사실 교단에 슨다는 것은 그에게 묵어운 짐이엇다. 지금이 점점 답답해젓다. 이러한 가운대에도 오늘 반닷이 맛날 줄 알앗든 화성이가 아즉 보이지 안는 것은 풀 수 업는 의문이엇다. 화성이가 오늘 별안간 신병이 나서 출근치 못하게 된 것일까? 혹은 자긔에 어쩌한 감정이 격화되어 한자리에서 함끠 일할 수 업다 하야 교단생활을 자좌함이엇슬까? 그러치 안흐면 이 학원에서 경제 관게로 화성이를 그만 두게 하고 자긔를 채용함이나 아니엇슬까? 그러나 여러 가지의 상상 하나도 들어맛지 안키를 혜영이는 마음으로 빌엇다.

『화성 씨는 오늘 안 오셋서요?』

혜영이는 갑갑하야 원장에게 물엇다.

『오늘 아마 출근 못하는 모양 갓습니다. 화성 씨를 잘 아시나요?』

원장은 혜영이가 화성의 동정 뭇는 것을 매우 이상스럽게 녁이는 듯하얏다.

『뭇는 사정으로 그래요.』

『좀 몸이 불편한 것이죠.』

혜영이는 족음 안심이 되엇다. 다른 복잡한 감정 문제가 업다면 다행이라고 생각하얏다.

『오늘부터 교수를 하시겟습니까?』

원장은 물엇다.

『어쩌케 래일부터 할 수는 업겟습니까? 오늘이라도 꼭 해야 할 형편이면 시작을 해보겟서요.』

하고, 혜영이는 원장을 발아보앗다.

『될 수 잇스면 해주섯스면 조켓소이다. 아마 여러 가지로 참고할 것도 잇슬 터이니까, 래일부터 시작해 주십시오.』

『미안합니다만 그러면 래일부터나 교수는 시작하도록 하겟서요.』

『조흘대로 해주세요.』

원장은 쾌락을 하얏다.

교수도 하지 안코 사무실에서 하루를 보내는 것은 넘우 무의미한 일이엇다. 혜영이는 화성이를 차저볼 생각이 낫다.

그리하야 화성의 집을 학교 서무에게 물어보앗다. 학원에서 바로 갓가운 간동이엇다.

혜영이는 자기 맛튼 과목의 교과서와 참고서와 약간 책을 싸 가지고 작별한 뒤에 교문을 나섯다.

이와 가티 커다란 책보를 들고 길거리로 나오기는 벌서 사오 년 전 일이다. 그째의 책보는 배우기 위한 짐이 되엇지만, 오늘의 책보는 먹기 위해서 짐이 되엇다. 배우기 위한 짐과 먹기 위한 짐의 무게는 대단히 달랏다. 지금 들은 짐이 먹기 위한 짐이 아니엇고, 한 거름 나아가서 여러 불우에 잇는 녀성을 인도하기 위한 짐이 되엇스면 마음이 얼마나 깃블 것인가.
—(190), 『매일신보』, 1932. 6. 5

불상한 녀성들 (3)

길을 걸으면서도 생각에서 쩌나지 안는 것은 어제 하루밤의 지난 일이엇다. 장래의 운명을 결정한 오늘에 화성이를 차저가는 것이 째가 늦으나 아니 하엿는가 하는 의심이 잣구 낫다. 만일 자긔와 가티 화성이도 운명을 결정하고 잇다면, 이것은 정말 용이히 해결될 문제가 아니엇다. 생각만 해도 몸서리가 처젓다. 어찌함인지 오늘의 이 걸음이 무서워젓다. 그리하야 화성을 찻지 안코 그대로 집으로 바로 갈가 하얏다. 그러나 설마 그 정도에까지 병호와 화성의 새이가 갓가워젓스리라고 상상할 수 업섯다. 좌우간 한자리에서 일을 하게 되엇슬 뿐 아니라, 이제로부터 외로이 살아가는 동안에 서로 밋고 존경하는 힘세인 동무가 되지 말라는 법도 업슬 듯하야 발길을 돌리지는 안햇다.

얼마 뒤에 혜영이는 화성의 집을 차젓다. 매우 정갈한 집이다. 잡지 긔사나 극성학원의 선생에는 넘우나 과분하여 보엿다. 녀자가 박급을 바더 가지고 이와 가튼 정결한 집을 차지하게 된 것을 보면, 그에게는 월급생활을 보태일 만한 재산의 여유가 잇는 것도 짐작되엇다.

혜영이는 집 마당으로 들어섯다. 집안은 매우 고요하다.

『화성 씨! 게십닛가?』

하고, 토방에 올라서며 불럿다.

건너ㅅ방 밀창이 소리업시 족음 열리엇다. 그 틈에서는 감은 눈이 반짝거렷다.

『아이구! 누구시라구. 올라오세요.』

하고, 문을 꽥 여는 이는 화성이엇다. 그의 얼굴빗은 상열이 되어 붉엇다. 하루 밤 동안에 아주 변용이 된 이처럼 파리하얏다.

『어대가 편찬하세요?』

혜영이는 마루로 올라섯다.

『아마 감긔ㅅ기운인가 봐요.』

화성이는 혜영의 손을 쓸어들이엇다.

그의 친절한 태도를 보니 암만 해도 화성에게 족으마한 질투를 늣긴 것이 다른 사람에게 발표하기 어려운 일종의 죄와 가탓다.

방안에서는 더운 김이 훨훨 돌앗다. 그러나 방안이 정돈된 것을 보면, 이 방의 주인의 성격을 짐작할 수 잇섯다.

『저도 오늘부터 가티 일하게 되엇서요. 잘 인도해 주세요.』

하고, 혜영이는 머리를 족음 숙이엇다.

『오늘부터 교수하시게 되섯서요? 잘 되엇습니다. 그러니까 어제로 바로 작정이 되엇군요.』

화성이는 이상한 생각이 낫다. 소개ㅅ장을 가지고 온 바로 그 이튼날부터 취직이 되엇다는 것은 화성이가 아는 범위 안에는 업는 일이엇다. 상당한 보수를 교직원에게 주지도 못하면서 원장은 거드름을 불이엇다. 사실 극성학원의 선생 노릇이라도 하겟다는 녀자가 퍽으나 만하얏다. 보수를 주지 안 해도 조타고 그들은 원하얏다. 그러나 원장은 대개 거절을 하여 왓다. 그러하든 원장이 바로 직석에서 그를 고빙한 것을 보면, 혜영이가 원장의 눈에 퍽으나 잘 들엇든 것을 알 수 잇섯다. 더구나 저와 가튼 모던 녀성을 그대로 들인 것은 매우 희귀한 일이엇다.

『오늘부터 교수를 하라는 것을 그대로 왓서요.』

혜영이는 화성의 의외로 생각하는 듯하는 빗을 삷히엇다.

『원장이 퍽으나 호감을 가젓든 걸요. 바로 오늘부터 교수를 하라 하는 걸 보면요. 학교의 외양은 그러케 어수선해 보이지만, 원장의 경영하는 방법은 정말 제법이야요.』

『저는 처음이라 아무 것도 몰라요. 잘 지도해 주세요.』

『지도란 말이 되나요. 돌이어 제가 엿줄 말슴인데요.』

『편찬한데 이러케 괴롭게 해서 안 되엇지요?』

혜영이는 미안한 생각이 낫섯다.

『족음도 염여마세요. 얼마든지 게세도 관게 업스니까, 아주 몸저 들어 누을 병이 아니니까.』

—(191), 『매일신보』, 1932. 6. 7

불상한 녀성들 (4)

어제ㅅ낫 극성학원에서 우연히 혜영이를 맛나보게 된 뒤로 화성이는 여러 가지로 의심이 낫섯다. 만일 시간의 여유가 잇섯드면 대강 이야기라도 들어 그 동안 어쩌한 변화가 잇섯다는 것을 알앗겟지만, 총총해서 그대로 갈리엇섯다. 그리하다 쯧밧게 쪼한 그의 방문을 바드니, 이상한 생각이 나를 것도 그럼즉한 일이엇다.

『참으로 잘 오셋서요. 오늘 출입은 할 수 업고 집에만 잇기는 갑갑해서 혼자 여러 가지 궁리를 하든 차인데 참 잘 오셋서요.』

하고, 화성이는 깃버히 웃엇다.

혜영의 얼굴을 바라보는 것이 그의 깃붐은 물론 아니엇다. 혜영에게 여러 가지 이야기를 들어보는 것이 무엇보다도 히망이오 깃붐이엇다.

혜영이는 화성의 태도가 예상 이상으로 친절한 것이 이상하기도 하고 깃브기도 하얏다.

『아무 관게 업스시다면, 잠간 동안 이야기나 하겟서요.』

하고, 혜영이는 편히 안젓다.

『이새도 병호 씨를 늘 만나보시나요?』

화성이는 물엇다.

혜영이는 속으로 이 녀자가 본색을 나타내랴는 것인가 생각하얏다.

『갓금 만나뵈옵죠.』

『이새는 뭘 하나요?』

하고, 화성이는 혜영의 얼굴에서 시선을 쩨지 안햇다.

『이새도 아마 노나 봐요.』

하고, 혜영이는 화성의 찬々히 바라보는 눈을 마저드렷다.

『아무 것도 안코 거저 놀아요? 놀아서도 걱정 업는 사람이면 팔자 편한 이지만, 병호 씨도 집안 형편이 놀고 지나지는 못할 모양 갓든데요? 그거 안 되엇군요.』

화성이는 병호의 집안 사정도 다 잘 알고 잇는 듯하얏다.

혜영이는 족으마한 의심이 업지도 안햇다. 한 잡지사에서 여러 달을 가티 지낫스니 집안 사정 쯤이야 짐작 못하게 어리석지는 안켓지만, 그의 표정은 퍽으로 동정하는 것을 말하얏다. 결단코 입에 부튼 말이나 잠간 지내가는 말로는 들리지 안햇다.

『직업을 어드랴고 퍽으나 애를 쓰는 것 갓지만, 취직난이 원악 심한 모양이야요.』

하고, 혜영이는 이 말 쓰테다가 『정말 걱정이야요. 여러 사람 째문에…….』 하는 것을 부치어 말하고도 십헛지만, 너무나 일즉이 정체를 내놀 수 업서서 그대로 제삼자의 태도만을 가지게 된 것이엇다.

『참으로 걱정인 걸요.』

화성이는 쏘 다시 걱정을 한다.

남의 일로만 생각지 안는 모양이 혜영으로서는 질투 비슷한 생각을 하게 하얏다.

『병호 씨가 엇재서 동방시론사를 그만 두섯나요?』

그 리유는 혜영이가 누구보다도 더 잘 알고 잇다. 그러면서도 뭇는 것은 화성이가 엇재서 동방시론사를 그만 두엇는지 그것을 무러보랴는 전제에 지나지 못하얏다.

화성이는 벌서 눈치를 채엇다.

『그것은 혜영 씨가 더 잘 아실 듯한데 저더러 물으세요?』

분명히 이것은 화성의 역습이엇다. 쏘한 비쏘는 수작이엇다. 만일 화성이가 그런 말을 내노코 정색을 하얏드면, 혜영이는 성을 내엇슬는지 알 수 업섯스나. 화성이는 웃음 반 석긴 얼골로 말을 하얏다. 사는 성이 붓그러움으로 변하얏다.

『제가 어찌 병호 씨의 일을 더 잘 알아요?』

하고, 혜영이도 짤하 웃섯다.

이 웃음은 화성의 말이 올타고 증명하는 일이엇다.

—(192),『매일신보』, 1932. 6. 8

불상한 녀성들 (5)

『혜영 씨 째문에 그만 둔 것 아닌가요?』

화성이는 말을 할가말가 잠간 동안 궁리하다가 필경은 쏘다버리고 만 것이엇다.

혜영이는 얼굴이 절로 붉어젓다. 모든 사정을 화성이가 다 알고 잇슴이 분명하다. 그러나 화성이가 이런 형편을 자연히 알리는 만무한 일이 필연코 누구에게든지 자긔 집 형편 이야기를 들은 것이엇다. 그러면 누구가 이러한 사정 이야기를 그에게 들려주엇슬까? 병호 이외는 말해줄 이가 업다. 이러한 남의 가정일까지 서로 말할 새이라면 그들이 얼마나 친근한 관계를 가지고 잇는지 대강 상상할 수 잇다.

형용할 수 업는 질투에 그는 몸이 썰리엇다. 자긔의 일신상 일을 제삼자에게 알리는 것은 사랑하는 사람에 대한 충실한 행동은 아니엇다.

『나 째문에 병호 씨가 동방시론사를 그만 둔 것이라구요? 그건 누구가 말을 해요?』

혜영이는 붉엇든 얼굴이 다시 히어지며 말하얏다.

『여러 사람들 말이 다 그러하드군요.』

『여러 사람이 누구 누구야요?』

화성이는 그대지 깁흔 의미로 한 말은 아니엇지만, 혜영의 변하는 태도에 무어라 대답하여서 조흘지를 몰랏다.

『잣구 그러케 파서 무르시면 대답하기가 더 곤란한데요.』

『글세. 좀 알고 십허서 그래요. 말 못할 것이야 업슬 것 가튼데요. 아마 병호 씨가 하셋겟죠?』

『천만에. 병호 씨가 그런 말을 할 리가 잇나요. 동방시론사ㅅ사람들에게 들엇서요.』

혜영이는 화성이가 병호를 옹호하는 것이 더 실엇다. 무슨 까닭으로 병호의 인격을 보호하기 위하야 저와 가티 로력을 할까? 여러 가지의 병호의 인격을 의심하지 안흘 수 업섯다. 그러나 혜영이는 족으마한 질투로 스스로 웃엇다.

『화성 씨는 어찌해서 동방시론사를 그만 두시게 되엇서요?』

혜영이는 그 리유를 병호한테 벌서 들어서 알앗다. 그러나 짐짓 물엇다.

『그것도 혜영 씨가 더 잘 알 것 가튼데, 저더러 물어서 뭘 하세요?』

하고, 화성이는 쏘 웃는다.
『글세. 대강은 짐작도 햇지만요. 확실한 것은 몰라서 그래요.』
『확실한 것은 알아서 뭘 하세요? 이런 일은 거저 서로 모르는 체하고 지나는 것이 제일 마음 편하고 조흔 일이야요.』
혜영이는 다시 말이 막히엇다.
화성의 말솜씨가 여간내기가 안인 것을 다시 절실하게 늣기엇다.
『알면은 뭣을 하겟소만, 긔왕 말이 낫스니 한 말이죠.』
혜영의 흥미 업는 대답과 상긔된 얼굴빗을 잠간 살피고 잇든 화성이는 혜영의 손을 덥벅 쥐며,
『혜영 씨!』
하고 불럿다.
혜영이는 화성의 이상한 표정에 놀라지 안을 수 업섯다. 잡은 손은 펄々 끌는 듯이 더웟다. 갓가히 온 그의 숨소리는 족음 갑벗다. 아무 대답도 못하고 다맛 화성의 얼굴만 드려다보앗다. 그의 입에서 말이 나오기만 기다렷다.
『혜영 씨! 녀자의 속마음은 역시 녀자만이 아는 듯해요. 혜영 씨의 오늘 오신 뜻을 짐작하겟서요. 여러 가지로 의심나는 일이 잇거든, 하나도 숨길 것 업시 말해 주세요. 저도 서슴지 안코 대답할 터이니까, 그리고 쏘 엿주어 볼 말이 잇스면 엿주어 볼 터이니까…….』
하고, 화성이는 괴로운 듯이 숨을 길게 내쉬엇다.
혜영이는 아무 말도 못하고 화성의 얼굴만 바라보앗다. 그러나 혜영이가 오늘 차저온 것은 다만 병호와 화성의 사이를 정탐하기 위해서 온 것이 물론 아니엇다. 이 문제에 잇서서는 어느 정도까지 병호의 변명을 미더 온 까닭에, 어느 편으로는 깁흔 동정이 가기도 하얏다. 그러다가 자긔를 동정하는 듯한 말을 화성에게 듯고 보니 돌이어 불유쾌하얏다.

—(193), 『매일신보』, 1932. 6. 9

불상한 녀성들 (6)

화성이는 이상하게도 긴장되어 가는 혜영의 얼굴을 바라보고 자긔가

속 털어 노코 이야기하자고 미리 말 낸 것을 후회하얏다. 그러나 긔왕에 버린 춤이다. 그대로 거두어들일 수 업섯다.

『혜영 씨가 제의 지금 한 말을 오해ㅅ서는 안 되아요. 녀자의 마음에는 공통한 점이 하나식 잇스니까 하얏든 말이야요.』

『화성 씨! 저는 실상 댁에 온 것은 그와 가티 어썬 깁흔 의미나 계획이 잇서서 그런 것이 아니야요. 학교일에 대해서 여러 가지로 알아보고 시퍼서 그런 게야요.』

혜영이는 문제가 기피 들어가기 전에 예방선을 피엇다.

화성이는 아무 말도 업시 잠간 동안 혜영의 얼굴만 바라다보앗다. 눈창에는 피ㅅ발이 섯다. 그리고 얼굴은 상혈되어 밝엇다. 몸이 몹시 고달펏다.

혜영이는 미안하얏다. 신병으로 누엇는 사람을 차저와서 그를 흥분시키는 것이 넘우나 몰상식한 짓 가타서 스ㅅ로 북그러운 생각이 낫다.

『몸 편챤하신데 괜히 와서 폐만 끼처서 미안합니다.』

하고, 혜영이는 머리를 수겻다.

『천만에. 제 걱정은 죡음도 마세요. 말벗도 업서서 퍽으나 심신하든 차에 잘 되엇서요.』

화성이는 긔왕에 나온 말이니까 모든 것을 시원하게 듯지 안코는 그대로 잇슬 수 업섯다.

『몸이 편챤한데 무리를 해서는 안 됩니다. 편히 좀 누세요.』

하고, 혜영이는 자리를 웃목으로 옴기엇다.

『죡음도 제 걱정은 마세요. 오늘 못처럼 오셋스니 이야기나 실컨 해보죠』

하고, 화성이는 혜영의 옷을 잡아단이엇다.

혜영이는 인제는 화성이가 무서운 생각이 낫다. 그리하야 그대로 화성의 겨테 안젓다.

『혜영 씨! 저더러 엇지 해서 동방시론사를 그만 두엇느냐고 물으셋죠? 정말 모르신다면, 제가 말을 하죠.』

하고, 화성이는 춤을 삼켯다.

『대강 짐작은 햇지만, 정말 자세한 것은 모릅니다. 말슴해 주세요.』

혜영이는 자긔가 상상한 것 이외의 자세한 것을 듯고 십헛다.

『사실은 내가 아무리 해도 동방시론사에 잇지 못한 형편이 잇서요. 병호 씨가 그대로 눌러 잇서도 저는 잇기가 어려웟서요.』

『저는 병호 씨 째문에 그만 두시게 된 줄 알앗는데요.』

『그러치 안하요. 병호 씨 째문에 내가 그만 두게 된 것이 아니라, 나 째문에 병호 씨가 그만 두게 되엇지요.』

혜영의 상상과는 아주 억으러진 사실이다.

『어째서 그러할가요?』

『말을 엿줄 터이니 자세히 들어보세요. 사회에서는 써들리어 지나는 소위 명사들의 리면처럼 추악한 것은 업슬 것이야요. 외면으로는 큰소리만 탕탕하지만, 그 이면의 행동은 쥐색기나 족음도 달을 것이 업답니다. 언론은 신성하느니 공정하느니 하면서도 그 속을 보면 신성이 다 무엇입니까? 공평이 다 무엇입니까? 입으로는 공평이나 신성을 말 못할 것이 뭣이겟습니까?』

화성이는 만흔 불평이 일시에 폭발되엇다. 그의 얼굴은 더욱 흥분해 뵈엇다.

『저도 얼마 동안의 경험이지만, 그러한 경향이 꼭 잇는 것 가태요.』

혜영이도 거들엇다.

『족음만 더 경험해 보십시오. 정말 긔막힐 일이 만히 생길 터이니까.』

하고, 화성이는 몸을 벽에다 기대엇다. 매우 피곤한 모양이다.

—(194), 『매일신보』, 1932. 6. 10

불상한 녀성들 (7)

『긔막힌 일이 어쩌한 일인가요?』

혜영이는 말하는 화성의 입에서 어쩌한 무서운 경험담이 떨어질가 무시〳 한 생각이 낫다.

『혜영 씨가 나를 어쩌케 생각할는지는 알 수 업지만, 나는 혜영 씨를 동생처럼 생각하니까 아무 것도 숨기지 안코 잇는대로 털어 노코 말하는 것이야요. 동방시론의 윤 주간이란 외양은 신사 갓지만, 내면은 협잡군이야요. 돈 잇는 사람에게 아첨 잘하고 절믄 녀성을 유혹 잘하기로 유명해요.』
하고, 화성이는 벽에 빅이엇든 몸을 다시 니르키엇다.
『외양으로는 그러치 안흔 것 갓든데요?』
혜영이는 동방시론사로 병호를 차저갓다가 문간에서 만나본 기억이 어렴풋이 낫다.
그날은 병호가 퇴사 선고를 밧고 나오든 날이다. 화성이는 병호를 작별하러 문간에 내려왓다가 주간에게 불려 들어가서 병호와의 관계가 불순하다는 말을 듯고, 그 자리에서 자긔도 그만 두겟다는 쯧을 표하고 그대로 돌아왓든 그 날이엇다. 언듯 이칭 우에서 내려다보든 윤 주간의 얼굴은 몹시 신경질로 뵈엇다. 그러나 두뇌는 그 명민한 것을 눈으로써 말하얏다. 눈갈이나 코ㅅ대가 악인으로는 뵈이지 안엇다. 그가 그러케 악인일까 의심하는 것도 무리치 안햇다.
『외양으로만 사람을 판단할 수도 업지만, 사람을 차차 격거 보면 알 수 잇죠. 첫 번에 언듯 윤가 얼굴이 악인 갓지는 안치만, 자세히 쓰더보면 쓰더볼수록 긔가 막히죠. 그 얼굴은 사람의 얼굴이 아니라 산고양이 (山猫) 얼굴이야요. 아주 상판이 틀렷죠. 눈갈파닥지허며 코ㅅ부리허며, 광대뼈 나온 것이 아주 산고양이의 모형 갓죠. 그러고 그늘에서 해ㅅ빗 못 보고 잘앗는지 어쩌케 그러케 잔망해 뵈는지 알 수 업서요. 정말 그런 잔망한 위인은 처음 보앗서요. 그런 것이 그래도 글을 써서 문명이 놉다 하니 긔막히는 일이죠. 그리고 자긔보다 지위가 놉흔 이나 사귀어서 리익이 될 사람 아페 가서 굽실거리는 량은 정말 구역이 나서 볼 수가 업죠. 해해 하고 덤비는 것을 보면 거긔 잇슬 수 업서요. 요게 체격과 상판갑슬 하느라고 이러누나 하고 정신 펄적 나게 싸귀를 부처주고 십흔 생각이 나죠. 게다가 불유쾌한 일이 잇서서 성낸 얼굴을 보면 정말 초 할터 먹은 고양이 상판이죠. 조흐면 눈웃음을 살살 치죠. 쏘 남들이 서로 조화하는 것을 그러케 잘 못보는 이는 업슬 것이야요. 어쩐 사람이든지 그 아페 가서 다른 이를 층찬하면, 그이는 반듯이 험담을 하고 결점을 말하는 이야요. 성미가 그러케 이상야릇하면 마음은 흔히 정직하지만, 그이는 그러치도 안흔 모양이야요. 배ㅅ속에는 마음 검은 놈이 아마 한 련대는 들어안즌 모양이지오. 그이의 손에 걸리어서 패가망신한 자가 퍽으나 만흐니까 뭐라고 형용해서 말할 수 업는 괴한이야요.』

화성이는 말하는 동안에 자연히 흥분이 되엇다. 피곤을 못 이기어 자리에 다시 누엇다.

이러한 말은 병호에게도 듯지 못하얏다. 윤 주필의 인격상 이야기를 할 그러한 시간의 여유를 가지지 못하얏섯다. 자세한 이야기를 알 리가 업섯다.

『정말 그러켓 낫분 자이엇든가요?
『병호 씨에게 아무 말도 못 들엇서요.』
『별로 들은 말이 업서요.』
『병호 씨는 본래 잔말이 업는 청년 신사이니까 아무 말도 안하신 것이 겟죠. 두 사람의 인격을 만일 비교한다면, 옥과 진흙이죠. 다맛 때가 돌아오지 안 해서 그에게 고용이 되엇다가 봉변을 당햇죠.』

혜영이는 화성이가 병호를 격찬하는 데에 불안을 늣기엇다.

—(195), 『매일신보』, 1932. 6. 11

불상한 녀성들 (8)

이것은 병호가 동방시론사를 써나게 된 뒤에 화성이가 윤 주필에게 불여서 주의를 밧든 이야기이다.

병호가 윤 주필에게 불려 들어가서 어쩌한 말을 들엇는지 매우 흥분한 태도로 편집실로 나왓섯다. 얼굴에서 불근 피가 지난 자최가 희프른 빗으로 나타낫섯다. 평일 가트면 반듯이 웃는 얼굴로 대할 병호가 아무 말 업시 자긔 책상 압으로 가서 우둑허니 안젓섯다. 화성이는 이상하야 여러 번이나 의미잇는 시선을 던저보앗스나, 거긔에는 아무러한 반응이 업섯다. 아주 극도로 흥분된 것을 알 수 잇섯다. 한참 안젓다가 병호는 다른 사람들에게 인사도 업시 그대로 나아가버렷다. 화성이는 뒤를 짤하섯다. 윤 주필은 문 박게 나온 화성이를 불러드렷다.

화성이는 하는 수 업시 윤 주필 아프로 나아갓다.

윤 주필도 죽음 흥분된 듯하얏다. 성낸 산고양이는 정말 매사웟다.

죽음만 건드리면 곳 할퀼 것 가탓다.
『이리로 좀 오시오.』
하고, 윤 주필은 응접실로 들어갓섯다.
화성이는 어쩌한 령문도 모르고 윤 주필의 디를 쌀핫섯다.
『나는 남들이 써드는 말을 미더 가지고 가티 일하는 여러분을 의심한다는 것은 아니지만, 좌우간 우리 사내에 조치 못한 풍긔 문제가 들리니까 특별히 주의를 해 주시오.』
윤 주필은 미소를 강작하며 말하엿다.
『어쩌한 풍긔 조치 못한 문제가 잇단 말이야요?』
화성이는 그 의미를 대강은 짐작하면서도 물엇섯다.
『꼭 집어내서 말을 하여야만 알겟다면 말을 하지오. 말치 안해도 알 것 가트면 주의만 하시구려.』
윤 주필은 두 눈에 살긔가 씌기 시작하얏다. 웅그리는 산고양이의 얼굴은 무섭기도 하고 우습기도 하얏다. 그러나 화성이는 마음으로 작정한 일이 잇섯다. 윤 주필이란 이가 한 언론긔관을 주재할 만한 아량도 업고 덕망은 적은 것을 알은 이상, 그 미테서 인격적으로 모욕을 들어가며 일할 것은 자긔의 장래를 위하야 취지 안흘 것을 알앗다.
『저는 특별히 주의할 일이 업다고 생각하니까, 만일 주의 안 해서 안 될 일이 잇스면 말슴을 해주세요.』
하고, 화성이는 얼음 가튼 시선을 던젓섯다.
『말이 아니 하면 알아들을 수 업단 말이오? 그러면 내 말할 터이니 들어보오.』
하고, 윤 주필은 기침을 한 뒤에 죄인을 닥다리하는 듯한 어조로,
『병호가 어쩌한 사람인 줄을 잘 알고 친햇든가요, 모르고 그러케 되엇는가요?』
하고, 산고양이는 다시 노려보앗섯다.
『그러케 되다니요? 그러케 되엇느냐는 의미를 족음도 알 수 업는 걸요.』
화성이도 노려보앗다.
『서로 친근히 지나게 되엇다는 말이요?』

『특별히 지난다고 할 수 업지만, 만일 친근하엿다면 서로 친할만한 의긔의 상통이 잇슬 터이니까, 물론 여러 가지 것을 다 알앗다고 하겟죠.』
화성이는 얼마큼 흥분이 되엇지만 참고 대답하엿섯다.
『한층 더 들어가서 사랑하는 사이라면, 이 지음에 여러 가지로 참고될 말을 일러들일 터이니 잘 생각해 하십시요.』
하고, 산고양이는 비열한 미소를 던젓다.
―(197),『매일신보』, 1932. 6. 12

불상한 녀성들 (9)

『병호 씨와 서로 사랑하고 지나는 터가 아니니까, 병호 씨의 일에 대해서 특별히 들어볼 아무 것도 업다고 생각하니까 그러한 말슴이란요? 병호 본인과 한자리에 잇게 될 때에 말슴해 주세요.』
하고, 화성이는 단연히 말 듯기를 거절하얏든 것이다.
그러나 어쩌한 일이 그에게 잇섯는지 들어볼 생각이 업지 안햇섯다.
『병호 군은 오늘부터 본사를 그만 두게 되엇스니까 긔왕에 나간 사람의 말을 족음이라도 해서 조찬한 감정을 영원히 남기어 두는 것이 낫분 일인 것도 물론 모르는 바가 아니지만, 그 사람 개인 때문에 우리 사에 잇는 여러분 중에 다맛 한 사람이라도 그르치게 된다면, 이것은 정말 애석한 일이니까 그래서 하는 말이지요. 짠 의미야 업소이다.』
하고, 윤 고양이는 눈을 스르르 감앗섯다.
『그 사람이 나가게 된 이상, 짠 문제가 잇슬 까닭이 잇나요? 저를 특별히 불러서 그런 말슴을 하실 게 뭐야요?』
『특별히 부를 리유가 물론 잇죠. 세상이 다 아는 일을 속이랴 해서 속여지겟소?』
『세상이 다 아는 일이란 무슨 일인가요?』
『만일 짐작을 못한다면 내가 말하지요. 꼭 내 입에서 그런 말이 나와야만 속이 시원하시겟습니까?』
『무슨 말슴이야요? 허세요.』
화성이는 몹시 흥분되엇섯다.

윤 고양이는 추근추근한 말하는 태도에 사람을 야유하는 듯한 말버릇이 필경은 화성의 감정을 폭발케 하얏든 것이다.

『그러나 이것은 다맛 풍설이 그러하다는 것이니까, 꼭 밋고 하는 말은 아니니까 족음 과도하드라도 성은 내지 마십시오. 미리 일러두는 것이니까.』

윤 고양이는 화성의 눈치를 살피엇섯다. 이것은 한 번 화성이의 속을 싸보랴는 빗이 분명히 보엿섯다.

『그러한 위협 가튼 것은 구만해 두시고, 하실 말슴이 잇거든 그걸 먼저 말슴해 주세요.』

하고, 화성이는 입술을 부르르 썰엇다.

『병호가 어썬 부호의 쌀을 유혹해서 가정풍파를 니르키엇다는 소문을 들은 일이 잇나요?』

『저는 그런 소문은 듯지 못햇서요..』

화성의 태도는 어름 가티 찻섯다.

윤 고양이의 예상과는 아주 싼판이엇다. 윤은 화성이가 쌈작 놀랄 줄 알앗섯다. 녀자의 리성은 질투의 불길 아페는 장님이 되는 것을 만히 경험한 윤 주필로서 이것을 무긔 삼아 한번 격동을 시켜 본 것도 무리한 일이 아니엇섯다. 그러나 이번의 술책에는 화성이가 넘어가지 안햇섯다.

『그쑨 아니지요. 어써한 직업부인을 동시에 사랑하게 되어 련애의 갈등이 닐어나서 부호의 쌀은 일본으로 출분을 하게 되고, 그 아버지는 그 쌀 째문에 병이 들어서 필경은 죽어버리게 되엇다고 하는 말이 잇는 것도 모르시나요?』

하고, 고양이는 찬々히 노려보앗다.

화성이는 말을 돌려 가지고 슬적슬적 측면으로 공격하는 것이 더욱 얄미운 생각이 낫섯다.

『부자스집 쌀이란 누구인가요?』

화성이는 짐짓 물엇섯다.

『성명은 자세히 긔억 못햇지만, 성남은행 전무 리 씨와는 아주 친한 집 쌀이란 말만 들엇소이다.』

고양이가 말을 낼 째부터 소위 부자스집 녀성이란 혜영이를 두고 이른 것을 짐작하얏다.

『그 직업부인이란 누구인가요?』

화성이는 뭇고 십지는 안햇지만, 부자ㅅ집 딸을 물은 이상 직업부인을 뭇지 안흘 수 업섯다. 직업부인이라는 것이 자긔에도 상상은 되엇다.

『글세요. 퍽 말하기가 미안하지만 일이 이러케 되엇스니까 말치 안흘 수도 업게 되엇소이다. 그러나 이것은 한 풍설로만 알면 그만이라면 그만이지만, 만일 사실이라면 정말 추태인 줄 아오.』

하고, 고양이는 춤을 삼키엇섯다.

—(198),『매일신보』, 1932. 6. 14

불상한 녀성들 (10)

윤의 입에서 어쩌한 말이 나올 것을 화성이는 짐작하얏다. 직접 그러한 말을 윤에게 듯는 것은 창피한 일이엇다. 인격상의 한 모욕이엇다.

『말슴 안 해도 알아들엇서요. 직업부인이란 저를 두고 한 말이겟죠?』

하고, 화성이는 미리 나섯다.

『자긔 일을 제일 잘 아는 이는 역시 자긔이니까 더 할말 업소이다.』

하고, 윤 고양이는 눈에다 조소를 쯰엇섯다.

『윤 선생 가티 인격이 고결하고 사회에 명망이 잇는 주재자를 머리 우에 언즌 이 동방시론사가 추태를 연출치 안토록 할 터이니까, 그것일랑 족음도 걱정 마섭시오. 모든 허물을 내가 뒤집어쓰고 시론사를 써나면 그만 아닌가요? 그러케 거북한 태도를 뵈일 것은 무엇입니까?』

화성이는 단연히 퇴사하겟다고 선언하얏섯다.

윤 고양이의 상상이 족음 억그러진 것은 그가 족음 황망히 구는 태도가 말하얏섯다. 그는 위협 비슷하게 이러케 얼러 노흐면 화성이는 사실이 잇도 업는 것을 불문하고 동방시론에 부터 잇기 위해서 당장에 사과를 할 줄 알앗섯다. 의외의 강경한 태도에 윤 주필은 회유할 말이 생각나지 안햇섯든지, 그도 두 눈이 샐죽해지며,

『그만 두는 것은 본인 자유이니까 마음대로 하구려! 그러하지만 금후 어쩌한 일을 하든지 알부랑자의 유혹을 경계를 하여야 됩니다. 젊엇슬

째의 무지럽은 열정에 일평생을 그르처서는 안 됩니다. 나는 로파심으로 이러케 귀에 거슬르는 말을 하는 게니까…… 특별 조심하시오.』

윤 고양이는 의자에서 먼저 닐어낫섯다.

윤의 말이 그른 것은 아니엇다. 말은 올핫지만 말하든 태도가 동긔의 불순한 것이 화성의 모든 반감을 니르킨 것이엇다.

화성이도 벌덕 닐어섯다. 다시 뒤를 돌아다보지도 안코 사무실로 나와서 그는 짐을 챙기엇섯다. 화성이는 사직서를 고양이 아페 던진 뒤에 바로 자긔 집으로 돌아왓섯다.

가슴의 모든 갈등이 결국은 화성이 자신을 웃엇섯다. 병호에게 다소간 호감을 가지고 지나든 것은 사실이지만, 마음으로 북그러울 정도는 아니엇섯다. 더구나 병호의 태도가 혜영이가 귀국한 이후로 돌변한 것을 짐작할 째에, 그는 벌서 그를 단념하엿섯다. 단념한 그 사람 째문에 엇기 어려운 직업까지 내던지게 된 것은 정말 어리석은 일이엇지만, 아즉도 속이 상한 이상 모욕까지 참아 가며 직업에 련련할 필요를 늣기지 안햇섯다. 이러한 사건이 잇슨 뒤에 병호를 찻지도 안햇다. 자긔가 병호 째문에 직업까지 일케 되엇스니 그 책임을 네가 지렴우나 하고 졸르러 가는 것 가태서 잠잣고 잇섯든 것이엇다. 그러나 병호는 차저오지 안햇다. 화성이는 이성으로서, 더욱히 청춘으로서 어쩌한 고독을 늣길 째에 그 고독을 잇기 위하야 서로 위안이 될 대상을 구하게 되는 것은 자연한 요구라고 생각하얏섯다. 병호가 자긔와 친근하게 지낸 것은 혜영이와 갈리게 된 그 고독을 이즈랴고 한 것이엇고, 쏘한 자긔가 병호에게 호감을 가지게 된 것은 최민을 감옥에 보내고 나서 늣기는 고적을 위로하기 위해서 그러한 것에 지나지 못한 것이엇섯다. 결국 말하면 모도가 자긔의 양심을 속이는 관념유희에 지나지 못하는 것이엇다. 사랑의 대상이던 혜영이가 동천의 태양 가티 다시 소사난 이째에, 병호의 태도가 일변하야 그곳으로 기울어지는 것은 의례히 그러할 일이엇다. 지금에 최민이 감옥에서 나온다면 자긔의 태도가 어쩌케 될가를 내성(內省)할 째에, 병호의 태도는 인간적으로 허락치 안흘 수 업섯다.

—(199), 『매일신보』, 1932. 6. 15

불상한 녀성들 (11)

그리하야 화성이는 언제든지 한 번 긔회를 맨들어 가지고 자긔와 병호의 그 동안 지나온 관계를 일일이 말하랴고 생각하얏섯다. 오늘 혜영이가 자긔 집까지 차저온 것은 속마음을 토파할 절호의 긔회를 화성에게 준 셈이엇다. 화성이는 몸이 불편한 것도 니저버리고 그 동안의 지난 일을 자세히 이야기하고 나서는 마음의 묵어운 짐을 내려버린 것이엇다.

『혜영 씨! 세상 사람이란 모다 이러한 모순 가운대에서 살게 된 것이 사실인 이상, 련애니 사랑이니 해서 마음을 괴롭게 하는 것 가튼 것 가티 어리석은 일은 업다고 생각해요.』

하고, 화성이는 한숨을 내쉬엇다.

입으로 모든 것을 단념하고 태연한 것을 뵈엇지만, 화성의 눈 가운대에는 아즉도 미련이 남아 잇는 것이 다 감추어지지 안햇다. 화성의 단념하얏다는 말이 혜영이는 련애에 승리하얏다는 것을 축하하는 것 가티 뵈엇다.

그러나 축하를 밧는 혜영의 마음은 화성의 락망 이상의 불안을 늣기엇다. 화성과 병호 사이에 다소간 의심을 가젓다가 그 의심이 여름에 눈 녹듯 녹아버린 이 자리에서 가튼 녀성에 대한 동정으로 가슴이 메어질 듯한 것도 그러함 즉할 일이엇다. 한편으로 사랑을 하는 사람이 자긔의 눈 아페 보이지 안는다 하야 그 고독을 잇기 위해서 마음을 짠 사람에게 옴기게 될가 하는 의심도 업지 안햇다. 그것이 과연 사실이라면 인심이 얼마나 박약한지 그것을 저주하고도 십헛다.

한층 더 깁히 들어가 생각하면 화성이가 자긔의 본심을 속이어 가지고 상대자에게 불안을 늣기지 안토록 하기 위해서 아픔 가슴을 부듸여 안고 한 말이나 안일까?

최민이란 이가 감옥에 들어갈 째에 벌서 그에 대한 사랑이 화성의 가슴 속에서 살아진 증거나 안일까? 결국은 자긔네 량심을 속임이나 안일까? 여러 가지의 의심이 혜영의 가슴을 써나지 안햇다. 아무 말업시 자긔의 무릅만 내려다보도 명상에 깁헛다.

『혜영 씨! 내 말이 죽음도 고지 듯기지 안치요? 그러치만 그건 사실이야요. 사람의 마음에는 상상하기 어려운 모순이 들어 잇는 것을 어쩌케 하나요.』

하고, 화성이는 빙그레 웃엇다.

그 우슴은 서리 덥힌 담 미테 시들어가는 국화와도 가탓다.

『글세요. 나는 경험해 보지 못한 일이니까, 뭐라 말슴하지 못하겟서요.』

혜영이는 겨우 입을 쩨엇다.

『글세요가 아니라 정말이야요. 혜영 씨는 아즉도 생각이 단순하고 세상 풍파를 격지 안흐셋스니까 그러한 의심도 하시겟지만, 우리 가티 역경에서 고생을 해 본 사람은 그러한 생각을 하게 되는 것이야요. 그러한 모순을 늣기게 된다면 큰일이지만, 그러한 모순을 늣기는 생활도 한번은 해봄 즉한 일이야요.』

하고, 화성이는 쏘 웃엇다.

그러나 혜영이는 그러한 환경에 자긔도 빠지게 된다면 어쩌케 하나 하는 두려운 생각이 업지도 안햇다.

『사람이 역경에 들어가면 마음이 잣구 변하는 것이겟지만, 그것이 올타고는 할 수 업겟죠.』

『물론 올타고는 생각지 안치만, 그러케 되는 걸 어쩌케 합니까?』

『그것을 우리는 좀더 생각하여야 되겟죠.』

『생각할 여유가 업는 걸 어쩌케 합니까?』

—(200), 『매일신보』, 1932. 6. 16

불상한 녀성들 (12)

『화성 씨 말슴 가트면 이 세상에는 진실한 사랑이란 업는 것이 아닌가요?』

혜영이는 사랑을 유희시하는 것이 마음에 맛지 안햇다.

『반듯이 그러한 것도 아니겟지만, 이 새에는 유희로 생각하는 사람이 만흔 것 갓드군요.』

『여러 사람이 그러케 안다고 그것이 반듯이 진리는 아니겟지요.』

『진리를 벗어나서 생활하는 우리들에게 그러한 것을 생각할 여우가 업는 것이 무리한 일이 아니겟지오. 그러니까 나는 남녀의 사랑에도 진실을 찻고 영원을 차즐 여유가 업다고 생각한 것이야요. 그러치 안하요? 이 편에서 아모리 사랑의 신성과 영원성을 주장한다 해도, 상대자가 그러케 생각지 안는다 하면 무슨 소용이 잇겟습니까? 모다 쓸대업는 말이야요. 우리 녀성들에게만 그러한 영원성을 요구하는 남자처럼 뻔뻔한 화상들은 업슬 줄 아는데요.』

화성의 말은 일종의 저주로 들리엇다.

은연한 가운대에 병호를 저주하는 것이엇다. 혜영이는 불유쾌하얏다. 최민이란 이가 잇스면서 그의 친구 병호에게 그와 가튼 태도를 뵈이는 것은 아모리 생각해도 음란한 생각의 작란으로 밧게 해석이 아니 될 수 업섯다. 이제 와서 상대자를 정면으로 공격하지 못하고 측면으로 제삼자를 대하야 저주 비슷한 말을 감히 하는 그 태도는 비겁한 것이 안일까? 화성의 태도는 물론 비루하거니와, 병호의 불순한 행동은 더욱 얄미운 생각이 낫다. 화성에게 대한 동정이 작구 얇아갈 뿐이다.

『사랑으로 상대자를 롱락하면 그 결과는 어쩌케 될가요?』

혜영는 물엇다.

『사랑으로 상대자를 롱락한다구요? 그야 한 편이 순진할 때에는 사랑의 파탄은 비극을 나코 말겟지만, 두 편이 다가티 서로 롱락하얏다면 나종에는 사랑의 파탄은 한 희극으로 막을 내리고 말겟지요. 족음도 애써 생각할 것 업는 일이야요.』

하고, 화성이는 다시 누엇다. 매우 피곤한 모양이다.

『화성 씨의 말슴하는 의미는 다 알아들엇서요. 역시 남자의 생각과 녀자의 생각이 갓지 안타는 것이지요?』

『대개는 그러하다는 말이야요.』

『그러하니까 녀자도 이제로부터는 남자를 롱락만 할 수 잇다면 한 번 하여 보는 것이 조타는 말슴인가요?』

『이러한 행동을 우리들이 넉넉히 해볼 수 잇느냐는 것은 문제이지만, 우리 녀성들 가운데에 그러한 용감한 이가 나오는 것은 단연히 환영하겟서요.』

혜영이는 화성의 마음을 리해하면서도 들어갈수록 무서운 생각이 낫다.
『혜영 씨! 저는 극성학원에 가서 소위 선생 노릇을 하는 동안에 그러한 생각이 절실히 낫서요. 정말 불상한 이들은 녀자들이야요. 녀자 중에도 교양 업는 이들이 더욱 불상해요. 혜영 씨는 그 학원에 오래 게시면 눈물 업시는 참아 들을 수 업는 여러 녀성의 애화를 들으실 터이지만, 참으로 남자처럼 무책임한 자들은 업겟지요. 아무러한 풍파도 격근 일 업는 순진한 아갓씨들만을 교육하는 사람들은 참으로 불상한 녀자의 경우를 알 수 업스니까 소위 현모니 량처니 하고 써들겟지만, 그들은 사회의 광명면만 바라보는 이들이오, 암흑면은 조금도 모르는 이들이야요. 그런 것을 모르고 지나는 것이 행복일는지도 알 수 업지만, 그것을 모르는 이는 세상 형편의 절반도 모르는 이니까, 돌이어 가엽슨 생각이 나드군요. 차차 그들의 과거를 들어보세요. 참으로 긔가막힐 터이니.』
『도대체 어쩌한 이들이 극성학원에 만히 들어옵니까?』
혜영이는 그들의 참상이 듯고 십헛다.
—(201), 『매일신보』, 1932. 6. 17

불상한 녀성들 (13)

『어쩌한 이들이 극성학원에 들어오느냐구요? 들어보면 정말 기막히죠. 우선 례를 들어 말하면, 이러한 이가 잇죠. 열여덜살에 시집을 가서 아이를 둘이나 나코 수물다섯에 소박덕이가 되어 오년 동안을 혼자 지나다가 이제야 열삼사세 된 아이들과 한 책상에 안저서 『アイウエオ』를 부르는 이가 잇서요. 엇째서 그러케 되엇는지 그 래력을 들어보니까, 남의 일이지만 가슴이 멍々하드군요. 구식 녀자로 아모 것도 모르고 시집을 왓드니, 남편 되는 이가 무식하니까 평생을 함끠 살 수 업다고 새로 신녀성에게 장가를 들어 가지고 자식을 쌔앗고 친정으로 내쪼차서 하는 수 업시 친정사리를 사오 년 하다가, 그래도 남편이 불고하니까 자기의 신세가 이러케 비참하게 된 것은 무식한 것이 원인인가 해서 학교에 와서 공부를 하여 가며 남편의 마음 돌릴 째를 기다리는 이도 잇서요. 이런 녀자가 한둘이 아니라, 그 가운데에 그와 비슷한 처지에 잇는 이가 퍽으나 만흔 모양이야요.』

『남편의 마음 돌릴 줄은 어쩌케 아는가요?』

혜영이는 이 조선 사회에는 아즉 그와 가티 어리석은 녀성이 잇다는 데에는 아니 놀랄 수 업섯다.

『정직하다 해서 조홀지 어리석다 해서 조홀지 알 수 업지만, 그러한 이가 잇는 것만은 사실이야요. 단순한 생각으로는 무식만 면하면 남편의 사랑이 다시 회복될 줄 아는 모양이야요. 우리는 그들의 어리석은 생각을 웃기 전에, 그 단순한 마음을 동정치 안해서는 안 될 줄 알아요. 그러한 녀자뿐 아니라, 쏘 이상한 이가 잇죠. 화류게에서 이름을 날리든 기생들도 업지 안 해요. 세상 형편이 어쩌케 되는 줄을 모를 쌔에 부모의 강제로 기생이 되엇다가 차차 제 철이 들고 보니까 자긔의 정조를 팔아서 일신의 호화로운 생활을 탐하는 것이 양심이 허락지 아는다 하야 단연히 마음을 돌으키어 순진한 생활을 시작하랴는 결심으로 어린 아이들과 함끠 안저서 북그러운 생각을 참아 가며 산굴이니 습자니 하는 것인 듯해요. 그들은 상당한 학교에 입학을 하랴 해도 전신이 화류게 출신이라 해서 부치어 주지도 안코, 가튼 녀자로서도 상종을 거절하니까 하는 수 업시 극성학원 가튼 곳에 와서 어른의 어린이가 된 모양이야요. 그들이야말로 한을 풀기 위한 마음에서 울어난 공부이니까 엽헤서 보기에도 미안할 만큼 공부에 초려를 하는 것 가태요. 어린 아이 중에는 가엽슨 이가 더 만치요. 집이 살기가 넉々지 못하다 하야 정식 학교에서는 입학을 식켜주지 안흐니까 하는 수 업시 그런 학교로 입학을 하게 되엇서요. 그뿐이 아니야요. 어머니만 잇고 아버지가 누구인지를 모르는 불상한 아이들도 만히 잇죠. 예전 녀자들이 무엇을 알겟습니까? 민적의 수속도 아니 해 노코 크다가, 필경에는 입학 시긔에 호적이 문제가 되어 입학이 되지 못한 아이도 더러 잇죠. 녀직공 노릇을 하다가 손가락을 다처서 병신이 되어 공장에서 쏘기어 나서 학교로 공부나 해보겟다고 온 아이도 잇죠. 알고 보면 우리 사회에서 제일 불우의 처지에 잇는 이들 뿐이죠. 그래도 우리 가티 소위 고등의 교육을 밧고 사회에서 낫벗든 조핫든 쩌들리어 지나는 녀성들은 행복한 녀성들이야요. 우리 사회에 그와 가티 불행한 녀성들이 극성학원에 잇는 그들뿐이겟습니까? 저는 이러한 녀성들의 일을 생각하면 남의 일 갓지 안 해요. 다른 불행한 녀성들이 이와 가티 만흔데, 사랑이니 련애니 하고 써드는 소위 교양 잇다는 녀성의 행동을 생각하면 얼마나 가슴이 쓰린지 알 수 업서요. 저는요, 이제부터 이와 가튼 불우에 처한 녀성들을 위해서 사랑하는 이에게 드리는 정성을 그들에게 들이기로 마음을 먹엇서요.』

하고, 화성이는 한숨을 쉬엇다.

—(202), 『매일신보』, 1932. 6. 18

불상한 녀성들 (14)

혜영이는 화성의 비장한 결심에 대단히 감동되엇다. 그러나 한 개인의 열성이 여러 사람을 과연 행복케 할 수 잇슬가는 한 의문이엇다.

『자긔 자신을 넘우 얏잡아보는 말 갓지만, 화성 씨나 나와 가튼 미미한 일개 녀성의 힘이 여러 불행한 녀성을 행복한 곳으로 인도할 수 잇슬가요?』

『그 효과가 어쩌케 되는 것만을 생각할 여유가 나에게는 업서요. 막연한 일이지만, 내의 마음만은 그 가운데에서 다맛 한 사람이라도 구해내는 것이 나의 사명으로 생각하니까요.』

하고, 화성이는 눈을 알에로 감고 무엇인지 생각하얏다.

화성의 말하는 눈치가 자기가 표명은 하지 안치만 실련의 고통을 잇기 위해서 자긔보다 불행한 사람을 상대로 살어보겟다는 것 가티 뵈엇다. 누구든지 실련을 하면 극도의 절망이 저와 가튼 결심을 하게 할 것이라 생각하니 전날 병호에게 실망을 하고 경성을 써나서 동경에서 방랑하든 일이 문듯 생각낫다. 자긔의 힘으로 자긔가 살어보자든 그 결심이 오늘에 와서 어쩌한 결과를 뵈엿는가. 사람이 일시의 충동으로 마음을 결정하는 것처럼 힘이 미약한 것이 업는 것을 절실하게 깨다른 혜영이는 화성의 흥분된 태도가 속으로는 우습게 뵈엇다. 그러나 그 웃음은 동정하는 웃음이엇다. 만일 병호가 마음을 변하야 화성에게로 쏠리게 된다면 그이는 어쩌한 생각을 할까?

두 손을 벌리어 환영을 할 것일까? 머리를 돌리고 자긔는 모든 것을 초월하야 불상한 여러 녀성을 위하야 모든 것을 희생한다고 거절을 할까? 감옥에 보낸 민을 즉석에서 이즌 그가 안인가? 만일 긔회가 다시 온다면 민을 니즌 것과 마찬가지로 여러 불상한 녀성을 닛지나 안을까? 저와 가튼 마음 얏튼 녀성에게 큰 절망을 주게 한 것은 자긔의 허물인 것 가타서 미안한 생각도 낫다. 그러나 미안하다는 리유로만 병호를 화성에게 돌리어보낼 수가 업섯다.

여러 가지 생각에 혜영이 역시 머리를 알에로 굽혓다. 혜영의 가슴에도 여러 불상한 처지에 잇는 사람을 위하야 일평생을 보내겟다는 것은 어제 밤 병호의 태도를 보든 째에 마음으로 이미 결정한 것이다. 그러나 자긔가 살기에 초려하는 미약한 개인으로 여러 사람을 위해서 일신을 바치겟다는 것은 과대한 망상이나 안일까? 암만 해도 효과 업는 정신상 결벽으로 박게 해석되지 안햇다.

『혜영 씨!』

한참 생각하다가 부르는 화성의 말소리는 족음 썰리엇다.

혜영이는 아무 말업시 눈으로 대답하얏다.

『녀성의 마음은 역시 녀성이 제일 잘 아니까 말슴이에요. 혜영 씨의 가슴에는 아즉 풀리지 안흔 수수격기가 잇는 것 가티 보이는데, 숨긴 것 업시 말슴하세요.』

하고, 화성이는 혜영의 손을 잡앗다.

『저에게는 아무러한 수수격기도 지금은 업서요. 어제ㅅ밤까지도 스스로 풀 수 업는 의문을 가지고 잇섯지만, 어제 밤과 오늘에 다 풀어버렷서요.』

혜영이는 얼굴이 족음 붉어젓다.

『어제ㅅ밤으로 오늘까지……』

하고, 화성이는 혼자 중얼거리엇다.

어제ㅅ밤이란 말에 화성이는 몹시도 충동을 바덧다. 그는 지난 망년회의 하루ㅅ밤을 생각하얏다. 그 이튿날부터 그는 어쩌한 실망을 늣기엇다. 자긔의 경솔하얏든 것을 뉘우치엇섯다. 그 반대로 혜영이는 어제ㅅ밤에 모든 수수격기를 풀엇다고 한다. 모든 것을 짐작하여 알 수 잇는 일이다. 화성의 가슴에서도 모든 수수격기가 풀리엇다.

두 사람 사이에는 침묵이 게속하얏다. 이때에 문 박게서 남자의 부르는 소리가 들리엇다.

—(203), 『매일신보』, 1932. 6. 19

불상한 녀성들 (15)

혜영이와 화성이는 동시에 귀를 문 박게로 기우렷다. 병호의 목소리가 분명하다. 다가티 놀랏다.

화성이는 혜영이가 여긔에서 만나자고 병호와 약속한 것이라 상상하얏다. 어찌하야 두 남녀가 자긔의 집에다 장을 두엇슬까? 자긔의 집이 아니면 저의들이 서로 만나볼 처소가 업슬 것도 아니엇다. 이것은 필연코 두 남녀 새이에 어찌한 갈등이 생긴 것이 분명하다. 필연코 혜영이가 질투를 한 것이다. 그리하야 병호는 그 의심을 풀랴고 일부러 두 남녀가 차저온 것이엇다. 자긔가 결국은 두 남녀 새이에 끼어 질투의 대상물이 된 것이라 생각하니 매우 불유쾌하얏다. 그러나 만일 자긔가 상ㅅ한 것이 틀림업시 두 남녀가 직접으로 담판을 하야 서로의 오해를 풀랴고 온 것이라면, 언제든지 자긔의 태도를 분명하게 가지고 두 사람 사이를 축복하랴고 결심하얏다.

혜영이는 병호가 어찌하야 여긔를 차저왓슬까? 그 동안 자긔를 속이고 늘 래왕하지나 안햇는가 하는 의심이 무럭〈 낫다.

화성이는 누엇다가 벌덕 이러서며 방 문을 열며,

『누구서요? 이리 들어오세요.』

하고, 힘 적은 목소리로 웻첫다.

혜영이는 화성의 뒤으로 박갓을 내다보앗다. 안으로 충충 들어서는 이는 상상한 것과 틀림업시 병호이다. 가슴에서 무엇인지 쿵 소리를 질르고 내려안젓다.

그 동안 자긔를 속엿구나 하는 의심이 혜영의 마음 전부를 차지하얏다.

『이게 웬일이세요?』

하고, 화성이는 마루로 나섯다.

들어오는 병호는 걸음을 주츰하며,

『손님이 게시죠?』

한다.

『아주 반가운 손님이세요. 잘 아시는 손님이야요. 들어오세요.』

하고, 화성이는 웃는다.
 병호도 벗어 노흔 신발을 보드라도 자긔가 이곳에 와서 잇는 것 쯤을 짐작할 줄 혜영이는 상상하얏다. 그러나 병호는 시침이를 쎈다. 마음이 몹시 불쾌하얏다.
 병호는 마루로 올나서며,
『댁에 혹 혜영 씨가 오시지 안햇서요?』
하고 뭇는다.
 혜영이는 족음 마음이 뇌엇다. 자긔를 급히 맛날 일이 생겻나 짐작하얏다.
『들어오세요. 지금 여긔 게시니까.』
하고, 화성이는 병호의 아플 서서 방으로 들어왓다.
 혜영이는 하는 수 업서 벌덕 닐어섯다. 그의 얼굴은 확근하야젓다.
『어찌 그러케 한번도 뵈올 수가 업서요?』
하고, 화성이는 원망하는 듯이 바라본다.
『글세. 일이 밧버서 실례햇습니다. 용서하세요.』
하고, 병호는 화성의 얼굴을 살핀다.
 혜영이는 두 남녀의 태도가 너무나 계획적으로 뵈여서 얄미운 생각도 낫다. 그러나 이것이 만일 자긔의 억측이라면 병호나 화성에게 넘우나 미안한 일이라 하야 생각을 돌리느라고 애를 썻다.
『학교로 갓드니 두 분이 다 아니 게시드군요. 그래서 물어보앗드니 혜영 씨가 화성 씨 댁에 간 듯하다고 어썬 직원이 알려주어서 혹여 게 잇나 하고 왓드니 정 게십니다.』
하고, 병호는 미소를 혜영에게 보낸다.
 혜영이는 병호의 구구히 변명하는 듯한 태도가 마음에 얄미웟다. 그 설명이 넘우나 자세한 것이 필연 마음에 캥긴 것이라 상상한 까닭이엇다.
—(204), 『매일신보』, 1932. 6. 21

불상한 녀성들 (16)
 남자 한 사람을 가운대에 두고 두 녀자가 안젓는 것이 엇전지 마음에 안 되엇다. 이도 서로 아무러한 관심이 업시 지나왓다면 양심에 쩌르킬 것이 업겟지만, 자긔네 세 사람 관게를 종래부터 살펴보건대 비록 시간의 틀림은 잇슬지라도 한 남자를 두고 두 녀자가 다툰 것은 사실이엿다. 오늘에 와서 련애의 쟁탈전 가튼 장면을 만드는 것은 마음에 정말 실엇다.

『저는 이만 실례하겟서요.』

하고, 혜영이는 몸을 니르키엇다.

『웨 그러세요? 병호 선생도 오시고 햇스니 노다 가세요.』

하고, 화성이는 말리기는 하엿스나, 속으로는 혜영의 아즉도 좁은 마음을 웃엇다.

『저는 너무 오래 잇스니까 그만 실례하겟서요.』

하고, 혜영이는 다시 고집을 하엿다.

『이러케 서로 맛나볼 긔회가 별로 적을 듯한데, 웨 그러케 서들으세요. 이야기가 좀 잇스니까 잠간 듯고 가세요.』

하고, 화성이는 혜영의 손을 잡아 안치엇다.

『몸도 불편하신데 넘우 오래 잇서서 안 되엇서요. 요다음에 쏘 와서 뵈옵지요.』

이러케 혜영의 얼굴에는 홍분한 빗이 다소간 나타나게 되엇다.

『요다음에 물론 오실 터이지만, 우리는 긔회가 마츰 조흐니 여러 가지 이야기나 해봅세다 그려!』

화성이는 혜영의 하는 짓이 대단히 불쾌하얏지만, 자기가 오늘은 주인인 것을 잇지 안햇다.

『그러면 저도 가지요.』

하고, 병호도 벌덕 닐어섯다.

화성이는 『이 못 생긴 년놈아! 어서 가렴으나. 내 집을 밀회장소로 아느냐?』고 말하고 십헛다.

그러나 참앗다.

『더 노르세요. 저 먼저 갈 터이니…….』

혜영이는 웃고 말하얏다.

화성이는 갈스록 창피한 생각이 낫다. 병호가 자기도 가겟다고 혜영이를 짤하 닐어서는 것을 정면으로 자기를 무시한 것이라 생각하얏다. 그러나

쏘 참앗다. 화성의 이상한 표정에

『혜영 씨! 잠간만 잇다가 가치 갑세다 그려.』

하고, 다시 안는다.

『제가 두 분에게 잠간 헐말이 잇스니까 잠간만 기다리세요.』

하고, 화성이는 혜영의 손을 잡앗다.

혜영이는 이에는 하는 수 업시 돌오 안젓다.

『두 분에게 아무 말슴도 안는 것이 두 분에 대한 제의 변명이 되는 것 갓지만, 세 사람이 한자리에 모이게 된 이상 하고 시픈 말을 못할 것이야 무엇이겟서요. 지나간 일로 우정까지 상하고 십지는 안흐니까 모든 의심은 이 자리에서 풀어주세요. 만일 내 말을 미드신다면 당신네의 하고 시픈 말슴도 해주실 줄 알아요. 두 분이 여긔에 오신 쯧이 어데 잇는지는 알 수 업지만, 서먹서먹한 태도를 가지는 것은 퍽으나 불유쾌한 걸요.』

화성의 말소리에는 감정이 부지중 석기어 흘럿다.

혜영이는 녀성으로서 녀성의 진심을 짐작 못한 것도 아니엇지만, 본능인 질투에 그의 총명은 잠간 동안 흐려젓든 것이다.

잠간 동안 생각하는 동안에 화성에 대한 련민의 정이 그 가삼을 차지하얏다. 처지를 박구어 생각한 결과이엇다.

『별 의미 업시 가겟다는 것이엇스니까, 낫비 생각하시면 안 되야요.』

하고, 혜영이는 웃는 얼굴을 지엇다.

『저는요. 어쩌한 일이 잇는지 낫비는 생각 안흐니까 그것만은 걱정 마세요.』

하고, 화성이도 웃엇다.

—(205), 『매일신보』, 1932. 6. 22

불상한 녀성들 (17)

화성이나 혜영이는 별안간 화성의 집을 차저오게 된 병호의 진심을 알 수 업섯다. 그러나 병호는 매우 용긔를 내어서 화성의 집을 찻게 된 것이엇다.

지금에 와서 혜영이가 화성에 대하야 어쩌한 의심을 가지고 잇든지 그

의심으로 인하야 혜영에 대한 자긔의 마음이 편치 안흘 것 가탓지만, 그러한 불투명한 의운(疑雲)을 두 사람에 두는 것은 장래에 불안을 남기어 두는 것이나 족음도 다름이 업다고 생각하얏다. 그리하야 세 사람이 한 자리에 모아서 재래의 관계를 번듯이 청산하는 것이 세 사람을 위하야 모다 행복된다고 자신을 가진 싸닭이다. 그러다가 두 녀자가 미묘한 관계로 이 장면이 잘 어울릴 것도 갓지 안해서 속으로는 저윽히 실망을 하게 되엇다. 그리하야

『민 군의 소식을 들으셋서요?』

하고, 병호는 물엇다.

『김 선생에게 아무 소식이 업섯나요? 근일에 와서는 제게도 아모 통신이 업서요.』

화성이는 이러케 대답은 하엿스나, 병호가 별안간 이러한 말을 뭇게 된 그 동긔가 어대에 잇는지는 몰랏다.

『저에게도 도모지 편지가 업서요. 웬일일까요?』

하고, 머리를 숙이엇다.

『저도 모르겟서요.』

화성이는 혜영이를 보앗다.

혜영이는 화성에게 관계된 일만을 말하는 병호의 마음을 짐작하얏다. 화성이는 민의 사랑하는 녀자인 것을 발표하랴고 내노흔 말로 알앗다. 구々한 변명을 여긔에까지 와서 할 필요가 어대 잇슬까? 병호는 예상 이외로 못 생긴 남자나 안인가 하는 의심도 새로워젓다. 그러나 혜영이는 어대까지든지 병호를 두호하고 모든 것을 호의로 해석하야 순진해서 그러한 것이라고 생각을 돌리엇다.

실상 병호는 민의 말을 내노흐랴 할 째에 멧 번이나 주저한지 알 수 업섯다. 민을 생각만 해도 량심에 가책이 되엇다. 물론 육체적으로 친구의 애인에 대하야 책임을 질만한 아무러한 행동이 업섯지만, 정신적으로는 일시는 화성에게 미혹되어 친구의 신의를 배반할만한 야심을 먹엇든 것이엇다. 생각이 여긔에 이르면 얼굴이 잘 들어지々 안햇다. 그만한 정도에 끗친 것이 무엇보다 엇기 어려운 다행이엇든 것을 절실이 늣기엇다. 만일

민이 이 마음을 몰라준다면 병호나 화성의 처지는 매우 곤난하엿다. 부덕부정(不德否定)의 탈을 씨워서 시가지로 쫏차내인 것이나 하등의 차이가 업슬 것이다. 역시 농촌으로 돌아가는 것이 제일 팔자 편한 일이라고 생각하엿다.

『김 선생! 민은 퍽으나 번민한다는 말을 들엇서요.』

『어대서요?』

『이번에 출감이 되여 나오는 사람이 일부러 저를 차저와서 이런 말 저런 말을 쏘치〈 뭇겟지요? 처음에는 형사나 탐정이나 안인가 하고 퍽 조심을 햇드니, 자세히 알아보고 민의 친한 친구이어서 여러 가지 이야기를 자세히 들엇서요. 민은 그 사건에 아무러한 관게가 업는 듯해요. 그래서 만일 예심 결정이 되면 그때에는 면소(免訴)가 쏙 되리라고 밋고 잇는 모양 갓다구요. 어쩌케든지 속히 나와야 할 터인에, 아마 이년 동안의 기나긴 세월을 두고 지날 일이 걱정이야요.』

하고, 화성의 눈에는 눈물이 글성〈 해젓다.

그러나 화성이는 민에게 대하야 아무러한 붓그러움이 업섯다. 그는 병호와 관념의 유희로 서로 호감 가진 것이 사랑에 대하야 죄가 아니 된다고 평시부터 미더 온 까닭이엇다.

—(206), 『매일신보』, 1932. 6. 23

불상한 녀성들 (18)

병호는 민이 확실히 면소될 자신이 잇다는 말을 듯고, 지금까지 하여 내려오든 걱정의 일부분을 덜엇다. 걱정이 덜어질 뿐아니라, 자긔가 하라는 사업에 힘 잇는 동지를 엇게 된 것이 퍽으나 깃벗다.

『민이 정말 면소가 된다고 햇서요? 민 자신이 그러케 생각하면 틀림업시 나오게 될 것입니다. 그러나 예심에 걸렷스니 그럭저럭 이태 동안은 고생을 해야 되것죠.』

병호는 만일 민이 그러한 말을 하얏다면 무사히 나올 것을 비더도 관게 업다고 생각하얏다.

『잇해 동안이 그러케 긴 세월이 아니지만, 옥중에서 더구나 예심으로 지난다는 것은 여간 사람으로는 견듸어 내기가 어려울 터인데 정말 걱정이야요.』

하고, 화성이는 머리를 숙인다.

『그러면 민 군이 무사히 나오는 것을 전제로 하고 화성 씨는 그 동안 무엇을 하시겟습니까?』

병호는 물엇다.

『저는 민이 나올 째까지 극성학원에서 불상한 녀성들을 벗 삼아 가지고 지나겟서요.』

화성이는 힘업시 대답하얏다.

『민이 만일 불행해서 예정대로 출감이 못 된다면 어쩌케 하실 터인가요?』

『어느 째까지든지 나오기를 기다리죠.』

『여러 가지 형편이 기다릴 수 업게 되면 어쩌케 하실 터인가요?』

『못 기다릴 형편이 잇슬 까닭이 잇나요?』

『례를 들면 생활 문제 가튼 것 말슴이죠.』

『생활 문제 가튼 것은 본래부터 문제를 삼지 안 햇서요. 민이 비록 청천백일에 무사히 나온다 해도 생활 문제가 즉시에 해결될 것이라고 밋지는 안 해요. 먹으면 먹는 대로 입으면 입는 대로 그럭저럭 지나겟서요.』

『사람으로 제일 아끼는 것은 청춘인 듯한데, 청춘을 옥중에 잇는 민을 위해서 그대로 허송할 수 잇슬가요?』

『허송이 아니야요. 가장 유효하게 보낼 수 잇다고 생각하는 걸요.』

병호는 가장 유효하게 보낼 수 잇다는 화성의 말 의미를 분명히 해석할 수 업섯다.

『어쩌케 보내면 유효한가요? 나는 도모지 해석할 수 업는 걸요.』

『청춘 시절을 허송하는 것이 앗갑지 안느냐고 말슴을 하시기에 헌 말이야요. 유효하게 보낸다는 것이 반듯이 향락적으로 지난다는 것이 아니니까요. 힘 잇는 청춘을 다른 사람을 위하야 봉사한다는 말이야요. 그러니까 어느 째까지든지 기다릴 수 잇서요.』

『이것은 화성 씨의 아름다운 공상으로박게 아니 들을 수 업는 걸요.』

『아름다운 공상이라구요? 아름다울 것도 업서요. 공상이 아름다울 것이야 뭣 잇겟습니까? 실행한 뒤에 그 분투한 힘이 비롯오 아름답겟지요.』

병호는 그 동안 화성의 성격에 일대 이상이 생긴 데에 아니 놀랄 수 업섯다. 그는 어쩌한 동긔에선지 알 수는 업지만, 감상으로 생각이 흘른 것은 가히 알 수 잇섯다.

『분투한 힘만 아름다우면 무엇을 합니까? 자긔의 청춘을 희생해도 관게가 업다고 결심하기는 매우 어려운 일이 안일까요?』

『쉬운 일도 아니겟지만, 아주 못할 일도 아니겟지요. 좌우간 한 번 결심하엿스니까 해 보겟서요. 청춘을 허송하는 것도 앗가운 일이오, 빈한々 생활에 부대끼는 것도 참아 하기 어려운 일이지만, 자긔의 일평생을 생활과 본능 때문에 희생한다는 것도 못난 짓인 줄 알아요. 저는 감정을 초월하여 가지고 모든 것을 대하고 십허요.』

말을 한 번 할사록 화성의 현재는 어쩌한 감상에 지배밧는 것이 분명하여젓다.

—(207), 『매일신보』, 1932. 6. 24

불상한 녀성들 (19)

『민 군이 나온 뒤에 어쩌케 하겟다는 예정은 잇습니까?』

병호는 민이 나온 뒤에 어쩌케 될 것이 념려가 되엇다.

『어쩌케 하겟다는 결심이 아즉 잇슬 까닭이 잇나요? 지금까지 결심한 것은 먼저 말슴한 것 가티 불상한 녀성들과 함쯰 살아가겟서요. 지금은 그것 이외에는 딴 생각이 업서요.』

화성이는 이러케 말하고 눈을 감엇다.

그러나 혜영에게는 화성의 말이 어쩌한 절망과 비애에서 나온 둔사로밧게 들리지 안햇다. 자긔로 인하야 절망해서 극도의 비애에서 헤어나지 못하는 한 녀성이 생긴 것이나 안일까 생각하니, 미안하기가 짝이 업섯다. 그러나 어쩌할 수 업는 일이엇다. 오늘에 와서 천박한 동정으로 자긔를 희생하기에는 벌서 때가 느젓다고 생각하얏다. 어제ㅅ밤 전까지도 다른 사람을 위하야 병호를 니즐 여유가 마음의 한 구석에 잇섯는지도 알 수 업섯지만, 정신과 육체를 다 가티 바치게 된 오늘에는 가능성이 업는 일이엇다. 사리로 보든지 인성으로 보든지, 화성이는 민에게로 돌아가는 것이 당연한 일이엇다. 화성에게는 지금까지도 오히려 병호에게 미련을 가지고 잇는 듯하지만, 이것은 틀린 생각이라 아니 할 수 업섯다. 자기가 제삼자의 지위에 잇다면 화성에게 반듯이 병호를 니저버리는 것이 여러 사람의 행복을 위하는 최선의 방법이라고 충고를 기탄 업시 하얏슬 것이다. 그러나 혜영 자신은 그 와중의 한 사람이다. 비록 사리에 정당한 일이지만, 자기의 리익만을 압세운 판단 가타서 겨테서 병호와 화성의 태도만을 주의하고 잇섯다.

『화성 씨! 불상한 녀성들의 교육을 위해서 극성학원에 선생 노릇을 하는 것보다, 다른 여러 사람을 위하야 좀더 큰 효과가 잇는 사업이 만일 잇다면 어쩌케 하시겟습니까?』

병호는 진심으로 지금까지의 썰줄궂한 불순한 관계를 끈허버리고 다맛 일하는 동지로서 가티 손을 붓들고 나아가면 어쩌할까 하는 생각을 간절히 하얏다.

『세상을 위해서 좀더 큰 의의 잇는 일이면 그게 무엇일가요?』

화성이는 되물엇다.

『아즉은 발표할 시기가 못 되엇지만, 잇기는 잇습니다.』

병호는 간사지 개간사업을 마친 뒤에 거기에다 리상향을 건설하는 데에 동지가 되자는 의미인 것을 겨터 안즌 혜영이만은 짐작하얏다.

그러나 화성이는 그 뜻을 몰랏다.

『민과 가튼 행동을 하여 보자는 의미가 아닙니까?』

화성이는 병호의 말뜻을 어쩌한 결사를 해서 여러 사람을 위해서 일하자는 것으로 알아들은 까닭이엇다.

『그런 의미가 아닙니다. 만일 그러케 해석한다면 내의 본의를 정반대로 해석하신 것이야요. 우리들은 그러케 기분으로 움직일 째는 벌서 지낫습니다. 우리는 우리의 힘 닷는 대로 족음식 족음식 생활의 기초를 싸하 가자는 것이니까, 그런 것은 결단코 아닙니다. 민 군도 평일에 늘 말하기를 우리들은 개인적으로 사회적으로 내성(內省)이 적은 것이 무엇보다도 걱정이라고 햇지요. 그리하든 민이 무슨 결사에 참예햇다고 저는 밋지 안흐니꺄, 필경은 민은 무사하게 될 줄을 아는 까닭에 화성 씨에게도 권하게 된 것입니다. 그러한 념려는 업는 줄 알아요.』

『그러한 사업이 잇스면 그것을 구체적으로 말슴을 하세요.』

하고, 화성이는 먼저 혜영이를 바라보앗다.

—(208), 『매일신보』, 1932. 6. 25

불상한 녀성들 (20)

병호는 극성학원으로 혜영이를 찾기 전에 남성은행으로 가서 춘식이를 차젓다.

춘식이는 병호를 자긔 방으로 불러들인 뒤에 좌우의 사람을 물리치고 손을 잡고 말하얏다.

『김 군! 엇지 되엿든 간사지 개간사업의 성공을 위해서는 나도 최선을 다할 터이니 족음도 의심마오. 그러고 멧칠 후에는 기사와 함꾀 가서 어쩌케 공사에 착수할가를 잘 보고 와 주구려.』

병호는 그 친절한 태도에 아츰까지도 족음 남어 잇든 감정이 여름의 어름 가티 풀어젓다.

『그 간사지를 개척해서 량전옥답을 맨든다면, 그때에는 리 선생은 어쩌케 하시겟습니꺄?』

하고, 병호는 물엇다.

『무엇을 하단요?』

춘식이는 이상스러운 눈을 떳다.

『그 토지를 선생의 소유로 맨들으시겟습니꺄?』

『그럴 리가 잇겟소. 나도 실업게에서 여러 가지 사업도 하여 보앗지만, 이번만은 결단코 내의 재산을 불릴라는 것은 아니오. 이것은 혜영 씨의 선친의 사업을 게속해서 그 집을 위로할 뿐아니라, 그 토지를 날마다 위축하여 들어가는 농민의 생활을 위해서 시작할 터이니꺄, 간사지에서 생긴 토지는 물론 내 것은 아니오. 그러하니꺄 김 군은 개스쌍 속에 파무첫든 짱을 물 박그로 어서 나오게 해 가지고 여러 사람을 그 사업에 전심전력을 하시구려.』

병호는 이러케 되는 것이 퍽으나 반가웟다. 춘식이가 막대한 비용을 들이어 간사지를 개척하는 것은 리해를 타산한 결과에 나온 것이나 안일까 하는 의심도 업지 안햇다. 부익부하랴는 욕심에서 사업열이 생긴 것이라면 자긔의 리상대로 그 토지를 사용할 수가 업지나 아니 할까 하는 의아와 공포가 한 가지로 써돌앗스나, 차차 교제를 하고 보매 결단코 장래에 그러치는 아니 하리라는 미듬이 생기엇다. 그리하야
『물론 생명을 걸고 그 사업 성공을 위해서 분투하서요.』
하고, 바로 혜영에게로 쫏차 가서 상의하랴든 것이엇다.
그러나 혜영이는 학원에서 벌서 나간 뒤이엇다. 이런 이야기는 혜영이 쑨에게 말하랴는 것도 아니엇다. 화성에게도 말하랴 하얏섯다. 자긔의 이제로부터 하랴는 사업에 가장 리해를 가지고 진실한 말동무가 될 이는 물론 민이엇다. 민이 업는 이상 그러한 상의를 바들만한 이는 민의 사랑하는 화성이 박게 별로 업섯다. 말을 리해함 즉한 이라 아즉도 그 사업의 효과를 목전에 보이기 전에는 다소간 실업슨 소리라고 인정할 터이지만, 병호는 화성이와 감정상으로 족으만 모순 잇는 것을 벌서 청산한 오늘에, 그와 상의하는 것이 마음 북그러울 일은 하나도 업섯다.
혜영이와 화성이가 한자리에 잇다는 말을 듯고 반가히 쒸어온 것이엇다. 여러 가지로 애수를 늣기인 화성이가 그런 조흔 일이 잇스면 그것을 구체적으로 말하라는 데에 병호는 가장 충실하게 자세히 말하얏다.
화성이도 이제야 마음에 족음 동요가 생긴 째이라, 아무러케 생활을 해도 조타는 것 가티 그 자리에서 찬성을 하얏섯다.
『화성 씨! 조섭을 잘 하세요.』
인사를 한 뒤에 혜영이는 병호를 쌀하 문 박그로 나섯다.
벌서 석양이 되어 갓다.

—(209), 『매일신보』, 1932. 6. 28

불상한 녀성들 (21)
그들은 중학동 개천가 길로 나섯다. 혜영의 압흐로 안은 책보가 너무나 컷다. 한 짐이 실히 되엇다. 병여의 혜영에게는 너무나 적지안케 묵어운

짐이 되어 뵈엇다. 병호는 미안한 생각이 낫다.
『그 책보를 이리 주구려.』
하고, 병호는 손을 내밀엇다.
『괜찬해요.』
하고, 혜영이는 아페 안엇든 짐을 겨테다 끼엇다.
『그리지 말고 이리 주세요. 무슨 것이 그러케 크다란 한가요?』
하고, 병호는 혜영의 손에서 책보를 빼아섯다.
혜영이는 못 이기는 체하고 손을 노앗다.
병호는 책보를 손으로 두들기어 가며,
『이게 아마 선생 노릇하는 방맹이거리죠?』
『아니야요. 불상한 녀성들을 구해 주자는 『성경』이야요. 그러고 제의 밥을 어더 먹는 긔구야요.』
하고, 혜영이는 웃엇다.
개천가의 길에는 다니는 사람이 그러케 만치 안햇다. 그들은 마음대로 말하기 조흔 길이다. 이와 가튼 조용한 길이 끄치 업시 아프로 뻐더 잇섯스면 조흘 듯하얏다.
『여보 혜영 씨! 대체 불상한 녀성들! 불상한 녀성들! 하니, 녀성이 어쩌케 불상한가요? 화성 씨가 불상한 녀성을 위해서 생명을 걸고 일하겟다는 말을 듯고 좀 물어볼가 햇지만, 불상한 것은 녀성뿐이 안일 것 가튼데 잣구 말하니까 듯기가 족음 거북하든 걸요.』
병호는 먼저 들은 여러 말이 다시 긔억에서 살아난 것이엇다.
『그야 불상한 경우에 잇는 이가 녀성들 뿐이겟습니까마는, 전체적으로 남자와 녀자를 비교한다면 녀자 된 처지가 더 가엽고 극성학원에 모아든 녀성처럼 가엽슨 이가 어데 잇겟서요? 그러니까 화성 씨도 그러한 의미로 한 말이겟죠.』
『극성학원에 모인 녀성들은 모다 가엽슨 녀성들인가요? 그러면 화성 씨나 당신도 가엽슨 처지에 잇나요?』
하고, 병호는 웃음 반 석긴 얼골로 웃엇다.
『그것은 당신의 생각에 맛깁니다.』

하고, 혜영이는 고적한 웃음을 뵈엇다.

『참으로 불상한 사람들은 짜로 잇죠. 당신네들이 불상하다면 행복스러운 사람들이 누구이겟습니까? 화성 씨나 당신은 불상을 말할 자격이 업는 줄 아러요. 부모의 덕으로든지 어찌 되엇든 녀자로서 고등한 학문까지 엇게 되엇다는 것은 큰 행복이니까, 쓸대업시 자기 자신을 나추어 보는 것은 조치 못한 일인 줄로 아는데요. 극성학원 녀성들은 그래도 공부를 할 경우에 잇는 사람들이죠. 그것도 할 수 업서서 자기의 육체를 팔고 웃음을 파는 이가 얼마나 만은 줄 압니까?』

이것은 병호가 진심으로 한 말이엇다.

그들은 어느듯 동십자각 전차 정류장에 이르럿다. 그대로 갈리어 가고 십지 안햇다. 병호는 여러 가지로 혜영에게 말하고 십혼 일도 잇섯다.

『당신! 어대로 가시겟소?』

병호는 물엇다.

『집으로 가지요.』

혜영이는 신명업시 대답하얏다.

『어데 가서 저녁이나 갓치 먹고 이야기나 좀 하시지 안흐세요?』

『아모러케나 해볼가요?』

종로행 전차가 왓다. 그들은 전차를 타고 종로에서 내리어 D백화점 식당으로 들어갓다.

식당 한 편 구석의 제일 조용해 뵈이는 곳에 자리를 잡앗다.

혜영이는 이러한 식당에서 저녁을 먹은 지도 벌서 반년이나 되엇다. 병호와는 물론 처음으로 왓섯다.

—(210), 『매일신보』, 1932. 6. 29

불상한 녀성들 (22)

식당 안은 매우 한적하얏다. 그들은 간단한 저녁밥을 주문하고 차를 마셔 가며 이야기를 시작하얏다.

『언제 현장을 가 보시겟서요?』

혜영이는 궁금하얏다.

『여긔에서 여러 가지 준비만 되면 곳 떠나갈가 합니다.』

병호는 손가락으로 테불을 두들기며 대답하얏다.

『준비만 되면 곳 내려가 보시겟서요?』

『물론 내려가 봐야 되죠.』

『저도 한 번 가보고 시퍼요.』

『가보는 것도 조켓지요.』

『제가 가서 본들 무엇을 하겟습니까만, 엇쩌케 되엇든 집안이 그로 인해서 탕진이 되엇다 하니까 한번 보고도 시퍼서 그래요.』

『보기만 하겟습니까? 장차는 아주 살아야 될 터인데…….』

하고, 병호는 웃엇다.

『살게 되면 하는 수 업시 살겟지요만, 엇전지 장래ㅅ일이 적쟌케 걱정이 되어요.』

혜영이는 만일 병호조차 이 사업에 실패하면 엇지 하나 하는 걱정이 새로워젓다.

『이러한 사업에는 실패가 업지도 안켓지만, 첫 번의 경험을 참고삼아서 시작하면 이번에는 반듯이 성공할 자신도 잇스니까, 그러한 걱정은 하실 것 업서요. 다만 걱정 되는 것은 우리의 리상대로 여러 사람이 평화로운 생활을 하게 될가 하는 것이죠. 공동생활의 책임을 아는 이가 만타고 할 수 업스니까.』

음식이 왓다. 그들은 말을 중지하고 식사를 시작하얏다.

『저 보세요. 자긔 안젓는 이가 영숙이 가튼데요?』

혜영이는 젓가락으로 한 편 구석을 갈으첫다.

병호는 그 편을 바라보앗다. 그러나 병호는 자세히 알 수 업섯다.

『뒤ㅅ태도가 꼭 영숙이 가튼 걸요..』

하고, 혜영이는 쏘 가르첫다.

뒤ㅅ태가 영숙이 갓기도 하얏스나, 그이가 꼭 영숙이라고 병호는 말할 수 업섯다. 그는 영숙의 인상이 그러케 깁지 안흔 까닭이엇다.

『영숙이가 어찌 이런 데로 밥을 먹으로 왓슬까? 더구나 사내와 가티…….』

혜영이는 매우 유렴이 되는 모양이다.

『영숙이라고 이런 데 와서 밥 먹지 말란 법도 업슬 게요. 쏘 남자와 함씌 단이어서는 안 된다는 법도 업겟지요. 그러케 놀랄 것은 업겟죠.』
병호는 먹든 식사를 게속하얏다.
『그런 애가 아니엇는데, 이새 좀 바람이 난나 보아요.』
하고, 혜영이는 쏘 그 편으로 시선을 던젓다.
『그러면 혜영 씨도 바람이 나서 이런 데로 오셋군요.』
하고, 병호는 웃엇다.
『바람이 나구 말구요. 아주 것잡을 수 업는 크다란 폭풍우가 닐어난 줄 모르세요?』
하고, 혜영이도 웃엇다.
『식당에 밥 먹으로 다니는 것이 바람이 난 일일가요?』
혜영의 말쯧을 모르는 것이 아니엇지만, 병호는 일부러 물엇다.
『생각해 보세요. 남자와 억개를 맛대고 식당 가튼 데로 식사를 하러 단일 정도면 다 알아볼 일 아니야요?』
『그것도 교제할 탓이겟죠. 반듯이 식당에 가티 단인다고 련인 동지라 할 수 잇슬라구요?』
그러나 병호도 짠은 이상한 일이라고 생각되는 점이 업지도 안엇다.
더욱히 뒤로 돌아안저서 모르는 체하는 것이 수상한 일이엇다.
『내가 가서 좀 볼가요?』
혜영이는 매우 유렴이 되는 모양이엇다.

—(211), 『매일신보』, 1932. 6. 30

불상한 녀성들 (23)
병호는 아니 보랴고 돌아안즌 사람을 일부러 차저가서 알은 체할 필요는 업다고 생각하얏다.
『요다음에 만나보는 게 엇대요?』
『요다음에 다시 볼 것 업시 현장에서 붓들어 가지고 자백을 밧는 것도 통쾌한 일이 아니야요?』
하고, 혜영이는 웃엇다.

『남자와 가티 온 것에 그러케 호기심을 벅적 낼 것이 뭣인가요?』
『호기심만이 아니라 족음 알아볼 일이 잇서요.』
『알아보는 것도 내일 알아보는 게 엇대요?』
『아니야요. 지금이라야 되여요. 아이가 수집고 게다가 음흉해서 현장이 아니면 쏙 잡아썰는지도 알 수 업스니까요.』
『그러케 현장을 붓잡아서 자백을 바더서 시원할 것이 무엇인가요?』
『재미스럽지 안 해요? 평일에는 내가 사랑이니 번민이니 한다고 픽으나 웃든 아이가 제가 나 몰리 애인을 두고 레드뷰를 한다니 재미잇는 일이 아니야요? 나는 가서 좀 기어히 알아보겟서요.』
하고, 혜영이는 웃음 석근 얼굴을 번적 들고 의자에서 닐어낫다.
『잠간 실례하겟서요. 잠잣고 기다리세요.』
하고, 혜영이는 테불 사이로 조심스러히 영숙의 뒤으로 걸어갓다.
병호는 그 편 동정만을 멀리 살피고 안젓슬 뿐이다.
갓가히 갈스록 영숙이가 분명하다. 반대ㅅ편에 안젓든 남자는 혜영이가 자긔 테불 갓가히 오는 것이 이상하얏든지 잣구 바라다본다. 그리고는 잘 들리지 안는 말소리로 영숙에게 뭐라고 속삭인다.
영숙이는 남자의 시선 가는 곳을 돌아다본다.
『언니! 웬일이세요?』
하고, 영숙이는 의자에서 벌덕 닐어낫다. 그의 얼굴에는 약간의 분홍빗이 씌언저젓다.
『영숙이! 참 오래간만이야. 그 동안에 엇저면 그러케 한번도 만날 수가 업서…….』
하고, 혜영이는 두어 걸음 더 아프로 나섯다.
『언니! 용서해주우. 사람이 아주 못 되엇지? 병든 언니의 위문도 잘하지 안코 해서…… 그리챤해도 오늘에나 래일에는 행촌동을 좀 가랴고 햇섯서…… 참 볼 낫이 업서…….』
『말만이라두 고맙구려. 먼 데를 밧분 사람이 어쩌케 차저올 수 잇슬라구. 내 량해하지.』
하고, 혜영이는 테물 겨테 섯다.

혜영의 아페는 다맛 영숙이가 잇슬 뿐이오, 사나이는 업섯다.

『좀 안구려…… 언니!』

영숙이는 의자를 내노앗다.

『가치 온 이가 잇스니까 곳 가봐야 되야…….』

『누구허구 오셋수?』

『병호 씨…….』

『김 선생이 오셋수, 어듸?』

『저긔…….』

하고, 혜영이는 자긔 안젓든 자리를 갈으치엇다.

『인제는 아주 마음대로 이런 데까지 오시게 되엇군!』

영숙이는 역습을 시작한 것이엇다.

『이런 데까지라니? 이런 데 가티 오면 무슨 별달은 일이 잇나 봐?』

하고, 혜영이는 함끠 온 남자를 살펴보앗다. 그는 머리를 숙이고 차만 마신다.

영숙이는 얼굴이 족음 더 붉어젓다.

『언니! 우리 한 번 조용히 맛납시다. 여러 가지 이야기가 잇스니까…….』

이것은 어서 저 편으로 돌아가라는 말과 족음도 달음이 업섯다. 혜영이는 괴이한 생각이 낫다. 가티 온 남자가 엇더한 이인지 알고 십헛다. 그러나 인사를 자청할 수는 업섯다.

『조용히 맛나서 할 이야기가 뭣일까?』

하고, 혜영이는 웃엇다.

『언니! 아주 낫버요. 괜히 놀려보랴고.』

하고, 영숙이는 눈을 흘겻다.

—(212), 『매일신보』, 1932. 7. 1

불상한 녀성들 (24)

『그러면 조용히 못 만나볼 게 뭐야? 놀리기는 누가 놀려!』

혜영이는 이와 가튼 말을 던지고 자긔 자리로 돌아왓다.

『암만 해도 수상해요.』

하고, 혜영이는 다시 의자에 안젓다.

『뭣이 수상하단 말요?』

병호는 두 눈을 썸벅거렷다.

『저긔 안젓는 남녀의 행동이 말이야요.』

『어쩌케…….』

『남자가 얼굴도 번듯 들지 못하는 것을 보니까, 그들의 교제에는 어데 인지 컴컴한 곳이 잇는 듯해요.』

혜영이는 이상히 녁이는 듯 고개를 개웃히 기우리엇다.

『그러면 녀자들이 짓거리는 걸 쏙바로 볼 수 잇슬라구요. 누구든지 못 보는 체하겟죠.』

『보고도 어쩌케 못 본 체해요? 남자들은 모다 그런가요? 그러고 못 본 체하는 것과 바로 치어보지 못하는 태도가 달으지 안 해요. 사람을 정시(正視)하지 못할 무엇이 그의 맘 가운대에 숨어 잇서서 고개를 숙이게 한 것이겟지요. 저는 그러케 생각해요.』

『그러케 사람을 바로 바라다보지 못할 컴컴한 곳이 무엇일까? 나는 암만 해도 알 수 업는 걸요.』

『알 수 잇스면 컴컴하다고 하겟습니까?』

『알 수 업는 것은 모다 컴컴한 것인가요?』

『반듯이 그러타구도 할 수는 업지만…….』

『그러면 혜영 씨가 아마 색안경을 쓰고 본 것이겟죠.』

『만나보고 헐 이야기가 잇다고 하니까 들어보면 좌우간 알겟지요.』

이때에 영숙이가 이 편을 향하고 걸어왓다. 남자는 이 편을 바라보고 혼자 안젓다.

『오래 간만에 뵈옵겟서요.』

하고, 영숙이는 병호에게 인사를 하얏다.

『참으로 오래 간만에 뵙습니다.』

하고, 병호는 의자에서 닐어낫다.

『언니! 내가 저이를 보내고 다시 옷게 잠간만 기다려주어요.』

하고, 영숙이는 다시 제자리로 돌아갓다.
『대체 이상하군.』
영숙이가 말 아니 들닐 거리까지 갓슬 때, 병호는 입을 열엇다.
『내가 그러기에 뭐라 해요.』
혜영이는 웃음을 주엇다.
『사랑하는 사람을 싸돌리고 온다는 것이 암만 해도 알 수 업는 일인데요. 짠은 이상도 해.』
얼마 되지 안어 영숙이는 다시 돌아왓다.
『대체 웬일이야?』
혜영이는 의자를 권하며 말하얏다.
『웬일은 뭣이 웬일이야요?』
하고, 영숙이는 의자에 안젓다.
『그러케 혼자만 보내도 괜찬흔 사람이야?』
혜영이는 물엇다.
『어썬 사람은 혼자 보내서 못 쓰나요? 괜히 놀려대지 말아요.』
평일의 영숙이는 이러한 경우에 이러한 대답을 못하든 사람이다. 말솜씨가 제법 늘엇다고 혜영이는 속으로 아니 놀랄 수 업섯다. 만일 자긔의 추칙이 틀림이 업다면, 그의 일신상에 적지안흔 변화가 생긴 것이 분명하얏다.
병호는 두 녀자의 씨거리는 것이 마음에 맛지 안햇다.
『헐 이야기가 잇다 햇스니 그 이야기를 좀 하구려.』
혜영이는 이러케 말하고 병호를 바라보앗다.
—(213), 『매일신보』, 1932. 7. 2

불상한 녀성들 (25)

『요다음 조용한 때에 하지오.』
하고, 영숙이는 병호를 바라보앗다.
겨테 잇는 병호를 매우 쓰리는 모양이엇다.
병호는 눈치를 채엇다. 그러나 그들 두 녀자에게 속삭일 긔회를 주기 위해서 일부러 자리를 빗겨주고 십지 안햇다. 모르는 체하고 영숙의 얼굴을 바라보앗다.

『김 선생이 들으면 안 될 이야기 가트면, 오늘 저녁에 우리 집으로 가서 조용히 들을까?』

하고, 혜영이도 병호를 바라본다.

『들으세도 관계치 안치만, 이런 데서 어쩌케 긴 이야기를 할 수 잇소. 언니! 그럴 것 업시 제 집으로 가쟌하세요. 집에 가서 자세한 이야기를 할 터이니, 응?』

하고, 영숙이는 혜영의 턱 미트로 고개를 드민다.

병호는 겨테서 보기가 거북하얏다. 그러나 그 자리를 써날 수도 업섯다. 오늘 조용히 만나서 여러 가지로 이야기를 해볼가 하고 아츰부터 차즌 것이 화성의 집에서 여러 가지 이야기를 해가 점을도록 하얏다. 밥이나 먹어가며 자세한 이야기나 좀 해볼가 한 것이 이번에는 영숙이 째문에 그대로 틀려버렷다. 더구나 혜영이를 영숙에게 쌀하 보내는 것이 마음이 노이지 안햇다. 못 들은 체하고 안젓슬 수박게 업섯다.

『동생 집으로 가자구!』

하고, 혜영이는 병호의 얼굴을 바라보앗다.

쌀하가면 어쩌한지 그 의향을 뭇는 눈치이다. 병호는 아모 대답도 허지 안코 영숙의 얼굴만을 바라보앗다. 이것은 갈 것 업다는 회답이엇다.

『김 선생! 언니허고 가티 가도 관계찬치요?』

병호는 역시 아무 대답을 허지 안코 잠간 동안 생각에 집헛다. 첫재, 먼저 나간 사나이 행색도 모르고 혜영이를 영숙에게 쌀려 보낸다는 것은 여러 방면으로 의심과 두려움이 업지도 안햇다.

혜영이는 병호의 대답 안는 쯧을 대강이라도 짐작한 이상, 자기 스스로 병호를 내버릴 수도 업섯다. 그러나 친구끼리 헐 이야기도 어느 새 병호 째문에 못하게 되는 것은 남성에게 위협을 밧게 된 것이라 하야 마음이 몹시 불유쾌하얏다.

아무 말도 업는 것은 그네들의 수치박게 못 되엇다.

『병호 씨! 실례지만 지금 잠간 영숙이와 헐 이야기가 좀 잇스니까, 제 집에 가서 잠간 기달려주세요.』

하고, 혜영이는 방긋 웃엇다. 그 웃음에 매력쑨이 잇는 것은 아니엇다. 애원도 들어 잇섯다.

『그러면 두 분이 이야기를 하고 가시죠.』

병호는 이러서며 식당 규지를 불럿다.

『언니! 여긔서는 말하기가 거북하니 집으로 가지 안흐서요?』

하고, 영숙이도 쌀하 이러섯다.

『집에 간대도 여긔보다 더 조용할 수야 잇슬라구?』

하고, 혜영이도 쌀하 니러섯다.

회계를 마친 뒤에 세 사람은 승강긔를 타고 바로 미트로 내려왓다.

『그러면 오늘 저녁에 댁으로 찻죠.』

하고, 병호는 층々 전차길로 걸어갓다.

혜영이는 영숙이를 쌀하 안국동으로 향하얏다.

병호는 어찌함인지 혜영이가 영숙이를 쌀하가는 것이 마음에 써르씨엇다. 이러한 마음을 스々로 웃엇스나, 암만 해도 무슨 불길한 일이 아페 생길 듯한 예감이 잇서서 불안하얏다.

병호는 두 녀성의 그림자가 사람의 물결 속에 파뭇칠 째까지 바라보다가 전차를 탓다.

— (214), 『매일신보』, 1932. 7. 3

의외의 일 (1)

혜영이와 영숙이는 안국동을 향하야 천천히 걸엇다.

영숙의 얼굴에서는 깃버하는 빗이 흘럿다. 그러면서도 붓그러워하는 듯하얏다. 혜영이는 웬일인지 알 수 업서 마음이 적잔케 답답하얏다.

『언니! 병호 씨허구는 아주 노혐을 풀으셋서요?』

하고, 영숙이는 물엇다.

『노혐을 풀고 안 풀 것이 무엇 잇서야지.』

혜영이는 속으로는 노혐을 풀고 아니 푸는 것은 벌서 옛날 일이오, 지금은 생명을 바치느냐 아니 바치느냐가 문제인 오늘에 별안간 짠 수작이 웬일일까 하고 속으로 웃엇다.

『뭇는 것이 어리석은 일이지만, 오늘에 보니까 남녀란 쉬웁게 서로 갈리기는 매우 어리석은 일 가태요.』

하고, 영숙이는 웃엇다.

『갈리고 아니 갈릴 게 또 무엇이람?』

혜영이는 영숙의 다음 말을 듯고 십헛다.

『그러케 서로 아무러한 관심이 업단 말인가요?』

『관심이 업다는 말도 아니야.』

혜영이는 이제야 웃는 얼굴을 뵈엇다.

『괜히 아니 물을 말을 물어서 미안하게 되엇군요. 용서해요.』

하고, 혜영이는 걸으면서 머리를 숙엿다.

『대관절 앗가 함께 왓든 남자는 누구야?』

혜영이는 물엇다.

『함께 갓든 남자 말이야요? 말이 좀 장황할 터이니까 집에 가서 자세히 하죠.』

영숙이는 대답을 피하얏다.

두 녀자는 아무 말업시 걸엇다.

얼마 아니 되어 그들은 영숙의 집에 니르럿다.

집안에서는 더운 기운이 돌앗다. 옛날 혜영이가 부요하게 살든 그때의 혜영의 집을 련상케 하얏다.

그들은 영숙의 방으로 들어갓다.

문방제구가 으리으리 하얏다. 피아노가 노이고 축음긔가 노엿다. 그리고 갑빗산 스탠드에는 전긔ㅅ불이 회프르게 밝히엇다. 조흔 육필의 양화로 벽의 이편저편을 란잡하게 장식하얏다. 도모지 까닭을 알 수 업섯다. 혜영이는 방안을 한번 휘々 돌아본 뒤에 영숙이가 권하는 자리에 안젓다.

『언니! 기다리세요.』

하고, 영숙이는 밧비 안방으로 건너갓다.

영숙의 생활이 일조일석에 이러케 변한 데에는 상당한 원인이 업서서는 안 될 것이다. 돈 만흔 자의 작란감이 된 것이 분명하다. 그러하지 안코는 이와 가튼 궁사극치가 그에게 잇슬 리가 업섯다. 엇전지 혜영이는 더러운 생각이 낫다. 구역이 물얼물억 낫다. 괜히 쌀하왓다고 후회하얏다. 이와 가튼 호화로운 생활을 나에게 보이랴고 일부러 더리고 온 것이나 안일싸? 만일 그러하다면 가난뱅이 병호를 애인 삼아 고생하는 자긔를 비웃는 것이라 할 것이다.

그러나 이러한 해석은 혜영의 눈 아프로 날라갈 몬지의 그림자이엇다. 녀성으로, 더욱히 현대의 녀성으로 이만한 허영을 가지지 안흔 사람이 얼마나 될 것인가. 자긔네의 경우가 다 달나서 못할 뿐이오, 누구든지 이와 가튼 경우를 당하면 깃버히 하게 될 것이라 하얏다. 그러면 자긔는 어찌 하야 춘식의 청혼을 거절하얏든가?

여기에는 다른 녀성이 할 수 업는 일을 할 수 잇섯다는 자긍심도 생기엇다. 그와 가튼 정정당당한 태도가 여러 사람으로 하야금 정당한 길을 밟게 하지 안햇는가. 영숙이와 짠 세상 사람인 듯한 자존심도 생기엇다.

—(215),『매일신보』, 1932. 7. 5

의외의 일 (2)

영숙이는 얼굴의 화장을 곳치고 옷을 갈아입고 들어왓다.

『언니 혼자 잇서서 심심햇지?』

하고, 영숙이는 윗목 경대 압헤 안저서 거울을 보아 가며 두 손으로 얼골에 맛사지를 하얏다.

용모의 미에 대해서는 면밀한 주의를 앗기지 안는 모양이엇다.

『아주 새 새악씨방 갓구면.』

하고, 혜영이는 구실렷다.

『뭣이 새색씨방 가태. 괜히 놀리지 말아요.』

하고, 영숙이는 득의양양한 웃음을 폭발시키엇다.

『엇전지 그런 감상이 잇는 걸 그래.』

하고, 혜영이도 미소를 쯤엇다.

『정말 그러케 누구든지 볼까요?』

영숙이는 감동한 빗을 나타내엇다.

『다른 사람이야 어쩌케 보는지 몰라도 내 생각만은 그래.』

혜영이는 정말 그러케 뵈일까요 하고 되집허 뭇는 말에 영숙의 사생애의 반면에는 어두운 곳이 반듯이 잇는 것을 알앗다.

『언니에게만 그러케 뵈일 이가 잇나요. 아마 누구에게든지 그러케 보이겟죠.』

하고, 영숙이는 혜영이를 바라보앗다.

그 시선에는 고독이 약간 석기어 뵈엇다. 이 고독 석기인 시선이 영숙의 오늘날 생활의 반면을 말한 것이엇다.

『다른 사람 일이야 어쩌케 내가 알 수 잇서…….』

혜영이와 영숙이 새이에는 잠간 동안 침묵이 게속되엇다.

영숙이는 말을 내랴다가 잠간 주저하다가 긔어히 입을 열고야 말앗다.

『저, 언니! 언니에게 내가 드릴 것이 하나 잇서…….』

하고, 영숙이는 문갑을 열엇다.

혜영이는 이 애가 무엇을 주랴고 이러케 전제가 잇엇나 의심하면서 영숙의 손을 살피엇다.

영숙의 손에는 부피가 제법 불숙한 편지 한 장이 접어내엇다.

혜영이는 처음에는 영숙이가 애인에게서 온 편지를 공개하랴는 것인가부다 생각하얏다. 사랑하는 사람이 잇스면 그 동긔가 불순치 안흔 이상 언제든지 이것을 친한 사람 새이에 발표하고자 하는 마음이 사람에게는 본능적으로 잇는 것을 아는 까닭이다. 이것은 자긔의 경험에 비처보아서도 넉넉히 알 일이엇다. 이러케 생각하면서 그 편지를 어쩌케 하랴는지 영숙의 동정을 살피엇다.

『언니! 이것은 언니에게 하랴든 편지인데요…….』

하고, 영숙이는 편지를 주엇다.

혜영이는 그 편지를 밧기도 전에 피봉을 구버다보앗다. 자긔의 주소와 성명이 분명하다. 자긔에게 오랴든 편지인 것이 확실하다.

『무슨 편지야? 만나보앗스니 편지 바들 필요도 업겟지만…….』

하고, 혜영이는 비롯오 손을 내밀어 편지를 바덧다.

『언니! 이 편지를 여긔에서 보아서는 안 되어요. 집에 돌아가서 봐요, 네?』

하고, 영숙이는 얼굴을 족음 붉히며 혜영의 편지 든 손을 잡앗다.

혜영이는 어쩌한 영문인지 모르고,

『영숙이가 잇는 데서 보아서 안 될 편지 가트면 집에 가서 보지. 그러치만 우습지 안해? 일부러 보라고 준 편지를 못 보게 하는 건…….』

그 속에 들은 편지가 영숙에게 온 염서의 종류가 안인 것만은 즉각적으로 알앗다. 그러나 이 속에 무슨 말이 쓰이어 잇슬가 매우 궁금한 생각도 업지 안햇다. 그러나 하는 수 업시 혜영이는 그 편지를 책보ㅅ속에 너엇다.

『인제는 별 긴요한 일 업지?』

하고, 혜영이는 니러서래 하얏다.

『좀더 안저 잇서요. 오래 간만이니 우리 오늘 구경이나 가쟌하세요?』

하고, 영숙이는 혜영이를 붓들엇다.

—(216), 『매일신보』, 1932. 7. 6

의외의 일 (3)

『구경은 무슨 구경? 그만 두자고!』

혜영이는 저녁에 병호를 맛날 일도 긴요하지만, 래일부터 교단에 서서 학생을 갈으킬 준비고 다소간 업서서는 안 될 듯하야 마음이 내키지 안햇다.

『특별한 일 업스면 가는 게 조찬해요? 이야기도 잇고 하니싸.』

영숙이는 단단히 붓들 모양이다.

『이야기가 잇스면 어긔서 하고, 구경 가튼 것은 요다음에 하자구. 그러고 나도 헐말이 잇섯는데 이것서. 극성학원에 들어가게 되엇서…….』

『언제부터요? 도모지 몰랏구려! 암 말도 업시 취직을 하섯군요. 한턱 하세요.』

혜영이가 극성학원에 취직한 것은 영숙으로도 상상치 못한 일이엇다. 호화로운 생활을 하든 그가 가난한 학교의 교원 노릇하는 것이 격에 맛지 안타고 생각되엇다. 한턱을 하라는 것은 분명히 야유이엇다.

혜영이는 다만 고소로써 말업는 대답을 할쑨이엇다.

『인제는 점잔한 선생님이 되엇스니까 극장 출입을 못하시겟죠?』
영숙이는 조소 비슷하게 말하얏다.
『선생이라구 극장 출입 못할 것도 업지만, 오늘은 좀 일이 엇서서 그래.』
혜영이는 웃고 대답하얏다.
그러나 영숙의 여러 가지로 변화된 그 심경과 행동을 하루밤 동안이라도 자세히 삷혀보랴는 호긔심이 업는 것도 아니엇다.
『오늘 일즉히 돌아가도록 해드릴 터이니까, 잠간만 가티 가는 게 엇대요? 병호 씨가 기다리나요?』
『오늘 저녁에 맛나기로 하기는 햇서……..』
『병호 씨 가트면 족음 기다리게 해서 애를 먹여보는 것도 재미잇지 안해요?』
하고, 영숙이는 웃엇다.
『사람을 애를 먹여서 재미잇슬 게 뭐야.』
혜영이도 웃엇다.
『다른 사람 가트면 미안한 일이지만, 사랑하는 사람은 더러 그래 두는 것도 괜찬해요.』
지금까지 영숙의 입에서 이러한 말을 들은 일이 업섯다. 이것은 영숙이가 련애에 대한 기교를 상당히 연구한 결과나 안일까? 사람의 변하는 것은 정말 쌜르다는 늣김이 새로워젓다.
『사랑하는 사람을 그러케 애를 먹게 해서 죄가 되지 안흘까?』
혜영이는 짐짓 물엇다.
『죄가 뭇은 죄야요. 이런 작난이야말로 죄 되지 안는 작난이니까 괜찬해요. 그리고 더러 이러한 작난을 해서 사랑의 정도를 시험도 해봐야 되아요.』
혜영이는 비롯 작난이라 할지라도 신의 업는 작난은 하기 실헛다. 오늘의 영숙이는 전날의 영숙이가 아니엇다. 오래 안저서 말하기도 실흔 생각이 낫다.
『그런 작난이랑 요다음에 하기로 허고, 나는 가 보겟서. 몸도 피곤하고 쏘 어머니도 기달리실 터이니까…….』

그들은 어대로 | 413

하고, 혜영이는 벌덕 닐어섯다.

『정말 가세요? 하는 수 업죠.』

하고, 영숙이도 이번에는 구타여 붓잡지 안햇다.

혜영이는 영숙이 집을 나서서 전차를 탓다.

『사람이 어쩌면 그러케도 쉬웁게 변할까?』

혜영이는 혼자말로 여러 번 중얼대엇다. 사실은 여러 가지로 영숙의 그동안 지난 일을 듯고도 십헛지만, 그것을 물어볼 흥미조차 일헛든 것이다.

다만 책보 속에 끼인 영숙의 편지가 그가 사람을 정면으로 대하고 말 못할 리유를 가젓다 생각하니 일시라도 속히 펴어보고 십헛다.

그리하야 혜영이는 책보에서 편지를 끄내엇다.

엇전지 여러 사람 아페서 편지를 펴는 것이 눈에 씌일 행동 가타서 다시 책보에다 너헛다.

—(217), 『매일신보』, 1932. 7. 7

의외의 일 (4)

혜영이는 족음 뒤에 향촌동 자긔 집에 돌아왓다. 그의 어머니는 저녁밥을 먹지 안코 딸의 돌아오기를 기다리고 안젓다.

『엇지 이러케 느젓늬?』

하고, 혜영의 어머니는 혜영이의 발소리를 듯고 마루로 나왓다. 어머니는 퍽으나 걱정을 하얏섯다. 병여에 몸도 그대지 건강치 못한 혜영이가 처음으로 직업을 구해서 아츰에 나아가서 밤이 들도록 돌아오지 아니 하야 여러 가지로 염려가 되는 중이엇다.

『족음 볼 일이 잇서서 느젓서요.』

하고, 혜영이는 자긔 방으로 들어가서 책보를 책상 우에 노핫다.

『저녁밥은 엇더케 햇늬?』

어머니는 혜영이를 딸하 와서 물엇다.

『어머니는 어쩌케 하셋서요?』

혜영이는 마루로 나서며 물엇다.

『너를 기다리느라고 아즉 안 먹엇다. 시장하지? 어서 먹자.』

하고, 어머니는 안방으로 들어갓다.

혜영이는 『저는 벌서 저녁을 먹엇서요. 어머니나 잡수세요.』하는 말이 입에서 참아 나오지 안햇다. 해가 지도록 곱흔 배를 참아 가며 자긔를 기다리든 어머니의 마음과 형용을 상ㅅ하니 그의 눈에서는 눈물이 핑 돌앗다.

『어서 오너라. 시장하지?』

하고, 어머니는 밥상을 내노흐며 재촉을 한다.

『어머니! 저는 저녁을 먹고 왓서요. 어서 잡수세요.』

혜영이는 하는 수 업시 말하얏다. 마음으로 정말 미안하얏다.

『어데서 먹엇늬? 아마 입맛이 업는 게로구나. 억지로라도 좀 써보렴!』

어머니는 강권을 한다.

『저는 잘 먹엇스니 걱정 말고 잡수세요.』

하고, 혜영이는 밥상 겨테 안젓다.

밥상에는 접시 네다섯이 성글게 뇌어 잇슬 뿐이다. 원남동 시대의 밥상이 눈 압페 새로 써올랏다. 손가락 하나 찔을 수 업시 갓득 찻든 밥상을 대하고도 만족을 늣기지 안튼 그날은 지난 날의 꿈이엇섯다.

『정말 먹엇니?』

하고, 어머니는 수ㅅ가락을 힘업시 든다. 주름이 불은 어머니의 손등은 트고 벌어저서 피가 비치엇다. 옛날 어머니 손은 아니엇다. 손가락 끗호로 물을 투기든 그 손이 꿈에나 생각하얏스랴. 사람 일생의 영고성쇠가 무상한 것을 새삼스러이 늣기엇다.

혜영이는 자긔 방으로 돌아왓다. 책상 우에 노힌 책보를 다시 보앗다. 저것만으로 불상한 모녀가 살아갈 수 잇슬ㅅ가? 이것은 의문이엇다. 다맛 목숨을 니어가기 위해서만 살아가는 것은 생을 모욕함이나 안일ㅅ가? 병호의 계획하는 일이 성공하기를 새로 축원하얏다.

혜영이는 옷을 갈아입고 안방으로 건너가서 어머니의 밥 먹는 것이 끗나기를 기다리어 다시 자긔 방으로 돌아왓다. 그는 책보를 쓸넛다. 영숙의 한 편지가 보고 십헛다. 그의 호화로운 반면이 이 편지에 씨어 잇는 것 갓핫다. 그가 정면으로 말하기를 실허하고 편지로 하는 그 리유가 어대 이슬ㅅ가? 여긔에는 여러 가지의 리유가 잇슴 즉도 하얏다.

그 리유가 자긔네의 오늘에 생활에 어쩌한 영향이나 미칠 것이 안일 싸? 여러 가지 생각으로 편지를 잠간 바라보다가, 그는 것봉을 쩨엇다.
—(218), 『매일신보』, 1932. 7. 8

의외의 일 (5)
엷은 서양 편전(便箋)에 가느단 글씨로 십여 장이 씨어 잇섯다. 잉크 빗이 그대지 선명치 못한 것을 보니, 이 편지를 쓴지는 제법 오래인 것 가탓다.

혜영 언니!
이러한 편지를 언니에게 올리어 조흘지 잠간 동안 여러 가지로 궁리고 하고 주저도 하얏지만, 어쩌한 째이든지 한번은 언니에게 아니 이 세상에 알리지 안코 그대로 지날 수 업슬 듯해서 올리게 된 것입니다. 이 편지를 보시면 세상에 이러한 일도 잇슬가 하고 질색을 하실는지도 알 수 업지만, 이러한 것이 사실인 이상 어쩌케 합니싸? 그뿐 아니라 저를 주책업는 녀자라 해서 꾸지람을 하실는지 알 수 업스나, 그러한 꾸지람을 밧기로 한 번 결심하얏스니, 이 편지를 보시고는 언제든지 꾸짓고 시프시거든 꾸지저 주어요. 꾸짓는 그째가 오기 전에 저는 꾸지람을 밧지 안흐랴고 이러한 편지도 올리게 된 것이지오…….』

혜영이는 웬일이지 알 수 업섯다. 좌우간 본론에 들어가지 안코 예방선을 펴노흔 것을 보면, 사건 자체가 얼마나 돌비(突飛)적인 것인지 대강 짐작도 되엇다.

언니!
저는 지금것 결혼이나 련애 문제를 그대지 깁게 생각해 본 적은 업스나, 인생으로 언제든지 이 관문을 한 번 통과하고야 만다는 말은 자주 생각해 본 일이 잇섯습니다.
전일에는 이 두 가지 문제만은 자긔의 의사로 해결할 것 가티 생각하얏습니다. 그러나 약간의 경험을 가진 나는 이 두 문제만은 작정되어 잇는 운명의 지배를 아니 바들 수 업다는 것을 절실히 알앗소이다. 더욱히 사랑 가튼 것은 선택이 아니오, 운명인 것임을 밋게 되엿습니다.

언니!

느진 겨울 찬바람이 오장 안을 휩싸들든 별 잇든 밤일입니다. 언니가 원남동에서 랭동으로 간지 얼마 아니 되엿슬 째에, 언니는 절망과 비애에 싸이어서 향촌동에서 날마다 게속되는 열로 인해서 홀로 된 어머니의 간절한 간호를 밧든 째일 듯합니다. 제가 병든 언니를 차저 갈가 하고 안국동 전차ㅅ길에서 전차를 기다리고 잇스랴니ㅼ, 내의 등을 슬적 건들이며 『영숙이! 오래 간만이구먼…….』하는 소리가 바로 겨테서 들리엇습니다. 나는 쌈작 놀라서 처음에는 뒤를 도라보앗드니, 낫익은 얼굴이 웃음을 씌고 들여다보는 이가 잇섯습니다. 나를 알은 체한 이는 극성학원장이엇습니다. 아시는 바와 가티 극성학원장이라면, 이 경성 안에서는 모르는 사람이 누구입닛가? 그는 녀류명사라고 자랑하야 유수남자(有鬚男子)도 미치지 못할 만큼 수판 잇는 녀성이 아닙닛가?

그리해서 『오래 간만에 뵈옵게 되엿서요.』하고, 나는 인사를 하얏지요. 그랫더니 극성학원장은 매우 친절한 태도로 나의 손을 잡으며 『이새 뭘 해?』하고 그는 내의 얼굴에 구멍이 생기도록 바라보앗습니다. 『아무 것도 하는 것이 업서요.』 나는 모호한 대답을 하얏습니다. 그는 세상에 둘도 업는 사실이나 발견한 것 가티 깃뻐하얏습니다. 나를 만나서 그대지 조하하고 반가워할 아모러한 리유가 극성학원장에는 잇슴 즉하지 안햇습니다.

그러나 저러케 반가워하는 반면에는 어쩌한 계획적인 일이 반듯이 잇슬 것을 상ㅅ 못한 배도 아니지만, 반가운 얼굴을 성이나 조소로 대답할 수는 업섯습니다.

—(219), 『매일신보』, 1932. 7. 11

의외의 일 (6)

극성학원장은 그 이튼날에 기어히 만나보자는 것을 멧 번이나 부탁하기에, 나는 그대지 중대한 일이 아니면 여긔에서 말슴을 해도 조치 안흐냐고 물어보앗드니, 원장은 웃으며 매우 중대한 일이니까 이러한 길가에서 경경히 말할 수 업다 하고, 그 이튿날 오후 네 시를 지적하야 자긔 집으로 차저 달라고 하얏습니다. 무슨 일인지 여러 가지로 의심도 낫스나, 점잔한 이가 신신부탁하는 것을 어찌 그대로 거절할 수 잇섯겟습니까? 하는 수 업시 그대로 시행하겟다고 약속을 한 뒤에 전차ㅅ길에서 갈리엇나이다. 그날 밤 볼일을 보고 돌아와서도 극성학원장이 무슨 일로 자긔를 만나서 중대한 상의가 잇슬가 하는 의문이 늘 머리에 잇서서 저를 괴롭게 하엿나이다. 여러 가지로 상상을 하여 보앗스나, 그에게 중대한 상의를 바들 아무러한 연고 매질 리유가 업섯나이다.

언니!

그러나 역시 미혼한 녀성에게 제일 중대한 것은 역시 결혼 문제인 듯합니다. 혹시 어대서 청혼이 잇서서 중매를 들랴는 것이 안일까 하는 의심도 업지도 안햇나이다. 그리하야 결혼 생활에 대해서 여러 가지로 상상을 하는 동안에 언니의 일도 생각하고, 화성이라는 녀자의 일도 생각하엿나이다. 딸하서 리춘식 씨의 일도 생각하엿나이다. 그 가운대에서 제일 동정할만한 사람이 누구인가를 생각해 보앗습니다. 사람의 련상심리처럼 웃으운 것은 업슬 줄 압니다. 어느듯 네 남녀의 사랑의 갈등을 련상하게 되엇나이다. 이것을 처녀의 제륙감이라 할는지 어찌함인지 자긔도 그 사랑의 갈등 가운대 한 모를 차지하고 잇지나 안혼가 하는 생각이 날 때에 스스로 웃지 안흘 수 업섯나이다. 돈 잇고 똑똑하고 사회적 지위 잇는 리춘식이란 이가 련애 전에는 그와 가티 약하게 패배자가 되는 것은 괴상한 일이라고 생각하엿나이다.

언니!

여러 가지로 생각하얏다는 것은 처녀 시대의 쓸대업는 공상이겟지오마는, 생각은 반듯이 자긔를 중심 삼는 만큼 닥처올 어썬 운명의 예감이 업는 것도 아닌 것 갓습니다. 그 이튿날 약속한 시간에 극성학원장을 그의 집으로 방문하엿나이다. 약속 직킨 것을 여러 번이나 련해 칭찬을 하여 가며 풍을 쩌는 법이 우리 가튼 철업는 녀성을 그대로 삼킬 듯하엿나이다. 자긔 방으로 인도해서 알에ㅅ목에 안치고, 다과에 여러 가지 먹을 것을 내노흐며 대접하는 것이 칙사를 마진 것이나 다름 업섯나이다. 정말 미안해서 안저 잇슬 수 업슬만큼 대우가 친절하엿나이다.

『영숙이도 인제 결혼할 째가 되엇는데……』

하고 원장은 말을 내엇나이다.

나는 내의 상々이 틀림 업슴을 맘으로 깃버하엿나이다. 그러나 이 말을 뭐라고 대답할지 알 수 업섯나이다. 결혼 문제를 끄어내는 것이 분명히 어대에 중매하랴는 생각 잇는 것이 분명히 보인 까닭입니다. 그래서 잠잣고 잇다가,

『학교일은 잘 되어갑니까?』

하고, 말을 돌리어 보앗슴니다.

그랫드니 원장은

『돈이 업서서 학교 형편이 말 아닌데, 어쩌하면 조흘지 알 수 업서…… 정말 걱정이야.』

하고, 비명에 갓가운 소리를 내엇나이다.

—(220), 『매일신보』, 1932. 7. 13

의외의 일 (7)

혜영 언니!

문제는 다시 내의 결혼으로 돌아왓나이다. 원장은 고양이 가튼 웃는 얼굴을 지으며,

『아마 영숙에게도 애인이 잇지?』

하고, 물엇나이다.

이것은 물론 나를 시험하랴는 것이엇겟지요. 그러치만 언니가 아는 바와 가티 나에게 애인이 잇슬 까닭이 잇겟슴니까? 나는 주저하지 안코,

『애인이 하나둘이 아니야요.』

하고, 웃엇나이다.

『영숙이 가튼 이가 결혼도 하기 전에 애인을 여럿을 둘 리는 업겟지만, 그래도 의중의 사람은 잇겟지…….』

학원장은 내의 말을 밋지 안는 것 가탓나이다. 여긔에 애를 써서 변명

할 필요도 업서서

『의중의 사람이야 업지도 안켓지요.』

하고, 나는 웃엇나이다.

이러케 말을 하면서도 만일 학원장이 그 사람이 누구이냐고 물으면 어쩐 이를 대어볼가 궁리를 안혼 바도 아니엇스나, 니름을 불러서 관게 업슬 친한 남성을 하나도 가지지 못한 나로서는 매우 거북하엿나이다.

언니!

나는 학원장에게는 시험을 바더 속을 단々히 씹히엇나이다. 내의 대답이 너무나 거침업시 나와서 저것은 아즉도 진국대로 잇다는 것을 간파하얏든지,

『지금 처녀로 아마 영숙이 가티 순진한 이는 업슬 것이야. 입에서 젓 내가 아즉 업서지지도 안혼 게집아이들이 사랑이니 건너ㅅ방이니 하고 속살거리는 것을 정말 구역이 나서 못 견딜 지경이야.』

하고, 학원장은 나를 추켜 들엇나이다.

정말 간즈러워서 그대로 듯고 잇슬 수 업섯나이다. 그러나 뭐라 대답하기도 거북해서 그대로 아무 말업시 안젓섯나이다.

『영숙이! 이러한 말은 옛날의 법례대로 하면 영숙의 집에다 말을 먼저 하여야 되겟지만, 시체 녀자는 그러치 못해서 결혼 문제는 본인의 의사를 무시할 수 업대서 미리 영숙에게 말해보고, 영숙의 의사가 그럴 듯하면 다시 부모에게 엿주어 승낙을 어더 볼가 하고 하는 말이니, 어써케 알지 말고 의견을 말해 주우. 녀자의 일평생 운명은 전부가 결혼을 잘하고 못 하는 데에 달리엇스니까, 녀자로는 참으로 신중히 생각을 해야 되오.』

이와 가티 학원장은 기다란 전제를 늘어노앗나이다.

나도 물론 녀자로도 일평생을 행복으로 보내고 못 보내는 것이 모다 결혼에 잇다는 데에 이의를 본래부터 가지고 잇지 안 햇나이다. 아무 말 업시 학원장의 내놋는 다음 말을 기다리엇나이다.

언니!

학원장의 내놋는 말에 나는 아니 놀랄 수 업섯나이다.

『오늘 훌륭한 남성이 여긔에 올 터이니 영숙이가 선을 보구려. 선을

뵈인다고 생각하면 붓그러울 터이까, 자긔가 상대자를 선택한다고 생각해요. 현대의 신녀성으로 그만한 용긔가 업슬라구?』

결국 말하면 나를 어쩌한 남자에게 선을 뵈이라고 자긔 집으로 유인한 것이 분명하엿나이다. 사람을 어쩌케 달큼하게 알앗드면 이와 가티 무례한 짓을 하엿슬가 생각하니 분하기도 짝이 업섯나이다. 그리하야 나는 『학교선생은 그만 두고 인제는 쮜쟁이 노릇을 하시는구려우.』 하고 쒸어나올가 하엿나이다.

내의 얼굴 평정이 달라진 것을 발견한 학원장은

『영숙에게 넘우 실례 갓지만, 나는 영숙이를 친동생이나 가티 허물업시 생각해서 그런 것이니까, 족음치라도 어쩌케 생각지 말아요.』

하고, 나의 두 손을 잡앗나이다.

언니!

참으로 괴상한 일이외다. 학원장의 행동을 무례하다고 노한 마음이 한편에 쓸으면서, 쏘 한편으로 대체 어쩌한 남자이기에 녀자 사회에 상당한 지위를 가진 극성학원장이 입에 춤이 마르도록 칭찬을 할가? 좌우간 한 번 그 화상을 보는 것도 무의미한 일이 아니라는 호긔심도 벗적 올라왓섯나이다. 이것이 우리 약한 녀성이 공통으로 가진 심리의 약점이라 할가요?

—(221), 『매일신보』, 1932. 7. 14

의외의 일 (8)

혜영이는 영숙의 면면한 정서가 흘러내리는 편지에 숨쉬일 새이도 업시 정신이 팔리엇다. 이 편지는 어엿부고 순진한 처녀를 주인 삼는 고백소설과 족음도 다름 업섯다. 훌륭한 창작품을 읽는 늣김을 가젓다. 영숙이가 평일에 이만한 문장과 이만한 정서의 소유자인 것을 몰랏다. 물론 여러 경우에 사물에 접촉하는 그 태도가 매우 센치멘탈해서 다른 사람과는 족음 다른 점도 업지 안햇지만, 실낫 가티 끗침업시 면면히 풀리어 나오는 그의 고백! 정이 이것은 한 예술품이엇다.

언니!

이 말을 하면 직접 당한 나보다도 이 편지를 보는 언니가 더 크게 놀랄 줄 아나이다. 혹은 모든 문제가 잘 해결되엇다고 시원하게 생각하실 듯도 하외다. 그래서 극성학원장의 방 문을 박차고 나오랴다가, 일종의 호긔심에 잠간 동안 주저하엿나이다. 학원장은 여러 가지로 이 못 생긴 나의 환심을 사랴고 애를 썻습니다. 그 태도가 돌이어 가긍하야 나오는 미고소(微苦笑)를 금치 못하엿나이다. 원장은 내의 웃는 얼굴에 자긔의 희망을 통과시킬 자신이나 어든 것 가티 몹시 남 비위 맞추기에 숙련한 얼굴로

『영숙이도 그이를 보면 알 것이야. 그이가 영숙이를 잘 알고 잇는 것을 보면……』

하고, 아니 나오는 웃음을 억지로 웃는 것을 보니 구역이 나왓나이다. 그러나 나 아는 사람이면 나를 이곳까지 정해 노코 선을 다시 볼 것이 잇슬 리가 어대 잇겟습니까? 그러고 이상히 녁여지는 동시에 속으로 나 아는 남성을 모조리 생각하여 보앗나이다. 그러나 오늘에 와서 새삼스러이 선을 보고 청혼을 할 사람은 하나도 생각나지 아니 하엿나이다. 이게 무슨 추리크일까 하고 여러 가지 의심만 더 깁허갈 뿐이엇나이다.

언니!

족음 잇다가 문 박게서 학원장을 찾는 남자의 소리가 들리엇나이다. 이제는 아마 그 남자가 왓나부다 하고 얼굴이 절로 붉어젓섯나이다. 아모리 생각해도 그 자리에 가만히 안저서 그 남자와 얼굴을 대할 용긔가 업서서 남자가 들어오기 전에 그 방을 뛰어나가랴고 학원장의 뒤를 쌀하 마루로 나섯나이다. 이것이 웬일이엇슬가요? 참으로 뜻박기엇나이다. 거긔에는 성남은행 전무 리춘식이가 초조한 얼굴로 버틔고 서잇지 안햇겟습니까? 자연이 두 발이 방 안으로 다시 밋그러젓섯나이다. 모든 의문을 그제야 풀게 되엇나이다. 언니의 댁에 혼담을 너헛다가 실패를 당하고, 그 감정으로 언니의 가산을 망처 노흔 리춘식이를 다려다가 나와 선을 보게 한 극성학원장이 미친 녀자나 안인가 하는 의심이 대신 생겻섯나이다. 긔왕에 맛낫스니 한 번 슬컨 놀려나줄가 하는 말괄양의 생각도 업지는 안햇나이다. 엇전지 뻔뻔해 보엿나이다. 돈과 독신인 것을 무긔를 삼아

가지고 여러 순진한 녀성을 작란감을 삼아 보랴는 것이나 안일까? 여러 복잡한 감정에 머리가 뒤숭숭해질 째에 춘식이는 어느듯 학원장을 쌀하방으로 들어왓나이다. 나는 그의 들어오는 것을 보고는 바로 방 문 박그로 쒸어나왓나이다.

『영숙 씨! 별안간 이러한 말슴을 엿주어서 실례지만, 혜영 씨와 이새에도 만나십니까?』

하는 춘식의 말소리가 내 뒤를 쌀핫나이다.

나는 어쩌케 할지를 잠간 동안은 몰랏나이다. 혜영 언니를 대신해서 여러 가지로 그의 참혹한 행서를 한 번 그를 면대해서 저주하는 것이 통쾌할 듯도 해서 나는 전신의 용긔를 일시에 고취하여 가지고 발길을 돌으키엇나이다.

—(222),『매일신보』, 1932. 7. 15

의외의 일 (9)

춘식이가 영숙에게까지 손을 내밀엇다는 것은 혜영이도 의외로 생각하얏다. 춘식이란 인물의 존재가 매우 괴상하여젓다. 청혼을 거절한 데에 분개하야 가산을 전부 집행한 그이가 이제에 와서는 자긔 집안을 위하야, 돌아가신 아버지를 위하야 또한 자긔와 병호를 위하야 개간사업을 무조건 도아주겟다는 것도 상상하기 어려운 일이지만, 별안간 자긔와 친한 영숙에게 마음을 옴기어 그를 맛낫다는 것이 아무리 해도 항용 사람의 생각으로는 상상할 수 업섯다. 그가 모다 사람을 속이며 오늘날 이상으로 자긔네를 궁경에 썰어트리랴는 계획이나 안일까? 또 다시 무서운 생각이 낫다. 영숙이와 춘식이가 언어를 상통한 일은 업스나, 한두 번 서로 얼굴을 이킨 일은 잇섯다. 그째에 영숙에게도 다소간 호감을 가젓든 것이 아니엇든가. 그래서 모든 문제가 파렬된 오늘에 새삼스럽게 영숙이 생각을 한 것이 안일까? 이러한 추상이 만일 틀림이 업다면 춘식이가 영숙에게 청혼을 하게 된 것이 그대지 무리할 짓도 아니라고 생각하얏다.

언니!

그래서 나는 다시 방으로 들어와서 머리를 숙이고 잠간 동안 생각하얏나이다. 생각한 결과 한 번 더 역습을 시작해 보앗나이다.

『혜영 언니 일 가트면 리 선생이 더 잘 아실 터인데요?』

하고, 그랫드니 리춘식 씨는 얼굴이 족음 붉어지며,

『혜영 씨에게는 너무나 미안한 일을 만히 해서 도모지 맛나볼 여유가 업게 되엇지요.』

하고, 눈만 쌈박거리더이다.

『무슨 미안한 일을 하셋서요?』

어쩌한 행세를 그가 한 것을 모르는 바는 아니지만, 나는 일부러 그러케 무럿섯나이다.

『다 알으시고 무러볼 것이 무엇인가요? 사람은 감정에만 움직이는 동물이라 별 못된 일이라도 용감하게 하는 것이니, 지나간 날의 이야기랑이만 해 두는 게 어쩌세요?』

이러케 말하는 춘식의 태도는 매우 공손하얏나이다.

저와 가티 외양을 쏩내는 리춘식의 어느 구석에 이와 가튼 겸손이 들어 잇섯는지 나에게는 의심 하나가 더 붓엇나이다.

『혜영 언니의 소식을 들은 제가 제법 오래 되엇소이다.』

하얏드니, 그는 고독이 넘치는 웃음을 두 눈에 씌워 가지고

『혜영 씨를 다시 한 번 맛날 수 업슬가요?』

하고, 물엇나이다.

맛나는 것이 그러케 어려운 일은 아니겟지만, 언니가 그를 맛나는 것은 조치 못할 것 가타서

『신병이 대단한 모양이니까, 좀처럼 해서는 만나지 못할 걸요.』

하고는 극성학원장의 얼굴빗을 삷히엇나이다.

이와 가티 오래 간만에 맛나게 된 벗들 끼리 지난 일을 서로 토론하는 것이 원장에게는 풀기 어려운 수수격기인 것 가티 뵈엇나이다. 그는 가만히 안저서 눈치만 보다가 슬적 박그로 나아가버렷나이다. 물론 방 안에는 춘식 씨와 나만이 남아 잇게 되엇나이다. 이러한 장면이 만일 남의 눈에 쯔이면 쓸대업는 오해를 사지나 안흘가 하는 두려움도 업지 안햇스나,

인격상으로 미들 수 업는 춘식과 단둘이 방 안에 들어 안저서 이야기하는 것은 매우 위험한 일이엇나이다. 그러나 말쯧도 막지 안코, 나 역시 박그로 나갈 수는 업섯나이다.

—(223), 『매일신보』, 1932. 7. 16

의외의 일 (10)

문 박게 사람의 자최가 끈허지자, 춘식 씨는 침통한 목소리로 나를 불럿나이다.

『영숙 씨! 당신은 혜영 씨와 제일 갓가운 새이라니 말이지, 내가 혜영 씨의 댁에 대해서 오늘까지 하여 온 일을 정당하다고 생각지는 안습니다. 모든 것이 일시의 감정인 것을 오늘에 와서는 후회를 합니다. 내가 진정으로 혜영 씨를 사랑한 것이 아니란 것도 오늘에 와서 비롯오 깨다럿습니다. 만일 진정으로 사랑한다면 사랑하는 사람으로 하여금 그와 가튼 고생을 하게 하며, 그와 가튼 모욕을 늣기게 하겟습니까? 랭정하게 생각하면 혜영 씨에 향한 내의 마음은 천박한 호기심이엇겟지오. 상당한 교양이 잇는 집 쌀이오, 고등교육을 바덧고 하니 그만 하면 리춘식의 안해로 어데다 내노하도 붓그럽지 안켓다는 그러한 자존심에서 결혼을 하엿스면 조켓다는 히망이 혜영 씨의 모욕에 갓가운 반대 때문에 일종의 질투를 늣기게 되고, 필경에 그에게 족음 견대 보라고 고통까지 주게 된 것이엇지요. 나 역시 그래도 이 사회에서 무처 지나는 사람이 아니오, 아즉도 요원한 장래를 가진 사람이니까 자기의 행동이라고 전부 긍정하지는 안습니다. 올흔 것은 올코 글은 것은 글타고 할만한 비판하는 힘 씀은 가지고 잇습니다. 쏘한 결혼 생활이 우리 인류 생활의 전부로 생각지도 안습니다. 그러하다고 결혼 생활을 다만 우리 본능 생활로만 생각지도 안습니다. 단순히 사무적으로 생각지도 안습니다. 가장 중대히 보는 동시에 거기에다 일평생을 매어 두고 십지도 안습니다. 이와 가튼 생각이 몽농하고 희미한 듯도 하지만, 몽농한 가운대에 분명한 것이 잇고 희미한 가운대에 쏘렷한 것이 잇다고 나는 밋습니다. 날이 갈스록 혜영 씨에게 대해서 미안한 생각을 하얏습니다. 세상 사람이 어찌해서 전부가 자긔와 가튼 생각을 가지지 못하는가 하야 짠 사람을 괴롭게 하는 것은 용서바들 수 업는 죄악인 것을 알앗습니다. 말하자면 혜영 씨는 결혼 생활에 잇서서 무엇보다도 존중한 것은 두 새이를 얼거매는 사랑의 줄이엇지만, 불행히 나와 그의 새이에는 그러한 줄이 업섯습니다. 이러한 줄은 결혼한 뒤에도 절로 생기는 것이라는 한 모퉁이를 알고 잇는 내의 행동은 그의 단순한 생각의 용납을 밧지 못한 것이니싸, 허물은 결국 여러 방면을 살피지 못하고 잇섯든 저에게 잇섯든 것입니다. 내의 잘못으로 다른 사람을 괴롭게 하는 것은 눈물이 잇고 피가 잇는 사람으로 어쩌케 하겟습니싸? 그뿐이 아니라 혜영 씨가 목숨을 걸고 사랑하는 대상이 잇는 이상 혹은 사회적 지위로나 쏘는 금력으로서 압박을 한다는 것처럼 어리석은 짓은 업겟지오. 단순한 사무적으로 해결하랴는 결혼을 위해서 전인격적이오, 헌신적인 다른 사람의 결혼을 저주한다는 것이 말이 됩니싸? 혜영 씨의 장래를 축복하는 의미에서 혜영 씨의 선친의 평생 사업을 그로 계속하게 하는 것이 오늘의 나로서 취할 태도로는 최선의 것인 줄을 알고, 일전에 우연한 긔회에 혜영 씨가 사랑하는 청년을 만나서 그 동안에 오해를 풀고 그 사업을 게속하도록 서로 약속을 하얏습니다. 그의 애인도 나에게는 적잔한 감정과 오해를 가지고 잇는 듯햇지만, 내의 속임 업는 심정의 토파를 듯고 그도 역시 남아인지라 그대로 재래의 감정을 내던지고 악수를 하게 되엇습니다.』

　이와 가티 춘식 씨는 웅변으로 자긔의 잘못을 고백하얏나이다. 그러나 어찌해서 그러한 일신상의 비밀과 심경의 변화를 하필 녀자인 나에게 하얏겟습니싸? 나는 그의 고백을 들으면서도 여러 가지 의심이 머리 속에서 왕래하얏나이다.

　　　　　　　　　　　　　　—(224), 『매일신보』, 1932. 7. 17

의외의 일 (11)
　언니!
　사람 마음의 변화란 알 수 업더이다. 다맛 언니의 경우를 동정하야 저주하여 오든 춘식 씨의 모든 행동을 그의 솔직한 자백을 듯는 그 자리에서 용서할 생각이 낫나이다. 용서뿐 아니라 존경하고 십헛나이다. 이러한 말을 듯는 언니로서는 입술에 부튼 산애의 말 한 마듸에 그대로 넘어간 천박한 녀자라고 인정할는지 알 수 업지만, 쏘한 그러케 인정한다 하여도 할 수 업는 일이지만, 나로서는 그의 하는 말을 결단코 입술에 부튼 것으로 인정치 안습니다. 그의 말하는 태도에는 진실이 잇고, 점잔이 잇고, 기품이 잇섯나이다. 만일 춘식으로 하여금 언니에게 사과할 여유를 한 번 주엇드면 언니의 심경에도 어쩌한 변화가 니러낫스리라고 영숙이는 밋습니다. 그는 그러케 못 되인 남자로 보이지 안햇습니다. 어대인지 노불한 곳이 잇고, 그러고도 쏘한 겸손한 곳이 뵈엇나이다. 다맛 돈푼이 잇서서 이 세상 사람을 눈알에로 보고 더퍼 노코 제가 젠 체하는 그러한 사려 업고 천박한 남자는 아닌 것을 제의 제륙감이 알리어 주엇나이다. 더구나 소사한 감정을 초월하여 가지고 혜영 언니의 장래ㅅ일까지 걱정하고 부친의 사업까지 게속하도록 하겟다는 그 결심을 갸륵하다고 칭찬 아니 할 수 업섯나이다. 그리하야 나는 춘식이를 다시 보고 쏘 한 번 다시 보앗나이다. 그는 결국 돈 잇기 째문에 다른 사람의 동정을 엇지 못하는 불운아로 생각되엇나이다. 우리는 결단코 어쩌한 선입견이나 쏘는 속된 세상의 평판만을 가지고 다른 사람의 전인격의 가치를 작정하는 것은 넘우나 경솔한 일이라고 생각하엿나이다. 이러한 인격과 학식의 소유자가 어찌하야 언니의 눈 박게 낫는지 저에게는 풀 수 업는 의심이엇나이다. 그러나 사람의 긔호와 취미란 쏘 갓지 아니 하니까 전연히 이러한 일이 업스라는 법도 업겟지오. 말하면 언니의 가장 존경하는 대상으로 병호 씨가 아페 잇는 이상, 거긔에 짠 생각이 잇슬 리가 업다는 것은 저도 량해하는 바입니다. 여하한 유혹이 오든지 사랑의 대상만은 옴길 수 업시 작정된 것으로 아는 것이 언니의 전인격의 발로로 생각하면 나의 주위에 잇는 사람으로는 하나도 나뿐 이가 업다는 데서 영숙이는 대단히 깃버하나이다. 춘식 씨가 병호 씨보다 나흐니 사랑을 그리로 옴기라는 것은 사랑의 본질과 신성을 량해 못한 말이니 물론 그러한 의미로 춘식 씨를 격찬하는 것이 아닙니다. 저는 우리의 사라가는 동안에 족으마한 갈등을 잇지 못하고 쏘는 자존심을 상치 안키 위해서 우리의 생활을 히생하고 인류애를 더럽힐 것이 업다는 것만 말해두고 십습니다.

언니!

춘식 씨를 넘우 추켜올려서 돌이어 불유쾌한 생각을 하지 마심을 바라나이다. 춘식 씨의 열렬한 웅변이 내의 마음 전부를 가저갓나이다. 웨 나에게 이러한 말을 하나 하는 의심이 날스록 내의 가슴은 쮜놀앗나이다. 춘식 씨는 결국 혜영 언니 째문에 알게 된 남성입니다. 언니와 결혼의 갈등이 생긴 뒤에 어찌하야 그 문제를 들고 나에게다 하소연을 할가요? 나는 직각적으로 춘식 씨의 마음을 읽엇나이다. 역시 그는 결혼은 언제든지 한 사무적으로 해결하자는 주의인 듯하엿나이다.

—(225), 『매일신보』, 1932. 7. 19

의외의 일 (12)

언니!

필경은 춘식 씨의 입에서 내가 예상하든 말이 나오고야 말엇나이다. 그는 머리를 숙이고 잠간 생각하더니,

『영숙 씨! 혜영 씨에게는 결혼 문제를 구식으로 해결하랴다가 실패하엿스니, 이번에는 현대식으로 해결해 보랴 합니다. 본인의 의사를 첫재 존중한다는 의미에서 먼저 영숙 씨의 의사를 뭇는 것입니다. 본인의 의견을 듯지 안코 그 부모의 승낙을 바덧다가 혜영 씨와는 그와 가튼 갈등이 생기엇스니, 이번에는 본인의 승낙을 바더 가지고 부모의 량해를 구해서 실패를 당치 안흐랴고 하는 것입니다. 영숙 씨의 생각은 어찌합니까?』

이러케 그는 뭇더이다. 나는 엇지함인지 가슴이 족음 울렁거리엇나이다. 그가 첫 번부터 언니를 사랑한 것이 아니엇다는 것을 말하엿스니, 그 째에 다시 사랑에 대한 마음이 그와 가티 변하느냐고 책망할 수는 업섯스나, 엇지 되엇든 언니와 그와 가튼 갈등이 잇섯든 사람의 말이라 귀에 바로 들어오지는 안햇습니다. 나는 그더러 바로 어쩌한 동긔에서 나와 결혼할 생각이 낫느냐고 물어보고도 십헛스나, 참아 입을 쩰 수가 업섯나이다. 내가 아모 말업시 머리를 숙인 것이 춘식 씨에게 몹시도 갑갑든지, 그는 자긔의 태도를 쏘다시 변명하얏나이다.

『혜영 씨와 친한 영숙 씨에게 어찌해서 결혼을 청햇는지, 여긔에는 영숙

씨도 여러 가지로 의심나는 점이 잇슬 것입니다. 현재 혜영 씨의 집은 저와 가티 몰락햇고 그의 애인은 실직자가 되엇스니, 그가 이 세상에 살아가자면 격는 고생이 한두 가지가 안일 것입니다. 그러치만 그에게 청혼을 모욕당하다시피 된 춘식이는 그래도 생활하기 위해서 남의 아페 머리를 숙일 형편은 아니오, 돌이어 만인이 불어워하는 호화로운 생활을 할 처지이니까 혜영이와 가장 친한 친구와 결혼을 해서 이것을 좀 보라는 듯이 살아갈가는 족으마한 복수에서 나온 것은 결단코 아닙니다. 나는 가정생활을 인생 일대에 가장 큰 사무로 생각하는 반면에, 여기에 대한 사람의 선택은 진선진미를 다하고 십헛습니다. 오늘 이와 가튼 긔회를 맨든 것도 어제나 그적게 생각한 일이 아닙니다. 사실은 여러 달을 두고 생각한 것이 오늘에 와서 용감히 내의 속마음을 영숙 씨에게 토파하게 된 것이니까, 제의 본의만은 량해하여 주십시오. 그리고 이 결혼 문제가 영숙 씨로는 불가하다고 생각하면 쏘한 그만이니까, 저는 다맛 한 말로 당신의 의사를 물어본 것입니다.』

춘식 씨는 이러케 말하고 나의 얼굴을 찬찬히 바라보더이다. 나는 다맛 그의 대담한 데에 잠간 동안은 놀랄 뿐이엇나이다. 사내답은 그 대담한 청혼에 무엇으로써 내의 대담한 것을 보이어야 조핫겟습니까?

결국은 내 귀에도 잘 들리지 안는 말로 『생각해 보겟서요.』라고 입을 쎄엇섯나이다. 그의 태도와 나의 태도는 량 극단을 잘 표현하엿다는 것을 짐작할 듯오이다.

『잘 생각해 보십시오. 나는 결단코 무리한 히망을 하지 안습니다. 거절을 하는 경우가 잇다 해도 족음치라도 섭섭히 생각지는 안흘 터이니까 충분히 생각해서서 대답을 하십시오.』

하고, 그는 다시 말하지 안코 그대로 박그로 나아갓나이다.

―(226), 『매일신보』, 1932. 7. 20

의외의 일 (13)
언니!

춘식 씨가 박그로 나간 뒤에 바로 그 뒤를 닛대어 들어온 이는 극성학원장이엇나이다. 그는 모든 일을 모다 짐작하얏다는 듯이 쓸대업시 벙글〈 웃더이다. 무엇이 그러케 깃분지 그 뜻을 알 수 업섯나이다. 교육게에서 녀류명사로 이름이 잇다는 그가 리춘식의 결혼 문제가 해결된 듯한 기미를 보고, 어째서 그러케 깃버한 것일까요? 나종에 들어서 비롯오 알앗습니다마는, 리춘식 씨는 내용으로 극성학원을 유지하는 데에 만흔 도움을 주엇다고 합니다. 장차는 상당한 기본 재산을 세우게 하야 일반 학교를 만들 게획이엇다 합니다. 이 학교가 훌륭한 녀자의 교육긔관이 되기에는 리 씨와 가튼 자산이 잇는 사람이 아니면 안 될 것을 잘 아는 극성학원장은 그의 결혼 문제에까지 힘을 쓴 것인 듯하엿나이다.

『영숙이! 그이가 아주 사나답지? 그러치 안하? 세상에서 소위 돈푼이나 잇다고 써들고 지나는 그러한 종류의 재산가와는 아주 짠판이야. 온 세상 녀성들이 그러한 남성 가튼 이와 결혼만 한다면, 불행을 당하는 사람은 하나도 업슬 것이야. 재산이 업소? 인물이 남만 못하오? 학식이 남만 못하오? 인격이 비열하오? 돈 잇는 사람이면 모다 낫분 것 가티 세상 사람이 넉이는 것은 큰 실수야. 어쩌한 점으로 보든지 훌륭한 남성이니까, 두말 말고 이 기회에 결혼을 하구려. 사람에게는 조흔 기회가 그대지 안히 오는 것이 아니니까, 오늘이라도 곳 승낙하는 뜻을 뵈이구려!』

하고, 학원장은 입에 침이 마르는 것도 모르고 격찬을 하엿나이다.

조케 해석하면 후진을 위해서 매우 힘을 쓰는 이엇지만, 만일 낫브게 해석한다면 수단 조흔 상상 쭈쟁이라고도 볼 수 잇섯나이다. 물론 그의 감언리설에 움직일 내가 아니엇지만, 내의 춘식 씨에 대한 호감에 무게를 더하도록 한 것은 속일 수 업는 사실이엇나이다. 다맛 생각해 보겟다는 한 말로써 그의 수다한 권유를 막어버리고 나는 집으로 돌아왓나이다.

언니!

여러 가지로 생각한 결과, 나는 단연히 춘식 씨의 청혼을 승낙하기로 작정하엿나이다. 첫재 리유는 내의 그에 대한 전날의 감정이 일시에 풀어저서 그를 인격적으로 존경하는 생각이 난 것이고, 둘재는 영숙에게도 자긔를 완성하는 동시에 다소간의 사업욕의 만족을 채울 수 잇다는 것이외다. 세상일을 리해하는 그의 정도가 내가 하자는 것이면 그 사업 자체가 가히 망연되지 안혼 이상 무엇이든지 용납할 줄 밋나이다.

그리하야 나는 바로 춘식 씨에게 회답을 하엿나이다.

『모든 호의는 감사히 압니다. 결혼 문제에 대하야 저로서는 짠 의견이 업스나, 그러케 조급히 굴 필요도 업스니 당분간 지금의 형세를 유지하는 게 조흘 줄 밋습니다.』

이것은 승낙한 것이나 다름업는 답장이엇지마는, 그래도 저편에서는 미흡하엿든지 바로 곳 되집허 답장이 왓나이다.

『영숙 씨의 의견을 존중합니다. 물론 우리가 상대자를 철저히 리해하게 될 째를 기다리겟나이다. 그러나 리해를 하자면 자조 맛나는 긔회가 업스면 안 될 줄 압니다. 갓금 뵈옵기를 원합니다.』

그리하야 서로 편지 왕래도 잇섯고, 교제할 긔회도 자젓나이다.

—(227), 『매일신보』, 1932. 7. 21

의외의 일 (14)

언니!

갓갑고도 먼 것은 남녀의 새이엇나이다. 자세한 것은 말치 안습니다. 우리 둘 새이는 서로 결혼치 안흐면 안 될 경우에까지 니르고 말엇나이다. 얼마 아니 하야 결혼식을 할 예정입니다. 이러한 사건이 생길 림시에 한 마듸라도 언니와 상의하지 못한 것은 지금까지 서로 숨김 업시 지나온 언니와 영숙의 새이에 잇슴 직한 일은 아니오나, 일이 넘우나 급전직하가 되어 그러케 된 것이니 평일의 사랑하는 마음으로써 영숙의 무심한 것을 용서해 주시기를 바라나이다. 결혼을 한 뒤에는 자긔의 완성을 위하야 혹은 멀리 해외에 놀는지도 알 수 업나이다. 그러나 이것은 아즉 미정한 일이오, 혹은 언니들이 경영하랴는 사업과 가튼 짠 사업에 몸을 바칠는지도 알 수 업나이다. 그러나 장래ㅅ일을 누구가 알겟습니까? 우리는 오늘에는 명일의 리상에 살고, 명일에는 재명일의 리상에 사는 것인가 합니다. 리상이 틀어질가를 염려하야 오늘의 생활을 비관할 필요는 업다고 생각하나이다. 이 다음에 우리들은 서로 맛나지 안흐면 안 될 경우가 반듯이 잇슬 줄 아나이다.

혜영이는 숨도 잘 쉬지 안코 읽엇다. 영숙이가 춘식이와 결혼을 하게 되엇다는 것은 혜영으로는 상々치도 못한 일이엇다.

그러나 마음의 한편 구석에 쉬일 새 업시 걸머지고 잇든 짐을 부려 노흔 듯이 머리가 겁분하얏다. 그 동안의 여러 사람 새이에 얼크러진 갈등이 하나식 둘식 풀어저 가는 것을 보면 자긔네의 장래에는 크다란 광명이 닥처올 듯한 예감도 업지 안엇다. 어찌 되엇든 영숙이는 행복스러운 녀성으로 생각되엇다. 첫재, 춘식이와 결혼하는 것이 그의 장래에 막대한 행운이 올 듯하다고 생각하는 영숙이는 자긔 자신이 행복을 늣긴 것이다. 이 이상의 그들의 사랑이나 결혼에 짠 뜻을 가지는 것이 틀린 일이다. 결국은 그들 결혼 생활에 축복을 울리는 것이 친구로서 광영히 취할 태도라고 생각하얏다.

혜영이는 보고난 편지를 책상 설합에 너코는 알엣목에 몸을 비기엇다. 작금 량일이 자긔 일평생을 결정한 듯하얏다. 이상스러웠다. 병호가 왓스면 어서 이러한 이야기를 하고 십헛다. 그러나 병호는 아즉 오지 안엇다. 처음으로 취직을 하고 영숙이를 만나 이러한 편지를 바더 본 것이 오늘 하루의 긔적으로 중첩하야 일어난 일이다. 병호가 와서 이 말을 들으면 필연코 놀랄 것이다. 그의 놀라는 얼골이 보고 십헛다.

혜영이는 밤이 늣도록 병호 오기만 기다리엇다. 래일 갈으킬 준비도 마음대로 되지 안핫다. 귀가 어쩐 일인지 박그로만 기울어지고, 화성이와 영숙이가 그의 귀에 속사기는 듯하얏다. 쪼한 비웃는 것도 갓탓다. 오는 복을 박차버린 녀자라 웨치는 것도 가탓다. 그러나 혜영이는 이러한 생각만이라도 마음에 쩌올른 것을 북그러하얏다. 병호에게 미안한 생각이 낫다. 사람의 마음은 엇지 이러케 약한가. 남이 행복으로 알고 내가 쪼한 오늘의 경우에 행복스럽다 생각하면 짠 생각이 날 *까닭*이 무엇일*까*? 이것은 결국 인생의 가장 큰 약점이나 안일*까*? 더욱이 녀자의 약점이니 안일*까*? 사람의 행복을 짠 생각 업시 무조건하고 축복하자. 이러한 생각이 깁흘스록 병호를 기다리는 마음은 더욱 간절하엿다. 그러나 웬일인지 오지 안햇다.

—(228), 『매일신보』, 1932. 7. 22

의외의 일 (15)

혜영이는 정신과 몸이 다가티 피로하엿다. 병호를 기다리는 마음이 그를 다소간 긴장케 하엿스나, 아지 못하는 동안에 잠을 들게 하엿다.

『혜영 씨!』

하고, 불으는 소리를 혜영이는 꿈결에 들엇다.

혜영이는 황망히 니러나서 머리를 훔트리고 박그로 나섯다,

『벌서 주무세요?』

말소리 나는 곳에 병호가 서잇다.

『어찌 인제야 오세요? 몸이 피곤해서 잠이 들엇서요.』

하고, 혜영이는 나오는 하품을 삼키엇다.

『주무시는데 안 되엇군요.』

『괜찬해요. 올나오세요.』

『어머니도 주무세요?』

『아마 주무시나봐요.』

병호는 마루로 올나섯다.

혜영이는 그의 압흘 서서 방으로 들어가 펼쳐노앗든 자리를 한 편으로 밀어치엇다.

『오늘 영숙이와 어대로 가섯든가요?』

『그 애 집으로 갓섯지요.』

『언제 오셋서요?』

『바로 곳 왓서요.』

『뭘 하러 가자고 해요?』

『자기 일신상에 큰 문제가 생겻스니까, 그것을 고백하겟다고요.』

『무슨 큰 문제?』

변호는 족음 놀랏다. 녀자의 큰 문제라면 련애 문제가 아니면 결혼 문제일 것을 짐작 못한 것도 아니지만, 자세한 말이 듯고 십허 병호는 물은 것이엇다.

『세상에는 상상도 못할 일이 퍽으나 만한 것 가태요.』

혜영이는 눈을 부비며 대답하얏다.
『뭣이 상상 못할 일인가요?』
『영숙이가 리춘식이와 결혼을 하게 되엇대구요.』
『영숙이가?…….』
병호도 아니 놀랄 수 업섯다. 지금까지의 지나온 경로로 보아 영숙이가 춘식이와 결혼하게 되엇스리라고는 상상한 일도 업섯다.
『참말 가티 들리지 안는데요.』
『참말이 아니면 거짓말인가요? 그러면 이걸 좀 보시구려.』
하고, 혜영이는 책상 설합을 열고 영숙이한테 바든 편지를 내노핫다.
『이 편지가 언제 왓서요?』
『온 것이 아니라, 그가 준 것이야요.』
『저녁때 영숙이가 준 것인가요?』
『그래요.』
하고, 혜영이는 병호를 바라보앗다.
병호는 그 편지를 한참 동안 아무 말도 업시 탐독을 하얏다. 탐독하는 병호의 표정은 갓금 변하얏다. 놀라는 빗이 나타난 째도 잇섯다. 이마스살을 찝흐릴 째도 잇섯다. 고미소(苦微笑)가 입가에 써돌기도 하얏다. 편지 읽기에 너무 열중한 병호의 태도를 혜영이는 얄미운 생각도 낫다.
『엇대요?』
하고, 혜영이는 물엇다.
『잠간만…….』
하고, 병호는 읽기를 게속하얏다.
혜영이는 아무 말업시 바라만 보고 안젓다.
병호는 읽기를 마치고는
『아주 훌륭한 문장인데요. 영숙이가 이러케 편지를 잘 쓰든가요?』
병호도 영숙의 면면히 흘르는 정서로 이룬 이 편지에 적지 안케 쇼크가 되엇섯다.
『편지를 잘 쓰고 못 쓴 것이야 누구가 아나요. 어쩌케 된 내용인지 알 으셋서요?』

혜영이는 병호가 남의 일신상 큰 문제를 고백한 편지를 읽고, 그 문장을 추는 것이 너무나 랭정한 것이 안일가 하는 원망스러운 의심을 하얏다.

『일이야 단순하지만, 그럴듯하게 남이 량해할만큼 고백한 것은 역시 글재주이니까 하는 말이죠.』

하고, 병호는 편지를 다시 들여다보앗다.

『일이 우습게 되지 안햇서요?』

『우습게 된 것이 아니라, 다 잘 되엇소이다.』

하고, 병호는 숨을 내쉬엇다.

—(229), 『매일신보』, 1932. 7. 23

의외의 일 (16)

다 잘 되엇다는 병호의 말이 너무나 무책임한 것 가타서 혜영이는 족음 불쾌하얏다. 그러나 병호의 이 자리의 마음이 그럼 즉할 것은 동정 못하는 바도 아니엇다.

『두 사람의 장래가 행복만 된다면 물론 조흔 일이지요.』

혜영에게는 아즉까지도 춘식에 대한 모든 감정이 풀어지지는 안햇다. 그러치만 영숙의 장래를 족음도 저주할 것은 업다고 생각하얏다. 그들의 결혼을 축복하지 안흘 수 업섯다.

『그들의 결혼 생활은 물론 행복스러울 것입니다.』

병호는 춘식의 인격을 미든 까닭이엇다. 그러나 영숙이와 약혼을 하얏다면, 자긔에게도 어쩌한 방법으로든지 통긔를 하여줌 직하얏다. 그러나 사업에 대한 이야기 외에는 다른 이야기는 도모지 입 박게 내노치 안는 것을 보면 매우 사려가 깁흔 것을 량해할 수 잇섯다.

혜영이를 차저 오기 전에 춘식에게 들리엇다. 춘식이는 자긔 결혼 문제에는 아무 말도 업섯다. 다맛 간사지 개간사업에 대해서만 여러 가지로 자긔 의견을 말하얏다. 그는 그 사업이 비록 실패에 쏘다시 돌아간다 할지라도, 쏘 조흔 사업이 잇다고 말하얏다. 병호는 다음 사업은 무엇인지를 알고도 십헛지만, 그것까지 물어보는 것은 자긔가 지금 착수하랴는 사업에 너무나 자신이 업는 것을 표현하는 것 가타서 뭇지 안햇다. 춘식이도 이

의사를 짐작하얏든지 다음의 사업이 무엇이라는 것은 말치 안햇다. 느진 봄이 되거든 바로 간사지 현장으로 써나기를 권하얏다. 그때에는 자긔도 함끠 현장까지 가기를 약속하얏섯다. 그리하야 오늘에는 그러한 상의를 혜영이와 해볼가 하고 온 것이엇다.

그러나 병호로는 한 가지 의심이 잇섯다. 춘식이와 약혼을 한 영숙이가 D백화점으로 짠 남자와 가티 와서 더구나 정답게 속살거리엇슬가? 영숙의 뒤를 짤하다니는 농판 비슷하게 구는 그 청년 신사가 과연 누구일까? 아모리 생각해도 알 수 업는 일이엇다.

『그런데 오늘 가티 와서 저녁밥을 먹든 남자는 누구일까요?』

병호는 물엇다.

『앗차! 그걸 좀 무러볼 걸 그랫소.』

혜영이는 매우 유감으로 생각하는 모양이엇다. 거긔에까지 주의가 못 미친 것은 아니엇스나, 그의 생각에는 춘식이는 죡음도 상상한 일이 업섯고, 다맛 내어주는 편지 가운대에 영숙의 일신상 비밀이 모다 들어잇스리라는 막연한 생각으로 여러 가지를 심악스럽게 뭇지는 안햇든 것이엇다.

『글세요. 좀 이상한데요? 그럴 줄 알앗드면 그 남자가 누구인지 자세히 물어볼 걸 그랫서…….』

하고, 또 다시 후회하얏다.

오늘의 영숙이의 편지와 그의 태도에는 매우 큰 모순이 잇는 것을 병호는 더욱 의심치 안흘 수 업섯다.

병호는 여러 가지로 그 남자를 상상하여 보앗다. 그는 춘식이의 병정으로 영숙의 프로텍터가 되어서 보호하러 다니는 자가 안일까? 만일 그러하다면 춘식이는 인격자가 안일 것이다. 약혼한 녀자를 짠 젊은 사내로 보호 겸 감독을 한다는 것은 비남자의 행동이나 안일까? 그러치 안흐면 영숙에게 짠 애인이 잇서서 그러함일까? 춘식이는 재산가요 명망가이니까 그는 황금과 명예의 애인이오, 마음의 애인은 그 젊은이인가? 이 편지로 보아서는 아주 전인격적으로 존경하고 사모한다는 것이 력력히 나타나지 안햇는가. 혜영에게까지 자긔를 속긴 것일까? 아무리 생각해도 알 수 업는 일이엇다.

—(230), 『매일신보』, 1932. 7. 24

의외의 일 (17)

밤 늦게야 차저온 병호는 잠간 동안 이야기하다가 돌아갓다. 그러나 영숙이와 함끠 왓든 남자가 누구인지 그 의문은 물론 풀지 못하고 갓섯다.

병호가 돌아간 뒤에도 혜영의 머리 전부를 차지한 것은 영숙의 태도에 대한 의심이엇다. 다른 남성에게 결혼을 허락하고 쏘 다른 남자를 달고 다니는 그 심사가 첫재 알 수 업섯다. 만일 밤이 밝고 극성학원의 교수가 끗나면 바로 영숙이를 차저가서 그 남성이 누구인 것을 물어볼가 하고 영숙에게 간단한 편지를 썻다.

손수 전한 편지는 잘 읽엇나이다. 일이 너무나 쯧박기라 놀라기도 하얏나이다. 모든 것이 상상한 바와 가티 해결되면 영숙의 일신상에는 적잔한 행복이 올 것을 밋나이다. 근일에 매우 밧브시겟지만, 잠간 물어볼 말슴이 잇스니 명일 오후 네시 쯤 만나주기를 바라나이다.

이러한 편지를 병호 가는 편에 부치엇다.
혜영이는 그 이튼날 일즉히 자기 집을 나섯다.
어제 아츰 나설 때보다도 그의 발길은 묵어웟다. 어제의 내노혼 발길은 장차 가질 직무에 대해서 매우 충실하겟다는 결심과 용긔가 들어 잇는 발길이엇다. 그러나 오늘의 걸음에는 주저와 인순(因循)이 얼키어 잇섯다. 어제ㅅ까지는 불상한 여러 녀성과 함끠 자긔의 운명을 당분간 가티 하게 될 줄 알앗다. 그러나 병호의 계획한 일이 그의 예상대로 실현된다면, 자긔는 병호를 짤하 남쪽 해안으로 내려가서 흙과 물을 친하여야만 할 처지이다. 극성학원에서 여러 불상한 녀성과 함끠 지나기를 약속한지 얼마가 되지 못하야 그곳을 쩌나는 것은 자긔의 경솔한 것을 발표함이나 안일ㅅ가? 그러면 찰아리 최초부터 그 사유를 말하고 일신의 진퇴를 분명히 하는 것이 올혼 일이 안일ㅅ가? 그러나 어제 취직한 사람이 하루가 지나지 못해서 그만 두겟다는 말을 참아 할 수는 업섯다. 결국은 되어 가는대로 일신상에 부득한 사정이 생길 때ㅅ지 량심은 허락지 아니 하나 버틔고 가는 수박게 다른 도리가 업다고 생각하얏다.
 혜영아는 변변한 준비도 업시 자긔의 맛튼 학과를 교수하고 하학되기를 기다리어 영숙의 집으로 차저갓다.
 영숙이는 편지한대로 기다리고 잇섯다.
 『언니! 편지 다 보앗지? 아주 쯧박기라고 생각햇지?』
 하고, 영숙이는 낫을 죡음 붉히며 마저준다.
 『정말 꿈에도 생각 못한 일이야. 어쩌면 그러케 급전직하로 문제를 해결하얏서?』
 혜영이는 웃으면서 영숙이를 짤하 방으로 들어갓다. 그는 대번에 어제 가티 온 남자가 누구인 것을 물어볼가 하얏스나, 대번에 무슨 일을 정탐이나 하러 온 듯이 영숙이가 알가 하는 미안한 생각이 나서 처음에는 아무 말도 안햇다.
 『언니 생각은 엇대요?』
 하고, 영숙이는 뭇는다.
 『내 생각이 어쩟코 뭘 하게 뭣 잇서…… 세상 일이 다 그러한 게지.』
 혜영이는 새상 일이 다 그러한 것이지 하는 말은 분명히 실수라고 후회하얏다. 다른 사람이 행복을 늣길 째에 세도인심을 탄식하는 것은 인사에 틀린 일이라 생각하얏다. 거긔 짠 오해가 생길 수도 잇는 일이엇다. 춘식이와 가튼 백만장자를 다른 사람에게 양여한 것을 후회하는 것 가튼 오해가 영숙에게 업스란 법도 업섯다.
 『어쩌한 일이든지 시긔가 되면 모다 잘 해결되는 모양이야.』
 하고, 혜영이는 웃엇다.

—(231), 『매일신보』, 1932. 7. 26

의외의 일 (18)

 『정말 그럴가요? 모든 것이 잘 해결된 것일가요, 언니!』
 영숙에게는 혜영의 말이 고지 들리지 안흔 모양이다.
 『잘된 일이고 말고. 자긔네가 행복으로 생각한 그대로 일이란 해결되기가 그러케 쉬운 것은 아니니까.』

혜영이는 탄식하듯 말하얏다.

『그러케 해결된 것이 내에게 꼭 행복이 될가요?』

영숙이는 깃븜이 넘치는 얼굴로 뭇는다.

『그것은 본인이 생각할 탓이겟지. 오막사리에 박아치 살림을 하드라도 그것을 행복으로 생각하면 행복이 될 것이오, 고대광하에서 금의옥식을 한대도 그것을 불행으로 생각하면 불행이 될 것이니까…….』

혜영이는 두어 말 가운대에 자기의 처지도 변명을 한 것이엇다.

『언니의 말은 모든 일이 자긔 생각에 달린 것이라는 의미이지오? 저는 반듯이 그러타고 생각하지 안 해요. 아모리 오막사리 박아치 살림이라도 행복으로 녁이면 행복이 되는 것이라 하지만, 그러케 녁이어지지 안는 것은 어쩌케 합니까? 그것도 예전 말이지, 오늘과 가티 물질이 사람의 마음을 지배하는 때에 말이 됩니까? 밥을 먹지 못하고 옷을 입지 못해도 행복일가요? 물질만이 사람의 행복이 될 수 업는 것과 맛찬가지로, 마음만이 행복이 될 수 업다고 생각해요. 두 가지 조건이 구비하지 못하면 언제든지 반듯이 그 행복에는 파탄이 올 줄 알아요. 주관적으로 이 세상을 살아간다는 것은 로멘치스트의 잠고대인 줄 알아요. 그 대신 영원한 행복을 바라는 것도 아니야요. 오늘의 모처럼 어든 행복을 토대를 삼아 가지고 그 우에다 영원한 행복을 건설하여 보자고 로력분투야 물론 하겟지오마는, 거긔에 영원한 행복이 건설되리라고 밋지는 안 해요. 그러니까 장래를 생각하여 가지고 못처럼 목전에 닥처오는 행복을 박차버릴 용긔는 업서요. 내의 결혼 문제도 장래의 영원성을 생각해서 결정한 것은 아니야요. 인격상으로 상대자의 실흔 점이 업는 이상, 주저할 필요가 업다고 생각해서 그대로 승낙을 한 것이야요. 그러하지만 어찌함인지 언니에게는 미안한 생각이 죡음 잇서서 일부러 그 한 편지를 쓴 것이야요. 그것도 쓰기는 썻지만, 일부러 편지하는 것이 쑥스러워서 잠간 동안 두고 생각해 보앗서요. 만일 언니를 맛나보지 못햇드면, 편지가 책상 설합에서 우리들의 결혼식 구경을 하얏슬는지 알 수 업서요.』

이러케 말하는 영숙의 얼굴은 스스로 흥분되어 뵈엇다. 그는 결국 맹목적으로 행복을 찾는 가련한 녀성으로박게 아니 뵈엇다.

『본인들이 행복으로 안다면 그만이지, 그밧게 쏘 다시 싼 문제가 잇슬 싸닭이 잇나요. 그러기에 모든 문제가 잘 해결되엇다고 말한 것이야!』

이러케 말하는 혜영의 태도는 비교적 랭정해 보엿다.

『언니! 모든 문제가 잘 해결되엇다는 그 말에 어쩌한 싼 의미가 들어 잇는 것 가태서 좀 불유쾌한 걸요. 그래서 앗가도 기다라케 말을 하는 것이야요. 제가 결혼을 한다는 것은 다른 사람의 행복을 위해서나, 쏘는 그 가운대에 얽히러진 문제를 풀기 위해서 한 것이 아니니까…….』

영숙이는 혜영, 춘식, 병호의 삼각관게가 자기의 진출로 인해서 풀어진 것을 시원하게 생각한다는 것으로 혜영의 말을 해석하얏다.

그러나 혜영이는 그러한 의미로 한 말은 아니엇다. 혜영의 안목에는 춘식이와 갈등 문제 가튼 것이 들어 잇지 안햇다. 자긔 자신으로 벌서 해결하야 청산이 된 문제이엇다. 돌이어 웃으운 생각이엇다.

—(232), 『매일신보』, 1932. 7. 27

의외의 일 (19)

혜영이는 자긔들 본위로 결혼 문제가 해결된 것이 잘된 일이 아니라는 것을 변명할가 하얏스나, 그 태도가 너무 구구한 듯해서 잠간 잠잣코 잇섯다. 영숙이는 혜영의 입을 바라본다. 어쩌한 말이 나올지 그것을 기다리는 듯이.

『그건 다른 사람을 위한다는 의미보다, 영숙이 자신을 위해서 잘 해결된 것이라고 말한 것이야.』

혜영이는 긔어코 대답을 하고야 말앗다.

『세상에서 다른 사람을 위해서 자긔를 희생한다는 것은 거짓말 가태요. 전에는 저도 퍽 그러한 생각을 할 째가 잇섯지만, 이새에는 웬일인지 생각이 좀 달라엇서요.』

하고, 영숙이는 웃엇다.

『련애는 아마 리긔적인 게지. 그래서 마음이 변한 것이겟지…….』

하고, 혜영이도 웃엇다.

『이겟지가 아니라 언니의 경험은 어째 해요?』

영숙이는 물엇다.

혜영이와 병호의 열렬한 련애관계를 아는 영숙으로는 지금것 경험한 일이 업는 것 가티 짠청을 쓰는 혜영의 말을 그대로 들어 넘기지 안흔 것이엇다.

『글세. 보는 점이 사람마다 다르겟지만, 나의 오늘 처지는 만흔 파란곡절이 잇서서 리긔적인지 리타적인지 분간할 수 업게 되엇스니까, 뭐라 말을 해서 조흘는지……』

혜영의 생각에는 자긔와 병호의 련애관계가 리긔적에서만 매저진 것이라 할 수 업섯다.

『그러치만 결국은 리긔적인가 봐요. 사랑하는 사람의 불행을 알면서도 자긔를 위해서 모든 것을 서로 희생하기를 서로 바라보고 잇는 것을 보면, 제 욕심 채우자는 것박게 아무 것도 업는 듯해요.』

이러케 말하는 영숙의 얼굴에는 무엇인지 짠 생각하는 듯하는 빗이 나타낫다.

혜영이는 직각적으로 이 결혼의 리면에 한 개의 비극이 들어잇지나 안흔가 하는 의심이 벗적 낫다. 전날의 젊은 남자가 이 결혼 문제에 어떤 한 관계를 가지고 잇지나 안흔지 그것이 알고도 십헛다.

『영숙이! 그런데 어제 D백화점에 가티 왓든 청년은 누구이엇소?』

혜영이는 바로 쏘는 것이 족음 미안하얏지만, 하는 수 업시 물엇다.

『어제 그이 말인가요? 내의 친척 되는 이야요. 웨 물으세요?』

영숙이는 이상한 듯이 뭇는다.

『친척 되는 이야? 나는 애인인 줄 알앗지?』

하고, 혜영이는 웃엇다.

『애인이 그러케 멧식 잇나요?』

하고, 영숙이도 쌀하 웃엇다.

그러나 혜영이는 정말 영숙의 친척으로 미더지지 안햇다. 친척 관계보다 더 갓가운 새이가 안인가 하는 의심이 업서지지 안햇다. 전날에 그러한 친척이 잇다는 말도 들어 본 적이 업섯다.

『그이는 뭘 하는 이야?』

『아무 것도 안코 노는 이야요.』

『세상에서 제일 편한 이로군요. 일 안코 먹게 되니…….』

『언니는 이새 빗중대는 것이 늘엇소이다. 언니는 언제부터 일허고 밥을 자셋소?』

무직이라는 말이 영숙에게는 매우 불쾌하게 들인 모양이다.

『어제부터…….』

혜영이는 웃엇다.

『언니! 일 안코 밥 먹는 것이 팔자 편하다고 말 말어요. 나도 이새는 심심해서 견댈 수 업서요.』

혜영이가 영숙 자신을 빗중댄 것으로 해석한 모양이다.

『하루 동안 일을 해보니까 어써케 고된지 알 수 업서…… 역시 놀고 먹는 것이 제일 편한 팔자인 것 갓타…….』

하고, 혜영이는 피곤한 몸을 벽에다 기대엇다.

—(233),『매일신보』, 1932. 7. 28

의외의 일 (20)

혜영이는 그 남자 일에 대해서 이 이상 더 물을 수 업섯다. 그 대신에 자기들의 지금 형편을 말하고 십헛지만, 리춘식의 힘을 빌어서 간사지 개간사업에 병호가 착수한다는 것은 자랑하여 말할 수 업섯다. 쏘 다른 궁상을 하소연할 수도 업섯다.

『영숙이! 우리 집에 한 번 놀러와요. 어머니도 퍽 기다리시는 모양이야.』

하고, 혜영이는 피곤한 몸을 니르키엇다.

『언니! 안 되어요. 오늘은 내가 보내지 안흘 터야.』

하고, 영숙이는 붓든다.

혜영이는 여러 번 돌아가랴고 방색을 하엿스나, 영숙이가 전력을 다하야 붓드러서 하는 수 업시 그 자리에 주저안젓다.

족음 잇다가 저녁밥이 나왓다. 음식 범절이 혜영의 집 옛날을 추억케 하얏다. 조흔 음식이 돌이어 그의 목에 걸리엇다. 영숙이는 호의호식에 만족하는 우슴을 련발하얏다. 혜영이는 밥을 멧 숟가락 헤저기다가 그대로

상에서 물러낫다. 영숙이는 복잡한 혜영의 감정을 살피지 못한 모양이다.

『어대 편찬하세요? 도모지 진지를 못 자시는구려.』

하고, 영숙이는 근심을 한다.

『본래 식성이 업는 걸 어쩌케 해…….』

하고, 혜영이는 책상에 노인 그날 신문을 두적거리엇다. 역시 흥미가 업섯다.

『언니! 오늘 저녁에 구경이나 갑세다.』

하고, 영숙이는 밥상을 치운 뒤에 의복을 갈아입는다.

혜영이는 오늘 밤에 병호가 자긔 집으로 올 듯해서 마음은 아니 노엿스나, 오래 간만에 구경을 하는 것도 위로가 될 듯해서

『구경이나 해볼가?』

하고, 쾌락을 하얏다.

그리하야 혜영이는 책보를 드른 채 영숙이를 짤하 나섯다.

안국동 네거리를 지나서 인사동 골목으로 천천히 걸어내려왓다.

혜영이는 걸어가면서도 영숙이를 짤하 나선 것이 조치 못한 듯한 예감이 잇섯다. 영숙이와 자긔는 이 세상을 걸을 코스가 다른 것 가탓다. 영숙이는 화초가 만발한 봄 동산 우를 것는 것이라면, 자긔는 황엽이 소조한 가을 산길로 방황하는 것이나 다름 업다고 생각하얏다. 혼화한 바람에 넘노는 향긔에 취한 영숙의 오늘이 부러운 생각도 낫다. 그러나 이러한 것을 생각하는 것만큼 자긔의 품성이 타락되어 가는 것 가타서 생각을 돌으키엇다. 첫재, 병호에게 미안한 생각이 낫다.

『영숙이! 나는 바로 집으로 갈 터이니까, 혼자 구경이나 잘 허우.』

혜영이는 발을 다시 멈추엇다.

『안 되어요. 여긔까지 와서…… 가야 돼요.』

하고, 영숙이는 쯔은다.

길 가는 여러 사람의 눈이 창피하얏다. 혜영이는 못 이기는 듯 다시 걸엇다.

『학교 선생이라고 연극장 가지 말란 법도 업슬 터이니까, 걱정 마세요. 극성학원장도 늘 옵데다.』

혜영이가 극장 가기를 쓰린 것은 자긔가 교육자라는 새로운 의식 째문인 것도 사실이엇다. 그러나 강습소 가튼 학교의 교원이라 하야 이러한 구속을 밧는 것은 혜영이가 평일에 바라는 바는 아니엇다.
　『몸이 좀 피곤해서 그래. 내가 무슨 교육자라구 그러겟서…….』
　『그러면 잠간만 구경하다가 일즉 나옵시다 그려.』
　영숙이는 한사ㅎ고 쓰은다.
　혜영이는 하는 수 업시 짤하 섯다. 족음 익다가 경성극장 아페 그들은 당도하얏다. 만흔 관객은 물 밋드시 들어가는 중이엇다.
　　　　　　　　　―(234), 『매일신보』, 1932. 7. 29

의외의 일 (21)
　그들은 여러 관객축에 끼어서 극장 안으로 들어섯다. 상하 객석은 관객이 가득 찻다. 겨우 특등석이 몃 자리 뷔엇슬 쑨이다. 압자리 의자에는 예약표 두 장 부터 잇다.
　영숙이는 안내하는 사람더러 무어라 뭇드니 예약석으로 들어갓다. 그는 들어가면서 혜영이를 쓸엇다. 혜영이는 아무 데나 안겟다고 방색을 하다가, 남의 눈에 씌이는 것이 북그러워 그대로 쓰을려 갓다. 여러 관객들의 눈이란 눈은 모다 압 예약석으로 모아 왓다. 그들 두 녀성은 장내에서 단연히 광채가 낫다. 현대의 대표적 신녀성인 듯하면서 어느 구석인제 고전미가 들어 잇는 혜영이와 구식 가정에서 자라난 현모양처의 전형인 듯하면서도 어느 모에 방분한 감정의 자유아인 듯한 영숙이가 오늘 이 극장에서 쒸나게 이채를 내보이는 것을 여러 관객이 이상한 눈으로 바라보는 것도 그럼 즉한 일이엇다. 영숙이가 극장 안의 녀왕인 듯이 아페 쫙 버틔고 안젓는 것이 혜영에게는 우습게 생각되엇다. 그러나 혜영이는 득의의 시대를 만나 행복감으로 가슴이 가득 차진 영숙이가 이러케 버틔는 것도 무리가 아니라 생각하얏다. 그의 치긔가 도리어 사랑스러윗다.
　『이게 무슨 표야? 여긔에 안저도 관게 업서……?』
　혜영이는 겨테 잇는 사람이 듯지 못할 만큼 나즌 목소리로 가만히 물엇다.

『우리가 마처 노앗스니까 관게 업서요.』

영숙이는 좌우를 족음도 쓰리지 안코 태연히 큰 목소리로 대답한다.

『언제…….』

혜영이는 오늘밤에 짠 사람과 약속해 노혼 자리를 자기가 차지하게 된 것을 비롯오 알앗다. 약속한 이는 물론 춘식일 듯한 예감이 낫다. 미안한 생각도 낫거니와, 춘식이와 함끠 한자리에서 구경하여 조흔지 알 수 업섯다.

『누구가 쏘 오지 안하?』

하고, 혜영이는 쏘 물엇다.

『춘식 씨가 오기로 햇서요.』

영숙이는 족음 미안한 긔색을 뵈인다.

『엇제 좀 안 되엇서…….』

혜영이는 무심코 말이 나왓다.

『안될 게 뭐야요? 일이 모다 잘 해결된 오늘에 그런 생각을 할 것은 업잔해요.』

『문제가 다 해결되엇지만, 좀 안 되엇서…….』

혜영이는 지난 겨울에 도라간 부친을 짤하 인왕산의 춘식의 집을 차저 갓든 일과 다시 자동차로 이 극장에 왓든 일과 중도에 병호를 맛나 먼저 가든 일이 다시 긔억에 살아올낫다. 파고다공원 압헤서 자동차를 머물으고 자긔를 태우랴든 아버지의 일도 물론 생각낫다. 모든 일이 꿈 가탓다. 바로 엇그제의 일 가탓다. 찬바람을 무릅쓰고 단 두리 걸어가며 사랑을 속색이든 일이 다시 그립엇다.

그날 저녁에 몹시 성내신 아버지의 얼골을 피해서 자긔 방에서 나오지 안튼 것이 미안하기도 하엿다. 그러하든 혜영 자신이 오늘에 다시 춘식이와 이 자리에서 구경을 하는 것이 아모리 생각해도 긔이한 일이엇다. 일생일대의 무상한 것을 절실하게 맛보는 것 가탓다.

만일 춘식이가 여긔 오는 줄 알앗드면 들어오지 안햇슬 것이라고 그는 후회하얏다. 그러나 째는 벌서 느젓다. 자긔의 못 생긴 것을 극장에서 폭로할 것 업다고 생각하얏다.

—(235), 『매일신보』, 1932. 7. 30

의외의 일 (22)

　조곰 잇다가 호각소리가 나며 막이 고요히 열리엇다. 희푸른 각광(脚光)이 무대 우에서 웃줄거리엇다. 혜영이는 장차 무대 우의 활동을 기다리엇다. 무대면은 시골 농가이엇다. 파호(破戶) 폐벽(幣壁)에 살림이 말 아닌 것을 뵈엇다. 그래도 마루에는 물레와 씨아가 노이어 잇고, 그 겨테는 어엽분 처녀가 안젓다. 그리고 마당에는 멍석이 쌀리고, 그 우에는 서서 씬을 꼬는 젊은이 멧 사람과 집신 삼는 늙은이가 잇섯다. 그들은 여러 가지로 이 세상 이야기를 하며 일을 하얏다. 마루의 처녀는 물레를 돌리며 그들의 이야기를 가만히 듯는 것 가탓다. 그는 실이 끈허지면 잇고, 이어 가지고는 다시 물레를 돌리엇다. 그들의 이야기는 이 세상의 진긔한 것을 표제를 삼아 가지고 자긔네의 생활을 저주하는 것이엇다. 그 고을의 부자人집 이야기가 반부 이상이엇다. 그 고을 대지주의 아들이 서양으로 공부를 갓다가 서양 녀자에게 장가를 들어 본처를 내쏘첫다는 것과 그 아버지는 미두에 손을 내밀어 여러 천원을 일허버렷다는 것과 어쩐 지주는 경성에서 기생첩을 쩨어다가 살게 되엇다는 것과 어쩐 지주는 야학교에 기부를 하라니까 그것이 실허서 서울로 피신을 하얏다는 것 등의 모다가 저주하고 비회하는 말이엇다. 이러케 쏠대업는 잡담을 하면서도 매우 박갓을 주의하얏다. 누구가 오기를 기다리는 모양이엇다.

　혜영이는 짠 생각 업시 무대만 바라보앗다. 병호, 간사지 개척, 그래서 농촌으로 돌아가게 될 것, 이 세상의 문화에 뒤쩌러진 농촌 동포, 그들의 참담한 생활, 여러 가지가 혜영의 머리 속에 교향악을 울리엇다.

　이때에 겨테서 속삭이는 소리가 들리엇다. 혜영이는 그 편으로 머리를 잠간 돌이엇다. 어쩌한 남자가 영숙의 귀 갓가히 입을 대이고 무어라 속삭인다. 어두어 자세히 보이지는 안치만 어제 석양 D백화점에서 보든 그 청년인 듯하엿다. 혜영이는 갈스록 괴상한 생각이 낫다. 온다는 춘식이는 오지 안코 짠 남자가 그 자리를 차지하고 안저서 속삭이는 것은 아무리 호의로 해석해도 망칙한 일이엇다. 무슨 말을 하나 하고 혜영이는 눈에 보다 귀에 더 만흔 주의를 기우렷다.

듯자 하니 혜영 자신의 이야기를 하는 모양이다.

『언제 맛낫소?』

『응.』

『차저와서요.』

『리 선생은 웬일이오?』

『어대를 단여오신다구.』

『안 온데 무던이 되엇죠.』

이와 가티 단편적으로 들리는 말이지만, 혜영이는 대강 그들의 심리를 짐작하얏다. 젊은 그이가 어쩌한 이라는 것도 알앗다. 그는 아모리 보아도 허울 조흔 부자의 병정이엇다. 좀더 그에게 남성으로 기품이 잇스리라고 생각한 것은 자긔의 상상력이 부족하엿다는 것을 늣기엇다.

그러나 쏘 하나 알기 어려운 것은 영숙이가 어찌하야 그가 춘식의 병정인 것을 말하지 안코 시골 일가라 우물쭈물하야 넘기엇슬까?

자긔가 상상한 것과 가티 춘식이가 일부러 영숙의 뒤에다 저와 가튼 청년을 쩟매 감독원 노릇 겸 청직이 노름을 시킨다는 것은 영숙이나 병호가 말한 바 가튼 그로서는 참아 하지 못할 일이엇다.

그러나 다맛 결론으로 나오는 것은 사람이 사람을 못 밋는 것은 인간 사회의 공통 약점인가 하얏다.

이와 가티 이야기에 귀를 기우리는 동안에 무대 우에서는 여러 가지로 사건이 전개되어 갓다. 무대 우수(右手)로부터 젊은 농부 하나이 머리를 쌍에 숙이고 천천히 걸어서 자긔 집 싸리문을 열엇다.

—(236), 『매일신보』, 1932. 7. 31

의외의 일 (23)

젊은 농부가 마당으로 들어서니 마루에서 물레를 돌리든 처녀가 벌덕 니러서며,

『옵바! 인제 오?』

하고 불으지젓다.

멍석 우에서 일하든 여러 농부들도 입을 모아

『일이나 잘 보앗나?』

하고, 제창을 한다.

젊은 농부는 힘업시 마루 쓰테 걸어안즈며 아무 대답이 업다.

『어쩌케 되엇서요?』

하고, 처녀가 갓가이 안즈며 뭇는다.

『다 틀렷단다.』

젊은 농부의 맥풀린 말소리이다.

『그러면 어쩌케 해. 큰일 낫구면요.』

처녀의 힘 업는 부르지즘이엇다.

『정말이야?』

한 농부가 니러서며 뭇는다.

『정말이야.』

젊은 농부는 주머니에서 단풍표 권연을 쓰내어 물고 성양을 긋는다.

『인제 죽엇구나!』

한 농부의 부즈지즘이다.

『큰일 낫군!』

여러 농부의 합창이다.

『보ㅅ짐을 싸세!』

쏘 한 농부의 탄식이다.

여러 농부는 하든 일을 모다 중지하얏다.

『이 가튼 흉년에 도조 한 말 감할 수 업다는 그러한 자식은 처음 보앗서. 오늘까지 사십 여년을 두고 남의 쌍을 버러 먹고 살앗지만, 이러케 지독한 답주는 처음 봣서. 별 수 잇다고? 인제는 배로나 낼지! 가기는 어대로 가!』

하고, 늙은 농부가 담배ㅅ대를 썬다.

무대 우에는 음산한 빗이 돌앗다.

혜영이는 이 광경을 바라보는 동안에 겨테로 갈리어젓든 주의가 모다 무대면으로 집중이 되엇다.

『대체 뭐라고 대답을 하든가?』

하고, 한 농부가 마루 갓가히 걸어간다.

『도조를 아주 졸아서 그러케 된 것이니까, 아모리 진정을 해도 소용업다구. 그리고 작인들 소작료를 아니 내고 벌어먹엇스면 조흘 터이지만, 답주도 옷을 입고 밥을 먹어야 할 터이니 안 될 말이라구.』

젊은 농부는 힘업시 그러한 가운대에도 족음 흥분한 태도로 대답한다.

『그래. 답주가 흉년 든 이곳에서 도조를 안 바덧대서 굶어죽겟나 얼어죽겟나. 핑계지! 영악한 소리지!』

한 농부가 두 주먹을 쥐고 부르르 썬다.

『그럴 것 뭣 잇서. 우리들이 모다 답주의 집으로 가세. 그래서 그 집 문 아페서 굶어 죽세 그려!』

농부 하나이 쏘 부르짓는다.

이때에 우수로 등장하는 청년이 잇다. 그의 얼굴에는 어느 곳인지 노블한 곳이 뵈엇다. 눈에서는 리지가 넘처 흘럿다. 수수한 양복을 입엇다. 그는 갓분 숨을 내쉬며 싸리스문 아페서 이리 오느라 불은다.

이 소리를 여러 농부들은 말을 멈추고 박게다 귀를 기우렷다.

청년은 쏘 한번 불은다. 그의 불으는 소리는 울엉찻다. 그러나 그 속에서는 알 수 업는 자애와 고민이 흘른다. 마루에 걸어안젓든 농부가 힘업시 니러나서 문간으로 나아간다.

『누구슈?』

『저올시다.』

하고, 청년은 모자를 벗는다.

『저가 누구시우?』

하고, 젊은 농부는 청년을 우알에로 홀터본다.

―(237), 『매일신보』, 1932. 8. 2

의외의 일 (24)

그 청년은 자긔의 성명을 통한다.

이 말을 들은 농부는 눈이 휘둥그래지며 그 청년을 우아래로 다시 한 번 홀터본 뒤에 아무 말업시 안으로 쒸어 들어오며 쉬々 하며 싸리스문을 가르킨다.

『누구야 누구?』

하고, 그 집 젊은 농부가 뭇는다.

『쉬ㅅ!』

하고, 문간에 나갓든 농부가 이 사람 귀 저 사람 귀에다 무어라고 속살거리는 표정을 한다. 그 말을 들은 여러 농부의 얼골빗이 족음식 달라진다. 그 중에서는 제일 몹시 불량해 보이는 키가 크고 눈이 불이불이한 젊은 농부가

『그 자식이 소작인 집을 뭐하러 차저 왓서. 도조 못 바들가 걱정이 되어서 형편을 숣히러 온 것이지. 가라구 허게. 그것도 아비 달머서 아주 고약한 게지.』

짠 농부는 손짓을 하며 쉬쉬를 련발한다.

『이 못난둥이들아! 웨 일해! 뭘 다시 볼 것 잇다구?』

하고, 짠 농부를 얼러댄다.

싸리ㅅ문 박게 선 젊은이는 안에서 흘러나오는 말소리에 귀를 기우리는 모양이다.

『누구신지 들어오라 해.』

그 집 주인 농부가 말한다.

먼저 문간으로 나갓든 농부가 다시 문 아프로 가서 청년을 인도한다. 마루에서 물레를 돌리든 처녀는 안방으로 쮜어 들어간다.

청년은 농부의 인도를 바더 마루로 올라선다. 뭐라 나쁜 소리로 중얼대든 농부는 아무 말도 안햇다는 것 가티 신을 삼고 안젓다. 다른 사람들도 마루로 갓금 갓금 주의를 보내며 일만 한다.

그들의 표정은 매우 웃우엇다. 될 수 잇스면 관객을 만히 웃기는 것이 자기네의 기술인 것 가티 얼굴을 쩝흐리기도 하고, 코를 씰눅거리기도 하고, 사팔눈을 써보기도 한다. 상하 객석에서는 웃음소리가 쏘다저 나온다. 웃음소리에 정말 무대에서 나오는 대사는 돌이어 잘 들리지 안햇다.

그러나 서로 인사를 하는 것만은 그들 표정으로 짐작되엇다.

지주의 아들이 어찌하야 소작인의 집을 차저온 것은 무대에서 출연하는

배우들 박게는 몰랏다. 관객들은 어쩌한 싸닭으로 지주의 아들이 소작인에게 머리를 숙여가며 말하는 그 심리는 몰랏다. 배우들은 여러 날 두고 연습한 연극이니 알 수 잇지만, 관객인 혜영으로는 알 수 업섯다.

혜영이는 엇지 해서 차저 왓슬가 여러 가지로 상상을 해보앗다. 순간의 상상이엇지만, 그의 상상은 대강 마젓다. 혜영이는 이러케 상상하얏다.

『소작인이 흉년을 당하야 젊은 농부는 전 동리의 작인들을 대표하야 소작료 탕감 진정을 갓다가 무자비한 답주에게 거절을 당하고 홍분한 김에 답주와 싸우고 돌아왓다. 인도주의적 사상의 소유자인 그 답주의 아들이 이 광경을 보고 미안한 생각이 나서 답주와 작인 간의 융화시키랴고 차저온 것이 안일까? 작인들은 중이 미우면 가사도 밉다는 격으로, 답주가 미우니까 그 아들까지도 의심해서 속으로 원망하는 것이 안일까? 지주의 아들로 사실 소작인 집을 차저가서 자긔의 아버지를 대신하야 잘못을 사례하고 감정을 융화케 하는 지주의 아들이 현실에 잇는지 업는지는 혜영 자신으로서는 판단하기 어려윗지만, 이 세상에 저와 가튼 인도주의자가 부유게급에 업슬 리라고 단언할 수 업다. 이 극을 쓴 사람은 역시 병호와 가티 인도주의의 신봉자인가?』

혜영의 복잡한 련상 심리는 한업시 사면으로 번젓다.

—(238), 『매일신보』, 1932. 8. 3

감격 (1)

과연 젊은이는 혜영이가 상상한 바와 가티 인도주의적 사상을 가진 부유게급의 자손이엇다. 그는 여러 작인들에게 연설하듯이 자긔의 처지를 말한다.

『여러분의 생활에 대해서는 저는 경험한 일은 업지마는, 충분히 리해를 합니다. 리해뿐 아니라 동정을 합니다. 저는 밥 한 수ㅅ가락을 뜰 째에도 여러분을 생각하고, 옷 한 벌을 갈아입을 째에도 반듯이 여러분을 생각합니다. 만일 여러분의 로력이 업섯드면 제 가튼 백면서생의 입에 밥 한 알이 들어갓 수 잇스며, 나약한 청년의 몸에 옷 한 자락이 걸처질 수 잇겟습니까? 나뿐이 아닙니다. 우리 가족 전체가 다 그러합니다. 모도가 여러분의 로력한 결정입니다. 어찌 입으로만 감사하다는 말을 엿줄 수 잇겟습니까? 쪼한 우리 집뿐 아니라 온 천하의 지주게급이 모다 그러합니다. 여러분이 고열염천에 흘린 고혈이 업스면, 우리가 어찌 안락을 어들 수 잇겟습니까? 여러분의 공을 생각하면 짱에 무릅을 쑬코 백배 사례를 들여야 할 것입니다. 그러나 세상 인심은 그러치 아니 하야 다른 힘으로 생활을 하면서 다른 이의 은공을 감사하기는커녕, 돌이어 학대를 합니다. 짱을 소유하엿다는 권리 하나로서 여러 농민의 생존을 협박합니다. 세상에서 오늘 가티 여러 가지의 사회 문제가 쩌들게 된 것도 당연한 일입니다. 권리자가 자긔네의 권리만 주장하고 인류가 공동으로 협조하여야 살아간다는 생활도덕을 무시한 까닭입니다. 나는 이러한 현실 사회를 저주하는 사람의 하나입니다. 어쩌케 하여야 우리 인류가 잘 살아 갈가 하는 것은 저로 하여금 날과 밤으로 고뇌를 이즐 주 업게 하는 문제입니다. 전 인류가 걱정 업는 평화로운 생활을 엇게 하는 데는 전 인류의 자각이 물론 필요합니다. 적어도 사회 현실에 대해서 다소간이라도 비평하는 아목을 가져야 될 것입니다. 그뿐 아니라 자긔반성이 잇서야 할 것입니다. 그러나 불행이 생활에 대한 비판도 업고 자긔 행동에 대한 반성도 적습니다. 여러분에게 족음도 꺼릿김 업시 저는 말하지요. 저의 부친도 결국은 인류 생활도덕에 아무러한 리해가 업는 극단의 리긔주의자인 것입니다. 꼭 그럿습니다. 그는 리긔주의자입니다. 개인주의자입니다. 그러치 안흐면 올과 가튼 흉년에 도조 면제를 청하러 온 여러분을 그대로 돌이어 보낼 리가 잇겟습니까?』

여러 농부들은 입을 벌리고 멀거니 바라만 본다. 어대서 이 미친 녀석이 달려들어 쓸대업는 잠고대를 하는 것이나 안일가 하는 표정이 분명이 보인다. 지주 아들의 얼골에는 열정이 붉은 장미쏫 가티 피어 올낫다.

『여러분의 입에서 그러한 청이 나오기 전에 저에편에서 미리 말을 내는 것이 우리 생활도덕으로 보아 당연한 일이라고 생각합니다. 여러분한테 그런 말을 먼저 듯기를 북그러워 하여야 할 것입니다. 그러나 유감이지만, 부쯔러하기는커녕, 돌이어 여러분을 욕햇습니다. 여러분더러 염체가 업다 하얏습니다. 이 얼마나 염치업는 말이겟습니까?』

이와 가티 말할수록 그의 얼굴은 상긔가 되여 간다. 그러한 중에도 고민을 못 이기는 듯한 표정은 연기 익숙한 배우가 아니고는 못할 만하얏다. 혜영이도 어느덧 관객으로서 무대 우에 안진 소작인의 한 사람이 되고 말앗다.

―(239), 『매일신보』, 1932. 8. 4

감격 (2)

　이 각본의 작가의 의도는 현대에서 서로 눈을 흙이고 니를 갈아부치여가며 투쟁하는 계급의식과는 전연히 배치되는 것이지 알 수 업스나, 무대면에 나타나 보인 주인공과 가티 철저한 인도주의의 실행자만 지금으로만히 생긴다 하면 모도가 화평한 생활을 어들 것은 의심 업스리라는 감격으로 혜영의 가슴은 쒸어 놀앗다. 무지에 갓가운 순진을 가진 여러 농부들이 지주 아들의 열정에 넘치는 설화(說話)의 의미를 알아들을가는 하나의 의문이엇다.

　그리하야 그 청년은 여러 농부 아페서 오늘부터는 자긔도 농부의 한 사람이 되여 흙과 친하고 곤궁과 싸우겟다는 것을 맹세헌다. 그러나 여러 농부들은 그의 말을 고지 듯지 안는 모양이다.

　『그게 말이나 되요? 우리 가튼 사람들은 복을 타고 나지 못해서 이런 죽을 고생을 하지만, 당신 가튼 팔자 조흔 분이야 이러한 농촌에 오세서 고생할 거야 무엇인가요? 그런 생각이란 그만 두고 댁으로 돌아가서서 아버지의 마음이나 좀 돌려주십시오.』

　주인 농부가 말한다.

　『당신이 우리가 하는 고생을 한번 해본다구요? 맙소사! 이런 고생을 아무라 하는 줄 아시우? 우리는 고생이 뼈에 박혀서 오늘은 그것이 고생이 되는 줄도 모르지만, 당신 가튼 이는 안 됩니다. 책상에서 붓대나 놀리고, 요리ㅅ집에 가서 술이나 먹고 기생이나 주므르는 일과는 아주 다르니까 미리 그러한 생각은 그만 두는 게 조켓죠. 안 됩지요. 이런 고역을 아무나 하는 줄 아시나요?』

　쏘 한 농부가 비웃는다.

『세상에 하여서 안 되는 일이 어대 잇겟소? 여러분도 어머니의 태중을 나올 쌔부터 이러한 고역을 한 것은 아닌 게지요.』

하고, 청년은 자신 잇는 듯이 말한다.

그러나 여러 농부들은 청년의 말을 정말로 밋는 이는 하나도 업다. 코 쯧으로 웃음을 던지는 표정이다.

혜영이는 농부들의 말이 올타고 생각하얏다. 저러한 간얄픈 힌 손에 흙을 칠할만한 자격이 잇슬지가 의문이엇다. 병호의 간사지 개척한다고 써드는 것도 저러한 종류의 망상이나 아닐까 하는 의심도 업지 안햇다. 간사지를 개척한다고 애를 태우고 다니는 것도 자기의 력량을 스스로 짐작 못한데서 나온 것이나 아니엇든가. 엇지 되엇든 무대 우에 연출된 연극 이엇지만, 다른 사람의 일 가티 생각되지 안햇다. 지식게급이 농로게급과 융화된다는 것이 그러케 용이한 일이 아닌 것은 엇지 할 수 업는 사실인 것을 목전에 뵈어주는 것 갓탓.

무대에서는 여전히 지주의 아들은 농부들의 리해 업는 조소 아래에서 자긔의 소신을 말하고 잇다. 어쩌케 하든지 작인들의 감정을 완화시키어 그들과 융화를 구하는 양이 도리어 구구해 보엿다.

『이 동리로 이사오신다는 것을 오지 맙시사 할 수 업지만, 오시면 고생이 될걸요. 그리고 춘부장께서 들을 리 만무할 걸요.』

『와서 고생을 한 번 해보시는 것도 조켓죠.』

『좌우간 오세서 우리들이나 좀 잘 살아갈 도리나 해주슈.』

비웃는 농부들도 환영한다는 쯧을 필경은 뵈이게 되엇다.

청년는 다시 최장을 한다.

그 뒤를 바로 잇대어 양복쟁이 셋이 등장을 한다.

그들은 문 바갓테서 주인을 부르지도 안코 안마당으로 쑥 들어서며,

『주인이 누구요?』

하고 뭇는다.

—(240), 『매일신보』, 1932. 8. 5

감사 (3)

『그게 아마 바보지!』

『미첫나 봐!』

『성치 못해! 아무리 봐도.』

『그런 아비 덕분에 공부는 만히 햇나봐. 알어들을 수 업는 문자를 작구 쓰는 것을 보면.』

『배가 부르니까 별수작을 다하는 걸! 고생이 허고 십다구?』

『세상에 별것을 허고 시퍼도 하지!』

『그대로 두어 두게. 우리 동리로 이사온다니까, 오가든 짜금한 맛이나 한 번 보여주세.』

『와서 뭘 한대? 정말 남의 일이라도 짝허데!』

『남의 일에 웬 걱정이야. 우리 동리에도 부자가 하나 생겻스니까, 아쉬운 째에 쌀말이라도 어더 먹잣구나!』

『쌀말? 틀렷네. 고생을 하러 온대. 맨주먹을 가지고. 게다가 지주 아들이라 해서 말성이나 부리면 창피하지 안하. 그 짜위는 못 오도록 방해나 부려보세 그려!』

『방해는 부려 뭘 해. 제가 못 견듸면 보스다리를 쌀걸.』

『아마 혼자 올 모양이지? 그 자가 장가나 들엇나?』

『부자스집 자식으로 별자야. 이십이 훨신 넘도록 장가도 안 들엇대.』

『그러면 장가를 들어 가지고 오겟지. 혼자 와서 어쩌케 지낼 수 잇슬라구!』

『어쩐 녀편네가 여긔까지 짜라와서 고생을 하랴고 할라구!』

『그도 그래. 밋친 자식의 말을 대중할 수 업지만, 그게 더퍼 노코 와서 방이나 하나 달라면 걱정인 걸.』

『오게 되면 집이라도 지겟지. 거저 올라구?』

『집을 커다라케 지어 노커든 우리 낫잠이나 자러 다니세.』

『이 사람아! 낫잠이 다 뭐야? 밤잠도 잘 못자면서…….』

이와 가티 지주의 아들이 돌아간 뒤에 자긔끼리 잇는 구변 업는 구변을 내여 여러 농부들은 양복쟁이 들어서는 것을 보자 일시에 벙어리가 된 것 가티 입을 다문다.

양복쟁이는

『주인이 누구야?』

하고, 이름을 불은다.

『제가 기오..』

하고, 젊은 농부가 나섯다.

양복쟁이는 가방에서 문서를 내어 들어다보며 채주의 이름을 대며 현금을 내지 안흐면 집행을 하겟다고 한다. 주인 농부의 얼굴은 히프러지며 현금이 업스니 마음대로 하라고 한다. 그는 벌서부터 이러한 집행이 잇슬 것을 각오한 것 가티 보인다.

양복쟁이들은 여러 농부를 집으로 돌아가라고 불아리고 방과 부엌과 헛간으로 돌아다니며 물건이라는 물건에는 모다 집행표를 부친다. 마루에 잇는 물레와 씨아는 물론이오, 광이 손단지에까지 부친다. 처녀는 마루 우에 나서서 벌벌 썬다. 주인 농부는 토방에 쏘그리고 우득허니 안저서 먼 산만 바라본다.

혜영이는 원남동 집에서 당하든 일이 다시 생각낫다. 눈보라치든 밤에 돌아간 아버지의 얼굴이 다시 눈아페 써올랏다.

갑 먹은 세간과 의복이 하나식 둘식 집달리의 손을 거치어 장부에 오르든 그때에, 혜영이도 역시 저 시골 처녀와 가티 썰엇든 것이다. 어머니는 안방에서 눈물을 흘리고 안젓섯다. 그때의 심경을 생각하고 무대 우의 사건을 다시 보니 어느듯 그의 눈에는 눈물이 저젓다. 정도의 차는 잇지마는, 당하는 사람의 심경이야 서로 틀릴 리 만무하얏다. 오늘은 슬픔을 일부러 사러 온 것 가타서 그는 온 것을 후회하얏다.

그러나 혜영이는 여러 농부들이 집달리의 호령에 거미색기처럼 박그로 흐터저나감이 섭々도 하얏다. 쏘한 유순하기가 양 가튼 그들의 생활을 저와 가티 협박하는 현실 사회가 얄미운 생각이 낫다. 그러나 이 모다 연극이라는 의식이 그의 머리에 써올 때에, 그의 눈에는 눈물이 말랏다.

—(241), 『매일신보』, 1932. 8. 6

감사 (4)

　토방에 안저서 먼 산만 바라다보고 안젓든 젊은 농부는 무엇을 생각하얏는지 벌덕 이러서서 박그로 나아가며,
　『이놈들! 견데어 보아라. 그대로 두진 안흘 터이니까 이 가튼 흉년에 그대로 두어고 굴머죽을 지경인 사람의 가산을 강제집행한다? 흥! 두고 보자.』
　『옵바! 어데 가시우?』
　방에 잇든 처녀는 문싼으로 쒸어 나오고, 양복쟁이 집달리들은 젊은 농부의 뒷태도를 물그럼이 바라만 본다.
　이때에 막이 고요히 내리고 객석은 식그러워젓다. 수군〈 하는 말소리와 콜록거리는 기침소리가 놉흔 천정을 울리엇다.
　막이 다 내리자 박수소리와 함끠 장내는 환하게 밝엇다.
　혜영이는 긴장하얏든 숨을 겨우 내려쉬고 겨틀 돌아보앗다.
　영숙이가 빙그레 웃는 얼굴로,
　『언니! 그러케 감격햇슈? 아주 열심히 보셔.』
　한다.
　『감격할 게야 별로 업지만, 엇전지 자연히 마음이 쏠려서 그랫서…….』
　하얏다.
　『언니! 저긔를 보세요.』
　혜영이는 그 뒤편을 바라보앗다.
　거긔에는 리춘식이가 버틔고 안젓다. 오늘 저녁에 필연코 춘식이가 올 듯한 예감이 업섯든 것도 아니엇지만, 문득 눈에 씌우게 되니 혜영의 가슴에는 족으만 파동이 니러낫다. 한편으로는 몹시 불쾌한 생각이 낫다. 영숙이가 춘식이를 극장에서 맛나자는 장을 두고 자긔를 일부러 쓰으러 가지고 여긔까지 온 그 의사가 어째서 나왓는지 알 수 업섯다.
　『리춘식 씨가 오셋군. 저녁마다 어쩌한 방법으로든지 이러케 만나는구려.』
　가만히 말하고 영숙의 얼골로 시선을 돌리엇다.
　『만나는 것이 웃으우? 당연한 일인데!』

영숙이도 가만히 대답한다.

『우습다는 게 아니지. 거저 그런가 하고 뭇는 말이야. 해석을 이상히 해서는 안 되어!』

혜영이는 나직한 소리로 말하고, 다시 춘식이 잇는 편을 바라보앗다.

춘식이는 이 편을 바라보다가 혜영의 시선이 부듯치자 머리를 죠음 숙이고 목례를 한다.

혜영이는 아무 의식 업시 고개를 죠음 숙이엇다.

영숙이는 춘식의 편과 혜영의 편을 번가라 보고, 두 곳에다 다가티 시선을 던진다.

혜영이는 여러 번 뒤로 겻을 돌아다보는 것이 안 된 생각이 나서 무대 편만을 바라보앗다.

영숙이가 가만히 겻을 찔르며,

『저긔 봐!』

한다.

『저긔가 어데야?』

하고, 혜영이는 압만 보앗다.

『저긔 오른 편 세재 번 전등 미틀 봐요.』

하고, 영숙이는 쏘 팔을 잡아단인다.

혜영이는 창피하얏다. 온 관객의 눈이 모다 자긔들에게 모아드는 듯하얏다.

『거긔가 엇잿단 말이야? 보잔코 말로만 들어도 괜찬치 안하.』

혜영이는 여전히 무대ㅅ편만 바라보며 말한다.

영숙이도 무대ㅅ편을 바라보며 말한다.

혜영이는 하는 수 업서 영숙이의 시선 가는 바른편을 바라보앗다. 그러나 유달리 경이를 늣길만한 아모 것도 보이지 안핫다. 흐린 전등 및헤 여러 관객의 눈동자가 번적거릴 쑨이엇다.

『잘 좀 살펴봐요.』

영숙이는 핀잔 비슷하게 말한다.

—(242), 『매일신보』, 1932. 8. 7

감사 (5)

혜영이는 영숙에게 핀잔을 듯는 것이 창피하얏다.

『보기는 뭘 봐요?』

하고, 머리를 알에로 숙이엇다.

『글세. 좀 봐요. 나더러 어쩌한 방법으로든지 기어히 만나본다고 놀렷지오? 언니는 그런데 웬일이오? 병호 씨가 오셋스니……..』

혜영이는 쌈작 놀랏다.

일이 밧버서 돌아다니는 그가 어찌 한가히 극장 구경을 왓슬가 의심은 나지만, 하는 수 업시 다시 그 편을 자서히 삷히엇다. 전등 미테서 무대 편을 바라보고 잇는 것이 분명히 병호이다. 그는 이 편을 바라보는 법이 업다. 혜영이는 오래 두고 바라보앗지만…….

혜영이는 여러 가지로 우스운 생각이 낫다. 어쩌면 이와 가티 한 곳에 모으게 되엇슬가? 병호가 오고, 춘식이가 오고, 자긔가 오고, 또 영숙이가 왓다. 연극을 구경하러 온 것이 아니라, 연극을 하러 온 것이나 인일까? 어쩐지 이번의 우연히 모은 일이 한 동긔가 되어서 여러 사람 새이에 산 연극이 니러나지 안흘가 하는 예감도 업지 안햇다.

혜영이는 다시 전날에 극정에서 니러나게 되엇든 갈등을 생각하얏다. 그날은 병호가 물론 승리자이엇다. 아버지의 명령을 억이고 자긔는 병호를 짤핫섯다. 춘식으로는 당치 못할 창피이엇지만, 그는 하는 수 업시 자긔의 집까지 아버지를 전송하고 돌아갓섯다. 병호와 자긔는 승리자와 가티 종로 넓은 길을 천々히 걸으며 백안으로 노려보앗섯다. 이러한 일이 어제 그 젓게나 다름 업섯다. 오늘에는 물론 전날과 가튼 갈등이 여러 사람 새이에 니러날 리는 만무하지만, 그래도 사람의 감정이란 알 수 업섯다. 병호의 이 편을 바라보지도 안코 모르는 체하는 것이 혜영에게 불안을 늣기게 한 것이엇다.

『병호 씨가 아주 시침이를 쩨고 보지도 안는 걸요?』

영숙이가 슬쩍 노린다.

그러나 혜영의 눈은 쉬일 새 업시 병호가 잇는 것으로 갓다. 병호는 여전히 무대ㅅ편만 바라보고 안젓다.
　다시 호각 소리가 나며 막이 내릴 순간이다. 그째에야 병호는 이 편을 본다. 혜영이도 그째까지 그 편을 바라보앗다. 병호의 얼굴에서는 미소가 흘럿다. 모든 것을 다 알앗다는 표정이다. 혜영이는 안심이 되엇다.
　불이 꺼지고 막이 고요히 올르기 시작하엿다. 어둡든 무대가 다시 밝아젓다. 시골 부자ㅅ집 사랑이다. 커다란 마루에 잿쩌리와 담배ㅅ대가 노여 잇다. 그리고 커다란 갓을 쓴 늙은이가 안젓고, 그 겨테는 머리에 짓구칠을 반작반작하게 한 젊은 사람이 안젓다. 큰 갓 쓴 머리와 짓구칠한 대가리는 부잣집 넓은 사랑에 조흔 대조이엇다.
　『세상이 이래서야 어대 살 수 잇소?』
　소요한 가운데에 가늘게 듯기는 처음 대사이다.
　『세상이 엇대서요?』
　짓구칠한 젊은이의 뭇는 말이다.
　『장유, 로소가 잇나, 반상이 잇나. 거저 돈만 잇스면 고만이니, 이런 망할 세상은 처음 보앗서…….』
　하고, 늙은이는 긴 담배ㅅ대로 재쩌리를 아프로 글거다린다.
　『별안간 이게 웬 말슴인가요? 아마 삼십년 동안 주무시다가 기침을 하신 모양인데요?』
　젊은이는 빙긋 웃는다.
　『자네도 젊은 사람이 어른에게 버릇 업는 말을 해서는 안 돼.』
　로인은 눈을 흐린다.
　『버릇 잇는 말은 엇써한 말인가요? 좀 가르켜 줍시요.』
　객석에서는 웃음이 터젓다.
　　　　　　　　　　　　　　　―(243), 『매일신보』, 1932. 8. 9

감사 (6)
　『대관절 주인을 좀 보고 가랴고 왓는데 볼 수가 잇서야지.』
　큰 갓 쓴 로인이 홀로 중얼댄다.
　『영감님! 그만 두고 가십시오. 주인 만나보기는 틀렷습니다.』

짓구칠한 머리의 대답이다.

『늙은이가 이십 리 길이나 왓다가 보지도 못하고 그대로 가다니 말이 되나?』

늙은이는 소리를 내어 담배ㅅ대를 떤다.

『백리를 와서 못 보고 사는 이가 잇는데, 이십 리 쯤이야 문제가 되나요?』

짓구ㅅ머리가 빈정댄다.

『삼토포(三吐哺)를 한 성인도 잇섯는데, 집안에서 잇스면서 사람을 짜돌리다니?』

늙은이는 성이 차차 턱까지 차올른 모양이다.

『성인이니까 삼토포를 햇지요. 이 집 주인을 거기에다 비교해서 말이 되나요? 순인금이 정말 노하세요.』

『그도 그래 그래! 성인과 범인은 가티 비해 말한 것도 틀린 말이지만, 그래도 사람이 사람의 대접을 이러케 할 수야 잇나.』

로인은 숨을 내려 쉰다.

『글세. 내가 뭐라 해요? 오늘이라도 섬을 다 끄내시고 북어쾌 김톳이라도 손수 들고 오세서 약소하지만 정의(情誼)로 가지고 왓다고 썩 한 번 안으로 드려보내 보시구려. 그때에는 주인이 이게 영감 웬일이시우? 곳 나와서 맛날 터이니까, 만나보시랴거든 그러케 하시란박게. 엇더케 이 이상 더하라는 말슴인가요?』

하고, 짓구대가리가 니러선다.

『거기 좀 안저서 내 말을 좀 듯게. 세상에 이런 법이 잇나…….』

하고, 늙은이는 집 주인과 세의가 잇던 것으로부터 일년 동안 소작료를 내지 못했다 해서 소작을 쩨고 가산을 집행 처분한 것까지를 대강ㄱ 말하고는

『세상 인심이 이래서야 제 것 업는 사람이 하루라도 살 수 잇나. 세상은 필경에 망하고야마느니.』

하고, 한숨을 내쉰다.

『거짓말만 하십니다 그려. 제 것 업시도 잘만 사는 세상인 걸요. 세상이 웨 망해요? 잣구 흥해 가는 걸 그래요.』

하고, 짓구ㅅ머리는 목 안의 소리로 웃는다.

로인은 긔가 막힌 듯이 멀건히 바라볼 쑨이다.
『웨 웃나? 어른 말 쯔테……』
로인은 얼굴이 붉어진다. 성이 단々히 난 모양이다.
『괜히 그러십니다. 어른 말 쯔테 웃을 리가 잇나요?』
『그게 웃는 게 아니고 뭐야!』
『여러 말슴 마시고 그대로 돌아가시지요. 온 종일 안젓서야 맛나지는 못하실 걸 그래.』
짓구ㅅ머리가 잣구 빈중댄다.
『안 된다고. 만나주기 전에는 내가 이 자리를 쓰지 안흘 터이니ㅆ…… 이 사람도 부자ㅅ집에 잇서서 밥숫가락이나 어더 먹드니 아주 사람이 버려젓군! 괜히 빈중〱 하고…… 망칙해…….』
로인은 입술을 벼르르 썬다.
『령감님! 괜히 망녕의 말슴을 잣구 하십니다 그려. 제가 뭘 빈중댄단 말슴인가요?』
『내 너하고는 여러 말 한 할 터이야. 어서 안에 들어가서 주인이나 내보내게…….』
이와 가튼 대사가 교환하는 동안 장내는 타기나 만만하얏다.
『이게 아마 근래의 농촌 문제를 취급한 문제의 극인 모양이죠?』
하고, 영숙이는 혜영의 귀에다 속삭인다.
『아마 그런가 봐.』
하고, 혜영이는 영숙이를 보면서 병호 잇는 편으로 돌이엇다. 병호의 눈이 이 편을 향하고 푸른 전등빗에 번적거리엇다.
이 편의 동정을 매우 주의해 보는 모양이엇다.
이째에 무대에서는
『이리 오너라!』
하는 소리가 울리엇다.
무대 우수에는 젊은 농부가 나타낫다. 그는 먼저 막에 나섯든 젊은 주인 농부이다. 그는 기식이 엄엄하고 노긔가 등등해 보엿다.

—(244), 『매일신보』, 1932. 8. 10

감사 (7)

짓구대가리가 문간으로 나온다. 찬々히 젊은 농부의 우아레를 홀터보드니,

『웬 사람이야?』

하고, 반말을 걸친다.

『이 자식이 혀가 반도막이 되엇나. 첫 번 보는 사람에게 반말지거리를 하니…….』

젊은 농부는 노려본다.

짓구대가리는 하도 어이가 업는 듯이 입을 버린 채 잠간 바라보다가,

『남의 집 아페 와서 웬 큰 소리야!』

하고, 문을 슬그면히 다드랴 한다.

『사람이 박게 섯는데 문을 다다?』

하고, 농부는 대문을 왈칵 밀엇다. 짓구대가리의 코에 문짝이 부드첫다. 짓구대가리는 코를 쥐고 안으로 쑥 들어섯다.

『주인 잇서……?』

농부는 뭇는다.

짓구대가리를 코를 쥐인 채 두리번거린다.

『주인 잇서……?』

하고, 젊은 농부는 뭇는다.

『안 게시우…….』

짓구대가리가 이제야 정신이 난 모양이다.

관객석에서는 웃음이 터진다. 모다 통쾌히 아는 모양이엇다. 혜영이도 문듯 웃엇다. 영숙이는 웃엇다.

『어데 갓서……?』

젊은 농부가 쏘 닥가셋다.

『몰라요.』

하고, 짓구대가리가 뒤으로 주츰 물러선다.

『모르기는 웨 몰라? 그러지 말고 안에 들어가서 나오라고 해…….』

젊은 농부가 눈을 불아린다.

짓구대가리와 말하든 늙은 령감은 여름에 빙수 먹은 사람의 얼굴처럼 시원히 녁이는 빗이 쩌올는다. 그리고 어서 좀 더하라고 충동이 하는 것 가티 자리에서 벌덕 닐어서서 젊은 농부를 찬々히 바라보고 잇다.

『정말 안 게세요…….』

『업슬 리 업서. 잔말 말고 들어가서 나오라고 해. 말 한 마듸만 듯고 갈 터이니까.』

농부는 짓구대가리 겨트로 두어 걸음 갓가히 간다. 짓구대가리는 뒤으로 물러서며,

『정말 안 게세요.』

하고는 로인 편을 바라보고 눈을 끔적인다.

주인이 업다는 것을 증명해 달라는 말이엇다.

『이 사람! 그러지 말고 주인을 좀 나오라고 하게.』

늙은이가 이번에 재촉한다.

객석에서 또 웃음이 터저나왓다.

『네가 안 불러내오면 내가 들어갈 터야…….』

하고, 젊은 농부가 짓구대가리의 멱살을 밧작 붓들어 뒤에다 자처 노코 안 중문을 향하야 들어가랴 한다.

짓구대가리는 죽을힘을 다하야 농부의 옷자락을 붓든다.

농부는 붓든 손을 잡아 자치며 눈을 불알인다.

『남의 집에 와서 내정을 돌입하는 법이 어대 잇서…….』

하고, 짓구대가리는 썰리는 소리로 중얼댄다.

『내정 돌입? 남의 집 솟단지까지 한부로 쯰어가는 자에게 내정 돌입이 무슨 내정 돌입? 이 세상에 좀더 어려운 것이 잇다는 것을 알르키어 주어야 된다. 노하! 그러지 말고…….』

하고, 몸을 왈칵 아프로 쏘닷다.

짓구대가리는 한 번 주저안젓다가 다시 니러서서 뒤으로 중문 안으로 들어섯다. 안으로 채 들어가지고 못하고 쭈버다보드니 대문 박그로 다름질하여 쮜어나간다.

안에서는 무어라고 불아리는 커다란 소리가 잣구 새어 나온다.
족음 잇드니 문 박게서 경관의 발소리가 들리엇다. 짓구대가리가 그 아페서 헐덕 숨을 쉰다.

—(245), 『매일신보』, 1932. 8. 11

감사 (8)

짓구대가리가 마당으로 들어서며,
『이것 큰일이 낫소이다. 이리 오십시오.』
하고, 밧분 걸음으로 중문 안으로 들어간다.
순사는 좌우를 둘러보며 천천히 그 뒤를 짤은다.
이 광경을 보고 안젓든 큰 갓 쓴 로인은 슬그머니 나와서 문 박그로 달아낫다.
짓구대가리의 중얼대는 소리가 나며 젊은 농부는 순사에게 멱살을 잔득 붓드리어 사랑 마당으로 나왓다.
농부는 전신을 부르르 썬다. 그의 눈은 상혈되어 피가 비저나올 듯하다. 그리고 그의 의복에는 선혈이 림리하얏다. 자긔의 몸에서 나온 피가 아니면 남의게서 무든 피일 것이다.
혜영이는 전신에 소름이 끼첫다. 무서운 투쟁이 필경에는 서로 피를 보게 한 것이엇다.
짓구대가리는 쏘 분주히 박그로 나갓다.
순사는 젊은 농부의 주소 성명을 물은 뒤에 일일이 수첩에 기록한다. 젊은 농부는 족음도 반항하지 안코 뭇는 대로 공순히 대답한다. 뭇기가 씃나자 그는 포승을 내어 젊은 농부를 묵엇다. 농부는 묵는 대로 손을 내밀고 서잇다.
『가자! 가택을 침입하고, 게다가 남을 상해까지 해…….』
하고, 순사는 포승을 채친다. 농부는 힘업시 발을 내듸덧다.
막이 소리업시 스르르 내렷다. 다시 불이 켜젓다.
혜영이는 병호가 서잇는 편을 바라보앗다. 병호는 여전히 거긔에 서잇다. 혜영이는 안심되엇다.

영숙이는 뒤으로 춘식이를 돌아다본다.
『재미 업는 걸. 우리 그만 갑세다.』
D백화점에 가티 왓든 청년이 말한다.
『웨 재미가 업서요? 그런 걸 보면 좀 켱기죠?』
하고, 영숙이가 놀린다.
『켱기기는 누가 켱겨요?』
젊은 양복쟁이는 부인한다.
『짓구질한 젊은이가 쏘 당신 갓지 안해요?』
영숙이는 가만히 웃는다.
『웨 쏘 사람을 슬그머니 놀리슈?』
젊은 양복쟁이는 머리를 극는다.
『잘 생긴 것과 모냥 내는 것이 꼭 갓지 안해요?』
영숙이는 가만히 웃는다.
『쓸대업시 극장에까지 와서 사람을 놀리는구려!』
이 말에 혜영이는 이 양복쟁이의 정체를 분명히 알앗다. 그는 예상한 바와 가티 춘식의 일꾼으로 영숙에게 부속된 병정이엇다. 그러치 안코는 이와 가티 반편 노릇을 할 리가 업섯다. 그리고 춘식이가 영숙의 놀리는 말을 듯고 빙긋빙긋 웃는 것이 암만 해도 병정으로 부리는 모양이엇다.
『언니! 병호 씨를 이리 모십시다.』
영숙이가 미안한 듯이 말을 낸다.
『오라 해도 안 올 터이니까 그만 두어요.』
혜영이의 말이엇다.
『그래도 그러치 안하요. 여보! 당신이 저기 좀 가서 병호 씨를 이리로 안내해요.』
영숙이는 젊은 양복쟁이를 축키어 셋다.
『어데……?』
하고, 양복쟁이는 일어섯다.
『앗다 저긔!』
하고, 영숙이는 전등밋을 가르첫다.

양복쟁이는 아무 말 업시 여러 사람을 헤치고 전등불 미트로 갓다.
혜영이는 그 편을 슬그머니 바라보앗다.
양복쟁이는 머리를 굽히고 뭐라 인사ㅅ말을 전하는 모양이엇다.
—(246), 『매일신보』, 1932. 8. 12

감사 (9)

양복쟁이는 머리를 득득 극고 돌아서서 오는 것이 거절을 당햇는지, 그러치 안흐면 핀잔을 단단히 들은 모양이다.

『여간 팽팽한 것이 안이네요. 거긔가 조타고 안 온다 해요.』

하고, 양복쟁이는 자기 자리에 돌오 안는다.

혜영이는 병호가 무슨 오해를 또 하게 된 것이나 안일가 하야 마음을 조리엇다. 이러한 곳에 와서 팽팽을 부릴 것이 무엇일까? 장래의 큰 사업을 아페 둔 이가 성격을 용렬하게 쓸 게 뭣까? 짝한 일이엇다.

『아마 말을 잘못한 게지?』

하고, 영숙이는 양복쟁이를 핀잔준다.

양복쟁이는 히히 웃고 또 한 번 머리를 극적거린다.

오늘 저녁 일이 우습기도 하고 숭겁기도 하얏다. 혜영이는 혼자 이 자리를 벗어나서 자기 집으로 돌아갈가 하얏다. 그러나 중동에서 구경도 다 맛치지 안코 자기 혼자서 이 자리를 빠저나는 것은 더 숭거운 일이엇다.

혜영이는 병호 잇는 것을 다시 바라보앗다. 그는 이 편을 찬찬히 바라보고 잇다. 혜영이도 잠간 동안 눈을 옴기지 안코 병호를 바라보앗다. 그의 웃는 시선이 마주치자 그는 마음이 노엿다. 노한 얼굴이 아니다. 노할 아무러한 리유도 업지만, 오늘 밤 일이 어찌 되엇든 우수엇다. 영숙이와 만난 것이야 물론 아무러한 상관도 업는 일이지만, 견원의 새이든 춘식이와 한자리에 얼리게 된 것은 오늘 일이 어찌케 된 줄을 모르는 이로는 괴이하게 아니 녁일 수 업슬 것이다.

온 세상 사람이 이 자리 이 모음을 웃습게 안다 해도 족음도 마음에 써르킬 것이 업지만, 만일 병호 한 사람이 이 자리 이 모음을 괴상하게 녁인다면, 이것은 정말 마음 아픈 일이엇다. 그러나 얼굴은 성내지 안햇다. 무엇인지 탐구하자는 시선이다.
막이 다시 열엿다.
젊은 농부의 집이다. 때는 봄이다. 원경으로 산기슭에 붉은 꽂이 무르녹아 피엇다. 보리바티 푸릇푸릇하고, 언덕은 보드러운 잔듸가 덥혓다.
집안 형편도 전과는 달러서 쓸쓸한 기운이 감놀고 돌앗다. 그러나 집안은 몹시 정갈하엿다. 건넛방 토방 우에 석유ㅅ작을 의자 삼아 안저서 먼 산을 바라보고 안젓는 청년이 잇다. 머리가 길어서 거의 두 귀를 덥헛다. 양복 바지통은 늘어날 대로 늘어나서 두 무릅 우에는 박아지를 업혀 논 것 가탓다. 그는 두 손으로 턱을 괴고 무엇인지 명상하는 양이 아모리 연극이엇지만 너무나 청성마젓다. 그 청년은 지주의 아들로 전번에 농부의 집을 차저와서 말을 하다가 여러 가지로 창피를 당하든 이이다.
지주의 아들은 농부 노릇을 해볼 작정으로 이 집 주인 농부가 상해ㅅ죄로 잡혀간 뒤를 니어 이 동리로 왓섯다. 그러나 어대에 부칠 곳이 업서서 젊은 농부의 어머니에게 간청하야 이 집에서 당분간 류숙하게 된 모양이엇다. 그는 번민의 날을 보내엇다. 처음에는 농부들이 그이와 석기어 놀기도 깃버하지 안햇다. 어찌한지 그들과 이 청년은 한 동리에 잇스면서 물과 기름 가탓다. 그리하야 동리ㅅ사람의 발이 이 집에서 거의 끗치엇다. 그 청년의 섭섭하고 고적한 것은 더 말할 것도 업거니와, 이 집 주인 농부의 어머니와 누이동생이 동리에서 써난 것이나 가티 쓸쓸한 시일을 보내엇다. 그러나 멀고도 갓갑은 것은 사람과 사람이오, 사람 중에도 남자와 녀자이엇다.

―(247), 『매일신보』, 1932. 8. 14

감사 (10)

그가 농부의 집에 오래 머물러 잇는 동안에 동리 사람들도 자연히 친근하여젓다. 그 집 가정에서 한 식구 노릇을 하엿다. 이제는 아무러한 생소한 곳이 업시 서로〳 유쾌히 지냇엇고, 농부의 딸과는 퍽 친해젓다. 친하얏슬 뿐아니라 서로 사모하는 사이가 되엇섯다. 처음부터 나종까지 감상긔분이 넘치는 연극이엇다.

석유ㅅ궤 우에 턱을 괴고 안젓는 젊은이의 눈에 씩일가 무서워함인지 가만〵 히 마루 ᄯᅳ트로 나오는 처녀가 잇다. 그 처녀는 물론 젊은 농부의 누이이엇다.

겨트로 거의 다 와서

『뭣을 그러케 생각하세요?』

하고, 처녀는 귀에다 속삭인다.

『아무 것도 생각하지 안햇소.』

하고, 청년은 비롯오 미소를 보인다.

『그짓말 마세요. 제가 다 알앗서요.』

하고, 처녀는 고개를 개웃하여 가지고 웃는다.

『거짓말? 뭘? 누구가? 안이오..』

청년은 지지 안흘 긔세를 보이며 ᄶᅡ저 뭇는다.

『댁에 돌아가시고 십허서 그러시죠? 다 잘 알아요.』

이러케 말하는 처녀의 얼굴에는 피곤한 빗이 내돌앗다.

『별안간 웨 그런 말을 물으세요? 저는 여긔에 잇는 것이 제일 조케 생각하는데요..』

하고, 청년은 눈에 웃음을 잔득 담는다.

『정말 안 가시죠?』

청년은 다진다.

『아니 가고말고요. 가기는 어대를 가요?』

『정말?』

『정말이고말고요..』

『옵바는 언제나 나오나요?』

『나온다면 이제도 이년을 지나야 된다우.』

『아즉도 이년이나 지나야 돼요?』

하고, 처녀는 입을 쩍 버린다.

『이년이 얼마 되요? 저 우물가에 서잇는 살구나무꼿이 두 차례만 피면 곳 나오게 되지 안 해요?』

하고, 청년은 살구나무를 가르킨다.

『잇해가 말로는 짧겟지만, 퍽으나 지루하든데요. 저이들 이 집으로 이사 온지가 겨우 그러찐데 퍽 오래된 것 가태요. 제가 아주 조고만 햇섯섯는 걸요.』

하고, 숨을 족음 길게 내쉰다.

『자라는 사람은 자라는 동안이 퍽 긴 것 가티 생각되지만, 그러치 안코 늙는 사람에게 세월이 흐르는 화살보다도 더 빠르다고 하는 것을 어찌케 해요.』

젊은이는 이러케 말하고는 벌덕 니러선다.

『어대를 가세요?』

『나 잠싼 압 동리에 좀 갓다 올 터이니, 만일 누구가 처저오거든 잠간 기달려 달나고 말을 해요.』

하고, 젊은이는 모자를 들고 밧가트로 천々히 나간다.

처녀는 대문간까지 나와서 곳 단여오라고 당부를 한다. 청년은 멧 번이나 뒤를 돌아다보며 우수로 들어가버린다.

족음 잇다가 중늙은이가 문패를 싸웃거리며 주인을 찾는다. 처녀가 나가서 응대를 한다. 그는 청년을 차저온 사람이엇다. 대번에 청년의 간 곳을 뭇는다. 처녀는 얼굴이 빨개지며 잠간 기다리라든 말을 전해준다. 그는 마루 쓰테 걸터안저서 방안의 동정을 자세히 살핀다. 처녀는 안으로 두말하지 안코 들어가버렷다.

『어데를 갓슬가? 팔자가 빌어먹을 팔자인지 자긔의 고대광실 조흔 집 다 바리고 이 곳 이 집에 와서 이 고생을 할 게 뭣일가? 고생도 팔자야!』

늙은이가 비평을 한다.

—(248), 『매일신보』, 1932. 8. 16

감사 (11)

청년이 농부 두 사람과 함께 등장한다.

노인은 마루에 안저서 담배를 피운다.

집안으로 들어선 청년은 로인을 보고 쌈작 놀란다.

『이게 웬일이세요?』

『자네를 좀 보고 오래서 왓서.』

『누구가요?』

『자네 어르신네가…….』

『부친이…….』

청년의 얼굴빗이 족음 침울하여진다.

『여러 말하지 안 해도 짐작할 터이지만, 집안에 걱정을 시킬 것 업시 나허구 함께 자네 댁으로 가세. 세상에 말이 되나? 부모형제를 내던지고 궁벽한 농촌에 와서 혼자 이게 웬짓이란 말인가? 마음을 돌리게.』

노인은 간절히 말한다.

『그러한 말슴 그만 두고 긔왕에 오셋스니 며칠 동안 저허고 편히 잇다가 가시는 게 어쩌한가요?』

청년은 돌이어 노인을 붓든다.

『내가 여기서 쉬어……. 큰일 날 소리 말게. 자네 아버지가 나를 어쩌케 알겟나.』

하고, 노인은 머리를 좌우로 흔든다.

『저는 아즉것 집에 돌아갈 생각을 해본 일이 업스니까, 만일 다시 생각해서 집으로 가고 시프면 곳 가겟습니다. 그러치만 지금은 갈 생각이 업스니까 하는 수 업습니다. 집에 돌아갈 생각이 날 때까지 여기에서 잠간 지내어 보시는 것이 어쩌할가요?』

청년의 태도는 매우 침착하여젓다

『자네가 마음을 돌리킬 때까지 여긔서 기달려? 자네가 만일 마음을 영々 안 돌리면 어쩌케 하구?』

노인은 눈을 쏙바로 크게 쓴다.

『마음이 아니 돌아 안즈면 하는 수 업는 일이니까, 저와 가티 농촌에서 살아보는 것도 조켓지요.』

하고, 청년은 웃는다.

『자네를 다리러 왓다가 자네와 함끠 산단 말이지! 그러지 말고 집에 가서 집안일을 보게. 자네 어른신네만 해도 늙어서 이게 무슨 고생이란 말인가.』

『아버지가 고생될 것이 무엇 잇나요? 제일 행복하시죠.』
『그러케 빈중거리지 말고. 어른의 말을 듯지 안해서는 안 되는 법이야.』
『저는 안 되어도 관게 업서요. 당신네들이 잘 되엇다고 몹시 부러워하는 것이 반듯이 저 가튼 젊은이에게도 잘 된 일이 되라는 법도 업스니까요.』
청년을 쌀하온 농부들은 토방에 선 채 노인과 이야기하는 것을 눈을 마처 가며 듯는다.
『자네가 집에 가면 밥이 업나 옷이 업나. 허고 십흔 깃을 못 하나. 농촌에 와서 보리밥 먹는 것이 그러케 조흘 것이 무엇이라는 말인가? 이번에 만일 자네가 또 아버지의 명령을 거절하고 돌아오지 안흐면, 자네 아버지로도 그대로 게시지는 안흐실 모양이니 잘 생각해서 뒤ㅅ날에 뉘우치는 일이 업도록 하게.』
『영영 집안으로 못 돌아가게 된다 해도 저는 족음도 뉘우치지는 안켓습니다. 그러한 걱정은 머시고 시굴에 왓스니, 시굴이 어쩌한 데라는 것이나 알고 돌아가시도록 하시지요.』
『내가 시굴이 엇더한 데인지 모르는 줄 아나? 나도 경향간 아니 살아본 일이 업지만, 정말 사람살 수 업는 곳이야.』
『살 수 업는 곳에 사람이 어쩌케 사나요?』
『그러기에 걱정이지. 생활다운 생활을 못하는 것이 대 사람인가?』
『사람이 어째서 사람다운 생활을 못하게 된지 그 까닭을 아시나요?』
청년의 얼굴빗은 족음 흥분되엇다.

—(249),『매일신보』, 1932. 8. 17

감사 (12)
『그야 제가 못 생겻서 사람다운 생활을 못하는 게지!』
하고, 노인은 이상한 듯이 청년을 바라본다.
『제가 못 생겨서 사람다운 생활을 하지 못한다구요?』
청년은 되집어 뭇는다.
『잘 나구야 못살 리가 잇겟나?』
『잘 나면 다 잘살게 되는가요?』

『잘만 나면야 잘살지..』
『그러면 잘못 나고도 잘사는 것은 엇던 리치인가요?』
『그건 복을 만히 타고 난 까닭이겟지..』
『잘도 나고 복도 만히 타면 어쩌케 되나요?』
『그야 참 더 말할 것 업겟지. 그 우에 더 조흔 일이 어대 잇겟나?』
『잘 나지도 못하고 복도 타지도 못하면 어쩌케 될가요?』
『시골구석에서 짱을 파먹거나, 구루마를 쓸거나, 빌어먹거나 하는 수박게 별 수 업겟지!』
『이런 농촌에서 제 힘으로 먹고 사는 사람들은 모다 못나고 복을 타지 못한 사람들일가요?』
『그야 더 말할 것도 업지..』
『모다 못 생기고 박복한 사람들이라구요?』
『그러케 볼 수박게 업지..』
하고, 노인은 담배를 썬다.
청년은 아무 말업시 련민이 넘치는 시선으로 잠간 동안 노인을 바라본다.
『세상일을 모다 그러케 생각한다면 어쩌한 불행한 경우에든지 단념이 되어 맘은 편하겟습니다.』
하고, 속으로 혀를 찬다.
『맘만 편해? 몸도 편하지..』
노인은 족은 빈중댄다.
『몸도 편하단요?』
청년은 뭇는다.
『맘이 편하니까 몸도 편하다는 말이야..』
노인은 흥미 적은 대답을 한다.
『맘이 편하다고 몸싸지 편할 수 잇슬가요?』
『그런 말을 작구 해서 뭘 해? 세상일이란 모다 제 마음 먹기에 달린 것이야. 쓸대업는 생각은 모다 그만 두고 자네 댁으로 돌아가 보게! 자네 아버지가 자네 쌔문에 얼마나 걱정을 하는 줄 자네가 아나? 자식이란 부모가 생각하는 반만 부모를 생각한다면 정말 효자일 것일세. 집에 돌아가서 장가도 들고 살림도 보삶히고 하면 자네 부친이 얼마나 자네를 사랑하실 것인가? 얼마나 조흔 팔자를 자랑하실 것인가? 근래에 와서는 자네 아버지가 팔자타령을 하시데 그려. 자네만 마음을 돌리면 좀 조켓느냐구!』

노인을 쑤준히 설명을 한다.

『아버지가 팔자타령을 하신다구요? 좀 조흔 팔자인가요. 자긔가 제일 조하하는 돈이 만흔데 팔자타령을 하세요? 그것은 쓸데업는 망령의 말슴이지요. 아모 것도 모르고 돈만 아는 아버지에게 돈이 만히 잇스니, 그보다 더 큰 행복이 어대 잇겟습닛가? 아즉도 멀엇습니다. 정말 팔자타령을 할 째가 올는지도 누가 알겟습닛까?』

하고, 청년는 숨을 길게 쉰다.

『그러케 빈중거리기만 할 째가 아니니까 다시 집으로 돌아가서 집안 살림을 하고 자네 아버지를 좀 위로하게. 늙은이에게 여년이 얼마나 잇나? 래일 돌아가실지 모레 돌아가실지 알 수 업는 부친을 두고 집을 써나서 짠 살림을 한다는 것은 외문(外聞)도 낫불 뿐 아니라 집안 사정으로 보아도 조치 못한 일이니, 아무 말 말고 나와 가티 자네 댁으로 가세. 여러 말 말고.』

『안 됩니다. 아버지가 지금과 가튼 생각을 가지시고 지금 가튼 행세를 하시는 동안에는 집에 들어가지 안흘 작정으로 집을 나섯스니까 안 됩니다.』

『부모 말 쯧헤 행세라니. 이 새 젊은 사람들은 말도 배우지 못해서……』

노인은 얼굴이 쌁해진다.

—(250), 『매일신보』, 1932. 8. 19

감사 (13)

『행세란 말이 그러케 불경될 것도 업겟지오 그려. 참으로 자식의 존경을 바들 부모는 짜로 잇는 것입니다. 부모라는 정의에는 인자(人子)의 도리로 어찌할 수 업는 경우가 만치마는, 우리 아버지의 경우와는 여간 달른 것이 아니니까요.』

하고, 청년은 조소를 보인다.

『경우가 달타니? 부모를 존경하는데 경우를 짤하서 한단 말인가? 고약한 말이군.』

노인은 안면근육을 부르르 떤다.

『그런 말슴은 이 다음에 하시죠. 그런 것 쯤은 저도 다 아는 일이니까. 지금에 와서 그러케 교훈을 하신다 해서 특별히 자각할 정도도 아니니까 구만 해두시고 돌아가세요. 잣구 말하면 제의 입에서는 정말 부모를 저주하는 말이 나올는지도 알 수 업스니까……..』

『부모를 저주하다니? 갈스록 고약하군.』

『아모리 부모라도 저주바들 일을 하면 저주를 밧게 되겟지요.』

『대체 자네 아버지가 저주바들 일을 한 게 뭐란 말인가?』

『퍽으나 만치요.』

『퍽으나 만타니……?』

『말을 다 하랴면 긔가 막히죠.』

『긔가 맥히다니?』

무대에서 로소의 격론이 장차 니러날 모양이다.

『긔맥힌 일 만죠. 농민의 피쌈을 먹으면서도 감사할 줄을 모르는 이니까 더 할말 뭣 잇나요? 올 가티 터무니 업는 흉년에 소작료를 아니 냇다고 소작인의 박아지 살림을 집행하는 사람이니까…….』

『남에게 줄 것을 아니 주는 사람의 가산을 집행하는 것이 뭣이 틀렷단 말이야. 낼 것 안 내면 그런 봉변하는 것이 당연한 일이지 그래. 바들 것을 바드랴고 집행한 것이 나쁜 행세란 말이야?』

『바들 것 밧고 줄 것을 주는 것이 사람 사라가는 데에 여수로 상당한 일이겟지만요. 그것도 경우가 달치요. 눈물도 업고 피도 업는 몰인정한 사람들의 다맛 주고밧는 권리와 의무관으로 본다면 문제가 업는 일이지만, 우리 인류의 생활에는 그보다도 더 존귀한 것이 잇습니다. 개인으로서 이 존귀한 정신을 이저버리면 그 개인이 장차 망할 것이오, 전 사회의 그러한 존귀한 정신을 일허버리면 그 사회가 망할 것입니다. 이 세상에서 제일 큰 죄악은 다른 사람의 생명을 위협하는 것인 줄 압니다. 생물로서 제일

존중하는 것은 생물 각긔의 생명이니까 생명의 위협을 밧는 째에 그들은
생명을 걸고 다투게 됩니다. 여긔에서 피를 흘리는 참극이 니러나게 됩
니다 류혈의 참극이 니러나는 것 가티 인류 생활에 불행한 사실은 업슬
것입니다. 농촌에 와서 얼마 동안 잇는 동안에 여러 가지 비참한 사실을
목격하니까 오늘까지 나온 것이 모다 죄악 가티 생각이 되어 견댈 수 업
습니다. 그들은 엇째서 이 세상에 잇는지 알 수 업습니다. 무엇 째문에
일을 하는지 알 수 업습니다. 이 세상에 도덕군자들은 저만 부지런하면
못살 리가 잇느냐고 경계를 하지만, 아모리 부지런히 굴러도 살 수 업는
것은 웬일인가요? 그들이 생활의 정의에 의심을 품는 것도 당연한 일입
니다. 저는 어쩌케 하든지 내 자신의 고통을 잇기 위해서라도 이 농촌에서
살아볼가 하는 것이니까, 내 일은 족음도 걱정마시고 돌아가세서 저의
부친더러 마음을 돌리시라 하십시오.』

청년은 매우 흥분되엇다.

퇴ㅅ마루 겨테서 이 말을 듯고 안젓든 두 농부들은 눈물을 짓는다.

—(251), 『매일신보』, 1932. 8. 21

감사 (14)

『그러면 농촌에서 편히 잘 살세. 평생 소원이 보리밥이라드니, 겨우 농부
노릇하는 것이 소원이람? 자긔가 자긔의 복을 박차는 걸 어찌 할 수 잇
나. 나종에 허리ㅅ씌를 졸라매고 밥이나 달라지 말게. 수십만 원 재산을
상속할 사람이 소견구녁이 잘 뚤려서. 멧ㅅ해 동안만 잠잣고 잇스면 모
도가 자네 것이 아닌가? 재산이 자긔 것이 된 다음에도 무슨 일을 못하
겟나? 사람이 인내ㅅ성이 업고 경박하면 큰일을 그르치는 법이야.』

하고, 노인을 벌덕 이러선다.

『그 싸우 남의 고혈을 싸라 모흔 재산은 저에게는 아무러한 소용이 업
습니다. 그 추악한 돈 째문에 일평생의 고통을 산단 말슴인가요?』

객석에서 박수ㅅ소리가 요란하게 난다.

『큰소리 말게. 그래도 입에 밥이 들어가니까 그런 앙큼한 말도 나오지만,
배에서 쪼르륵 소리가 나 보게. 그런 말할 긔운이나 잇나. 안 간다는 것을

억지로 쓸고 갈 수도 업는 일이지만, 죠음 더 두고 보게.』
하고, 노인은 신발을 신는다.
『그런 걱정은 이 다음에 하십시오.』
하고, 청년은 가만히 안젓다.
두 농부들은 귀에다 대고 무어라고 속살거린다.
청년은 노인을 문 박게까지 전송한다.
『여보게! 내가 그대로 가기는 가네만, 나 간 뒤라도 생각을 잘 돌려서 아버지의 마음을 편케 해보게. 어쩌니〈 해도 이 세상에 제일 미듬 즉한 것은 부모나 형제박게 업느니, 자긔의 피오 자긔의 살인 것을 어쩌케 하나 이 사람아! 제 살을 비어서 아니 아픈 이가 어대 잇겟나? 할 수 업는 거야. 필경은 서로 찻게 되는 법이야.』
노인의 말은 눈물을 흘릴 듯한 어조이다.
『저도 충분히 생각을 할 터이니까 념려마시고 돌아가십시오.』
청년은 죠음 눅어진 태도로 보낸다.
『부대 잘 생각해 하게. 래일이라 자네 아버지가 돌아가시면 그 재산이 다 자네 것이 안인가? 쓸대업는 망녕 부리지 말고 얼마 동안을 잘 참으란 말이야, 응?』
이와 가티 다지고 노인은 퇴장한다.
청년은 다시 안으로 들어선다.
처녀는 부엌에서 나온다. 그의 눈에는 불안한 빗이 쩌올른다.
『거긔 잇섯소?』
청년은 마루로 올라서며 웃는다.
『네…….』
처녀는 머리를 숙인다.
『어머니는 어데 가셋소?』
청년은 뭇는다.
『이웃집에 갓서요.』
『뭘 하러요?』
아무 대답이 업다.

『뭘 하러 가셋서요?』

『쌀…….』

하고, 처녀는 말끗을 흐린다.

청년은 아무 말이 업시 방으로 들어가드니 모자를 들고 나온다.

『어데 가서요? 아주 가세요?』

처녀는 뭇는다.

『아주 가기는 어데를 가요? 앗가 로인이 가자구 해서 가는 줄 아시나요? 아닙니다.』

하고, 청년은 열심히 변명을 한다.

『그러면 단여오세요.』

처녀는 치마ㅅ자락으로 눈을 가리운다.

두 농부가 이 광경을 아무 말업시 보고만 섯다.

청년은 모자를 쓰고 급히 퇴장한다. 처녀는 다시 부엌으로 들어갓다.

『여보게! 만일 우리 동리에 돈이 십만 원만 떨어지면 우리 동리 사람들은 다 잘 살겟지?』

하고, 한 농부가 뭇는다.

『그건 더 말하면 뭘 하나. 그런 돈이 우리 동리로 들어온다면야 참 헐일 만치…….』

한 농부는 대답을 한다.

—(252), 『매일신보』, 1932. 8. 23

감사 (15)

『여보게! 혼자 죽어서 여러 사람이 잘 살 수 잇다면 죽어도 관게 업겟지?』

한 농부가 잠간 동안 무엇인지 깁히 생각하다가 말을 낸다.

『그 따위 말 말게. 제가 죽고 업서진 뒤에 여러 사람이 잘 사는 것을 누구가 안단 말인가? 어쩌케든지 제가 저 잘 살 도리를 채려야 되지!』

한 농부는 빈중댄다.

『그건 그러치도 안하. 이 세상인심이 모다 자네 가트니까 다가티 고생

한단 말이야. 나는 혼자만 고생해서 여러 사람이 잘 살게 된다면 그 일을 한 번 해보고 시퍼…… 이새는 웬일인지 세상에 살아잇는 것이 돌이어 고생 가트니까 죽어버렷스면 하는 마음 쭌이야. 웬일인지 내 일이지만 나도 모르겟서…….』

『이새 자네 큰 병 걸렸네. 남들은 살지 못해서 애를 쓰는데, 죽지 못해서 애를 쓰니 괴상한 일도 만하…… 쓸대업는 생각 말고 어서 일어나 착실히 해서 집안 식구나 살리게…….』

『내 힘으로는 우리 집안 식구를 살려 가기는 못할 것 가타…… 괜히 나 하나만 미드니까 살 것도 못 살아갈 것 가타…….』

역시 우울한 표정이다.

『못 생긴 소리 말고 어서 자네 집으로 돌아가 보세…….』

『이 집에서 살겟나? 가기야 가지! 그러치만 좀 섭섭한 걸.』

하고, 농부는 머리를 숙이고 괴상하게 녁이는 표정을 한다.

막이 천천히 내렷다.

혜영이는 적지안흔 충동을 늣기엇다. 현실 사회에 유수한 재산가의 아들로 호화로운 생활을 버리고 농가에 가서 농민과 고생을 가티 하겟다는 기특한 마음을 먹을 자가 과연 멧치나 될는지, 그것은 한 의문이엇다. 연극에서나 볼 일이오, 사실로는 보지 못할 것 가탓다.

『암만 해도 부자연한 점이 만흔 걸요..』

하고, 영숙이가 하품 석긴 말을 낸다.

『자연 부자연은 문제가 아니겟지만, 나는 주인공의 성격을 퍽 사랑하고 동정하고 십흔데…….』

혜영이는 영숙의 정열이 적은 말에 족음 불만을 늣기엇다.

『사랑하고 동정하는 것은 별문제이고, 극 내용 말이야요.』

『조선에서 저러한 청년이 잣구 나야만 조선 농촌도 잘 살아갈 수 잇겟지!』

혜영이는 진심으로 조선에 극의 주인공 가튼 이가 만히 생기기를 원하얏다.

『저와 가티 성격이 약한 청년이 만히 나온다면 조선이 농촌은 돌이어 피폐할 것이라구 나는 생각해요. 좀더 분투력이 잇고 투쟁심이 강한 청년이 나오지 안흐면 안 될 걸요. 나 가틈 진심으로 소작인들에게 미안한 생각이 잇고, 또는 여러 사람을 구해줄 성의가 잇다 하면, 아니꼬운 일 보기 실흔 일을 다 참아가며 자긔가 자긔의 재산을 마음대로 처치할 수 잇는 시긔를 기다릴 터이야. 자긔의 마음에 잇는 고통을 잇기 위해서 농촌에 단신으로 들어와서 센치멘탈한 인도주의자의 좀가도 가튼 세리후를 외이지 안흘 터이야.』

하고, 영숙이는 가만히 웃는다.

혜영의 생각에도 물론 그러한 점이 업는 것도 아니엇스나, 인도주의적 사상에는 얼마큼 공명하는 것이 잇서서 그것을 정면으로 공격하거나 부인할 수는 업섯다.

『그것도 사람의 개성에 짤하서 다를 것이니싸 일반적으로 그러하다고 강요할 수야 업겟죠. 참말 진실한 태도로만 일을 한다면 필경은 자긔이 고민만이라도 이저버릴 수 잇겟지…… 그러나 저리 할 사람은 돌이어 적을 것이니싸, 나는 귀엽다고 생각해…….』

—(253), 『매일신보』, 1932. 8. 24

감사 (16)

극에 대한 이야기를 하면서도 혜영이는 갓금 병호 잇는 편을 삷히엇다. 병호도 웬일인지 오늘 저녁만은 모든 것을 초월한 것 가티 열심히 무대ㅅ편을 바라보며 무엇인지 깁히 생각하고 잇다. 또 뒤ㅅ편을 돌아다보앗다. 춘식이도 무엇인지 명상하고 잇다. 족음 잇다가 다시 막이 열리엇다.

부호의 저택이다. 번쩍거리는 문방제구가 그의 생활이 얼마나 호화로운 것을 말한다. 풍채 조흔 로인이 아랫목 보료 우에 안석을 베고 안젓고, 그 겨테는 그 전 막에 나왓든 로인이 발을 도사리고 안저 쓰덕거린다. 아들을 다리러 갓다가 쯧을 니루지 못햇다는 것을 보고하는 장면이엇다. 로인은 그 아들이 집에 돌아오지 안켓다는 그 리유를 기다라케 말한다. 아버지 되는 이는 잠간 듯고 안젓다가 한숨을 길게 쉬며,

『팔자가 빌어먹을 팔자라, 제 복을 쩌는 모양이니 하는 수 업지!』

『그러치만 영감! 자제가 일시의 잘못 생각으로 그러한 일을 햇다 할지

라도, 그것을 그대로 두어서야 됩니까? 잘 닐러서 마음을 고치도록 해야 하쟌켓습니까?』

하고, 로인은 담배ㅅ대를 썬다.

『그러케 말해도 듯지 안는 걸 어쩌케 허오. 정승도 저 허기 실흐면 안 한다는 것이니까, 그대로 두고 보는 수박게 별 수 업겟지!』

아버지는 쏘 탄식한다.

『여봅시오, 령감! 젊은이의 말이지만 말은 올습데다. 너무 건방진 것 가타서 나도 족음 나무라기도 하얏지만, 말이 짠은 올탄 말이야. 올 가튼 흉년에 불상한 소작인들의 가산을 집행한다는 것은 누구가 듯든지 안 된 일이 아니오? 그리고 오늘날 우리 집이 호화로운 생활을 하는 것은 누구의 덕분이냐고 합데다. 소작인들이 아니면 농사를 질 사람이 업슬 것이오, 농사를 짓지 안흐면 짱덩이가 돈을 낫튼 안흘 터이니까. 그리고 말을 하는 게 아주 제법입데다. 자기는 불상한 사람들과 고생을 가티 하는 것은 자긔의 아버지의 지은 죄를 대속함이라고.』

『여보! 듯기 실흔 말은 그만 해두. 그런 말을 하랴거든, 노형도 오늘부터 내 집에 발을 드려 노치 마오. 잘 달래서 더러오라 햇드니, 가서 잘한다ᄉ 선동을 허고 왓구려.』

아버지는 화를 벗적 낸다.

『괜히 오해를 하세서 안 됩니다. 잇는 구변 업는 구변을 다 내어서 여러 번 곤진하게 말은 햇지만, 그것을 듯지 안는 것을 어쩌케 허우.』

『자식이 원악 못 생겨서. 사람이 못처럼 생겨나서 한 평생을 고생으로 지나는 것을 원하는 고런 못 생긴 자식이 어대 잇드란 말요. 제 팔자이니 그대로 두고 보는 수박게 별도리 업지오. 그래도 늙은 아비가 남에게 조흐니 낫부니 들을 비평 아니 들을 비평을 바더 가며 한푼 두푼을 피가 나게 앗기는 것은 그래도 자식의 장래를 위해서 그러는 것인 줄 모르니, 아비가 악하니 착하니 건방진 소리를 하는 것이 정말 미워. 제가 배에서 쏘르륵 소리가 나도 자선이니 착취니 하겟소?』

『그도 그러치만 젊은이들이 부모가 그러케 극진하게 자식 생각하는 것을 알아주나요?』

그들은 어대로 | 481

『못 알아주는 자식을 위해서 애쓸 게 뭐요? 이제부터 나도 남에게 악착하다는 말 들을 것 업시 막 써버리면 그만이지…….』

—(254), 『매일신보』, 1932. 8. 25

감사 (17)

『아주 막가는 말을 햇지오 자네 아버지가 세상을 버리게 되면 모다 그대가 상속할 것이 아니냐고, 상속을 한 뒤에 얼마든지 조흔 사업을 할 수가 잇슬 것을 괜히 미리 복을 털어버릴 필요가 어대 잇스냐고 햇지요. 그랫드니 불상한 여러 사람의 피와 땀 무든 돈을 차지하기 위해서 비록 일각의 시간이라도 허위의 생활을 하고 십지 안타고 하겟지요. 하는 수 업서서 좀 야단을 단단히 처주고 왓소이다.』

『두고 보는 수박게 업지요.』

이와 가튼 대사가 한참 동안 계속한 뒤에 노인은 작별하고 돌아갓다.

노인은 침방으로 자러 들어갓다. 무대에는 프른 광선이 밤을 상징하엿다. 담 우에 복면한 괴한이 나타낫다. 사풋〱 걸어서 마루로 올라서며 품에서 단도를 쌔어 뒤에로 들고 눈보다도 귀를 압세우고 조심스러이 사면을 둘러본다.

아무러한 긔척이 업는 것을 알은 괴한은 방 문을 소리나지 안케 열고 방안으로 선듯 들어섯다. 그는 다시 침방에 귀를 대인다. 잠간 동안 숨도 크게 쉬지 안코 듯드니, 다시 침방 문을 연다. 문이 잠긴 모양이다. 한참 슬변을 하다가 칼로 문을 오리고 쒸어 들어간다.

침방 안에서 도적이야 하는 웨치는 소리가 들린다. 나종에 신음하는 소리가 들리며 복면한 괴한은 피무든 단도를 쥐고 황겁히 문을 차고 나온다. 괴한도 잠간 동안 갈 곳을 몰라 망지소조하다가 담을 쒸어 넘어 달아난다.

노인은 두 손으로 가슴을 부둥켜안고 실낫 가튼 목소리로 『저 놈 잡아라!』 소리를 질른다.

하인이니 상노니 마누라니 온 집안 식구가 차〱 사랑방으로 모아들엇다. 경찰서로 고발을 가느니, 의사를 다리러 가느니 하야 웃음이 날만큼 다

황망히 군다.

의사가 들어오고 경관이 들어왓다. 노인은 혼수상태에 싸젓다. 의사는 절망을 선언한다. 경관들은 여러 가지로 집안 동정을 뭇는다. 한 사람식 불러서 일의 전말을 뭇고 치조를 한다.

그러나 어쩌한 원인으로 이러한 변괴가 니러낫는지, 그 단서를 붓잡을 만한 아무러한 범행의 형적이 업는 모양이다.

살풍경의 막은 내렷다. 류혈의 참극을 보니 너무나 참혹한 생각이 낫다. 그러나 노인을 살해한 이가 누구인지 그 정체는 알 수 업섯다. 그 아들이 부모를 죽일 리는 만무하얏다. 어째서 죽엿는지 알 바이 업섯다.

춘식이와 양복쟁이는 벌서 극 보기에 염증이 난 모양이다.

『다 보고 가세요?』

하고, 양복쟁이 청년이 뭇는다.

『끗싸지 보고 갈 터이야요.』

영숙의 대답은 쌀쌀하게 들리엇다. 청년은 아무 말 못하고 턱을 괴고 아래층을 내려다본다.

혜영이는 병호 잇는 편으로 시선을 돌리엇다. 그는 매우 착미해서 보는 모양이다.

『아마 앗가 십만원만이 우리 동리에 들어오면 우리들 살기는 걱정 업겟지 하든 농부가 노인을 죽인 것이 안일싸요?』

영숙이는 큰 비밀이나 발견한 듯한 태도로 뭇는다.

혜영이도 그러하여야만 연극이 될 것을 생각하도 잇든 차이다. 둘의 의견이 꼭 마젓다.

『아마 내용이 그러케 전개되는 모양이야!』

『너무나 연극 가타서 웃우운 생각도 나는 걸!』

하고, 영숙이는 혜영의 얼굴을 바라본다.

—(255), 『매일신보』, 1932. 8. 26

감격 (18)

부호를 암살한 범인이 누구인지 여기에 대해서는 단안을 나리는 사람이 업섯다. 혐의자로 경찰에 검거된 자는 물론 여러이 잇섯스나, 확실한 범인이 누구인지는 물론 몰랏다. 이 혐의인 가운데에는 부호의 아들도 한 사람으로 들엇다. 혐의 밧는 사람들은 평일에 부호와 의가 조치 못한 사람들 뿐이엇다.

그러나 이럿나 중에도 제일 농후한 혐의를 밧는 이는 그 아들이엇다.

무대에서 신문이 시작되엇다. 취조하는 경관은 여러 가지로 집안 형편을 무른 뒤에,

『너는 무엇 째문에 호화롭게 살 수 잇는 집안을 내버리고 가난뱅이 농촌으로 갓는가?』

경관이 뭇는다.

『집안에서 여러 가지 불쾌한 일을 보고 지나기가 실허서 그랫소이다.』

청년은 더듬는 말로 대다한다. 그 얼골은 몹시도 창백하얏다.

『불쾌한 일이란 어떠한 일이야?』

경관은 뭇는다.

『소작인 채무자의 발자취가 쓰칠 새이 업시 날마다 집으로 와 애걸복걸하죠. 그러면 아버지는 그들의 참혹한 형편을 듯고도 어떠한 청구이든지 안 듯습니다. 그러면 그들은 돌아가면서 반듯이 저주를 합니다. 그 저주하는 말이야 참아 들을 수 업습니다. 그래서 이러한 생활에서 몸을 쌔어내자는 것을 날마다 말슴드렷지만, 아버지는 그것을 듯지 안햇습니다. 그래서 하는 수 업시 집을 쌔저나온 것입니다.』

『저주하는 사람들이 무어라 저주를 해……?』

『입으로 참아 못할 여러 가지 악담이 만치요. 만일 아사를 하게 되면 악귀가 되어서 네의 집 식구를 모다 잡아간다고도 하고, 집에다 불을 놋는다고도 하고, 배를 갈른다고도 하고, 멕을 짠다고도 하고, 입에 참아 담지 못할 별々 악담을 하지요.』

『그 중에서 제일 심하게 하는 자가 누구인지 긔억 못해?』

『긔억 못합니다.』

『못할 리가 잇나?』

『못합니다.』

경관은 잠간 동안 취조하든 긔록을 뒤적거리다가 다시 말을 낸다.

『농촌에서 어써케 살아갈 작정이엇든가?』

『작정은 별로 업섯습니다. 여러 농민들도 사니짜 나도 부지런이 일하면 그럭저럭 목숨이 부틀 것이라 생각했습니다.』

『돈이 만히 잇스면 농촌 개발에 한 번 힘을 써보겟다는 소원은 업섯든가?』

『그야 돈만 수백원 내 수중에 들어온다면 어써케 쓰겟다는 쓸대업는 게획까지 새운 일도 잇섯습니다. 물론 망녕된 생각이지만⋯⋯.』

『어쩌한 게획이란 말이야!』

『돈으로 농촌을 한 번 진흥시켜서 리상향을 하나 맨들어 보겟다는 것 이외다.』

『어쩌한 것이 리상향이야?』

『의식이 충족하고, 투쟁이 업고, 저주가 업고, 착취가 업고, 향락이 잇고, 사랑이 잇고, 사람의 미운 반면을 아주 청산해버린 결박한 사회를 니름입니다.』

『이런 사회를 맨들자면 역시 금전이 필요하다는 말이지! 돈만 얼마든지 써보고 십단 말이지?』

『헛되이 돈을 만히 쓴다는 것을 말한 것은 아닙니다. 만일 돈이 잇다면 그러케 해보겟다는 말입니다.』

『그러한 막대한 급전을 맨들 욕심은 업섯든가?』

『그러한 욕심은 업섯습니다.』

『정말 업서?』

『네. 정말입니다.』

취조의 서론으로는 넘우나 심각한 늣김이 업지는 안햇다.

―(256), 『매일신보』, 1932. 8. 27

감격 (19)

취조하든 경관은 다시 서류를 뒤적이며 청년을 찬々히 바라보다가 소리를 별안간 놉히어

『정말 돈에 욕심이 업섯서……?』

하고, 뭇는다.

『돈이 욕심나면 집에서 쒸어나올 리가 잇나요.』

청년은 힘업는 말로 대답한다.

『집에 잇서도 돈이 아니 생길 것 가트니싸 나온 게 아니야. 바른대로 대어…….』

하고, 경관은 책상을 한 번 싹 친다.

『뭿을 바른대로 대란 말슴인가요?』

청년은 경관의 얼굴을 바라본다.

『네의 아버지가 피살된 일에 대해서 아는 게 잇거든 바로 대란 말이다.』

취조 경관의 말소리는 족음 나저젓다.

『저는 도모지 모릅니다.』

청년은 서슴지 안코 싹 잡아쒼다.

경관은 족으만한 일긔책을 내노며,

『이게 누구가 하든 일긔책이야?』

하고, 청년의 얼굴을 찬찬히 바라본다.

『그건 제가 한 일긔책입니다.』

이러케 말하는 청년의 얼굴빗은 족음 희푸레진다.

『나에게 돈이 백만원이 잇다 하자. 그러면 그 돈을 어쩌케 사용할가? 쯧에 맛는 사람만을 모아 가지고 고약한 사람 업는 곳에다 이상향을 맨들어 보자. 돈 잇는 자치고 아첨을 조하하지 안는 자 업스니, 지위가 얏고 돈이 적은 자만을 모아 가지고 유토피어를 건설하자. 그러나 나에게는 돈이 업고나. 백만원이 업고나.』

경관은 이러케 읽은 뒤에,

『이것은 누구가 쓴 것이야?』

하고, 뭇는다.

『제가 쓴 것이올시다.』

청년은 머리를 숙이고 대답한다.

『그러면 돈이 쓸데업다는 것과 돈에 욕심이 업다는 것이 멀정한 거짓

뿌리가 안인가?』

하고, 경관은 추궁을 한다.

『전에는 그러하다고 생각햇지만, 지금 와서는 그러치도 안습니다.』

『그러치 안코 어쩌란 말이야?』

『돈이 만해도 쓸대업고 자긔가 남에게 아쉬운 소리 안코 생활해갈만 하면 자긔를 본위로 리상향을 간단하게 건설할 수 잇다고 생각햇습니다.』

『혼자 리상향을 건설한다는 웬 뜻이야?』

『주관적으로 생활을 리상화한 것입니다.』

『돈 업서도 산단 말이지?』

『네. 그럿소이다.』

『돈이 별안간 만히 생기게 되면 그때에는 어쩌케 할 터이야?』

『그러한 복이 돌아온다면야 두 팔을 벌리어 행복을 환영하겟소이다.』

『그대의 아버지가 참변을 당한 대에 대해서 어쩌한 생각을 하나?』

『너무 악착한 일을 만히 하시드니, 필경에는 악착한 죽엄을 하셋다고 슬퍼하겟소.』

『다만 그것쑨이야?』

『아즉 짠 생각을 해본 적이 업습니다.』

『그러면 부친이 참살당한 것이 당연한 일이라는 말인가?』

『당연하다고는 생각지 안습니다. 손을 아버지에게 대인 그 사람은 물론 나쑨 사람들이겟지만, 그들도 세상이 그러케 가르치는 것이니까 원망도 하지 안코 저주도 허지 안코 증오도 허지 안켓소이다만, 한 가지 유감인 것은 저의 아버지로 하야금 마음 돌릴 수 잇드면 그는 물론 이 세상에 량심 잇는 생활을 반듯이 하다가 돌아가셋슬 것입니다. 저는 그러한 시긔가 아버지를 일즉 찻기를 마음으로 적쟌케 바랏든 것입니다.』

하고, 청년은 머리를 숙인다.

—(257), 『매일신보』, 1932. 8. 30

감격 (20)

경관은 일긔책을 덥허 노코,

『그대의 부친이 참살당하든 그날 밤에 어듸를 갓든가?』
하고, 뭇는다.
청년은 아무 대답이 업다.
경관은 다시 날카로운 눈초리로 흘기어 보며,
『어대 갓섯서?』
하고, 소리를 놉힌다.
『…….』
청년은 역시 대답이 업다.
『바로 대어……!』
하고, 경관은 테불을 소리나게 친다.
그러나 머리를 숙이고 입을 쩨지 안는다.
『바로 대어……!』
하고, 경관은 얼른다.
그래도 아무 말이 업다.
『그날 밤에 어대서 엇더한 일을 햇다는 것만 확실히 알게 되면 그대에게 대한 혐의는 업서질 터인데, 웨 그 말을 대지 안하?』
하고, 경관은 다시 태도를 유순히 해 가지고 화평한 어조로 뭇는다.
그러나 청년은 입을 쩨지 안는다.
구경하는 혜영이나 영숙이도 갑갑한 생각이 낫다.
『말 못할 것이 뭣 잇서? 웨 못 대는 거야?』
경관의 날카로운 대사가 다시 극장을 울리엇다.
『네가 네 아비를 죽엿지?』
하는 소리가 경관의 입에서 울엉차게 나왓다.
『죽인 일이 업소이다.』
우울한 말이 청년의 입에서 흘른다.
『안 죽이엇스면 그날 밤에 어데 잇섯다는 것을 대지 못해!』
쏘 꾸짓듯 뭇는다.
『…….』
청년은 머리를 숙이고 쏘 입을 다문다.

『말로서 대라 할 째에 대어. 괜히 고생하다가 불지 말고…….』

『저는 아버지를 죽인 일이 업습니다.』

『아버지 죽엿다는 말을 대라는 것이 아니야. 그날 저녁에 어대 잇섯다는 것을 대란 말이야!』

경관은 청년을 달래듯이 뭇는다.

그러나 이 말에는 청년이 쪼 다시 입을 열지 안는다.

그이 부친이 피살되는 그날 밤에 어대 잇섯다는 것을 대지 못하는 것을 보면, 부호 살해 혐의자가 그의 아들 청년이라는 것도 그럼 즉한 일이엇다. 그날 자긔가 잇섯든 곳이 어대엿고, 그 시각에 무엇을 하얏다는 것이 분명히 증명되면 아비 죽인 혐의는 물론 거두어질 것이엇다. 그러나 그 청년은 그것을 증명하지 못한다. 설혹 자긔의 살해한 사건에 관계가 업섯다 할지라도, 그날 저녁 그 시각에 청년이 행한 일은 남에게 말할 수 업는 비밀이엇든 것은 누구든지 상상할 수 잇섯다. 그날 밤의 일에 모다 호긔심을 모으게 된 것도 무리가 아니엇다.

아무 말업시 안젓는 청년을 잠간 동안 노려보는 경관은 초인종을 눌른다. 정복한 순사 두어 명이 들어서며 경례를 부친다.

『이것 좀 더 두어 두게.』

취조하든 경관은 명령을 한다. 순사들은 청년을 더리고 퇴장한다.

그 뒤를 대어 순사가 처녀를 더리고 들어왓다.

청년이 머물러 잇는 농부의 집 쌀이엇다. 보라빗 저고리에 거문 치마를 입엇다. 음울한 긔운 흘러내리는 취조실의 공긔가 얼마쯤 화창하여진 듯하얏다.

처녀는 벌벌 써는 듯하얏다. 그는 머리도 잘 들지 못한다.

경관은 테불 아페가 불러 안치고 주소 성명을 일일이 물어서 긔록한 뒤에, 청년이 언제부터 그 집에 와서 잇게 된 것부터 평시의 행동이 어쩌한 것을 일일이 뭇기 시작한다.

그러나 처녀는 어색해서 대답을 잘하지 못하야 갓금 핀잔을 들엇다.

—(258), 『매일신보』, 1932. 9. 1

감격 (21)

　산간에서 세상 물정 모르고 자라난 처녀가 별안간 경찰서 출입을 하게 되엇스니, 얼썰썰한 것도 무리가 아니엇다. 그러나 그의 태도는 다맛 얼썰썰한 것이 아니엇다. 애수가 잇고, 경악이 잇고, 공포가 잇고, 탄원이 잇서 뵈인다. 아모리 보아도 시골 처녀의 단순한 어리석음은 아니엇다.
　경관은 눈을 한 번 짝 부릅쓰더니,
　『모든 것을 속이지 말고 꼭 바른대로 말해!』
　하고, 위협을 한다.
　『네…….』
　하는 목 안의 소리가 들리엇다.
　『수무닷새ㅅ날 밤에 너의 집에 잇는 청년이 어대 잇섯는가?』
　하고, 경관은 뭇는다.
　『저는 잘 몰라요.』
　처녀는 썰리는 소리로 대답한다.
　『몰을 리가 잇나. 너는 잘 알겟지!』
　『저는 잘 몰라요.』
　『잘 모르면 족음은 알겟지.』
　『족음도 몰라요.』
　『정말 족음도 몰라?』
　『네…….』
　처녀의 전신이 썰리어 뵈인다.
　『알거든 안다고 바로 대렴우나. 여긔서도 다 알고 뭇는 것이니…….』
　경관은 쏘 얼른다.
　『…….』
　처녀는 아무 대답이 업다.
　『그러면 그날 저녁에 너는 어대 잇섯든가?』
　경관은 처녀를 찬찬히 노려본다.
　『…….』

처녀는 아무 대답이 업다.
다맛 그의 희푸른 얼골이 흘르는 광선 속에서 썰고 잇슬 뿐이엇다.
『그날 밤에 어대 잇섯서…….』
하고, 경관은 소리를 질른다.
역시 대답이 업다.
『그날 너는 집에 잇섯지!』
경관은 다시 친절이 넘치는 태도로 나직히 뭇는다.
『그래도 처녀는 아무 대답이 업다.
『어대 잇섯서? 바른대로 말해. 그러치 안흐면 큰일 날 터이니.』
다시 얼는다.
『…….』
처녀의 머리는 갈스록 알에로 처질 뿐이다.
『그날 밤에 네가 어대 잇섯든 것을 몰라? 그게 말이 되나. 그러지 말고 어서 바로 대렴!』
하고, 경관은 다시 달랜다.
그러나 처녀는 벌벌 썰뿐이다.
『너도 그 청년이 저 아비 죽이는데 짤하갓섯지!』
하고, 경관은 눈을 부릅쓰고 발을 쾅하고 굴른다.
『아니야요…….』
처녀는 비로소 썰리는 소리를 내인다.
『아니기는 뭣이 아니야. 그랫지?』
『아니야요.』
『그러면 그날 밤에 너는 어대 잇섯스며, 청년은 어대를 갓서…….』
『…….』
처녀는 쏘 대답이 업다.
『둘이 한거번에 아비 죽이는데 갓섯지!』
『아니야요!』
『네의 어머니를 불러다가 물어보니까, 그날 밤에 너하고 청년허고 함께 나갓다구 하드구나. 덩말 그랫지!』

경관은 책상을 쌍 치며 뭇는다.
『네…….』
처녀는 머리를 숙인다.
『뭐시 네야? 그래. 가티 집에서 나왓단 말이지?』
경관은 다진다.
『네!』
『그래! 나와서 어대로 갓늬?』
경관은 온순하게 뭇는다.
『…….』
쏘 처녀는 입을 담운다.
『청년의 집으로 갓지!』
『아니야요!』
『그러면 어대로 갓섯니?』

—(259), 『매일신보』, 1932. 9. 2

감격 (22)

『…….』
처녀는 쏘 대답이 막힌다.
청년과 함쯰 집을 써낫다는 것까지 시인하면서 어데를 갓다는 것을 대이지 안는 데에는 상당한 리유가 잇슬 것이다. 경관이 의심을 밧작 내여 준열한 심문을 시작하는 것도 그럼 즉한 일이엇다.
경관은 이 괴회를 노치 안흐려고 쌍쌍 얼러댄다.
그러나 처녀는 입을 다물고 말을 내지 안는다.
취조하는 경관도 매우 답々한 모양이다.
『사람이 그러케 어리석어서 되나. 그날 밤에 네가 집에 업섯다 해도 네가 어대에 잇섯다는 것만 분명히 대면 모든 의심이 풀어지지 안는가? 너뿐이 아니다. 너하고 가티 간 청년도 아비 죽엿다는 혐의를 면하지 안는가? 어데 갓다는 것을 웨 말하지 못해…… 어데 갓서? 응……!』
경관은 화평한 얼굴을 다시 지어 가지고 친절하게 뭇는다.

『…….』
　그러나 처녀는 얼굴도 들지 안는다. 어쩌한 까닭이 부튼 것이엇다,
　경관은 다시 겨테 노이엇든 일긔책을 펼처들고 두어 장 뒤적거리고 잠간 들여다보드니, 어쩌한 새로운 짐작이나 어든 것처럼 그는 고개를 끄덕인다.
　처녀는 곳 혼도할 듯이 전신에 맥이 풀리어 뵈인다.
　경관은 다시 소리를 놉혀
『너! 청년과 부정한 관게를 매저 왓지!』
　하고, 얼굴을 찬찬히 노려본다.
　아무 말도 못하든 처녀는 그대로 픽 의자에서 쓸어진다.
　경관은 깜짝 놀라서 초인종을 눌은다. 여러 게원이 들어왔다.
　처녀의 몸을 니르키어 머리와 팔을 집허본다. 실신하야 졸도한 처녀는 정신을 찰릴 수 업는 것 가티 전신을 자긔 만지는 사람에 실려버린다. 물을 먹이고 팔다리를 주무르고 하야도 곳 깨어나지 안는다. 하는 수 업시 처녀는 업히어서 취조실을 나가게 되엇다.
　취조 경관은 일긔책을 잠간 들여다보다가,
『아비를 죽이는 자식이 나는 세상이 되엇구나. 모다 돈 째문이야. 돈 업시 살 수 잇는 세상은 아니구나!』
　하는 고백이 끗나자 막은 내리엇다.
『다 보구 사게요.』
　병정 청년이 영숙 뒤에서 중얼댄다.
『웨! 재미 업수?』
　영숙이는 가만히 대답한다.
『재미가 무스 재미야요? 제 아비 죽이는 자식이 어대 잇슬라구. 모다 거짓말 가태…….』
　병정 청년은 매우 불만족한 모양이다.
『그러기에 연극이 아니오. 나종을 두고 보구려!』
　영숙이는 쌀쌀한 어조로 대답하고 다시 혜영의 편을 향하야
『언니!『죄와 벌』이나『카라소프형제』와 가티, 그러케 심각한 맛이 업서

보이지 안 해요? 아모리 시골 처녀라도 좀더 성격이 강한 것을 취급치 안코 지ㅅ싸위 못 생긴 것을 내세윗슬가. 호통에 실신하는 그러한 못 생긴 게집아이가 어대 잇겟소?』

하고 웃는다.

혜영의 생각은 그러치 안햇다. 이 시대 이 사회의 불행한 처지에 잇는 녀성으로 저와 가튼 성격의 소유자 아닌 이가 누구일가 하는 늣김이 간절하얏다.

혜영이는 시골 처녀로 그날 밤에 함께 나가서 어쩌한 일을 하얏다고 그것을 대지 안는 것은 처녀로서는 말 못할 짠 비밀이 잇는 것을 알 수 잇섯다.

처녀로 말 못할 비밀이 그 무엇일까?

—(260), 『매일신보』, 1932. 9. 3

감격 (23)

처녀는 처녀다운 생각, 수집은 마음으로 무실의 죄명을 그대로 쓰고 쏘한 애인에게까지도 부모 죽인 강상의 범인이란 죄명을 덥허 씨운 그대로 취조실을 나가게 된 것이엇다.

다시 다음 막이 열리엇다.

토목공사장이 나왓다. 원경으로 바다가 뵈엿다. 해상에는 연긔를 토하며 가는 긔선과 바람을 돗에 잔득 바더 닷는 범선이 늘어섯다. 바다 가운대로 쑥 내미른 압(岬)의 머리에 놉히 소슨 등대가 바다ㅅ정취를 나타내 뵈엿다.

무대 우에는 곡괭이와 부삽든 여러 공부들이 오락가락하엿다.

『시간이 아즉 멀엇지?』

한 공부가 부삽으로 흙을 쓰며 말한다.

『시간은 다 된 모양인데, 아무 말이 업서…….』

한 공부가 대답한다.

『집에 가봐야 할 텐데…… 큰일 낫서…….』

『무슨 큰일이야?』

『어린 것이 설사를 해서 퍼진 것을 보고 왓는데, 어쩌케 되엿는지 알 수가 잇서야지!』

『그것은 안 되엇군. 얼핏 가봐야 할 걸.』

『가보기는 해야 할 텐데, 가볼 수가 잇서야지.』

『돈이 삼십 전 버리하랴다가 귀헌 자식 일흘라. 어서 가보게…….』

『어린 자식 병 보랴다가 여러 식구가 굶어죽으면 어쩌케 하나?』

『하루쯤 버리 못해서 굶어야 죽을라구. 어서 말허고 돌아가 보게!』

『내가 간들 뭘 하나. 수중에 돈이 엇서야 하지. 장터ㅅ거리 병원으로 더리고 갓드니, 진찰비니 약갑이니 병갑이니 해서 돈원이나 착실히 뺏기엇서…… 병도 인제는 돈 업시는 못 고칠 이니까, 돈 업는 내가 가서 무슨 소용 잇서야 하지!』

『그러면 웨 아시에 자식이 압프니 아비가 편치 안흐니, 그 따위 수작을 해. 암말 말고 삼십전 버리를 하지 안코…….』

『그래도 마음은 안 뇌이어서 그랫지!』

『아이가 불상하다는 것보다 딱정ㅅ대 자네 마누라가 야단칫가 그게 무서워서 그랫지?』

『무섭기는 누구가 무서워?』

『자네 마누라가.』

『녀편네 무서워하는 사내 녀석이 어대 잇슬라구.』

『여긔에 게신 걸 어쩌케 해.』

『여긔에 누구?』

『지금 누구냐고 뭇는 친구.』

『그러면 나?』

『올케 알아. 마치엇네.』

『이 사람. 괜히 사람 놀리지 말게! 자네들이 나를 아주 못 생긴 녀석을 맨드니까, 우리 녀편네가 그러하단 말이야.』

『자네는 누구가 어쩌케 맨들어? 바보 가튼 말하지 말게!』

『바보니 멍텅이니 그따위ㅅ 말을 하니까 그럿치!』

『이제부터는 똘똘이라구 해주지.』

『이것 사람 놀리지 말게.』
『그러기에 아무 말 말고, 하는 일이나 하라는 말이야.』
『암만 해도 마음이 안 되어. 그따위 것이 죽으면 신세는 돌이어 편하지만 불상해서 그래!』
『불상하긴 뭣이 불상해!』
『여보게! 세살이 되도록 옷 한 벌 못 해 입히고 누더기만 입혀서 키우다가 누더기로 싸서 파무드면 불상지 안하?』
하고, 공부는 부삽 잡앗든 손으로 눈물을 닥는다.
『눈에 흙이 들어갓서?』
겨테서 말하든 공부가 뭇는다.
『아니!』
하고, 공부는 눈을 부빈다.
『아닌데 웨 눈을 부벼? 자네 서름이 터진 모양일세!』
하고, 한 공부도 굽힌 허리를 편다.

—(261),『매일신보』, 1932. 9. 4

감격 (24)
『암만 해도 가봐야 되겟서…….』
하고, 공부는 눈물저즌 눈을 부비엇다.
『가봐야 되겟거든 가보게 그려. 가만히 안젓스면 일이 되나.』
놀리든 공부는 권한다.
『글세!』
『글세! 돈이 업단 말이지!』
하고, 한 공부가 주머니를 썰어 이십 전을 내놋는다.
『관두게. 자네는 어찌하랴고?』
하고, 공부는 밧기를 주저한다.
『나는 저녁ㅅ때 삭을 바드면 돈이 생기니까, 걱정 말고 어서 가보게!』
공부는 그 돈을 바더 들고 저편 공부 감독에게로 간다.
그 뒤를 니어 공부 한 명이 다시 등장한다.

봉두난발에 얼굴 형편이 말이 아니다. 그러한 가운대에도 두 눈에는 불안한 빗이 번적거린다. 아무리 보아도 마음이 안정되지 못한 상태이다.

『이 사람! 어데를 이러케 가나?』

한 공부가 부삽으로 쌍을 치며 뭇는다.

그 공부는 뒤로 곳 잡바질 듯이 두어 걸음 주춤거리다가 정신이 번적 난 듯이,

『쌈작 놀랏지? 누구라지!』

하고, 비롯오 보기 시런 덧니를 내노코 웃는다.

『어데를 정신 업시 바라보고 가나?』

『정신이 업시 바라보기는……』

『넉이 빠진 사람 가티 보이나?』

『제 정신 가진 사람으로 보이든 안하.』

『정말 그래?』

하고, 공부는 무엇인지 잠간 생각한다.

그 공부는 아비 죽인 혐의로 잡히어 간 청년이 자긔 집에서 다리러 온 노인을 보낼 째에, 그 집 토방에서 자초지종을 자세히 듯고 잇든 두 농부 가운대의 한 사람이엇다

『여보게! 자네 보고만 하는 말일세만, 나는 이 고장을 쩌야 되것서…….』

『이 고장을 쩌서 어대로 간다는 말이야.』

『아무 데나 가지!』

『아무 데가 어데란 말인가?』

『거저 발길 가는대로 갈 테야.』

『발길이 물이나 불로 가도 간단 말이야?』

『하는 수 업지.』

『자네 정신은 이 새 어데다 맛겨 두엇나?』

『웨?』

『제 정신이 업는 것 가트니 말일세.』

『맑은 정신은 아마 잡혀 먹엇지. 암만해도 좀 이상해!』

『뭣이 그리 이상해?』

『행동이 이상하다는 말이야.』

『정말 이상하다고 이새이 공사장ㅅ사람은 모다 말하데 그려!』

『모다가 누구〈?』

『나도 그러케 생각해!』

『내 행동이 그러케 이상하게 보일까?』

『보이는 걸 어쩌케 해. 눈을 감고 지날 수도 업고…….』

농부는 이 말을 듯고 잠간 생각한다.

이때에 우편으로 토공 한 사람이 등장한다. 그의 손에는 가느다란 매가 들리엇다. 그는 그 채ㅅ죽 가튼 나무를 홰홰 내둘르며 걸어오면서 두 공부의 이야기에 귀를 기우린다.

두 공부는 말을 중지하고 헤어지려 한다.

지금 등장한 사람은 공부감독인 듯하얏다.

『왜 일을 허지 안코 놀기만 해!』

하고, 소리를 질른다.

두 공부는 발을 잘 옴기지 못하고 주저〈 한다.

공부감독은 회ㅅ차리로 두 공부의 아랫다리를 갈긴다.

—(262), 『매일신보』, 1932. 9. 6

감격 (25)

두 노동자는 갈기는 매가 무서워서 그대로 달아나버린다.

나종에 나온 공부는 다라나랴 하지도 안코 잠간 동안 공부감독을 노려보고 섯다.

감독도 어찌 뒤가 좀 켱기는지 우아레로 훌터보며,

『왜 일은 하쟌코 놀기만 하노? 어서 가서 일을 해!』

하고는 슬금〈 저 편으로 걸어간다. 회ㅅ차리는 그의 손에서 아즉도 흔들려젓다.

『사람을 하나 구치나 둘 구치나 죄는 마찬가지가 되겟지. 저 짜위 자식을 이 공사장의 감독으로 오래 두엇다가는 이 근처 동리의 일군들이 써도 남지 안흘 터이다. 사람을 사람으로 알지 안코 우마 가티 부리랴는 저 자식마저 하나 처치해 버리자. 긔왕에 이 세상에서 온전히 살아 잇지 못할 내 팔자인 이상, 세상에 무서운 것이 쏘 무엇 잇겟는가. 여러 사람을 위해서 내 목숨 하나 바치면 그만이나, 나 째문에 한 사람이 대신 죽을 처지에 싸지지 안햇는가!』

한참 동안 독백을 하다가 그는 두 주먹을 불근 쥐고 감독이 간 방면으로 쏘차간다.

족음 잇드니 공부는 감독의 맥살을 번적 들고 나온다.

『너 웨 사람을 치늬? 우리 가튼 일이십전 벌러 왓다구 소나 말로 보이는가? 사람의 눈에 사람이 아니 보인단 것이 말이 되나? 이 자식! 우리 가티 불상한 처지에 잇는 이는 아무러케 개 도야지 가티 대접해도 아무 일 업슬 줄 아니?』

하고, 발길과 주먹이 감독에게로 들어간다.

쎠대가 굵고 근육이 억세 보이는 감독도 그 공부의 분에 복바친 완력에는 어름도 업서 보엿다. 잔득 추켜든 멱살 우에서 피를 바른 듯한 험상 구즌 얼굴이 갑분 숨을 내쉬인다.

공부는 족음도 용서 업시 주먹으로 내갈긴다. 족음 잇다가 감독은 아무 말도 못하고 퍼저 눕는다. 여러 공부들은 이곳으로 몰리어 왓다.

그러나 한 사람도 공부의 팔에 매달리지 안는다. 모다 통쾌하다는 시선으로 감독의 퍼저 누운 양을 바라본다.

싸리는 공부는 아무 말업시 한 편 구석에 걸어안드니 담배를 픤다.

『어쩔라구 이런 일을 햇서?』

하고, 한 일꾼이 그의 겨트로 온다.

『무슨 일을……?』

하고, 공부는 춤을 탁 뱃는다.

『사람을 저 모양을 맨드럿서. 더구나 감독을…….』

『누구가 저 모양을 맨들엇나? 제가 맨들어젓지……. 요놈들! 우리 못살게 하는 놈은 모다 요모양을 맨들 테야. 흥…….』

하고, 코로 숨을 크게 내쉰다.

한 일꾼이 벌벌 썰며 공부의 겨트로 가서 귀에다 가만히 속삭인다.
『쓸데업는 걱정 말아!』
하고, 불아린다.
일꾼은 뒤으로 주춤 물러선다.
『모든 일은 내가 당할 터이니 염려 말아요. 죄진 사람이 도망을 하면 무엇을 하나? 죽기 작정하고 한 일이니까 무서울 것이 업서!』
하고, 숨을 내쉰다.
여러 일군들은 혼도된 공부감독을 붓들어 닐으키고 물을 먹인다. 입을 닥가준다 해서 아주 야단이다. 그러나 감독은 정신을 잘 차리지 못하는 모양이다.
정신 차리지 못하는 감독을 쩌메고 그들은 퇴장한다.
공부의 겨트로 먼저 말하든 친구가 남아 잇슬 뿐이다.
『도망이라도 하게. 이 사람!』
하고, 한 일군이 권한다.
『안 된다. 도망을 해서는 안 된다. 내가 도망하면 두어 사람의 생명이 위태하니까.』
하고, 공부는 힘업시 머리를 썰허트린다.

―(263), 『매일신보』, 1932. 9. 7

감격 (26)

『두 사람의 생명이 위태하다니?』
다른 일군에게는 해석하기 어려운 일이엇든지 그는 쌈작 놀란다.
『그저 그런 일이 잇서……』
공부의 전신에는 맥이 풀리어 뵈엇다.
『그저 그런 일이 뭐야? 말을 좀 허소 그려!』
한 일군은 겨트로 밧작 덤빈다.
『괴왕 세상이 다 알고 말 일이니까 지금까지 형제 가티 지내이게 말 못할 것이 뭣 잇다구. 숨기지 안코 내 말하지. 저리로 가서 편히 안저서 이야기하세……』

하고, 공부는 바다ㅅ편을 향하야 천천히 것기 시작한다.

그들은 바다를 등지고 모래 우에 안저서 이야기를 시작한다.

『자네가 이러케 간덩이 큰 짓을 할 줄 몰랏서…….』

한 일군은 입을 먼저 쎈다.

『그 짜짓것을 햇다고 간덩이가 클 거야 뭣 잇나. 오늘 이짜짓 일쯤이야 아이의 작란도 안일세.』

『아이 작란도 안인 것이 오늘 일이야? 이것 참 긔맥힌 수작들이군! 사람을 죽게 두들겨 노코 작란도 아니라구? 정말 작란은 어썬 게야?』

『아주 죽지 안햇스니 작란된 것야 뭣 잇나.』

하고, 공부는 머리를 숙인다.

『자네 작란은 사람 죽이는 것일세 그려.』

하고, 한 일군은 입을 버린다.

『죽이는 것이 작난이 아니라, 작난을 한 것이 죽게 된 것이겟지.』

『그 짜위 작난은 인제 그만 두게. 작난 잘못하고 자네가 먼저 죽으리!』

『한 번 죽은 사람이 다시 죽을 리 잇슬라구.』

『죽은 사람 이야기가 아니라 살아 잇는 자네 말이야. 이 사람이 친구의 말을 알아 듯나, 집어 먹나!』

『내가 살어 잇다구? 천만의 말일세. 살아 잇서도 죽은 것이나 맛찬가지야.』

『웨 그래!』

『그런 일이 잇서!』

『뭣이 그런 일이야?』

『사람을 죽인 사람은 죽어야 하는 것이지. 죽는 법이지!』

『웨 그 짜위 말을 앗가부터 중얼대나. 이 사람아! 짠 사람이 그런 말을 들으면 어찌 하려고 그래?』

일군은 목소리를 낫춘다.

『짠 사람도 언제나 필경은 안다고 하겟지.』

하고, 공부는 숨을 길게 쉰다.

『그러면 정말 자네가 살인한 일이 잇서?』

하고, 친구 일군은 눈이 휘둥글해지며 뒤로 물러선다.
『정말이야!』
『누구를?』
『복순네 집에 잇는 젊은이의 아버지를.』
『어…… 정말?』
『정말!』
『정말?』
『그짓말도 헐말이 제금 잇겟지!』
공부의 말소리는 족음 썰리어 들린다.
『구리귀신이 자긔 자식 손에 죽은 게 아니라, 자네 손에 죽엇네 그려!』
일군은 물러섯든 발을 다시 아프로 두어 걸음 내놋는다.
『그나!』
『웨 죽엿나?』
하고, 일군은 조심스러운 시선을 사면으로 보낸 뒤에 다시 흥분으로 희푸르게 된 농부의 얼굴로 돌리엇다.
『구리귀신을 죽이여 노으면 젊은 녀석이 바로 상속을 해서 우리 동리 일 위해서 돈만원이나 쓸 줄 알앗더니, 재산 상속 밧기는컨영 아비 죽이엇다는 강상의 죄명만 둘러쓰고 감옥에서 포ㅅ조각이 되어 가는 모양일세 그래!』
하고, 농부는 족기 주머니에서 담배를 쯔내인다.

—(264), 『매일신보』, 1932. 9. 8

감격 (27)

공부의 날을 아무러한 표정 업는 얼굴로 한참 듯고 안젓든 일군은
『정말이야, 잠고대야? 자네 아마 공으로 밥을 먹고 사라볼가 하는 모양이지만, 사람을 죽이고 살 수 잇스랴구.』
하고 벌덕 니러선다.
『그짓말을 할 리가 잇서? 정말이야ㄘ?』
공부는 니러나는 친구의 얼굴을 힘업는 시선으로 바라본다.

『사람의 소견이 그러케 좁아서 엇더케 한담. 그 구리귀신을 죽이면 별안간 자네 동리가 부촌이 될 줄 알앗나? 이 세상에 구리귀신 안인 녀석이 어데 잇서야 말이죠. 싹한 사람아, 여보게! 정말이거든 어서 경찰서로 가서 그 아들이 무죄한 것을 변명해 주소, 그 아들이 무사히 나오면 동리를 위해서 일하게 될는지도 알 수 업스니 말이야. 정말 큰일 낼 사람이 아닌가.』

하고, 공부의 팔을 잡아 니르킨다.

그리하야 그들이 자백하려 천천히 퇴장하얏다.

불이 켜지자 혜영이는 병호 잇는 편을 바라보앗다. 그 동안에 병호는 간 곳이 업다. 사면으로 시선을 보내어 삿삿으로 차저 보앗스나, 그는 보이지 안엇다.

혜영이는 이상한 생각이 낫다. 자긔와 함께 오지 안흔 것을 속으로 노하엿다가 그것을 참지 못하야 아무 말업시 혼자 돌아간 것이나 안일까? 혹은 영숙이와 춘식이와 병정 청년과 동맹이 되어 구경 온 것을 짠 의심의 눈으로 본 것이나 아니엇슬가? 여러 가지 불안한 생각이 머리에 갓득 차 올르니 혜영이는 구경할 흥미도 일허버렷다.

영숙이는 벌서 혜영이가 불안을 늣기는 행동을 삷히엇다.

『언니! 그만 갓가? 더 볼 것도 업슬 것 가태! 끗을 보잔해도 다 알 일 아니야요? 경찰서에 가서 자백을 하면 다시 취조를 해서 증거가 충분하면 그 청년은 아비 죽인 누명을 벗고 농부의 집 딸과 결혼하고, 그 동리를 위해서 만흔 사업을 하게 되엇다는 것이겟지!』

『그야 그러켓지. 그 이야기만 보러 온 것은 아니겟지만, 보고 나니까 좀 생각되는 일이 업지도 안하!』

불안을 늣기면서 혜영이는 대답하얏다.

그리하야 혜영이는 리춘식 일행을 딸하서 극장을 나왓다.

병호가 박게서 기다리라는 기대가 혜영으로 하여금 극장을 나오게 한 것이엇지만, 밧가테는 병호 가튼 사람의 그림자도 업섯다.

혜영이는 노여운 생각이 낫다.

비록 함쯰 온 것은 아니지만, 자긔가 이곳에 잇는 것을 한 번 본 이상 아무 말업시 그대로 슬적 업서지는 그 심정은 알 수 업섯다. 문 박게서 기다리라고 급히 쮜어 나온 자긔의 속 적은 행동을 스스로 웃지 안을 수 업섯다. 그러나 병호가 그대로 혼자 갈 리가 업다. 그는 극장 안 어썬 구석에서 자긔를 기다리고 잇는 듯한 생각도 업지 안햇다.

그리하야 혜영이는 극장 문 박게 나와서도 잠간 동안 발을 머무르고 출입구를 바라보앗다. 그러나 나오는 사람은 하나도 업다.

춘식, 영숙 그들도 우득허니 서서 잇다. 혜영에게 미안한 생각이 낫다.

『먼저 들어가세요. 저는 천천히 가겟서요.』

하고, 혜영이는 머리를 숙엿다.

『글세. 병호 씨가 웬일일까? 당신이 들어가서 한 번 다시 차저보고 오세요.』

하고, 영숙이는 청년 병정에게 명령을 내린다.

청년은 머리를 글그며 극장으로 다시 들어갓다.

—(265), 『매일신보』, 1932. 9. 9

감격 (28)

병정청년은 허덕거리고 나오드니,

『아무도 업는 걸요.』

하고, 혜영의 얼굴빗을 살핀다.

『그러면 먼저 간 게로군!』

하고, 영숙이는 혜영이를 바라본다.

혜영이는 자존심이 여지업시 깨트려지고 말앗다. 춘식이나 영숙이 압헤서 병호한테 모욕을 당한 것이나 다름업는 부끄러움을 늣기엇다. 얼굴빗이 자연히 조치 못하엿다.

영숙이는 자동차를 불럿다.

『언니! 시장한데 잠간 어대 가서 요긔나 하고 가지 안하려우?』

하며, 눈은 춘식에게로 갓다.

그러나 혜영이는 다른 사람의 표정이나 동작을 삷혀서 눈치를 찰일만한 마음의 여유를 가지지 못하얏다.

『잠간 요긔나 하시죠?』

혜영이는 자긔를 혼자 남기어 두고 돌아가 버린 병호의 감정을 무서워서 친구의 호의를 거절할 수 업섯다. 그는 사양도 하지 안코 그들을 딸하섯다.

자동차 운전대에는 병정 청년이 탓다. 혜영, 영숙 그리고 춘식이가 탓다. 자동차는 경성극장 아플 나서서 종로 큰길로 나섯다.

혜영이는 자동차 우에다 자긔의 몸을 맛기엇스나, 마음은 자동차 뒤에 쎨허저 잇섯다. 잣구 뒤가 돌아다보이엇다.

『언니! 뭘 그러케 잣구 돌아다보우?』

영숙이는 혜영의 손을 잡엇다.

『보기는 뭘 봐!』

하고, 혜영이는 머리를 아프로 돌으키엇다.

춘식이는 아모 말업시 압만 바라본다.

자동차는 종로를 지나고 남대문을 지낫다. 다시 정거장 아플 지나 룡산길로 들어선다.

『영숙이! 어대를 가?』

혜영이는 족음 궁금증이 낫다.

『한강!』

하고, 영숙이는 빙그레 웃는다.

『한강을 뭘 하러 가?』

혜영이는 의심이 밧작 낫다.

『요긔하러요!』

『밤이 느젓는데 한강까지 요긔하러 가?』

하고, 혜영이 영숙이를 돌아다보앗다.

『밤이 좀 느젓지만, 바로 곳 돌아오면 괜찬치 안 해요? 드라이보 겸.』

하고, 영숙이는 춘식이를 바라본다.

자동차는 잣구 달아난다. 좌우편 보도에도 사람의 그림자가 듬으럿다. 전차와 자동차의 래왕이 빈번할 쑨이엇다.

혜영이는 밤늣게 영숙이를 딸아서 한강까지 나아가는 것이 올흔 일인지 알 수 업섯다. 암만해도 마음이 노이지 안햇다. 더구나 남자들과 녀자들이 밤 늣게 한강을 나가는 것이 안 된 일 가타서 자동차에 올른 것을 후회하는 생각이 낫다. 그러나 어찌할 수 업섯다.

밤이 느젓스니 요고고 뭣이고 할 것 업시 그대로 차를 도르키어 집으로 돌아가자고 하랴 하얏스나, 넘우 마음 좁은 것 폭로하는 것 가태서 그대로 참앗다.

불안을 가득이 담은 혜영이를 실은 자동차는 한강 철교를 건너 온천장에 당도하얏다.

혜영이는 영숙 일행을 딸하 온천장으로 들어갓다.

『요긔 좀 하러 온천장으로 올 리유가 어대 잇슬가?』

혜영이는 입안의 말로 중얼대엇다.

병정 청년은 하녀를 불러 특별히 방을 치우느니, 음식을 주문하느니 야단법석을 한다. 온천장 하인이 그들 일행에 대한 태도는 매우 친절하고도 안면이 잇는 듯하얏다. 그들이 여긔에 온 것이 한두 번이 아닌 것은 넉々히 눈치채일 수 잇섯다.

—(266), 『매일신보』, 1932. 9. 11

감격 (29)

온천장의 하녀는 그들 일행을 인도한다. 혜영이는 그들의 뒤를 딸하 기다란 복도를 지나서 한참 올라갓다.

이 온천에서는 제일 조용하고 깨끗한 방을 그들을 위하야 제공한 모양이엇다.

십첩(十疊)이나 되는 커다란 일본방이엇다. 방 한가운대에는 화류의 식탁이 노이고, 도고노마(床間)에는 산수화폭이 걸리엇다. 그리고 그 아페는 생화의 분이 노이엇다.

혜영이는 오래 간만에 일본 정취가 넘치는 일본ㅅ방에 들어서니 반가운 생각이 낫다. 그리고 옛날 일본의 학창 생활의 여러 긔억도 새로워젓다.

그는 한 편 구석에 몸을 새리고 조심스러이 안젓다.

『이만큼 와요.』

하고, 영숙이는 식탁 아프로 혜영의 손을 쓸어댄다.

『아모 데나 관게 업서…….』

하고, 혜영이는 뒤으로 버틔엇다.

『이리 오시죠.』

하고, 춘식이 권한다.

『관계찬해요.』

하고, 혜영이는 그 자리에 그대로 안젓다.

속에서는 긔괴한 생각이 곤두질을 처서 그로 하여금 불만을 늣기게 할 쑨이엇다. 이와 가티 먼 곳인 줄 알앗드면 단연히 사절을 하고 혼자 집으로 돌아가는 것이 얼마나 조핫슬가 하고 퍽으나 후회가 되엇다. 이러한 가운대에도 병호의 불친절한 오늘밤의 태도에는 풀기 어려운 의심이 작구 집중되엇다.

첫재, 약속한 일도 업시 극장에 짤하 온 이상에는 가티 돌아가는 것이 사랑하는 사람들로 당연히 할 일이 안일까? 짤하 오기는 어찌 짤하 왓스며, 아무 말업시 혼자 슬젹 돌아간 것은 웬일일까? 어쩌한 질투심으로 자긔를 오해한 것이나 안일까? 만일 오해하얏다면 이만큼 슝거운 일은 다시 업슬 것이다. 그 동안의 지나 온 모든 갈등이 모다 족으마한 질투에서 나온 것을 병호 자신도 아는 일이 아닌가? 모든 오해가 풀어지고 자긔밧게 사랑한다는 최후의 증거를 보인 그 이튼날에 바로 이와 가튼 불신을 그에게 밧는 것은 혜영으로는 너무나 억울한 일이엇다. 어쩐지 자긔의 장래에 알 수 업는 검은 그림자가 덥혀진 것이나 다름업는 생각이 낫다.

만일 질투에서 그러한 태도를 뵈인 것이 아니라면, 병호처럼 사랑하는 사람에게 대해서 불충실한 이는 업스리라고 생각하얏다. 어쩌한 리유로 자긔 혼자 다라낫슬가?

이러한 생각이 혜영의 머리 속에 왕래하는 만큼, 그의 얼굴에는 아무러한 흥취가 업섯다. 그는 머리를 숙이고 잠간 생각하는 동안에 하녀가 다과를 가지고 들어왓다.

『이리 오십시요. 여러 가지 살을 말슴도 만코 해서 한 번 긔회를 맨들가 햇드니, 맛참 잘 되엇소이다.』

춘식의 말부침이 오늘 이러케 이곳까지 더리고 온 것이 계획적인 것도 가텃다.

혜영이는 속으로 놀랏다.

『오늘 병호 군이 왓스면 참으로 조핫슬 걸.』

하고, 춘식이는 영숙이를 바라본다.

『정말 긔회가 참 잘 되엇는 걸 그랫서요. 병호 씨가 어대로 가셋슬가요?』

하고, 영숙이는 혜영이를 바라본다.

혜영이는 무어라 대답해서 조흘지 알 수 업섯다. 그래도 사랑하는 사람이야 하고 비웃는 것 가타서 얼굴이 절로 붉어젓다.

—(267), 『매일신보』, 1932. 9. 13

감격 (30)

춘식이와 영숙이는 긔회 잇는대로 병호 이야기를 끄내엇스나, 혜영이는 처음부터 나종까지 병호 말에는 침묵을 지키엇다.

영숙이나 춘식이는 혜영의 마음을 짐작하얏다는 듯 다시 병호에 관한 말을 내지 안햇다.

다맛 병정 청년이 되지 못한 재담을 석거가며,

『젊은이로는 아주 쏠々해 보이든 걸요. 어쩌케 싹々한지 말도 잘 부칠 수 업드군요.』

하고, 혜영의 눈치를 바라볼 뿐이다. 혜영이는 역시 못 들은 체하얏다.

족음 잇다가 목욕간 준비가 되엇다는 하인의 통긔가 왓다. 춘식이는 병정 청년을 더리고 문 박그로 나아간다. 채림채리가 매우 시간이 걸릴 모양이다.

혜영이는 바로 집으로 돌아갈 생각이 낫다.

『영숙이! 몸이 좀 불편한 듯하니까, 나 먼저 실례를 할 테야.』

하고 혜영이는 닐어섯다.

『잠간만 안젓다가 저하고 가티 가요. 웨 그리 조급히 굴어요?』

하고, 영숙이는 혜영의 손을 붓들고 말린다.

혜영이는 뿌리치고 니러날 용긔까지는 나지 안햇다.

『우리 목욕이나 합시다.』

하고, 영숙이는 혜영의 손을 끌엇다.

혜영이는 짤하 닐어서기는 햇스나, 오늘 저녁 일이 모다 우습게 되어 재미가 적엇다.

『그러케 걱정될 것이 뭣인가요? 사랑하는 사람은 갓금 좀 놀려고 주고 충동도 주고 해야 하는 법이야요. 넘우 굽슬굽슬 머리만 숙이지 말아요.』

하고, 영숙이는 빙긋 웃는다.

혜영이가 영숙에게 이러한 연인조종술 강연을 듯게 되리라고는 꿈에도 생각해 본 일이 업섯다. 얼마 아니 맛난 동안에 영숙의 여러 가지 눈에 씌이게 변한 행동에 그는 다시 놀랏다. 그리하야

『나 가튼 이에게 애인이 잇스면 그리도 해보지만…….』

하고, 혜영이는 역시 미소로써 대답하얏다.

『그러면 애인이라고 하지 말고 남편이라고 하는 게 더 적당한 말이 될 번햇지요?』

하고, 영숙이는 이번에는 소리를 내어 웃는다.

갈스록 괴상하여 가는 영숙의 말버릇에 혜영이는 마음이 자못 불유쾌햇지만, 사실이 사실인 만큼 그는 다맛 얼굴만 불키엇슬 뿐이다.

『그러케 조바심하지 말고, 맘 턱 노코 놀다 갑시다 그려!』

영숙이는 또 다시 혜영의 손을 끈다.

『괜히 사람을 놀리지 날아!』

하고, 혜영이는 영숙을 짤하 욕실로 들어갓다.

만히 들어가야 세 사람이 들어갈 만한 가족탕이엇다. 대리석의 욕조에는 비취빗 가튼 말근 물이 넘실거리며 김을 토하고 잇다.

혜영이는 욕실문을 단々히 잠근 뒤에 옷을 벗고 영숙의 뒤를 짤하 탕으로 들어가서 몸을 담것다.

욕수의 온도가 쓰겁지도 안코 차지도 안해서 전신이 물 가운대에서 녹아버리는 듯하얏다. 병여에 이와 가티 풀어지는 긔분으로 전신이 혼취하기는 처음이엇다.

어느 때까지든지 이와 가티 혼々한 기운 가운대에 전신이 담기어 잇섯스면 하는 생각도 업지 안햇다.

혜영이는 대리석 욕조전을 벼개 삼아 두 다리를 쎄치고 들어누어 보앗다. 전신은 떠올라오는 듯하면서도 천길이나 만길 되는 땅 속으로 들어가는 것도 가탯다.

영숙이는 겨테서 몸에 물을 씨언저 가며 몸을 씻는다.

혜영이는 감앗든 눈을 슬그머니 떠서 영숙의 전신을 고로고로 바라보앗다. 로단의 조각품이나 가티 가늘고 굽은 선이 그의 전신을 얽어 잇섯다.

—(268), 『매일신보』, 1932. 9. 14

압날의 두려움 (1)

혜영이는 영숙의 몸을 바라보든 시선을 돌으키어 다시 물 속에 잠기어 잇는 자긔의 몸둥이를 굽어보앗다. 영숙에게 지지 안케 곱고 부드러웟다. 보기 조케 내려 쎄친 각선미는 이 세상 누구에게든지 지지 안흐리라는 자신조차 낫다. 자긔의 육체미이지만, 한참 동안 정신을 노코 바라보앗다. 그러나 전신에 아름답게 얽히어진 선과 선의 소유자는 벌서 딴 사람이라 생각하니 알 수 업는 질투를 늣기엇다. 혜영이는 남모르는 미소가 입가에 돌앗다. 그러나 동경, 신호 등지로 류학 다니든 그때와 가티 전신에서는 발산되는 순결의 향취는 족음도 마터지지 안햇다. 병으로 파리해진 몸에는 자긔의 순결한 육체가 아니라는 락인이 찌키어진 것이 크다란 원한가티 생각되엇다. 자긔의 순결을 여지업시 짓밟아 노코 무책임한 행동은 하는 것 가튼 병호가 미웁게도 생각되엇다.

오늘 저녁에 슬적 자최를 감추어버린 그 리면에는 어쩌한 딴 추잡한 사실이 잇지나 아니 할가 하는 의심도 절로 낫다. 춘식이와 함께 구경을 간 것도 아니엇지만, 설혹 한자리에서 구경하게 되엿다 해서 족으만 질투심으로 자긔를 의심한다는 것은 남자로서 마음이 넘우나 좁다는 것을 발표시킨 것이나 안일까? 만일 못 생기엇다면 그는 병호 자신이 다 사랑의 원수로 아는 춘식에게 감화를 바더서 간사지 개간사업이니 뭣이니 하고 쩔 듯이 깃버하든 그가 오늘에 와서 별안간 태도를 변하여 가지고 사람의 마음을 갑갑헤 할 필요가 어대 잇슬 것인가? 여러 가지로 생각해도 병호는 못 생긴 사람이 아니면 가짓말쟁이 갓탓다.

　물에 몸을 잠그고 생각하는 동안에 이마에는 쌈이 저젓다.

　『영숙이! 처녀시대가 제일 조타구 여러 사람은 말하지!』

　혜영이는 한참 동안 영숙의 몸을 바라보다가 입을 열엇다.

　『처녀시대가 조타구 하지만, 어째서 조흔지 모르겟서요.』

　하고, 영숙이는 이상히 녁이는 눈으로 혜영이를 바라본다.

　『역시 처녀시대가 조핫든 게야!』

　하고, 혜영이는 가는 한숨을 내쉬인다.

　『조핫든 게란요? 그러면 언니는 처녀가……?』

　하고, 영숙이는 혜영이를 돌아본다.

　『…….』

　혜영이는 아무 말업시 눈을 감는다.

　『봐진이 아니란 말이죠?』

　영숙이는 쏘 뭇는다.

　『내가 봐진 가티 뵈여?』

　하고, 혜영이는 욕조에서 몸을 일으키엇다.

　물론 그 전날 밤에 혜영이가 처녀성을 이저버린 것을 영숙이가 알 리가 만무하엿다.

　혜영이가 오늘까지 봐진인 것을 미더 온 영숙에게는 『내가 봐진 가티 뵈여?』 하고 뭇는 말이 이상하게 들릴 것은 당연한 일이엇다. 이와 동시에 영숙의 가슴으로 뭉클하고 기어 올나오는 것은 자긔보다도 혜영이가 자긔비판하는 것이 얼마나 엄중한 것을 존경하는 생각이엇다.

　『언니! 별안간 그런 말은 웨 해요?』

　하고, 영숙이는 무엇을 차즈랴는 듯 혜영의 얼굴을 바라본다.

　『하찬은 것이라도 손에 들엇다가 노흐면 서운한 생각을 하게 되는 것이 인정이지. 그러치 안하? 나는 벌서 몸과 마음을 남성에게 밧치엇서…….』

　하고, 혜영이는 고적이 넘치는 웃음을 뵈엇다.

『한 번 남에게 밧치엇스면 그만이지, 웨 그런 쓸대업는 생각을 다시 할 게 뭐야요?』

하고, 영숙이는 다시 욕조로 들어왔다.

—(269), 『매일신보』, 1932. 9. 15

압날의 두려움 (2)

두 녀자는 욕조 안에 두 개 비너스가 되엇다. 그들은 아무 말업시 물 속에 몸을 담그고 천정을 바라보고, 다가티 명상에 깁헛다.

『언니! 처녀성을 지키는 것이 그러케 존귀한 일일가요?』

영숙이는 무엇을 생각햇는지 다시 뭇는다.

『존귀하고 말구! 봐진으로 잇슬 째는 존귀한 줄을 모르지만, 한 번 일 허버린 뒤에 생각하면 그째에야 비로소 존귀할 줄을 아는 것이야! 내의 경험으로 보드라도……』

혜영이는 넘우 정도에 넘치는 내정 이야기를 햇다고 생각하얏지만, 입 박게 한 번 굴러나온 말이다. 다시 수습할 수는 업섯다.

『그러치만 녀자로 일평생을 독신으로 지낸다면 모르되, 그러치 안코 결혼 생활을 하게 된다면 누구든지 한번은 언니와 가튼 경험을 하게 되 겟지요.』

영숙이는 이 문제에는 아주 열려진 것 가튼 태도로 말을 내엇다.

『그야 물론이지.』

혜영이는 영숙이가 귀엽은 생각이 낫다.

『언제든지 한번은 누구든지 경험해 보고야 말 것이 아니야요. 그런데 경험 잇는 것이 그대지 앗가울 것이 뭣일까요? 긔왕에 경험할 일이면 일즉 경험한 것을 그러케 섭섭하게 녁일 것이 무엇일까요? 저는 그 심리를 도 모지 알 수 업는 걸요.』

하고, 영숙이는 혜영이를 찬찬하 바라본다.

『누구든지 반듯이 일허버리고 말 봐진이니까 더욱 앗갑다는 것이겟지.』

혜영이는 욕조에서 박그로 다시 나왓다.

『그러케 못 이저 할 것이 업는 것 가튼데요.』

영숙에게는 큰 의문으로 생각된 모양이다.

『그야 리론적으로 캐어 말하면 별로 섭섭할 것도 업지만, 사람들의 감정은 그러치 안흔 것이니까 하는 수 업겟지.』

혜영이는 이러케 대답하는 수박게 업섯다.

『감정은 리지보다 빗이 나는 심리의 활동이니까 뭐라 말할 수 업지만, 봐진이라는 비좁고 까다라운 이름을 어서 버서버리고 자유로운 전 감각의 생활도 하고 시프면 어쩌케 될가요?』

영숙이는 혜영이를 시험하는 것 가티 뭇는다.

『속히 결혼 생활로 들어가는 것이 제일 조흔 방법이겟지!』

혜영이는 이 말 한 말로 영숙이 근일에 와서 초조히 녁이는 것을 비롯오 알앗다.

그뿐 아니라 처녀성을 그러케 존귀하게 녁일 필요가 어대 잇느냐 하는 듯한 질문 비슷한 말이 영숙이도 벌서 처녀성을 일헛스나, 처녀성 직힌 것을 영예로 생각지 안는다 함을 표시함이나 안인가 하는 의심도 업지 안핫다. 결국 말하면 자긔 변명이나 아닌가 하는 의심이 난 것이엇다.

『영숙이! 만일 처녀성을 일치 안햇거든, 어데까지든지 직혀 봐요.』

하고, 혜영이는 짐짓 물어보앗다. 이와 가티 속을 까보는 것 가튼 것이 친구 새이에 할 일은 아니엇지만, 너도 처녀성을 일헛지 하고 막 물어볼 용긔는 나지 안핫다.

영숙이는 아무 말이 업다. 영숙이가 벌서 처녀가 아니라는 것을 침묵으로써 말함이나 아닐가? 혜영이는 벌서 넘겨 집헛다.

혜영이도 다시 더 뭇지 안햇다. 만일 영숙이가 봐진이 아니라면 그 처녀성을 빼아서 간 사람은 누구일까? 춘식이 일까? 병정 노릇하는 청년일까? 그 외에 딴 사람이 쏘 잇지나 안흘가? 여러 가지 의심이 게단적으로 올라왔다.

『처녀성이 그러케 존귀할가요?』

영숙이는 먼저 한 말을 되집허 뭇는다.

—(270), 『매일신보』, 1932. 9. 16

압날의 두려움 (3)

『늘 말해도 맛챤가지 아니야? 한 번 일허버리면 다시 차즐 수 업는 것이니까, 아주 귀중한 것이라는 말이지.』

하고, 혜영이는 영숙의 대답을 기다리엇다.

『한 번 일허버린 뒤에 다시 차즐 수 업는 것이면, 무엇이든지 제일 귀중한 것인가요?』

영숙이는 수건으로 얼굴을 문즐르면서 웃는다.

『그것도 물건 나름이겟지. 녀자의 처녀성처럼 한 번 일흐면 영영 차저낼 수 업는 것은 다시 업겟지…….』

혜영이는 말씃마다 자긔의 처녀성을 일흔 것을 후회하는 것 가태서 영숙이는 우스운 생각이 낫든지,

『오늘 밤에 별안간 웨 그런 말만 하오?』

하고 뭇는다.

『거긔에는 까닭이 잇서. 남자란 것은 녀자의 처녀성을 유린하는 것을 자긔의 한 영예나 프라이드로 생각하는 것 가태. 그뿐 아니라 처녀성 빼앗는 것을 녀자를 정복하엿다고 생각하는 모양이야. 그래서 처녀성을 빼앗슨 뒤에는 의례이 자긔 물건을 내 가지고 어쩌한 락인이나 처 노흔 것처럼 생각해서 너무나 무책임한 행동을 하게 되니 걱정이야. 어쩌한 남자를 사랑하든지 처녀성만은 최후까지 직혀서 자긔의 권위를 보전해야만 되겟다는 것을 절실히 깨다랏서…….』

이와 가티 말하는 혜영의 머리에는 병호의 그 흥분되엇든 얼굴이 써오르고, 다시 쉬드른 풀닙 가튼 화성의 자태가 나타낫다. 병호가 아모리 부인하지만 화성이도 자긔와 가티 녀자의 보배인 정조가 그이 때문에 유린을 밧지 안햇슬가 하는 의심이 잣구 써올랏다. 이러한 의심을 한다 해도, 벌서 째가 느진 것을 알면서도 그는 의심함으로써 의심이 게속하게 되엿다.

『처녀성이 잇스면 뭘 하며, 처녀성이 업스면 뭘 해요? 결국 그째 그 긔분에 움즉이기 쉬워서 누구든지 한탄을 하면서도 처녀성을 일치 못해

애를 쓰는 것 가태요.』

영숙이는 미소를 븨엇다.

혜영이는 영숙의 말에 진리가 잇다고 생각하엿다. 사실 청춘긔에 잇는 여러 녀성의 이성에 대한 호긔심과 동경이란 것은 수단 방법에 지나지 못하는 것밧게 븨이지 안햇다.

『영숙이도 그러면 처녀성을……?』

혜영이는 필경 영숙이도 처녀성을 일헛느냐는 것을 물엇든 것이다. 그러나 영숙이는 미소로서 대답을 대신할 뿐이다.

혜영이는 다시 추궁할 수 업섯다. 시원치 못한 수작으로 자긔의 못 생긴 것을 폭로나 하는 것 가타서 입을 다무럿다. 속으로만 여러 가지로 당한 오늘 밤일이 기괴하다는 생각뿐이다.

한편으로 병호가 자긔 집에 와서 기다리는 것도 가타서 조마조마한 생각이 낫다. 이와 가튼 유원지로 쌀하다닌 것이 한편으로 안 된 생각이 나서 그는 불안을 늣기엇다.

그리하야 의복을 입고 화장을 고친 뒤에 객실로 돌아왓다. 영숙이도 혼자 잇기가 심심하얏든지 혜영이 뒤를 쌀하 방으로 돌아왓다. 춘식이와 병정 청년은 아즉 돌아오지 안햇다.

『영숙이! 나 먼저 가야 되겟서…….』

하고, 혜영이는 닐어섯다.

『족음만 기다려요. 여긔까지 왓다가 혼자 어쩌케 갈 수 잇서…….』

—(271), 『매일신보』, 1932. 9. 17

압날의 두려움 (4)

춘식이와 병정 청년이 바로 뒤를 니어 방으로 들어왓다.

혜영이는 그들이 들어오자 바로 박그로 나오랴 하얏스나, 영숙이가 단々히 붓들고 노치를 안엇다. 그는 하는 수 업시 그 자리에 바로 주저안젓다. 그러나 마음은 그 자리를 벌서 쩌낫다.

『병호 군이 왓섯드면 퍽 조흘 걸 그랫소이다.』

춘식이는 책상 아페다 두 다리를 쩌드며 말한다. 퍽으나 거만해 븨엇다. 영숙이가 여긔에 잇는 이상 상대자가 자긔에 싼 야심이 잇슬 리 만무하지만, 지금까지 지나온 여러 가지 갈등을 생각하면 불유쾌하기가 싹이 업섯다.

『어데로 게섯슬가? 아저씨가…….』

하고, 영숙이는 미소를 보인다.

아젓씨라는 말에 혜영이는 귀박휘짜지 붉어젓다. 쏘는 영숙이가 자긔를 놀리는 것도 갓고, 쏘 한편으로는 혜영이란 녀성은 벌서 정조까지 쌔아서 간 남편 될 사람이 잇스니 아주 단념하라는 쯧을 춘식에게 알리는 것도 가타서, 영숙의 웃자고 한 말이 혜영에게는 대단 불유쾌하게 들리엇다. 그래서 아모 말도 안햇다.

『그러면 병호 씨라는 이는 가티 들어왓든 녀자와 함쎄 어덴지 가버린 게죠.』

하고, 병정 청년은 시게를 치어다본다.

이러한 말이 참말인지 거짓말인지 쏘는 혜영이와 병호의 관계를 알고 한 말인지 모르고 한 말인지 알 수 업스나, 어찌 되엇든 듯고 잇는 혜영에게는 재미 업는 일이엇다. 그는 얼굴빗이 돌변하야젓다.

『누구하고 가티 들어왓섯는가요?』

하고, 영숙이는 쓸대업는 말을 괜히 하지 말라는 눈치를 보엿다.

『아주 쏙 짯는 걸요.』

병정 청년의 말버릇이 갈스록 아주 거북하얏다.

병정 청년의 말에 특별한 충동이를 바들 줄 알앗듯, 혜영의 마음에는 아직도 그럴 리가 업는 한 구석이 븨어 잇섯다.

『어쩌한 것을 쏙 싼 것이라고 해요?』

영숙이는 이면 모르고 종알대는 청년을 나무라듯 말한다.

그러나 사실 싼 녀성과 함쎄 왓다면 그 동행된 녀성은 누구이엇슬가 생각하지 안흐랴도 자연히 생각낫다.

『어엿부고 얌전한 것이 쏙 싼게 아니구 뭐야요?』

하고, 병정 청년은 혜영이를 슬적 보고 눈을 씀적한다.

분명히 혜영이를 놀리는 동작이엇다. 그러나 혜영이는 그러한 눈치를 족음 차리지 못하는 것 가티 뵈엇다.
　『혜영 씨! 새삼스럽게 이런 말을 내면 이상한 생각을 하시게도 되것지만, 나는 혜영 씨 댁에 여러 가지로 사과할 일이 만히 잇스니까…….』
　이러케 말하는 춘식의 태도에는 그 전날에도 볼 수 업는 진중해 보이는 것이 업지도 안햇다.
　『…….』
　혜영이는 아무 대답도 업섯다. 원한이야 업지 안햇지만, 모든 일을 잘 해결된 오늘에 옛날의 호화로운 생활의 긔억을 불러 니르킬 아무런 흥취도 가지지 안핫다. 오날 이 자리에서 그러한 말이 나오는 것은 더 재미업는 일이엇다.
　『사람은 늘 감정의 충동을 바다서 살어 가게 되니까, 그리한 일도 업지 안켓지요.』
　하고, 춘식이는 뺏되엇든 다리를 갓갓히 집어 들엿다.
　혜영이는 머리를 숙이고 아모 말업시 한참 잇드니 겨우 입을 열어
　『전날의 모든 오해와 보도를 청산해버린 오늘에 다시 그런 말슴을 하실 거야 뭣 잇겟습니까?』
　하고, 혜영이 속 넓은 것을 뵈엇다.
　　　　　　　　　　　　　　—(272), 『매일신보』, 1932. 9. 18

압날의 두려움 (5)

　『이 자리에 이러케 모으게 된 것이 벌서 옛날의 묵은 감정을 청산한 것이니까, 오늘 와서 새삼스럽게 감정의 청산이니 뭣이니 하는 것이 돌이어 쑥스러운 일이지만, 역시 한번은 흉금을 열고 이야기라도 해볼가 한 것입니다.』
　춘식이는 감개무량한 듯한 숨을 내쉬인다.
　혜영이는 말이 이와 가티 정중히 나오는 것도 불고하고, 그 자리를 발오 쓰기가 어려웟다.
　『아면요. 하실 말슴은 하세야 되지요.』
　하고, 머리를 영숙이 편으로 돌리엇다.

영숙이는 춘식이와 눈으로 무엇인지 말하는 것 가탓다.
혜영이는 놀림을 이 두 남녀에게 밧는 것 가타서 다시 불쾌한 생강이 낫다.
『오늘 저녁에는 병호 군이 극장에 왓기에 마음으로 퍽으나 기뻐하엿지오. 네 사람이 한 자리에 모아 안저서 옛날을 이야기하는 것도 대단히 조흘 것 가타서…….』
이때에 하녀가 음식을 가지고 들어왓다. 훌륭한 일본 요리엿다.
혜영이는 니러설 긔회를 다시 일헛다. 하는 수 업시 비어주는 한 편 자리에 몸을 사리고 안젓다.
춘식이는 술을 먹기 시작한다. 영숙이는 자긔 자신이 술을 갓금 붓는다. 혜영이는 망칙한 생각이 낫다. 결혼식도 하지 안흔 사람들이 아루 내어 노코 부부 노릇하는 것이 혜영의 감정에는 맛지 안햇다. 그러나 어느 때에든지 이 세상에 한번은 피로 돌고야 말 부부 사이니 대담스러이 구는 것도 경복할 일이다 하얏다. 다맛 자긔네의 담이 적은 것이 우습게 생각될 뿐이엇다.
『언니! 저…….』
하고, 영숙이는 혜영이를 바라본다.
『웨 그래?』
하고, 혜영이는 머리를 들엇다.
아양 비슷한 영숙의 부르는 말이 다정하게 들리엇다.
『우리의 결혼식이 언제나 하게 될는지 아러 마치어 봐요.』
하고, 영숙이는 춘식이를 바라본다.
『이 애가 결혼식을 재촉하는 모양이로구나.』
혜영이는 이러케 생각하얏다.
『그야 내가 알 수 잇서…… 두 분이 잘 알아서 할 일이죠.』
혜영이는 완곡하게 대답을 피하기는 하얏스나, 영숙에게는 미안한 생각이 낫다. 그는 혜영의 대답이 『일간이라도 곳 하겟지.』 하는 권고하는 뜻을 포함되기를 바라는 줄 짐작한 까닭이다.
『그야 두 사람의 일이니까 두 사람이 잘 알아 하겟지만, 한 편이 잘 알지 못하는 때에는 어쩌케 될가요?』

영숙이는 의미 깁흔 수수걱기를 걸은 것이엇다.

『나는 그 말뜻을 잘 알아듯지 못하겟는 걸!』

혜영이는 대강 말뜻을 침작도 하엿지만, 영숙의 입에서 구체적 말을 듯고 십헛다. 그래서 슬그머니 못 알아들은 태도를 뵈인 것이엇다.

『저 량반은 결혼식 가튼 것은 형식에 지나지 못한 일이니까, 차차 형편 보아서 하자고 하시니까.』

하고, 영숙이는 춘식이를 바라본다.

『소이 지식게급의 녀성인 영숙이가 그만한 일도 리해를 못한대서야 말이 되나요. 결혼식이란 한 형식이니까, 어느 때 해도 관게업다는 것이 잘못된 말은 아니겟지!』

하고, 춘식이는 썰々 웃어댄다.

혜영이는 웬 영문인지를 몰랏다. 그들의 자랑거리 농담을 하는 대에 한방청자로 더려다 노흔 것 가튼 늣김도 업지 안햇다. 한편으로 혜영이 너의들은 언제나 결혼식을 하느냐 하는 조소로도 들리엇다.

—(273), 『매일신보』, 1932. 9. 20

압날의 두려움 (6)

그러나 병정 청년이 실업시 내노은 말이지만, 병호가 어썬 쪽 짠 녀성과 함께 나아간 것 갓다는 말이 혜영의 머리를 여지업시 흔들어 노핫섯다. 그러한 확실치 못한 말에 귀가 팔리어 진실한 사람을 의심한다는 것은 죄가 되는 것 가타서 스스로 쑤짓고 올라오는 감정을 스스로 억제하얏지만, 그러케 용이하게 마음이 돌아안지 안햇다.

혜영이는 일각이라도 속히 불안한 자리를 피하야 편한 자기 집으로 돌아갈가 하얏다.

그러나 춘식의 말은 끗침즉하지 안햇다. 그는 술을 잣구 먹을 쑨이다.

『혜영 씨! 여러 가지로 면목 업는 짓만 해서 참으로 미안합니다. 저는 당신 댁에 대해서 속죄를 하랴고 여러 가지로 생각해 보앗스나, 한 번 기우러진 당신 댁을 다시 전날과 가티 맨들어 들이기는 그러케 용이한 일이 아니어서 여러 가지로 생각한 결과 당신 부친의 위대한 뜻을 게승해서 간사지 개간사업을 시작하도록 계획을 세워 노흔 것입니다. 그래서 병호 군에게 모든 것을 부탁햇스니까, 두 분이 잘 의론해서 사업에 성공을 하십시요. 그러면 돌아가신 아버님께서는 지하에서 깃버하실 것입니다. 나도 그 사업이 성공되는 날 비롯오 당신 댁에 지은 죄를 모다 대속한 것 가타서 비롯오 묵어운 짐을 부려 노흔 것 가티 몸이 겁분하겟소이다.』

춘식이는 서슴지 안코 열성을 담아 도도히 말한다.

혜영이는 돌이어 미안한 생각이 낫다. 거저 머리를 숙이어 대답을 대신할 뿐이엇다.

영숙이는 춘식의 변명하는 태도가 너무나 열열해서 적쟌케 질투에 갓가운 감정이 올라왓든지,

『지나간 일을 그러케 구구히 변명을 하면 뭘 하나요? 어서 요긔나 하고 들어가시지요.』

그러나 춘식이는 그러한 말에 귀도 기우리지 안코,

『사람의 한평생이란 퍽 우수운 것이죠. 이 세상에서는 돈푼이나 가지고 사회적으로 다소간 명망이 잇스면 이 세상 여러 불행한 처지에 잇는 사람들은 몹시도 불어워하지만, 실상 돈이 잇서 보고 지위가 잇서 보면 그러케 신통한 것 업서요. 돌이어 걱정되는 일이 만흘 뿐이죠. 그도 사람의 생각 짤하 달켓지만, 우리 가티 못 생긴 생각을 하는 사람은 마음 편할 날이 업스니까 어쩌한 때에는 차라리 섯불른 량심을 모다 장사지내버리고 극단의 리긔주의자가 되지 못한 것을 한탄하는 때도 업지 안습니다. 내가 못 먹는 술잔이나 먹고 쏘는 옛날에 그리운 생각을 하든 혜영 씨를 만나 보오니까, 별안간 심리에 변화가 나서 감개무량한 나머지에 이러한 횡설수설을 함부로 중얼대는 것 갓지만, 사실은 그러치 안습니다. 언제든지 부지럽는 줄 알면서도 진실한 생활에 동정을 가지고 잇습니다. 내의 생활을 고치는 데는 무엇보다도 안해의 조흔 반여인 구원의 녀성을 구한 것이엿습니다. 일시의 쾌락만을 탐내여 녀성을 접하엿스면, 이 세상이 써드는 그 이상의 죄악을 내 자신이 저지러슬는지도 모릅니다. 세상은 너무나 눈도 어둡고 귀도 멀어서 한 개인의 생활의 진상이란 용이하게 모르는 모양이야요. 구구한 변명을 다시 하랴고도 하지 안치만, 너무나 우

스운 일도 만히 잇섯스니까……. 병호 군이 일시에 나를 오해한 것도 거긔에 잇는 줄 압니다. 처음에는 세상의 중우(衆愚)와 한 번 싸워갈가 하는 생각도 업지 안햇지만, 생각해 보니 웃으운 일이여서 그대로 내가 지고 말앗지요.』

춘식이는 혜영이가 상상한 이상의 웅변이엿다. 병호가 그를 만나본 뒤에 모든 감정을 풀고, 그의 후원을 바더 사업을 계속하도록 마음이 도라선 것도 무리가 아니라고 생각하얏다.

—(274), 『매일신보』, 1932. 9. 21

압날의 두려움 (7)

춘식의 숨김 업시 하는 말에는 인간으로서 누구든지 감동할만한 열정이 잇섯다. 혜영이도 옛날의 원한이 얼마쯤 풀어젓다.

『서로 오해를 하면 그러하기가 쉬운 일이겟죠.』

혜영이는 여러 번 대답을 별는 것이 겨우 이 말이엇다.

『오해가 아니겟죠. 저는 혹 혜영 씨 댁 여러분을 오해하얏섯는지 알 수 업지만, 당신 댁에서는 저의를 오해한 것이 업섯슬 줄 압니다. 사실 그대로 보면 댁의 여러분은 저를 올케 짐작하셋지요. 다만 오늘의 리춘식이와 전날의 리춘식이가 달라젓다는 차이가 잇슬 뿐이겟죠. 정말 이 세상에서 돈량이나 가젓다는 자로 제 량심 가진 자가 멧치나 되는 줄 아십니까? 어름 업습니다. 황금의 힘으로 녀자가 생명으로 아는 정조 가튼 것도 얼마나 만히 짓밟는지 모르시겟죠. 그러나 자긔가 자긔를 변호하는 것이 족음 웃으운 일이지만, 사실 나의 리상은 구원의 녀성을 구하는 만큼 그들 다른 녀성에서 죄지은 일은 업습니다. 그만한 순정을 당신에게 모처럼 바치랴 했다가 그 열정이 아무러한 량해를 밧지 못하게 될 때에, 온 천지가 어두어진 것 갓고 정신이 앗질하얏섯죠. 불가티 니러나는 분김에 어쩌한 수단을 쓰든지 바든 모욕을 보복해 보겟다는 생각에서 쓸대업는 일을 한 것이죠. 그러나 그랫다고 내의 노혐이 풀릴 리도 업고, 그러한 최후 수단을 썻다 해서 제에게 와서 굴복할 혜영 씨도 아닌 것을 분명히 의식할 때애, 그때까지 나의 한 일이 모다 용열하고도 악착하엿다는 것을 비롯오 깨다랏섯죠. 그래서 내 싼냥으로는 퍽 으나 번민을 햇섯답니다. 생각해 볼스록 일이 이마큼 숭거운 것이 업서서 달리 구원의 녀성을 구한 바, 여긔 안즈신 영숙 씨가 아마 입격이 된 모양입니다.』

하고, 춘식이는 웃는다.

『입격이란요? 남을 모욕해도 분수가 잇서야죠.』

하고, 영숙이는 항의를 한다.

『입격이 되엇든 입선이 되엇든, 두리 서로 마음 마젓든 간에, 이제로부터 조흔 반려가 되어 풍파 사나운 이 세상을 한 번 건너가 볼가 합니다.』

하고, 춘식이는 술을 마시엇다.

혜영이는 무어라 대답하여야 조흘지 알 수 업섯다. 거저 우득허니 듯고만 안젓슬 쭌이다.

병정 청년은 렴치 차리지 안코 혜영의 얼굴만 바라본다.

아무리 보아도 제 정신 가진 사람이라 할 수 업섯다. 돌이어 무시〳한 생각이 낫다. 그리하야 그 시선을 피하느라고 제법 애를 썻다.

복잡한 생각에 흥미 업는 식사를 마치엇다.

시간은 어느듯 자정이 훨신 넘엇다. 혜영으로 이와 가티 밤 늣도록 박가테서 지나기는 처음이엇다.

집에서 기다리는 어머니를 생각하니 이 자리 쓸 생각이 일각삼추 가탓다. 그러나 춘식이나 영숙이는 그러한 긔운이 족음도 보이지 안는다.

혜영이는 하는 수 업시 집에 돌아가자는 발론을 쪼 하엿다. 그리하야 자동차를 불럿다.

온천장을 나서니 서늘한 강바람이 귀스미트로 휘스파람을 하고 지나간다. 룡산 만개 동막 일대에는 천이나 만으로 헤어릴 등불이 쌈박거리고 잇다. 교룡(蛟龍)의 촉루 가티 철교는 길게 들어 누어 잇다.

자동차는 한강 우의 밤 적막을 쌔치고 천천히 철교 우에서 움직이엇다.

혜영의 마음은 강물을 짤하 끗업는 곳까지 흘러가는 듯하엿다.

—(275), 『매일신보』, 1932. 9. 22

압날의 두려움 (8)

혜영 일행을 실은 자동차는 경성역 압을 지내어 봉래정으로 들어섯다.
그 안 해 여름에 영숙의 마종을 밧고 병호와 작별하든 긔억이 어제와 가티 선명하게 살어낫다. 그째에 자긔는 온실 안에 잇든 화초나 다름업섯다. 세상의 풍파를 모르고 지나왓다. 신호에서부터 경성까지의 려행은 이즐 수 업는 깃분 긔억의 하나이엇다. 순진한 처녀의 남성에 대한 동경하는 그 마음은 깁흔 골작 웃득 슨 바위너젤에 오로히 핀 척축(擲蜀)이나 다름업시 아름답고도 열정적이엇다.

『언니! 그째ㅅ일 생각나우?』

영숙이는 경성역 광장 앞프 카도를 돌 째에 이야기를 걸친다.

혜영이는 벌서 알앗다. 영숙이가 말 내기 전에 그의 가슴은 그째의 긔억으로 가득찻든 것이다.

그러나 『그째 그 일이 뭐야?』 하고, 혜영이는 되물엇다.

『앗짜! 언니가 일본서 작년에 나오든 그날 말이야.』

하고, 영숙이는 밧갓을 내다본다.

『알앗서……』

하고, 혜영이는 입을 다무럿다.

『나도 병호 씨에 대해서는 인상이 퍽으나 조핫섯서요.』

영숙이는 춘식의 얼굴을 바라보고 의미 잇는 웃음을 뵈엇다.

춘식의 안면신경은 족음 긴장되어 뵈엇다. 혜영이를 쌔앗긴 춘식으로 영숙이조차 조흔 인상을 가젓섯다는 대에는 족으마한 질투를 아니 늣길 수 업슨 듯이 뵈엇다.

혜영이는 동정하는 생각을 냇다.

『첫번 인상이 그러케 나쑤지는 안흔 모양이야!』

혜영이는 힘업시 대답하얏다.

『그째에 저는 퍽으나 로맨틕한 사람이라고 마음으로 퍽 걱정도 하얏지요. 려행하는 길동무가 별안간 애인으로 변해 가지고 련々히 추파로 정을 보내는 것을 보니까, 어데인지 간즈러운 생각이 나든 걸요.』

하고, 영숙이는 혜영의 손을 잡는다.

혜영이는 전차에서 바라보든 병호의 시선이 아즉도 얼굴에 기어다니는 것 가탓다.

『그런 이야기는 인제 와서 뭘 해⋯⋯ 그만 두어요.』

하고, 혜영이는 영숙의 손을 마조 쥐엇다,

자동차는 의주통을 지나 적십자병원 아페에 니르럿다. 혜영의 집까지 바라다 줄 모양이다.

『영숙이! 정거장에서 작별하든 그때가 제일 조핫든 모양이야. 서로 동경하는 그 심리가 정말 사랑하는 심리든 게야! 사랑하는 사람들은 언제까지든지 그 심정을 지켜야 되는 모양이야. 그 고비를 넘기면 여러 가지 번민과 고통이 바로 쏘차오는 것인가 봐!』

혜영이는 영숙의 귀에 듯기게만 가만히 말하얏다.

『그러게 모다 로맨틕한 생각이야 사랑의 결과가 어듸 그러케 되나요. 필경은 다⋯⋯.』

영숙이는 혜영의 말을 웃어버렷다.

족음 잇다가 자동차는 행촌동 어구에서 머물럿다.

혜영이는 천천히 자긔의 집에 들어갓다.

자긔의 방에는 병호가 기다리고 안젓다.

—(275), 『매일신보』, 1932. 9. 23

압날의 두려움 (9)

방 안에 들어안즌 병호를 보니 혜영이는 반갑기도 하고 미웁기도 하얏다. 그박게 여러 가지 감정이 한군데 어울러저서 형용하야 말할 수 업는 복잡한 심리 상태를 니루엇다.

그리하야 혜영이는 방에 들어서면서 먼저 병호의 얼굴빗을 삷히엇다. 병호의 안면 근육은 이상하게 움직이엇다. 눈꼬리는 알에로 처지고, 눈썹은 우으로 올라가 뵈엇다.

혜영이는 문듯 무서운 생각이 낫다. 그리하야 그는 아무 말업시 책상 우에 책보를 노핫다. 병호도 아무 말이 업시 방바닥을 내려다보고 안젓슬 뿐이다.

『벌서 오셋서요?』

혜영이는 자긔가 주인인 것을 잇지 안코 먼저 말을 내엇다.

『얼마 안 됩니다.』

병호는 겨우 대답한다.

만일 성을 낸다면 혜영 자신이 먼저 내게 될 형편이다.

『극장에서 어데로 가셋는가요?』

혜영이는 물엇다.

『극장에서요? 가기는 어대를 가요?』

병호의 말대답은 매우 툭명스럽다.

『안 가셋스면 어찌 뵈올 수가 업섯을가요?』

혜영이는 날카로운 음성으로 물엇다.

『안 보고 가면 잇서도 모르지요.』

병호의 말은 빈중대는 의미가 들엇다.

『제가 모르는 체를 하섯서요?』

정말 애매한 책망이엇다. 혜영이는 대답할 흥미조차 써러젓다. 최후까지 차즈랴고 애쓴 것이 돌이어 후회되엇다.

『모른 체한 것은 아니엇지만, 결과가 그러케 되지 안햇나요?』

병호는 혜영이를 극장 박 큰 길에서 기다리엇다.

물론 손을 맛붓잡고 향촌동으로 돌아갈 예정이엇다.

춘식이와 자리를 가티 한 그 리유를 알고도 십헛고, 쏘한 자긔들의 결혼에 대한 이야기도 오늘 반에 아주 작정하려는 것이 모다 허사가 되고만 것 가타서 병호는 마음으로 적지 안케 비관하엿다. 춘식이와 자동차를 몰아가는 것을 볼 째에 가슴이 족음 뭉클하여젓다. 혜영이가 오늘에 와서 원수와 가튼 춘식의게 호감을 가질 리가 만무하다고 생각하면서도, 어찌함인지 마음이 이상하엿다. 좌우간 향촌동으로 가면 곳 만나리라는 생각으로 급히 혜영의 집까지 차저왓다. 그러나 혜영이는 간 곳이 업고, 그 어머니가 걱정하는 얼굴로 혜영의 늣게도 아니 돌아오는 것을 걱정하엿다. 여러 가지로 이상한 생각이 낫다. 그러나 곳 돌아오겟지 하는 막연한 생각으로 문 밧게다 귀를 기우리고 잇스나, 혜영이는 삼십분이 지나도 아니 오고, 한 시간이 지나도 소리가 들리지 안햇다. 병호는 기다리는 것이 돌이어 어리석은 듯해서 집으로 돌아갈가 하고 멧번이나 망살이엇는지 알 수 업섯다. 십분만 더, 이십분만 더 한 것이 필경은 자정이 훨신 넘도록 기다린 것이엇다.

『대관절 어대서 지금 오시는 길인가요?』

병호는 물엇다.

『한강 온천장에서 오는 길이야요.』

혜영이는 바른대로 대엇다. 병호는 아니 놀날 수 업섯다. 한강의 온천장이라면 덩든 사람들끼리 다른 사람의 눈을 속이여 가며 맛나는 것이다. 어찌해서 춘식이가 혜영이를 그러한 곳으로 다리고 갓슬가 매우 의심나는 일이엇다.

—(276), 『매일신보』, 1932. 9. 27

압날의 두려움 (10)

『조흔 향락을 하셋군요.』

병호는 깁흔 의사 업시 해 노흔 말이지만, 혜영에게는 쎠에 사모치는 빈중대는 말로 들리엇다.

『향락이란요?』

혜영의 말소리는 족음 놉핫다.

별안간 변하는 혜영의 표정에 병호는 적쟌케 놀랏다.

『잘 놀고 오셋느냐는 말입니다.』

병호는 다시 혜영의 얼굴을 살피엇다.

『네. 잘 놀고 왓서요. 웨 그러세요?』

혜영이는 두 눈이 씰룩하여젓다.

병호는 상대자의 태도가 너무나 의외로 싸다러워 뵈여서 말이 막히엇다.

『향락을 하고 노느라고 이러케 느젓서요.』

병호의 대답을 재촉하는 것 가티 혜영이는 쏘 말하엿다.

말이 잣구 이러케 비트러 나가다가는 조치 못한 일이 목전에 니러날 듯해서 병호는 화제를 돌리랴 하얏다.

『춘식이와 영숙 씨는 결혼이 언제란 말 듯지 못햇서요?』

하고 물엇다.

『자긔네의 알도 모르면서 남의 일은 알아 뭘 해요?』

하고, 혜영이는 병호의 얼굴을 찬찬히 바라보앗다.

『자긔 일 모른다고 남의 일을 일부러 모를 필요도 업겟죠.』

병호는 혜영이가 그대지 깁히 노하지 안흔 것을 기뻐하야 웃고 말하얏다.

『알어야 할 필요도 업겟죠.』

혜영이는 웃지도 안햇다.

병호는 빈중대는 말로 혜영을 노하게 한 것을 후회하얏다. 그것은 혜영이가 어쩌한 모욕을 늣긴 것 가튼 표정이 분명히 보이는 까닭이엇다.

『춘식 씨가 뭐라 말합듸까?』

병호는 말을 돌이엇스나, 혜영이는 춘식이란 이 말이 자긔 귀에 울릴 때마다 그 자리에는 어느 구석에인지 질투가 들어 잇는 듯해서 불유쾌하게 들리엇다. 그리하야 입을 다물고 아모 대답도 안햇다.

병호도 다시 말 내노흘 흥미를 일헛다.

잠간 동안 두 사람 사이에 침묵이 게속하얏다.

『그 젊은이가 누군 줄 아시우?』

병호가 먼저 입을 열고야 말앗다.

『저는 몰라요.』

혜영의 대답은 쌀々하얏다.

『그가 조선 안에서 유명한 토목가 박이란 입니다.』

혜영이는 비롯오 병정 청년의 정체를 알앗다.

『토목기사 박을 어쩌케 알으셋서요?』

혜영이는 간사지 개척사업이 어쩌한 연고를 가지게 될 사람이나 아닌가 하는 예감이 잇섯다.

『극장에서 어떤 사람에게 들엇죠. 아마 그가 우리의 개척사업에도 참예해서 공사 감독을 하게 될는지도 알 수 업나 봐요.』

병호는 일즉부터 박의 토목기술가로 유명하다는 것은 들어왓다. 예정과 가티 사업에 착수하는 날에는 정말 업지 못할 한 사람으로 박의 존재는 의의 잇슴을 알앗다.

『그러한 사람이 우리의 사업을 보아준다면, 퍽 조켓는데…….』

병호는 입안말로 중얼대엇다.

『병호 씨! 개간사업은 꼭 시작하시랴는가요?』

혜영이는 정색하고 뭇는다.

『웨? 그런 말을 별안간 무르시우?』

『개간사업을 하랴면서 족으마한 질투의 감정을 버리지 못하는 것은 우스운 일이 아닌가요? 이리해서야 개간한 쌍 우에 리상향을 어쩌케 건설하겟습니싸? 제 생각에는 부부고 친구고 뭣이고 간에, 모다 서로 인격적으로 미더야 될 것이라고 생각해요. 서로 족으마한 일에 의심만 하다가는 아무 것도 안 될 줄 알아요. 서로 인격을 존중하고 신의로써 대해야 될 줄 알아요.』

하고, 혜영이는 병호의 아프로 머리를 갓가히 대엇다.

『물론 신의가 잇서야 하지오. 인격을 서로 존중해야 되지요.』

하고, 병호는 혜영의 손을 잡앗다.

—(277), 『매일신보』, 1932. 9. 28

농촌으로

첫여름이 지나고 성서(盛暑)가 가고 서늘한 바람이 느러진 근육과 흐려진 정신을 다가티 긴장케 하얏다.

초가을 열분 해ㅅ빗이 벼이삭 싸그러운 입살에 고요한 키를 던질 째에, 병호와 혜영의 가족은 경성을 써나 남해안 고요한 어촌으로 이사하게 되엇다. 그동안 혜영이와는 사랑에 얼킨 약간의 풍파가 업지도 안핫스나, 그들은 장래의 크다란 사업을 위해서는 언제든지 사소한 감정을 죽여 왓다. 그리하야 일주일 전에 료정에서 결혼식까지 마치게 되엇다. 식에 참예한 이는 춘식 부부, 『동방시론』의 윤 주필, 박 토목가, 그박게 약간의 지긔들이엇다.

춘식이는 첫여름 한강 온천장에 다니어 온 뒤 몃칠만에 초고속도로 결혼

시일을 쌀리 작정하야 식싸지 맞추엇섯다. 그째에 병호와 혜영의 결혼을 춘식이가 극력으로 권고하엿스나, 병호는 아즉 일타하야 초가을싸지 미루고 왓섯다. 한여름 동안은 고흥만 간사지 잇는 곳으로 래왕을 하야 사업 착수의 만단의 준비를 하엿섯다. 물론 토목 기술자인 병정 청년과 함쯰 다니엇든 것이다. 어촌 고요한 곳에 정갈한 집이 락성되엇슬 째에, 그들은 그곳으로 이주하랴 한 것이다.

병호와 영숙, 그들의 가족 일동을 실흔 긔차는 잣구〱 남쪽을 향하야 막〻한 평야 한가운대로 다라낫다.
『우리가 어대로 이러케만 잣구 가는가요?』
차창으로 박갓을 바라보든 혜영이가 입을 열엇다.
『우리가 지금싸지 리상적으로 동경하든 곳을 가는 것이 안이오?』
병호는 위로하듯 대답하엿.
『이리로 잣구〱 가면 리상향이 나올싸요?』
『나오고말고요.』
『암만 생각해도 우리 인간 사회에는 리상향이 업슬 것 가태요.』
『업다고 하면 업슬 게구, 잇다고 하면 잇다구도 하겟죠. 그러나 자긔가 제일 큰 희망을 부치고 살아갈 수 잇는 곳이 리상향이 되겟죠.』
그러면 큰 희망이 업는 사람은 리상향도 업스라구요?』
『큰 희망이 업는 사람이니까 그에게 리상이 잇슬 리가 잇겟습니까? 리상 업는 사람에게 리상향이 잇슬라구요.』
『그러면 리상도 업스니까 어대로 가든지 리상향에 사라 보지는 못하겟군요.』
『그러타면 리상향은 업겟지. 그러나 사실이면 하는 수 업는 일이지.』
『당신 생각대로 나도 생각할 수 업는 것이 참으로 걱정이야요. 나는 어쩌케 하면 조흘가요?』
혜영의 이러한 생각은 여러 해 살아오든, 더욱이 일생의 큰 풍파에 흔들리는 여러 긔억이 새로운 만큼 일종의 감상에서 나온 것이엇다. 제 아모리 혜영이지만 역시 녀자다운 생각을 못 버섯다고 생각하얏다.

『여보 혜영이! 그러케 심약한 말은 그만 두구려! 지금 우리가 가는 곳은 바다의 조수가 들고나는 개스땅이랍니다. 그것이 옥토가 되어 여러 불상한 사람을 살리는 어머니가 됩니다. 우리는 거긔에서 여러 사람과 평화로운 날을 보내자는 곳입니다. 알르시겟소?』

『그거야 벌서부터 알앗지만, 어쩌케 될는지!…… 그러치만, 가는 보죠…….』

혜영의 가늘게 내노흔 탄식은 넓은 들에 형적도 업시 살아젓다. 썰썰거리는 기차 박휘 구는 소리만 가을 들의 정적을 쌔우칠 쑨이엇다.(끗)

—(278), 『매일신보』, 1932. 9. 29

작자의 말

『그들은 어대로』의 끗을 막음에 다달아 독자 여러분에게 미안한 말슴을 아니 올닐 수 업는 것은, 그 동안 갓금 소설이 필자의 사정으로 중단되어 파흥이 되시도록 한 것입니다. 그러나 최후까지 읽어주신 여러분은 이 소설의 결미에 다소간 불만을 가지실 줄 압니다만, 첫 번 예정에는 그들의 가는 곳만 쓸게 아니라 그들이 리상향으로 생각한 그곳에도 여러 가지로 니러나는 갈등까지 그려볼가 하엿스나, 이것을 뒤날로 미루고 우선 여기에서 붓을 노케 되엿습니다. 후일에 혹 『그들은 어대로』의 자매편으로 다시 붓을 들게 될는지도 알 수 업슙니다.

—『매일신보』, 1932. 9. 22

이익상문학전집
장편소설 『그들은 어대로』

인　　쇄	2011년 5월 26일
발　　행	2011년 6월 1일
저　　자	이　익　상
편　　자	최　명　표
발 행 인	서　정　환
발 행 처	신아출판사
출판등록	1984년 8월 17일 제 28호
주　　소	전주시 완산구 태평동 251-30
전　　화	(063)275-4000, 252-5633
팩　　스	(063)274-3131
메　　일	sina321@hanmail.net

값 25,000원(전4권 100,000원)

ISBN 978-89-5925-860-4　04810
ISBN 978-89-5925-857-4　(전4권)

※ 저자와 협의하여 인지는 생략합니다.
※ 잘못된 책은 바꿔드립니다.